国家出版基金项目
NATIONAL PUBLICATION FOUNDATION

國家出版基金項目

教育部哲學社會科學研究重大課題攻關項目

「十一五」國家重點圖書出版規劃項目・重大工程出版規劃

國家社會科學基金重大項目

北京大學「九八五工程」重點項目

儒藏

精華編二六五册下

集部

儒藏

精華編

北京大學《儒藏》編纂與研究中心

《儒藏》精華編第二六五册

集部

下册
劉蕺山先生集〔明〕劉宗周 …… 627

劉蕺山先生集

〔明〕劉宗周 撰
秦峰 校點

目録

校點説明……一
序（雷　鋐）……一
劉蕺山先生集序（彭啓豐）……三
序（鄭肇奎）……五
序（杜　甲）……七
序（湯大賓）……九
劉念臺先生祠堂記……一一
蕺山書院謁劉念臺先生待漏圖
遺像（桐城方觀承）……一二
和詩（邗上杜甲）……一二
明史本傳……一三
劉蕺山先生集卷一……一
人譜……一
自序……一
人譜正篇……二
人極圖……二
人極圖説……三
人譜續篇一……四
證人要旨……四
人譜續篇二……八
記過格……八
訟過法……一三
改過説一……一四
改過説二……一五
改過説三……一六
劉蕺山先生集卷二……一八
證人社約……一八
學檄……一八
會儀……一九
約言……二〇
約戒……二六
社約書後……二九
劉蕺山先生集卷三……三一

證人社會語……三一
劉蕺山先生集卷四……六二
讀易圖説……六二
易衍……七〇
劉蕺山先生集卷五……八七
學言上……八七
劉蕺山先生集卷六……一二四
學言下……一二四
劉蕺山先生集卷七……一五八
證學雜解　原旨……一五八
解一……一五八
解二……一五八
解三……一五九
解四……一五九
解五……一六〇
解六……一六〇
解七……一六一
解八……一六二
解九……一六二
解十……一六二
解十一……一六三
解十二……一六三
解十三……一六四
解十四……一六四
解十五……一六五
解十六……一六六
解十七……一六六
解十八……一六七
解十九……一六七
解二十……一六八
解二十一……一六九
解二十二……一六九
解二十三……一七〇
解二十四……一七一
原心……一七二
原性……一七三

原道上……一七五
原道下……一七五
原學上……一七七
原學中……一七八
原學下……一七九
劉蕺山先生集卷八……一八二
奏疏一……一八二
懇賜侍養疏……一八二
再懇侍養疏……一八三
條陳宗藩疏……一八四
修正學疏……一九七
敬修官守疏……二〇一
請卹神廟罪廢諸臣疏……二〇四
劉蕺山先生集卷九……二〇九
奏疏二……二〇九
辭光禄尚寶疏……二〇九
請先臣劉棟謚典疏……二一〇
辭右通政疏……二一三
辭京兆尹疏……二一五
除京兆謝恩疏……二一六
請修京兆職掌疏……二二二
請發帑大賚疏……二二三
請推廣德意疏……二二五
冒死陳言疏……二二七
極陳救世要義疏……二二九
再請申飭京兆職掌疏……二三二
劉蕺山先生集卷十……二三五
奏疏三……二三五
請定大興宛平兩縣經制疏……二三五
請告疏……二三七
參奏閣豎疏……二三八
再申請告疏……二四〇
三申請告疏……二四一
請恤畿輔凋殘疏……二四二
應召請寬限疏……二四五
辭少司空疏……二四六

再辭少司空疏……二四七
痛切時艱疏……二四八
再申皇極之要疏……二五一
三申皇極之要疏……二五三
恭申對揚疏……二五六
劉蕺山先生集卷十一……二五九
奏疏四……二五九
請禁言利疏……二五九
修陳錢法疏……二六一
請告疏……二六四
再請告疏……二六五
三請告疏……二六六
予告辭朝疏……二六七
身切時艱疏……二六八
辭少宰疏……二七一
再辭少宰疏……二七三
敬陳聖學疏……二七四
辭總憲疏……二八三
劉蕺山先生集卷十二……二八五
奏疏五……二八五
陳沿途見聞疏……二八五
條列風紀疏……二八八
請嚴考選疏……二九三
申救熊大行姜給諫疏……二九五
請飭覲典疏……二九七
申明巡城職掌疏……二九八
糾參餽遺疏……三〇〇
申飭憲綱疏……三〇一
被放謝恩疏……三〇五
恭陳辭悃疏……三〇六
糾參輔臣王應熊疏……三〇八
劉蕺山先生集卷十三……三一一
書一……三一一
與陸以建年友……三一一
復周生……三一二
與周綿貞年友……三一三

與張太符太守……三一四
與朱平涵相公……三一八
答李生明初……三二〇
答秦履思一……三二二
答秦履思二……三二三
答秦履思三……三二四
答陳生一……三二四
答趙生君法……三二五
答葉潤山民部一……三二六
答王右仲州刺一……三二九
答王右仲二……三三二
答徐蓼莪兵垣……三三二
答胡生一……三三三
答胡生二……三三四
答秦履思四……三三五
答祁世培侍御……三三六
與侯陸珍司農……三三七

劉蕺山先生集卷十四

……三三八
書二……三三八
與温員嶠相公……三三八
答王金如……三四二
與黄石齋少詹一……三四五
答胡嵩高朱綿之張奠夫諸生……三四六
答諸生……三四九
答葉潤山二……三四九
答秦履思五……三五一
答曹進士……三五一
答沈進士……三五三
與王雪肝太守一……三五四
答王雪肝二……三五四
與王雪肝三……三五五
與成台道……三五六
與王雪肝四……三五七
與王雪肝五……三五七
答范質公……三五九
與章格菴掌垣……三五九

劉蕺山先生集卷十五 …… 三六二
書三 …… 三六二
與王雪肝六 …… 三六二
與祁世培 …… 三六三
與永侯族侄 …… 三六五
與張自菴 …… 三六五
答劉乾所學憲 …… 三六六
答陳生紀常 …… 三六七
答史子虛 …… 三六七
與黄石齋 …… 三六八
答錢生欽之 …… 三六八
答陳紀常 …… 三六九
答葉潤山三 …… 三七〇
答門人祝開美一 …… 三七三
與祝開美二 …… 三七四
與祁世培 …… 三七四
答門人惲仲升 …… 三七五
與祝開美三 …… 三七五
答史子復一 …… 三七六
答史子復二 …… 三七七
答史子虛 …… 三七九
答祝開美四 …… 三八〇
答門人張考夫 …… 三八一
答駱學師 …… 三八二
與祝開美六 …… 三八二
答史子虛 …… 三八三
答史子復三 …… 三八三
劉蕺山先生集卷十六 …… 三八七
序上 …… 三八七
馮少墟先生教言序 …… 三八七
尹和靖先生文集序 …… 三八八
方遜志先生正學録序 …… 三九〇
同心策序 …… 三九二
張慎甫易解序 …… 三九三
張慎甫四書解序 …… 三九五
曾氏家乘序 …… 三九六

禪宗定案序……三九八
陶庸齋慥慥集序……三九九
辛復元先生集序……四〇〇
李懋明西臺疏草序……四〇一
重刻傳習録序……四〇二
錢緒山先生要語序……四〇五
河漕綱目序……四〇六
禮經考次序……四〇八
史雁峰詩集序……四一〇
明儒四先生語録序……四一一
古學經序……四一二
古小學集序……四一四
學的小序……四一六
躬行小序……四一六
禮學小序……四一七
學樂小序……四一七
射學小序……四一八
御學小序……四一八
書學小序……四一九
數學小序……四一九
聖統小序……四二〇

劉蕺山先生集卷十七……四二一

序下　記……四二一
古小學通記序……四二一
政本小序……四二二
問官小序……四二二
入官小序……四二三
王道小序……四二三
測史剩語序……四二四
宜興堵氏家乘序……四二五
張含宇先生遺稿序……四二七
陶石梁今是堂文集序……四二八
重刻方正學先生遜志齋集序……四三〇
別門人祝開美序……四三一
陳太母徐安人七十壽序……四三三
王母司馬氏六十壽序……四三五
丁長孺元配吴夫人六十壽序……四三六
族叔原鑑翁七十壽序……四三八

按察司副使累贈資政大夫太子少保兵部尚書烏石吴公家廟記……四三九
重修紹興府儒學記……四四一
劉氏義田小記……四四三
貞烈祠碑記……四四四
重修古小學記……四四六
鳳山葬記……四四八
聞魏廓園諸君子被逮記事……四五一

劉蕺山先生集卷十八……四五四

箴説……四五四
學戒四箴……四五四
酒箴……四五四
色箴……四五四
財箴……四五五
氣箴……四五五
自勗箴……四五五
獨箴……四五六
尋樂説……四五六
人説一……四五八
人説二……四五九
人説三……四六〇
讀書説……四六二
中庸首章説……四六五
第一義説……四六八
求放心説……四六九
静坐説……四七〇
應事説……四七一
處人説……四七二
向外馳求説……四七三
讀書説……四七四
氣質説……四七五
習説……四七六
苦次説……四七七
良知説……四七八

劉蕺山先生集卷十九……四八〇

墓誌銘上……四八〇

江西布政使司左參議稷峰章公墓誌銘……四八〇
江西寧州知州竹渠章公暨配俞宜人子孟嘉婦何孺人兩世合葬墓誌銘……四八三
福建布政使司右布政馬湖來公墓誌銘……四八六
刑部河南清吏司郎中日乾趙公墓誌銘……四九〇
奉政大夫南京吏部文選清吏司郎中醒涵臧公暨配誥封安人吴氏合葬墓誌銘……四九二
諫議大夫原任工科右給事中聚洲王公墓誌銘……四九五
誥贈資政大夫兵部尚書原任南京刑部浙江司郎中文源李公墓誌銘……五〇〇
劉蕺山先生集卷二十……五〇五
墓誌銘下……五〇五
大中丞張浮峰先生暨配胡淑人合葬墓誌銘……五〇五
徵士印臺章公墓誌銘……五〇八
特進左柱國少師兵部尚書都察院右都御史總督貴湖川雲廣五省軍務兼巡撫貴州等處地方恒岳朱公墓誌銘……五一〇
北渠章公暨配顧安人合葬墓誌銘……五一七
從祖太虚公暨配沈安人合葬墓誌銘……五一八
陳母劉氏姑婦同圩誌……五二一
劉子暨配誥封淑人章氏合葬預誌……五二二
劉蕺山先生集卷二十一……五二六
墓表　行狀……五二六
丁長孺先生墓表……五二六
資政大夫禮部尚書兼翰林院學士加贈光禄大夫太子太保謚文介淇澳孫公墓表……五三一
亞中大夫江西布政使司右參政誥贈太常寺少卿養冲姜公墓表……五三六
勅封侍御磐石金公墓表……五四〇
累封太恭人加贈淑人劉母貞節周氏

墓表……五四一
光禄寺少卿周寧宇先生行狀……五四四
先考誥贈通議大夫順天府府尹秦臺府君暨先妣誥贈淑人貞節章太淑人行狀……五四九

劉蕺山先生集卷二十二

劉蕺山先生集卷二十二……五五六
傳　贊　祭文……五五六
大司成芝臺陳公傳……五五六
徵君辛復元傳……五六〇
文學沈本人傳……五六三
外大父章南洲先生傳……五六五
章端齋暨配先姊合傳……五六九
世父學可公傳……五七一
孝愍周氏傳……五七三
章貞女傳……五七四
共姑傳……五七六
張守齋像贊……五七七
黄白安侍御像贊……五七八
王聚洲年友像贊……五七八
陳中湛總憲像贊……五七八
祭趙儕鶴先生……五七八
祭孫淇澳先生……五七九
祭魏廓園給諫……五八〇
祭周海門先生……五八一
祭張二無副院……五八二
祭丁長孺……五八三
祭張慎甫……五八四
祭王生金如……五八五

劉蕺山先生集卷二十三

劉蕺山先生集卷二十三……五八七
雜著……五八七
三統考……五八七
題張幼青弔忠録……五九三
題勤王紀略……五九三
題楊椒山先生佚稿……五九四
義倉先聲……五九五
賑嵊緣起……五九六

蒙求句解引……五九七
大宗世業引……五九八
會稽縣荒政引……五九九
易經古文抄義引……六〇〇
王堇父廟制書跋……六〇一
芳齋公三世家乘跋……六〇二
芳齋三世祀典跋……六〇三
素菴忌祭跋……六〇三
明德淵源録跋……六〇四
恩綸册跋……六〇五
書管石峰卷……六〇六
贈朱綿之進學解……六〇六
書王生伯含扇頭……六〇八

劉蕺山先生集卷二十四……六〇九

賦　詩……六〇九
淮南賦……六〇九
知命賦……六一一
皇祖〇念祖以砥修也……六一四
酬別長安友人呈于參政張副院……六一五
河干別諸父昆弟……六一六
過張灣……六一六
陽穀道中辭春……六一六
旅懷……六一七
湖上贈别丁長孺……六一七
山居即事……六一七
自慰……六一八
答鼂弟書……六一八
和楊龜山先生此日不再得吟示學者……六一八
寄懷李懋明兼呈王止敬……六一九
題百福衣……六二〇
吴興道中……六二〇
酬崑崙叔勸駕……六二〇
採蕺歌……六二一
大柳客店見高存之題壁慨然和之……六二一
金陵懷古……六二二
經梁武墓……六二二

詠姬僕……六二二
歸興……六二三
官梅……六二三
初訪雲門……六二四
同洪溟上人天衢弟登秦望……六二四
贈王聚洲年友……六二四
贈吴元水舊寅……六二四
壽健甫兄七十……六二五
還山小詠……六二五
長安……六二六
即事用前韻……六二六
無題……六二七
白鷳……六二七
挽周寧宇先生……六二七
送祁世培北上……六二八
雲門雜詠……六二八
再上雲門仍次前韻得八首……六三〇
題廣孝别室得皂字……六三一
壽章鴈峰舅……六三一
避暑廣福菴……六三一
遊天衣寺……六三二
和灌雲叔懷古……六三二
上雲門……六三二
志感……六三二
過鳳林……六三三
謝恩口占……六三三
春日示王紫眉……六三三
自嘲……六三三
除夕……六三四
癸未元旦……六三四
次韻酬劉湛陸翰撰……六三四
答陳生章侯……六三五
春暮和紫眉通城感懷……六三五
别祝開美兼示紫眉汋兒……六三五
過錫山同張奠夫訪第二泉用濂溪先生
萍鄉詩韻……六三六

哭殉難十公用前韻　六三六
太常磊齋吴公　六三六
大司農鴻寶倪公　六三七
憲副四明施公　六三七
御史大夫懋明李公　六三八
宫諭湛陸劉公　六三八
閣學質公范公　六三八
職方元升成公　六三九
車駕伯玉金公　六三九
司寇肖形孟公　六四〇
潛忠布衣許公　六四〇
示秦堉嗣瞻　六四一
示汋兒　六四一
絶命辭　六四一

校點説明

劉宗周（一五七八—一六四五），字起東，號念臺，學者稱念臺先生，又稱蕺山先生。浙江紹興山陰縣（今紹興市）人。萬曆二十九年進士，授行人司行人。天啓、崇禎間，歷禮部主事、通政司右通政、順天府尹、吏部左侍郎、都察院左都御史等職，因諍言直諫而數遭革職奪官。南明弘光朝，復起爲左都御史。弘光覆亡，潞王降，宗周決意殉國，絶食二十三日而死。明魯王謚曰忠端，清乾隆間追謚曰忠介。宗周通籍四十五年，立朝僅四年，在家强半教授，講學二十餘年，從遊者不下數百人。宗周之學，出自許孚遠，追入東林、首善二書院，博取精研，歸於自得。睹浙河東之學，自新建而漸入於禪，今之言良知者，參之情識，蕩之玄虚，宗周憂之，舉證人書院，集同志講肄。宗周之學，以慎獨爲宗，始從主敬入門，中年專用慎獨工夫。慎則敬，敬則誠。晚年愈精微，愈平實，合於無聲無臭之本然，從嚴毅清苦之中，發爲光風霽月，消息動静，步步實歷可見。粹然集宋明諸儒之成，卓然爲理學殿軍。

劉宗周著述宏豐，有《人譜》、《聖學宗要》、《讀易圖説》、《證學雜解》等數十種專著，並有文集、詩集等多種編著，這些文字大多收入了四十卷本的《劉子全書》。是書係劉宗周弟子董瑒、黄宗羲、姜希轍及宗周之子劉汋共同編訂，康熙二十五年由兩浙學使王掞捐俸刻於山陰，今佚。嘉慶十三年，福建陳廣寧據康熙刻本校刊重刻，但此本不僅有改字，而且卷首删了董瑒的《鈔述》，卷末又删了《年譜》，流傳不廣。道光四至十五年，蕭山王宗炎據初刻本重加校紬，是爲王刻本。道光二十一至三十年，山陰杜春生、沈復粲又對全書進行了續輯，共得二十四卷，題爲《劉子全書遺編》，後有光緒十八年重刻本。乾隆十七年，雷鋐督學浙江，即蕺山家求遺書重梓，得二十四卷，是爲《劉蕺山先生集》，又稱《劉蕺山先生遺集》。已而開四庫館，張羲年以雷本進，復删《人譜》、《學言》諸書之專行者，存奏疏以下十七卷入别集類，題《劉蕺山集》，是爲四庫本《劉蕺山集》。然四庫本文字删改較大，其資料價值不及雷刻本。

此次整理，以北京大學圖書館藏乾隆十七年雷鋐刻《劉蕺山先生集》爲底本，以道光十五年王宗炎刻《劉子全書》（簡稱「全書本」）和光緒十八年《劉子全書遺編》重刻本（簡稱「遺編」）爲校本。

本書校勘，有三點需要説明：一，由於劉宗周文字來源複雜，早在董瑒編訂全書本時就已有了稿本、録本之異，全書本遇到文字不同的地方，皆以小字加以説明，以示謹慎，這一問題在劉宗周的語録和性理類著作中最爲突出。本書前七卷的學言、原旨等部分，爲便於比對與研究，凡有異文者皆出校。二，奏疏部分在涉及明末時事和明清交戰的地方，因出於忌諱而有所删改，凡此，皆以恢復原貌爲原則，儘量補出、改正且出校記，而對文字稍異又不影響文義的地方，則不一一出校説明。三，書信、墓誌、序跋等部分，底本相對於全書本來説，文字簡潔扼要而通順，顯係經過修改與潤色，爲避免煩瑣校勘，凡底本和校本文義相通但稍有删削潤色之處，只要不影響閲讀，一律不出校，而遇校本文字可以補充底本，且能幫助理解文義之處，則酌情出異文説明。

此次校點，參考吸收了浙江古籍出版社二〇〇七年《劉宗周全集》標點本的校點成果，一並致謝。本人學力所限，錯誤在所難免，懇請方家指正！

校點者　秦　峰

序

乾隆辛未仲夏，鋐校士至紹興，亟問蕺山先生遺書，僅見《人譜》一册，詢其後裔，乃得手録若干卷。爰與郡守鄭侯謀開雕，而屬郡學博李君凱等董校，以蕆厥事。是秋，奉命量移江蘇。越歲，郡守學博屢以序請。竊惟蕺山先生彪炳宇宙，照耀古今，學術源流，讀其書者當自得之。鋐何人，敢序簡端？顧鋐倡錄此書，非能表章先哲，實藉以風厲多士，則不可以無言。今天下言及先生，有不肅然懔然起而敬且慕者哉？然不讀先生之書，學先生之爲人，則惑於聲色，汨於名利，奪於禍患事變，俯仰此身，與先生相去懸絶霄壤矣！或謂先生適當末造，以風節表著，若身際治平，委蛇進退，其趨不必同。嗚呼！是蓋浮沉世俗，甘自絶於先生者也。先生而身際治平，所以輔導君德，培養國脉，甄别流品，振起人才，其功業當何如？豈徒以風節著哉！且夫學先生者，學其真知寔踐，力嚴慎獨之功，此乃人禽之界，無地可容自遁。不此之務，又何能不惑於聲色、不汨於名利、不奪於禍患事變哉？或謂先生當岌岌危亂之時，動稱王道，似近迂闊。嗚呼！明莊烈之至於亡者，因急功利，激爲刑名，流于猜忌，積成壅蔽。猜忌反疑忠直，壅蔽益喜逢迎，遂墮敗而不可救。先生亟請除詔獄，汰新餉，招無罪之流亡，議拊循以收天下泮涣之人心，還内廷埽除之職，正慵帥失律之誅，此豈無用之空言哉？其始仕也，即劾魏忠賢，其究也，至比温體仁爲盧杞，無非以進君子、退小人爲撥亂扶危之要務，昧者猶目以迂闊。天下治日常少，亂日常多，職此故也。至先生之學術，其門人張氏考夫有言曰：「世儒之爲教也，好言本體，而先生獨重工夫；多逞辭辯，而先生率以躬行；競尚虛無，而先生返以平寔。」嗚呼，盡之矣！後之學先生者，可以知所趨向矣。先生之子伯繩，守其家學，抱道甘貧，稱爲貞孝先生。其遺集未之見也，有心世道者，更訪求而表章之。

乾隆十七年三月上浣後學閭汀雷鋐序。

劉蕺山先生集序

越中，故講學之林也。自陽明先生倡學龍山，一傳爲錢緒山、王龍溪，再傳爲陶石簣、石梁兄弟。石梁沿流揚波，講學白馬山，創爲因果説，直趨禪寂。念臺劉先生起而正之，社署證人。遊其門者如升闕里之堂，登龍門之坂也。先生之學，切磋于東林而別啓津梁，瓣香在陽明而柱其流失。顧陽明教人致良知，而先生教人證獨體，蓋取《大學》夢覺、人鬼兩關而一之，雖豎義少異程朱，然總以敬爲常惺惺法，則又若符左契。原夫玄黄質判，❶人生其中，七尺墮地時便是一小天地，故全乎天，斯全乎人，出乎人，已入乎禽。先生憂古今人類之終絶，著爲《人譜》，一髮千鈞，岌岌是懼，又不徒爲陽明之功臣而已。考先生立朝，首劾客、魏，洊擢京兆，爲温體仁所嫉，福王時爲馬士英所搆，危言危行，以碩果自命。其事君，要以格心爲主，而不屑爲救時濟變、一切補苴之説。國亡絶粒，尚從容講道如平時，薑桂老而愈辣，松柏寒而不凋，真名節真經濟，乃道學中自然結撰，而其根器所胚胎，淵乎莫可測也。

先生遺書半飽壁蟫，今所存者纔什之三四。乾隆十六年，學使通政寧化雷公按試會稽，仰蕺麓之巋然，悼傳薪之易熄，思爲布諸海内，屬太守潮陽鄭君集所著述，募

❶「玄」，原作「元」，今回改。下文皆徑回改，不再一一出校。

金鋟板。是年冬，雷公調任江蘇，余啣命再視浙學，刻將成，爰序之。維先生直聲亮節已炳汗青，獨其覺世婆心嘵嘵不已，有非是書不傳者。各體不規規於古法，而因文見道，正氣凛凛，又可想見其爲人。蓋以視吾鄉之文文肅、周忠介兩公，氣節相似，而著書立説反復數千言，提撕警覺，殆有過之。余王父止菴公輯《儒門法語》，採録先生論三教、辨儒釋二書，謂能洞見骨髓，脱落皮毛，直發程朱所未發，有以哉！余願讀先生之書者，印先生之心，其必有乍讀之而毛髮爲豎，再讀之而怡然涣然，如夜行者或假之燭也。於以使百世共證其爲人，是刻顧不重乎哉！

乾隆十八年歲次癸酉孟陬上浣長洲後學彭啓豐謹序。

序

余向于《明史》中讀念臺先生傳，輒心儀其人，而恨其道之云遠，天涯極望，邈不可即，爲悵然者久之。越庚午，恭膺簡命，出守於越，乃得遂其素志。問先生里居，則近在蕺山，與府署相去數里，即走謁祠下，慨然嘆息。想見先生講學時，皆仁義道德之旨，而忠誠體國，視死如歸，非偶然也。慕其人則思欲見其書，因索諸後人，得先生所著諸集而讀之。周情孔思，日光玉潔，蓋與古聖賢之書相表裏，而不可以文字求者。惜乎力不足以振之，欲付之開雕而志焉，而未逮也。歲辛未，納言雷公視學兩浙，按部至紹，即取先生遺集謀付梓，首捐資以爲同志勸。余爲額手曰：「此盛事也。」因督率諸屬及諸紳士，共肩厥任，及今而刻乃告竣。因進多士而告之曰：「夫學必本于躬行，志必存乎愛國。士人束髮受書，妄希一朝之得，以爲温飽計。此非徒識趣之陋，亦其素所誦習者非也。公按部時，動以聖賢相教戒。今復刻先生集，使多士朝披夕誦，典型在昔，奉以爲師。流傳及遠，將窮鄉僻壤之士，亦且有頑廉而懦立者，而況于桑梓之近乎哉！此其維世翼教之功，非淺鮮也。抑吾鄉昌黎公《廟碑》首云：『匹夫而爲百世師，一言而爲天下法。』夫坡公亦知一言之傳，豈易事哉！當五代干戈之際，韓文之滅没也久矣。宋興，亦尚無知韓文者。歐陽文忠得諸隨州民間敗簏中，表而出之，而昌黎遺集乃昭如日星，益以增山斗之重。則集之顯晦，亦有數存乎其間。而惟與古同道孜孜尚友者，始能扇揚懿美，播諸四海而共尊，垂諸奕世而不敝也。斯集之刻，夫非適逢其會乎？夫仰承德意，共相襄贊，使鄉先生之墜緒久而愈新，而因以勸戒其里之人相與懋勉于德義，此守土者之責也。用爲爾多士勗之！」于是，諸生乃肅然正容曰：「敬聞命矣。」語既終，遂書而爲之序。

乾隆壬申歲中秋日韓江後學鄭肇奎拜書。

序

松筠磊砢，經雪霜而不改柯易葉者，定於其天也。藎臣誼士，更衰季而無變色却顧者，成於所養也。此其平居以理學爲淵源，以道德爲基址，以清標直節爲氣岸，忠愛之性，視國事如家事，而思以扶持而振救之者，蓋始終若一節，而後繼之以死，是豈養之無素而激發於一旦者之所爲哉？甲生而無似，然每讀書傳，見古人奇節偉行，捐頂踵赴公家之難，輒意氣横發，慨然想見其爲人。歲戊辰，奉命守越，甫下車，即首問念臺先生里居，乃得之北城蕺山之麓，山今設有書院，即向時先生講學處也。步而上，有饗堂數楹，奉先世名宦與其鄉先輩數公，而先生與焉。爲肅然再拜，如親得執經趨侍於其側者。已而復悉詢王文成、倪文正、祁忠敏諸君子，蓋自勝朝正、嘉以還百餘年之間，而越中之磊磊軒天地者，至先生共十人。甲《傳芳録》中所紀者皆是也。然其子孫皆家貧四壁立，因歲捐五十金分給之，爲白於大府桐城方公，著爲令。而蕺山爲念臺先生舊學之所，宜有專祠，迺以先生令子及其高第弟子二十一人陪祀，皆名行卓卓可紀者。蓋以甲嚮慕之久且篤，幸來守是邦，而得以展其夙願者如此。獨惜甲之守郡者未久以去，欲刻其遺集，而力有不逮，且不暇也。

寧化雷公以名卿鉅儒視學兩浙，蓋其私淑先生之誠與甲一契，因與余僚友韓江鄭先生謀刊蕺山遺集，首先捐資爲同志者勸。及事竣，至省，甲首迎謁公，即道其所以，爲額手稱嘆，愧慰交集，若得所藉以償其夙負者，洵盛事也。先生得文成公之傳，深造自得，謂聖賢必可學而至，提要鈎玄，躬行實踐，誠意格心，而當寧爲之改容正色，立朝而群小爲之側目，蓋其素養有如此者。今讀其遺書，兢兢於人道危微之介，娓娓於責難陳善之言，率意直書，總不出此。宜乎先生之從容就義，至于絶食瀕死而神明朗然不少變也。甲今守杭，不復至蕺山者久矣。然一披其集，則几席之上先生在焉，猶恍然走謁祠下，相與俯仰拜伏於其間也。因喜而爲之序。時乾隆壬申端午日，邗上後學杜甲敬書。

序

山陰劉蕺山先生唱絶學於東南，一時翕然宗之，以爲陽明子復出云。蓋陽明子良知之説寔發前人所未發，然論者謂其近於陸而悖於朱。先生踐履篤實，矩步方行，論者又謂其得力於朱不合於王。紛紛異同，徒滋口舌。噫！可慨已。先生之言曰：「孔孟既没，有宋諸大儒起而承之，厥功偉焉。二百餘年而得陽明子，其傑者也。夫周子其再生之仲尼乎！明道不讓顔子，横渠、紫陽亦曾、思之亞，而陽明見力直追孟子，自有天地以來，前有五子，後有五子，斯道可爲不孤。」由此觀之，諸賢道統同耶？異耶？則爲此紛紛者皆妄也。第陽明子道學諸書傳播海内，而先生著述寥寥天壤，雖雜見之史册，而語焉不詳，其何以傳來世昭後學乎？學使雷公之按試於紹也，慨然謀所以梓之。而前郡侯杜公、鄭公咸捐貲爲士先，余適佐是邦，乃亦得任較正之役，以蕆厥事，可不謂之厚幸歟！簿書稍暇，焚香静對，讀其書想見其爲人。大抵以性善爲宗，以倫紀爲準，以存誠爲先，以主敬爲要。於課業則言過不言功，遠利也；於徵古則記善不記惡，隱惡揚善也。不雜釋典，不參道書，正學術也；不及應驗，不入夢語，絶附會也。由是窮而樂，達而檢，患難而不憂；由是坐而言，起而行，獨處而不愧；由是生而順，死而安，俟諸儒而不惑。抱陽明之才而無其遇，造陽明之學而化其偏。一燈絶學，星星不墮，則信乎紛紛同異者皆妄也。今先生死矣，先生死而絶學傳，死猶不死矣。使後之人讀而思，思而盡得從入之門，則爲陽明子可。即由後五子以至於前五子，亦無不可矣。吾願學聖人者共勉之。

乾隆壬申歲冬十月毘陵後學湯大賓敬書。

劉念臺先生祠堂記附刊

自古聖賢浩然之氣，雖孤行於宇宙，而其生平游處維桑與梓之間，則精爽尤依之，蓋其性之安焉者已久，而鄉人之尸祝而俎豆之者，亦逾遠而彌存也。羊叔子游峴山，云：「百歲後，吾魂魄猶應登此。」嗚呼！此讀其碑者所爲悽然墮淚也哉！念臺先生以理學大儒成仁授命，卓然爲天下豪傑之士，而其里居在蕺山之麓，循而上則先生昔年講學處在焉。奎以宗仰先生久，甫至郡，即首詣蕺山，望其祠宇，爲肅然動容，登堂展敬，則儼乎若先生之提命於上者。山今設有書院，爲問今之人士亦有學先生之學者乎？古者春入學，則釋菜於先師，謂若《禮》之高堂生、《樂》之制氏、《詩》之毛公、《書》之伏生，皆是也。彼特爲一經之師，然猶尊禮之如此。若蕺山爲先生講學之所，其道德之淵懿、忠義之激發，蓋久而不泯如一日焉。所以扶世翼教，而使後之承學者凜乎皆知所興起，則百世之師也。山其越人之畏壘也哉！饗堂舊有越之名宦與鄉先輩數公之主，補堂杜君守郡時，請于大府方公，奉爲先生專祠，而遷他主於後寢，義甚得也。方公按部至越，謁于祠下，繫之以詩，補堂亦慨然屬和。兹并附于後，以志嚮慕之誠，先後若一契云。

乾隆庚午歲清和月之下澣守郡後學韓江鄭肇奎記。

蕺山書院謁劉念臺先生待漏圖遺像

桐城方觀承

拜闕衣冠古，陳廷涕淚長。江湖身屢黜，鄒魯道重光。舊宅山同仰，遺編穴可藏。春風吹短蕺，采薦有餘香。

吾家舊驄馬，風義重平生。家廷尉仁植公爲御史時，巡鹽兩浙，與先生訂交，講學共相推重。願識宗傳意，如欣私淑情。山河遥問社，弟子盡知名。蘭芷荒岡外，重聞絃誦聲。杜守設專祠，以從遊高弟二十二人配。生徒聞風興起，來學者日衆。

和詩

邗上杜甲

白簡霜威重，丹宸玉漏長。平生瞻大節，今日覲清光。理學尼山接，圖書宛委藏。一經歌采蕺，俎豆發奇香。

廷尉來巡浙，曾聞託友生。前賢敦古誼，後哲動遥情。日月光忠節，雲霄仰大名。昔年講學處，猶聽咏歌聲。

明史本傳

劉宗周，字起東，山陰人。父坡，爲諸生。母章氏，妊五月而坡亡。既生宗周，家酷貧，攜宗周育外家。後以宗周大父老疾，歸事之。析薪汲水，持藥糜。然體孱甚，母嘗憂念之不置，遂成疾。以貧故，忍而不治。萬曆二十九年，宗周成進士，母卒于家。宗周奔喪，爲堊室中門外，日哭泣其中。服闋，選行人，請養祖父母。遭喪，居七年始赴補。母以節聞于朝。

時有崑黨、宣黨與東林爲難，宗周上言：「東林，顧憲成講學處。高攀龍、劉永澄、姜士昌、劉元珍輩皆賢人，于玉立、丁元薦較然不欺其志，有國士風。諸臣摘流品可也，争意見不可；攻東林可也，黨崑、宣必不可。」黨人大譁，宗周乃請告歸。

天啓元年，起儀制主事。疏言：「魏進忠導皇上馳射戲劇，奉聖夫人出入自由。一舉逐諫臣三人，罰一人，皆出中旨，勢將指鹿爲馬，生殺予奪，制國家大命。今東西方用兵，奈何以天下委閹豎乎？」進忠者，魏忠賢也，大怒，停宗周俸半年。尋以國法未伸，請戮崔文昇以正弑君之罪，戮盧受以正交私之罪，戮楊鎬、李如楨、李維翰、鄭之范以正喪師失地之罪，戮高出、胡嘉棟、康應乾、牛維曜、劉國縉、傅國以正棄城逃潰之罪。急進李三才爲兵部尚書，録用清議名賢丁元薦、李朴等，諍臣楊漣、劉重慶等，以作仗節徇義之氣。帝切責之。累遷光禄丞、尚寶、太僕少卿，移疾歸。四年，起右通政，至則忠賢逐東林且盡，宗周復固辭。忠賢責以矯情厭世，削其籍。

崇禎元年冬，召爲順天府尹。辭，不許。明年九月入都，上疏曰：「陛下勵精求治，宵旰靡寧，然程效太急，不免見小利而速近功，何以致唐虞之治？夫今日所急急于近功者，非兵事乎？誠以屯守爲上策，簡卒節餉，修刑政而威信布之，需以歲月，未有不望風束甲者。而陛下方鋭意中興，刻期出塞。當此三空四盡之秋，竭天下之力以奉饑軍而軍愈驕，聚天下之軍以博一戰而戰無日，此計之左也。今日所規規于小利者，非國計乎？陛下留心民瘼，惻然痌瘝。而以司農告匱，一時所講求者皆掊克聚斂之政。正供不足，繼以雜派；科罰不足，加以火耗。水旱災傷，一切不問。敲扑日峻，道路吞聲，小民至賣妻鬻子以應。有司以掊克爲循良，而撫字之政絶；上官以催徵爲考課，而黜陟之法亡。欲求國家有府庫之財，不可得矣。功利之見動，而廟堂之上日見其煩苛。事事糾之不勝糾，人人摘之不勝摘，于是名實紊而法令滋。頃者，特嚴贓吏之誅，自宰執以下，坐重典者十餘人，而貪風未盡息，所以導之者未善也。賈誼曰：『禮禁未然之先，法施已然之後。』誠導之以禮，將人人有士君子之行而無狗彘之心，所謂禁之未然也。今一切詿誤及指稱賄賂者，即業經昭雪，猶從吏議，深文巧詆，絶天下遷改之途，益習爲頑鈍無恥，矯飾外貌以欺陛下。士節日墮，官邪日著，陛下亦安能一一察之？且陛下所以勞心焦思于上者，以未得賢人君子用之也。而所嘉予而委任者，率奔走集事之人。以摘發爲精明，以告訐爲正直，以便給爲才諝，又安所得賢者而用之？得其人矣，求之太備，或以短而廢長；責之太苛，或因過而成悞。且陛下所擘畫，動出諸臣意表，不免有自用之心。臣下救過不給，讒諂者因而間之，猜忌之端遂從此起。夫恃一人之聰明，而使臣下不得盡其忠，則耳目有時壅；憑一人之英斷，而使諸大夫國人不得衷其是，則意見有時移。方且爲内降，爲留中，何以追喜起之盛乎？數十年來，以門户殺天下幾許正人，猶蔓延不已。陛下欲折君子以平小人之氣，用小人以成君子之公，前日之覆轍將復見于天下也。陛下求治之心，操之過急。醖釀而爲功利，功利不已，轉爲刑名，刑名不已，流爲猜忌，猜忌不已，積爲壅蔽，正人心之危，所潛滋暗長而不自知者。誠能建中立極，默證此心，使心之所發悉皆仁義之良，仁以育天下，義以正萬民，自朝廷達于四海，莫非仁義之化，陛下已一旦躋于堯舜矣。」帝以爲迂闊，然嘆其忠。未幾，都城被兵，帝不視朝，章奏多留中不報。傳旨辦布囊八百，中官競獻馬騾，又令百官進馬。宗周曰：「是必有以遷幸動上者。」乃詣午門，叩頭諫曰：「國勢强弱，視人心安危。乞陛下出御皇極門，延見百僚，明言宗廟山陵在此，固守外無他計。」俯伏待報，自晨迄暮，中官傳旨乃退。米價騰躍，請罷九門税，修賈區以處貧民，爲粥以養老疾，嚴行保甲之法，人心稍安。

時樞輔諸臣多下獄者，宗周言：「國事至此，諸臣負任使，無所逃罪。陛下亦宜分任咎。禹、湯罪己，興也勃焉。曩皇上以情面疑群臣，群臣盡在疑中，日積月累，結爲陰痞，識者憂之。今日當開示誠心，爲濟難之本，御便殿以延見士大夫，以票擬歸閣臣，以庶政歸部院，以獻可替否予言官。不效，從而更置之，無坐錮以成其罪。乃者朝廷縛文吏如孤雛，而視武健士不啻驕子，漸使恩威錯置，文武皆不足信，乃專任一二内臣，閫以外次第委之。自古未有宦官典兵不悞國者。」又劾馬世龍、張鳳翼、吴阿衡等罪，忤帝意。

三年，以疾在告，進祈天永命之説，言：「法天之大者莫過于重民命，則刑罰宜當宜平。陛下以重典繩下，逆黨有誅，封疆失事有誅。一切詿誤，重者杖死，輕者謫去，朝署中半染赭衣。而最傷國體者無如詔獄。副都御史易應昌以平反下吏，法司必以鍛鍊爲忠直，蒼鷹乳虎接踵于天下矣。願體上天好生之心，首除詔獄，且寬應昌，則祈天永命之一道也。法天之大者莫過于厚民生，則賦斂宜緩宜輕。今者宿逋見征，及來歲預征，節節追呼，閭閻困敝，貪吏益大爲民厲。貴州巡撫蘇琰以行李被訐於監司。巡方黷貨，何問下吏，吸膏吮脂之輩接跡于天下矣。願體上天好生之心，首除新餉，并嚴飭官方，則祈天永命之又一道也。然陛下天之宗子，而輔臣宗子之家相也。陛下置宰輔率由特簡，亦願體一人好生之心，毋驅除異己，搆朝士以大獄，結國家朋黨之禍，毋寵利居成功，導人主以富强，釀天下土崩之勢。」周延儒、温體仁見疏，不懌。以時方禱雨，而宗周稱疾，指爲偃蹇，激帝怒，擬旨詰之，且令陳足兵、足餉之策。宗周條畫以對，延儒輩不能難。

爲京尹，政令一新，挫豪家尤力。閹人言事輒不應，或相詬誶，宗周治事自如。武清伯蒼頭敺諸生，宗周捶之，枷武清門外。嘗出，見優人籠篋，焚之通衢。賙恤單丁下户備至。居一載，謝病歸，都人爲罷市。

八年七月，内閣缺人，命吏部推在籍者，以孫慎行、林釬及宗周名上。詔所司敦趨，宗周固辭，不許。明年正月入都，慎行已卒，與釬入朝。帝問人才、兵食及流寇猖獗狀，宗周言：「陛下求治太急，用法太嚴，布令太煩，進退天下士太輕，諸臣畏罪飾非，不肯盡職業，故有人而無人之用，有餉而無餉之用，有將不能治兵，有兵不能殺賊。流寇本朝廷赤子，撫之有道，則還爲民。今急宜以收拾人心爲本，收拾人心當先寬有司。參罰重則吏治壞，吏治壞則民生困，盜賊由此日繁。」帝又問兵事，宗周言：「禦外以治内爲本，内治修，遠人自服。帝舜干羽舞而有苗格，願陛下以堯舜之心行堯舜之政，則天下自平。」對畢趨出，帝顧温體仁，迂其言，命釬輔政，宗周他用。旋授工部左侍郎。

踰月，上《痛憤時艱疏》，言：「陛下鋭意求治，而二帝三王治天下之道未暇講求，施爲次第多未得要領，首屬意于邊功，而罪督遂以五年恢復之説進，是爲禍胎。己巳之役，謀國無良，朝廷始有積輕士大夫之心。自此耳目參于近侍，腹心寄于干城，治術尚刑名，政體歸叢脞，天下事日壞不可救。廠衛司譏察，而告訐之風熾；詔獄及士紳，而堂廉之等夷。人人救過不給，而欺罔之習轉甚；事事仰成獨斷，而諂諛之風日長；三尺法不伸于司寇，而犯者日衆。詔旨雜治五刑，歲躬斷獄以數千，而好生之德意泯。刀筆治絲綸而王言褻，誅求及瑣屑而政體傷，參罰在錢穀而官愈貪、吏愈横，賦愈逋。敲扑繁而民生瘁，嚴刑重斂交困而盜賊日起。總理任而臣下之功能薄，監視遣而封疆之責任輕，督撫無權而將日懦，武弁廢法而兵日驕，將懦兵驕而朝廷之威令并窮于督撫。朝廷勒限平賊，而行間日殺良報功，生靈益塗炭。一旦天牖聖衷，撤總監之任，重守令之選，下弓旌之招，收酷吏之威，布維新之化，方與二三臣工洗心滌慮，以聯泰交，而不意君臣相遇之難也。得一文震孟而以單辭報罷，使大臣失和衷之誼；得一陳子壯而以過戇坐辜，使朝宁無吁咈之風，此關于國體人心非淺鮮者。陛下必體上天生物之心以敬天，而不徒倚風雷；必念祖宗鑑古之制以率祖，而不致輕改作。以簡要出政令，以寬大養人才，以忠厚培國脉。發政施仁，收天下泮涣之人心，而且還内廷掃除之役，正懦帥失律之誅，慎天潢改授之途。遣廷臣齎内帑，巡行郡國，爲招撫使，赦其無罪而流亡者。陳師險隘，堅壁清野，聽其窮而自歸。誅渠之外，猶可不殺一人而畢此役，奚待于觀兵哉！」疏入，帝怒甚，諭閣臣擬嚴旨再四。每擬上，帝輒手其疏覆閲，起行數周。已而意解，降旨詰問，謂：「大臣論事，宜體國度時，不當效小臣歸過朝廷爲名高。」且獎其清直焉。時太僕缺馬價，有詔願捐者聽，體仁及成國公朱純臣以下皆有捐助。又議罷明年朝覲，宗周以輸貲、免覲爲大辱國。帝雖不悦，心善其忠，益欲大用。體仁患之，募山陰人許瑚疏論「宗周道學有餘，才諝不足」。帝以瑚同邑，知之宜真，遂已不用。

其秋，三疏請告去。至天津，聞都城被兵，遂留養疾。十月，事稍定，乃上疏曰：「己巳之變，誤國者袁崇焕一人。小人競修門户之怨，異己者概坐以崇焕黨，日造蜚語，次第去之。自此小人進而君子退，中官用事而外廷浸疎。文法日繁，欺罔日甚，朝政日隳，邊防日壞。今日之禍，實已以來醸成之也。且以張鳳翼之溺職中樞也，而俾之專征，何以服王洽之死？以丁魁楚等之失事于邊也，而責之戴罪，何以服劉策之死？諸鎮勤王之師争先入衛者幾人，不聞以逗遛蒙詰責，何以服耿如杞之死？今且以二州八縣之生靈，結一飽颺之局，則廷臣之累累若若可幸無罪者，又何以謝韓爌、張鳳翔、李邦華諸臣之或戍或去？豈昔爲異己驅除，今不難以同己相容隱乎？臣于是而知小人之禍人國無已時也。昔唐德宗謂群臣曰：『人言盧杞姦邪，朕殊不覺。』群臣對曰：『此乃杞之所以爲姦邪也。』臣每三復斯言，爲萬世辨姦之要，故曰『大姦似忠，大佞似信』。頻年以來，陛下惡私交，而臣下多以告訐進；陛下録清節，而臣下多以曲謹容；陛下崇勵精，而臣下奔走承順以爲恭；陛下尚綜覈，而臣下瑣屑吹求以示察。凡若此者，正似信似忠之類，究其用心，無往不出于身家利禄。陛下不察而用之，則聚天下之小人立于朝，有所不覺矣。天下即乏才，何至盡出中官下？而陛下每當緩急，必委以大任。三協有遣，通、津、臨、德有遣，又重其體統，等之總督。中官總督，置總督何地？是真以封疆嘗試也。總督無權，置撫按何地？且小人每比周中官，以相引重，君子獨岸然自異。故自古有用小人之君子，終無黨比小人之君子。陛下誠欲進君子退小人，決理亂消長之機，猶復用中官參制之，此明示以左右袒也。有明治理者起而争之，陛下即不用其言，何至并逐其人？而御史金光宸竟以此逐，若惟恐傷中官心者，尤非所以示天下也。至今日刑政之最舛者，成德，傲吏也，而以贓戍，何以肅懲貪之令？申紹芳，十餘年監司也，而以莫須有之鑽刺戍，何以昭抑競之典？至鄭鄤久干鄉議，而杖母之獄，或以無告坐，何以示敦倫之化？此數事者，皆爲故輔文震孟引繩批根，即向驅除異己之故智，而廷臣無敢言，陛下亦無從知之也。嗚呼！八年之間，誰秉國成，而至于是！臣不能爲首揆温體仁解矣。語曰：『誰生厲階，至今爲梗。』體仁之謂也。」疏奏，帝大怒。體仁又上章力詆，遂斥爲民。

十四年九月，吏部缺左侍郎，廷推不稱旨。帝臨朝而嘆，謂大臣「劉宗周清正敢言，可用也」。遂以命之。再辭不得，乃趨朝。道中進三劄，一曰明聖學以端治本，二曰躬聖學以建治要，三曰重聖學以需治化，凡數千言。帝優旨報之。明年八月，未至，擢左都御史。力辭，有詔敦趣。踰月，入見文華殿。帝問：「都察院職掌安在？」對曰：「在正己以正百寮。必存諸中者，上可對君父，下可質天下士大夫，而後百寮則而象之。大臣法，小臣廉，紀綱振肅，職掌在是。而責成巡方，其首務也。巡方得人則吏治清，民生遂。」帝曰：「卿力行以副朕望。」乃列建道揆、貞法守、崇國體、清伏奸、懲官邪、飭吏治六事以獻，帝褒納焉。俄劾御史喻上猷、嚴雲京，薦袁愷、成勇，帝並從之。其後上猷受李自成顯職，卒爲世大詬。冬十月，京師被兵。請旌死事盧象昇，而追戮誤國奸臣楊嗣昌，逮跋扈悍將左良玉，防關以備反攻，防潞以備透渡，防通、津、臨、德以備南下。帝不能盡行。

閏月晦日，召見廷臣于中左門。時姜埰、熊開元以言事下詔獄，宗周約九卿共救。入朝，聞密旨置二人死，宗周愕然，謂衆曰：「今日當空署争，必改發刑部始已。」及入對，御史楊若橋薦西洋人湯若望善火器，請召試。宗周曰：「邊臣不講戰守屯戍之法，專恃火器。近來陷城破邑，豈無火器而然？我用之制人，人得之亦可制我，不見河間反爲火器所破乎？國家大計，以法紀爲主。大帥跋扈，援師逗遛，奈何反姑息，爲此紛紛無益之舉？」帝乃令議督撫去留，宗周請先去督師范志完，且曰：「十五年來，陛下處分未當，致有今日敗局。不追原禍始，更絃易轍，欲以一切苟且之政，補目前罅漏，非長治之道也。」帝變色曰：「前不可追，善後安在？」宗周曰：「在陛下開誠布公，公天下爲好惡，合國人爲用舍，進賢才，開言路，次第與天下更始。」帝曰：「目下烽火逼畿甸，且國家敗壞已極，當如何？」宗周曰：「武備必先練兵，練兵必先選將，選將必先擇賢督撫，擇賢督撫必先吏兵二部得人。宋臣曰：『文官不愛錢，武官不惜死，則天下太平。』斯言，今日鍼砭也。論者但論才望，不問操守，未有操守不謹而遇事敢前，軍士畏威者。若徒以議論捷給，舉動恢張，稱曰才望，取爵位則有餘，責事功則不足，何益成敗哉？」帝曰：「濟變之日，先才後守。」宗周曰：「前人敗壞，皆由貪縱使然，故以濟變言，愈宜先守後才。」帝曰：「大將别有才局，非徒操守可望成功。」宗周曰：「他不具論，如范志完操守不謹，大將、偏、裨無不由賄進，所以三軍解體。由此觀之，操守爲主。」帝色解曰：「朕已知之。」勅宗周起。于是宗周出奏曰：「陛下方下詔求賢，姜埰、熊開元二臣遽以言得罪。國朝無言官下詔獄者，有之，自二臣始。陛下度量卓越，妄如臣宗周，顴直如臣黄道周，尚蒙使過之典，二臣何不幸，不邀法外恩。」帝曰：「道周有學有守，非二臣比。」宗周曰：「二臣誠不及道周，然朝廷待言官有體，言可用用之，不可置之。即有應得之罪，亦當付法司。今遽下詔獄，終于國體有傷。」帝怒甚，曰：「法司、錦衣皆刑官，何公何私？且罪一二言官，何遽傷國體？如有貪贓壞法、欺君罔上，皆不可問乎？」宗周曰：「錦衣，膏粱子弟，何知禮義？聽寺人役使。即陛下問貪贓壞法、欺君罔上，亦不可不付法司也。」帝大怒曰：「如此偏黨，豈堪憲職？」有間，曰：「開元此疏必有主使，疑即宗周。」金光宸争之。帝叱光宸，并命議處。翼日，光宸貶三秩調用，宗周革職，刑部議罪。閣臣持不發，捧原旨御前懇救，乃免，斥爲民。

歸二年而京師陷。宗周徒步荷戈，詣杭州。責巡撫黄鳴駿發喪討賊，鳴駿誠以鎮静，宗周勃然曰：「君父變出非常，公專閫外，不思枕戈泣血，激勵同仇，反藉口鎮静，作遜避計耶？」鳴駿唯唯。明日，復趣之。鳴駿曰：「發喪必待哀詔。」宗周曰：「嘻！此何時也，安所得哀詔哉？」鳴駿乃發喪。問師期，則曰：「甲仗未具。」宗周曰：「嗟乎！是烏足與有爲哉！」乃與故侍郎朱大典，故給事中章正宸、熊汝霖召募義旅。將發，而福王監國于南京，起宗周故官。宗周以大仇未報，不敢受職，自稱草莽孤臣，言：「今日大計，舍討賊復仇，無以表陛下渡江之心；非毅然決策親征，亦無以作天下忠義之氣。一曰據形勝以規進取。江左非偏安之業，請進圖江北。鳳陽號中都，東扼徐、淮，北控豫州，西顧荆、襄，而南去金陵不遠，請以駐親征之師。大小銓除，暫稱行在，少存臣子負罪引慝之心。從此漸進，秦、晉、燕、齊必有響應而起者。一曰重藩屏以資彈壓。淮陽數百里，設兩節鉞，不能禦亂，爭先南下，致江北一塊土拱手授賊。督漕路振飛坐守淮城，久以家屬浮舟遠地，是倡之逃也。于是鎮臣劉澤清、高傑遂有家屬寄江南之說。軍法，臨陣脫逃者斬。臣謂一撫二鎮皆可斬也。一曰慎爵賞以肅軍情。請分別各帥封賞，孰當孰濫，輕則收侯爵，重則奪伯爵。夫以左帥之恢復而封，高、劉之敗逃亦封，又誰不當封者？武臣既濫，文臣隨之，外臣既濫，中璫隨之，恐天下聞而解體也。一曰核舊官以立臣紀。燕京既破，有受僞官而叛者，有受僞官而逃者，有在封守而逃者，有奉使命而逃者，法皆不赦。亟宜分別定罪，爲戒將來。至于僞命南下，徘徊順逆之間，實繁有徒。必且倡爲曲說，以惑人心，尤宜誅絕。」又言：「當賊入秦流晉，漸過畿南，遠近洶洶，獨大江南北晏然，而二三督撫不聞遣一騎以壯聲援，賊遂得長驅犯闕。坐視君父之危亡而不救，則封疆諸臣之當誅者一。凶問已確，諸臣奮戈而起，一戰以贖前愆，自當不俟朝食。方且仰聲息于南中，爭言固圉之策，卸兵權于閫外，首圖定策之功，則封疆諸臣之當誅者又一。新朝既立之後，謂宜不俟終日，首遣北伐之師。不然，則亟馳一介，間道北進，檄燕中父老，起塞上名王，哭九廟，厝梓宫，訪諸王。更不然，則起閩帥鄭芝龍，以海師下直沽，九邊督鎮合謀共奮，事或可爲。而諸臣計不出此，則舉朝謀國不忠之當誅者又一。罪廢諸臣，量從昭雪，自應援先帝遺詔及之，今乃概用新恩。誅閹定策，前後詔書鶻突，勢必彪虎之類盡從平反而後已，則舉朝謀國不忠之當誅者又一。臣謂今日問罪，當自中外諸臣不職者始。」詔納其言，宣付史館，中外爲悚動。而馬士英、高傑、劉澤清恨甚，滋欲殺宗周矣。

宗周連疏請告不得命，遂抗疏劾士英，言：「陛下龍飛淮甸，天實予之。乃有扈蹕微勞，入内閣，進中樞，官銜世廕，晏然當之不疑者，非士英乎？于是李沾侈言定策，挑激廷臣矣。劉孔昭以功賞不均，發憤冢臣，朝端譁然聚訟，而群陰且翩翩起矣。借知兵之名，則逆黨可以燃灰；寬反正之路，則逃臣可以汲引，而閣部諸臣且次第言去矣。中朝之黨論方興，何暇圖河北之賊？立國之本紀已疎，何以言匡攘之略？高傑，一逃將也，而奉若驕子，浸有尾大之憂。淮陽失事，不難譴撫臣、道臣以謝之，安得不長其桀驁？則亦恃士英卵翼也。劉、黄諸將各有舊汛地，而置若奕碁，洶洶爲連雞之勢，至分剖江北四鎮以慰之，安得不啓其雄心？則皆高傑一人倡之也。京營自祖宗以來，皆勳臣爲政，樞貳佐之。陛下立國伊始，而有内臣盧九德之命，則士英有不得辭其責者。總之，兵戈盜賊，皆從小人氣類感召而生，而小人與奄宦又往往相表裏。自古未有奄宦用事，而將帥能樹功于方域者。惟陛下首辨陰陽消長之幾，出士英仍督鳳陽，聯絡諸鎮，決用兵之策。史可法即不還中樞，亦當自淮而北，歷河以南，别開幕府，與士英相犄角。京營提督，獨斷寢之。書之史册，爲弘光第一美政。」王優詔答之，而促其速入。士英大怒，佯具疏辭位，且揚言于朝曰：「劉公自稱草莽孤臣，不書新命，明示不臣天子也。」其私人朱統鐁遂劾宗周請移蹕鳳陽，蓋以「鳳陽高牆所在，欲以罪宗處皇上，而與史可法擁立潞王，其兵已伏丹陽，當急備。」而澤清、傑日夜謀所以殺宗周者不得，乃遣客十輩刺宗周。宗周時在丹陽，終日危坐，未嘗有惰容。客前後至者，不敢加害而去。而黃鳴駿入覲，兵抵京口，與防江兵相擊鬭。士英以統鐁言爲信也，亦震恐。于是澤清劾疏：「宗周陰撓恢復，欲誅臣等，激變士心，召生靈之禍。」劉良佐亦疏言：「宗周力持三案，爲門户主盟，倡議親征，圖晁錯之自爲居守，司馬懿之閉城拒君。」疏未下，澤清復草一疏，署傑、良佐及黃得功名上之，言：「宗周勸上親征，謀危君父，欲安置于烽火凶危之地。蓋非宗周一人逆謀，乃姜曰廣、吴甡合謀也。曰廣心雄膽大，翊戴非其本懷，故陰結死党，翦除諸忠，然後迫劫乘輿遷之别郡。如甡、宗周入都，臣等即渡江赴闕，面詰諸奸，正《春秋》討賊之義。」疏入，舉朝大駭。傳諭和衷集事。宗周不得已，以七月十八日入朝。初，澤清疏出，遣人録示傑，傑曰：「我輩武人，乃預朝事耶？」得功疏辨：「臣不預聞。」士英寢不奏。可法不平，遣使徧詰諸鎮，咸云不知，可法遂據以入告，澤清輩由是氣沮。

士英既嫉宗周，益欲去之，而薦阮大鋮知兵。有詔，冠帶陛見。未幾，中旨特授兵部添註右侍郎。宗周曰：「大鋮進退，係江左興亡，老臣不敢不一争之。不聽，則亦將歸耳。」疏入，不聽。宗周遂告歸，詔許乘傳。將行，疏陳五事：「一曰修聖政，毋以近娱忽遠猷。國家不幸，遭此大變，今紛紛制作，似不復有中原志者。土木崇矣，珍奇集矣，俳優雜劇陳矣；内豎充廷，金吾滿座，戚畹駢闐矣；讒夫昌，言路扼，官常亂矣。所謂狃近娱而忽遠圖也。一曰振王綱，無以主恩傷臣紀。自陛下即位，中外臣工不曰從龍，則曰佐命。一推恩近侍，則左右因而秉權；再推恩大臣，則閣部可以兼柄；三推恩勳舊，則陳乞至今未已；四推恩武弁，則疆埸視同兒戲。表裏呼應，動有藐視朝廷之心；彼此雄長，即爲犯上無等之習。禮樂征伐，漸不自天子出。所謂褻主恩而傷臣紀也。一曰明國是，無以邪鋒危正氣。朋黨之説，小人以加君子，釀國家空虚之禍，先帝末造可鑒也。今更爲一二元惡稱冤，至諸君子後先死于黨，死于徇國者，若有餘戮。揆厥所由，止以一人進用，動引三朝故事，排抑舊人。私交重，君父輕，身自樹黨而坐他人以黨。所謂長邪鋒而危正氣也。一曰端治術，無以刑名先教化。先帝頗尚刑名，而殺機先動于温體仁。殺運日開，怨毒滿天下。近如貪吏之誅，不經提問，遽科罪名；未科罪名，先追贓罰。假令有禹好善之巡方，借成德以媚權相，又孰辨之？又職方戎政之奸弊，道路嘖有煩言，雖衛臣有不敢問者，則廠衛之設何爲？徒令人主虧至德，傷治體。所謂急刑名而忘教化也。一曰固邦本，毋以外釁釀内憂。前者淮陽告變，未幾而高、黄二鎮又治兵相攻。四鎮額兵各三萬，不用以殺敵而自相屠毒，又日煩朝廷講和，何爲者？夫以十二萬不殺敵之兵，索十二萬不殺敵之餉，必窮之術耳。不稍裁抑，惟加派横征，蓄一二蒼鷹乳虎之有司，以天下狗之已矣。所謂積外釁而釀内憂也。」優詔報聞。

明年五月，南京亡。六月，潞王降，杭

州亦失守。宗周方食，推案慟哭，自是遂不食。移居郭外，有勸以文、謝故事者，宗周曰：「北都之變，可以死，可以無死，以身在田里，尚有望于中興也。南都之變，主上自棄其社稷，尚曰可以死，可以無死，以俟繼起有人也。今吾越又降矣，老臣不死，尚何待乎？若曰身不在位，不當與城爲存亡，獨不當與土爲存亡乎？此江萬里所以死也。」出辭祖墓，舟過西洋港，躍入水中，水淺不得死，舟人扶出之。絶食二十三日，始猶進茗飲，後勺水不下者十三日，與門人問答如平時。閏六月八日卒，年六十有八。

宗周始受業于許孚遠，已入東林書院與高攀龍輩講習。馮從吾首善書院之會，宗周亦與焉。越中自王守仁後，一傳爲王畿，再傳爲周汝登、陶望齡，三傳爲陶奭齡，皆雜于禪。奭齡講學白馬山，爲因果説，去守仁益遠。宗周憂之，築證人書院，集同志講肄。且死，語門人曰：「學之要誠而已，主敬其功也。敬則誠，誠則天。良知之説鮮有不流于禪者。」宗周在官之日少，其事君不以面從爲敬。入朝，雖處暗室不敢南嚮。或訊大獄，會大議，對明旨，必却坐拱立移時。或謝病，徒步家居，布袍粗飯，樂道安貧。聞召就道，常不能具冠裳。學者稱念臺先生。子汋，字伯繩。

劉蕺山先生集卷一

人譜

自序

友人有示予以袁了凡《功過格》者，予讀而疑之。了凡自言嘗授旨雲谷老人，及其一生轉移果報，皆取之功過，鑿鑿不爽，信有之乎？予竊以爲病于道也。子曰：「道不遠人，人之爲道而遠人，不可以爲道。」今之言道者，高之或淪于虛無，以爲語性而非性也；卑之或出于功利，以爲語命而非命也。非性非命，非人也，則皆遠人以爲道者也。然二者同出異名，而功利之惑人爲甚。老氏以虛言道，佛氏以無言道，其說最高妙，雖吾儒亦視以爲不及。乃其意主于了生死，其要歸之自私自利。故太上有《感應篇》，佛氏亦多言因果，大抵從生死起見，而動援虛無以設教。猥云功行，實恣邪妄，與吾儒惠迪從逆之旨霄壤。是虛無之說，正功利之尤者也。了凡學儒者也，而篤信因果，輒以身示法，亦不必實有是事。傳染至今，遂爲度世津梁，則所關于道術晦明之故，有非淺鮮者。予因之有感，特本證人之意，著《人極圖說》以示學者，繼之以六事工課，而《記過格》終焉。言過不言功，以遠利也。總題之曰《人譜》，以爲證人者莫近于是。學者誠知人之所以爲人，而于道亦思過半矣。將馴是而至于聖人之域，功崇業廣，又何疑乎！友人聞之，亟許可。遂序而傳之。蕺山長者劉宗周書。

按：《人譜》作于甲戌，重訂于丁丑，而是《譜》則乙酉五月之絶筆也。一句一字，皆經再三參訂而成。向者吴巒穉初刻于湖，鮑長孺再刻于杭，俱舊本也。讀者辨諸，毋負先君子臨岐苦心。己丑孟秋，不孝男汋百拜謹識。

人譜正篇

人極圖

按：此第二、第三圖，即濂溪《太極圖》之第二圖，然分而爲二，自有別解，且左右互易，學者詳之。

人極圖説

無善而至善，心之體也。

即周子所謂太極。太極本無極也，統三才而言謂之極，分人極而言謂之善，其義一也。

繼之者善也，

動而陽也，乾知大始是也。

成之者性也。

静而陰也，坤作成物是也。

繇是而之焉，達于天下者道也。放勳曰：「父子有親，君臣有義，夫婦有别，長幼有序，朋友有信。」此五者，五性之所以著也。五性既著，萬化出焉。萬化既行，萬性正矣。

五性之德，各有專屬，以配水火木金土，此人道之所以達也。

萬物，❶一性也。性，一至善也。至善，本無善也。無善之真，分爲二五，散爲萬善。上際爲乾，下蟠爲坤。乾知大始，吾易知也；坤作成物，吾簡能也。其俯仰于乾坤之内者，皆其與吾之知能者也。

乾道成男，即上際之天；坤道成女，即下蟠之地。而萬物之胞與，不言可知矣。《西銘》以乾坤爲父母，至此以天地爲男女，乃見人道之大。

大哉人乎！無知而無不知，無能而無不能，其惟心之所爲乎！《易》曰：「天下何思何慮！天下同歸而殊塗，一致而百慮。天下何思何慮！」

無知之知，不慮而知；無能之能，不學而能，是之謂無善之善。

❶「物」，全書本作「性」。

君子存之，善莫積焉；小人去之，過莫加焉。吉凶悔吝，惟所感也。積善積不善，人禽之路也。知其不善，以改于善，始于有善，終于無不善。其道至善，其要無咎，所以盡人之學也。君子存之，即存此何思何慮之心，周子所謂主静立人極是也。然其要歸之善補過，所由殆與不思善惡之旨異矣。此聖學也。

人譜續篇一

證人要旨

○無極太極。一曰凜閒居以體獨。

學以學爲人，則必證其所以爲人，證其所以爲人，證其所以爲心而已。自昔孔門相傳心法，一則曰慎獨，再則曰慎獨。夫人心有獨體焉，即天命之性，而率性之道所從出也。慎獨而中和位育，天下之能事畢矣。然獨體至微，安所容慎？惟有一獨處之時可爲下手法。而在小人，仍謂之「閒居爲不善，無所不至」，至念及揜著無益之時，而已不覺其爽然自失矣。君子曰：「閒居之地可懼也，而轉可圖也。」吾姑即閒居以證此心，此時一念未起，無善可著，更何不善可爲？止有一真无妄在不睹不聞之地，無所容吾自欺也，吾亦與之毋自欺而已。則雖一善不立之中，而自知自慊，❶已具有渾然至善之極，君子所爲必慎其獨也。夫一閒居

❶「自知自慊」四字，全書本無。

爾，小人得之爲聚惡之藪，❶而君子善反之，即是證性之路，蓋敬肆之分也。敬肆之分，人禽之辨也，此證人第一義也。

静坐是閒中喫緊一事，其次則讀書。朱子曰：「每日取半日静坐，半日讀書。如是行之一二年，不患無長進。」

○動而無動。一曰卜動念以知幾。

獨體本無動静，而動念其端倪也。動而生陽，七情著焉。念如其初，則情返乎性，動無不善，動亦静也。偶著一念，因而過矣，卒流于惡者有之。❷是以君子有慎獨之學。❸七情之動不勝窮，而約之爲累心之物，則嗜慾忿懥居其大者。《損》之象曰：「君子以懲忿窒慾。」懲窒之功，正就動念時一加提醒，不使流于過而爲不善。纔有不善，未嘗不知之而止之，止之而復其初矣。過此以往，便有蔓不及圖者。昔人云：「懲忿如推山，窒慾如填壑。」直如此難，亦爲圖之于其蔓故耳。學不本之慎獨，則心無所主，滋爲物化。雖終日懲忿，只是以忿懲忿；終日窒慾，只是以慾窒慾。以忿懲忿，忿愈增；以慾窒慾，慾愈潰，宜其有取于推山填壑之象。豈知最初之心本自無忿，❹忽焉有忿，吾知之；本自無慾，忽焉有慾，吾知之。只此知之之時，即是懲之窒之之時，當下提醒，當下廓清，何等省力！至此幾雖已動，而仍不失其先見之吉，正知幾

❶「聚惡之藪」，全書本作「萬惡淵藪」。
❷「偶著一念」至「惡者有之」，全書本作「轉一念而不善隨之，動而動矣」。
❸「獨」，全書本作「動」。
❹「最初之」，全書本作「人」。

最得力處。❶《易》曰：「知幾其神乎！」此之謂也。謂非獨體之至神，不足以與于此也。此與幾善惡之説不同，學者詳之。

◉靜而無靜。三曰謹威儀以定命。

慎獨之學，既于動念上卜貞邪，已足端本澄源。而誠于中者形于外，容貌辭氣之間有爲之符者矣。賦形有定，❷所爲靜而生陰也。于焉，官雖止而神自行，仍一一以獨體閑之，靜而妙合于動矣。如足容當重，無以輕佻心失之；手容當恭，無以弛慢心失之；目容當端，無以淫僻心失之；口容當止，無以煩易心失之；聲容當靜，無以暴戾心失之；頭容當直，無以邪曲心失之；氣容當肅，無以浮蕩心失之；立容當德，無以徙倚心失之；色容當莊，無以表暴心失之，此《記》所謂九容也。天命之性不可見，而見于容貌辭氣之間，莫不各有當然之則，是則所謂性也，故曰威儀所以定命。昔横渠教人，專以知禮成性、變化氣質爲先，殆謂是與！

⊚五行攸敘。四曰敦大倫以凝道。

人生七尺，墮地後便爲五大倫關切之身，而所性之理與之一齊俱到。分寄五行，天然定位。父子有親，屬少陽之木；❸君臣有義，屬少陰之金；❹長幼有序，屬太陽之火；❺夫婦有別，屬太陰之水；❻朋友有信，屬陰陽會合之土。❼此五者，天

❶「當下提醒」至「最得力處」，全書本作「當下廓清，可不費絲毫氣力，後來徐加保任而已」。
❷「賦形有定」四字，全書本無。
❸「木」下，全書本有「喜之性也」四字。
❹「金」下，全書本有「怒之性也」四字。
❺「火」下，全書本有「樂之性也」四字。
❻「水」下，全書本有「哀之性也」四字。
❼「土」下，全書本有「中之性也」四字。

下之達道也，率性之謂道是也，然必待其人而後行。故學者工夫，自慎獨以來，根心生色，暢于四肢，自當發于事業。而其大者先授之五倫，于此尤加謹凜，隨分體當，❶外之何以極其規模之大？內之何以究其節目之詳？總期踐履精純，慥慥敦篤，❷以無忝此率性之道而已。昔人之言曰：「五倫間有多少不盡分處。」夫惟常懷不盡之心，而黽勉以從事焉，庶幾其逭于責乎。

◎物物太極。五曰備百行以考旋。

孟子曰：「萬物皆備于我矣。」此非意言之也。由五大倫推之，盈天地間皆吾父子、兄弟、夫婦、君臣、朋友也。其間知之明、處之當，無不一一責備于君子之身，大是一身關切。❸倘其間有一處缺陷，❹便如一體中傷殘了一肢一節，不成其爲我。又曰：「細行不矜，終累大德。」安見肢節受傷，非即心腹之病？❺故君子言仁則無所不愛，言義則無所不宜，言別則無所不辨，言序則無所不讓，言信則無所不實，至此乃見盡性之學，盡倫盡物，一以貫之。《易》稱：「視履考祥，其旋元吉。」虧旋之地，❻正是不廢查考耳。然非逐事簡點，只爲圓滿此獨體。如是學以慎獨，方真見得萬物皆備于我體段，一反

❶「謹凜隨分體當」，全書本作「致力」。
❷「踐履精純，慥慥敦篤」，全書本作「踐履敦篤，慥慥君子」。
❸「身」，全書本作「體」。
❹「倘」，全書本作「痛癢然而」。
❺「心腹之病」，全書本作「腹心之痛」。
❻「虧旋」，全書本作「吉祥」。

身而自得之，不假外求。❶ 故曰：「反身而誠，樂莫大焉。」又曰：「强恕而行，求仁莫近焉。」反身而誠，統體一極也；强恕而行，物物付極也。

○其要无咎。六曰遷善改過以作聖。

自古無現成的聖人，即堯舜不廢兢業。其次只一味遷善改過，便做成聖人，如孔子自道可見，聖人一生用心全在這裏。❷ 學者未歷過上五條公案，通身都是罪過。即已歷過上五條公案，通身仍是罪過。纔舉一公案，如此是善，不如此便是過。即如此是善，而善無窮，以善進善，亦無窮；不如此是過，而過無窮，因過改過，亦無窮。一遷一改，時遷時改，忽不覺其入于聖人之域，此證人之極則也。然所謂是善是不善，本心原自歷落分明，學者但就本心明處一決，決定如此不如彼，便時時有遷改工夫可做。更須小心窮理，使本心愈明，則查簡愈細，全靠不得今日已是見得如此而即以爲了手地也。❸ 故曰：「君子無所不用其極。」

人譜續篇二

記過格

◉物先兆。一曰微過，獨知主之。

妄獨而離其天者是。

❶「然非逐事」至「不假外求」，全書本作「今學者動言萬物備我，恐只是鏡中花，略見得光景如此。若是真見得，便須一一與之踐履過」。

❷「聖人一生用心全在這裏」十字，全書本無。

❸「如此」，全書本作「如此如此」。

以上一過，實函後來種種諸過，而藏在未起念以前，彷佛不可名狀，故曰微。原從無過中看出過來者。

妄字最難解，直是無病痛可指。如人元氣偶虛耳，然百邪從此易入，人犯此者，便一生受虧，無藥可療，最可畏也。程子曰：「无妄之謂誠。」誠尚在无妄之後。誠與僞對，妄乃生僞也。妄無面目，只一點浮氣所中，如履霜之象，微乎微乎！妄根所中曰惑，爲利、爲名、爲生死，其粗者爲酒、色、財、氣。

◎動而有動。二曰隱過，七情主之。

溢喜損者三樂之類。

遷怒尤忌藏怒。

傷哀長戚戚。

多懼憂讒畏譏，或遇事變而失其所守。

溺愛多坐妻子。

作惡多坐疎賤。

縱欲耳目口體之屬。

以上諸過，過在心，藏而未露，故曰隱。仍坐前微過來，一過積二過。○微過不可見，但感之以喜則侈然而溢，感之以怒則怫然而遷，七情皆如是，而微過之真面目于此斯見。今須將微者先行消煞一下，然後可議及此耳。

◉靜而有靜。三曰顯過，九容主之。

箕踞　交股大交。小交。　趨　蹶以上足容。

擎拳　攘臂　高卑任意以上手容。

偷視　邪視　視非禮以上視容。

貌言　易言　煩言以上口容。

高聲　謔　笑　詈罵以上聲容。

岸冠　脱幘　摇首　側耳以上頭容。

好剛使氣　怠懈以上氣容。

跛倚　當門　履閾以上立容。

令色　遽色　作色以上色容。

以上諸過，授于身，故曰顯。仍坐前微、隱二過來，一過積三過。○九容之地即七情穿插其中，每容都有七種情狀伏在裏許。今姑言其略，如箕踞，喜也會箕踞，怒也會箕踞；如交股，喜也會交股，怒也會交股，其他可以類推。㊄五行不敘。四曰大過，五倫主之。

非道事親　親過不諫　責善　輕違教令　先意失懽　定省失節　唯諾不謹　奔走不恪　私貨財　私出入　私交遊　浪遊　不守成業　不謹疾　侍疾不致謹　讀禮不慎衣服飲食居處之類。　停喪不葬　祭祀不敬失齋失戒不備物。　繼述無聞　忌日不哀飲酒茹葷。　事伯叔父母不視父母以降以上父子類皆坐爲人子者，其爲父而過可以類推。

非道事君　長君　逢君　始進欺君考較、筮仕、鑽刺之類。　遷轉欺君夤緣速化。　宦成欺君貪位固寵。　不謹　罷軟　貪　酷　傲上官　陵下位　居鄉把持官府　囑托公事　遲完國課　脱漏差徭　擅擬詔令　私議公祖父母官政事美惡　縱子弟出入衙門　誣告以上君臣類。

交警不時　聽婦言　夫妻反目　帷簿不謹如縱婦女入廟燒香看燈看戲之類。　私寵婢妾　無故娶妾　婦言踰閾以上夫婦類，皆坐爲人夫者，其爲婦而過可以類推。

非道事兄　疾行先長　衣食凌競　語次先舉　出入不稟命　憂患不恤　侍疾不謹　私蓄　蚤年分爨　侵公産　異母相嫌　閱牆　外訴　聽妻子離間　貧富相形　久踈動定　踈視猶子　遇族兄弟于途不讓行　遇族尊長于途不起居以上長幼

類，皆坐爲人幼者，其爲長者而過可以類推。

勢交　利交　濫交　狎比匪人　延譽　恥下問　嫉視諍友　善不相長　過不相規　群居游談　流連酒食　緩急不相視　初終渝盟　匿怨　强聒　好爲人師　以上朋友類。

以上諸過，過在國家天下，故曰大。仍坐前微、隱、顯三過來，一過積四過。○諸大過總在容貌辭氣上見，如高聲一語，以之事父則不孝，以之事兄則不友，其他可以類推。謂諸過皆自心上生出來者。❶

●物物不極。五曰叢過，百行主之。

游夢　戲動　謾語　嫌疑　造次　乘危　蹊徑　好閒　博　弈　流連花石　好古玩　好書畫　床笫私言　蚤眠宴起　晝處內室　狎使婢女　挾娼妓　養俊僕　畜優人　觀戲場　行不避婦女　暑月袒　科跣　衣冠異製　懷居居處器物。輿馬　饕餮　憎食　縱飲　深夜飲　市肆飲　輕赴人席　宴會侈靡　輕諾　輕假我借人　輕施　與人期爽約　多取　濫受　居間爲利　獻媚當途　躁進　交易不公虧小經紀一文二文以上，及買田產短價。拾遺不還　持籌　田宅方圓　嫁娶侈靡　誅求親故　窮追遠年債負　違例取息　謀風水　有恩不報　拒人乞貸　遇事不行方便如排難解紛、勸善阻惡之類。横逆相報　宿怨　武斷鄉曲　設誓　咒詛　習市語　稱綽號　造歌謡　傳流言　稱人惡　暴人陰事　面訐人過　譏議前輩　好訟　終訟　主訟　失盜窮治　損棄故

❶「謂諸過皆自」，全書本作「爲是」。

舊　踈九族　薄三黨　欺鄉里　侮隣佑　慢流寓　虐使僕僮　欺凌寒賤　擠無告　遇死喪不恤　見骼不掩　特殺　食耕牛野禽　殺起蟄　無故拔一草折一木　暴殄天物　褻瀆神社　呵風怨雨　棄毁文字　雌黄經傳　讀書無序　作字潦草　輕刻詩文　近方士　禱賽　主創庵院　拜僧尼　假道學

以上諸過，自微而著，分大而小，各以其類相從，略以百爲則，故曰叢。仍坐前微、隱、顯、大四過來，一過積五過。○百過所舉，先之以謹獨一關，而綱紀之以食色財氣，終之以學而叛道者，大抵皆從五倫不敘生來。

○迷復。六曰成過，爲衆惡門，以克念終焉。

祟門微過成過曰微惡，用小訟法解之，閉閤一時。

妖門隱過成過曰隱惡，用小訟法解之，閉閤二時。

戾門顯過成過曰顯惡，用小訟法解之，閉閤三時。

獸門大過成過曰大惡，用大訟法解之，閉閤終日。

賊門叢過成過曰叢惡，輕者用小訟，重者用大訟解之，閉閤如前。

聖域諸過成過，還以成過得改地，一一進以訟法，立登聖域。

以上一過准一惡，惡不可縱，故終之以聖域。○人雖犯極惡大罪，其良心仍是不泯，依然與聖人一樣，只爲習染所引，壞了事。若纔提起此心，耿耿小明，火然泉達，滿盤已是聖人。或曰：「其如積惡蒙頭何？」曰：「説在《孟子》，訓惡人齋沐矣。且既已如此，又恁地去可奈何？正恐直是不繇人不如此不得。」

訟過法即静坐法。

一炷香，一盂水，置之浄几。❶方會平旦以後，肅躬就坐，❷齊手輯足，❸屏息正容。戒慎不睹，恐懼不聞，祗祗栗栗，如對上帝，如臨師保，❹呈我宿疚，炳如也。因而内自訟曰：❺「爾固儼然人耳，一朝跌足，墮落千仞，乃獸乃禽，❻嗟何及矣！」應曰：「唯唯。」復出十目十手，共指共視，皆作如是言。應曰：「唯唯。」于是方寸兀兀，痛汗微星，赤光發頰，若身親三木者。已而躍然自奮曰：「是予之罪也夫。」則又内自訟曰：❼「莫得姑且供認。」又應曰：「否否。」復出十目十手，證佐皆作如是言。又應曰：「否否。」于是，❽清明之氣徐徐來，復覺此心浩然與天地同流。❾乃知從前都是妄緣，妄則非真。一真自若，湛湛澄澄，迎之無來，隨之無去，却是本來真面目也。此時正好與之保任，忽有一塵起，輒吹落。又保任一回，忽有一塵起，輒吹落。如此數番，勿忘勿助，勿問效驗如何。一霍間，整身而起，閉閤終日。

或咎予此説近禪者，予已廢之矣。

❶「几」下，全書本有「布一蒲團座子於下」八字。
❷「肅」，全書本作「一」。
❸「齊手輯足」，全書本作「交趺齊手」。
❹「戒慎不睹」至「如臨師保」，全書本作「正儼威間，鑒臨有赫」。
❺「因而内自訟」，全書本作「乃進而敕之」。
❻「墮落千仞，乃獸乃禽」，全書本作「乃獸乃禽，種種墮落」。
❼「内自訟」，全書本作「敕之」。
❽「復出十目」至「于是」，全書本作「頃之一線」。
❾「復覺此心浩然與天地同流」，全書本作「若向太虚然，此心便與太虚同體」。

既而思之曰：「此静坐法也，静坐非學乎？」程子每見人静坐，便嘆其善學。後人又曰：「不是教人坐禪入定，蓋借以補小學一段求放心工夫。」旨哉言乎！然則静坐豈一無事事？近高忠憲有《静坐説》二通，其一是撒手懸崖伎倆，其一是小心着地伎倆，而公終以後説爲正。今儒者談學，每言存養省察，又曰静而存養，動而省察，却教何處分動静？無思無爲，静乎？應事接物，動乎？雖無思無爲，而此心常止者自然常運；雖應事接物，而此心常運者自然常止。其常運者即省察之實地，而其常止者即存養之真機，總是一時小心着地工夫。故存養省察二者，不可截然分爲兩事，而并不可以動静分也。陸子曰：「涵養是主人翁，省察是奴婢。」今爲鈍根設法，請先爲其奴者，得《訟過法》，然此外亦别無所謂涵養一門矣。故仍存其説而不廢，因補註曰《静坐法》。

改過説一

天命流行，物與无妄，人得之以爲心，是謂本心。何過之有？惟是氣機乘除之際，有不能無過不及之差者，有過而後有不及，雖不及，亦過也。過也而妄乘之，爲厥心病矣。乃其造端甚微，去無過之地所争不能毫釐，而其究甚大。譬之木，自本而根而幹而標，水自源而後及于流，盈科放海。故曰：「涓涓不息，將成江河。綿綿不絶，將尋斧柯。」是以君子慎防其微也。防微則時時知過、時時改過；俄而授之隱過矣，當念過便從當念改；又授之顯過矣，當身過便從當身改；又授之大過矣，當境過當境改；又授之叢過矣，隨事過隨事改。改之則復于無過，可喜也。過而不改，是謂過矣。雖然，且得無改乎？凡此皆却妄還真之路，而工夫吃緊，總在微處得力云。「子絶四，毋意毋必毋固毋我。」真能謹微者也。專言毋我，即顔氏之克己，然視子則已粗矣。其次爲原憲之克伐怨欲不行焉，視顔則又粗，故夫子僅許之曰「可以爲難矣」，言幾幾乎其勝之也。張子十五年學個恭而安不成，程子曰：「可知是學不成，有多少病痛在。」亦爲其徒求之顯著之地耳。司馬温公則云：「某平生無甚過人處，但無一事不可對人言者。」庶幾免于大過乎！若邢恕之一日三簡點，則叢過對治法也。真能改過者，無顯非微，無小非大，即邢恕之學，未始非孔子之學。故曰：「出則事公卿，入則事父兄，喪事不敢不勉，不爲酒困。」不然，其自原憲而下，落一格轉粗一格，工夫彌難，去道彌遠矣。學者須是學孔子之學。

改過説二

人心自真而之妄，非有妄也，但自明而之暗耳。暗則成妄，如魑魅不能晝見。然人無有過而不自知者，其爲本體之明，固未嘗息也。一面明，一面暗，究也明不勝暗，故真不勝妄，則過始有不及改者矣。非惟不改，又從而文之，是暗中加暗，妄中加妄也。故學在去蔽，不在除妄。孟子言「君子之過如日月之食」，以喻人心明暗之機，極爲親切。蓋本心嘗明，而不能不受暗于過，明處是心，暗處是過。明中有暗，暗中有明，明中之暗即是過，暗中之明即是改，手勢如此親切。但常人之心，雖明亦暗，故知過而歸之文過，病不在暗中，反在明中。君子之心，雖暗亦明，故就明中用個提醒法，立地與之擴充去，得力仍在明中也。乃夫子則曰「内自訟」，一似十分用力，然正謂兩造當庭，抵死讎對，止求個十分明白，纔明白便無事也。如一事有過，直勘到事前之心果是如何；一念有過，直勘到念後之事更當何如。如此反覆推勘，討個分曉，當必有怡然以冰釋者矣。大《易》言補過，亦謂此心一經缺陷，便立刻與之補出，歸于圓滿，正圓滿此旭日光明耳。若只是皮面補綴，頭痛救頭，足痛救足，敗缺難掩，而彌縫日甚，仍謂之文過而已。雖然，人固有有過而不自知者矣。昔者子路人告之以有過則喜，子曰：「丘也幸，苟有過，人必知之。」然則學者虚心遜志，時務察言觀色，以輔吾所知之不逮，尤有不容緩者。

改過説三

或曰：「知過非難，改過爲難。」顔子有不善未嘗不知，知之未嘗復行也。有未嘗復行之行，而後成未嘗不知之知。今第曰知之而已，人無有過而不自知者。抑何改過者之寥寥也？曰：「知行只是一事。知者行之始，行者知之終；知者行之審，行者知之實。故言知則不必言行，言行亦不必言知。而知爲要，夫知有真知，有常知，昔人談虎之説近之。顔子之知，本心之知，即知即行，是謂真知；常人之知，習心之知，先知後行，是謂常知。真知如明鏡常懸，一徹永徹；常知如電光石火，轉眼即除。學者繇常知而進于真知，所以有致知之法。

《大學》言『致知在格物』，正言非徒知之，實允蹈之也。致之于意而意誠，致之于心而心正，致之于身而身修，致之于家而家齊，致之于國而國治，致之于天下而天下平。苟其猶有不誠、不正、不修、不齊、不治且平焉，則亦致吾之知而已矣，此格物之極功也。誰謂知過之知非即改過之行乎？致此之知，無過不知；行此之行，無過復行。惟無過不知，故愈知而愈致；惟無過復行，故愈致而愈知。此遷善改過之學，聖人所以没身未已，而致知之功與之俱未已也。昔者程子見獵而喜，蓋十二年如一日也，而前此未經感發，則此心了不自知，尚于何而得改地？又安知既經感發以後，遲之十二年不更作如是觀乎？此雖細微之惑，不足爲賢者累，亦以見改過之難正在知過之尤不易也。甚矣！學以致知爲要也。學者姑于平日聲色貨利之念逐一查簡，直用純灰三斗，蕩滌肝腸，于此露出靈明，方許商量。日用過端下落，則雖謂之行到然後知，❶亦可。昔者子路有過，七日而不食，孔子聞之曰：『由知改過矣。』亦點化語也。若子路，可謂力行矣。請取以爲吾黨勗。」

❶ 「知」下，全書本有「到」字。

劉蕺山先生集卷二

證人社約 崇禎辛未三月

學檄

蓋聞學惟學人乃真，人與人同斯大，圓首方趾，何以等藐類於乾坤？古往今來，胡獨拒吾生於賢聖？三復遺編，慨焉永歎！羲皇有作，首原性命之宗；堯舜相傳，遂闡危微之秘。迨群聖人没，而一中衍派，委王統於衰周。幸吾夫子興，而六籍還儒，表微言於長夜。杏壇洙泗之間，斷斷從之；洪水猛獸之際，岌岌懼焉。且曰：「學之不講，是吾憂。」又云：「人稱好辯，非得已。」凡以存天理之幾希，抑亦拯民生於陷溺。世愈降而人愈危，千秋勝事，有鵞湖倡和之英；説愈殷而旨愈晦，一點良知，多王氏廓清之力。生於其後，能無景行之思？出於其鄉，寧免過門之憾？禹穴之靈光未泯，蘭亭之禊事可尋。相彼鳥兮，求友何爲？矧伊人兮，所學何事？如旅未歸，深迷既往之途；似築有基，先立只今之志。或本《詩》、《書》以論世，或借《禮》、《樂》以維躬，或談經而修素業，或較藝以啓新知，或指點天性於當下，或昭揭肺肝於大廷，總期善相長而過相規，且務日有省而月有試。慥慥爾，鞭辟近裏之功非關口耳；恢恢乎，浸假上達之路直接維皇。須知此理人人具足，而不加印證，終虞寶藏塵埋；益信此心人人有知，而不事擴充，難免電光淪没。乃世之狃於習者，每以道學二字避流俗之誚，而人之諱言講者，轉以躬行一途開暴棄之門。蔽也久矣，念之悚然。老大無成，望崦嵫而策駕；後生可畏，激霄漢以揚輝。聊借典型之地，推私淑之人；緬懷狂簡之裁，❶寄斯文之重。使文成墜緒，繼孔、孟以常新；若濂、洛淵源，自何、王而遠遡。則昔人所以睠言歸與，而吾黨因之，不虚此日者也。嗚呼！七尺昂昂，豈徒塊然形質！❷百年冉冉，何止半宿蘧廬！欲決共命之良圖，應視我心而先得。辱在同人，願言請事，申以永好，庶踐平生。

會儀

一會期。取每月之三日，辰而集，午而散。是會也，專以講學明道，故紳衿駢集，不矜勢分，雖諸色人不禁焉。然真心好學者固多，而浮游往來者亦不乏人，特置姓氏一籍，其願入會而卜久要者，隨時登載。至日，司會呼庚引坐，毋得混亂。其後至不入籍者，另設虚席待之。遇遠方賢者至，則特舉一會，以展求教之誠。望後聽諸生自舉會課一次。

一會禮。於前廳設先聖孔子位。司會者先至，延諸友入。既集，司贊鳴雲板三下，請謁先聖，贊四拜禮，謁先賢，止長揖。禮畢，分班序齒，東西相向揖。列坐各以齒，紳與紳齒，士與士齒，如士而齒德表著者，仍齒於紳。遠方賢者用客禮，不齒。坐

❶「裁」，全書本作「才」。
❷「徒塊然形質」，全書本作「是一包膿骨」。

定，聽講。畢，❶復謁先聖先賢，俱一揖，左右分班，一揖而退。

一會講。諸友就坐，司會者進書案。特於諸縉紳下設虛位二席，以待講友及載筆者。另設一案於堂中，以待質疑者。司贊傳雲板三聲，命童子歌詩。歌畢，復傳雲板三聲，請開講。在坐者静聽，其有疑義欲更端者，俱俟講畢。出位，拱而立，互相印證。不得譁然並舉，亦不得接耳私談。犯者，司約傳雲板一聲糾之。講畢，命童子復歌詩，乃起。

一會費。每期司會者，具香燭於先聖先賢。會友既集，先進茶。茶畢，開講。講畢，具果餅一器，不設席，令侍者捧盤以進，坐中隨取而啖之。至會記有刻，會課有刻，聽入會者捐資，自一錢以上，多不過三錢。

一會録。每會推掌記者，記會中語言問答，但取其足以發明斯道，毋及浮蔓可也。録成，呈之主位者，以訂可否，乃付梓。

一會戒。凡與茲會，毋譃言，毋戲笑，毋交足，毋接耳，毋及朝事遷除，毋及里中鄙褻。犯者，司約糾之。

一會友。立會講一人，會史一人，無專屬，臨時選擇而使之。會約二人，會贊二人，皆有專屬。司會四人，在籍者輪值，周而復始。講以闡道，史以記事，約以糾儀，贊以相禮，司會者供給諸事。各相協力，以期永貞。

約言

社有約，約爲學之大旨而言之，凡以

❶「畢」上，全書本有「講」字。

爲證人地也。并附諸戒條於後，即證即修。學者幸相與守之。

學者第一義，在先開見地。合下見得在我者是堂堂地做箇人，不與禽獸伍，何等至尊且貴！蓋天之所以與我者如此，而非以凡聖岐也。聖人亦人爾，學以完其所爲人，即聖人矣。偶自虧欠，故成凡夫。以我偶自虧欠之人，而遂謂生而非聖人之人，可乎？且以一人非聖人，而遂謂舉天下皆非聖人之人，又可乎？顔淵曰：「舜何人也？予何人也？有爲者亦若是。」學如子淵，方謂之一開眼孔，人病不爲耳。纔讓聖人不爲，亦更無第二等人可爲，出聖入狂，非人即獸，間不容髮。明眼者，當自得之。問：「見地何資？」曰：「在讀書。讀書始知古來大聖賢皆從學問中出，何爲直自暴棄也？纔作猛省，不繇人不發憤用工夫。」❶

應戒：譏侮儒先，詆訶名教，不講學，不讀書，及讀非聖之書。

人生必有所自來。大《易》曰：「繼之者善也，成之者性也。」繼善以前，不容言説；成性以後，儘可識取。孟子曰：「孩提之童無不知愛其親者，及其長也，無不知敬其兄者。」此所謂良知也。人孰無此良知，自孩提稍長以後，一竅生生，時常流露，遇親知愛，遇長知敬。雖當旦晝牿亡之時，此知仍是朗然，不減毫末；即遇親長暫違之地，此知轉是盎然，亦不增毫末。性體呈露，於此最真。學者見地既開，❷只向此中求實地，不必更事玄虛。良知二字，是孟夫子道性善宗旨，致此之知，更有何事！故

❶「問見地何資」至「發憤用工夫」，全書本無。
❷「見地既開」，全書本作「欲參性宗」。

曰：「堯舜之道，孝弟而已矣。」

應戒：私財，私爨，私出入交際，制中宴樂，酷好風水年久停喪。

立愛自親始，立敬自長始，不自親長止也。繇吾親長而推之，有親戚焉，有朋友焉，又有鄉里焉，等而施之，漸推之天下之大，無有不愛且敬者，君子所以廣仁術也。乃吾儕每不勝其有我之見，自親長而外，一步推不去，情疎而愛薄，分隔而敬弛，鄉里親朋之間有不勝其怨惡者矣，況出而事君、事長、使衆之日乎？若是者，缺陷仍坐親長處，至此恩無可推，隨處成缺陷耳。學者只向良知落根處討分曉，於此果無缺陷，則滿腔子生意流行，自有火然泉達而不容已者，又何患天地萬物之不歸吾一體乎？此古人務本之説也。若更作對治法，必也强恕乎！試問己所不欲處，果是何事？

應戒：利己妨人，駕勢毆人、辱人及致人於官。

語云：「學莫先於義利之辨。」義也者，天下之公也；利也者，一己之私也。吾儕向人分上推不去，只爲私己心未除，所以動成隔礙，❶於凡辭受、取予、進退、死生之際，總存箇利心。利，利也。名，亦利也。如以利，道德事功皆利也。爲人子者，有所利焉而爲孝，其孝必不真；爲人臣者，有所利焉而爲忠，其忠必不至。充其類，便是弑父與君，總從利字落根來。❷大要在破除鄉愿窠臼，即一切異端曲學亦莫不自鄉愿脱胎，故孔子以爲德之賊云。語曰：❸「差之毫釐，

❶「隔礙」，全書本作「我見」。
❷「總」上，全書本有「弑逆大故」四字。
❸「語」，全書本作「故」。

謬以千里。」學者只就動念處早勘人禽關頭，是利是義。若於此辨得明，莫與含糊去，便一了百當。❶

應戒：會中投遞書揭，及借名道學，生事地方，把持官府，雌黄人物。

人生而有己，即有物欲之累，其最沉溺處爲酒、色、財、氣四者。四者之於人，本客感耳，而不能不與感俱着，則己私爲之主也。學以克己爲功，一切氣質無所用事，性體湛然，雖有四者之感，亦順以應之而已。先正有言：「真知是忿，忿必懲；真知是慾，慾必窒。」真知之勢，如火燎毛，一下真知，❷更何處容得忿慾在？若猶不能無着也，姑時時喚醒此知，漸用克治之功以化之。昔人二十年治一怒字，其他可知。曾記先師許恭簡公，每於身經歷處體驗所學，如曰：「今日遇交際，頗能不設將迎見。」晚年遇絶色，曰：「前此猶有染在。」遇拂意事，或動氣，既而曰：「較前時增減分數如何？」時爲學者言如此，慥慥君子哉！

應戒：呼盧酩酊，飲以長夜，畜頑童，挾優妓，摴蒱爲生，求田問舍，終訟。

人之所以異於禽獸者幾希，至散之爲三千三百而人道始備。故聖人惓惓於學禮，其教必本於小學，繇小學而入大學，莫不有禮以爲之節文，斯進於成人也易。後世禮教蕩然，士多習爲猖狂者，燕居則箕踞科頭，群處則謔浪笑傲，以父子則嘻嘻不問坐與立也，以兄弟則頡頏不問後與先也，饑而食，渴而飲，嗜慾而牝牡，盡蠢蠢耳。如

❶「若於此辨」至「一了百當」，全書本作「總不能瞞昧自己，急回頭，莫放錯」。

❷「一下真知」，全書本作「一知一切知」。

是可以爲人乎？未也。學者曉然於義利公私之辨，已能不入獸門，正慮其無所持循也，進之以學禮，禮者體也。近取之即一進一退、一飲一食、一問一答、一視一聽，莫不具有三千三百。苟能致謹於斯，而心有不存者，蓋亦寡矣。作聖之地，其在是乎！若其大者，施之家庭日用間，請從文公四禮而推之。

應戒：側聽，淫視，疾言遽色，跛立箕坐之類。衣不紫，履無朱，冠不采。閨閫無惰容，喪不用浮屠，祭無淫外神，動行祈禳。

白沙子曰：「名節者，道之藩籬。藩籬不固，其中未有能守者。」夫名節之於道，豈直藩籬而已乎？道無内外，學無内外，以名節爲外，又將以何者爲内而守之？白沙此言，政欲以藩籬重名節，非以藩籬外名節也。如淫坊酒肆，吾儕斷無託足之理，不具論。至於出入公庭，謁見官長，或借文字作緣，或倚貨財居間，似足誇耀流輩，舉俗爭艷慕之，而不知自有道者傍觀之，正辱身賤行之尤者。薛文清公曰：「囑託公事，雖能免人於患難，實損自己之廉恥。」夫免人於難且不可以廉恥徇，況更不堪告語者乎！進取一路，誠士人所不廢，而得之不得曰有命。人情若不看破，枉做小人，呈身之巧有無所不至者。幸而得之，立身一敗，萬事瓦解，人但知昏夜乞哀爲龍斷之富貴可恥，乃其病根實自做秀才時呈身有司來。若做秀才時行徑已壞，欲異日爲賢士大夫，未之前聞也。

應戒：結交衙門官吏，説事過錢，及以碑軸獻諛當途者。

子曰：「性相近也，習相遠也。」人生千

病萬痛都坐習上來，即氣質亦屬無權。習之壞人，其顯中於流俗者不能枚舉，而奢爲甚。奢者，從欲之便途，故人情趨之如鶩。習尚一成，牢不可破。每曰：「事之無害於義者，從俗可也。」豈知濫觴不已，其後有不可繼者。好修而不終，守道而不固，恒必繇之，未嘗不追悔前事也，而終奈此後事何？惟有載胥及溺而已。禮奢寧儉，聖人以之證本教焉。本者，性地也。緣習養性，❶舍儉何從？若夫俗失世壞，已非一朝夕之故，孤掌狂瀾，尤在吾黨。

應戒：嫁娶相競，宴會相高，宮室、輿馬、服飾踰制。○凡宴會，用四果八餚，餚五葷三素。加禮者用湯餅、小菜，仍不得過豐。遇非常之禮，餚不過十，尤痛禁梨園宴會，邀官府亦然。往來用折柬，慶禮用紅折，一切慶弔，稱家有無。

夫子以學之不講爲憂，而先之曰修德，曰徙義、改不善，則講學云者，正講明吾之所謂義，而求必徙之，與所謂不善而求必改之，爲修德地耳。若泛談名理，專提話柄，逞意見，角異同，縱説得勺水不漏，亦只是口耳間伎倆，於坐下有何關涉？子曰：「道聽而塗説，德之棄也。」無乃類是乎？甚者口給禦人，或問焉而非所疑，或告焉而非所信，壞人心術，尤爲不淺。語云：「説一尺不如行一寸。」學者常令精神完養在内，即有所見，且反躬體貼去，無遽形之言説，正是學問進步處。

應戒：多言，及言市井、閨闥事。

昔者顏子以能問不能，以多問寡，況在我者未必能且多乎？吾儕學而後知不足，

❶「養」，全書本作「近」。

取人爲善，自不容已，大要在破除我見，無以一察自封，使人樂告之以善。至於過惡相仍，尤賴明眼借證。子路人告之以有過則喜，識者以爲百世師，信乎！自今吾儕有犯過者，各務正言相規，婉詞相導，俾其遷改乃已。其或中拒飾非，徵色見辭，意非久要，聽其去籍。甚者干犯名教，遺玷門牆，鳴鼓之攻，不待言矣。大抵惡不可犯也，過，人所時有，改過一端是聖賢獨步工夫，層層剥换，不登巔造極不已。常人恥聞過，卒歸下流，悲夫！

應戒：腹誹背憎，樂道人短，匿怨結交。

約　戒

一戒不孝。

一語言觸忤、行事自專者，上罰。

一甘旨不供，陰厚妻子，及妻子觸忤舅、姑者，上罰。

一異姓承祧，出繼他姓，越次奪繼者，上罰。

一制中嫁娶、宴會葷酒、納妾近婦女者，上罰。

一虧體辱親，匿喪赴試者，出會。借出繼名色赴試，同。

一親歿改名，忘先志、違祖訓、毁遺書宗器者，上罰。

一親過不諫、侍疾不謹、祭祀不敬、忌日不哀、停喪不葬、繼述無聞者，上罰。

一戒不友。

一分析不平，争財搆釁者，上罰。

一偏聽内言，嫉妬傷和者，上罰。

一異母相嫌，鬩牆外訴者，上罰。

一貧富相形，憂患不恤者，上罰。

一戒苟取。

一倚勢欺凌，設機誆騙者，出會。

一交結官吏，説事過錢者，出會。此戒在縉紳尤易犯之。

一把持官吏，武斷鄉曲，拿訛詐錢者，出會。

一設機局騙，逐戲賭錢者，出會。

一貪婪慳吝，交易不明者，中罰。

一爲證作保，好訟、終訟、唆訟，和事取錢者，上罰。

一戒干進。

一賄求權勢，鑽刺衙門者，上罰。

一懷挾買題，債人代筆者，上罰。

一豎碑刻石，要結當途者，上罰。

一借名講學，奔走勢位者，上罰。

一易姓冒名頂替，僥倖結拜權要者，出會。

一戒閨幃。

一棄妻寵妾，以妾爲妻，妾飾擬主母者，上罰。

一縱妻女入廟燒香、看戲、看燈者，出會。

一縱妻女延僧拜師、削髮爲尼者，出會。

一交謷不時，夫妻反目，婦言踰閾者，上罰。

一縱妻女學做詩詞、寫扇作畫、操琴下棋以相誇耀者，上罰。

一戒貪色。

一少年娶妾，及有子娶妾者，中罰。四十無子，方許娶妾。

一多畜婢妾，屢進屢出者，中罰。此等過端，罰亦難加。今第存此戒條，倘事在可已，早圖而預改之，斯得矣。若長惡不悛，徑聽出會可也。

一溺比頑童，擕挾娼優、買妓作妾者，

出會。

一淫汙外色，有干名義者，出會。

一戒妄言。

一期約不信，面諛背毀者，上罰。

一文過飾非，巧言佞口者，上罰。

一雌黄經傳，妄議先儒者，上罰。

一好談閨閫，攻發陰私者，上罰。

一搬鬬是非，使機舞智者，出會。犯此戒者尤爲敗類，故特從重典。

一戒任氣。

一强項自滿，剛愎拒諫者，中罰。

一凌虐寡弱，動輒毆罵者，中罰。

一戒過飲。

一呼盧酩酊，長夜不止者，中罰。

一擎拳攘臂，脱巾岸幘者，上罰。

一使酒罵座，致成嫌隙者，上罰。

一盛餚奇品，梨園娼妓宴客者，出會。

一戒奢侈。

一衣冠過麗，隨俗習非者，中罰。

一飲食過侈，暴殄無紀者，上罰。

一田宅方圓，嫁娶侈靡者，上罰。

一戒遊蕩。

一戲動謔言，閒遊好事者，中罰。

一觀戲場、看龍舟、神會、婦女者，上罰。

一宿娼妓，博奕、賭錢、縱飲者，出會。

一習市語，稱綽號，造歌謡、傳奇、小説者，上罰。

一戒惰容。

一科頭翹足，恣肆不檢者，中罰。

一拍肩執袂，相接無禮者，中罰。

以上約戒十二則，凡五十一條，即參前説而分中上等耳。上罰，杜門謝會一次，静坐訟過，立下便改，至赴會日捐古書一册，藏古小學中。仍治具，供湯餅一次，諸友不更齋分。中罰，杜門謝會一次，静坐訟過，立下便改，至赴會日捐古書一册，藏古小學。若因而竟不赴會者，聽之。

社約書後

吾鄉自陽明先生倡道龍山時，則有錢、王諸君子並起爲之羽翼，嗣此流風不絶者百年。至海門、石簣兩先生，復沿其緒論，爲學者師。迨二先生没，主盟無人，此道不絶如綫，而陶先生有弟石梁子，於時稱二難，士心屬望之久矣。頃者，辭濟陽之檄，息機林下，余偶過之，謀所以壽斯道者。石梁子不鄙余，而欣然許諾，因相與商訂舊聞，❶二三子從焉。於是有上巳之會。既退，石梁子首發聖人非人之論，爲多士告，一時聞之，無不汗下者。余因次第其儀節，❷以示可久，遂題其社曰「證人」。而稍述所聞以約之，從石梁子志也。或曰：「人盡人耳，何證之有？」❸余乃告之曰：「人盡人耳，五官具、百骸備云耳？至耳之所以聽，目之所以視，手足之所以持行，人不知也。人盡視聽持行耳，至視之所以明，聽之所以聰，持行之所以恭重，人不知也。人盡聰明、恭重耳，至聰明不與耳目期而耳目至，恭重不與手足期而手足至，人又不知也。視聽持行者，形也；聰明恭重者，性也；而其莫之爲而爲者，則天也。吾形且不知，況於性乎！況於天乎！是故君子不可以不知人，思知人不可以不知天。聖

❶「相與」，全書本作「進余於先生之祠」。
❷「因」下，全書本有「命門人某」四字。
❸「有」，全書本作「庸」。

者，盡乎天者也；天者，盡乎人者也。」「然則其證之也可若何？」曰：「以人證，不離視聽持行者是；以天證，非視非聽非持非行。非二之也。君子終日視而未嘗視，視於無形而已矣；終日聽而未嘗聽，聽於無聲而已矣；終日持行而未嘗持行，持行於無地而已矣。孔門約其旨曰『愼獨』，而陽明先生曰『良知只是獨知時』，可謂後先一揆。愼獨一着，即是致良知，是故可與知人，可與知天，即人即天，即本體即工夫。證乎，證乎！又何以加於此乎！雖然，未易言也。余請與二三子没齒從事焉，以終石梁子之志。」

劉蕺山先生集卷三

證人社會語門人雜記附臨歿語

此學不講久矣。文成指出良知二字，直爲後人拔去自暴自棄病根。今日開口第一義，須信我輩人人是箇人，人便是聖人之人，聖人却人人可做。於此信得及，方是良知眼孔。

或舉「素位」章，質自得之義從主敬得來，抑心體自然如此暢適？先生曰：「自得全是箇敬，體無時不戒慎，無時不恐懼，則此心純乎天理而無一毫人欲之私，何等心安意愜，更何境遇足以動其中乎？若只認作快活景象，便已落無忌憚一流。」

或舉「學而」章，質時習之義。先生曰：「今日先要知如何唤作學。即今坐下諸友，一一反問自己，發何念頭來此相聚一堂？若或身坐堂中，心馳物外；又或以前輩倡率，後輩勉從；更或以講學盛舉，姑來相與。則於學字不明，此會終成虚設。如未發足前真有爲學問、做聖賢一段真意，則今日在會堂是學，出會堂亦是學，即隨時應事涉境無不是學。此便謂之時習，而其爲一日千里，又何疑乎？」

或問：「人不知不愠，似乎與説樂相反覆發明。」先生曰：「學問到此，只有這箇關頭最難破。蓋天之與我，本是聖人體段，但一落於人，便有物欲之累，聲色貨利種種膠固而不可解，將天所以與我之體盡行埋没。學者即極力用功夫，於諸物欲之累頗能次第銷除，直到後來尚有箇名根不化，此名根又從何處來？只爲胸中仍是箇物欲，於本體全無湊泊，考勘至此，方是徹底學問。」

何宏仁曰：「學莫先於改過否？」先生曰：「然。」曰：「先改心過否？」先生曰：「心安得有過？心有過便是惡也。過乘於無心，往往已不及知。因不知，故不改。故曰：『丘也幸，苟有過，人必知之。』然在聖人，便已知得八九分了。學者須時時簡點。」

吾輩須尋箇真自訟手段。

或問曰：「延平教人看未發氣象，如何用工夫？」先生曰：「未發時有何氣象可觀？只是查簡自己病痛到微密處，方知時雖未發，而倚著之私隱隱已伏。纔有倚著，便致横決，若於此處查考分明，如貫虱車輪，更無躲閃，則中體恍然在此，而已發之後不待言矣。此之謂善觀氣象者，若落在想像一邊，便失古人本旨矣。」

寡思慮、絶嗜欲、薄滋味三者，養身之要也。

何弘仁問三省之旨。先生曰：「學以誠爲本。忠信，誠也。傳習者，傳習此忠信也，故後儒曰：『三省只是一省。』」

忠者，❶盡乎人者也；信則盡乎天矣。此誠之至也。

爲學莫先於辨誠僞。苟不於誠上立脚，千修萬修，只做得禽獸路上人。

小人一朝之忿，忘身及親猶甘之，平居處君父之變，❷不覺廢然而返矣。前後一人耳，而勇怯異。縱欲之與循理，取舍有素

❶「者」，全書本作「孝」。
❷「平居」二字，全書本無。

也，此豈可以聲音笑貌爲哉？

或問躬行之學。先生曰：「静時存養，静時行也；動時克治，動時行也。繇是而父召無諾，則行於家矣；徐行後長，則行於鄉矣；資於事父以事君，則行於國與天下矣。」「其有未能，如之何？」曰：「學之不已而已矣。」

祁世培問曰：「人於生死關頭不破，恐於義利尚有未浄處。」先生曰：「若從生死破生死，如何破得？只從義利辨得清、認得真，有何生死可言？義當生自生，義當死自死，眼前止見一義，不見有生死在。」

友以生死爲問，陶石梁先生取《繫辭》「精氣爲物，游魂爲變」及「原始反終」之道，娓娓言之。先生微示一語曰：「臘月三十日，謂一年之事以此日終，而一年之事不自此日始，須從正月初一日做起也。」

問：「聖賢之樂只是從戒慎恐懼中得來否？」先生曰：「有此理。然子只是謾問。」其友語塞。先生曰：「子且從事於戒慎恐懼去。」

問：「三教同源否？」先生曰：「莫懸虚勘三教異同，且當下辨人禽兩路。」

古人成説如琴譜，要合拍須自家彈。

人決有爲人、不爲禽獸之志，方可。苟不辨此志，則講説領受俱是回護禽獸機穽。即良心乍見，亦如鬻去家産，偶復從此經過，眼雖認得，不爲我有。

晦翁云：「非至明不能燭其幾，非至健不能致其決。」故牽牽纏纏之人，斷是無用。全要與剛體相應，提得起，放得下，才有進步。

友問：「承先生教某静坐，坐時愈覺妄念紛擾，奈何？」先生曰：「吾輩心不能静，只爲有根在。所以濂溪教人，必先之以無欲。」

静坐是養氣工夫，可以變化氣質。

門人問：「先生近工何似？」❶先生曰：「近來夢境頗清，無雜夢，亦有無夢時，若常惺惺者。」門人曰：「先生已打破夢覺關矣。」先生謝不敏。先是，先生嘗書門聯曰：「舊學還章縫，新功卜夢寐。」時年五十一歲。

友人請曰：「先生初年志道，及今得力處，可拈示後學否？」先生曰：「某自幼有不屑流俗之意，此意最真。比來從事學問，見義必爲，如饑渴之於飲食，其實鮮有愜心處，每自刻責，故樂與同志商求耳。」

張應鰲舉「顔淵季路侍」章請質。先生曰：「看此章書，全要識得聖賢萬物一體之心。大抵人之大患只是有我，認形骸爲己，將自己看得甚隘，如何推廣得去？即一家中父母兄弟亦儘有不相通者。不知吾人本來與萬物同體，是何等廣大，更何處可容狹隘？何處可容間隔？然所謂一體者，亦非推此及彼之説。象山先生云：『宇宙内事，皆己分内事。』假如對父思孝，是父與我原是一體，父有未安，即是我子職不盡；對兄思弟，是兄與我原是一體，兄有未安，即是我弟道不修。推而至於位天地、育萬物，有一處不得所，是皆我本分中闕陷，如何推得在人？審如此，則合天地萬物，時與之周流，祗自完成得一己。今之役役力謀一身者，皆是喪其己也，❷豈不大可哀乎？」

今人能把車裘一關參破，便胸中廓然，

❶「何似」二字，全書本無。
❷「是」，全書本作「自」。

絶無勢利之念，這是入道的關頭。

陶先生曰：「學者須識認本體。識得本體，則工夫在其中。若不識本體，説甚工夫？」先生曰：「不識本體，果如何下工夫？但既識本體，即須認定本體用工夫。工夫愈精密，則本體愈昭瑩。今謂既識後遂一無事事，可以縱横自如，六通無礙，勢必至猖狂縱恣，流爲無忌憚之歸而後已。」

先生歎曰：「人謂爲人不肯如爲己，故不忠。看來忠於己謀者亦少，如機變、如貪詐、如欺世盗名等輩，日日戕賊此身，誤認作佔便宜事，寧不可痛！」

或曰：「三代以下，惟恐不好名。名字恐未可抹壞，如今日之會，來而聽者亦爲有好名之心耳。」先生曰：「此言甚有病。這會若爲名而起，是率天下而爲亂臣賊子，皆吾輩倡之，諸友當裹足而不入矣。」或曰：「大抵聖賢學問，從自己起見；豪傑建立事業，從勳名起見。」先生曰：「不要錯看了豪傑。古人一言一動，凡可信之當時、傳諸後世，莫不有一段真至精神在内。此一段精神，所謂誠也。惟誠故能建立，故足不朽。若稍涉名心，便是不誠，不誠則無物，何從生事業也？」

問：「名心不能斷，奈何？」先生曰：「吾輩講學，正如把一利刃，斬斷此根耳。」

問：「無欲而後可言良知否？」先生曰：「只一致知便了。若言致知，又言無欲，則致知之上又須添一頭腦。就如今所謂無欲，只是此心之明；所言有欲，只是此心之昧。有欲無欲，止争明昧，相去不遠。但能常明，不必更言無欲。」

習染日降，而人心萬古如一日。任情而流，便是大惡。能知非自反，便是大善。可見善惡只在一念轉移間，出此入彼，真是可危。每日自勘做人能自免於禽獸，其庶幾乎！

秦弘祐曰：「陶先生言識認本體。識認即工夫，惡得以專談本體少之？」先生曰：「識認終屬想像邊事，即偶有所得，亦一時恍惚之見，不可遽以爲了徹也。且本體只在日用常行中，以爲別有一物可以兩相湊泊，無乃索道於虛無影響之間乎？」

朋友中相期只有學問一事。此事明，更無餘事可明；此事了，更無餘事可了。

敬則心中無一事。

友人舉「飯疏食」章請質。先生曰：「浮雲不礙太虛，聖人之心亦然，直是空洞無一物。今且問如何是太虛之體？」其人曰：「一念不起時。」先生曰：「心無時而不起，試看天行健，何嘗一息之停？所謂不起念，只是不起妄念耳。」

問：「今人講道理甚好，及按其所行，儘多差錯，故夫子重躬行。有以夫？」先生曰：「然。但不體驗到本心至是處，隨着行來仍是差錯。故全要自心上查考得的確，磨勘得精明，自然所行無失，此行先一着工夫也。」

或問：「曾點、漆雕開見大意，何如斯可謂之見大矣？」先生曰：「以其能超於方所之外也。」問：「如何謂之大？」先生曰：「上天下地曰宇，往古來今曰宙，斯可謂之大矣。無外之謂天，無外之謂道，無外之謂大。堯、舜之爲君，伊、周之爲相，猶然局於方所之内，不可謂之大。若孔子，足以當之。」曰：「巢、許讓天下而不受，可謂之見大與？」先生曰：「巢、許遺世之士，堯、舜、伊、周不可，況巢、許乎？大者如四海之包九垓，百川、四瀆皆在範圍之中，其餘諸子不過中國之水，或爲江，或爲淮，或爲河，或爲漢，有原有委，可得而究也。」曰：「然則孔子居君相之位，必夐絶古今，不與堯、舜、伊、周同其量乎？」先生曰：「甚矣！子言之拘也。欲爲君盡君道，堯、舜，君之至也，使孔子而爲君，如堯舜而已矣；欲爲臣盡臣道，伊、周，臣之至也，使孔子而爲相，如伊、周而已矣。堯、舜之所以君，伊、周之所以相，孔子之所以師，時爲之也。時之所爲即道之所在，其趨一也。時未至，聖人不敢先；時既至，聖人不敢後。故曰：『先天而天弗違，後天而奉天時。天且弗違，而況于人乎？況於鬼神乎？』知乎此者，可與言二子之見大矣。」其人躍然曰：「先生，命之矣。」

誠者，天道之本然。聖者，人道之極至。

先生儆諸生曰：「吾輩習俗既深，平日所爲皆惡也，非過也。學者只有去惡可言，改過工夫且用不着。」又曰：「爲不善却自恕爲無害，不知宇宙儘寬，萬物可容，容我一人不得。」

吾輩偶呈一過，人以爲過亦無傷。不知從此過而推之，❶先尚有幾十層；從此過而究之，後尚有幾十層。故過而不已必惡，謂其出有原，而流無窮也。

苟志於仁矣，無惡也。然後有改過工夫可言。

寧學聖人而未至，無以一善成名者，士君子立志之説也。寧以一善成名，無學聖人而未至者，士君子反躬之義也。如爲子

❶「推」，全書本作「勘」。

死孝，爲臣死忠，古今之常理。乃舍見在之當爲，而曰「吾不欲以一善成名」，是又與於不仁之甚者也。

陶石梁每提識認二字，果未經識認，如何討下手？乃門下便欲識認箇恁麽，❶轉落影響邊事，愈求愈遠，因而反入於坑塹者。《中庸》言「道不遠人」，其要歸之子臣弟友，夫子猶以爲歉，學者乃欲遠人以爲道乎？

近看孫淇澳書，覺更嚴密，謂：「自幼至老，無一事不合於義，方養得浩然之氣。苟有不慊，則餒矣。」

《易》經從造化説到人心，其妙處須自家體認出來。

一畫是陽，加一畫便是陰，非有二也。

聖人原從象數悟出理來。

濂溪、明道之語淳而無弊，餘亦便須善會。

學者或於静中見得道理如此，而動時又復忙亂；或於動時頗謂近道，而静中又復紛擾。症雖二見，其實一病也。動静二字，不能打合，如何言學？陽明在軍中，一面與門人講學，一面應酬軍務，纖毫不亂，此時動静是一是二？

有讀《人譜》，疑「無善」二字者。先生曰：「人心止有好惡一機，好便好善，惡便惡不善，正是人性之善。❷若説心有箇善，吾從而好之；有箇不善，吾從而惡之。則千頭萬緒，其爲矯揉也多矣。且謂好惡者心乎？善惡者心乎？識者當辨之。」

存誠去僞是第一義，君子小人只在誠

❶「門下」，全書本作「諸人」。
❷「是」，全書本作「見」。

僞之分。

學貴闇修，聲塵一些不露。

學者務遜志以下人，隨處求益。

先生惓惓說箇誠字，又惓惓說思誠二字。

先生愛舉「天下何思何慮」、「誠無爲」、「無欲故静，有所向便是欲」等語。

廓然大公，物來順應，分明天地氣象。

無事時惺惺不昧，有事時一真自如，不動些子。

一物不容之中，而有真實無妄之理。以爲虛，莫虛於此矣；以爲實，莫實於此矣。

無事時，只居處恭便了。

艮卦上達天德，分明到頭學問。四爻止諸躳，退藏於密也，躳從吕，取脊吕之義。背非見也，即屋漏意。示人以下手處。大象思不出其位，又示人下手親切工夫。

夜氣清明之際，正天心來復之期，從此有火然泉達之機，自有欲罷不能之妙。

天理一點微妙處，提醒工夫，在有意無意之間。

省察是存養精明處。

性即理也。理無往而不在，則性亦無往而不在。

謹名教，循規矩，不可詭異孑孑以自命。

憂勤惕厲，聖人心法也。

尹先生只長吟「心廣體胖」一句，是得手氣象，真深於慎獨之學者。

遷善改過是學者獨步工夫。

先生論寂感，曰：「寂然不動之中，自有感而遂通之妙。」

静中工夫須在應事接物處不差，方見

真得力。

心中無一事，浩然與天地同流。

象山不差而慈湖差，陽明不差而龍溪差。

先生曰：「觀春夏秋冬，而知天之一元生意周流而無間也；觀喜怒哀樂，而知人之一元生意周流而無間也。」因謂學者曰：「爲學亦養此一元生生之氣而已。」曰：「正坐間斷耳。」❶先生曰：「有三説足以盡之。一曰本來原無間斷，一曰知間斷即禪續，一曰此間斷又從何來？ 學者但從第三句做工夫，方有進步。」

禪家有三絶。 一絶聖學，二絶彝倫，三絶四民之業。

一友喜讀史，先生曰：「讀史而不窮經，其究也爲功利。」又曰：「所貴先經而後史者，以天下無心外之事也。」

薛文清公隨處體認天理之學。

予於本朝極服膺吴康齋先生，其弟不簡，私鬻祭産，先生訟之官，遂因服以質，絶無矯飾之意，非名譽心浄盡，曷克至此？

陳克菴先生地位甚高，官廣東布政，爲中使訐奏，被逮，卒於途。時暑月，友人張東白斂之以絺衣，曰：「成先生志也。」既卒，先生所黜吏張褧走京師，❷抗疏訟冤，中使賄之，不變。繇此觀之，❸非平日安貧守道之意徹乎表裏，安能使朋友信之如是？非在官賞罰黜陟出乎至公，安能使黜吏化之又如是？ 吾有以觀先生存誠之學矣。

學者以立志爲第一義，不立志不可以

❶「正坐」，全書本作「不免」。
❷「先生所」三字，全書本無。
❸「此」，全書本作「二事」。

言學。又曰：「人不知立志亦當發羞愧之心。人以名位不若人爲耻，而不知此心不若人，至與禽獸不遠，真可耻之甚也。」

世之遠人以爲道者，以道爲一物，必用吾力以求之，故愈求愈遠。其實揖讓進退之間、作止語默之際，無非道體之流行，反之即是，又多乎哉？

或問剛體。先生曰：「立志即剛。」

或問：「剛亦有惡乎？」先生曰：「剛安得有惡？剛而不過便是柔克。」

或問曰：「某所存自爲已善，而發之日用之間往往有過，何也？」先生曰：「仍是静存之中差耳。此中先有間隙，而後發之日用之間，始有過不及之事，事豈離心而造者？故學者不必求之行事之著，而止求之存主之微。❶一言以蔽之，曰誠而已矣。」

人能立誠，當下已在聖人位上，不必他求。

武進張二無渡江請正於先生，先生叩所學，二無以静對。先生曰：「心無分於動静，故學亦無分於動静。以静爲主，便有喜静惡動之病，非體用一原之學也。」二無曰：「然。」已而曰：「讀先生所著《人譜》，而知損、益二卦。懲忿窒欲，克己也；遷善改過，進德也。固終身用之不盡者。」先生曰：「不然。要識得乾元，乾知大始，懲窒遷改綱領也。得此綱領，則功夫入粗入細，皆爲有益。不識乾元，則心無主宰，爲外緣所轉，以後起爲功，即少有得力，總屬人爲湊泊，於身心了無干涉，豈能直達本原乎？」二無曰：「此旨自元公後，不圖今日復聞於先生。」

❶「存主」，全書本作「念慮」。

問：「心性兩字，是一是二？」先生曰：「心只是此心，言心而性在其中，❶天下無心外之理。」問：「存心養性，工夫以何者當先？」❷先生曰：「工夫只在存心上，存得恰好處，養在其中。故孟子曰：『學問之道無他，求其放心而已矣。』」

邑令問爲政之要。先生曰：「爲人上者，平其心而已矣。無作好，無作惡，心平則政平，政平則推之一邑而一邑得其平，推之一郡而一郡得其平，推之天下而天下得其平，此中和位育實際處。」

友人舉「賢賢易色」章請質，曰：「疇不思賢賢，疇不思事親、事君、交友，若不本於誠，無有是處。」先生曰：「古人言學必有頭腦。語曰：『觀人之好惡，可以知其爲人矣。』蓋好惡發於性真，不可假也。如好好色，須從誠意來，已占了學問第一義。故於君、親、友分上各有承當，一副至誠心隨地貫去，所謂一真則一切皆真，不是四者又須本於誠也。賢賢即善善之別名，不是賢人之賢。纔説到人分上，便隔靴搔癢。今日之會，爲却何事來？」

或問萬物皆備之義。先生曰：「纔見得有萬物，便不親切。須知盈天地間本無所謂萬物者，萬物皆因我而名。如父便是我之父，君便是我之君，推之五倫以往，莫不皆然，君、父二字可推却在身外乎？然必實有孝父之心，而後成其爲我之父；實有忠君之心，而後成其爲我之君，此所謂反身而誠。至此纔見得萬物非萬物，我非我，渾然一體，此身在天地間，無少欠缺，何樂

❶ 「其中」二字，全書本無。
❷ 「以何者當先」，全書本作「還做那一還」。

如之!」曰:「敢問恕與仁之别?」先生曰:「恕即仁之下手處,非有安强之分。强之云者,即上文反身之功、思誠之則也。」

問:「學在尋樂乎?」先生曰:「對一種營營苦趣者,則曰樂。君子無樂可尋,但適得乎在我而已。」曰:「然則世人何故自尋苦趣?」先生曰:「以苦爲樂。」曰:「以苦爲樂,奈何?」先生曰:「人未嘗不自知苦樂。作惡之人,始初心地上亦打不過,只因漸漸習慣便成自然,既成自然,❶則離此一刻便不樂。初學道者,一下便從打不過處立基址,每事設箇勉强法,漸次積習去,自然日日與之親切,緣來都自我本來故物。❷到此時,心安意肯,有欲罷不能之妙,比從欲惟危之樂,何啻霄壤之分乎?」曰:「然則世人往往去彼而取此,又何也?」先生曰:「正爲耳目聞見都是一副家當,❸便習壞了人。」曰:「何故性無權?」先生曰:「性本有權,不見平旦之氣,其好惡與人相近氣象乎? 少間把捉不定,便與俗作緣,然終覺煩惱了人。學者將從其順而樂者乎? 抑從其逆而苦者乎?」問:「如何奉性以權?」先生曰:「立誠。立誠之外無學矣。」

天下事大都狥名而未嘗責實,吾人之病,大都責人而不知反己。

或問勢利關。曰:「昔謝上蔡曰『已打破十餘年矣』,❹予謂尚説得容易在,當以程子喜獵心勘之。」

邢生問:「四教疑亦就根器而施與?」先生曰:「非也。此博約之説也。自文而

❶「既成自然」四字,全書本無。
❷「自我本來」,全書本作「是我本然」。
❸「家當」,全書本作「當計較」。
❹「曰昔」二字,原脱,今據全書本補。

約之行，自行而約之心，則曰忠；自心而約之性，則曰信。忠、信有二義説不得，只是一心。」

祝淵問曰：「静時是無思無慮時節？」先生曰：「人生思慮，❶生生不已，同造化不息之機。若有意求静，便是寂滅。」祝淵曰：「要常提醒否？」❷先生曰：「不必提他。此心原是醒醒，純乎天理，無一毫間斷，即是無息之體。其要只是一誠，誠則通，誠則復，即天命之不已也。」以下祝淵記。

人不必在聲色貨利上鍥除，只在本體上打疊乾浄，聲色貨利念頭自然簡淡了。

孔孟之後，論性學惟濂溪爲是。

惟虚故能誠，惟誠爲能虚。

顔子「高、堅、前、後」一章，是他苦心處，不是他得力處。他得力處全在「不遷怒」二句。

淵問曰：「禪家參話頭，玄門坎離調息，若吾儒静坐時事物不交，却如何着落？」先生曰：「心原自有着落的，如何要去着落他？」淵請舉示。先生曰：「不得已而言之，常覺而已。蓋心之本體原覺，覺即明也，只常常提醒而已。」又曰：「初學大患在聞了一句話即猛力下手去做，生硬之物吞嚥不下。先儒云『略綽提撕』便是。薛文清云『涵養只在動静、語默、作止之間』，此語最好。」

學固無間動静，初學亦須謝事静坐爲得。

淵言立志之難。先生曰：「學者用功不可荒廢，亦不可拘迫。人之於道，猶魚之

❶「思慮」，全書本作「實無無思無慮時，思慮是」。
❷「要常提醒否」，全書本作「只要當提醒念頭」。

於水。魚終日在水，忽然念曰『吾今入水』，將身一跳，勢必跳在水外。人何嘗不在道中，更要立志往何處求道？ 知得及，連立志二字也多。」王毓芝舉「誰能出不由户」節。先生曰：「此是吾儒最上一層學術。學者信得及，則無適而非道矣。」

人須用功讀書，將聖賢説話反覆參求、反覆印證。一番疑，一番得力。須是實實將身體驗，纔見聖人説話是真實不誑語。

先生寓潞河時，有某生來謁，其同來友人代致向往之誠，并此生家世。先生唯唯，略不一顧。某生述其父死丙子難，求先生一言華衮，先生亦唯唯不一顧。迨別去，淵竊歎先生之嚴冷，深媿吾輩向爲世情埋没。夜坐，先生曰：「蚤間某友，父既死難，何得朱履優游，無異流俗？ 不知他當年换上朱履時，胸中亦一念及否？」因舉王鳳洲，昔年父既被戮，鳳洲白幘終其身。又舉蕭山何孝子，父含冤死，孝子能文章，絶意進取，手刃父讐，終身衰絰不改，殆臨斂及傳像，俱衰絰。淵悚然有省。

人要識得過，顔子一生學問，只在不遷怒二句。不貳過者，非是終身只有一過。蓋顔子時時過，時時知，時時復，通乎晝夜之道而知。故曰：「有不善未嘗不知，知之未嘗復行。」人必如此，然後謂之好學。

某友請曰：「先生讀《易》已完，得間乞有所著撰，以惠後學。」先生曰：「議論儘已多了。譬如我是庖廚一般，整備了許多筵席，無論衆客不曾下得箸，連庖人亦未嘗其滋味。」

「小德川流，大德敦化」，爲《中庸》一書之樞紐，周子《太極圖説》本之。

《中庸》全部收到闇字，最是聖學真

種子。

先生夜坐，語淵曰：「吾嘗謂世間好利底人不害道，好名最害道。好利之人不諱言利，甚是真率，所以一撥便轉。❶如人一好名，渾身是假，再無救藥。外邊修飾甚好，裏邊受病益深，究其所至，適以成其自利之私而已。因歎名利二字，倚伏甚微，說不好利，定着好名一邊；說不好名，定着好利一邊。所以學者要在心上用工夫，工夫不外擇善，能擇善，不特顯然名利判斷得，凡非名之名、非利之利，無不辨之至精，一毫容不住。❷工夫到此際，纔是手段老辣。」

先生語毓芝曰：「自今去，須將此事狠狠下手。」毓芝曰：「只爲舉子業割不得。」先生曰：「既爲儒者，若定要棄去舉業爲聖學，便是異端。只要體勘我爲舉業念頭從何起見，若從君國上起見，便是天理；若從榮進上起見，便是私欲。正爲平日學問不明，榮進之念消除不浄，只些小一念在胸中，後將無所不至。予謂士人自初第以至崇階華膴，同是穿衣，同是喫飯，何曾有半點異常人處？只被閭巷一二愚鄙驚喜奉承，此人不知不覺不能自主，遂高擡起來，究竟於自己身上曾有一毫增益否？所以内外大小之辨，不可不明。」

後儒議論儘明備，往往發前人所未發；至踐履，遠不如前輩。可見學問喫緊，全不在議論好看。

事求可，功求成，便是霸術。武侯未出山，已知天下三分，後面六出祁山，定要身

❶「吾嘗謂」至「一撥便轉」，全書本無。

❷「不特顯然」至「一毫容不住」，全書本作「類名而實非爲名，類利而實非爲利」。

死營中，此其人何等光明俊偉。

「恥惡衣惡食」，朱註謂「識趣卑陋」，程註謂「心役乎外」，俗學種子被兩先生八字道盡。凡吾輩勿論道念俗念，稍從軀殼上起見者，即是恥惡衣惡食之根，此之謂小人喻於利。

上天下地曰宇，往古來今曰宙。士君子在宇宙間，須將身子與萬物一例看。凡宇宙間道德事功，在人在我，總是一般，着一毫人我相，着一毫多寡勝負相，總之爲軀殼上起見，此是內外、公私、王霸、義利之辨。

昔人解人心道心，説「道心爲主，而人心每聽命焉」。如此説，是一身有二心矣。離却人心，别無道心。如知寒思衣，知饑思食，此心之動體也；當衣而衣，當食而食，此心之静體也。然當衣當食審于義理，即與思衣思食一時並到，不是説思衣思食了，又要起箇當衣而衣、當食而食的念頭。

心之炯然常覺者，無時不然。只因爲氣所役，便做主不得。氣是一種浮游之氣，纔着物，便爲所牽引去。凡一切憧憧往來，皆氣也，非心也。故學者必先養氣。

世人純是强陽之氣用事，所以讀書用功便有一種急迫不雅馴的氣象，此最礙事。即如讀書，難通處且留下，難記處且留下，不徐不疾，即讀書便是養氣。

自開闢至今日，神聖至凡庸，人同此心，心同此理。不合將自己看得小了，精神便馳向外邊去。人苟識得心體，素位而行，便與天地相似，位外一切恢張炫赫，分毫動他不得。

平日學問專爲掃除勢利，但此念潛伏甚微，一毫未浄，日後當熱鬧場中一見可欲，便從此一毫未淨處牽引將去，便是站腳不住。

學者有志爲學，便將弄聰明、計毀譽、一切誇多鬭捷積習，盡情掃除，銷歸闇淡。自非真有定力，有實爲聖賢之志，自耐此澹泊不得。然儒門澹泊，是其本色也。

一日二日簡束不放過，即此一日二日便是聖人路上人。自一日二日以至六日七日，累積漸深，向後不忍抛却前功，自然歇手不得。明無人非，幽無鬼責，達則共繇，窮則獨善，何等浩落！何等坦蕩！雖有至樂，不能易也。

「不翕聚，則不能發散」，以心體觀之，此語亦有病。陳白沙曰「藏而後發」，胡敬齋譏之曰：「如是則將此理作簸弄了。」此語甚是。

擇善不是外面去擇，外面人品之邪正、事爲之是非，此易明白。惟於此中粹然天理無夾雜之中，稍稍手勢重些，聲音未免過高，舉動未免輕率，只此一念，便流躁動邊去；手勢略略緩些，聲音未免過悠，舉動未免疎易，只此一念，便流怠慢邊去。須是此心粹然中正，略無些子過，些子不及，中和之氣通體流露，此之謂動容周旋中禮，此是惟精惟一之功。

凡一切事功、德業、成敗、利鈍，都是前一步境界。惟坐下一刻所當爲的，不可不盡其在我。譬如行路的人務要到家，當其在路上時，只行路是坐下事，可以歸，却留滯不歸，未得歸，却躁急欲歸，皆非素位而行。試問此留滯躁急念頭欲何爲？此最害道。

讀古人書，讀一句須要鋪張一句，讀一字須要用他一字，都是計功利之念。

説謊二字甚微，不是説以亡爲有，只是一件道理，胸中明曉得該得如此，外面姑且從俗爲之，昧了自心，隨人脚步，此便是説謊。

此心本善，自氣拘物蔽以來，往往昧失。聖賢隨方接引，或曰求仁，或曰求放心，或曰致良知，或曰慎獨，或曰存天理，總是隨人指點，欲復此心之良，初無門户名目之可擬也。舉求仁即可該數義，舉慎獨、求放心，亦可該數義。

學者不必去除念慮，亦不必要不起意，只是此心無一刻不在坐下用着，不使有一隙空處，亦不使有一毫墮於形氣，此外別無學問可言也。

所謂講明之學，不是靠定書册上，道理充塞宇宙，静觀物理，無非師友。仰觀俯察，即俯仰是講明；語默動静，即語默動静是講明。朱子釋格致未嘗差，只不合以口耳爲講明，講明後纔去做誠意工夫，是將道理分作兩截了。

予嘗見童子持錢入市，莫之或欺，以童子之誠故也。即此便見渾沌氣象尚在人間，於此益驗得誠能動物。

孟子言赤子之心，言夜氣，言本心，言良知、性善，此是聖賢喫緊唤醒人處。人但培得夜氣所存，便見得渾沌氣象。此理不論聖凡，不論今古，時時具足，箇箇完全，只是不曾體認得。

後生讀書，須要細心理會。讀上章不知有下章，讀上句不知有下句，有疑義便要審問，有難字便要查考，如此讀得，少時定勝泛濫而多者。今人只是一種夸多鬭靡習氣，如何得長進？

今人讀書，只爲句句皆已明白，所以便

無法可處。説道理亦然。若有不明白處，便好作商量也。然徐而叩之，其實字字不明白。

柔佞輕巧，終身不可救藥。

明是明此誠，誠是誠此明。

凡影響學問，平日間模樣儘好，到勢利生死關頭，一些用不着。學者用功，須實實從鼎鑊刀鋸上打熬過始得。

尊心即所以尊德性，❶尊心而耳目從之，所謂尊德性而道問學也。

人品之壞也，離品而言才；學術之壞也，舍心而尊性。

凡人學術，以先入者爲主。少時肆習，不可不慎，一時所讀之書謂偶然耳，其實即此種下種子，終身不能變易。昔朱子譏吕東萊早年留心史學，其後遂爲賤王尊霸、謀利計功之説。在昔賢者不免，況後之人乎！

先生語淵曰：「學者既以正人自命，踐履上一毫失足不得。」

《易》教所言趨吉避凶者，蓋趨善而避惡也。今人解吉凶都説向人事上去，大錯。以元亨利貞爲之經，以中正爲之的，以吉凶悔吝爲之緯，以善補過爲要歸，《易》義盡於此矣。

讀書須再三潛玩，意味愈出。

人被私欲汩没，如飄入大海，終身無出頭日子。有志聖學，須盡情斬却，不留些子，此心纔得廓然。朱晦翁譬人拾得假銀，終身愛護，却不肯向火中煅煉，煅煉便知抛却。此譬最警切。

爲學喫緊是要打破一欺字關。即如居

❶「尊心」上，全書本有「學者惟有尊心而已」八字。

常語默動静，最微最細，簡點不到處，錯失都是此欺字下根株。若是此字剗除不盡，更説恁麽學問？吾這裏纔説着學問，便不容假借分毫。

淵偶語：「萬曆相業，❶張江陵心術欠正，然事功議論却好，不似今時相臣。」先生正色曰：「心術不正，更説甚事功議論！吾勸諸公着眼明些，不然，後之視今，亦猶今之視昔。」

淵問：「静坐時，游思雜念不能盡除。」先生曰：「邪妄之念，自然存留不得。若游思雜念不能一切剗除，不妨且與放下，不能除去，只莫增他。人心之靈，本自做得主宰，只因向來没有養氣工夫，氣去動志，天君反聽命於氣，遂遷流積漸，無所不至。學者養心之法，必先養氣，養氣之功莫如集義。自今以往，事事求慊于心。昔賢所謂一日之間，閒言語少説幾句，閒事件省下幾條。如此做去，漸漸歸併一路，游思雜念自然逐件銷除。」

凡游思雜念，究所自起，畢竟名利二字是他根株。名利二字，總根我見生來。人身本與天體相似，天之所以爲天，無私而已，人若無私，便與天體一般。

學貴自得師，能自得師，凡邇言近事，觸着皆有警醒。

淵見先生於雲門舉會中，淵以遷善改過爲學者作聖之功，而祁季超則以學者必先有所見，如無所見，所謂遷改俱無當也。先生曰：「兩家一言悟，一言修。總之，合之則是，離之則非。吾輩果有所見，見處便

❶「曆」，原作「歷」，避清朝乾隆皇帝諱，今回改。下文皆徑回改，不再一一出校。

是遷改；果能遷改，遷改處正是見。吾儒學問只見在作揖打恭、開口措足處，無非此道。彼釋氏則懸空想着天地間別有所謂道，艱深苦索，於凡事變倫物，一切不理，即到水盡山窮，看來原是吃飯穿衣本等，所謂囮地一聲，然從前已枉却許多心力，真可惜也。」

人心不可有欣厭，有欣厭便有取舍。即如人忽有厭朝市心，此即是戀朝市心；有愛山林心，此即是厭山林心。

人主之病，病在朝、講爲二事；士大夫之病，病在學、仕爲二事；士人之病，病在舉業、聖學爲二事；通人之病，病在言、行爲二事。❶

退而省其私，私字即獨處之時。如今人即有志爲學，鮮不背地有箇家計，必得燕居獨處時與大庭廣衆爲一，小小視聽言動與承祭見賓時爲一，如此，纔可稱爲好學。

顔子知之未嘗復行，其不行處最微。吾輩胸中纔有喜意，外面便有舞蹈之狀；胸中纔有怒意，外面便有嚴厲之色。有不善便行，如響之應聲。如何能不行？顔子潛消默化，略無幾微滲漏，故曰「不遠復，無祇悔」。悔者，必其有失而後有悔也。有失而悔，此謂頻復。吾輩不能到顔子地位，且莫先知過，知過便能改過，行之不懈，後面漸漸促緊來，以抵於不遠也幾乎！

學者只管言覺體，不知心體原是如此，應事接物自然妥當，不必更言覺。覺之第一義，只在見得己過，知過改過是覺之第一用神也。

坐下不明白，在章句上勘求；章句不

❶「事」，原作「字」，今據全書本改。

明白，在坐下勘求。誠能在坐下勘求，未有不明白者。

吾儒學問在事物上磨練。不向事物上做工夫，縱然面壁九年，終無些子得力，此儒釋之分也。

人性本無所爲過，亦無所爲不及處，只爲氣質所囿，便有過處，過於彼，便不及於此，所以第一要改過。其過也，囿於形氣之私；而其復也，繇于本心之覺。聖賢心法只是一中。

癸未四月十七日，舟次津門，子汋病氣上升，先生語之曰：終日説降氣，曾不肯將心來降下。學者只因一種飛揚跋扈之性不曾放下，因此一時拘縮，未免不得發舒，遂鬱而成火。在舟不安，因思從陸；從陸未安，因想抵家；抵家後一事未了，又復一事。此中憧憧，終無歇息，遂汩没至老。若是者何也？蓋因此中紛紛擾擾，皆是有所爲而爲的。若是安土敦仁，自然隨遇而安。吾只勸汝放下罷，即此是却病之方，即此是養心之法。」

濂溪《太極圖説》，前面是一段，「惟人也」以下又是一段，將天地與人分作兩橛。如此説，是先有個太極之理貯在空虚，而人得之以爲道。不知盈天地間皆是此個，天得之以爲天，地得之以爲地，人得之以爲人，物得之以爲物，即至根荄鱗介，無不各具五行之性，即此是陰陽之理，即此是太極之妙。故曰：「陰陽之上更無太極也。」

陸子所言「陰陽已是形而上者」，此語至當不易。《易》曰：「立天之道曰陰與陽，立地之道曰柔與剛，立人之道曰仁與義。」陰陽不可謂道，將仁義亦不可謂道乎？

淵問：「禪家參話頭，亦是求放心

否？」先生曰：「他是死心法，此中是一股死氣。吾這裏純是生生不已之機。」

先生誦「出師未捷身先死」二語，曰：「天既有意生才，却如何生在如此世界？可見事求可，功求成，凡一切計功謀利之心，儒者不可有。」❶淵因曰：「假使當年孔明果能撥亂反正，亦未曾于孔明身上加些子。」先生曰：「此論最好。吾儒學問只要講明此意。必如此而後知孔明終身草廬，亦不失爲孔明；必如此而後知『雖大行不加焉，雖窮居不損焉，分定故也』，此是聖學真血脈。」

淵初度日，先生過焉，淵感父母早背，恨欲報之無繇。先生曰：「父母雖不在，吾身即父母之身，身在即父母在。今當愛重此身，務其遠者大者而已。」

淵問：「先生進學亦有次第否？」先生曰：「初年悠忽過了日子，晚年漸覺繁雜，近來雖稍有所見，然却不能心與理爲一，未免有些識見意思未浄在，細勘來，名利二字畢竟剗除未盡，頭出頭没，時有動處，方知研究入微，一毫假借不得。」

初度日，問孝。先生嘆曰：「吾輩時時將君父放在面前，便一毫苟且不得。」

善讀書者，于讀書得養身之術。優游厭飫，一唱三嘆，神清氣定，讀得少時勝人多許。今人讀書，只一味誇多鬭靡，此段未明，復思旁及，此中泛濫，不勝忙迫。如此讀不崇朝，精神已先疲罷。昔人謂：「仕宦速竟則無味。」余謂讀書亦然。

昔人有云：「生有五幸。一幸爲人，二

❶「有」下，全書本有「即上天亦初無此等意思，不過磨練出此人精光便了，更不計其利鈍」二十七字。

幸爲男子，三幸有父兄，四幸讀書識字，五幸爲士大夫。便當洒洒落落，自家尊重此身；又須戰戰兢兢，惟恐墮落此身。」今人一味長戚戚，隨處都若不足；及至放肆，却又無所不至。這分明是顛倒了。

孟子全副精神交與滕文公，文公國勢如此阽危，而信道之篤一至于此，真千古賢君也。後人即知爲學，稍稍境履艱難，便將爲學之志都灰了，那得如此篤切？吾嘗曰：「春秋之世，道在衛武；戰國之世，道在滕文。」

「惜也，越境乃免」六字，是夫子誅心之語。君臣之義，無所逃于天地之間，即越境可免乎？董狐「亡不越境」，此語自差，夫子因誅其心。彼將以爲越境可免，將自惜其亡之不早矣。後人把夫子話看死煞了，此真痴人説夢。

「江漢以濯之」二語，是形容心體。聖門諸子都道不出，此時曾子年最少，其造道之深如此。

象山見道甚真，朱子學力甚苦。

節義之士，後儒多所不取，不知殺身成仁，夫子屢屢言之。如屈大夫、賈長沙，東漢陳蕃、李膺、范滂諸君子，非從事於學問者不能，俱宜表章，以見節義與聖學無二道。乃後人謂其行險僥倖，而周海門反列楊雄于聖統，録昌黎《與大顛書》爲聞道，此種議論，害世不小。

「危邦不入」，夫子就當時如此説，今人自説不得此二語。君臣之誼，無所逃于天地之間，況祖宗數百年培養之士，可托言明哲之説乎？

吾人只率初念做去便是，此孟子所言本心是也。學問深者，率此念去；學問未醇，必有轉念。然而是非之心仍在，當其轉念時復轉一念，仍與初念合矣。若轉轉不已，必遂其私而已。故曰：「三則私意起而反惑矣。」《孟子》「可以取，可以無取」一節，是臨事揣度，與夫子不曰「如之何，如之何」意相發明，此正所謂轉念與初念合也。❶

程門惟尹和靖無失。和靖不事著述，門人輯其壁帖，大半是録前人語。心無往而不在。❷

《東銘》「戲言出于思，戲動作於謀」，此是窺見至隱底語。後人推尊《西銘》而忽《東銘》，何故？❸

淵問顯微體用之義。先生曰：「吾人凡事不離此心，心外無事，事外無心，心無往而不在，不可分外面可見者爲事。故程子說『顯微無間』二語。」

此心之覺，自堯、舜與桀、跖一也，而其所以有堯舜、桀跖之殊者，以其氣有萬殊也。氣有萬殊，則性有萬殊。孟子所謂性善者，專指此心之覺處言也。

静而存養要潔浄，不沾一塵；動而省察要精明，見得義當爲便必爲，義不當爲便必不爲。朱子曰：「不以一毫私欲自累，不以一毫私意自蔽。」周子曰：「無欲故静。」此是作聖要領，此外更無别法。

人心之私，如千尺浮雲，層層障蔽，疾風迅掃，更無點翳。不是説掃了一邊，更去掃那一邊也。吾嘗夜坐看此，最有會。

或問：「上等資稟人宜從陸子之學，下等資稟人宜從朱子之學。」吾謂不然。惟上

❶ 「孟子可以」至「初念合也」，原無，今據全書本補。
❷ 「心無往而不在」六字，全書本無。
❸ 「而忽東銘何故」，全書本作「真不解」。

等資稟人，方可從事朱子之學，以其胸中已是有個本領，去做零碎工夫，條分縷析，亦是無礙。若下等資稟人，必須先識得道在吾心，不假外求，有了本領方去爲學，不然只是向外馳求，鮮不悞盡平生。❶

道理行着便是，不是説有箇道理在彼，我可以求得。自朝至暮，道無往而不在，以吾心之無往而不在也。

道理千變萬化，無非此心之妙。吾身大小、順逆，摠在此道之中，人能信得及「道也者不可須臾離，可離非道也」，那得不親切？那得不真篤？

積習儘有功，君子遠庖廚，亦是平時涵養此箇不忍之心，勿使戕賊壞了。凡羞惡、辭讓之心，摠要平日養得完成。

友人言及失第後甚難排遣。先生曰：「此個病痛最深，如今學問正要打破此關。人生自有我，純是得失、毁譽、聲色、貨利念頭作了安身立命之符，除了此念，更無站脚處。即此並坐之際，一言順之則喜，一言拂之則愠，一生全被此種念頭作了主。譬如大樹一般，他根株既深，徒然斫去枝葉，摠無益處。❷今日用功，要將此箇根株盡情斫去始得。陽明先生有云：『人以下第爲恥，我以下第動心爲恥。』此念勘得浄盡，不必

---

❶「必須先識」至「悞盡平生」，全書本作：「尤宜從事朱子之學，下學而上達，始得識得道在吾心，不去外求。不然，只是懸空想像，求吾道於虚無寂滅之鄉，寧不率天下而爲禪乎？曰：『然則重知者非乎？』曰：『知行何可偏廢，亦不可作兩項看。知之至，纔能行之至；行之至，方是知之至。後人言即知即行，不必於知外更求行，重本體不重工夫，所以致吾道之大壞也。』」

❷「處」下，全書本有「所以禪家有剗斷命根，革卦有革命之説」十六字。

更言了生死。

立身行己，最忌夾帶。

先生謂淵曰：「陳白沙不應舉，以老母在；陳布衣不應試，以有司待士無禮；尹和靖以策問爲非，遂棄去。前輩此等舉動，都是胸中實有所見。今人漫無所見，此中先主張箇不應舉底意，此不是爲名，便是爲利，只此便不是道。趂今壯年，正該砥志學問，實實築箇根基，有質幹有枝葉，後來因時爲之，便無失着。」

無暴其氣，正是持志功夫。

習俗敗壞已極，挽回習俗，惟有志之士能之。然却要此中積得些誠意，遇事不可輕發，一味誠心，且省外事。

處今之世，一語一默、一動一静，都要世間人可法則，一毫苟且不得。

《易》曰：「時乘六龍以御天。」凡吾人一言一動、一呼一吸，皆具箇潛見惕躍飛亢的道理，于此能不失其中，纔可謂之時乘，如此纔是非禮勿視聽言動。

戛戛乎陳言之務去，如今把舊行履、舊知解層層剥去。古人云「温故知新」，新者，正是吾心生生不已之機。

易喜易怒、輕言輕動，只是一種浮氣用事，此病根最是不小。如今要將此種浮氣覓箇銷歸安頓處。

佛氏以鏡喻心，只説常照常寂。鏡是死物，此爲佛氏之偏。若吾儒以日喻心，光明常照，内中自有生生不已之機。如日行，南至北至，具有陰陽不息之妙。如心之體本虚，惟虚故靈，其往而伸者爲仁與義，誠之通也；返而屈者爲禮與智，誠之復也。

先生謂淵曰：「人生末後一着極是要緊，儘有平日高談性命極是精妙，臨期往往失之。此其受病有二。一是僞學，飾名欺世，原無必爲聖學之志，利害當前，全體盡露。又一種是禪學，禪家以無善無惡爲宗旨，凡綱常名教忠孝節義都屬善一邊，禪家指爲事障、理障，一切掃除而歸之空，故惑世害道，莫甚于禪。昔人云：『能盡飲食之道，即能盡生死之道。』驗之日用之間，順逆之來，夢寐之際，此心屹然不動，自然不爲利所動，不爲害所懾矣。惟其平日無終日之間違仁，故能造次必于是，顛沛必于是，功夫全在平日，學者不可不兢兢也。」淵記止此。

《大學》言明德即是良知，不必更言良知。明明德，還其本明而止，不必言致也。止至善者，明明德之極則也，而工夫乃始于知止。至于定、靜、安、慮而得其所止，則知至矣。知至則明德之體渾然完復，而意于是乎誠，心于是乎正，推之修、齊、治、平一以貫之，而明明德于天下矣。故致知只是致其知止之知，格物即是格其有善無惡之物。如曰致良知，則明明德又安頓在何處？并誠意、正心之説，不皆架屋疊牀乎？

定、靜、安、慮、得，皆知止以後必歷之境界。學者必歷過五關，方于學有真得。今人漫言主靜，無首無尾，何怪一霍即散。

朱子曰「人心之靈，莫不有知」，即所謂良知也。但朱子則欲自此而一一致之于外，陽明則欲自此而一一致之于中，不是知處異，乃是致處異。

良知不慮而知，如開手見掌，握手見拳，當前即是。今乃作十分玄解，向無事甲裏討消息，要參要悟，謂非九年面壁不得。陽明亦有萬死一生得來之語，慮乎，不慮乎！

吾師許恭簡公與周海門在南都有《九諦》、《九解》，辨有辨無，可爲詳盡，而師論詞嚴理直，凛乎日月爲昭。今即從海門作妙解，亦只是至善註脚，終脱不得善字。

佛氏之學，只主靈明，而抹去善惡二義，故曰「不思善，不思惡時，見本來面目」。本來面目，仍只是一點靈明而已，後之言《大學》者本之。

形色，天性也。心是形色之大者，而耳目口鼻其支也，聖人踐形，先踐其大者，而小者從之。

當事至古小學請教。諸生拈「邦畿千里」章，謂：「《大學》之要只在知止，知止則爲聖人，不知止則人不如鳥。聖狂人禽之分，止争知與不知耳。」先生曰：「人禽之辨最是喫緊，出乎人便入乎禽。世之人不知人禽之説，曰『姑且爲之』，不知一出乎人，其爲禽也便在脚下。古人云『率獸食人』，如今已不少。所以要借重公祖父母留些生意，使越中有箇人種。如今到處開門延寇，滿城之中都喪了人氣矣。」一座聞之悚然。時甲申四月，聞流寇破山西，故先生云云。

先生絶食中，王毓芝來候。先生迎謂曰：「紫眉來乎！吾輩當以道義相成，勿作兒女子態。」毓芝曰：「然。」已而問曰：「先生心境若何？」❶先生曰：「他人生不可以對父母妻子，吾死可以對天地祖宗；他人求生不得生，吾求死得死；他人終日憂疑驚懼，而吾心中泰然，如是而已。嗚呼！

❶「何」下，全書本有「曰：吾甚樂。少焉，徐徐曰：冥途有玄趾爲侶，相對談心，不亦樂乎。毓芝曰：先生樂在此乎」三十三字。

抑又何求！」❶以下五則臨歿語。

爲學之要，❷一誠盡之矣，而主敬其功也。敬則誠，誠則天，若良知之説，鮮有不流于禪者，吾今免夫！時先生于誠敬之旨，不啻三致意焉。

汋請示訓，先生曰：「常將此心放在寬蕩蕩地，則天理自存，人欲自去矣。」

吾日來静坐小菴，胸中渾無一事，浩然與天地同流，不覺精神困憊。蓋本來原無一事，凡有事皆人欲也。若能行其所無事，則人而天矣。

他日，毓芝侍立榻前，先生曰：「吾今日自處無錯誤否？」毓芝曰：「甚正。雖聖賢處此，不過如是。」先生曰：「吾豈敢望聖賢哉？求不爲亂臣賊子而已矣。」

❶「求」下，全書本有「因撫腹曰：此中甚涼快。乃吟曰」十二字。

❷「要」，原誤作「學」，今據全書本改。

劉蕺山先生集卷四

讀易圖說

河圖

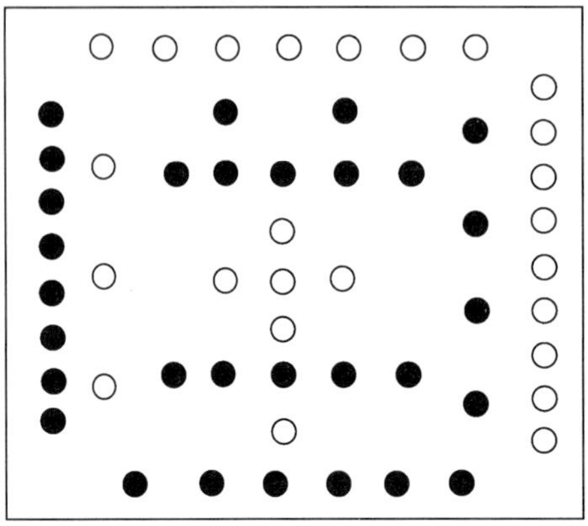

《易傳》曰：「天一，地二；天三，地四；天五，地六；天七，地八；天九，地十。天數五，地數五。五位相得，而各有合。天數二十有五，地數三十。凡天地之數，五十有五。此所以成變化而行鬼神也。」此《河圖》之數也。

河圖擬圖

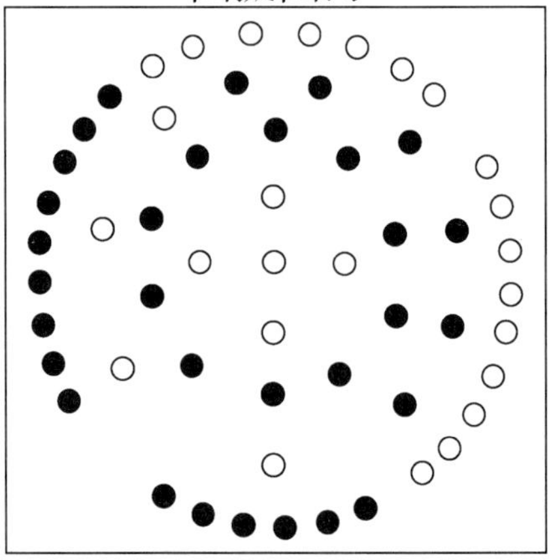

《河圖》，象天者也。天道圓，故《圖》亦體圓，以像天之圓，則以中數之五十知之也。五居中，而十環於外，則十必合爲一體。使仍一上二下，而分之爲二，又安見其爲十乎？今姑規之而從圓。中圓則外亦圓可知，以見其爲天圓之象。蓋《圖》之中數，以五統十，妙陰陽以合德，即太極之象。緜是一陰一陽，以次規圓於外，而兩儀、四象、八卦皆備矣。故聖人因之以作《易》，亦所以訓天道也。

洛書

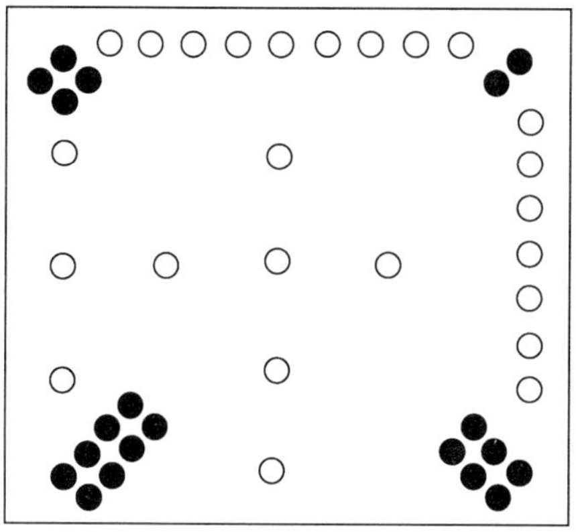

朱子曰：「《洛書》蓋取龜象，故其數戴九履一，左三右七，二四爲肩，六八爲足。」○蔡氏曰：「《圖》、《書》之象，自漢孔安國、劉歆，魏關朗子明，有宋康節先生邵雍堯夫，皆謂如此。至劉牧始兩易其名，而諸家因之。」故今復之，悉從其舊。

洛書擬圖

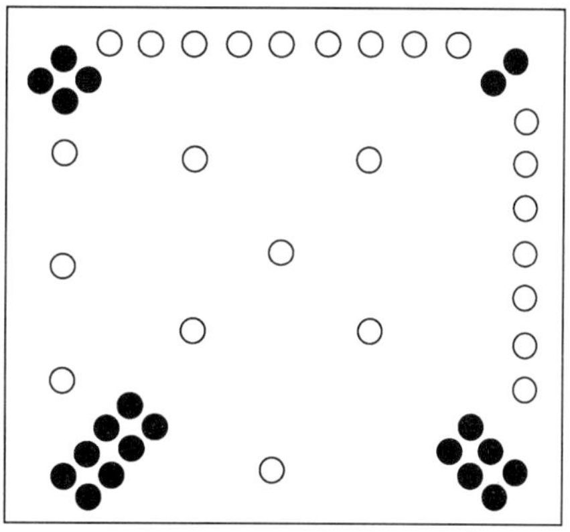

《洛書》，象地者也。地道方，故《書》亦體方，以象地之方，則以四維之周方知之也。四維既方，則中安得不本之而方，以見其爲地方之象。蓋《書》之中數，以一守四，體中正以無違，即皇極之象。緜是分剛分柔，各指其所以矩方，而五行五事之類蘊焉。故聖人因之以敘疇，亦所以訓地道也。

圖一

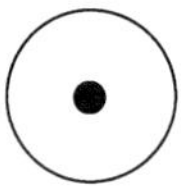

此人心妙有之象，爲《河》、《洛》總圖。中一點，變化無方。子曰：「易有太極。」濂溪子曰：「無極而太極。」淪於無矣。解無極者曰：「無形有理。」益淪於無矣。今請爲太極點睛而表是圖。❶其爲象曰有，即未必周子之旨也，抑亦孔門之説與！雖然，滯于有矣，夫圖其似之也。◯佛氏亦有是圖，然其中一點仍作空解，意實不同。余嘗有詩譏之曰：「偶圈圓相形容得，纔點些兒面目肥。」亦就彼家言也。

圖二

此人心全體太極之象。渾然一氣之中而周流不息，二儀分焉。陽生於右，陽根陰也；陰生於左，陰根陽也。陰陽相生，禪代不窮，四氣行乎其間矣。又分之而爲八，爲六十四，爲四千九十六，至于無窮，皆一氣之變化也，而理在其中矣。◯此具《河圖》之象。《圖》左方自北而東，陽在内而陰處其外；右方自南而西，陰在内而陽處其外。其中陰陽相薄處，即五十之居中。

❶「點睛」，全書本作「起廢」。

圖三

此人心中以陽統陰之象。盈天地間一氣而已矣，而陰陽分，非謂分一氣以爲陰，分一氣以爲陽也。一氣也，而來而伸者陽也，往而屈者陰也，來則必往，伸則必屈，總一陽之變化也。故盈天地間，陽嘗爲主，而陰以輔之，陰不得與陽擬也明矣。是故陽生于子，在純陰之中，而左旋以極于午；陰生于午，在純陽之中，而右旋以極于子。其分既已如此矣，又合而觀之，陽嘗居中，孕之以陰，陰嘗居外，統之以陽，尤著扶陽抑陰之教焉。○此具《洛書》之象。《書》陽饒陰乏，陽生于中，又旋外以統陰。○邵子所謂月窟、天根也。

圖四

此人心中參天兩地之象。《易傳》曰：「立天之道曰陰與陽，立地之道曰柔與剛，立人之道曰仁與義。」「兼三才而兩之，故六。六者非他也，三才之道也。」此參兩之説也，而豈知爲人心之所自有乎！以心參天，心即天；以心兩地，心即地也。其曰「參天兩地而倚數」，何也？昔者聖人之作《易》也，幽贊於神明而生蓍，於是有數焉。聖人因而仰觀俯察，裁之以參兩之法，置一爲太極，而兩得地數，三得天數，以三乘兩而得六畫之數，此正以心參兩之事也。故立卦分爻之後，遂以和順于道德而理于義，窮理盡性以至於命。道義性命，非繇外鑠我也，我固有之也。借數以顯心，非離心有數也；即易以明心，非離心有易也。然則易豈在心外乎？數豈在心外乎？蓍豈在心外乎？至矣哉！幽贊之爲義也。故曰：「畫前原有易。」予亦曰：「蓍前原有數。」

圖五

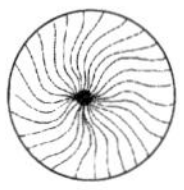

此人心先天之象。太極之體，其儀于陽者，有天道焉，所謂「維天之命，於穆不已」也。天道左旋，三百六十五度四分度之一，其數也。而數從中起，天樞建焉。蓋至動之中而有不動者主乎其間，所謂動之微者也。〇此具《河圖》之象。《圖》一三五七九，二四六八十，皆左旋，而陰陽相配，五行以相生爲序，五十居中，有天樞之義。

圖六

此人心後天之象。後天者，地道也。地者，山川土石之謂也。而精氣之上浮，爲二曜，爲五星，此七政也。天體左旋，日月五星皆右旋。夫天維玄維穆耳，得日月五星而後有炤臨。日月五星非天也，日月者，五行之精也；五行者，質具於地而氣行于天。皆地道也，故右旋。然雖地道也，而總囿于玄默一氣之中，地道即天道也。盈天地之間，凡屬可見可聞者，皆地道也；其不可見不可聞者，則天道也。天道一氣周流，任運而動，猶不無氣盈六日之病，而終能過而不過，以成造化之功者，實以地道用逆，❶分布之爲七政，而行之以漸，時時有節宣之妙，天道所以生生不已也。左右互旋，順逆相生，陽得陰遇，乃成歲功，故曰：「易，逆數也。」於人心何獨不然？夫人心有七政焉，七情是也，非用逆，何以作聖？〇此具《洛書》之象。《書》皆以陽統陰，而五行相克以右旋。水一統六而居下，火七統二而居右，金九統四而居上，木三統八而居左，土統四方而居中。以陽統陰，以陰間陽，尤見陰陽相得之妙，雖相克而不相害。

圖七

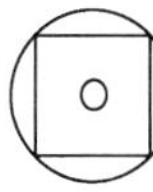

此人心中天圓合地方之象。天道圓，地道方。圓者運而無迹，方者處而有常，故天包乎地之外，而即入乎地之中，後先一天也。故天地之氣，妙合無間，一體而兩分，乃著生成之德。〇此全具《洛書》之象，而《河圖》在其中。

圖八

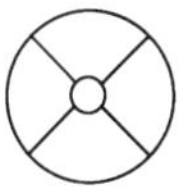

此人心四氣之象。天有四時，春夏爲陽，秋冬爲陰，中氣行焉；地有四方，南北爲經，東西爲緯，中央建焉；人有四氣，喜怒哀樂，中和出焉，其德則謂之仁義禮智信是也。是故元亨利貞即春夏秋冬之表義，非元亨利貞生春夏秋冬也；左右前

❶「用」，全書本作「一」。

後即東西南北之表義，非左右前後生東西南北也；仁義禮智即喜怒哀樂之表義，非仁義禮智生喜怒哀樂也。又非仁義禮智爲性，喜怒哀樂爲情也；又非未發爲性，已發爲情也。後儒之言曰：「理生氣，性生情。」又曰：「心統性情。」其然，豈其然乎？

圖九

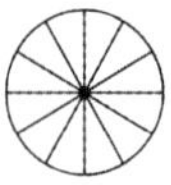

此人心具有十二辰之象。天地以一中分造化，而一元之運分爲乾坤，散爲六子，八方風氣正焉。《易》曰「帝出乎震，齊乎巽，相見乎離，致役乎坤，説言乎兑，戰乎乾，勞乎坎，成言乎艮」是也。又合以土氣之分旺四時，而十二辰建焉。土者，沖氣也，天地之合德也。故又曰：「天地定位，山澤通氣，雷風相薄，水火不相射。」元來只是一箇。

圖十

此人心六合一體之象，有地道焉。始于几席，而極于家國天下。故曰：「是以聲名洋溢乎中國，施及蠻貊。舟車所至，人力所通，天之所覆，地之所載，日月所照，霜露所隊，凡有血氣者，莫不尊親。」

圖十一

此人心萬古無窮之象，有天道焉。始于

晷刻，而極于世運會元。故曰：「千百世之上有聖人出焉，此心同，此理同也；千百世之下有聖人出焉，此心同，此理同也。」

圖十二

此人心六十四卦、三百八十四爻之象。造化之理，新新故故，相推而不窮。如草木之榮枯，昆蟲之起蟄，日月之晦明，四時之盛衰，氣運南北之往來，陵谷之遷徙，莫不皆然。人囿于大化之中，與萬物同體，自一日以往，而少而壯而老而死，無不變也。有之，其惟人之積氣、積習乎！油入于麪，不可復出。❶孰知去人滋遠，反常滋甚乎？盍于《易》道焉思之。

余嘗著《人極圖說》，以明聖學之要，因而得《易》道焉。盈天地間皆易也，盈天地間之易皆人也，人外無易，故人外無極。人極立，而天之所以爲天，此易此極也；地之所以爲地，此易此極也。故曰：「六爻之動，三極之道也。」又曰：「易有太極。」三極一極也，人之所以爲人，心之所以爲心也。惟人心之妙，無所不至，而不可以圖像求，故聖學之妙，亦無所不至，而不可以思議入。學者苟能讀《易》而見吾心焉，盈天地間皆心也。任取一法以求之，安往而非學乎！因述爲圖如左，題之曰《讀易圖說》。而復衍其緒於後，以補前說之未盡。盡人者，繇是而學

❶「出」下，全書本有「此其不變者也」六字。

焉，庶乎其有得矣！❶

易衍

《易》，其至矣乎！夫《易》，聖人所以體人道之撰，而順性命之理也。圓首而方趾，負陰而抱陽，胲百骸而麗九竅，可爲人乎？孰主張是？孰推行是？無乎？有乎？微乎！微乎！其爲物不貳者乎！惟一故神，神故化，陰陽不滯于氣，方圓不囿于形。以靈萬物，以參地天，其人乎！順人而人，故曰道；道本然，故曰性；性自然，故曰命，吾舉而歸之曰易。

右第一章

《易》道其本于人乎！夫人，載道而居，莫非《易》也。輕清而氣浮者，陰與陽也；重濁而質凝者，柔與剛也；妙合于氣質之間，而一理分見者，仁與義也。兩儀備矣，六位成矣，參三才而兩之，人之所以爲人也。故《易》三之而成象，六之而成變，繫辭焉而命之以成占，而人道備矣。

右第二章

大哉人乎！勿貳以二，勿參以三，而常足以妙萬物之變者，其惟聖人之心乎！故曰：「天得一以清，地得一以寧，侯王得一以爲天下貞。」

右第三章

❶「因述爲圖」至「有得矣」，全書本作「因再述諸圖，而復衍其說於後，以補前說之未盡，總題之曰《讀易圖說》，誠亦自媿瞽見矣。殆繇是而發軔焉，庶存跬步之一跌云」。

曷爲天下易？曰心。心，生而已矣。心生而爲陽，生生爲陰，生生不已爲四端、爲萬善。始于幾微，究于廣大。出入無垠，超然獨存，不與衆緣伍，爲凡聖統宗。以建天地，天地是儀；以類萬物，萬物是宥。其斯以爲天下極。

右第四章

惟天有極，北辰之樞；惟地有極，沆瀣之墟；惟人有極，乃背脊臍。方之屋漏，室西北隅。至矣哉！極之爲地乎！在境爲自，在心爲意，在意爲知，即知爲性。爲命之依，爲天之倪。

右第五章

君子之學《易》也，首證之吾心，而得陰陽之大分焉。神，陽之爲也；形，陰之爲也。陰所以輔陽，形所以載神也。神褻而見役于形，則陰陽消長之勢也。故君子尊心以神，常使陽自外來，而爲主于内。有時入于潛，而純息爲守；有時悔乎亢，而无首得遇，皆所以尊神也。神尊而形爲役矣。形神相抱，妙合無端，生生不窮。推是道也，可以治世。《泰》曰：「内陽而外陰，内健而外順，内君子而外小人。」朱子曰：「道心爲主，人心聽焉。」亦其旨與！

右第六章

君子仰觀于天，而得先天之易焉。維天之命，於穆不已，蓋曰天之所以爲天也。是故君子戒慎乎其所不覩，恐懼乎其所不聞，此慎獨之説也。至哉獨乎！隱乎！微乎！穆穆乎！不已者乎！蓋曰心之所以爲心也。則心一天也。獨體不息之中，而一元常運，喜怒哀樂四氣周流，存此之謂中，發此之謂和，陰陽之象也。四氣一陰陽也，陰陽一獨也。其爲物不貳，則其生物不測也。故中爲天下之大本，而和爲天下之達道。及其至也，察乎天地，至隱至微，至顯至見也。故曰「體用一原，顯微無間」。君子所以必慎其獨也。此性宗也。

喜怒哀樂即仁義禮智之别名。以氣而言曰喜怒哀樂，以理而言曰仁義禮智是也。理非氣不著，故《中庸》以四者指性體。蔡西山氏著爲圖，見《新書》，可考。

右第七章

君子俯察於地，而得後天之易焉。夫性，本天者也；心，本人者也。天非人不盡，性非心不體也。心也者，覺而已矣。覺故能炤，炤心常寂而常感。感之以可喜而喜，感之以可怒而怒，此其大端也。喜之變爲欲、爲愛，怒之變爲惡、爲哀，而懼則立于四者之中，喜得之而不至于淫，怒得之而不至于傷者。合而觀之，即人心之七政也。七者皆炤心所發也，而發則馳矣。衆人溺焉，惟君子時發而時止，時返其炤心而不逐于感，得易之逆數焉。此之謂後天而奉天時，即慎獨之實下手處，心法之極則也。❶

天左旋，日月五星右旋，乃造化自然之運。曆家以爲七政亦左旋，但行遲耳，雖如此説亦不妨，實病大道。❷〇喜怒者，陰陽之勝氣，二曜之象；哀者，水氣；懼者，中氣；愛者，火氣；惡者，金氣；欲

❶「下手處，心法之極則也」，全書本作「實功也」。
❷「道」下，全書本有「本朝高皇帝特斷其不然，其見卓矣」十四字。

者，木氣。陽明子曰「戒慎恐懼是本體」，即此懼字。○喜怒哀樂，即天之春夏秋冬；喜怒哀懼愛惡欲，即天之温涼寒燠大寒大暑；笑啼嚬詈，即天之晴雨雷電。春亦有燠時，夏亦有涼時，秋亦有電時，冬亦有雷時，終不可以温涼寒燠謂即是春夏秋冬，況晴雨雷電乎？ 今人以笑啼嚬詈當喜怒哀樂，因謂有發時，又有未發時，分作兩際，殊非《中庸》本旨。○四氣在人，無物不有，無時不然，即一言一動皆備。 誠通處，便是喜而樂；誠復處，便是怒而哀。 貞下起元，循環不已，故《記》曰「哀樂相生」。 即一呼吸間，亦可理會。如方呼方吸即是喜與怒，既呼既吸即是樂與哀。 如陽明歌法，備春夏秋冬。 開口定輕微，從之必重暢，舒暢後必急疾，❶急疾後收斂，末復悠揚振起。 這聲氣自然而然，豈是强安排者？❷ 今梨園傳奇節奏皆然，陽明亦有所本。❸

右第八章❹

吾何以知體用之一源，而無先後天也與哉？❺ 今夫日月，炤而已矣，而炤本無體；水火燥溼而已矣，而燥溼之外亦別無用，則天地可以類推。 故君子知微以知彰，即用以求體，存而不宰，終日行而無轍迹。《易》曰：「精義入神，以致用

❶「從之必重暢，舒暢後必」九字，原漫漶不清，據全書本補。
❷「振起」至「豈是强」十二字，原漫漶不清，據全書本補。
❸「皆然，陽明亦有所本」八字，原漫漶不清，據全書本補。
❹「右第八章」四字，原漫漶不清，據全書本補。
❺「以知體用之一源，而無先後天也」十三字，原漫漶不清，據全書本補。

也；利用安身，以崇德也。過此以往，未之或知也。窮神知化，德之盛也。」雖然，大可爲也，化不可爲也。下學立心，其惟誠之于思乎！故曰：「思誠者，人之道也。」

右第九章

君子之學，其始于誠乎！萬物之出震也，天下雷行，誠之動也。動而後入焉，故授之以巽。入而不已，則致虚而明，故授之以離。明而不已，和順于道矣，故授之以坤。順之至也，❶故授之以兑。兑而説，説乃渝矣，❷天人之際，常貞勝矣，故爲乾之戰。戰乃得勞，息之至也，故授之以坎。息乃得止，止則誠，萬物之所以成始而成終也，故終之以艮。至于交養互發之機，則天地時而定位矣，山澤時而通氣矣，雷風時而相薄矣，水火時而不相射矣。其爲物不貳，又如是夫！

右第十章

怠者作之，結者散之，濡者熯之，苦者甘之，浮者沉之，蕩者止之，積者藏之，支離者進而君之。

右第十一章

夫人心有造化焉。神也者，妙萬物而爲言者也。動萬物者莫疾乎雷，撓萬物者莫疾乎風，燥萬物者莫熯乎火，説萬物者莫説乎澤，潤萬物者莫潤乎水，止萬物者莫盛乎艮，生萬物、成萬物者莫大乎乾坤，八者

❶「也」下，全書本有「順無乎不悦」五字。
❷「渝」，全書本作「淪」。

備矣。吾何以測其及物之功哉？誠動于此，機通乎彼也。一氣運旋之中，而萬物恣取焉。生者生，化者化，物不得而知也。物各付物，吾無與也。萬物一物也，一物非物也，知無物之爲物者，其知神之所爲乎！

右第十二章

《易》曰：「蓍之德，圓而神；卦之德，方以智；六爻之義，易以貢。」蓋善言心也。圓以言乎其體也，方以言乎其用也，易以言乎體用之全也。方圓者象也，有尚是象者，至圓出乎規，至方出乎矩也。規矩，方圓之全也。君子本一中以建極，而規矩出焉。存之爲好惡，發之爲七情，措之爲百行，殽之爲三千三百。一規萬規，以有天下之至圓。其體爲貌言視聽，其倫爲子臣弟友，其行爲出處、進退、辭受、取予，其遇爲富貴、貧賤、夷狄、患難。❶一矩萬矩，以有天下之至方。圓以體方，方以用圓。萬一各正，大小相成，以有天下之至易。嗚呼！非天下之至神，其孰能與于斯？子不云乎「七十而從心所欲不踰矩」？

右第十三章

上下四方曰宇，往古來今曰宙。夫孰知宇宙之所自起乎？上下四方，一指而已矣；往古來今，一息而已矣。又孰知一指一息之所自起乎？一念而已矣。君子通宇宙以生心。繇一指而一席，而一家，而一國，而天下，仍一指也；繇一息而一時，而日，而月，而歲，而世運會元，仍一息也。知一指一息之爲無窮無極也者，可與言《易》

❶「富貴貧賤夷狄患難」，全書本作「素位」。

矣。故曰：「夫大人者，與天地合其德，與日月合其明，與四時合其序，與鬼神合其吉凶。」又曰：「堯舜其心至今在。」

右第十四章

學《易》有要乎？曰：有。變爲要。《易》有聖人之道四焉，以言者尚其辭，以動者尚其變，以制器者尚其象，以卜筮者尚其占，此聖人之全學也。而善學者，乃自知變始。夫變，以通乎所窮也。陽窮則亢，陰窮則傷，亢可言也，傷不可言也。是以君子有善變之功焉。陽退而陰，則高明柔克；陰進而陽，則沉潛剛克。故曰：「學莫先于變化氣質。」進極而退，則有過必改；退極而進，則見善必遷。故曰：「蘧伯玉行年五十而知四十九年之非，行年六十而六十化。」陽以陽進，則西南得朋；陰以陰退，則東北喪朋。故曰：「與善人居，如芝蘭；與不善人居，如鮑魚。」知變則知象矣。象也者，象此者也。知象則知辭與占矣。

右第十五章

善乎《易》之言變也，莫備于鼎、革矣。革去故，鼎取新也。革之去故也，革而不已，爲虎之炳，爲豹之蔚，君子所以脱凡近而游高明者其然乎！鼎之取新也，新而不已，爲金之融，爲玉之潤，君子所以策滲修而踐成德者其然乎！嗚呼！不占而已矣。

䷰ 離下兑上 革，巳日乃孚。元亨利貞，悔亡。

初九，鞏用黄牛之革。

占曰：鞏用黄牛，一革而巳得中色焉。以視虎豹，質之醜也。

六二，巳日乃革之，征吉，无咎。

占曰：巳日之革，再言革也。

九三，征凶，貞厲。革言三就，有孚。

占曰：革言三就，革之至也。

九四，悔亡，有孚，改命，吉。

占曰：改命之革，革之盡也，去凡以入聖也。

九五，大人虎變，未占有孚。

占曰：未占有孚，有諸中，彰于外也。

上六，君子豹變，小人革面。征凶，居貞吉。

占曰：君子豹變，闇然日章也；小人革面，的然日亡也。孚不孚之辨也。蓋虎炳而豹則蔚矣。有收斂章光之儀焉，革之成也。

䷱ 巽下離上 鼎，元吉，亨。

初六，鼎顛趾，利出否，得妾以其子，无咎。

占曰：顛趾出否，先去故也。得妾以子，新乃生也。

九二，鼎有實，我仇有疾，不我能即，吉。

占曰：鼎有實，能取新也。我仇有疾，終慎所習也。

九三，鼎耳革，其行塞，雉膏不食。方雨虧悔，終吉。

占曰：鼎既熟矣，無耳不行，道未光也。方雨虧悔，重洗新也。

九四，鼎折足，覆公餗，其形渥，凶。形渥仍從本文。

占曰：覆公餗，基不固也。其形之渥，新何如也。

六五，鼎黃耳，金鉉，利貞。

占曰：金鉉，新之燦也。舉耳以養中，

德之美也。

上九，鼎玉鉉，大吉，无不利。

占曰：玉鉉，新之極也，蓋金精而玉更潤矣。其所利，上帝聖賢之養也。按：鼎、革二卦，相爲反對，其畫上下互易。蓋去故即取新，取新乃去故也。《易》卦反對者凡五十六卦，正對者八卦。

右第十六章

吾讀《易》，于乾而得萬理之統焉，讀坤而得萬器之統焉，讀屯而得萬類之統焉，讀咸而得萬倫之統焉，讀蒙而得萬性之統焉，讀无妄而得萬心之統焉，讀履而得萬行之統焉，讀需而得萬事之統焉，讀賁而得萬禮之統焉，讀姤、復十二卦而得萬化之統焉，讀未濟而得萬古之統焉。

右第十七章

伏羲氏之道，不可得而徵矣。洪濛初判，沕沕穆穆。探月窟，躡天根，鼓以雷霆，潤以風雨，調以四氣，順以八方，山川河嶽，次第效靈。乃一舉而得乾策，再舉而得坤儀，又多乎哉？爲之一變一合，而六十四卦相生于無窮。聖人曰：「道在是矣！」吾何以語言文字爲哉？天不言，以行與事示之而已矣。

右第十八章

夫道不可得而名也，聖人姑以一畫顯之。盈天地間，萬有不齊者數也，而以一君之，一非數也。故聖人起數于二，使人自悟虛體焉。心無思也，無爲也，寂然不動，感而遂通天下之故，非天下之至神，其孰能與于此！嗚呼！吾讀《易》而得主一之說焉。

右第十九章

河出圖，洛出書，聖人則之。《九疇》有皇極之説，其本之大《易》乎？《易》六十四卦以象教，太極之體，藴于無形耳。至神禹敘疇，始闡之爲皇極，而居中用事，有君道焉。善發伏羲氏之藴者，其神禹乎！

右第二十章

《易》道之興，其于《連山》乎？天地之化，無不運也。而艮爲止，止而又止，兼山之義也。曷止之？心止之。曷又止之？物各止之也。天止止而萬化貞，人止止而萬事順，三才之所以不朽也，《洛書》之教也。

右第二十一章

夫子又取坤、乾，何也？盈天地之道皆坤也，❶而乾其積而超焉者也。故曰：「形而上者謂之道，形而下者謂之器。」離器無道也。又曰：「下學而上達。」曰《歸藏》，表坤德也，則《連山》之竟義也。

右第二十二章

子曰：「作《易》者，其有憂患乎？」羑里之際，見臣道焉。始以乾、坤，辨冠履也；終以既、未濟，徵治亂也。道在明夷，夫子繫之曰：「内文明而外柔順，以蒙大難，文王以之。」三爻辭曰：「明夷于南狩，得其大首，不可疾貞。」貞，臣道也。或曰：「文以書演《易》，與箕子之序《疇》，同原而異用。」❷然則商周之際，其大道晦明之日乎？夷不極，不大明也。❸

❶「之道」二字，全書本無。
❷「用」下，全書本有「故夫子並及之」六字。
❸「夷不極不大明」六字，全書本無。

右第二十三章

周公之繫辭也，其在居東之日乎？承考志也，道在家人與睽。睽，外也；家人，內也。故繫《家人》曰「無攸遂，在中饋」，道其常也；繫《睽》曰「遇主于巷」，道其變也。外而內，變而不失其常，其惟周公乎！至于「厥宗噬膚」，而喜可知也。三百八十四爻，大抵多危辭，吉凶悔吝之辨，何其諄諄乎！約之以中正，見貞一之道焉。《詩》曰：❶「公孫碩膚，赤舃几几。」

右第二十四章

《易》道至孔子而大備矣。其曰：「易者，象也。象也者，像也。」是以聖人觀象而以之占，❷得聖學焉。故曰：「天行健，君子以自强不息；地勢坤，君子以厚德載物。」至六十四卦，而所以之用大備矣。以有言印無言，以一言綜文、周之十百言者，其惟大象乎！

右第二十五章

春秋之際，《易》其在孔門乎！吾道一以貫之，渾然太極也。求仁之學，善體元也。克己復禮，幾于一矣。忠恕之唯，得乾道焉；敬恕之示，得坤道焉。善學聖人者，曷于此求之！

右第二十六章

或曰：「顏子没而聖人之學亡，信乎？」曰：「顏子傳聖人之神者也。神無

❶「曰」字，原無，據全書本補。
❷「占」字，原無，據全書本補。

方，而易無體。神不可傳，易不可學。回真苦心乎！迫欲就之，若將失之，故曰：『吾見其進也，未見其止也。』又孰得而擬其所至乎？不傳之傳，不學之學，我博我約，漸返其樸乎！」

右第二十七章

曾子之言誠意也，其修身爲本之極則乎！故子思子曰誠身，孟子亦曰誠身，又曰反身而誠。萬古宗傳，其在斯乎！

右第二十八章

後千百年而得不傳之學于顏氏子者，其無極之説乎！從心悟者也，非以解太極也。若曰：「太極何極？」易非極也，隨人識取耳。故其後繼之曰「主静立人極」。

右第二十九章

程子以天理爲宗，其太極之別名乎！雖淵源有自，而得之以研體，有味哉其言之也！純公可謂善發師門之藴矣！

右第三十章

陸子之言本心也，幾于誠明矣；朱子之言主敬也，幾于明誠矣。合而言之，道在是矣。

右第三十一章

又五百年而文成子出，特倡良知之旨。開萬古聾瞽，正統已明，割據之雄自廢。摧陷廓清，厥功偉矣！若夫稽古考文，用垂典則，是在後死哉！是在後死哉！❶或曰：「佛以覺爲性，然乎？」曰：「覺非性也，

---

❶ 「是在後死哉！是在後死哉」，全書本不重文。

而覺其性之者也。」良知之與本覺，毫釐而千里也。

右第三十二章

天，春生萬物而秋以成之，萬物皆致養焉。風雷霜雹皆其具也，非有時而殺之也。其或不時焉，物遂爲厲，復其常則已焉。君道亦然。是以王者，純任德而不任刑。德之不效，修之而已。殷作《誥》而民始疑，周作《誓》而民始叛。夫《誥》與《誓》且然，而況于刑乎？甚矣！申、商之禍，萬世無已時也。

右第三十三章

《易》爲君子謀，信乎？曰：「君子自治焉而已，非求以勝小人也。君子以君子自治，而以小人治小人，則各安其分矣。是故知進而又知退，知存而又知亡，知得而又知喪，君子以一身知進退存亡之道而不失其正，并知小人之爲進退存亡焉。則往者有時復，亂者有時治，世道之所以萬古常存也。龍德而亢焉，能無窮乎？漢之君子亢，而小人遂化而爲賊，終六朝之阨者數百年；宋之君子亢，而小人遂化而爲賊，❶終金元之阨者數百年。」

右第三十四章

《易》曰：「潛龍勿用。」龍，神物也，又潛焉，愈不可測矣。是以君子善潛其神焉。耳潛于聽，目潛于視，心潛于思。思也者，神之主也。思而無思，靜專而守之。淵乎！其無用也，而無不用也。無思之思、無視之視、無聽之聽，其斯以爲龍德乎！

❶「賊」，全書本作「夷」。

以下至旅，皆用初爻。

《易》曰：「艮其趾，无咎。」趾之爲言止也，動而不離乎地，其止則初也。君子亦慎其初而已矣。視其日夜之所息，而得平旦之氣，好惡與人相近之幾希也，❶則知所止矣。知止而定焉、静焉、安焉、慮而得焉，艮趾之謂也。由是進而有身，所以止諸躬也。徒言艮背，不已玄乎？

《易》曰：「履霜，堅冰至。」周子曰：「幾善惡。」幾本善也，介于善，可以之惡焉，猶未離乎善也。有履霜之象焉。本一氣之變化耳，凝而爲霜，堅而爲冰，忽還其本，則水也。知水之可以爲冰，又知冰之復可以爲水者，斯進乎學矣。

《易》曰：「不遠復，无祇悔。元吉。」子曰：「性相近也，習相遠也。」顔氏之子猶有不善乎？言不遠乎性也，謂其能以性之近勝習之遠也，故曰：「復其見天地之心乎！」若曰：「念已惡矣，因而止焉，幾幾乎復焉。」劍之去也，何啻千里！

《易》曰：「利用爲大作。」天地作而萬物昌，聖人作而萬民康，得風雷之象焉。于時爲春。蟄蟲奮，草木萌，水泉滋，天子居左个而頒政令，與天下更始，皆作之大也。君子之志于學者，非大有作焉，何以發一生之蒙氣？❷吾故甚惡夫悠悠而不振者。

《易》曰：「素履往，无咎。」子不云乎：「素富貴行乎富貴，素貧賤行乎貧賤，素夷狄行乎夷狄，素患難行乎患難。」❸富貴一而已矣，貧賤之類居其三者，非學得其中，行

❶「希也」，全書本作「焉」。
❷「氣」字，全書本無。
❸「子不云乎」至「行乎患難」，全書本作「子不云素位而行乎」。

依乎庸，其能免于戾乎？故君子慎其所以履之者，請三復虎尾之説。

《易》曰：「旅瑣瑣，斯其所，取災。」嗚呼！旅之時義大矣哉！人盡旅也，而仕爲甚。君子之仕也，行其義也。旅進焉，旅退焉，徒爲是屑屑往來之不已，則賤不亦甚乎？必也既度其君，又度其身，又度其所與，即次、資斧、童僕三者備，而旅道幾矣。是以君子致念夫始之者也。

《易》曰：「觀其生，君子无咎。」大哉生乎！百年而已乎？君子曰：君何生乎？生乎？死乎？天理乎？人欲乎？静虚而動直乎？起居食息必以時乎？辭受取與必以介乎？進而行所學，退而明所志乎？富貴貧賤處之齊乎？夭壽不貳乎？庶幾君子者乎？觀乎！觀乎！吾悠悠乎？忽忽乎？而營營乎？而苟苟乎？吾童心而女德一隙無窺乎？觀乎！觀乎！盥而不薦，神道其設教乎！生乎！生乎！夙興夜寐，死而後已乎！

右第三十五章

上經首乾、坤，言天地之常，而屯、蒙以下，❶多紀其變，其間非無出于人事者，亦受轉于氣數者也。下經首咸、恒，言人事之常，而遯、臨以下，多紀其變，其間非無出于氣數者，亦受制于人事者也。言天道者，治多而亂少，是故其辭易，易以事乎其天，則能爲受命，不爲衡命；言人事者，凶多而吉少，是故其辭危，危以盡乎其人，則能爲求福，不爲倖福。

右第三十六章

❶「以」，原作「已」，據全書本改。

咸、恒以下，抑何多故乎？甚矣！君子之難進而易退也。遯，德之時也；明夷，德之晦也；蹇，德之修也；艮，德之止也；漸，德之序也；巽，德之入也；節，德之辨也；小過，德之謹也；未濟，德之亨也。遯，和而嚴；夷，闇而章；蹇，藏往而知來；艮，時止而時行；漸，處而有常；巽，小心而無斁；節，苦而甘；小過，矯枉而中；未濟，巽而能同。遯以藏用，明夷以正志，蹇以有躬，艮以素位，漸以自安，巽以入世，節以制行，小過以累功，未濟以迄濟。《易》爲君子謀，其在是乎！

右第三十七章

《易》爲卜筮設，有諸？子言之矣，「君子居則觀其象而玩其辭，動則觀其變而玩其占」，未常言卜筮也。居則已矣，君子考動于念慮之微，而得一卦之變焉，則其爲一卦之占，可得而知也。考動于事爲之著，而得一爻之變焉，則其爲一爻之占，可得而知也。吉凶者，占其所得失也；悔吝者，占其所憂虞也；无咎者，善補過也。是故爻也者，效此動者也；象也者，像此動者也。爻以效之，象以像之，事爲著而念慮微也。故曰：「智者觀其彖辭，則思過半矣。」夫《易》爲卜筮設也，蓍龜云乎哉！

右第三十八章

《易》者，易也。乾、坤，易之體也；坎、離，易之用也；震、艮、巽、兑，易之成也；六十四卦，易之盡也。莫非易也，而坎、離之用爲大，兩在不測，化之所以知；合一無方，神之所以存也。易有太極，此之謂也。

右第三十九章

旨哉！《易》之序大、小過也。大過，過雖大，小也；小過，過雖小，大也。陰陽之辨也。小過，小人之道也，有飛鳥之象焉。中薄而外豐，名勝實也，抑而從下，載戢其羽，乃知所止也。大過，君子之道也，有棟撓之象焉，所托之地然也，然爲周公之過乎！此皆《易》道之窮也。故上經次坎、離之前，以示大用也；下經次既、未濟之前，以示大幾也。《易》言「善補過」，有以也夫！

右第四十章

「逝者如斯夫，不舍晝夜」，其易之爲易乎！故君子欲及時，以勉學也。始學之，患其不立也；繼學之，患其不進也；終學之，患其未有成也。與日俱邁，孜孜而不息，以千百年爲見在者，其時習者乎！故君子惜陰，聖人積陰，小人死而已矣。

右第四十一章

乾爲心，坤爲身，震爲意，坎爲志，艮爲思，巽爲動，離爲容，兑爲言。乾爲德，坤爲行，震爲智，坎爲仁，艮爲勇，巽爲孝，離爲弟，兑爲慈。

右第四十二章

卷終

劉蕺山先生集卷五

學言上

只此一心，自然能方能圓，能平能直。圓者中規，方者中矩，平者中衡，直者中繩，四者立而天下之道冒是矣。際而爲天，蟠而爲地。運而不已，是爲四氣。處而不壞，是爲四方。生而不窮，是爲萬類。建而有常，是爲五常。革而不悖，是爲三統。治而有憲，是爲五禮、六樂、八征、九伐。陰陽之爲《易》，政事之爲《書》，性情之爲《詩》，刑賞之爲《春秋》，節文之爲《禮》，升降之爲皇帝王霸，皆是也。只此一心，散爲萬化，萬化復歸一心。元運無紀，六經無文，五禮、六樂、八征、九伐無法，三統無時，五常無迹，萬類無情，兩儀一物，方遊于漠，氣合于虛，無方無圓，無平無直，其要歸于自然，而不知其所以然。大哉心乎！原始要終，是故知死生之說。

求仁，孔門第一義。克復，求仁第一義也。吾儕日用之間，一揚眉瞬目，無非護持此己。❶假令此己不立，雖聲色貨利亦天理邊事，若爲己而設，即道德性命亦人欲邊事。天理人欲，本無定名，在公私之間而已矣。學者常將此己放在天地間，做公共一物看，已是大家主人翁。隨感而應，因物付物，是恁次第！

❶「己」下，全書本有「過惡皆從此生」六字。

吾人有生以後，❶此心隨物而逐，❷一向放失在外，不知主人翁在何處。一旦反求，欲從腔子内覓歸根，又是將心覓心。惟有一敬，爲操存之法，隨處流行，隨處静定，無有動静顯微前後巨細之岐，是千聖相傳心法也。❸學者繇洒掃應對而入，至于無衆寡、無小大，只是一箇工夫。❹

夫子所云異端，即近在吾心，從人欲起念者是。凡從生死起念便是佛，從成毁起念便是老，從名實起念便是申、韓，從毁譽起念便是鄉愿，從人我起念便是楊、墨，從適莫起念便是子莫。四下分消，粹然立中正之極，便當下是聖人體段。

情動而溢者，昏于性也；事過而留者，歉于理也。

處紛而不亂，在樂而不淫。吾以觀其養矣，君子哉！

一誠立，而萬善從之。

❶「吾人」上，全書本有「《曲禮》曰：毋不敬，儼若思，安定辭，安民哉。小學之功，非禮無以立，而敬又禮之本也。儼若思，貌之敬；安定辭，言之敬。非禮勿視聽言動，如斯而已。安民，言其效也」六十字。

❷「逐」，全書本作「感而逐於物，則五官爲之牖矣」。

❸「也」下，全書本有「在堯舜謂之兢兢，在禹謂之祗台，在湯謂之日躋，在文武謂之敬止敬勝，在孔門謂之敬修，在孟子謂之勿忘勿助，在程門謂之居敬窮理，朱子得統於二程，惓惓以主敬授學者，至明儒相傳，往往多得之敬。康齋傳之敬齋，皆一以敬字做成，其言敬最詳，有曰：端莊整肅，嚴威儼恪，是敬之入頭處；提撕喚醒，是敬之接續處；主一無適，湛然純一，是敬之無閒斷處；惺惺不昧，精明不亂，是敬之效驗處。又曰：敬該動静，静坐端嚴，敬也；隨事檢點致謹，亦敬也。敬兼内外，容貌莊肅，敬也；心地湛一，亦敬也。此正無不敬之義。大抵聖學惟敬，自小貫大，更無破綻」二百一十四字。

❹「夫」下，全書本有「昔有打破之説，鮮不流爲無忌憚之小人。戒之！戒之」二十字。

湛然寂静中，當見諸緣就攝，❶諸事就理，雖簿書鞅掌，金革倥偬，一齊俱了，此静中真消息。若一事不理，可知一心忙亂在。用一心，錯一心；理一事，壞一事。學無本領，❷漫言主静，無益也。

釋氏之學本心，吾儒之學亦本心。但吾儒自心而推之意與知，其工夫實地却在格物，所以心與天通。釋氏言心便言覺，合下遺却意，無意則無知，無知則無物。其所謂覺，亦只是虚空圓寂之覺，與吾儒體物之知不同；其所謂心，亦只是虚空圓寂之心，與吾儒盡物之心不同。象山言心，本未嘗差，慈湖言無意，禪家机軸一盤托出。

知行自有次第。但知先而行即從之，無間可截，故云合一。❸後儒喜以覺言性，謂一覺無餘事，即知即行，其要歸于無知。知既不立，一亦難言。噫！是率天下而禪也。

罪莫大于褻天，惡莫大于無恥，過莫大于多言。

學術之邪正，判之義利而已。有辨而淫者曰：「義，利也。利乃所以爲義也。」則學術亂矣。以上庚申前録。

三十年克一私字不去，背城借一，定在何日？古人云「一日用力」，思之汗顔。失今不力，墮落百年。一旦掀以俱盡，形銷骨化，此垢猶存。塵土坐以無光，❹猩狸顧而却步。

❶「當」，全書本作「常」。
❷「學」上，全書本有「即豎得許多功能，亦是沙水不成團。如喫飯穿衣，有甚奇事？纔忙亂，已從脊梁過」三十一字。
❸「一」，原作「下」，據全書本改。
❹「坐」，全書本作「借」。

人心不可一息藏殺機。看萬物遂生復性，各得其所，是何等氣象！

枉一尺不以利尋丈者，吾儒也；拔一毛不以利天下者，楊氏也。其跡相似，而實有公私之辨。吾儒有見于義，無見于利，而楊氏反之也。夫楊氏所謂一毛者，亦豈不在名義中較量哉？特其所爲義，乃一己之義，而非天下之通義，則適以就其一己之利而已。

楊墨之見，不甚相遠。試觀摩頂放踵之意，其最初曷嘗從天下起見？雖曰天下之利，而實一己之利也。苟無利于己，雖拔一毛而利天下，有所不爲矣。同乎自私自利之學，楊氏正用之，而其情近；墨氏反用之，而術愈巧。

清明以養吾之神，湛一以養吾之慮，沉警以養吾之識，剛大以養吾之氣，果斷以養吾之才，凝重以養吾之器，寬裕以養吾之量，嚴冷以養吾之操。

斬釘截鐵，胸中先淬一利刃，方有建豎可言。

每遇拂意事，即須誦《孟子》「三自反」章，我必坐一項在。且孟子蓋爲學聖人而未至者言，若吾儕小人直是自處横逆，自處妄人，于他人報施平等耳。不知又經幾十會自反，方得到君子不仁無禮地位。正是鄉人亦不易及也。可愧哉！

凡人一言過，則終日言皆輾轉而文此一言之過；一行過，則終日行皆輾轉而文此一行之過。蓋人情文過之態如此，幾何而不墮禽獸也！

日用之間，漫無事事，或出入閫閾，或應接賓客，或散步庭除，或静窺書册，或談説無根，或思想已往未來，或理藥餌，或擇衣食，或詬童僕，或措饔飧，恁地捱排，莫可適莫。自謂頗無大過，杜門守拙，禍亦無生。及一朝患作，❶追原所自，多坐前日無事甲裏。如前日妄起一念，此一念便下種子；前日誤讀一書，此一書便成附會。推此以往，不可勝數。故君子不以閒居而肆惡，不以造次而違仁。

每念當世無忠告之友，吾無從抉吾過焉。幸而人言有及我者矣，則遽抵之曰：「此嫉忌我者。」無顧也，則亦弗思之甚矣。試反而思之，此嫉忌我者，胡爲乎來哉？苟有以當吾之過，無往而非忠告也。使吾于忌口之外求忠告，幸而一當，又安知非讒諂面諛之人乎？

人言之及我者，蓋亦寡矣。幸而及之，亦引而不發。譏稱進反之間，使人思而自得之，吾自不察耳。❷甚者或示我以意，意不可匿而徵于色，吾目擊焉，而亦意喻之，意喻之而復意阻之，❸使人之抱意而來者，轉失意而往，拒諫飾非之態，亦何所不至哉！

忽有告我者曰：「或謗汝。」則將應之曰：「某未之聞也。果有之，吾反吾罪焉。」又有告我者曰：「或欲聚衆而辱汝。」則將應之曰：「夫夫也，亦何至于是？果有之，吾反吾罪焉。」忽遇謗且辱我者于前，則何如？曰：「敢請某之罪。」不得，則迴車而避。」既解讐焉，則何如？曰：「擇其善者而與之，其不善者而去之。」然則唾面而乾者是乎？劉子憮然曰：「非謂此也。吾將

❶「及」下，全書本有「夫時移境改」五字。
❷「吾」上，全書本有「良工苦心」四字。
❸「復」，全書本作「後」。

礪人以進吾學也。」以上癸亥。

天之所以與我者，甚美且富。如子弟承父兄基業，既有良田廣宅，又有百物器皿，又有珍奇玩好，又有詩書禮樂，無所不備。于此而不能守成，至于一一蕩盡，身受飢寒，豈不辜負先人，爲不肖之甚乎！人生具有仁義禮智之性，一似好家當，縱或汩没了一端，却又有一端。如有時不見惻隱之心，便須有羞惡之心；有時不見辭讓之心，便須有是非之心。四者更隱迭見，一見則全體皆見，終無繇入禽獸一途去。似上天曲曲啓牖，扶持安全，較之祖父蔭佑，尤爲百倍，于此而不能反身承受，必欲一一戕賊而後已，雖天亦無如之何矣。哀哉！

今世之學道者，自謂十分親切。覺此中隱隱一物，有以出乎其上，或潛或露，時有時無，此處毫釐走作，彼處十分虛假，只爲其志在此，而不在彼也。子曰：「士志于道而恥惡衣惡食者，未足與議也。」一衣食間足以動之，何以爲志？聖人直鄙其爲無志耳。須知男兒負七尺軀，讀聖賢書，所學何事？不思頂天立地做第一流人，直欲與蠅頭争得，蝸角争鬬，溷厠之中争臭味，豈不甚可悲乎？顔淵曰：「舜何人也？予何人也？有爲者亦若是。」孟子曰：「自暴者不可與有言，自棄者不可與有爲。」最是催人上路語。若于此信不及，便無法可治。

游思妄想，不必苦事禁遏。大抵人心不能無所用，但用之于學者既專，則一起一倒都在這裏，何暇游思妄想？即這裏不無間斷，忽然走作，吾立刻與之追究去，亦不至大爲擾擾矣，此主客之勢也。

古人千言萬語，只要人解一下。即吾人千修萬行，亦只要求解一下，解得盡便是聖人，不盡則爲賢人，解有分數是學人，全不解是凡夫。凡夫不解，❶纔求解，則立地便見聖解，解則只是解此耳。今曰：「惟聖有解，凡夫安得解？」此之謂不解。又曰：「人皆不解，我獨解。」此之謂凡夫。

此心放逸已久，纔向内則苦而不適，忽復去之。總之，未得天理之所安耳。心無内外，其渾然不見内外處，即天理也。先正云：「心有所向便是欲。」向内向外皆欲也。

此心絶無湊泊處，從前是過去，向後是未來，逐外是人爲，搜裏是鬼窟，四路把截，就其中間不容毫髮處，恰是此心真湊泊處。此處理會得分明，則大本達道皆從此出。

學問之道，只有緊關一下難認得清楚，如所謂寸鐵殺人者是。聖賢之訓，多隨地指點，大約使人思而自得之。此項工夫，直須五更清夢時，血戰幾場也。

心無物累便是道，莫于此外更求道。此外求道，妄也。見爲妄見，思爲妄思，有見與思，即與消融去，即此是善學。君子之道，廓然而大公，物來而順應。

胸中逼窄，不能容物，只是名利心未除。利心在，則一切利害得以動我；名心在，則一切褒譏得以動我。又何以觀天下之理，而順萬物之應乎？

三十年胡亂走，今日始知道不遠人。

喜怒哀樂之未發謂之中，先儒教人看此氣象，正要人在慎獨上做工夫，非想像恍惚而已。伊川謂「不當于喜怒哀樂未發之前求中」，正恐人滯在氣象上，將中字作一物看，未便去做工夫，豈不辜負？昔人如

❶「凡夫」上，全書本有「自聖人以至凡夫，必以是爲差然」十三字。

溫公，念箇中字，伊川便謂他不如持戒珠。

隱微者，未發之中；顯見者，已發之和。莫見乎隱，莫顯乎微，故中爲天下之大本。慎獨之功，全用之以立大本，而天下之達道行焉，此《易》理之易明者也。❶乃朱子以戒懼屬致中，慎獨屬致和，兩者分配動静，豈不睹不聞與獨有二體乎？戒懼與獨慎有二功乎？致中之外復有致和之功乎？

問：「慎獨專屬之静存，則動時工夫果全無用否？」曰：「如樹木有根方有枝葉，栽培灌溉工夫都在根上用，枝葉上如何著得一毫？如静存不得力，纔喜纔怒時便會走作，此時如何用工夫？苟能一如其未發之體而發，此時一毫私意著不得，又如何用工夫？若走作後便覺得，便與他痛改，此時喜怒已過了，仍是静存工夫也。」

天地之大，本吾一體。盈天地間有一物之失所，即我之失所，非徒安全之而已。又必與天下同歸于善，然後有以盡其性，蓋吾善善之量原如此，而況處綱常倫理之近乎？遇父有不慈，而曰「吾孝已至也」，得乎？遇君有不仁，而曰「吾忠已至也」，得乎？君子之言孝，正以成其父之慈也；君子之言忠，正以成其君之仁也。拔一毛而引周身之痛，一毛非外也。壞周身而護一毛，又可得乎？知血肉之痛而不知義理之痛，亦不仁之甚者矣。

多事不如省事，有事不如無事。以一事還一事，則事省；以事順事，則事無。問：「何以能之？」曰：「無欲。」以上乙丑丙寅。

動中有静、静中有動者，天理之所以妙合而無間也；静以宰動、動復歸静者，人心

❶ 上「易」字，全書本作「亦」。

之所以有主而常一也。故天理無動無静，而人心惟以静爲主。以静爲主，則時静而静，時動而動，即静即動，無静無動，君子盡性至命之極則也。

對誠通而言，則誠復爲静；本一氣之所從出而言，則通復皆屬之動。蓋生陽生陰，生生不息處便是動，然而孰主張是？孰綱維是？

周子主静之静，與動静之静迥然不同。蓋動静生陰陽，兩者缺一不得，若又于其中偏處一焉，則將何以爲生生化化之本乎？然則何以又下箇静字？曰：「只爲主宰處著不得註脚，只得就流行處討消息。亦以見動静只是一理，而陰陽太極只是一事也。」以上甲戌。

只做向上人，只問向上路，只此一路，更無旁蹊曲徑可託，纔一跌足，墮落千仞。

一味退藏，一味闇淡，寡言以抱吾之愚，省事以守吾之拙，亦可以寡過矣乎？以上乙亥元旦壁帖。

涵養與克治，是人心雙輪。入門之始，克治力居多；進步之後，涵養力居多；及至車輕路熟時，不知是一是二。

正諦當時，切忌又起爐竈。

問涵養。曰：「勿忘勿助。學人大概是助病，幾時得箇忘也。」

知人之道，莫先于知言，《書》有之：「有言逆于汝心，必求諸道；有言遜于汝志，必求諸非道。」君臣、朋友皆然。

論人之要，心術爲本，行誼次之；官人之要，職掌爲主，流品次之。

格君心，定國是，端本澄源在正心誠意，提綱挈領在進賢退不肖。本正則末治，

綱舉則目張，兵農錢穀，各有司存。❶

無事時戒一偷字，有事時戒一亂字。❷

有勝己者，有憎己者，有疑己者，有異己者，皆我師也。有勝己者，知我之不若；有憎己者，知我之不肖；有疑己者，知我之未信于人；有異己者，知我之尚未同于人。❸

一日三檢點，程子曰：「其餘時做甚勾當？」蓋點鐵成金語也，只爲和叔並未一檢點在。

程子曰「无妄之謂誠」，无妄亦無誠。

訐似直，佞似忠，諂似恭，曲似慎，刻似公，巧似智，此人臣之六賊也。以察爲明，以猛爲威，以愎爲斷，以自用爲勵精，以私智小術爲作用，此人君之五窮也。挾五窮之術，而攻之以六賊，必無幸矣。

西北有可耕之地，而無其人，況大亂之後，千里爲墟，吏守無民之地，官出無田之賦，人主亦何以立國？爲今之計，宜散天下流移之衆以歸民，聚天下流移之民以歸農，合天下之農以寓兵，即天下之兵以養兵，又鼓天下之商以佐農，教天下之農以爲士，而又率天下之士以爲民事，則天下事可幾而理也。

王道本乎人情，又曰「人情即天理」。今之所大患者，在人臣有私交而廢公義，謂之情面，正爲以私交廢公義也。而今者絶人情以狥一己之情，反謂之無情面乎？上積疑其臣，而畜以奴隸；下積畏其君，而視同秦、越，則君臣之情離矣，此否之象也。

❶「格君心，定國是」，全書本作一條。「端本」至「司存」，全書本另作一條。

❷二「戒」字，全書本均作「得」。

❸「未」字，原無，據全書本補。

卿大夫不謀于士庶，而獨斷獨行；士庶不謀于卿大夫，而人趨人諾，則僚寀之情離矣，此睽之象也。如是則亦可謂絶情面矣，然欲國無危亡也，得乎？大抵情面與人情不同，人情本乎天而致人，有時拂天下之公議以就一己而不爲私，如周公、孔子之過，吾黨之直是也。情面去其心而從面，有時忍一己之私以就天下而不爲公，如起殺妻、牙食子之類亦是也。

主術之病三：一曰自用，一曰自是，一曰自滿。官邪之病三：主自用則規卸愈巧，主自是則逢迎愈工，主自滿則威福愈借。

世道昌明之日，其君子必身任天下之勞，而遺小人以逸；世道艱危之日，其君子必身犯天下之害，而遺小人以利。當君子小人相安之日，則恬者必爲君子，競者必爲小人；當君子小人争勝之日，則勝者必爲小人，負者必爲君子。然則治亂之數，又誰制之乎？曰：「制于人。以君子而與小人争，是亦小人而已矣，斯亂之道也。」

日有食之，陽見蝕于陰，日之過也；月有食之，陽盛而凌陰，亦日之過也。

心以物爲體，離物無知。今欲離物以求知，是程子所謂反鏡索照也。然則物有時而離心乎？曰：「無時非物。」心在外乎？曰：「惟心無外。」

喜怒哀樂，性之發也；因感而動，天之爲也。忿懥、恐懼、好樂、憂患，心之發也；逐物而遷，人之爲也。衆人以人而汩天，聖人盡人以達天。

《大學》言心到極至處，便是盡性之功，故其要歸之慎獨；《中庸》言性到極至處，只是盡心之功，故其要亦歸之慎獨。獨，一也。形而上者謂之性，形而下者謂之心。獨是虛位。從性體看來，則曰莫見莫顯，是思慮未起，鬼神莫知時也；從心體看來，則曰十目十手，是思慮既起，吾心獨知時也。然性體即在心體中看出。

心之官則思，思曰睿，睿作聖。性之德曰誠，誠者，不勉而中，不思而得，從容中道，聖人也。此心性之辨也。故學始于思，而達于不思而得。又曰：「誠者，天之道也。思誠者，人之道也。」

思之一字，古人往往喫緊爲人。爲小人言，曰弗思耳；爲庸人言，曰思無邪；爲學人言，曰慎思，曰近思；爲賢人言，曰儼若思；爲聖人言，曰無思而無乎不思，亦曰何思。

每拜疏君父，多以輈張履錯，蓋得失太重故耳。誰謂不蹈鄙夫行徑？○且就得失心搜求去，是今日喫緊工夫。

朱子云「隱微深錮之疾」，此即爲一輩小人後天之司命。即尋常發心措事，未嘗不勉于善，而密制其命者既定，卒亦歸于爲惡而已。

每日間只是一團私意憧憧往來，全不見有坦然釋然處，此害道之甚者。

問服官之要。曰：「靜時存養，動時省察。」

有我之病，惟發爲勝心勝氣，最難持。

問誠明。曰：「誠中有明，明亦性也；明中有誠，誠亦教也。」

誠者，不勉而中，不思而得，故曰「自誠明謂之性」；誠之者，擇善而固執之者也，故曰「自明誠謂之教」。

天命之謂性。以其情狀而言，則曰鬼神；以其理而言，則曰太極；以其恍兮惚兮而言，則曰幾、曰希；以其位而言，則曰獨。

人心惟危，道心惟微。道心即在人心中看出，始見得心性一而二、二而一。然學者工夫不得不向危處起，是就至粗處求精，至紛處求一，至偏倚處求中也。

虞廷説箇惟微，是指道體至微至妙處；説箇精一，是指工夫至微至妙處；又説箇執中，是指本體工夫合一，❶至微至妙處。所以爲千萬世心學之祖。

亡友劉静之尚論千古得失，嘗曰：「古人往矣，豈知千載而下被静之檢點破綻出來，安知千載後又無檢點静之者？」其刻厲自任如此。乃今只是檢點當面人，却被當面人一一檢點我也。懿哉吾友！爲之憮然。

纔説「聖人爲不可爲，姑做第二等人」，便是自棄；纔説「聖人爲必可爲，仍做第二等人」，便是自欺。

師道立而善人多，若取友，則損益種種矣。自世鮮師道，故擇友爲急。

堯如天如神，真是迥隻千古，爲生知安行第一人。舜，學知之至者也；禹，困知之至者也。大舜一生只認得自己是庸人，故執中之傳，開口説人心惟危，舜真自道也。故一生只是舍己從人，好問好察，聞見若決，所以日漸登高造極，自庸人做到聖人地位。大禹只是克艱，口口説苦説艱，其一生得力在勤儉二字，所謂勤將補拙，儉以寡過云耳，終被他做了聖人。禹治水是極大事功，只是行所無事而已，乃知禹之聰明，一毫無用處，此是他大智處，即是舜之稱大智處。後來顔子善學舜，曾子善學禹。噫！

❶「一」，全書本作「著」。

顏氏之子，吾不得而見之矣！得見似曾子者，斯可矣！

舜處人倫，未免有參商，皆天理人情之不得不然者。做舜極難，不合有不是處，故「號泣」二語是真實語。予嘗斷焚廩、浚井爲必無之事，只「鬱陶思君」一語相傳是實録。繇此推之，可見當時兄弟依舊存大體在，但象語是僞，舜答是真，此是分聖、狂處也。當時父母兄弟都坐在庸人局内，其父母與弟見得事已如此，❶我原無不是處；舜見得事已如此，❷我必有不是處。纔認無不是處，愈流愈下，終成凡夫；纔認有不是處，愈達愈上，便是聖人。要之，起脚處只是一些子也。及瞽瞍允若之日，已認得有不是處，與舜只争先後之間耳。❸

《中庸》有數喫緊語：一曰知行合一之説，言不明，而曰「賢者過，不肖者不及」，言不行，而曰「知者過，愚者不及」是也；一曰誠明合一之説，言誠則明，而曰「至誠之道，可以前知」，言明則誠，而曰「曲能有誠」是也；有隱見合一之説，「君子之道費而隱」是也；有顯微合一之説，「鬼神之爲德」是也；有天人合一之説，「闇然而日章」、「上天之載，無聲無臭」是也。然約之則曰愼獨而已。

天命一日未絶，則爲君臣；一日既絶，則爲獨夫。故武王以甲子日興，若先一日癸亥便是篡，後一日乙丑便是坐失事機。嚴哉！學者于進退、語默、動静之宜，皆合如此看。

❶「事已」，全書本作「自己」。
❷「事已」，全書本作「自己」。
❸「耳」下，全書本有「自來説父頑母嚚象傲舜大孝，千古寃枉，可痛可思」二十字。

天理人欲，同行而異情，故即欲可以還理。爲善去惡，毫釐而千里，故知其不善所以明善。

夫子既言「好仁」，又言「惡不仁」，一似複語，然所好者必合之所惡而後清。蓋人心本有仁無不仁，而氣拘物蔽之後，不仁常伏于仁者之中。至于仁不仁相爲倚伏，而不仁者轉足以勝仁，此時尤賴本心之明，發而爲好惡之正者，終自不爽其衡，而吾固不難力致其決，以全其有仁無不仁之體，則聖學之全功于是乎在矣。若于此而又復自欺焉，好不能如好好色，惡不能如惡惡臭，亦終歸于不仁而已。然人雖可以目欺，❶而終不可以欺好惡，故曰：「我未見力不足。」又曰：「蓋有之矣，我未之見也。」

讀「尚絅」之詩，而識獨體之蘊焉，所謂闇然日章是也。天下文章莫著于是，而却藏于至闇之中，不可得而睹，不可得而聞。「淡簡温」三句，正見獨體之妙，分明《中庸》真面目。「知遠之近」三句，獨中自有之真知也，善學者時時提醒，此便是聖路，便是天衢，故曰「可與入德」。又讀「潛伏」之詩，而知君子慎獨之功焉，首從人所不見處杜其疚病之門，而猶慮其孔昭也。又讀「屋漏」之詩，而愈知慎獨之功焉，同是爾室之中，又向屋漏處討消息，并已不可得而見矣。又讀「靡爭」之詩，而愈知慎獨之功焉，當奏格之時，止有一湛然純一氣象，并喜怒且不可窺，而民已化。賞謂心賞之，即喜也，對下怒字。又讀「不顯」之詩，而愈知慎獨之功焉，一理渾然，名言莫措，并其德且歸之不顯，而百辟已刑之。當此之時，內外兩忘，

❶「人雖可以目欺」，全書本作「其如可以自欺乎哉」。

而化于道，只是篤恭而天下平，慎之至也。又連咏「明德」之詩，而知君子慎獨之功之至焉，繇人所不見處，一步推入一步，微之又微，曰「不大」，曰「如毛」，曰「無聲」且「無臭」。嗚呼！至矣！無以復加矣！可見獨體只是箇微字，慎獨之功亦只于微處下一著子，故曰「道心惟微」以此。「賞謂心賞之」，係先子自註，後註同。

慈湖言無意，陽明子謂「不免著在無意上了」，可知纔言無意，便是意也。

多言，浮也；謔言，淫也；辨言，愎也；巧言，佞也。

有不善未嘗不知，知之未嘗復行也。何以故？真知故也。何以真知？一真无妄故也。故曰：「復則不妄。」

自來久少工課，此心憧憧，爲却何事來？豈所謂月一至者耶？或曰：「官家有公幹。」然不曾爲公幹廢却三餐。

愎之一字最難治，起于意，遂于必，流于固，而成于我也。須從起處下手方得力，既成已無及。❶

陽明子曰：「惡動之心非静也，求静之心即動也。」并此二心，即無静無動，即是無極而太極。

珠藏澤而自媚，玉蘊山而含輝，非爲山澤借光也，珠玉之所以弢光于至静者，其神自不可掩也。及夫剖珠斲璞，而至寳之性弗全矣。故君子之道，闇然而日章。

高存之以不許顏子之厚葬及子路使門人爲臣爲窮理盡性之至，獨異于佛氏言性處。予謂：「夫子當日原自説得分明。賣車買槨、無臣有臣，正是一副見成道理，雖

❶「成」，全書本作「流」。

夫婦可與知者。此之謂天然自有之理，此之謂天然自有之性。門人輩只爲私意所動，故憒憒不見耳。」

辨心種者，仁義而已矣。心中只一點生意是仁，這一點生意純一不雜處是義。

天之命脉獨鍾于人，飛潛動植，人之餘氣也。盡其人者，并飛潛動植與之俱盡矣。人之命脉獨鍾于仁，義禮智信，皆仁之餘氣也。盡仁者，并義禮智信與之俱盡矣。

一心也，❶統而言之則曰心，析而言之則曰天下、國、家、身、心、意、知、物。惟心精之合意、知、物，粗之合天下、國、家與身，而後成其爲心。❷若單言心，則心亦一物而已。凡聖賢言心，皆合八條目而言者也，或止合意、知、物言。惟《大學》列在八目之中，而血脉仍是一貫，正是此心之全譜，又特表之曰明德。

《大學》之教，只要人知本。天下國家之本在身，❸身之本在心，心之本在意。意者，至善之所止也，而工夫則從格致始。正致其知止之知，而格其物有本末之物，歸于止至善云耳。格致者，誠意之功。功夫結在主意中，方是真功夫，如離却意根一步，亦更無格致可言。故格致與誠意，二而一、一而二者也。

知止而定、靜、安、慮、得，所謂知至而后意誠也。意誠則正心以上一以貫之矣。今必謂知止一節是一項工夫，致知又是一項工夫，則聖學斷不如是之支離，而古人之

❶「一心也」，全書本作「心一也，合性而言則曰仁，離性而言則曰覺。覺即仁之痛癢處，然不可以覺爲仁，正謂不可以心爲性也。又」。

❷「心」，全書本作「覺，爲覺，爲其仁也」。

❸「本」下，原有「遞」字，據全書本删。

教，亦何至架屋疊床若是乎？

意者，心之所存，非所發也。朱子以所發訓意，非是。傳曰：「如惡惡臭，如好好色。」言自中之好惡一于善而不二于惡。一于善而不二于惡，正見此心之存主有善而無惡也。而惡得以所發言乎？如意爲心之所發，將孰爲所存乎？如心爲所存，意爲所發，是所發先于所存，豈《大學》知本之旨乎？

意爲心之所存，則至静者莫如意。乃陽明子曰「有善有惡者意之動」，何也？意無所爲善惡，但好善惡惡而已。好惡者，此心最初之機，惟微之體也。吾請折以孔子之言，《易》曰：「幾者，動之微，吉之先見者也。」謂「動之微」，則動而無動可知；謂「先見」，則不著于吉凶可知；謂「吉之先見」，則不淪于凶可知。曰：「意非幾也。」意非幾也，獨非幾乎？

心無體，以意爲體；意無體，以知爲體；知無體，以物爲體。物無用，以知爲用；知無用，以意爲用；意無用，以心爲用。此之謂體用一原，此之謂顯微無間。

《大學》是一貫血脉，不是循序工夫。今人以循序求《大學》，故謂「格致之後，另有誠意工夫；誠意之後，另有正心工夫」，豈正心之後，又有修、齊、治、平工夫耶？

一性也，自理而言則曰仁義禮智，自氣而言則曰喜怒哀樂；一理也，自性而言則曰仁義禮智，以心而言則曰喜怒哀樂。

自濂溪有主静立極之説，傳之豫章、延平，遂以「看喜怒哀樂未發以前氣象」爲單提口訣。夫所謂未發以前氣象，即是獨中真消息，但説不得前後際耳。蓋獨不離中和，延平姑即中以求獨體，而和在其中，此慎獨真方便法門也。後儒不察，謂未發以前專是静寂一機，直欲求之思慮未起之先，而曰「既思即是已發」，果然則心行路絶，語言道斷矣。故朱子終不取延平之説，遂專守程門主敬之法以教學者。特其以獨爲動念邊事，不能無弊。至《湖南中和問答》，轉折發明，内有「以心爲主，則性情各有統理，而敬之一字，又所以流貫乎動静之間」等語，庶幾不謬于慎獨之説。最後更以察識端倪爲第一義爲悮，而仍歸之涵養一路，可爲善學延平者，然終未得《中庸》本旨。

程子云：「喜怒哀樂未發謂之中，此時下不得個静字。」已爲千古卓見，却不肯下個動字。然人安得有無喜怒哀樂之時？而後儒苦于未發前求氣象，不已惑乎？須知一喜怒哀樂，而自其所存言謂之中，自其所發言謂之和，蓋以表裏對待言，非以前後際言也。中，陽之動也；和，陰之静也。合陰陽動静而妙合無間者，獨之體也。

但言道不可離，❶即睹聞時已須臾無間斷矣。❷正爲道本之天命之性，故君子就所睹而戒慎乎其所不睹，就所聞而恐懼乎其所不聞，直時時與天命對越也。

或曰：「君子既嘗戒慎所睹矣，又必及其所不睹；既嘗恐懼所聞矣，又必及其所不聞，方是須臾不離道否？」曰：「如此則是判成兩片矣。且人自朝至夕，終無睹聞不着時。即後世學者，有一種瞑目杜聰工夫，亦是禪門流弊，聖學原無此教法。」

莫見乎隱，亦莫隱乎見；莫顯乎微，亦

❶「但言」二字，全書本無。「離」下，全書本有「若止言道耳」五字。

❷「時」下，全書本有「用工夫」三字。

莫微乎顯。此之謂無隱見、無顯微，無隱見顯微之謂獨，故君子慎之。

不睹不聞，天之命也；亦睹亦聞，性之率也；即睹即不睹，即聞即不聞，獨之體也。

或問：「氣機之屈伸，❶畢竟有寂然不動之時，又有感而遂通之時。寂然之時，喜怒哀樂終當冥于無端；感而遂通之時，喜怒哀樂終當造于有象。安得以未發爲動，而已發反爲静乎？」曰：「性無動静者也，而心有寂感。當其寂然不動之時，喜怒哀樂未始淪于無；及其感而遂通之際，喜怒哀樂未始滯于有。以其未始淪于無，故當其未發，謂之陽之動，動而無動故也；以其未始滯于有，故及其已發，謂之陰之静，静而無静故也。動而無動，静而無静，❷性之所以爲性也。性之所以爲性，❸即心之所以爲心也。」

無極而太極，獨之體也。動而生陽，即喜怒哀樂未發謂之中；静而生陰，即發而皆中節謂之和。纔動于中，即發于外，發于外則無事矣，是謂動極復静；纔發于外，即止于中，止于中則有本矣，是謂静極復動。一動一静，互爲其根，分陰分陽，兩儀立焉。若謂有時而動，因感乃生；有時而静，與感俱滅，則性有時而生滅矣。蓋時位不能無動静，而性體不與時位爲推遷，故君子戒慎乎其所不睹，恐懼乎其所不聞，何時位動静之有？

或問：「元亨，誠之通；利貞，誠之復。

❶「氣」上，全書本有「人心既無無喜怒哀樂之時，而藏發總一機矣。若夫」二十字。
❷下「静」字下，全書本有「神也」二字。
❸「性之所以爲性」，全書本作「動而無静，静而無動，物也」。

天道亦不能不乘時位爲動静，何獨人心不然？」曰：「在天爲元亨利貞，在人爲喜怒哀樂，其爲一通一復同也。《記》曰：『哀樂相生，循環無端。正明目而視之，不可得而見；傾耳而聽之，不可得而聞。』人能知哀樂相生之故者，可以語道矣。」

或曰：「慎獨是第二義，學者須先識天命之性否？」曰：「不慎獨，如何識得天命之性？」

天有常運，人有常情。至于當喜而忽感之以怒，當怒而忽感之以喜，則情與之俱變矣。如冬日愆陽，夏日伏陰，惟人事之感召使然，而天卒不改其常運。

天命之謂性，此獨體也。「昊天曰明，及爾出王。昊天曰旦，及爾游衍。」故君子終日凛凛，如對上帝。

問：「中即獨體否？」曰：「然。一獨耳，指其體謂之中，指其用謂之和。」

只此喜怒哀樂，而達乎天地即天地之寒暑災祥，達乎萬物即萬物之疾痛痾癢。

慎獨是學問第一義。言慎獨而身、心、意、知、國、家、天下一齊俱到，故在《大學》爲格物下手處，在《中庸》爲上達天德統宗，徹上徹下之道也。

伊洛拈出敬字，本《中庸》戒慎恐懼來，然不若《中庸》説得有着落。❶ 以戒慎屬不睹，以恐懼屬不聞，總只爲這些子討消息，胸中實無個敬字也。❷

戒有毅然止截意，慎有恪然封守意，恐有惕然阻喪意，懼有凛然崩隕意。二義一

---

❶ 「然」下，全書本有「敬字只是死工夫」七字。

❷ 「也」下，全書本有「故主静立極之説最爲無弊」十一字。

步入一步，四字一層進一層，蓋戒慎就隱處説工夫，❶恐懼就微處説工夫。❷人心惟耳根最微，故夫子六十而耳順，誠難之也。❸若于此不加謹凛，仍不免一絲洩漏，并其所不睹處亦成洩漏矣。末章言「上天之載，無聲無臭」，不復兼色言，意蓋如此。微字視隱字更微，顯字視見字更顯也。

小人只是無忌憚，便結果一生。至《大學》止言小人閒居爲不善耳，閒居時有何不善可爲？只是一種懶散精神，漫無着落處，便是萬惡淵藪，正是小人無忌憚處。可畏哉！

凡今一切閒言語、閒勾當、閒臆想、閒是非，總是閒居爲不善情狀，所謂小人而無忌憚者。除却此等，更有何事可爲？若只是戒慎乎其所不睹，恐懼乎其所不聞，便是爲君子而時中。

宅中于庸，闇之至也。

道體本是一中，賢智者從而過之，有意過之耳。此意湊泊處只是毫末，而其究，成千里之謬。

喜怒哀樂，雖錯綜其文，實以氣序而言。至殽而爲七情，曰喜怒哀懼愛惡欲，是性情之變，離乎天而出乎人者，故紛然錯出而不齊。所謂「感于物而動，性之欲也」，七者合而言之，皆欲也。君子存理遏欲之功，正用之于此。若喜怒哀樂四者，其發與未發，更無人力可施也。後人解中和，誤認七情，故經旨晦至今。

喜屬木，少陽；樂屬火，太陽；怒屬金，少陰；哀屬水，太陰。然天一生水，地六成

❶「隱」，全書本作「莫見乎隱」。
❷「微」，全書本作「莫顯乎微」。
❸「故夫子」至「難之也」十二字，全書本無。

之；地二生火，天七成之；天三生木，地八成之；地四生金，天九成之。四氣之中，又莫不各有陰陽也。

伯淳少喜獵，既見周茂叔後，自謂已無此好矣，茂叔曰：「未也。但此心潛隱未發耳。一日萌動，復如初矣。」後十二年復見獵者，不覺有喜心，乃知其果未也。但不知此後更當如何？予嘗謂伯淳十二年後之喜心，定與十二年前不同。既嘗學問之人，其于習氣自覺輕淺，即再過十二年，見獵仍復有喜心，亦不害其爲伯子。學者于此宜仔細理會始得。

顔子不遷怒，不是只就怒上做工夫。蓋平日從事于慎獨之學，得力既久，即易發難制莫如怒，已得個不遷地位，可知他獨體常止在。❶其于七情，一一如是。

或問：「顔子不遷怒，能終身打成一片否？」曰：「未也。顔子但不貳過耳。」言怒纔遷時，便是過也。

薛河東二十年治怒字不去，常見得治不去，便是他過人處。

程子曰：「克己可以治怒，明理可以治懼。」然人情亦有生而多懼者，膽力不足，易爲一切利害所勝，學者須自持其志。

古人恐懼二字嘗用在平康無事時，及至利害當前，無可迴避，只得赤體承當。世人只得倒做了。

喜怒有情，而愛惡有意；好惡有理，而愛惡有欲。

欲凡重之爲貨利，輕之爲衣食，濃之爲聲色，淡之爲花草，俗之爲田宅輿馬，雅之爲琴書，大之爲功名，小之爲技藝，須一一

❶「可知他」，全書本作「其他可知矣」。

對壘過，而朱子獨約以財色兩關。

只無欲二字，直下做到聖人。前乎濂溪，後則白沙，亦于此有得。白沙詩曰：「無極老翁無欲教，一番拈動一番新。」

或曰：「周子既以太極之動静生陰陽，而至于聖人立極處，偏着一静字，何也？」曰：「陰陽動静，無處無之。如理氣分看，則理屬静，氣屬動。故曰循理爲静，非動静對待之静。」❶

友人病予曰躁，深爲切中，因知多欲在。

聖人情順萬事而無情，何嘗有七情之累？

周子曰：「聖，誠而已矣。」誠則無事，更不須説第二義。纔説第二義，只是明此誠而已，故又説個幾字。

去此矜己之言與短人之言，戔戔之陳言、悠悠之漫言、謔言、綺言、流言，終日無可啓口者，此即不睹不聞入路處也。

口容止，聲容静，静亦静，動亦静也。

九容、九思，一主静二字足以概之。如手容恭、足容重，如何做恭重樣子？只不亂動便是。

程子曰：「未有箕踞而心不放者。」戲動出于爲也。

九容分明畫出有道形容氣象，然學者一味學不得，吾病其狗外而爲人也。

横渠十五年學個恭而安不成，程子曰：「可知學不成，有多少病痛在。」予謂學者亦只有一病，一病除，百病除。或問：「如何是一病？」曰：「心病。」

容貌辭氣皆一心之妙用，❷非但德符而

❶「陰陽動静」至「故曰」，全書本無。
❷「氣」下，全書本有「之間」二字。

已，一絲一竇漏，一隙一缺陷，正是獨體之莫見莫顯處。若于此更加裝點意思，一似引賊入室，永難破除，厥害匪輕。

誠則必形。有誠者天道之形，有誠之者人道之形。天道之形，見乎蓍龜，動乎四體是也；人道之形，睟面盎背，施于四體是也。語曰：「人無所不至，惟天不容僞。」故君子不問其形之者，而惟問其誠之者。

《孔叢子》曰：「心之精神謂之聖。」精神即鬼神之别名。精藏于陰，神著于陽，其妙合乎陰陽之際者，即鬼神之德，而聖之所以爲聖也。

如云輕當矯之以重，急當矯之以緩，褊當矯之以寬，躁當矯之以静，皆不是無本領學問。只令獨知一轉，種種瑕累，如入紅爐，無所不化。

人身遊氣耳，而心爲效靈之官，以其静而能治也。今等天君于百體而同其擾擾，❶則衆侮交起，將何恃而不亂乎？《易》曰：「終有大敗，以其國君，凶。」

精、氣、神三者，僊家所恃以長生久視。然善反之，則天地之性存焉。以精藏神，體于誠矣；以神御氣，止于中矣；以氣還精，導于和矣。

處嚴憚之友最有益，使人檢身之功，惟恐不及。遇異己者亦然。

好佞者惟恐人之不知我好也，❷時以其意挑之，即有時而我規矣，亦取其近于佞者而收之，佞乃愈集矣；好佞人者惟恐人之知我佞也，時以其意覆之，即有時而知我佞矣，亦取其遠于佞者而佞之，佞乃愈工矣。

❶「等」，全書本作「夷」。
❷「知我好」，全書本作「我佞」。

此之謂相得益彰。

象山先生嘗自言所學，只是切己反觀，遷善改過，直如此端的。

思則得之，又曰無思，何謂也？曰：「思其所無思，則無思矣；得其所無得，則有得矣。」

朱子云「略綽提撕」，言用力之不多也。人心一點虛明，❶炯炯不昧，本自提撕，何用着力？纔着力時，便有眼中金屑之病，在孟子謂之助長。然不着力時，又一味放倒，恁地昏昏，不得不自提自醒耳。此之謂勿忘勿助之間。

良知一點，本自炯炯。而乘于物感，不能不恣爲情識；合于義理，不得不膠爲意見。情識、意見，紛紛用事，而良知隱覆于其中，如皎日之下有重雲然，然其爲良知自若也。覆以情識，即就情識處一提便醒；覆以意見，即就意見處一提便醒。便醒處仍是良知，❷更無提醒此良知者。

本體只是這些子，工夫只是這些子，并這些子，仍不得分此爲本體，彼爲工夫。既無本體工夫可分，則亦并無這些子可指，故曰「上天之載，無聲無臭」。至矣！以上丙子京邸書，名《獨證編》。

「易有太極」，❸夫子只就二四六八與六十四中看出，非實有一物踞其上也。故濂溪曰「無極而太極」，❹無極則有極之轉語。又曰「太極本無極」，蓋恐人執極于有也。而後之人又執無于有之上，則有是無矣。轉云「無是無」，語愈玄而道愈晦，宜象山之

❶「人心一點虛明」，全書本作「良知一點」。
❷「知」下，全書本有「之能事」三字。
❸「易」上，全書本有「子曰」二字。
❹「夫子只」至「濂溪曰」，全書本作「周子則云」。

斷斷而訟也。惜乎象山知太極之説，而不足以知濂溪也。❶

《河圖》左畔陽居内，而陰居外；右畔陰居内，而陽居外。陽左陰右，皆以内者爲主，蓋陽生于陰，陰生于陽也。至周子圖太極，左畔言陽之動，而反以陰居内；右畔言陰之静，而反以陽居内。將以内者爲主乎？外者爲主乎？内者生氣也，外者僞氣也，似與圖意不同。雖各有取義，而終以《河圖》爲正。蓋《河圖》陽生于陰，而周子以爲太極動而生陽；《河圖》陰生于陽，而周子以爲太極静而生陰。是《河圖》二氣自相生，而周子皆以太極生之也。自相生則不必有太極，若以太極生兩儀，則太極實有一物矣。爲此言者，蓋擬夫子贊《易》之説而誤焉者也。毫釐之差，千里之謬也。

按《易傳》「天地定位」一節，乃造化陰陽配合自然之理，非有所謂乾南坤北、離東坎西之説，而處之有定位也。乃邵子圖之，以爲此伏羲先天之《易》，豈伏羲而後言《易》者，天地不當定位，水火不必相濟乎？至「帝出乎震」一章，蓋序造化四時八節之氣，自元而亨利貞，以時運旋，其象有如此者。而邵子圖之，以爲此文王後天之《易》，豈文王以前言《易》者，不得有四時八節之氣乎？若先天後天之説，尤屬附會。程子曰：「體用一原，顯微無間。」豈先天專以體言，後天專以用言乎？總之，一《易》而已，❷作《易》者一人而已。文王止以次序自别于夏、商，而繫、象互有損益，仍還之伏羲而止，安得復有所謂文王之《易》哉？後儒

❶「宜象山」至「濂溪也」二十六字，全書本無。

❷「一易」，全書本作「易一」。

輒圖之而象之，而種種穿鑿附會之甚矣，其闇于大道也。

先儒每言存養省察，畢竟工夫以省察入，若不能省察，説甚存養！

君子之于學也，必大有以作之，則八卦之義盡是矣。然約之不過存養、省察二者而已。如風雷火，動氣也，即省察之説，而繼之以致役之坤，省察之後宜存養也。如澤水山，静氣也，即存養之説，而間之以乾之戰，存養之中有省察也。至艮以成終之後，復轉而震，貞下起元，存養省察之功迭運不窮，無時可息，此聖學之所以日進無疆與！又以對待之體言之，則乾之健即濟之以坤之順，震之動即濟之以巽之入，火之燥即濟之以水之濕，兑之説即濟之以艮之止，一時並致，交養互省，有勿忘勿助之妙，更無先後工夫之可分。❶後儒或言涵養是主人，省察是奴婢；或言無事時存養，有事時省察，未免落于偏指。惟程子「涵養須用敬，進學則在致知」二語，庶幾其無弊與！

盈天地間皆道也，而歸管于人心爲最真。❷太極、陰陽、四象、八卦而六十四卦，皆人心之撰也。聖人近取諸身如此，既而遠取諸物如此，大取諸天地亦如此，方見得此理平分，物我無間，❸無大無小，直是活潑潑地，令人不可思議。

聖人于道體指出一易字，大是奇特。只此一字，將天地間有無、動静、終始、大小、常變之故一齊托出，天地間更有何事不該其中？

❶「無」，全書本作「何」。「分」下，全書本有「乎」字。
❷「真」下，全書本有「故慈湖有心易之説」八字。
❸「無間」二字，原脱，據全書本補。

或曰虛生氣。虛即氣也，何生之有？吾遡之未始有氣之先，亦無往而非氣也。當其屈也，自無而之有，有而未始有；及其伸也，自有而之無，無而未始無也。非有非無之間，而即有即無，是謂太虛，又表而尊之曰太極。

天者，萬物之總名，非與物爲君也；道者，萬器之總名，非與器爲體也；性者，萬形之總名，非與形爲偶也。

盈天地間一氣也，氣即理也。天得之以爲天，地得之以爲地，人物得之以爲人物，一也。人未嘗假貸于天，猶之物未嘗假貸于人，此物未嘗假貸于彼物，故曰：「萬物統體一太極，物物各具一太極。」自太極之統體而言，蒼蒼之天亦物也；自太極之各具而言，林林之人、芸芸之物，各有一天也。

子曰：「形而上者謂之道，形而下者謂之器。」程子曰：「上下二字，截得道器最分明。」又曰：「道即器，器即道。」畢竟器在斯道在，❶離器而道不可見，故道器可以上下言，不可以先後言。「有物先天地」，異端千差萬錯，總從此句來。

一氣之變，雜然流行。類萬物而觀，人亦物也，而靈者不得不靈，靈無以異于蠢也，故靈含蠢，蠢亦含靈；類萬體而觀，心亦體也，而大者不得不大，大無以分于小也，故大統小，小亦統大。

人心徑寸耳，而空中四達，有太虛之象。虛故靈，❷靈故覺，❸覺有主，是曰誠。❹

❶ 下「在」字，全書本作「亦在斯」。
❷ 「故」下，全書本有「生」字。
❸ 「故」，全書本作「生」。
❹ 「誠」，全書本作「意」。

此天命之體，而性道教所從出也。覺有主，是蒙創見。

天者，無外之名，蓋心體也。

心生之謂性，心率之謂道，心修之謂教。此《中庸》三言註脚。

天樞轉于於穆，地軸亘于中央，人心藏于獨覺。

《太極圖説》言太極生陰陽，陰陽生五行，五行生成萬物，物鍾靈有人，人立極有聖，聖合德天地。是一事似有層級，❶豈知此理一齊俱到！在天爲陰陽，在地爲剛柔，在人爲仁義。人與物亦復同得此理，蠢不爲偏，靈不爲全，聖不加豐，凡不加嗇，直是渾然一致，萬碎萬圓，不煩比擬，不假作合，方見此理之妙。

凡事皆有始終，繇一言一動、一呼一吸推之，乃知天地有大始終。然始無所始，當其始，有終之用；終無所終，當其終，有始之用。終終始始，相禪無窮，間不容髮，總一呼一吸之積。

惟天太虛，萬物皆受鑄于虛，故皆有虛體。非虛則無以行氣，非虛則無以藏神，非虛則無以通精，即一草一木皆然，而人心爲甚。人心，渾然一天體也。

理即是氣之理，斷然不在氣先，不在氣外。知此，則知道心即人心之本心，義理之性即氣質之本性，千古支離之説可以盡掃。而學者從事于入道之路，高之不墮于虛無，卑之不淪于象數，道術始歸于一乎？

或問：「理爲氣之理，乃先儒謂理生氣，何居？」曰：「有是氣方有是理，無是氣則理于何麗？但既有是理，則此理尊而無

❶「是一事似」，全書本作「似一事事」。

上，遂足以爲氣之主宰，氣若其所從出者，非理能生氣也。」

程子曰：「无妄之謂誠，不欺其次矣。」不欺，所以致明也。

心體渾然至善，以其氣而言謂之虛，以其理而言謂之無。至虛故能含萬象，至無故能造萬有。而二氏者虛而虛之，無而無之，是以蔽于一身之小而不足以通天下之故，逃于出世之大而不足以返性命之原，則謂之無善也亦宜。

天命流行，物與无妄，言實有此流行之命，而物物賦畀之，非流行之外，別有個无妄之理也。

乾坤合德而無爲，故曰「一陰一陽之謂道」，非迭運之謂也。至化育之功，實始乎繼體之長子，而長女配之，成乎少男，而少女配之，故曰：「繼之者善也，成之者性也。」今曰繼静而動，亦非也。以斯知人心之獨體不可以動静言，而動静者其所乘之位也，分明造化之理。

良知不學不慮，萬古常寂，蓋心之獨知如此。故《中庸》一書極其指點，曰不睹不聞，曰不言不動，曰不見，曰無爲，曰不顯，曰不大，曰無聲無臭，曰隱，曰微，曰闇，曰無倚，可謂深切著明。至周子始據此作《太極圖説》，曰無，曰静，《通書》曰誠無爲，而終之以艮止之義。

孟子以惻隱、羞惡、辭讓、是非之心，徵性之善，猶曰：❶「有性善，有性不善。」惟《中庸》以喜怒哀樂言之，人孰無喜怒哀樂者？當其未發謂之中，及其已發謂之和，乃所以爲善也。惻隱之心，喜之發也；羞

❶「曰」下，全書本有「有心善，有心不善。故曰」九字。

惡之心，怒之發也；辭讓之心，樂之發也；是非之心，哀之發也；喜怒哀樂之未發，則仁義禮智之性也。

陽明子言良知，每謂「個個人心有仲尼」，至于中和二字，則反不能信，❶謂「必慎獨之後方有此氣象」。豈知中和若不是生而有之，又如何養成得？中只是四時之中氣，和只是中氣流露處。天若無中氣，如何能以四時之氣相禪不窮？人若無中氣，如何能以四端之情相生不已？故曰：「哀樂相生，循環無端，正明目而視之，不可得而見，傾耳而聽之，不可得而聞。」故曰：「是故君子戒慎乎其所不睹，恐懼乎其所不聞。」嗚呼！其旨微矣。

性情之德，有即心而見者，有離心而見者。即心而言，則寂然不動，感而遂通，當喜而喜，當怒而怒，當哀而哀，當樂而樂，繇中導和，有前後際，而實非判然分爲二時。離心而言，則維天於穆，一氣流行，自喜而樂，自樂而怒，自怒而哀，自哀而復喜，繇中導和，有顯微際，而亦非截然分爲兩在。然即心離心，總見此心之妙，而心之與性不可以分合言也。故寂然不動之中，四氣實相爲循環；而感而遂通之際，四氣又迭以時出。即喜怒哀樂之中，各有喜怒哀樂焉。如初喜屬喜，喜之暢屬樂，喜之斂屬怒，喜之藏屬哀是也。❷又有逐感而見者，如喜也而溢爲好，樂也而溢爲樂，怒也而積爲忿懥，一哀也而分爲恐、爲懼、爲憂、爲患，非樂而淫，即哀而傷。且陽德衰而陰慘用事，喜與樂之分數減，而忿懥、恐懼、憂患之分

❶「反不能信」，全書本作「又」。
❷「哀」下，全書本有「餘倣此」三字。

數居其偏勝，則去天愈遠，心非其心矣。

陽明子曰：「言語正到快意時，便截然能忍默得；意氣正到發揚時，便翕然能收斂得；忿怒嗜欲正到沸騰時，便廓然能消化得。此非天下之大勇不能，然見得良知親切，工夫亦自不難。」愚謂言語既到快意時，自當繼以忍默；意氣既到發揚時，自當繼以收斂；憤怒嗜欲既到沸騰時，自當繼以消化。此正一氣之自通自復，分明喜怒哀樂相爲循環之妙，有不待品節限制而然。即其間非無過不及之差，而性體原自周流，不害其爲中和之德。學者但證得性體分明，而以時保之，則雖日用動靜之間，莫非天理流行之妙。而于所謂良知，亦莫親切于此矣。若必借良知爲鑒察，❶欲就其一往不返之勢而逆收之，以還之天理之正，則杞柳栖棬之説，❷有時而伸也必矣。

《中庸》言喜怒哀樂，專指四德而言。❸喜，仁之德也；怒，義之德也；樂，禮之德也；哀，智之德也；而其所謂中，即信之德也。人無一時離喜怒哀樂，故道不可須臾離。若以七情言，如何止四？即云四情，如何喜樂又犯重而止爲三？且聖人固畢世而無怒也，雖誅四凶，不過與以應得之罪耳，親戚既没，雖欲哀，誰爲哀者？是喜怒哀樂不必偏人皆具，而道有時而可離也。須知一心耳，❹而氣機流行之際，自其盎然而起也謂之喜，于所性爲仁，于心爲惻隱之心，于天道則元者善之長也，而其時爲春；自其油然而暢也謂之樂，于所性爲禮，于心

❶「爲鑒察」，全書本作「以覺照」。
❷「則」下，全書本有「心之與性，先自相讎，而」九字。
❸「言」下，全書本有「非以七情言也」六字。
❹「人無一時」至「須知」，全書本無。

爲辭讓之心，于天道則亨者嘉之會也，而其時爲夏；自其肅然而斂也謂之怒，于所性爲義，于心爲羞惡之心，于天道則利者義之和也，而其時爲秋；自其愀然岑寂而止也謂之哀，❶于所性爲智，于心爲是非之心，于天道則貞者事之幹也，而于時爲冬。乃四時之氣所以循環而不窮者，獨賴有中氣存乎其間，而發之即謂之太和元氣，是以謂之中，謂之和，于所性爲信，于心爲真實無妄之心，于天道爲乾元亨利貞，而于時爲四季。故自喜怒哀樂之存諸中言謂之中，不必其未發之前別有氣象也，即天道之元亨利貞運于於穆者是也；自喜怒哀樂之發于外言謂之和，不必其已發之時又有氣象也，即天道之元亨利貞呈于化育者是也。惟存發總是一機，故中和渾是一性。如内有陽舒之心，爲喜爲樂，外即有陽舒之色，動作態度無不陽舒者；内有陰慘之心，爲怒爲哀，外即有陰慘之色，動作態度無不陰慘者。推之一動一静、一語一默，莫不皆然。此獨體之妙，所以即隱即見，即微即顯，而慎獨之學，即中和即位育，此千聖學脉也。自喜怒哀樂之説不明于後世，而性學晦矣。

立人之道曰仁與義，而禮智該焉。故樂者，喜之餘氣；哀者，怒之餘氣。《關雎》樂而不淫，哀而不傷，專指其盛者言。盛者，有餘之氣也，如春之氣盛于夏，秋之氣盛于冬也。惟自樂而怒是相克之數，然人樂極必生悲，故王右軍云：「欣暢之下，感慨係之。」《關雎》輾轉寤寐，豈是涕泣之謂？而曰哀。于此，益足發明《中庸》之旨。

「聖人定之以仁義中正，而主静立人極

❶「愀然岑寂」，全書本作「寂然」。

焉。」分明爲《中庸》傳神。蓋曰致中和而要之于慎獨云，慎獨所以致中和。而周子先言「定之以仁義中正」，亦陰陽之外别無太極耳，故曰：「一陰一陽之謂道。」

心中有意，意中有知，知中有物，物中有身與國、家、天下，是心之無盡藏處；性中有命，命中有天，天合道，道合教，教合天地萬物，是性之無盡藏處。

或問：「子以意爲心之所存，好善惡惡，非以所發言乎？」❶曰：「意之好惡與起念之好惡不同。意之好惡，一機而互見；起念之好惡，兩在而異情。以念爲意，何啻千里！」

心意知物是一路，不知此外何以又容一念字？今心爲念，蓋心之餘氣也。餘氣也者，動氣也，動而遠乎天，故念起念滅，爲厥心病，還爲意病，爲知病，爲物病。❷故念有善惡，而物即與之爲善惡，物本無善惡也；念有昏明，而知即與之爲昏明，知本無昏明也；念有真妄，而意即與之爲真妄，意本無真妄也；念有起滅，而心即與之爲起滅，心本無起滅也。故聖人化念還心，要于主静。❸

心之官則思，一息不思，則官失其職。故人心無思而無乎不思，絶無所爲思慮未起之時。惟物感相乘，而心爲之動，則思爲物化，一點精明之氣不能自主，遂爲憧憧往來之思矣，如官犯贓，乃溺職也。

思即是良知之柄。

知無不良，只是獨知一點。

❶「或問」至「言乎」，全書本作「意者心之所存，非所發也。或曰：『好善惡惡，非發乎』」。

❷「還爲意病」至「爲物病」十字，全書本無。

❸「要于主静」四字，全書本無。

「人生而静，天之性也；感于物而動，性之欲也。」欲動情熾而念結焉。感有去來，念有起滅，起滅相尋，復自起自滅。人心出入存亡之機，實係于此。甚矣！念之爲心祟也，如苗有莠。

思積而爲慮，慮返爲知，知返爲性，此聖路也；念積而爲想，想結爲識，識結爲情，此狂門也。

朱子以未發言性，仍是逃空墮幻之見。性者，生而有之之理，無處無之。如心能思，心之性也；耳能聽，耳之性也；目能視，目之性也；未發謂之中，未發之性也；已發謂之和，已發之性也；搏而躍之，可使過顙，激而行之，可使在山，勢之性也。

程子曰：「性即氣，氣即性。」故曰：「喜怒哀樂之未發謂之中。」

程子又曰：「論性不論氣，不備；論氣不論性，不明。」是性與氣分明兩事矣，即前説亦近儱侗。❶凡言性者，皆指氣質而言也。或曰：「有氣質之性，有義理之性。」亦非也。盈天地間止有氣質之性，而義理之性即在其中。如曰氣質之理即是，豈可曰義理之理乎？

周天三百六十五度四分度之一，一日過一度，一歲一周天。而天以一氣進退平分四時，温涼寒燠不爽其則，一歲如此，萬古如此。即其間亦有愆陽伏陰，釀爲災祥之數，而終不易造化之大常。此所謂「大哉乾乎！剛健中正，純粹精也」。

天道有氣盈朔虚，積而成閏，最是「窮則變，變則通，通則久」處。其在人心，即是一中趲出過不及之端，如大舜之不告而娶，

❶「即前説亦近儱侗」七字，全書本無。

周公之破斧東征，皆處時勢之不得不然，而委曲旁行以全其愛親敬長之心，所謂過而不過也。❶以上丁丑冬日。

❶「也」下，全書本有「不然，則聖人有死地矣。後世如子莫之學，不特尾生、孝己，恐自大賢以下皆不免」三十一字。

劉蕺山先生集卷六

學言下

朱子曰：「獨者，人所不知而己所獨知之地。」于獨下補一知字，可謂擴前聖所未發。然專以屬之動念邊事，何耶？豈静中無知乎？使知有間于動静，則不得謂之知矣。

以知還獨，是明中之誠；以獨起知，是誠中之明。

《大學》言至善，《中庸》言至德、至道、至聖、至誠及天載之至，皆指出獨中消息。《易》曰：「知至至之，可與幾也。」知乎此者，謂之到家漢。

誠者，天之道也，獨之體也；誠之者，人之道也，慎獨之功也。孟子曰：「思誠者，人之道也。」思字于慎獨之義更分明，思曰睿，獨體還明之路也。故夫子于《艮》象曰：「君子以思不出其位。」慎之至也。故又曰：「慎思之。」

天有四德，運爲春夏秋冬四時，而四時之變又有風雨露雷以效其用，謂風雨露雷即春夏秋冬，非也；人有四德，運爲喜怒哀樂四氣，而四氣之變又有笑啼恚詈以效其情，謂笑啼恚詈即喜怒哀樂，非也。故天有無風雨露雷之日，而決無無春夏秋冬之時；人有無笑啼恚詈之日，而決無無喜怒哀樂之時。知此，可知未發已發之説矣。

心無存亡，但離獨位便是亡。

程子云：「凡言心者，皆指已發而言。」

是以念爲心也。朱子云：「意者，心之所發。」是以念爲意也，又以獨知偏屬之動，是以念爲知也。陽明子以格去物欲爲格物，是以念爲物也。後世心學不明如此，毋怪乎説愈煩而旨愈晦也。❶

程子心指已發言之説，亦本之《大學》。《大學》言正心，以忿懥、恐懼、好樂、憂患證之，是指其所發言也。中以體言，正以用言，周子言中正即中和之别名。中和以性情言，中正以義理言也。知心以所發言，則意以所存言，益明矣。

惻隱，心動貌，即性之生機，故屬喜，非哀傷也；辭讓，心秩貌，即性之長機，故屬樂，非嚴肅也；羞惡，心克貌，即性之收機，故屬怒，非奮發也；是非，心湛貌，即性之藏機，故屬哀，非分辨也。又四德相爲表裏，生中有克，克中有生，發中有藏，藏中有發。

「禮之用，和爲貴。」而以節爲體，體陰而用陽也。又曰：「忠信，禮之本也。」故哀樂相爲表裏。又曰：「喪禮，忠之至也。」故曰：「喪，與其易也，寧戚。」聖人以證禮本焉。

智者，良知静深之體。良知貫乎四德，而獨于智見其體，蓋深根寧極之後，正一點靈明葆任得地處，故曰：「復其見天地之心乎！」

貞下起元，是天道人心至妙至妙處。

仁統四端，智亦統四端，故孔門之學先求仁，而陽明子以良知立教。良知二字，是

❶「毋怪乎」至「愈晦也」，全書本作「故佛氏一切埽除，專以死念爲工夫，及其有得，又以念起念滅爲妙用。總之，未明大道，非認賊作子，則認子作賊」。

醫家倒臟法也。

天道八風之氣，一一通之人心。如風自東則雲滃而雨，萬物資生；自南則雨潤之後繼以日暄，萬物長養；自西則雲斂而霽，天道清肅，萬物自長而成；自北則重陰凝結，氣乃沍寒，萬物自成而實。四時各循其序，八風適得其調，分明喜怒哀樂中節之象。若動不以時，或互相凌越，或紛然飈舉，則八風皆能殺物，而金氣爲盛。金氣盛則雨澤不降，萬物受刑，故西方之教行于中國，吾道之賊也。

日用之間，常見得滿腔子生意流行否？生意周流無間否？行而不過其則，各止其所否？如此乃是真實工夫也。

《詩》云：「維天之命，於穆不已。」蓋曰心之所以爲心也。❶大哉乾元，萬物資始，心之幾也；乾道變化，各正性命，保合太和，幾始著矣。日新之謂盛德，富有之謂大業。

「體用一原，顯微無間」，此宋儒見道之語，後人往往信不過。

看《大學》不明，只爲意字悮解，非與格致事。漢疏八目先誠意，故文成本之曰：「《大學》之道，誠意而已矣。」❷乃他日解格致，則有「意在乎事親」等語，是亦以念爲意也。至未起念以前工夫，反坐之正心位下，故曰：「無善無惡者心之體，有善有惡者意之動。」夫正心而既先誠意矣，今欲求無善無惡之體，而必先之有善有惡之意而誠之，是即用以求體也。即用求體，將必欲誠其意者，先修其身，欲修其身者，先齊其家，又

❶「也」下，全書本有「惟心本天，是曰獨體」八字。

❷「矣」下，全書本有「極是」二字。

先之治國、平天下，種種俱宜倒説也。此亦文成意中事，故曰：「明明德以親民，而親民正所以明其明德。」至以之解《中庸》，亦曰：「致中無工夫，工夫專在致和上。」夫文成之學，以致良知爲宗，而不言致中，專以念頭起處求知善知惡之實地，❶無乃粗視良知乎？其云：「《大學》之道，誠意而已矣；誠意之功，格物而已矣；格物之極，止至善而已矣；止至善之則，致知而已矣。」此其供狀也。看來果是《大學》本文否？

慈湖宗無意，亦以念爲意也。無意之説不辨，并夫子毋意之學亦不明。慈湖只是死念法。夫意，❷則何可無者？無意則無心矣。龍谿有「無心之心則體寂，無意之意則應圓」等語，此的傳慈湖宗旨也。文成云：「慈湖不免着在無意上。」則龍谿之説非師門定本可知。若子之毋意，❸正可與誠意之説相發明。誠意乃所以毋意也，毋意者，毋自欺也。

子絶四，首云毋意。聖人心同太虚，一疵不存，了無端倪可窺，即就其存主處亦化而不有，大抵歸之神明不測而已。惟毋意，故并毋必、固、我。自意而積成爲我，纔説得是私意，今意云私意，是以念爲意也。

宋人云乾坤二畫爲誠明。誠立而明至，明立而誠至，故誠不至則進之以明，明不至則進之以誠，互相鞭人上道也。《中庸》指出二字，爲學問雙關鎖鑰，如連環玏子，永無敗着。

治道之要在知人，君德之要在體仁，御

❶「起」下，全書本有「滅」字。
❷「夫」字，全書本作「禪門謂之心死神活，若」。
❸「毋」，原作「無」，據全書本改。

臣之要在推誠，用人之要在擇言，理財之要在經制，足用之要在薄斂，除寇之要在安民。

化念還虛，化識還虛，化氣還虛。虛中受命，德合無疆，理從此顯，數從此出，《河》、《洛》天機一齊輻輳，所謂宇宙在手，造化生心。

日用之間，動静云爲莫不各有自然之理，苟能順以應之，如饑食渴飲、夏葛冬裘，不起一見，則亦無往而非道矣。纔起一見，便屬我見，强我合道，動成兩判。

德日慎小，心日謹微。

邢生問：「四教疑亦就根器而施與？」曰：「非也。此博約之説也。自文而約之行，自行而約之心，則曰忠；自心而約之性，則曰信。忠信有二義説不得，只是一心。」

無事時存養，有事時省察。若無事時存養不得力，且就有事時省察；有事時省察不得力，且就無事時存養。若兩者皆不得力，只合查考。存養是存養個恁？省察是省察個恁？此時昭昭然揭出一個本心，便須不繇人不存養不得，亦并無存養可説；且不繇人不省察不得，亦并無省察可説，方是真存養、真省察。

凡過生于誤，然所以造是誤者，必過也；惡生于過，然所以造是過者亦誤而已，故過與惡每相因。而過尤易犯，過而不已，卒導于惡。君子惓惓于改過，所以杜爲惡之路也。

孟子言本心，言良心，言人心，言不忍人之心，言四端之心，言赤子之心，不一而足。最後又言良知、良能，益勘入親切處。凡以發明性善之説，此陽明之教所自來也。

其曰致良知亦即是「知皆擴而充之」之意，然以之解《大學》，殊非本旨。

《大學》言明德，不必更言良知。知無不良，即就明德中看出。陽明特指點出來，蓋就工夫參本體耳，非全以本體言也。又曰「良知即天理，即未發之中」，則全以本體言矣，將置明德于何地乎？❶

以良知爲性體，則必有知此良知者，獨不曰「知得良知却是誰」，又曰「此知之外更無知」，輾轉翻駁，總要開人悟門，故又曰：「致知存乎心悟。」自是陽明教法，非《大學》之旨，《大學》是學而知之者。

朱子曰「人心之靈，莫不有知」，即所謂良知也。但朱子則欲自此而一一致之于外，陽明則欲自此而一一致之于中，不是知處異，乃是致處異。

上士樂天，中士制命于禮，下士制命于刑，小人制命于欲。

身置名教之中，心融物理之妙，真切爲己，務闇然而日章。不愧屋漏，即上達乎天德。友人有問學者，每拈此語爲的。

學問之宗，心尚矣。然心一也，而學或異，有本心之學，有師心之學，有任心之學。本心之學，學得其心，聖學也；師心之學，索隱行怪，自以爲是而不可與入堯舜之道者也；任心之學，則小人而無忌憚矣。以上戊寅。

佛氏止言一心，心外無法，萬法歸空，依空立世界，何等説得高妙！乃其教門，則忍情割愛，逃親棄君，事事落邊際見，此又何等執著！乃言空耶，流遯既窮，則云

❶「乎」字，全書本作「至後人益張大之，搬弄此二字，益晦陽明之旨」。

「空本無空」。却指一點識神認作本來人，而又不自居識神。起時隨識起，滅時隨識滅，時起時滅，隨起隨滅，即謂之不起不滅，幾何而不認賊作子乎？至是，則佛氏之言心，可謂喪心之極。

佛氏將三界虚空盡攝自性，動引萬物皆備之説，以成其有我之私。儒者將自己性命盡蔽形骸，誤認天命謂性一語，以成其假借之見。斯二者相矯而相非，皆惑也。去此二惑，方可言道。

人心本無惡，近儒解「克己」不以去私言，亦是。然形氣之病獨非私耶？仁者渾然與物同體，有己而後有物，安得仁？故克己復禮爲仁，此是聖學宗旨，不可草草看過。

決機審，慮患長，與人周，見利淡，四者處事之要。

存其心，養其性，存得恰好處便是養，本是一個工夫，却須兩句説。正如宋儒言「涵養須用敬，進學則在致知」。

吴朗公云：「天無時不動，而天樞則不動。」是動静判然二物也。天樞之動甚微，如紡車筦一線，極眇忽處，其動安可見？故謂之「居其所」。其實一線之微與四面車輪同一運轉，無一息之停，故曰：「維天之命，於穆不已。」此可以悟心體之妙。故曰：「幾者，動之微，吉之先見者也。」此學不明，遂令聖真千載沉錮，而二氏之説得而亂之。

學不可不講，尤不可一時不講。如在父即當與子講，在兄即當與弟講，在夫即當與妻講，在主即當與僕講，在門以内與家人講，在門以外與鄉里親戚朋友講。若是燕居獨處無可講時，即當自心自講，如何而爲食息，如何而爲起居，如何而爲聖爲狂、爲人爲禽。有一時可放空耶？纔一時放却，便覺耳目無所加，手足無所措，大之而三綱淪，小之而九法斁。

君子謹身，勿勿乎如不及也。平康之中有險阻焉，衽席之内有鴆毒焉，衣食之間有禍敗焉。除夕訓兒輩。以上己卯。

至哉！萬物備我之説。萬物皆備而後成其所謂我，若一物不備，我分中便有虧欠，一物有虧欠，并物物皆成滲漏。如人身五官百骸，有一官一骸之不備，則衆官骸皆不成其位置。故君子一舉足而不敢忘敬也，一啓口而不敢忘信也。

人心如穀種，滿腔都是生意。物欲錮之而滯矣，然而生意未嘗不在也，疏之而已耳。又如明鏡，全體渾是光明，習染薰之而暗矣，然而明體未嘗不存也，拂拭而已耳。

惟有内起之賊，從意根受者不易除，更加氣與之拘，物與之蔽，則表裏夾攻，更無生意可留，明體可覿矣，是謂喪心之人。君子惓惓于謹獨，以此。

從前旬日皆落空，忽忽從忙裏過，或從憂裏怒裏過，須得陽和一轉方解。此箇病痛，不是小小。

學者須是見道分明。見道後方知所謂道不可離者，不是我不可須臾離道，直是道不能須臾離我。

知言是學問入路，養氣是學問進路。惟知之至，斯養之至，養之至，則知益至矣。《詩》云「維天之命，於穆不已」，氣之本也，誠者天之道也；勿忘勿助，敬之至也，思誠者人之道也。❶

❶「詩云」至「人之道也」，全書本另作一條。

省察二字，正存養中喫緊工夫。如一念動于欲，便就欲處體，體得委是欲，欲不可縱，立與消融，猶覺消融不去，仍作如是觀，終與消融而後已；一念動于忿，便就忿處體，體得委是忿，忿不可逞，立與消融，猶覺消融不去，仍作如是觀，終與之消融而後已。是勿忘勿助中最得力處。

問：「萬物皆備之義。」曰：「萬物統于我矣，萬形統于身矣，萬化統于心矣，萬心統于一矣。」問：「一何統乎？」曰：「統于萬。一統于萬，一故無一；萬統于一，萬故無萬。無一之一是謂一本，無萬之萬是謂萬殊。致一者體仁之功，滙萬者强恕之説。一乎？二乎？安乎？勉乎？」

問恕。曰：「恕己。己所不欲，勿施于己。」曰：「恕己焉已乎？」曰：「恕己則盡乎人矣。周子曰：『公于己者公于人，未有不公于己而公于人者也。』」曰：「請問其方。」曰：「不欲勿欲，不爲勿爲。近取諸身，一飲一食，子臣弟友，如斯而已。」「然則古之爲方也强而難，子之言方也順而易乎？」曰：「以易始之，以難竟之，斯可矣。」

應事接物，儘有差處，只是心麄也。淺深不得其度，緩急不得其宜，皆犯心麄。

火氣一平，便無入不自得。此一道火氣，從何處熾然？

示韓參夫云：「力剗浮誇之習，深培真一之心。」又曰：「從聞見上體驗，即從不聞不見消歸；從思慮中研審，即向何思何慮究竟。庶幾慎獨之學。」

輕當矯之以重，急當矯之以緩，躁當矯之以静，褊當矯之以寬，四者爲變化氣質之要。

涵養全得一緩字，語言動作皆是。

君子之所謂道者，率性而已矣。盈天地間皆性也，性一命也，命一天也，天即心即理即事即物，而渾然一致，無有乎精麄上下之岐，此所以謂中庸之道也。故學以盡性爲極則，盡性者，道中庸者也。療饑者取資于菽粟，禦寒者取適于布帛，而天下之至味異采反寓于平淡之中，❶亦率性然也。後之言道者，視平淡爲平淡，于是妄意所謂形而上者，而求之虛無，既遯有而入無，又遯無而入有，有無兩遣，❷善惡不立，其究歸之斷滅性種以爲神奇，則天下之真神奇矣！譬之山珍海錯不可以療饑，明珠翠羽不可以禦寒，然且率天下之衆而奔走之，此佛老之教所以惑世誣民，流禍天下無已時也。以上庚辰。

萬起萬滅，總是一念起滅。聖人無念，纔有念便是妄也。念亦有善乎？曰：「克念作聖是也。」❸

「身無妄動可乎？」曰：「無妄動易，無妄念難。」「心無妄念可乎？」曰：「無妄念易，無妄心難。」

天下之道，感應而已矣。隨感而應，隨感而忘者，聖人也；隨感而應，隨感而止者，賢人也；隨感而應，隨感而流者，常人也。

語次多詭隨，亦見主心之不一。

或問幾。曰：「未有是事，先有是理，曰事幾；未有是心，先有是意，曰心幾。先知之謂神，故曰：『知幾其神乎！』」

聖人之心，廓然而大公，物來而順應，

❶「采」，原作「菜」，據全書本改。
❷「遣」，原作「遺」，據全書本改。
❸「念亦有」至「是也」，全書本另作一條。

終身不動些子。曰：「有動乎？」戒慎乎其所不睹，恐懼乎其所不聞。

小人閒居爲不善，只爲惹却些子，聖人勘之曰：「無所不至。」

主静，敬也。若言主敬，便贅此主字。起一念固是惡，除一念亦是惡。然後念勝前念，知道者，覺之而已。

在性情上理會，但有過不及可商。如出手太麄，應手太急，便是過，不必到分數上争饒減也。然間有太軟太弱時，總向廓然處討消息。

升沉得失之際，因感而動，不能忘情，前輩周寧宇每以此自責。看來此事大難克，只因平日種孽既深，按伏且久，雖有好見識、好議論，只將此種子護持在内，全不挑動根株，如何得徹底廓清？平日乘間又竊發矣。臨境時雖不至大段決裂，然既有此病根，則出手展足不免時時掣肘，當大利害，便全身放倒耳，朱子所謂隱微深錮之疾最難瘳也。今且作猛地覷破法，直進一步何如？

孟子稱舜，一則曰：「舜之居深山之中，與木石居，與鹿豕遊，其所以異于深山之野人者幾希。及其聞一善言，見一善行，若決江河，沛然莫之能禦。」一則曰：「舜之飯糗茹草也，若將終身焉。及其爲天子也，被袗衣，鼓琴，二女果，若固有之。」此等處真得古人之心，看其禪代轉換處，絶無一絲罅隙，渾然天地相似。學者常將此氣象，尋討本心是如何，便超超長一格去。

人心一氣而已矣，而樞紐至微，纔入麄一二，則樞紐之地霍然散矣。散則浮，有浮氣，因以有浮質；有浮質，因以有浮性；有浮性，因以有浮想。爲此四浮，合成妄根，爲此一妄，種成萬惡。嗟乎！其所繇來者漸矣。

本心湛然，無思無爲，爲天下主，❶過此一步便爲安排。心有安排，因以有倚著；有倚著，因以有方所；有方所，因以有去住；有去住，因以有轉换。則機械變詐，無所不至矣。

人心之體，氣行而上，本天者也；形麗而下，本地者也；知宅其中，本人者也，三才之道備矣。天曰神，地曰祇，人曰鬼，鬼藏其宅，不可睹聞，是名曰獨。發竅于天，神明著焉；成形于地，德行顯焉。故君子慎獨而成位乎其中矣。

先儒論静坐有得云：「此是氣静，非心静也。」予謂氣静亦好，氣静正得涵養法，孟子工夫全在養氣，以此。

或問勢利關，謝上蔡曰：「已打破十餘年矣。」予謂尚説得容易在，當以程子喜獵心勘之。

程子宴妓一案，畢竟伊川爲正，只是二程不合與宴耳。伯淳徒能作大言，若以喜臘心勘之，亦犯險着。

莫非命也，順而受之，正也，莫之爲而爲，莫之致而致，如斯而已矣。受制焉，僥倖苟免焉，一爲桎梏，一爲巖牆矣。莫非性也，率而繇之，真也，無爲其所不爲，無欲其所不欲，如斯而已矣。如故安排焉，造作焉，一爲湍水，一爲杞柳矣。

孟子言盡心、知性、知天，是悟境到頭處；繼言存養，方著修持邊，此其悟境實際；終言殀壽不貳、修身以俟，方是修之盡。修之盡，乃得悟之盡，正是心盡處也。

❶「主」，原作「王」，據全書本改。

其爲物不貳，是自心本來家當，盡心者，盡此而已。至此方謂之立命，方得親佔地步在，難矣哉！只今一動一靜間能不作二胖否？猛省！猛省！

顔子喟然一嘆，是説自家屋裏話，故不勝其苦。孟子「盡心」諸章，猶是對塔説相輪。然孟子晚年造詣如此，所謂學已到聖處也。

人有恒言曰性命。繇一念之起滅，一息之呼吸，一日之晝夜，推之以至百年之生死，時然而然，不期然而然，莫非性也，則莫非命也。今人專以生死言性命，蓋指其盡處言也，而漸易以七尺之成毁，則性命之説有時而晦矣。

孔子如天，曾子如地，顔子如斗柄建四時，❶子思子五嶽四瀆，孟子則泰岱、黄河之尊也。

纔開口便佞，安能動人？纔措足便輕，安能立德？

心放自多言始，多言自言人短長始。

應事之道，順而已矣；立心之道，正而已矣；盡性之道，中而已矣；事天之道，誠而已矣。

後之學者，每于道理三分之：推一分于在天，以爲天命之性；推一分于萬物，以爲在物之理；又推一分于古今典籍，以爲耳目之用神。反而求之吾心，如赤貧之子，一無所有，乃日夕乞哀于三者，而幾幾乎其來舍焉。如客子之過逆旅，止堪一宿，所謂疎者續之不堅也。當是時，主人貧甚，尚有些子靈明可恃爲續命之膏，又被佛氏先得

❶「曾子如地」與「顔子如斗柄建四時」，全書本倒文。

之，❶則益望望然恐曰：「我儒也，何以佛爲哉？」并其靈明而棄之。于是天地萬物、古今典籍皆闕亡，而返求其一宿而不可得，終望門行乞以死。嗚呼，悲夫！

或問曰：「孰有以一念爲萬年者乎？」曰：「無以爲也。往者過，來者續，今日之日豈非昨日之日乎？學貴日新，日日取生手，一日剥换一日，方不犯人間烟火氣。」以上壬午。

王門矯朱子之說，言良知以四語立教。言有言無，言格言致，自謂儘可無弊。然宗旨本定于無，已是一了百當，故龍溪直說出意中事。但恐無之一字不足以起教也，故就有善有惡以窮之；仍恐一無一有對待而不相謀也，故指知善知惡以統之；終病其爲虛知見也，又即爲善去惡以合之，可謂費盡苦心。然其如言心而心病，言意而意傷，言知而知歧，言物而物龐，四事不相爲謀，動成矛盾，本欲易簡，反涉支離。蓋陽明偶一言之，實未嘗筆之于書，爲教人定本。龍谿輒欲以己說籠罩前人，遂有天泉一段話柄。甚矣！陽明之不幸也。

無善無惡之說，❷終于至善二字有礙。解者曰：「無善無惡斯爲至善。」無乃多此一重之繞乎？善一也，而有有善之善，有無善之善，古之人未嘗及也。後人奉以爲聖書，❸無乃過與！

陽明先生曰：「無善無惡者理之靜，有善有惡者氣之動。」❹理無動靜，氣有寂感，離氣無理，動靜有無，通一無二。今以理爲

❶ 「得」，全書本作「據」。
❷ 上「無」字上，全書本有「王門倡」三字。
❸ 「後」上，全書本有「即陽明先生亦偶一言之」十字。
❹ 「氣」，原作「意」，據全書本改。

靜，以氣爲動，言有言無，則善惡之辨輾轉悠謬矣。

心是無善無惡，其如動而爲好惡，好必善，惡必惡，如火之熱、水之寒，斷斷不爽，乃見其所爲善者。孟子性善之説本此，故曰：「平旦之氣，其好惡與人相近也者幾希。」此性善第一義也。《大學》之好惡，正指平旦之好惡而言，故欺曰自欺，謙曰自謙。自之爲言繇也，自之爲言獨也。

心之主宰曰意，故意爲心本，不是以意生心，故曰本。猶身裏言心，心爲身本也。

天，一也，自其主宰而言謂之帝；心，一也，自其主宰而言謂之意。天有五帝，而分之爲八節十二辰，故曰：「帝出乎震，齊乎巽，相見乎離，致役乎坤，説言乎兑，戰乎乾，勞乎坎，成言乎艮。」即主宰即流行也。此正體用一原，顯微無間處。今以意爲心之所發，亦無不可，言所發而所存在其中，終不可以心爲所存，意爲所發。

陳剩夫曰：「《大學》誠意是鐵門關，主一二字乃其玉鎖匙也。」夫一者，誠也。主一，敬也。主一即慎獨之説，誠繇敬入也。剩夫恐人不識慎獨義，故以主一二字代之。

「如惡惡臭，如好好色」，蓋言獨體之好惡也。原來只是自好自惡，故欺曰自欺，謙曰自謙。既自好自惡，則好在善，即惡在不善；惡在不善，即好在善，故好惡雖兩意而一幾。若以所感時言，則感之以可好而好，感之以可惡而惡，方有分用之機。然所好在此，所惡在彼，心體仍是一個。一者，誠也。意本一，故以誠還之，非意本有兩，吾以誠之者一之也。

心可言無善無惡，而以正還心，則心之有善可知；意可言有善有惡，而以誠還意，則意之無惡可知。能順杞柳之性而以爲桮棬乎？將戕賊杞柳以爲桮棬也。

心無善惡，信乎？曰：「乃若其意，則可以爲善矣，乃所以爲善也。」意有善惡，信乎？曰：「乃若其知，則可以爲良矣，乃所以爲善也。若夫爲不善，非意之罪也。吾自知之，吾自蔽之，不能知所止焉耳。」

天穆然無爲，而乾道所謂「剛健中正，純粹以精」，盡在帝中見；心渾然無體，而心體所謂四端萬善，參天地而贊化育，盡在意中見。離帝無所謂天者，離意無所謂心者。

從古本，則格致工夫畢竟毫無下落。或云：「自平天下以至正心、誠意諸傳，皆格致疏也。」終涉附會。或云：「言誠意而格致在其中。」意者解「毋自欺」句，云不自欺其知乎！又意者獨中有知，良知只是獨知時乎！皆蛇足之見也。畢竟知無可知、致無可致乎？曰：「《大學》首言『明明德』，則德性自然之知業已藏在其中，本明起照，何患不知？只患不知止、不知本，則一點莽蕩靈明，于學問了無干涉。故首章特揭修身爲本，後章又言知其所止，而致知、格物之義，已無餘藴。至于身之托命，果在何地？止之歸根，果在何地？決不得不從慎獨二字認取明矣。故曰：『大學之道，誠意而已矣。』知此之謂知先，知此之謂知本，知此之謂知止，知此之謂物格而知至。正不必云自欺其知，不必云獨中有知，反傷誠意本旨。今即謂格致是誠意工夫，亦須善會本文，不得以辭害意也。」❶

❶「也」下，全書本有「若從石本，以物有本末一條次致知在格物之後，則格致已有特傳，不特朱子之補傳贊，并陽明之良知亦無開口處矣」四十六字。

古本聖經而後，首傳誠意。前不及先致知，後不及欲正心，直是單提直指，以一義總攝諸義。至末又云「故君子必誠其意」，何等鄭重！故陽明《古本序》曰：「《大學》之道，誠意而已矣。」豈非言誠意而格致包舉其中，言誠意而正心以下更無餘事乎？乃陽明婉轉歸到致良知爲《大學》宗旨，大抵以誠意爲主意，以致良知爲工夫之則，蓋曰「誠意無工夫，工夫只在致知」，以合于「明善是誠身工夫，博文是約禮工夫，惟精是惟一工夫」之説，豈不直截簡要？乃質之誠意本傳，終不打合。及考之修身章「好而知其惡，惡而知其美」，只此便是良知，然則致知工夫不是另一項，仍只就誠意中看出，如離却意根一步，亦更無致知可言。予嘗謂好善惡惡是良知，舍好善惡惡，别無所謂知善知惡者。好即是知好，惡即是知惡，非謂既知了善，方去好善，既知了惡，方去惡惡。審如此，亦安見其所謂良者？乃知知之與意，只是一合相，分不得精麄動静。且陽明既以誠意配誠身、約禮、惟一，則莫一于意，莫約于誠意一關。今云有善有惡意之動，善惡雜揉，向何處討歸宿？抑豈《大學》知本之謂乎？如謂誠意即誠其有善有惡之意，誠其有善，固可斷然爲君子；誠其有惡，豈不斷然爲小人？吾不意良知既致之後，只落得做半個小人。若云致知之始，有善有惡；致知之終，無善無惡，則當云「大學之道正心而已矣」始得。前之既欲提宗于致知，後之又欲收功于正心，視誠意之關，直是過路斷橋，使人放步不得，主意在何處？

濂溪曰「幾善惡」，陽明亦曰「有善有惡」，濂溪曰「動而未形，有無之間者幾也」，陽明亦曰「意之動」，然兩賢之言相似而實不同。先儒以有無之間言幾，後儒以有而已形言幾也。曰善惡，言有自善而惡之勢，後儒則平分善惡而已。或曰：「意非幾也。」則幾又在何處？意非幾也，獨非幾乎？

濂溪曰「幾善惡」，即繼之曰：「德，愛曰仁，宜曰義，理曰禮，通曰智，守曰信。」此所謂德，幾也，道心惟微也。幾本善，而善中有惡，言仁義非出于中正，即是幾之惡。不謂忍與仁對，乖與義分也。❶

《易》曰：「幾者動之微，吉之先見。」更不雜凶字。君子見幾而作，所謂善必先知之也。惟先見故先知，先知之謂知幾，知幾則知所止矣。或曰吉下有凶字，仍是不善必先知之，不以禍福言也。

「有善有惡意之動，知善知惡知之良」二語決不能相入，則知與意分明兩事矣。將意先動而知隨之耶？抑知先主而意繼之耶？如意先動而知隨之，則知落後着，不得爲良；如知先主而意繼之，則離照之下，豈容魑魅？若或驅意于心之外，獨以知與心，則法惟有除意，不當誠意矣。且自來經傳無有以意爲心外者。求其説而不得，無乃即知即意乎？果即知即意，則知良意亦良，更不待言矣。

主静立人極，只是意誠好消息。❷

幾者動之微，不是前此有個静地，後此又有動之者在，而幾則界乎動静之間者。審如此三截看，則一心之中隨處是絶流斷港，安得打并一貫？予謂周子誠、神、幾非

❶「也」下，全書本有「先儒解幾善惡，多誤」八字。

❷「意誠」，全書本作「誠意」。

三事，總是指點語。

周子云「有無之間」，謂不可以有言，不可以無言，故直謂之微。《中庸》以一微字結一部宗旨，究竟説到無聲無臭處，然説不得全是無也。

《大學》止辨公私、義利，而不分理欲、天人；《中庸》只指隱微顯見，而不分前後動静。此是儒門極大公案，後人憒憒，千載于今。

如惡惡臭，如好好色，全是指點微體，過此一關，微而著矣。好而流爲好樂，惡而流爲忿懥，又再流而爲親愛之辟，❶爲賤惡之辟，❷又再流而爲民好之辟，民惡之辟，濫觴之弊一至于此，總爲不誠意故。然則以「正心」章視誠意，微著之辨彰彰。而世儒反以意爲麄根，以心爲妙體，何耶？忿懥、恐懼、好樂、憂患，❸只此是心不正實供。今乃舍此而摘及「有所」二字，爲莫須有之獄，不已過乎？亦曰「無善無惡心之體」云爾。

眼中着不得金玉屑，凡累眼之物，總是惡。緣何辨于金玉？乃以是伸無善之説乎？

後儒格物之説，當以淮南爲正，曰：「格、知、修身之爲本，❹而家、國、天下之爲末。」予請申之曰：「格、知、誠意之爲本，而正、修、齊、治、平之爲末。」

❶「辟」，原作「僻」，據全書本改。

❷「辟」，原作「僻」，據全書本改。下兩句同。

❸「忿懥恐懼好樂憂患」，全書本作「正心章言好樂，見此意之好者機；言忿懥，見此意之惡者機；言恐懼憂患，見忿懥之變者機。蓋好惡之性發而爲四端矣。只爲意不誠，則此心無主，往往任情而發，不覺其流失之病有如此者。樂而淫，怒而恚，哀而傷，余謂」。

❹「修」字，全書本無。

從朱子之補傳，則學問思辨可以兼舉，庶有合于明善誠身之説。而今皆廢之，何居？曰：「謂之《大學》，則學問思辨行皆在其中，至一篇成書，只是疏其道之所在。而八目遞言之，其要歸之知本而已。」

朱子表章《大學》，于格致之説最爲吃緊，而于誠意反草草，平日不知作何解？至易簀，乃定爲今《章句》，曰：「實其心之所發。」不過是就事盟心伎倆，于法已踈矣。至慎獨二字，明是盡性吃緊工夫，與《中庸》無異旨，而亦以心之所發言，不更踈乎？朱子一生學問，半得力于主敬。今不從慎獨二字認取，而欲綴敬于格物之前，真所謂握燈而索照也。

「正心」章云：「必察乎此，而敬以直之。」又將主敬工夫用在正心項下，終忽視誠意關故耳。此陽明之説所自來也。

「治平」章極口發揮好惡二字，直是王道本于誠意。[1]

一誠貫所性之全，而工夫則自明而入。故《中庸》曰誠身，曰明善，《大學》曰誠意，曰致知，其旨一也。要之明善之善不外一誠，明之所以誠之也；致知之知不離此意，致之所以誠之也。本體工夫委是打合。

意根最微，誠體本天。本天者，至善者也。以其至善，還之至微，乃見真止。定、靜、安、慮次第俱到，以歸之得，得無所得，乃爲真得。所謂知本，知此而已。[2]此處圓滿，無處不圓滿；此處虧欠，無處不虧欠。故君子起戒于微，以克完其天心焉。欺之爲言欠也，所自者欠也。自處一動，便有夾

[1]「直」，全書本作「真」。

[2]「所謂知本，知此而已」八字，全書本無。

雜，因無夾雜，故無虧欠。而端倪在好惡之地，性光呈露，善必好，惡必惡，彼此兩關，乃呈至善，故謂之「如好好色，如惡惡臭」。此時渾然天體用事，不著人力絲毫，于此尋個下手工夫，惟有慎之一法，乃得還他本位，曰獨。仍不許亂動手脚一毫，所謂誠之者也。此自堯舜以來相傳心法。❶

定、静、安、慮、得，皆知止以後必歷之境界，學者必歷過五關，方于學有真得。今人漫言主静，無首無尾，何怪一霍即散。

無有作好，如好好色；無有作惡，如惡惡臭。

莫顯乎微，夫微之顯，知微之顯，此謂知本，此謂知之至也。

欲誠其意，先致其知。知遠之近，知風之自，知微之顯。

心體本無動静。謂未發屬静，已發屬動，固非也；謂未發屬動，已發屬静，亦非也。蓋發與未發，只是一個。時時發，時時未發，正是陰陽互藏其宅，通復互爲其根。後人執名相以疏動静，分性分情，動成兩胖，言有言無，總屬支離，烏識心體本然之妙乎？

古人未嘗以動静言心，惟大《易》傳曰：「夫易，無思也，無爲也。寂然不動，感而遂通天下之故。」見心體亦復如是。「夫乾，其静也專，其動也直，是以大生焉；夫坤，其静也翕，其動也闢，是以廣生焉。」見心體亦復如是。一就感應間識取，一就屈伸往來間識取，皆不是截然兩候。

陰陽之理，無處無之。因陰陽見動静，非以動静生陰陽。

❶「法」下，全書本有「學者勿得草草放過」八字。

從來學問只有一個工夫，凡分内分外，分動分静，説有説無，劈成兩下，總屬支離。

不睹不聞，本言人所不睹聞，末章已有註脚。而解者深求之，必欲分慎獨爲兩事。❶「然則註言『雖不見聞，亦不敢忽』非乎？」❷曰：「此惟瞑目塞耳則然也。心不在焉，始有視不見聽不聞。若静中工夫愈得力，則耳目聰明亦愈加分曉，可見人一并無不睹不聞時也。若謂戒懼功夫不向睹聞處着力，則可。」

道無方所，性無方所，謂所不睹、所不聞是天命之性，亦得。然解《大學》者，方首禁有所，此處乃得有所耶？

慎獨是學問工夫第一義，然《大學》于誠意之前尚有致知工夫，而在《中庸》爲了義何也？曰：「《中庸》後章説知説行，更是完備，又臚之爲學問思辨行。而陽明則曰：『學也者，學此者也；問也者，問此者也；思也者，思此者也；辨也者，辨此者也；行也者，行此者也。』仍只完得誠之而已，故知誠意爲了義。致知者，致此者也；格物者，格此者也。

《中庸》疏獨，曰隱，曰微，曰不睹不聞，並無知字；《大學》疏獨，曰意，曰自，曰中，曰肺肝，亦並無知字。朱子特與他增個知字，蓋爲獨中表出用神，庶令學者有所持循。」

陽明先生言良知，即物以言知也，若蚤

---

❶ 「事」下，全書本有「在宋儒則有静而存養，動而省察之説，在明儒則有無善無惡，有善有惡之説。只爲諸公素叩禪門，却欲取短録長，成其至是，以立大中之極，故持論往往如此。予謂儒而不雜者，自周、程而後，吾見亦罕矣」七十八字，合上文爲一條。

❷ 「然則」至「非乎」，全書本作「雖不見聞，亦不敢忽如何」，合下文另作一條。

知有格物義在，即止言致知亦得；朱子言獨知，對睹聞以言獨也，若蚤知有不睹不聞義在，即止言慎獨亦得。

喜怒哀樂，一氣流行，而四者實與時爲禪代，如春過則夏，秋過則冬，冬復春，却時時保個中氣，與時偕行，故謂之時中。此非慎獨之至者，不足以語此，與小人無忌憚正相反。

喜怒哀樂中便是仁義禮智信，故《中庸》于中字逗出誠字。或問朱子曰：「《中庸》言中又言誠，何也？」曰：「横看成嶺側成峰。」

好惡從主意而決，故就心宗指點；喜怒從氣機而流，故就性宗指點。畢竟有好惡而後有喜怒，不無標本之辨。故喜怒有情可狀，而好惡托體最微。

《大學》言心不言性，心外無性也；《中庸》言性不言心，性即心之所以爲心也。有説乎？曰：「善非性乎？天非心乎？故以之歸宗慎獨，一也。」

知在善不善之先，故能使善端充長，而惡自不起。若知在善不善之後，無論知不善無救于短長，勢必至遂非文過，即知善，反多此一知，雖善亦惡。今人非全不知，但稍後，便視聖人霄壤。知只是良知，先後之間，所争致與不致也。

起一善念，吾從而知之，知之之後，如何頓放此念？若頓放不妥，吾慮其剜肉成瘡。起一惡念，吾從而知之，知之之後，如何消化此念？若消化不去，吾恐其養虎遺患。總爲多此一起，纔有起處，雖善亦惡，轉爲多此一念，纔屬念緣，無滅非起。今人言致良知者如是。

「國家將興，必有禎祥；國家將亡，必

有妖孽。」此興亡之先兆也。蓋人心亦有兆也，方一念未起之先，而時操之以戒懼，即與之一立立定，不至有岐路相疑之地，則此心有善而無惡。即有介不善于善中，而吾且擇之精、守之一，若明鏡當空，不能眩我以妍媸。此所謂「善必先知之，不善必先知之」，吾之言致知之學者如此。

就性情上理會，則曰涵養；就念慮上提撕，則曰省察；就氣質上銷鎔，則曰克治。省克得輕安，即是涵養；涵養得分明，即是省克。其實一也，皆不是落後着事。

「有不善未嘗不知，知之未嘗復行也。莫是落後着否？」曰：「有剥即復，間不容髮，此一點元陽，在天地間無一息間斷。七日來復，言復已久也。若操未剥之陽，爲來復之陽，所争不遠，看來仍是占先手。若已落後着，則手忙脚亂，安得有如許力量？便與不行。不復行，謂當下消化，不是後不再作也。今人皆所謂頻復者，甚之迷復。❶

知無先後。但自誠而明，便占先手，故曰「至誠之道，可以前知」。若自明而誠，尚得急着；離誠言明，終落後着，即明盡天下之理，都收拾不到這裏，總屬狂慧。

凡事，豫則立。信在言前，則言前定；敬在動前，則行前定；道在事前，則事前定；信在道前，則道前定。

君子之道，即小推大，故曰費而隱。以心言，則曰莫見乎隱；以道言，則曰費而隱。故自夫婦之居室，推之以極于天地聖人所不能盡，以見大莫載、小莫破，即夫婦、聖人、天地，固不足極大小之量也。又引《詩》以指點隱體，如鳶魚之在天淵，超于睹

❶「復」下，全書本有「迷復亦是學」五字。

聞之表，不可端倪有如此者。君子之學，請姑自居室造端，而自有以闖至隱之堂奥，則天地聖人之量，亦即此而在，無事他求矣。費而隱，所以顯而微也。

莫高匪天，而鳶戾焉；莫深匪淵，而魚躍焉；莫微于鳶魚，而天淵體焉。道心惟微之妙，亦有如是者。子思子贊之曰「言其上下察也」，正指心體昭著處，非泛言化育流行事。

終日見天，而不見有鳶之飛；終日見淵，而不見有魚之躍。亦見亦顯，亦隱亦微。

鳶飛戾天而繒弋不及，極于高也；魚躍于淵而網罟莫加，極于深也。所托之地皆闇也。鳩鷃決起，尋丈而下控于地；鱔鰍之類，與波出没。人得而量之，小人之道也與！

天命之性不可得而見，即就喜怒哀樂求之，猶以爲麁幾，不足據也；又就喜怒哀樂一氣流行之間，而誠通誠復，有所謂鬼神之德者言之，德即人心之德，即天命之性。故不睹不聞之中，而莫見莫顯者存焉。是以君子既常戒慎恐懼以承之，又若或使之，如所謂「小心翼翼，昭事上帝。上帝臨汝，無貳爾心」者，故特以祭法推明之。一切工夫，總是一誠。始信陽明「戒慎恐懼是本體」非虚語也。本體此誠，工夫亦此誠，相逼成象，洋洋復洋洋，凡以見鬼神之爲德如此。

德性之中，本自廣大，亦復精微；本自高明，亦復中庸。致之、盡之、極之、道之，須當用何等問學工夫？時時致廣大而盡精微，時時極高明而道中庸，是謂温故；致廣大愈廣大，盡精微愈精微，極高明愈高明，道中庸愈中庸，是謂知新。而其要歸于敦厚以崇禮。只此三千三百，一一體備于身，敦而且厚，日積月累，繇中符表，底于崇高。崇禮所以崇德也，崇德所以盡性也，此之謂尊德性而道問學。

聰明睿知，皆此心虚中之象，而耳目不與焉。耳目者，聰明之户牖，而非其專官也。一心耳，外闢之則爲聰明，周徹之曰睿，極深之曰知，而氣機通復之候，生長收藏各盡其妙，是謂寬裕温柔、發强剛毅、齊莊中正、文理密察之德。

鐘虚也而鳴，心虚也而靈，耳虚也而聽，目虚也而視，四肢百骸虚也而運掉，夫道又何以加于虚乎？存之，其中也，天下之大本也；發之，其和也，天下之達道也。

本心之學，聖學也。而佛氏張大之，諱虚而言空，空故無所不攝。攝一切有無而皆空，有無不受也；又離一切有無而不空，其所爲空自在也。看來只是弄精魂，語下而遺上者與！

配天達天，其始不離下學立心耳。天豈遠乎哉？心得其所以爲心，則達乎天矣；人得其所以爲人，則配乎天矣。又曰其天，天即我，我即天。今必云有物先天得之者，天自我出，何故將天亦私爲一己之物乎？

至誠盡性之至，不學而能，即經綸大經，已足見其心精密而無漏矣。又出之不窮，爲立天下之大本；運之無外，爲知天地之化育。其要歸于無能而已，無能，故無倚。

肫肫其仁，仁之至也；淵淵其淵，静之至也；浩浩其天，化之至也。合而言之，誠之至也。

中庸之道，從闇入門，而託體于微，操功于敬，一步步推入，至于上天之載，而乃能合天下于在宥。愈微亦愈顯，即微即顯，亦無微無顯，亦無有無無，仍舉而歸之曰微。嗚呼！微乎！至矣乎！

「喜怒哀樂之未發謂之中，發而皆中節謂之和」，時乘六龍以御天也，雲行雨施天下平也。

「篤恭而天下平」，修之意也。

誠者自成也，誠于意之謂也。

誠者不思而得，良知不慮而知，良知一誠也，致知誠之者也。此文成秘旨。

心一也，視于無形之謂明，故明無不見；聽于無聲之謂聰，故聰無不聞；思于無思之謂睿，故睿無不通；慮于何慮之謂智，故智無不知，四者有遞入之象焉。然則人心其統于智乎！此所謂良知也。❶盎然而知者，仁也，所以寬裕温柔也，又謂之惻隱之心；秩然而知者，禮也，所以齊莊中正也，又謂之辭讓之心；截然而知者，義也，所以發强剛毅也，又謂之羞惡之心；井井然而知，歸之無所不知者，即智也，所以文理密察也，又謂之是非之心。分而言之，燦然知也；❷合而言之，渾然智也。❸是謂心宗，是謂聖諦。❹

理一也，得于心爲德，生于心爲性，❺蘊于性爲情，達于情爲才，亶于初爲命，體于自然謂之天，故曰：「誠者，天之道也。」惟

❶「此所謂良知也」，全書本作「合聰明睿以爲智，而無不知也」。

❷「知」上，全書本有「情也情一」四字。

❸「智」上，全書本有「性也性一」四字。

❹「是謂心宗，是謂聖諦」，全書本作「《大學》之言明德，淵已乎」。

❺「生于心」，全書本作「本於生」。

天無外，人得之以爲人，物得之以爲物，天得之以爲天，地得之以爲地。盡則俱盡，虧則俱虧，不繇乎我，更繇乎誰？是爲性宗，是爲人造。

性者，剛柔善惡中而已矣，故曰「性相近也」，此千古論性第一義，惟濂溪足以發之。

性相近，以生而善者爲主；習相遠，以習于不善者爲主；上智下愚不移，則痛下愚也。

《論語》二十篇，語語言性，皆要人就近處復，仍就遠處下工夫，故曰：「夫子之言性與天道，不可得而聞也。」蓋曰中人以下不可以語上云爾。

識得夫子言性處，方可與盡性。後人皆以性求性，妄意有一物可指，終失面目。即孟子道性善，亦是下了註脚。

千秋上下，大道陸沉，總坐無極太極四字。學者且細讀《通書》，尋個入門。

孟子曰：「乃若其情，則可以爲善矣。」何故避性字不言？只爲性不可指言也，蓋曰「吾就性中之情藴而言，分明見得是善」。何言乎情之善也？❶這惻隱心就是仁，何善如之？仁義禮智，皆生而有之，所謂性也，乃所以爲善也。指情言性，非因情見性也；即性言善，非離心言善也。後之解者曰：「因所發之情，而見所存之性；因所情之善，而見所性之善。」豈不毫釐而千里乎？

凡所云性，只是心之性，決不得心與性對；所云情，可云性之情，決不得性與

❶「何」上，全書本有「今即如此解，尚失孟子本色，況可云以情驗性乎」十九字。

情對。

「天下之言性也，則故而已矣。故者以利爲本。」此孟子言性第一義也。此後纔有個善字可下。

智只是故之一端，而孟子特指以證性。蓋此是非之心，尤容易起風波，少錯針鋒，無所不至，故孟子指出鑿字，凡叛道之人都是聰明漢。

「惻隱之心，仁也。」又曰：「惻隱之心，仁之端也。」説者以爲端緒見外耳，此中仍自不出來。與「仁也」語意稍傷，不知人皆有不忍人之心，只説得仁的一端，因就仁推義禮智去，故曰四端，如四體判下一般，孟子最説得分明。後人錯看了，又以誣「仁也」，因以《孟子》誣《中庸》未發爲性，已發爲情，雖喙長三尺，向誰言之？

孟子論性之説，惟「口之于味」一章最費解説，今略爲拈出。蓋曰耳目口鼻之欲，雖生而有之之性乎，然獨無所以宰制之乎？是即所謂命也。故君子言命不言性，以致遏欲存理之功。綱常倫物之則，有至有不至，雖生而若限之命乎，然孰非心之所固有乎？是則所謂性也。故君子言性不言命，以致盡人達天之學。蓋性、命本無定名，合而言之皆心也。自其權藉而言則曰命，故常能爲耳目口鼻之君；自其體藴而言則曰性，故可合天人、齊聖凡而歸于一。總要人在心上用功，就氣中參出理來，故兩下分疏如此。若謂命有不齊，惟聖人全處其豐，豈耳目口鼻之欲，聖人亦處其豐乎？性有不一，惟聖人全出乎理，豈耳目口鼻之性，獨非天道之流行乎？審若此，既有二性，又有二命，將小人有縱惡之途，而君子沮爲善之志矣。惟提起心字，則性、命各有條理，令人一毫推諉不得，此孟子道性善本旨也。後之言性者，離心而言之，離之而弗能離，則曰一而二、二而一，愈玄愈遠。離性言命亦然。

勿忘勿助間，適合其宜，即是義。非是以勿忘勿助去集那義也，如此正是義襲了。忘是不及，助是過，過之病甚于忘。氣本易動，又因而助之，遂至偏勝，則本心之體因而牿亡，所傷在根也，所謂氣一則動志也。

知言之學，只是從未發之中看得透，故蚤破了偏見。此處差之毫釐，氣便于此而受過，過則暴也。此孟子得統于子思處。

心是萬古同然，所以千聖千賢若合符節，❶但起見處則微有不同。即堯舜一堂，亦有手輕手重，何況後之君子！惟孔子立大中之極，亦爲經歷多，全不執己見，一步步迤邐上去，隨路問程也。孟子直是見得到，爲他將孔子做個榜樣，又煞下苦心，一日輕輕將知言説過，豈知啞子嘗苦爪，有難向人開口處。後人于此處終草草了，安得不千錯萬錯？

濂溪爲後世儒者鼻祖，❷《通書》一編，將《中庸》道理又飜新譜，直是勺水不漏。第一章言誠，言聖人分上事，句句言天之道也，却句句指聖人家當。繼善成性即是元亨利貞，本無天人之别。而《本義》錯會，又以解「天命之謂性」，將人分上家當一并推

❶「若合符節」，全書本作「都打得合同印過」。
❷「濂」上，全書本有「周子曰：誠者，聖人之本。大哉乾元，萬物資始，誠之原也。乾道變化，各正性命，誠斯立焉。純粹至善者也。故曰一陰一陽之謂道，繼之者善也，成之者性也。元亨，誠之通；利貞，誠之復。大哉易也！其性命之原乎」七十八字。

在造化上，所關不小。然朱子解《通書》此條下原不錯。

主一之謂敬。心本有主，主還其主，便是主一。

心如穀種，仁乃其生意，生意之意即是心之意。意本是生生，非外鑠我也。

物有本末，惟意該之；事有終始，惟誠意一關該之。物有本末，然不可分本末爲兩物，故曰：「其爲物不貳。」終始雖兩事，只是一事，故曰：「誠者，物之終始。」❶

濂溪以中言性，而本之剛柔善惡，剛柔二字，即喜怒哀樂之別名。剛善則怒中有喜，惡則只是偏于剛，一味肅殺之氣矣；柔善則喜中有怒，惡則只是偏于柔，一味優柔之氣矣。中便是善，言于剛柔之間認個中，非是于善惡之間認個中，又非是于剛善柔善之外另認個中也。此中字，分明是喜怒哀樂未發之謂中，故即承之曰：「中也者，和也，中節也，天下之達道也，聖人之事也。」《圖説》言仁義中正，仁義即剛柔之別名，中正即中和之別解，變和言正者，就仁義上言也。皆酷爲《中庸》註疏。

《通書》「思曰睿」章最難解，❷周子反覆言誠、神、幾不已，至此指出個把柄，言思是

❶「始」下，全書本有「試就穀種推詳此理甚明。如稻米中一角白點，是米之生意，由此發爲根芽、苗葉、結實，皆此一點推出去，安得有兩物？今人只將苗處看意以爲麤幾。試問此苗從何來？豈另有一物接向苗裏去」七十四字。

❷「通」上，全書本有「周子曰：洪範曰：思曰睿，睿作聖。無思，本也；思通，用也。幾動動於彼，誠動於此。無思而無不思曰聖人。不思則不能通微，不睿則不能無不通。無不通生於通微，通微生於思。故思者，聖功之本，而吉凶之幾也。易曰：君子見幾而作，不俟終日。又曰：知幾其神乎。愚按」九十八字。「思曰睿」，全書本作「此」。

畫龍點睛也。思之功全向幾處用，幾者動之微，吉之先見者也。知幾故通微，通微故無不通，無不通故可以盡神，可以體誠，故曰：「思者，聖功之本，而吉凶之機也。」吉凶之機，言善惡繇此而出，非幾中本有善惡也。幾動誠動，言幾中之善惡方動于彼，而爲善去惡之實功已先動于思，所以謂之「見幾而作，不俟終日」，所以謂之「知幾其神」。機非幾也，言發動所繇也。

善不善之幾，中于感應者，止有過不及之差，而乘于念慮者，則謂之惡，然過而不已，念慮乘之，亦鮮不爲大惡矣。君子知幾，端在感應上控持得力。若念慮之惡，君子蚤已絶之矣。

禪門不忌念而忌意，不忌欲而忌思，不忌惡而忌善，與吾儒蒼素在此。

只此一點微幾，爲生生立命之本。俄而根荄矣，俄而幹矣，俄而枝矣，俄而葉矣，俄而花菓矣，菓復藏仁，仁復藏菓。迎之不見其首，隨之不見其尾，是故知死生之説，是故知無死無生之説。

佛氏言性而不言天，故性非其性，吾儒則曰「天命之謂性」；佛氏言心而不言意，故心非其心，吾儒則曰「欲正其心者，先誠其意」。

喜怒哀樂，所性者也。未發爲中，其體也；已發爲和，其用也。合而言之，心也。朱子曰：「心統性情。」張敬夫曰：「心主性情。」張説爲近，終是二物。曷不曰心之性情？

誠神幾曰聖人。常人之心首病不誠，不誠故不幾，❶不幾故不神，物焉而已。不

❶「幾」下，全書本有「而著」二字。

得已而求其似，姑從平旦時認取可也。

程子以水喻性，其初皆清也，而其後漸流而至于濁，則受水之地異也。蓋言氣質義理之分如此。但大《易》稱「各正性命乃利貞」，又稱「成之者性也」，亦以誠復時言，則古人言性皆主後天。而至于人生而静以上，所謂不容説者也，即「繼之者善」，已落一班，畢竟離氣質無所謂性者。生而濁則濁，生而清則清，非水本清而受制于質故濁也。水與受水者終屬兩事，性與心可分兩事乎？予謂：「水，心也，而清者其性也。有時而濁，未離乎清也，相近者也。其終錮于濁，則習之罪也。」

繼之者善也，成之者性也。孟子道性善，將先後天一齊并出來，爲立教之宗。

性本虚位，情有定理。

敬齋云：「敬無間斷便是誠。」予謂心有間斷只爲不敬，故若敬，則自無間斷。敬則所以誠之也，此所謂自明而誠也，非敬即是誠。敬齋尚未及和靖，敬齋只持守可觀，而和靖于涵養分上大是得力。以上癸未冬月，名《存疑雜著》。

虞廷十六字，爲萬世心學之宗。請得而詮之。曰：人心，言人之心也；道心，言心之道也，心之所以爲心也。可存可亡，故曰危；幾希神妙，故曰微。惟精，以言乎其明也；惟一，以言乎其誠也，皆所謂惟微也。明亦可暗，誠亦可二三，所謂危也。二者皆以本體言，非以工夫言也。至允執厥中，方以工夫言。中者，道之體也，即精一之宅也。允執者，敬而已矣。敬以敬此明，是謂常惺惺；敬以敬此誠，是謂主一無適。微故精，精故一，故曰惟微、惟精、惟一，連數之而語脉貫合，至允執一句方更端也。

惟允執二字，專以工夫言，故堯授舜，單提之而不見其不足。後之儒者，止因誤解《大學》，既有格致之功，又有誠正之功，以合之《中庸》明善、誠身之説，因以上援虞廷，分精分一。既分精分一，則不得不分人分道，種種支離，而聖學遂不傳于後世矣。

劉蕺山先生集卷七

證學雜解　原旨

解一

孔門之學，莫先于求仁。仁者，人也，天地之心也。人得天地之心以爲心，生生不息，乃成爲人。故人與天地同體，而萬物在宥。《西銘》有之：「乾吾父，坤吾母，民吾胞，物吾與。」此仁體也，即人體也。然踐形惟肖之説，不免以己合彼，猶二之也。程子云：「言體天地之化，已剩一體字。只此便是天地之化。」「只此」云者，心即天、即地、即萬物，故曰：「反身而誠，樂莫大焉。」學者若無程子之見，驟而語之以《西銘》家當，無異説夢者。

解二

天命流行，物與无妄，此所爲人生而静以上不容説也。此處并難著誠字，或妄焉亦不容説。妄者，真之似者也。古人惡似而非，似者，非之微者也。道心惟微，妄即依焉，依真而立，即託真而行。官骸性命之地，猶是人也，而生意有弗貫焉者。是人非人之間，不可方物，强名之曰妄。有妄心斯有妄形，因有妄解識、妄名理、妄言説、妄事功，以此造成妄世界，一切妄也，則亦謂之妄人已矣。妄者，亡也，故曰「罔之生也幸而免」。一生一死，真罔乃見，是故君子欲辨之蚤也。一念未起之先，生死關頭，最爲吃緊，于此合下清楚，則一真既立，群妄皆消。即妄求真，無妄非真。以心還心，以聰明還耳目，以恭重還四體，以道德性命還其固然，以上天下地往古來今還宇宙，而吾乃儼然人還其人。自此一了百當，日用間更有何事？通身仍得個静氣而已。

解　三

人心自妄根受病以來，自微而著，遂授之以欺。❶欺與謙對，言虧欠也。《大學》首言自欺，❷自欺猶云虧心。心體本自圓滿，忽有物以攖之，便覺有虧欠處。自欺之病，如寸隙當堤，江河可決，故君子慎獨。慎獨之功，只向本心呈露時隨處體認去，便得全體瑩然，與天地合德，何謙如之！謙則誠。閒居之小人，揜不善而著善，煞見苦心，雖敗缺盡彰，自供已確。誠則從此便誠，僞則從此滋僞。凛乎！凛乎！《復》云「不遠」，何祇於悔！

解　四

自欺受病，已是出人入獸關頭。更不加慎獨之功，轉入人界，則僞自此滋，❸將來即見君子，❹亦不復有厭然情狀，一味挾智任術，色取仁而行違，心體至此百碎。進之爲鄉愿，似忠信，似廉潔，欺天罔人，無所不

❶「遂」上，全書本有「益增洩漏」四字。
❷「言」，全書本作「嚴」。
❸「界則」二字，全書本無。
❹「滋將來」三字，全書本無。

至，猶宴然自以爲是，全不識人間有廉恥事，充其類爲王莽之謙恭，馮道之廉謹，弑父與君，皆由此出。故欺與僞，雖相去不遠，而罪狀有淺深，不可一律論。近世士大夫受病，皆坐一僞字，使人名之曰「假道學」。求其止犯欺者，已是好根器，不可多得。

解五

劉器之學立誠，自不妄語始，至七年乃成。然則從前語亦妄，不語亦妄，即七年以後猶有不可問者，不觀程伯子喜獵之説乎？自非妄根一路火盡烟消，安能禁却喉子，❶嘿嘿地不動一塵？❷至于不得已而有言，如洪鐘有叩，大鳴小鳴，適還本分，此中仍是不出來也。如同是一語，多溢一字，輕一字，都是妄，故云：「戲言出于思。」七年之功，談何容易！不妄語，方不妄動，凡口中道不出者，足下自移不去。故君子之學，致力全是躬行，而操心則在謹言上，戒欺求謙之功，于斯爲要。《易》曰：「君子居其室，出其言善，則千里之外應之，況其邇者乎？居其室，出其言不善，則千里之外違之，況其邇者乎？」嗚呼！善不善之辨，微矣哉！

解六

心者，凡聖之合也，而終不能無真妄之殊，則或存或亡之辨耳。存則聖，亡則狂，故曰：「克念作聖，罔念作狂。」後儒喜言心

❶「禁」，全書本作「並」。
❷「嘿嘿」，全書本作「默默」。

學，每深求一步，遂有識心之説。又曰：「人須自識其真心。」或駁之曰：「心自能識，誰爲識之者？」予謂：「心自能識，而真處不易識，真妄雜糅處尤不易識，正須操而存之耳，所云『存久自明』是也。若存外求識，當其識時，而心已亡矣。故識不待求，反之即是。孟子曰：『雖存乎人者，豈無仁義之心哉？人自放之耳。』又曰：❶『操則存，舍則亡。出入無時，莫知其鄉。』須知此心原自存，操則存，又何曾于存外加得些子？存無可存，故曰：『出入無時，莫知其鄉。』至此方見此心之不易存，所以孟子又言養心。知存養之説者，可與識心矣。」

解七

良心之放也，亦既知所以求之矣。初求之事物之交，而得營搆心，其爲營與搆，日不知凡幾也。繼求之應感之際，而得緣著心，其爲緣與著，日不知凡幾也。又求之念慮之隱，而得起滅心，其爲起與滅，日不知凡幾也。又進求之靈覺之地，而得通塞心，其爲通與塞，日不知凡幾也。又求之虚空，求之玄漠，而得欣厭心，欣與厭，又日不知凡幾也。以是五者徵心，了不可得。吾將縱求之天地萬物，而得心體焉，其惟天理之説乎！天理何理？歸之日用。日用何用？歸之自然。吾安得操功自然者，而與之語心學也哉？

❶「又」，全書本作「乃夫子則」。

解八

學者最忌識神用事。識者，載妄之官，其神適足爲累也。❶夫心，覺而已矣。覺動而識起，緣物乃見，「物交物，則引之而已矣」。覺離本位，情識熾然，聰明乘之，變幻百出，其最近而似焉者爲理識。理識之病，深則鑿，❷淺則浮，詭則異，僻則邪，偏則倚，❸支則雜，六者皆賊道之媒，而妄之著焉者也。妄非真也，識非覺也，妄盡而覺還其初，神在何處？識在何處？故曰：學者，覺也。

解九

甚矣！事心之難也。間嘗求之一覺之頃，而得湛然之道心焉，然未可爲據也。俄而恍惚焉，俄而紛紜焉，俄而雜糅焉，向之湛然覺者，有時而迷矣。請以覺覺之，于是有喚醒法，朱子所謂「略綽提撕」是也。然已不勝其勞矣。必也求之本覺乎？本覺之覺，無所緣而覺，無所起而自覺，要之不離獨位者近是，故曰「闇然而日章」。闇則通微，通微則達性，性則誠，誠則真，真則常，故君子慎獨。

解十

此心一真无妄之體，不可端倪，乃從覺地指之。覺者，心之主也。心有主則實，無

❶「其神適足爲累」，全書本作「神之有漏義」。
❷「理識之病，深則鑿」，原漫漶不清，據全書本補。
❸「偏」，原漫漶不清，據全書本補。

主則虚，實則百邪不能入，無主焉反是。有主之心，如家督在堂，群奴爲之奔走；有主之覺，如明鏡當空，妍媸於焉立獻。昔人呼心爲主人翁，以此。又曰：「主人翁常惺惺否？」若不是常惺惺，又安見所爲主人者？

解十一

由知覺，有心之名。心本不諱言覺，但一忌莽蕩，一忌儱侗。儱侗則無體，莽蕩則無用，斯二者皆求覺于覺，而未嘗好學以誠之，容有或失之似者，仍歸之不覺而已。學以明理而去其蔽，則體物不遺，物各付物，物物得所，有何二者之病？故曰：「好知不好學，其蔽也蕩。」

解十二

古人只言個學字，又與思互言，又與問並言，又兼辨與行，則曰：「五者廢其一，非學也。」學者如此下功夫，儘見精神，徹内徹外，無一毫滲漏。陽明子云：「學便是行，未有學而不行者。如學書必須把筆伸紙，學射必須張弓挾矢。篤行之只是行之不已耳。因知五者總是一個工夫。」然所謂學書、學射，亦不是恁地便了。《書》云「學於古訓乃有獲」，又曰「學古入官」，故學必以古爲程，以前言往行爲則，而後求之在我，則信諸心者斯篤，乃臻覺地焉。世未有懸空求覺之學，凡言覺者皆是覺斯理。學焉而不覺則問，問焉而不覺則思，思焉而不覺則辨，辨焉而不覺則行，凡以求覺斯理也。

解十三

《通書》以誠神幾蔽聖人之道，而又尊其權於思，曰：「思者，聖功之本。」思以思誠則精以純，思以知幾則豫以立，思以盡神則通以變，此之謂主静立極。

解十四

形而下者謂之氣，形而上者謂之性，故曰性即氣，氣即性。人性上不可添一物，學者姑就形下處討個主宰，則形上之理即此而在。孟夫子特鄭重言之，曰「善養浩然之氣」是也，然其工夫實從知言來。知言，知之至者也。知至則心有所主，而志常足以帥氣，故道義配焉。今之爲暴氣者，種種蹶趨之狀，還中於心，爲妄念，爲朋思，爲任情，爲多欲，總緣神明無主。如御馬者失其銜轡，馳驟四出，非馬之罪也，御馬者之罪也。天道積氣耳，而樞紐之地乃在北辰，故其運爲一元之妙，五行順布，無愆陽伏陰以干之。向微天樞不動者以爲之主，則滿虚空只是一團游氣，頃刻而散，豈不人消物盡？今學者動爲暴氣所中，苦無法以治之，幾欲讐視其心，一切歸之斷滅。殊不知暴氣亦浩然之氣所化，只争有主無主間。今若提起主人翁，一一還他條理，條理處便是義。凡過處是助，不及處是忘，忘助兩捐，一操一縱，適當其宜，義于我出，萬理無不歸根，生氣滿腔流露，何不浩然？到浩然時，仍只是澄然湛然，此中原不動些子，是以謂之氣即性。只此是盡性工夫，更無餘事。

解十五

程子曰：「人無所謂惡者，只有過不及。」此知道之言也。《中庸》言「喜怒哀樂之未發謂之中」，只此是天命之性，故爲天下之大本。纔有過不及，則偏至之氣獨陽不生，獨陰不成，性種遂已斷滅。如喜之過便是淫，又進之以樂而益淫，淫之流爲貪財爲好色，貪財好色不已，又有無所不至者，而天下之大惡歸焉。怒之過便是傷，又進之以哀而益傷，傷之流爲賊人爲害物，賊人害物不已，又有無所不至者，而天下之大惡歸焉。周子曰「性者，剛柔善惡中而已矣」，兼以惡言，始乎善，常卒乎惡也，易其惡而至于善，歸之中焉則已矣。如財色兩關是學人最峻絶處，于此跌足，更無進步可言。然使一向在財色上止截，反有不勝其扞格者，以其未常非性也。即使斷然止截得住，纔絶得淫心，已中乖戾心，便是傷。學者誠欲拔去病根，只教此心有主，使一元生意周流而不息，則偏至之氣自然消融，隨其所感而順應之。凡爲人心之所有，總是天理流行，如此則一病除百病除。除却貪財心，便除却好色心，除却貪財好色心，便除却賊人害物心，除其心而事自隨之，即事不頓除，已有日消月滅之勢。此是學者入細工夫，非平日戒慎恐懼之極，時時見吾未發之中者，不足以語此。然則爲善去惡非乎？孟子曰：「人能充無欲害人之心，而仁不可勝用也；人能充無穿窬之心，而義不可勝用也。」

解十六

人生而有氣質之性，故理義載焉，此心之所爲同然者也。然必學焉，而後有以驗其實。學者，理義之矩也。人生而百年，未必皆百年也。百年者，先天之元氣，而培養此百年元氣，全在後天。一日寒暑之不時，饑飽之失節，而病或侵之，久之而至于傷生夭折者有之。心之于理義也，猶饑渴之于飲食也，一日不再食則饑，一息而非理非義，可以爲心乎？況有甚焉者乎？而其于非理非義也，猶客氣之有寒暑也，一歲不再衣則寒，一息而不治之以理義，又可以爲心乎？況又有甚焉者乎？故心不可不養也，如培養此元氣然。時其饑飽而達之于所欲，無令其苦而不甘也；節其寒暑而閑之于所感，無令其疎而授之隙也。則理義之悦我心，有不可勝用者矣。悦則樂，樂則和，和則中，中則性。

解十七

人生而有氣質之病也，奚若？曰：「氣本于天，親上者也。故或失則浮，浮之變，爲輕、爲薄、爲虚誇、爲近名、爲淫佚、爲巧言令色、爲猖狂、爲無忌憚；又其變也，爲遠人而禽。質本乎地，親下者也。故或失則粗，粗之變，爲重、爲濁、爲險、爲賊、爲貪戾、爲苛急、爲怙終、爲無恥、爲首鼠觀望；又其變也，爲遠人而獸。亦各從其類也。夫人也，而乃禽乃獸，抑豈天地之初乎？流失之勢積漸然也。故曰：『性相近也，習相遠也。』又曰：『或相什伯，或相千萬，或相倍蓰而無算，不能盡其才者也。』然則氣質何病？人自病之耳。」既病矣，伊何治之？「浮者，治之以沉；粗者，治之以細。更須事事與之對治過，用此功夫既久，便見得此心從氣質託體，實有不囿于氣質者。其爲清明而上際，有天道焉；厚重而下凝，有地道焉。立天之道陰與陽，故運而不息，以陽主之，以陰順之，無有或失之浮者；立地之道柔與剛，故處而有常，以剛進之，以柔反之，無有或失之粗者。此之謂以心治氣質而氣質化，且以氣質化性，而性復其初也。」

解十八

子思子從喜怒哀樂之中和指點天命之性，而率性之道即在其中，分明一元流行氣象，所謂「不識不知，順帝之則」，全不涉人分上，此言性第一義也。至孟子因當時言性紛紛，不得不以善字標宗旨，單向心地覺處指點出粹然至善之理，曰惻隱、羞惡、辭讓、是非，全是人道邊事，最有功于學者。雖四者之心未始非喜怒哀樂所化，然已落面目一班，直指之爲仁義禮智名色，去人生而靜之體遠矣。學者從孟子之教，盡其心以知性而知天，庶于未發時氣象少有承當。今乃謂喜怒哀樂爲粗幾，而必求之義理之性，豈知性者乎？

解十九

孟子言養心，又言養性，又言養氣，至程子又言養知，又每謂學者曰「且更涵養」，養之時義大矣哉！故曰：「苟得其養，無物不長；苟失其養，無物不消。」涵養之功，只在日用動静語默衣食之間。就一動一静、一語一默、一衣一食理會，則謂之養心；就時動時静、時語時默、時衣時食理會，則曰養氣；就即動即静、即語即默、即衣即食理會，則曰養性；就知動知静、知語知默、知衣知食理會，則曰養知。其實一也。就其中分個真與妄，去其不善而至于善，即是省察之説。

解二十

進學有程乎？曰：「未事于學，茫乎如泛海之舟，不辨南北。已事于學，而涯涘見焉。始學之，汩汩流俗之中，恍若有見焉，得道之大端，以聖人爲必可學而至也，此立志之説也。語曰『志立而學半』，君子早已要厥終矣。第慮其鋭而易挫也，乃進而言所守，擇地而蹈，無尺寸或踰也；守經而行，無往來或叛也。即有語之以圖通徑捷之説，可一日而至千里，勿屑也，學至此有成行矣。乃進而程所安，即事而理存，外不膠于應也；即心而理得，内不執于解也。以推之天地萬物，無不凍解于春融，而捷得于指掌也，學至此有真悟矣。乃進而程所至，優焉游焉，勿勞以擾也；饜焉飫焉，勿艱以苦也。瞬存而息養，人盡而天隨，日有孳孳，不知年歲之不足也，庶幾滿吾初志焉，則學之成也。流水之爲物也，盈科而後進，折而愈東，必放之海，有本者如是，立志之説要已乎！」

解二十一

問：「學貴静乎？」曰：「然。衆人失之于動，君子得之于静也。」「學貴敬乎？」曰：「然。衆人失之于肆，君子得之于敬也。」「學貴致知乎？」曰：「然。衆人日用而不知，君子得之于知也。」「三者古人皆言之，然則孰爲要？」曰：「人心之體，無不知也，亦常止而常静也。而受病各有輕重。其言静也者，爲躁者藥也；其言敬也者，爲肆者藥也；其言知也者，爲昏者藥也。語曰『醫不執方』，善學者各視其所受病，得門而入，無不會歸。」「然則有異乎？」曰：「周子之主静，蓋到頭語也。程子主敬，徹上下而一之也。至朱子自謂一生學問從致知入，然『補傳』之説，後人或疑其太迂。陽明子又自謂一生學問從致知入，然良知之説，後人或疑其太徑。總之，知無内外，學無内外。以爲外也，而滯于聞見，將孰爲其内者？以爲内也，而囿于靈明，將孰爲其外者？合之兩是，離之兩傷。善乎程子之言曰：『涵養須用敬，進學則在致知。』又曰：『致知在所養，養知莫善于寡欲。』分合之間，儘是無弊，學者詳之。」

解二十二

天地之大德曰生，而人得以爲生。然有生必有死，仍是天地間生生不已之運，即天地亦在宥，而況人乎？人將此身放在天地間，果能大小一例看，則一身之成毁，何啻草木之榮枯、昆蟲之起蟄已乎？而人每不勝自私之見，將生死二字看作極大，却反其道而言之曰無生。蓋曰以無生爲生，而後能以無死爲死。❶且死則死耳，乃欲究死之所自去，而有輪迴之説；❷生則生耳，又欲原生之所自來，而有父母未生前之説。反將日用常行之道，置之不問。❸「未知生，焉知死？」「朝聞道，夕死可矣。」聖人教人皆向生處理會，並未曾及前後際。❹而後人曲加附會，以自伸其生死之説，謬矣。嗚呼！豈徒知生而已乎？生生焉可也。

解二十三

「人之生也直」，直即是道，聞道即是聞此道，知生只是知此生。「罔之生也幸而免」，直、罔二字，其理甚該，聖人理會生死，不過如此。惟大《易》之訓，頗費解説。其曰：「原始反終，是故知死生之説。」此其意從仰觀俯察、知幽明之故來，死生之説即幽明之故也。下文則繼之曰鬼神之情狀，因一死一生見鬼神之情狀。幽明、死生、鬼神，豈止以七尺之成毁言乎？雖七尺之成毁，亦死生之大者，然「原始反終」，決非生前死後之説。終始相因，原其所自，始即是終；反其所已，終即是始。一終一始，自是造化誠通誠復之理，凡天之所以成文，地之所以成理，皆是也。而世儒截去上下文，必欲以七尺當之。章句之謂何？季路問死，

❶ 下「死」字下，全書本有「是謂空體不壞，是謂常住真心。然究竟去住不能自由，成毁依然任運，徒作此可憐想」三十三字。

❷ 「乃欲究死」至「輪迴之説」，全書本作「却豫先守住精魂，使死後有知」。

❸ 「又欲原生」至「置之不問」，全書本作「又追數胞胎前事，向無是公討來歷，豈不擔誤一生」。

❹ 「曾及」，全書本作「嘗挽攬」。

原從問事鬼神來，季路所問之鬼神是造化之鬼神，故夫子以事人告之。子路未解，仍指其切于鬼神之情狀者，問之曰死。死亦有説乎？知死之説則知所以事神乎？夫子曰：「吾不得而知也，務知生而已。」仍申前答也。

解二十四

吾學亦何爲也哉？「天之生斯民也，使先知覺後知，使先覺覺後覺。」彼天民而先覺者，其自任之重固已如此矣。生斯世也，爲斯民也，請學之爲後覺焉，以覺先覺之所覺。曰：堯舜之道，堯舜之心爲之也。堯舜之心，即吾人之心，同此心，同此覺也，吾亦覺其同者而已矣。❶ 人之生也，饑食而渴飲，夏葛而冬裘，夫人而知之也。而其爲饑渴寒暑之道，又夫人而覺之也。其有不知者，非愚不肖之不及，則賢智之過者也，而過之害道彌甚。彼以爲道不在是也，去飲食而求口體之正，去口體而求性命之常，則亦豈有覺地乎？嗟乎！人心之晦也，我思先覺，其人者曰孔氏。孔氏之言道也，約其旨曰中庸。人乃知隱怪者之非道，而庸德之行，一時弑父與君之禍息，則吾道之一大覺也。歷春秋而戰國，楊墨横議，孟子起而言孔子之道以勝之，約其旨曰性善。人乃知惡者之非性，而仁昭義立，君父之倫

❶「矣」下，全書本有「凡夫而立地聖域，一時而遠契千秋，同故也。今之言覺者或異焉，理不分真妄，而合遁於空；事不必設取舍，而冥求其照。至曰空生大覺，如海發漚，安往而不異？所惡於智者，爲其鑿也。又曰學者之病莫不乎自私而用智，今之言覺者，鑿焉而已矣」九十五字。

益尊于天壤，則吾道之一大覺也。然自此言性者，人置一喙，而天下皆淫于名理，遂有明心見性之說。夫性可得而見乎？又千餘載，濂溪乃倡無極之說，其大旨見于《通書》，曰「誠者，聖人之本」，可謂重下詮註，則吾道之一覺也。嗣後辨說日繁，支離轉甚，浸流而爲詞章訓詁，于是陽明子起而救之以良知。一時喚醒沉迷，如長夜之旦，則吾道之又一覺也。今天下爭言良知矣，及其弊也，猖狂者參之以情識，而壹是皆良；超潔者蕩之以玄虛，而夷良于賊，亦用知者之過也。夫陽明之良知，本以救晚近之支離，姑借《大學》以明之，未必盡《大學》之旨也。而後人專以言《大學》，使《大學》之旨晦；又借以通佛氏之玄覺，使陽明之旨復晦。又何怪其說愈詳而言愈龐，卒無以救詞章訓詁之錮習，而反之正乎？司世教者又起而言誠意之學，直以《大學》還《大學》耳。爭之者曰：「意，稗種也。」予曰：「嘉種。」又曰：「意，枝族也。」予曰：「根荄。」是故知本所以知至也，知至所以知止也，知止之謂致良知，則陽明之本旨也。今之賊道者，非不知之患，乃不致之患，不失之情識，則失之玄虛，皆坐不誠之病，而求之于意根者疎也。故學以誠意爲極則，而不慮之良于此起照，後覺之任，其在斯乎！孟子云：「我亦欲正人心，息邪說，距詖行，放淫辭，以承三聖者。」又曰：「能言距楊墨者，聖人之徒也。」予蓋有志焉，而未之逮也。

原　心

盈天地間皆物也，人其生而最靈者也。生氣宅于虛，故靈，而心其統也，生生之主也。其常醒而不寐者，思也，心之官也。致思而得者，慮也。慮之盡，覺也。思而有見焉，識也。注識而流，想也。因感而動，念也。動之微而有主者，意也，心官之真宅也。主而不遷，志也。生機之自然而不容已者，欲也。欲而縱，過也，甚焉，惡也。而其無過不及者，理也。其理則謂之性，謂之命，謂之天也。其著于欲者，謂之情，變而不可窮也。其負情而出，充周而不窮者，才也。或相什伯，氣與質也。而其爲虛而靈者，萬古一日也。效靈于氣者，神也；效靈于質者，鬼也。又合而言之，來而伸者，神也；往而屈者，鬼也。心主神，其謂是乎！子曰：「鬼神之爲德，其盛矣乎！」此夫子統言心也，而言豈一端已乎？約言之，則曰心之官則思也。故善求心者，莫先于識官，官在則理明氣治，而神乃尊。自心學不明，學者往往以想爲思，因以念爲意。及其變也，以欲拒理，以情偶性，以性偶心，以氣質之性分義理之性，而方寸爲之四裂。審如是，則心亦出入諸緣之幻物而已，烏乎神？物以相物，烏乎人？烏乎人？

原性

告子曰：「性無善無不善也。」此言似之而非也。夫性無性也，況可以善惡言？然則性善之説，蓋爲時人下藥云。夫性無性也，前人言之略矣。自學術不明，戰國諸人始紛紛言性，立一説復矯一説，宜有當時三者之論。故孟子不得已而標一善字以明宗，後之人又或不能無疑焉，于是又導而爲荀、楊、韓，下至宋儒之説益支。然則性果無性乎？夫性，因心而名者也。盈天地間一性也，而在人則專以心言。性者，心之性也，心之所同然者理也，生而有此理之謂性，非性爲心之理也。如謂心但一物而已，得性之理以貯之而後靈，則心之與性，斷然不能爲一物矣。吾不知徑寸中，從何處貯得如許性理，如客子之投懷，而不終從吐棄乎？盈天地間一氣而已矣。氣聚而有形，形載而有質，質具而有體，體列而有官，官呈而性著焉，于是有仁義禮智之名。仁非他也，即惻隱之心是；義非他也，即羞惡之心是；禮非他也，即辭讓之心是；智非他也，即是非之心是也。是孟子明以心言性也。而後之人必曰心自心，性自性，一之不可，二之不得，又輾轉和會之不得，無乃遁已乎！至《中庸》則直以喜怒哀樂逗出中和之名，言天命之性即此而在也。此非有異指也，惻隱之心，喜之變也；羞惡之心，怒之變也；辭讓之心，樂之變也；是非之心，哀之變也。是子思子又明以心之氣言性也。子曰「性相近也」，此其所本也。而後之人必曰理自理，氣自氣，一之不可，二之不得，又輾轉和會之不得，無乃遁已乎！嗚呼！此性學之所以晦也。然則尊心而賤性可乎？夫心，囿于形者也。形而上者謂之道，形而下者謂之器也。上與下一體兩分，而性若踞于形器之表，則已分有常尊矣。故將自其分者而觀之，燦然四端，物物一太極；又將自其合者而觀之，渾然一理，統體一太極。此性之所以爲上，而心其形之者與！即形而觀，無不上也；離心而觀，上在何處？懸想而已。我故曰：「告子不知性。」以其外心也。先儒之言曰：「孟子以後道不明，只是性不明。」又曰：「明此性，行此性。」夫性何物也，而可以明之？但恐明得盡時，却已不是性矣。❶爲此說者，皆外心言性者也。外心言性，非徒病在性，并病在心，心與性兩病，而吾道始爲天下裂。子貢曰：「夫子之言性與天道，不可得而聞也。」則謂性本無性焉亦可。雖然，吾固將以存性也。

原道上

道，其生于心乎！是謂道心，此道體之最真也，而惟微者其狀云。微而著焉，兩端見矣，立人之道仁與義是也。仁義，其道之門乎！仁其體也，義其用也，一體一用立，而易行乎其間矣。生生之謂易，化而裁之謂之變，推而行之謂之通，舉而措之謂之事業。上而際謂之天，下而蟠謂之地，中而蕃殖謂之物，積而無窮謂之世。明之爲禮樂，幽之爲鬼神，治之爲刑賞，布之爲紀綱，成之爲風俗。類而推之，莫非道也。約而反之，莫非心也。踐而實之，所以成人也。

原道下

夫道，常而已矣，天地大常而已矣，人心大常而已矣。有老氏者起而言道德，則曰：「道可道，非常道。名可名，非常名。」進而求之玄，❷舉仁義而土苴之，此所謂反常者也，視楊墨之罪著矣，然猶依附于道德也。至談天衍、雕龍奭、炙轂過髡、滑稽之莊周，與夫堅白異同、三耳三足之爲，公孫、田駢之屬，而荒唐極矣，然猶依附于名理

❶「却已不是性」，全書本作「已非性之本然」。

❷「進而求之玄」五字，全書本無。

也。其後有佛氏者，以天地爲塵劫，以世宙爲幻妄，❶以形軀爲假合，以日用彝倫事理爲障礙，至此一切無所依附，止言一心。心則猶是心也，孰從而辨之？吾儒言心，佛氏亦言心。佛氏之言心也，曰「空」，其進而言性也，曰「覺」，而究竟歸其旨于生死。其言空也，曰「空無空，無空之空乃爲真空」；其言覺也，曰「覺非覺，非覺之覺乃爲圓覺」；而其言生死也，曰「本無生死，無生無死乃了生死」，則吾儒所未及也，幾何不率天下而從之乎？曰：「善言心者，莫佛氏若也。」噫嘻，危矣！君子曰：此言心而幻者也。吾請言吾常心。常心者何？日用而已矣，居室之近，食息起居而已矣。其流行則謂之理，其凝成則謂之性，其主宰則謂之命，合而言之，皆心也。是心也，未嘗不空，而政不必空其空，懼其病吾理也；未嘗非覺，而政不必覺其覺，懼其蝕吾性也；未嘗不知生死，而政不必并無生死，懼其衡吾命也。夫學，窮理盡性至命而已矣，此修道之極則也。于是聖人喟然嘆曰：「中庸，其至矣乎！民鮮能久矣。」而斯道之常，遂爲萬世鵠。彼佛氏者，方欲依附吾儒，求其心而過之，其如天地猶是，世宙猶是，一切形軀事理猶是，彼亦終不能去而逃之，勢不得還與心違，而徒以一種恍惚之見自爲顛倒，真如電光之一瞬，而水漚之不容隨指而破也，烏覩所爲心者乎？食心曰蟊，殆謂是已。乃今之與二氏辨者，皆助流揚波者也。何以言之？曰：「不識心故也。」

❶「宙」，全書本作「界」。

原學上

古之言學者，莫的于孔門，而載在《大學》爲獨詳。《大學》首言「明明德」，又言「明明德于天下」，何也？心本明也，故曰明德，其理則至善是也。學者，覺也，亦曰效也，效心而覺，覺此者也，故《中庸》亦曰明善。善之理一，而散于物有萬殊，格物致知，所以明之也；知而止之，得之于一而存之，所以誠意也；所存此善，所發亦此善，所以正心也；所發此善，所行亦此善，所以修身也。行之于家而家齊，行之于國而國治，行之于天下而天下平，所謂明明德于天下也。乃格致之要，則其目有五：善通天下以爲量，故不博不可以言學；學然後知疑，乃授之以問，問以問此善，故曰審；問然後致疑，乃授之以思，思以思此善，故曰慎；思然後愈疑，乃授之以辨，辨以辨此善，故曰明；辨然後明，乃授之以行，行以行此善，故曰篤，篤行則進于德矣。其德則所謂「仁之于父子也，義之于君臣也，禮之于賓主也，知之于賢者也，聖人之于天道也」。是故君子求之于父子而行吾之愛焉，所以體仁也；求之于君臣而行吾之敬焉，所以精義也；求之于賓主而行吾之讓焉，所以制禮也；求之于賢否而行吾之哲焉，所以用智也；求之于天道而致吾之誠焉，所以作聖也。此明善之極功也，而德乃進于明矣，且大明于天下矣，此所以爲大人之學也。後之學聖人者如之何？亦曰：「致知而已矣。」不致吾知而先求之于本心，其失也荒；不致吾知而漫求之于物理，其失也支。支且荒，皆非所以明善，則直謂之不覺焉已矣。覺不覺，學不學，聖狂之分也，毫釐之差，千里之謬也。

原學中

極天下之尊而無以尚，體天下之潔浄精微、純粹至善而一物莫之或攖者，其惟人心乎！向也委其道而去之，歸之曰性。人乃眩騖于性之説，而倀倀以從事焉，至畢世而不可遇，終坐此不解之惑以死，可不爲之大哀乎？自良知之説倡，而人皆知此心此理之可貴，約言之曰：「天下無心外之理。」舉數千年以來晦昧之本心，一朝而恢復之，可謂取日虞淵，洗光咸池，然于性猶未辨也。予請一言以進之，曰：「天下無心外之性。」惟天下無心外之性，所以天下無心外之理也；惟天下無心外之理，所以天下無心外之學也，而千古傳心之統可歸于一。于是天下始有還心之人矣。向之妄意以爲性者，孰知即此心是，而其共指以爲心者非心也，氣血之屬也；向也以氣血爲心，幾至讐視其心而不可邇，今也以性爲心，又以非心者分之爲氣血之屬，而心之體乃見其至尊而無以尚，且如是其潔浄精微、純粹至善而一物莫之或攖也。惟其至尊而無以尚也，故天高地下，萬物散殊，惟心之所位置而已矣；❶惟其潔浄精微、純粹至善而一物莫之或攖也，故大人與天地合德，日月合明，四時合序，鬼神合吉凶，惟心之所統而已矣。❷此良知之蘊也。然而不能不囿于氣血之中，而其爲幾希之著察，有時而薄蝕

❶「已矣」，全書本作「不見其迹」。

❷「而已矣」，全書本作「體而不尸其能」。

焉。或相什伯，或相千萬，或相倍蓰而無算，不能致其知者也，是以君子貴學焉。學維何？亦曰：「與心以權而反之知，則氣血不足治也。」于是順致之以治情，而其爲感應酬酢之交，可得而順也；于是逆致之以治欲，而其爲天人貞勝之幾，可得而決也；于是精致之以治識，而其爲耳目見聞之地，可得而清也；于是雜致之以治形、治器，而其爲吉凶修悖之途，可得而準也。凡此皆血氣之屬，而吾既事事有以治之，❶則氣血皆化爲性矣。性化而知之良乃致，心愈尊，此學之所以爲至也與！孟子曰：「人之所不學而能者，其良能也；所不慮而知者，其良知也。」古之人全舉之，而陽明子偏舉之也。

原學下

人生之初，❷固不甚相遠矣。孩而笑，拂而啼，饑渴嗜欲有同然也。及夫習于齊而齊，習于楚而楚，始有或相徑庭者矣。生長于齊，既而習爲楚語焉，無弗楚也；生長于楚，既而習爲齊語焉，無弗齊也。故曰：「性相近也，習相遠也。」君子亦慎所習而已矣。語不云乎：「千里之行，始于足下。」❸

❶「事事」，全書本作「一一」。

❷「人」上，全書本有「或問曰：均是人也，或爲聖人，或爲凡人，何居？曰：人則猶是，其心或異耳。曰：均是心也，或爲道心，或爲人心，何居？曰：心則猶是，其學或異耳。何言乎學也」五十七字。

❸「故曰性相近」至「始于足下」，全書本作「此學之說也」。

心者，齊、楚之會也，而其知齊而知楚者，學問之始事也。❶前日之失足于楚也，誤以楚爲齊故也。一日而憬然，❷一日而齊之人矣。今而後第謀所以習乎齊者，吾耳習于齊而聽無不聽，❸非能益吾以聰也，吾知吾聽而已矣；吾目習于齊而視無不明，❹非能益吾以明也，吾知吾視而已矣；吾口習于齊而言無不從，❺非能益吾以從也，吾知吾言而已矣；吾貌習于齊而動無不恭，❻非能益吾以恭也，吾知吾動而已矣。吾知吾聽，而天下之聲皆齊之聲矣；❼吾知吾視，而天下之色皆齊之色矣，❽吾知吾言，而天下之言皆齊之言矣；❾吾知吾動，而天下之動皆齊之動矣。❿雖然，習于齊猶未性于齊也，⓫請進而性焉。吾何以知視聽言動之必出于齊乎？習于齊忘于齊矣，忘于齊并無楚矣，并無齊若楚之囿吾知矣，而吾之心乃

❶「學問之始事也」，全書本作「則心之所以爲道也。知齊之爲善也，而習於齊，又知楚之爲不善也，而益習於齊，則雖有之楚焉者，蓋亦寡矣。然而當是時，心方居齊楚之會，忽有導我以楚者，吾亦從而楚之矣。既楚之矣，仍導我以齊，弗顧也，習於楚，安於楚矣。楚之人又相與咻之，而變其善否之情也，則亦惟有知楚而已矣。人之可使爲不善，其性亦猶是也。然則善反吾習焉，可乎？曰：奚爲而不可也」。

❷「一」上，全書本有「果誤耳」三字。

❸「齊而」，全書本作「聽而何以」。

❹「齊而」，全書本作「視而何以」。

❺「齊而」，全書本作「言而何以」。

❻「齊而」，全書本作「動而何以」。

❼「齊之聲」，全書本作「習於聽」。

❽「齊之色」，全書本作「習於明」。

❾「齊之言」，全書本作「習於從」。

❿「齊之動」，全書本作「習於恭」。「矣」下，全書本有「吾知吾知，而天下之知皆習於獨矣」十四字。

⓫「習于齊猶未性于齊」，全書本作「猶未離乎習」。

渾然而得全于天，❶則時習之竟義也。故學以盡性爲極則，而厥功則在慎習始焉。❷

❶「吾何以知」至「全于天」，全書本作「静而與陰俱閉，不欲其淪於偷也；動而與陽俱開，不欲其流於蕩也。又謂之爲喜怒哀樂之節，盎然而春也，殷然而夏也，肅然而秋也，慘然而冬也。無所待而習，無所待而知也，此之謂通乎晝夜之道而知。」

❷「故學以」至「習始焉」，全書本作「或聞之曰：旨哉！聖人之學也，而無以加於習，習其可以不慎乎」。

劉蕺山先生集卷八

奏疏一

懇賜侍養疏 萬曆甲辰十一月二十七日上

行人司行人臣劉宗周謹奏：爲遵例陳情懇賜侍養以全子道事。

臣原籍浙江紹興府會稽縣人，中萬曆二十九年進士。丁母憂，回籍守制。萬曆三十二年六月，除授今職。復蒙聖恩，于萬曆三十一年，旌表臣母章氏節行。臣以一介草茅，叨列清班，寵光先德，雖捐糜曷圖報稱？何敢遽恤私家！顧君親並重，求臣子兩全之地，敢籌緩急而陳至情，惟陛下憐鑒之。

臣有祖父劉焞，壯歲喪臣祖母陳，義不再娶。舉臣父輩三子：臣父早夭，止遺腹生臣；臣二叔父繼夭，皆無後，形影相弔者祖孫母子三人。凶喪頻仍，田廬盡廢。❶終歲間半入山，半寄食于臣舅氏。臣母躬紡績以奉祖，而臣祖嚴義方以訓臣，伶仃孤苦，以有成立。臣叨一第，臣母終于家，匍匐號歸，形影相弔者祖孫二人。終歲間半入山，半寄食于臣舅氏如故也。茲臣辭膝下，致身朝廷，孑遺臣祖一人耳。見今行年八十，身既無依，養且無家，流移衰邁，朝不暮保。而臣風塵羈旅，倏焉彌歲，不勝烏哺

❶「廢」，全書本作「賣」。

之思。積思成病，轉病轉思，祖孫二人不能更相爲命。臣祖勉臣就道也，豈不曰：「敬爾在官，無以老耄故持二心。」而臣滋傷也。普天之下，莫非王臣。誰無父母？未有如臣情之苦者。子能仕，父教之忠，不能舍孝以作忠，況于鰥祖孤孫，❶勢不能一日相離。而臣，使臣也，欲迎養在官，啓處不遑；將枉道歸寧，簡書可畏。輾轉踟躕，進退狼狽，終不容已于乞身之計。念來日無多，聊以報祖恩，而臣亦得以苟延殘喘，尚可報陛下之恩也。使臣生不見父，長不殮母，壯不養祖，蹉跎一朝而并三恨，臣死且不瞑目，尚能靦顔爲朝廷犬馬乎？恭遇陛下仁覆光天，孝思錫類，凡情切父子，屢荷矜憐，豈敘在祖孫而有異視？伏讀《大明令》：「凡官員祖父母、父母年及七十，家無次丁，自願離職侍養者，聽。」臣之事體，委與例合。爲此激切上陳，懇恩勅下吏部，查覆臣疏，放臣回籍侍養。則祖孫已後之年，均荷再造，臣雖不肖，亦死且不朽。臣無任戰慄籲懇之至！

再懇侍養疏萬曆乙巳三月上

行人司行人臣劉宗周謹奏：爲遵例再懇天恩終賜侍養以伸子情事。

臣浙江紹興府會稽縣人，中萬曆二十九年進士。丁母憂，回籍守制。萬曆三十二年六月，除授今職。痛有祖父劉焞，侍養無人，于去年十一月二十七日，披瀝烏私，未奉明旨。復及今春，恭逢吏計，罔測天

❶「況」，全書本作「即以四窮民二十餘年辛苦，幸見天日，寧必辭禄以爲孝。但」。

威，既望闕而踟躕，益瞻雲而憔悴。

伏念臣遭家不造，遺腹稱孤。臣祖與臣母忍萬苦以圖存，臣與祖若母并一身而爲命。迨臣長而臣母歿，今臣仕而臣祖老，既無叔伯，又鮮弟兄。臣以孤子當室，抱疢經年；祖以老耄居鰥，孑遺萬里。竄跡荒山，生涯無以卒歲；倚門終日，鬱思至于傷脾。昔猶善飯，而今浸衰。臣欲爲貧而天不弔，幸而歸寧在即，或爲骨肉如初。臣祖春秋八十有一矣，報罔極之恩，餘年何及！臣齒未三十也，急無逃之義，他日猶長。倘致身之節既貳于縈家，而將母之懷仍牽于持禄。俾祖爲聖朝之煢獨，則臣實名教之罪人。所以臣心日痛，欲待罪而無期，亦知臣罪當誅，敢爲親而請命也。伏讀《大明令》：「凡官員祖父母、父母年及七十，果家無次丁，自願離職侍養者，聽。」懇乞聖慈，憐憫臣情，勑下吏部，查覆臣疏，放回故里，永侍高堂。惟皇天后土，昭鑒微忱，合鰥祖孤孫，銘鏤大造。臣無任激切待命之至！

條陳宗藩疏 萬曆癸丑四月上

行人司行人臣劉宗周謹奏：爲敬循使職諮陳王政之要懇祈聖明端本教家推恩起化以禆宗藩以保萬世治安事。

臣聞《周官》之制，宗伯之屬有大小行人，掌邦國之禮，達天下之六節，以有事于諸侯，比及返命，則以五書述邦國之故，每國辨異而獻諸王，王乃爲之修其政刑，秩其典常，協其度數，恤其災疹，而後巡狩、省頫之制因之。蓋行人之職如此其重也。其在《皇華之什》曰：「載馳載驅，周爰咨諏。」則入告我后，有自來矣。三代以降，官無專設，治化蔑焉。明興，制監前古，特設行人司，隸于禮部，入掌典籍，出寄絲綸，有《周官》遺意焉。遭世承平，鮮梯航之役，使節所臨，率居宗國，歲爲聖天子展親親之典者若而人。臣不佞，謬膺簡任。萬曆四十年四月内，奉命副户科右給事中彭惟成，往益府行册封禮，役既竣，爰報成事。臣居恒念天下事大壞極敝者未易枚舉，而宗藩之政尤爲孔亟，敢因馳驅所及，俯竭愚悃，以修古行人之職，惟陛下試采擇焉。

臣聞宋儒張載有言曰：「爲治不法三代者，終苟道也。」夫三代之法，莫大于封建。❶唐太宗讀《周禮》，嘆曰：「不封建，不井田，不肉刑，而欲法三代之治，其道無繇。」于是命群臣議封建。終阻異説，識者恨之。顧封建之法已不行于後世，而代興之君分封同姓，猶稍稍緣飾其義，所爲存什一于千百也。❷洪惟我太祖高皇帝，肇造中夏，大啓土宇以封諸王，外靖邊陲，中制襟腹。一時草創制度，載在祖訓中，亦略損益前代之遺，雖未暇盡善，而規模已宏遠矣。常以封建諸王禮成，諭群臣曰：「先王封建，上衛國家，下安生民，周行之而久遠，秦廢之而速亡，晉漢以下，莫不皆然。其間治亂不同，顧施爲何如耳！」大哉王言！真有意乎三代之治，而惜乎當時爲之臣者，不能將順其意，講求一代經久之規以貽子孫，至于一傳而敝也。分封過侈，葉居升預策之矣。嗣後，文皇帝起于藩服，遂增束濕之政。累朝以降，一懲于漢，再懲于寧，而國家所以計防宗室者，已無餘力矣。乃猜忌

❶「建」下，全書本有「諸侯」二字。
❷「也」，全書本作「者，竟安在乎」。

刻削之制窮，而因仍苟且之政敝，澤竭于上，威頓于下，至今日而宗藩之困亟矣，國家受宗藩之困亦亟矣。當事者思欲善變之，而不得其説，顧其標而失其本，覩其偏而遺其全，亦何救乎？成敗之數乎？臣以爲欲策時宜，莫若行王政。行先王之政者，莫若法先王之意而通之。臣請以六議臚獻。

一曰議爵。臣聞古者天子衆建諸侯，列爵五等，曰公、侯、伯、子、男，其施于國中亦五等，曰上大夫卿、下大夫、上士、中士、下士。諸侯嫡子世國，其別子遞降，視卿、大夫、士，親盡則列庶人，猶親王而降有郡王、將軍、中尉也。乃制自郡王至奉國中尉凡七等，不已濫乎！今准郡王之爵視上大夫卿，鎮國將軍視下大夫，鎮國中尉視上士，輔國中尉視中士，奉國中尉視下士，則二將軍之爵可裁也。蓋君子之澤，五世而斬。五服之制，以三爲五，以五爲九，無可推矣。故宗法惟繼別者稱大宗，得世其家；小宗親盡則遷，皆不得世家，則將軍、中尉之世爵宜降也。又有有小宗而無大宗者，無嫡則不立大宗，則庶別之封爵宜降也。繼別者雖庶不降，雖絶必繼，重統也。女子于本宗又遞降矣。乃制自郡主至鄉君凡五等，不又濫乎！今准封親王之女、郡王之女、將軍之女，服屬已殫，則曾、玄之女爵可裁也，與曾、玄儀賓之爵可並裁也。隆慶中，禮部議濫爵事例，請親王之子世嫡而外，封其四子，郡王封其二，鎮、輔、奉國將軍并嫡子封其二，無嫡子，止許世子一人請封，中尉不論嫡、庶，止許一人，額外之子止給冠帶銀兩，實本豐林王台瀚所奏。夫限子封爵，于禮無所考據，恐非所以昭一體、普大公之義也。且封爵遠及七世，七世之孫尚襲中尉，而親王第六子即列爲庶人，不既戾乎！孰若明宗法，復先王五等之頒，庶幾于名正，于事順矣。

一曰議禄。臣聞古者大國地方百里，次七十里，小國五十里。百里之國，君田三萬二千畝；七十里之國，二萬四千畝；五十里之國，一萬六千畝。今國初定制，親王禄萬石，亦略可倣古百里君田所入之數。後或限八千石、六千石，而成化中減例，支萬石者實折二千石，石折銀一兩，則視小國之數且儉矣。今請以次國定制，可乎？君十卿禄，則郡王禄二千石，不可議減乎？卿禄三大夫，則鎮國將軍一千石，不可議減乎？大夫倍上士，上士倍中士，中士倍下士，則輔國將軍之八百石、奉國將軍之六百石，制在不經，無論矣。而三中尉之四百石、三百石、二百石，不可議減乎？推而郡主儀賓之禄，不可議減乎？資奩之給不可已乎？蓋先王之世，士必世禄，世禄之等，自不得埒于職官之俸，即遞降而至百畝之糞，亦已不薄矣。而又開之以仕進之路，常禄之外復有圭田，如近制流官俸薪之例，斯不亦親親、賢賢，恩誼曲盡乎？臣計今天下宗藩之以將軍、中尉名，不知其幾千萬也，歲歲而供之，則空天下之山海不足以填無窮之壑。又虚額之以廪禄，而實坐之以飢寒。往牒所載，親王而下有給禄僅半者，有給十之二三者，有經年不得關領者，有三年五年不得關領者，而諸宗乃大困。有司莫以上聞，朝廷知而不問，即諸宗亦且習以爲固然，而無可奈何。于是，嘉靖中衡王奏辭禄米之半，補宗禄不敷者。而棗陽王佑梘上書，願准漢、唐故事，得應舉效用，力田自活，❶不敢煩歲禄。彼豈不樂貴且富如疇昔哉？凡以被空名而受實禍也。先臣王世貞亦言：「宗禄不給，請自奉國將軍諸子以下，聽免禄秩。」先後議覈議減，殆無虚日，而卒無畫一之規也。曷不取《王制》而通之乎？誠使親王而下定以六等之頒，則歲歲所供，取諸其撙節而不匱，而宗藩之實被其澤者，不啻涸鮒之起矣！

一曰議官。臣聞古者任官之法，公族之倫與比閭族黨之民，並齒而論秀，列爲卿大夫、士。今宗藩中長史等官，並不任宗室一人，而流官之任，又率用遷人處之。既薄待宗人以不足用，而又輕視宗藩以不必治。❷臣讀《皇明祖訓》一條：「凡郡王子孫有文武才能堪任用者，宗人府具名以聞。朝廷考驗換授官職，其陞轉如常選法。」煌煌聖謨，固未嘗禁宗人以仕進也。今姑未暇備極其用之途，惟王府官屬，文若長史等，武若指揮使司等，宗人猶可自效。請自將軍、中尉聽撫按官歲覈其賢者，薦之于朝，度能受任，仍從各王府更相調用，如流官之制。此而絜短較長，❸豈遽出遷人下？且用一宗室，即省一流官，亦以清冗官之弊。至若王官之必用左遷，與王官之不他轉，本朝實無此制。國初，楊士奇以史官高等擢爲審理副，後入翰林，卒爲名臣。宣德中，周忱自長史累尚書。成化中，雷霖以長史陞提學副使。萬曆中，趙世卿自長史累尚書，臣鄉周應中亦以王官謫籍起歷光禄少卿。此外尚不能更僕數。何嫌何異？

❶「活」下，全書本有「免飢寒」二字。
❷「治」下，全書本有「一至此者」四字。
❸「短較長」，全書本作「知程能」。

而過生分别，以叢任官之弊。長史職專輔導，王有失，例罪輔導官，厥係非細。而卒充以有司之墨敗者，審理以下，莫不皆然。則王府固天下逋逃藪，而王府視其官屬，非特贅疣無用，抑亦如蛇蝎盜賊之不可近，惟恐驅除之不速，而又何利焉？何怪乎王之德業罔聞，而國日瘁也！即如郡王府教授，郡王講讀資焉。今歲貢自訓導歷府授，已不下一二十年，計其齒亦當八十、九十，虞旦晚就木耳。有何文學，有何精采，責之以效用？如以充故事而已，則國家廪禄可惜也。臣按先朝奏准事例，凡長史等官，于國子監及在外有學行教官中陞授，類而推之，宜并及有司之聲績優著者，仍與宗室中相參擢用，任滿之後，一體改遷。庶幾官聯肅而輔導宏，其爲藩國之裨非小補矣。

一曰議教。臣聞古者王世子、王子、群后之世子、卿大夫元士之嫡子，皆生而有教。八歲入小學，十有五年比冠，入太學，與凡民之論秀而升者齒焉。大學正造之，教以詩、書、禮、樂，七年視小成，九年視大成。諸侯之制，天子命之教則立學。小學在公宮南之左，大學在郊，所謂鄉學也，亦曰泮宫。而其教之行于邦國者，家有塾，黨有庠，州有序，而統之以鄉學。凡民之生者，亦以時入學焉。三年而大比之，鄉大夫賓其賢能而升之司徒，已升之太學，已升之司馬而材之。又簡其不率教者而移之，屏之遠方焉。其庶子之爲政于公族者，教之以孝弟、睦友、子愛，明父子之親、君臣之義、長幼之節焉，蓋所以重胄子，正公族，備造士之方有如此者。今國家近制，且爲宗藩立宗學矣。而制度未詳，官職未備，教戒未專，辨論未時，非所以爲訓也。方今國家文教休明，舉海内窮鄉僻壤，莫不修六藝之科，服孔孟之道，以備薪槱，充王國之楨榦，而獨于神明之胄，忍爲黔首之愚，不亦悖乎！夫古之學者將以適于仕也，今登進之途塞，而先資之業荒，爲父兄者以何恃而教？爲子弟者以何恃而學？雖日抗之以師保之尊，行之以督責之術，吾未見其有帥也。由是聰明才智之性軼于無所用，而動扞文網，若楚之訐、汴之譁，往往而是。當事者乃始操三尺以議其後，不少貸焉，亦「不教而殺謂之虐」而已矣。臣請郡王府各立小學，教授掌之，郡王之胄子及諸子諸孫以降，生而幼，學于斯焉。王府立大學，宗正府宗正掌之，宗副副之，又設左右教授分理之，親王之胄子諸子及郡王之胄子，弱而冠，學于斯焉。郡王之諸子諸孫以降，簡其秀者進學于斯焉。于是提調之以有司，衡之以督學憲臣，主之以按臣。三年而大比，簡其秀升之辟雍，又簡而進之，升之冢宰，與科甲一體叙選。其胄子必入大學，九年視成，而後得世爵；其衆子必簡入太學，九年視成，必與大比之選，而後得拜爵。其不入太學者爲不率，則不授以爵。《禮》曰：「親未盡，而列爲庶人，賤無能也。」其教必先德行，重經術，本先王詩、書、禮、樂之道，而文藝次之。其大比賓興略倣選貢例，以論行爲主，若漢賢良、方正、孝弟、力田諸科最爲近古，而科舉帖括不與焉。夫鄉舉里選之典壞，而言揚行舉之意微，士鮮有用之材，朝多倖位之弊，甚矣，科舉之謬也！先臣李承芳、丘濬等著論，皆以科舉壞天下士習，欲復古制。而先臣吕柟言：「歲貢入監，有合于古鄉舉里選之遺。」誠爲確論。今必欲處宗藩以科舉，而持帖括之技與郡邑諸生較利鈍，此必不勝之數。方今立宗學，開科舉，亦有年矣，而賢書列薦者幾人？明與其進，陰阨其途，雖有豪傑之士，能不灰心解體乎？臣請及今講明先王取士之法，收宗室之賢才，而通行于天下郡邑，則亦本朝一盛事也。

一曰議養。臣聞古者封建、井田相爲表裏。井田之制，諸侯、卿、大夫、士各有公田，與都鄙之民共井而九一之。每夫授田百畝，合八家之力以助耕公田，給君以下之廩禄，上下相保，忠愛樂利，蓋甚盛也。若夫夏后氏之貢法，鄉遂之制通焉，後世取民者往往述之。王制既廢，上多取而無藝，下兼并而不均，生民之困久矣。國家之待宗室也，奪四民之業而歲給口糧，計不下數百萬石，世世雲礽，與天無極，長此安窮，封爵之禄且不給，而況于口糧乎？亦終坐斃而已。臣請親王而下，各授田如古之制。其列爲庶宗者編插都鄙，給以廬舍，即佃公族之田。每五世親盡而始分者，一夫授以百畝，歲視豐歉而賦之公族，供親王以下之歲禄，其國家租、庸、調，一切除之。如大國君田三萬二千畝，准輸歲禄一萬石，不過江南賦役之額耳。或禄從減例，差得准貢助之數，而佃者可以無困，仍視公田肥瘠以爲差等，君禄而下且以類推。逮數世之後，生齒倍繁，量視貧乏，給以餘夫之田，田盡而止，仍聽工、商自便，各從生理。則舉藩國之内，自親王以下，世世不必煩縣官一粒，而庶宗亦得以世守常業，少免飢寒之困矣。其新封之國無庶宗者，聽有司征收，或從外藩貧宗實之。開國以來，封爵碁置，❶勢難

❶「碁置」，全書本作「萬計」。

盡給公田。惟自今伊始，子弟續封者聽有司從長設處。邇者福王開國，常禄之外，不賜莊田四萬頃資贍養乎？臣以爲賜履所入即常禄矣，而復禄之乎？禄不過萬石，而侈至四萬頃乎？莊田額賜，祖制未詳，國初固有賜王諸子田六十頃例，酌而推之。臣請及今定制，不用莊田名色，准古封國君田所得，給以世守，免支歲禄。額外量加優贍，出自特典，而先王封建井田之遺，一舉而復見于今日矣。或者曰：「公田之説行，則數世而後，勢必盡括民田以益之而不足，不成偏重之勢乎？」夫以宗室當天下，固無幾也。且澤以世降，田以夫授，有定制而無兼并，適與百姓通爲肥瘠，何偏重之與有？今天下困矣，井田之制既不可復，計莫若倣中古限田之法，寧禁宗室有分田乎？此一役也，以野人養君子，而無專城之嫌；以宗人養宗人，而無竭澤之患，臣未見其迂遠而闊事情也。

一曰議制。臣聞古者天子使其大夫爲三監，監于諸侯之國。天子五載而巡狩，入疆問治，慶讓行焉。于是乎削不敬，流不從，討不朝，其加地進律則以功。諸侯比年小聘，三年大聘，五年而朝，曰述職。考禮正刑一德以尊于天子。巡狩之制不行于後世。今制，歲遣御史往按各省直，王國隸焉。大夫之監，天子之狩，即其義也。而法令疎闊，例不過考察官屬，題行文移而已。今請定制：凡王國中動違祖訓者，御史劾奏之，輕則削地，重則削秩；其賢如河間、東平之流，御史奏聞，加地進律。將軍而下，得從録用。親王報生、請名、請婚、請封、請祭，及郡王以下請封、請祭，皆從御史報聞。郡王以下生、名、婚、嫁，皆從親王主之，御史與聞之。比五年，親王遣郡王朝于天子，而述其一國之事，類其生、死、名、婚而登之玉牒。國初，親王有覲禮，天順而後廢矣。攝卿之聘可通也，諸典禮之不必數請于朝也，抑有説焉。宗藩困矣，又重之以奔命，數數行賂京師乃得請，數世而後，空國不支，至有逾時而不舉者。臣聞親王襲封，由內監奏聞，索賄萬金，郡王襲封及王妃，郡王妃封，亦不下二三千金，他典禮稱是，習以爲常。否則概從沉壓，不以上聞，宗藩苦之。刑餘之輩，安得逞釜鬲之奸，壅聖天子敦睦之澤如此？如辱朝廷何？陛下奈何不一問也？夫禮，雖庶人冠、娶、生、死必告，告于宗也，今概經奏請，何擾擾也！古者八議之法，一曰議親。公族之制辟也，公三宥，不得則追赦之，又不得則素服不舉，如其倫之喪。公族無宮刑，不剪類也。今國家疎忌宗室，有司以披剪爲務，苟掛吏議，動坐深文。往者楚獄之冤，嘖有繁言。死者不可復生，而高牆閑宅之錮，尚戴覆盆，殊可憫也。臣聞先後之發高牆者，或犯在祖父而淹及子孫，或坐在夫男而辱及妻女，生入獄門，永違天日，直忍其類而剪之。夫宗室之罪，倘從民間科斷，除大辟外，不過發戍已耳，徒流已耳，非永戍者則没身而釋，徒者限年而釋，曾世世錮之乎？臣請亟下所司，及時推勘，洗其矜疑者釋之，昭朝廷好生之德。仍請著爲定例，凡應發高牆、閉閑宅者，准照戍流徒配之例，酌其輕重，或限以年，或限以世，皆得不坐妻子，以時湔釋。庶幾用法平，而宗室無冤民矣。中州，天下之腹心也，周公營洛邑焉。往者陳勝發難，先趨入陳。勝國時，紅巾之亂亦起汝、潁間，蓋四戰之區也。今周府宗室之繁，甲于天下，若唐府、伊府、趙府、鄭府、崇府、徽府、潞府，又新開福府，所在充斥，至竭中土之民力而不能給。倘以歲之不時，盜賊蜂起，變出意外，宗室必先受其蹂躪。而且挾以貧宗之蠢動，一夫作難，長驅四潰，天下騷然矣。曩者宗祿不給，至椎行臺，陵撫臣，不一而足。此其漸，詎可長也？漢時吴、楚之禍，以尾大而不掉；今日中州之虞，以挺急而走險，其勢一也。臣請自後開國，不得更擇河南地方，仍以周府郡王，分王于三楚、百粤，隸之就近王國，并及天下宗藩，若陝西韓府等，概議調劑，庶可以蘇地方之困，周先事之圖乎！凡若此者，又皆酌古斟今，以權未盡之制者也。

臣聞三代封建諸侯，親賢並置。成周之制，尤重懿親，同姓五十國，至裂地數百里者。《詩》曰：「宗子維城，無俾城壞。」言其爲王室衛也。迨其後也，魯、衛、曹、鄭之祚微，而王室因之矣。秦亡于孤立，晉亂于骨肉相殘，尤爲殷鑒。漢興，過封子弟，未必遂七國之謀，而文、景以後之削弱，卒成王莽之篡。東京好禮，終鮮禍敗。禁闥之禍，莫慘于唐。族轅之釁，莫替于宋。若其應舉效用，代顯賢俊，則猶制之得者。由此觀之，有天下者鮮不與宗室相爲存亡，而其善敗得失之故，亦略可覩矣。臣觀今日之勢，蓋已岌岌乎，盡蹈漢、唐季世之轍矣。爵濫而輕，祿侈而匱，官不惟賢，制不盡利，庶而不富且教，其能久而不亂乎？漢儒董仲舒告其君曰：「臨政願治，不若退而更化，更化則善治。」今天下殆更化之日乎！高皇帝創制立法，萬世率繇，而其推行之勢，固未嘗膠于成迹。草昧之初，利用建侯，經營之後，主于强榦。義勝則推之以恩，恩窒則經之以制，勢固然也。是故執洪武之事，例于永、宣之世則窮；執永、宣之事，例于正、嘉之世則窮；逮于今日，則益窮。《易》「窮則變，變則通，通則久」，此之謂也。若夫高皇帝封建大旨，未嘗不媲美先王，而沿習之陋，至降爲漢、唐之季世，則亦後人之過也。今天下吏治之汙、民生之困、士習之窳、綱紀風俗之敗壞，❶何者不出于後人之沿習，而顧重誣祖宗乎？然且指祖宗一二必窮必變之策，斷斷持之，以藉口法祖，是亦所謂如水益深，如火益熱者也。嗚呼！更化宜時，守成致治，本高皇帝法外之意，以行先王之政，是在今日矣。

雖然，臣所議者，致治之具也，尤有要焉。昔孟子告齊宣王曰：「推恩足以保四海，不推恩不足以保妻子。」夫推恩必自近始矣。《傳》曰：「其所厚者薄而其所薄者厚，未之有也。」今夫繼體而主宗廟社稷之重者，非皇太子乎！太子之職，問安視膳，一日再朝，禮也。今陛下深居宮禁，務與臣下隔絶，雖皇太子至親，不一示以面、不宣召寢門者有年，何論朝夕？則皇太子子職之謂何？且陛下日溺于宦官、宮妾之近，而皇太子、群臣處睽隔之勢，亦豈社稷之福哉？歲在癸卯，妖言繁興，宮府震愕，釁成于睽也。賴陛下明聖，愈篤至情，而國體亦已虧矣。世不乏左右窺伺之姦，多方播弄，使孝子見疎，忠臣被搆，陛下獨不念之乎？本朝家法最嚴，儲訓最切，更無年久不宣見東宮者。惟肅皇帝晚年玄修，惑于方士「二龍不相見」之説，爲先臣海瑞切諫，而是時先皇帝實潛裕邸，無關儲訓，陛下奈何效

❶「窳」下，全書本有「邊防之弛」四字。

之？且皇太子春秋鼎盛，猶託于阿保之手，亦知他日艱大之業乎？昔高皇帝諭廷臣曰：「前者令皇太子躬聽朝臣啓事，練習國政，恐聽覽之際，處置或有未當。自今後政事啓于東宫者，卿等二三大臣，更爲參決可否。」然則儲君之道，固不徒在問安視膳間者。陛下盍亦法高皇帝，一令練習啓事，益皇太子神智乎？郊廟廢矣，獨不可命皇太子一握匕鬯乎？至于東宫講席，一曠九年，諸臣之補牘亦幾敝矣，豈陛下之所厭者賢士大夫，而復推厭于皇太子？陛下之所狎者宦官宫妾，而靳推狎于皇太子？良弓之子，必學爲箕；良冶之子，必學爲裘，固如是乎？臣不暇遠稽祖宗教諭之規，即肅皇帝處裕邸固不若是，即先皇帝昔者處陛下于東宫亦不若是，竊爲陛下不善愛皇太子矣。由是而推之諸王，福王不愆之國之期乎？頃者，來春之旨，陛下能自信如皎日乎？臣恐姑息之見，終未竟之局也。一日未之國，則福王守藩之心一日未安，陛下義方之愛亦一日未至。乃瑞王逾壯而不婚，天理人情，舛戾已極，尤其不可解者。然則陛下于所厚者無所不薄，尚能推恩九族而保四海之大乎？陛下臨御以來，孝竭兩宫，錫類之澤，首被宗潢，庶幾合萬國之歡心以事其親，而顧不能善推所爲，使父子兄弟之間反匱厥施，則本原之地必有受其蔽者。惟陛下幡然悔悟，自識本心，杜有我之私，屏怙終之見，因明啓蔽，推大孝以成大慈，君君臣臣父父子子，由身而家而國而天下，于以稽古定制，起敝維新，奠大宗于磐石，仰追三代之隆，直舉而措之耳。先正有言：「有《關雎》、《麟趾》之意，然後可以行周官之法度。」殆謂此與！

臣束髮受學，竊從遺經，慨慕古先哲王之化，輒欲見之行事。長而通籍，遭際聖明，幸得自效，屬羸病久攖，懼填溝壑之不測，❶高厚難酬，用抱耿耿，爰以奉職之餘，謬陳一得，極知顓越，干冒天威，安所逃罪？倘蒙少寬鈇鉞之誅，不棄芻蕘之見，❷勅下該部詳看覆請施行一二，宗藩幸甚！天下幸甚！❸

修正學疏 萬曆癸丑十月上

行人司行人臣劉宗周謹奏：爲修正學以淑人心以培國家元氣事。

臣使署冗員，分不得論列天下事。至于世教人心之責，不擇人而付者，固未嘗限臣職守，如杞人憂天，不以爲過。臣因得以熟覩今天下治亂之機，輒敢效其狂瞽，出位之誅，又遑恤焉。

臣嘗讀國史，至正統之世，上下恬熙，號稱治平。然識者以爲經筵徒侈文具，國家未必無意外之事。未幾，果有土木之變。當是時，距文廟不數十年。揆厥所由，靖難之役，一籍姦黨，而賢人君子誅鋤略盡。三楊徒以容悦，養成王振之亂。英廟北狩，竟未有較然死節如所謂南朝李侍郎者一人。空國之禍，至是始驗。乃知國家之有賢人君子，猶人之有元氣也，元氣削，則其人未有不立槁者。我皇上臨御四十餘年，高拱無爲，而天下晏如，不忝正統初服，然國運日已中葉矣。邇者皇上于人才進退，章疏

❶「懼」，全書本作「委」。
❷「見」下，全書本有「除躬修主德，端天下大本大慮外，將臣前列未議」十九字。
❸「甚」下，全書本有「臣無任待命之至」七字。

是非，一概置之不理，遂使廷臣日趨争競，黨同伐異之風行，而人心日下、士習日險。公車之章，至有以東林爲語柄者，臣竊痛之。

夫東林云者，先臣顧憲成倡道于其鄉，以淑四方之學者也。從之遊者，多不乏氣節耿介之士，而真切學問如高攀龍、劉永澄，其最賢者。憲成之學，不苟自恕，抉危顯微，屏玄黜頓，得朱子之正傳。亦喜别白君子小人，身任名教之重，挽天下于波靡，一時士大夫從之，不啻東漢龍門。惟是清議太明，流俗之士苦于東濕。屬有救淮撫李三才一書，謗議紛起，卒罹讒困以死，識者恨之。憲成死而有申憲成之説者，其人未必皆憲成，于是東林之風概益微，而言者益得以乘之。天下無論識不識，無不攻東林，且合朝野而攻之，以爲門户門户云。嗟嗟！東林果何罪哉！自東林以清議格天下，而最所樹敵者崑、宣之説，指顧天浚、湯賓尹也。二人各以察典報罷，坐其黨者，因切齒東林，不忘報復。❶御史熊廷弼固嘗詬東林者，偶以私事議勘，而積怨一發，救廷弼者張皇四起，逐總憲，處臺省，總結局於于玉立諸臣，而得志焉。崑、宣報復之禍，于是而慘矣。乃至以廷弼一勘，輒坐東林，籠罩朝士，使總憲之法不得伸彰，癉臺省之權不得争可否，何可訓也！説者曰：「東林未嘗無小人。」固矣！乃今之攻者，往往不于其流品而于其意見，以意見分門户，即以門户分流品，如意見而已。即高攀龍、姜士昌、劉元珍等，固已望而知其不同量，倘朝廷一日賜環，有不人人争按劍否？獨以

❶「復」下，全書本有「爲翻局計」四字。

于玉立、丁元薦爲亂天下乎？略迹而原心，二臣者亦皆較然不欺其志，有國士之風，何相迫之甚也！然則東林無罪與？標榜脣齒，已蹈漢人之失，而復坐累于淮撫，欲盡鉗天下黜貪之口，以定天下之國是，其誰聽之？由是四面樹敵，一體之中，頓分爾我。❶至于今日，❷報復不已，使廟堂之上盡成一片慘殺氣象，則東林有不得辭其咎者矣。然則攻之者是與？論朝事則論朝事耳，不必以門户阱也。且吾以爲門户而破之，迺今之發難于廷弼者，果何人之報復乎？是故摘流品可也，争意見不可也；攻東林可也，黨崑、宣不可也。

臣聞之：「世之治也，君子尚和；及其亂也，小人尚同。」今天下非不和之患，而黨同之患。小人之心牢不可破，❸勢不能强君子以苟同，則不得不黨小人以自異。❹同異立而好惡分，觸境生情，無非争鬭，勢必至盡網君子而後已，此今日之所爲紛紛也。然則和衷之道，其可不講乎？臣請言憲成之學。憲成學朱子者也，其言朱子也，「世日尚奇，朱子以平，平則一毫播弄不得；世日尚圓，朱子以方，方則一毫假借不得」。今之世變其爲假借乎？其爲播弄乎？如簧如鼓、如鬼如蜮者非乎？或以官爵、或以朋游、或以名譽、或以意氣者非乎？無有假借，方之至也；無有播弄，平之至也；合方與平，和之至也。雖然，有諸己而後求諸人，無諸己而後非諸人，其憲成自反之學乎？憲成之上書救淮撫也，言者不已，而

❶「爾我」，全書本作「吴越」。
❷「至」上，全書本有「陵夷」二字。
❸「小人之心」，全書本作「尚同之念」。
❹「自」，全書本作「伐」。

憲成終不辨。至論私書發抄，則曰：「既有書，即有發抄之理。」可爲能自反矣。今之學東林者，盍反崑、宣之戈而卒業于此。以無遺憲成羞，可乎？善夫憲成之言曰：「行一不義，殺一不辜而得天下，不爲，方爲利心消盡；依乎《中庸》，遯世不見知而不悔，方爲名心消盡。」此亦方之説也。曰：「新法之行，吾黨激成，如是而後可謂之盡己之性；君子當于有過中求無過，不當于無過中求有過，如是而後可謂之盡人之性。」此亦平之説也。臣竊爲在朝在野諸臣三致意焉。❶審如是，幾與天下相忘于太和之域矣。❷又何以攻東林爲哉？又何以攻東林爲哉？

抑臣于是尤感于學術之難言也。❸昔者孔子殁，門弟子轉相授受，源遠而流益分。子夏之後有子方，子方之後有莊周，流而爲輕世傲物。彼以聖人爲之依歸，而且一再傳弊矣。王守仁之學，良知也，無善無惡，其弊也必爲佛、老，頑鈍而無恥；顧憲成之學，朱子也，善善惡惡，其弊也必爲申、韓，慘刻而不情。佛老之害，自憲成而救，臣懼一變復爲申、韓，自今日始。夫救世者如調琴瑟焉，緩則進之，急則反之而已。虞廷之授受曰中，而孔門得之，以爲傳心之要法，萬世學者準之，斯則有進于東林者矣。於戲！本虞廷之中，以建皇極于上，消偏

❶「同異立而好惡分」至「三致意焉」，全書本作「臣勸諸臣反其所以攻人者而自訟焉，即爲東林之徒者，亦姑反崑宣之戈而卒業於此。交反而兩得其平，亦庶乎其可以遠怨矣」。

❷「幾與天下相忘于太和之域矣」，全書本作「將胥天下而游于大同」。

❸「抑臣」至「難言也」，全書本作「雖然，臣請進於是。夫學亦難言矣」。

黨之人心，追和衷之盛事，端有待于聖天子。❶伏惟皇上表章正學，明示在廷諸臣，弗得肆爲攻擊，以傷東林之賢者。仍下一切廷臣章奏，立判忠邪，使賢者安于有位，而不肖者亦得洗心易慮，共沐蕩平之化，宗社幸甚。不然，殷鑒不遠，空國之禍，將有臣所不忍言者矣。臣愚無所知識，痛念時事至此，不容隱忍，輒忘忌諱，冒干宸嚴。伏惟聖明，少垂鑒察。

敬修官守疏 天啓辛酉十一月二十五日上

禮部儀制清吏司主事臣劉宗周謹奏：爲感激天恩敬修官守懇乞聖天子躬禮教以端法宮之則以化天下事。

臣荷皇祖神宗皇帝拔擢，備員使署，猥以羸疾，坐廢有年矣。一旦遭際我皇上，聖作物覩，覃恩海宇，以臣微賤，濫竽起廢之典，天高地厚，再荷生成，其敢惜此頂踵，不以致君父？乃者受事禮曹，夙夜于寅清之地，而喟然于禮之可以爲國也。臣請因事設規，爲當宁獻。

臣聞古人之言禮曰：「毋不敬。」而即繼之曰：「傲不可長，欲不可縱，志不可滿，樂不可極。」是以先王不邇聲色，不殖貨利，不盤游畋。居則被法服，親圖史，行以鸞和，中以節奏。盤盂、几杖、刀劍、户牖有銘，工誦箴，瞽誦詩，公卿進諫，庶人傳語，商旅議于市，惟恐不聞其過也，而治化爛焉，皆此物此志也。臣入闕未幾，仰見陛下朝講時勤留心治道，庶幾且大有爲之資。

❶「子」下，全書本有「今日，孟子曰：君子反經而已矣。經正則庶民興，庶民興，斯無邪慝矣」二十六字。

間者道路之言，還宫以後，頗事宴遊，或優人雜劇不離左右，或射擊走馬，馳騁後苑，毋乃敗度敗禮之漸與？優人雜劇之類，不過以聲色進御，爲導欲之媒，此其爲害，何啻毒藥猛獸！即陛下偶一近之，已令此心不克自持，況自今以往乎？古者投壺射御，雖六藝所不廢，但恐陛下以馳騁之心爲之，則亦未始非導欲之媒。天理人欲有同行而異情者，此類是也。

乃禮之大者又莫先于謹内外之閑矣，故曰：「外言不入閫，内言不出閫。」頃者奉聖夫人客氏，于陛下有阿保之恩，不忍遽出，至出而復入。❶夫以大内森嚴，恣一宫人出入不禁如此，非所以閑内外也。而陛下方以人言及之，一舉而逐諫臣者三人，罰者一人，至閣部以下，舉朝争之而不得，則陛下又以一宫人成拒諫之名矣。且陛下即位以來，逐諫官者屢矣。若賈繼春以宫侍逐，郭鞏、劉重慶以輔臣逐，魏應嘉、馮三元、張修德、劉廷宣、韋藩以邊事逐，而今者倪思輝、朱欽相、王心一又以保姆逐矣，不幾一日而空人之國乎？臣于是而有感于宦官用事之禍也。古者公卿士大夫有罪，則下廷議而理之，不聞其以禁中決也。乃今朝逐一諫官，中旨也；暮逐一諫官，中旨也。此中旨者，陛下方用之以快一時之喜怒，而孰知前後左右又不難乘陛下之喜怒，以快其私乎？方且日調狗馬鷹犬以蕩陛下之心，日進聲色貨利以蠱陛下之志，凡可以結人主之歡者無所不至。使人主日視此法家弼士如仇讐，而後得以指鹿爲馬，盜陛下之威福，或降斜封之勑，或興鈎黨之獄，

❶「入」下，全書本有「自是孺慕真情」六字。

生殺予奪，惟所自出，而國家之大命隨之，則亦宧官必致之禍也。乃今日試問，得時用事，親幸于陛下如左右手者，非魏進忠也耶？然則導陛下逐諫官者，魏進忠也；并導陛下以優人雜劇射擊走馬者，亦魏進忠也，不然，則魏進忠之黨也。陛下清明在躬，如蒙泉之初出，方將追邁古先哲王，以躋盛治，而竟爲忠等所誤如此，豈不深可恨哉？昔裕陵以沖年即位，王振用事，卒蹈土木之難。當是時，上有張太后，下有三楊，猶不能早除萌孽，以貽他日之禍。正德初，劉瑾等八閹亦導泰陵以狗馬鷹犬之樂，流毒縉紳，幾于亡國。至今言宧官之禍者，必曰二正之季，爲千古永鑒。方今皇穹降割，匝月之間，國統再絶。陛下以煢煢沖齡，承天地神人之付托。❶頃者，復有川中土司之變。以斯時也，即令宵衣旰食，與群臣交儆于一堂之上，猶懼萬無一濟，乃欲與忠等共了天下事，復蹈二正之轍，此臣之所以耿耿而不容已也。

雖然，亦在陛下以禮自持而已。語曰：「少成若天性，習慣成自然。」是故目不接靡麗之色，而視日明矣；耳不聽柔曼之聲，而聽日聰矣；心不長滿假之志，而善言日進矣；四體不設暴慢之容，而動罔不臧矣。法宫之中有不狐鼠竄伏而姦宄肅清者，未之前聞。于是而可以正百官，于是而可以齊萬民，于是而可以安四海，皆六禮之化也。伏維陛下毅然以古先哲王爲法，將平日俳優馳騁之習一切屏絶，而益稽古親賢以自輔，開天下之言路，還票擬之職于閣

❶「托」下，全書本有「大禍未悔，□□□□虎踞遼東左，旦夕竊發」十七字。

臣，仍勅内侍魏進忠等，各凛高皇帝鐵榜之戒，毋蠱惑君心，專權亂政，以釀王振、劉瑾之禍，則天下幸甚！　至于奉聖夫人客氏者，陛下不過一時之依眷，本無忝于大信，謹禮制而出之，當無俟臣言之畢矣。

臣聞宋儒程顥常勸帝防未萌之欲，及勿輕天下之臣子，宋神宗拱手謝之。夫明主既不廢未萌之防，則忠臣亦何必諱明盛之戒。臣猶記皇祖時，評事雒于仁以酒色財氣四箴進規，皇祖一時不懌，卒感其言，培四十八年無疆之運。臣雖不才，致主之誼不敢自後先哲。頃者，竊見倪思輝等以言得罪，旬日以來遂無諫者，舉朝將坐視陛下之過而不救，臣竊痛之。臣，禮臣也，在禮言禮，分無虞于越俎，草野孤踪，不識忌諱，冒干天威，儻得藉手報稱萬一，其敢逃斧鉞之誅？　惟聖明少垂鑒焉。

請卹神廟罪廢諸臣疏

代總憲鄒南皐先生。天啓壬戌三月。

具官臣某謹奏：爲懇乞聖明大闡一代幽忠以勵臣紀以勸世風事。

臣以衰朽無能，謬司風紀之任，目擊今日世道人心江河日下，每爲之撫膺太息。計欲障狂瀾而不可得，則惟有激勸一法，操之皇上而已。臣聞之：「舉直而化枉者，勵世之微權；彰往以鏡來者，勸忠之大法。」頃者，皇上繼體乘乾，兩奉皇祖、皇考遺詔，將建言得罪及一切詿誤諸臣，存者召用，没者卹録，已經吏部下檄，次第舉行。薄海陬隅，幽深闇汶，盡耀光明，可爲二百年曠典。顧存者未蒙召用，而没者尚虚卹録，間有子孫乞當路，揄揚而得之者，蓋已寥寥矣。

其他草枯木腐，空埋俠骨之香，事遠人微，永乏青雲之附者，不可勝紀。豈所以昭大公而示激勸之意乎？臣不肖，逮事皇祖初服，于今五十年，追惟當日共事之臣，不乏同心之雅，或聞風慕義，或覿面交歡，知之最悉。九原可作，吾誰與歸？除已往卹録者不敘外，則有若原起光禄寺少卿顧憲成，以明善爲體，以兼善爲用，躬任世道之重，力決詖淫之藩者；有若原任給事中逯中立，四壁屢空，一編三絶，身退而道彌尊，節甘而養益粹者；有若原任南給事中陳嘉訓，端凝介肅，迥絶塵表，直節著朝端，清風拔士類者；有若御史錢一本，左圖右書，日就月將，闡天人之奥旨，抉動静之微機者；有若原起兵部主事劉永澄，豪傑之才，聖賢之志，精誠徹鬼神，行法一壽殀者。此五臣者，名不必以斥逐顯，品不必以事業見，卓哉繼往開來之任，允矣廉頑立懦之風。敢亟請謚典，以昭來禩，而逯中立、陳嘉訓、錢一本，猶在謫籍，所當并與議贈者也。

自此而降，有以犯顔得罪者，大理評事雒于仁，四勿昌言，其最著者也；諫廟饗不親，廷杖爲民者，禮部主事盧洪春也；争國本而謫者，給事中張棟、羅大紘、王如堅、楊天民、李獻可、舒弘緒、戴士衡，御史余杰，光禄寺丞王學曾，而戴士衡則死于戍所者也；論閣臣而謫者，給事中朱稷、楊恂，御史冀體、宋燾、吴宏濟，兵部郎中劉元珍，吏部主事安希范，兵部龐時雍，刑部孫繼有，參政姜士昌也；論京察而謫者，禮部員外徐泰成，主事賈巖、于孔兼、顧允成、張納陛，國子助教薛敷教也；争山陵者，參政李琯也；争楚獄者，御史林秉漢也。此皆坐忤閣臣者也。而諸以別白是非邪正忤閣臣者，給事中盧明諏、曹大咸、任彦蘖、李沂、御史馬經綸、范儁、刑部主事劉志達也；以進賢退不肖忤閣臣者，吏部郎中王教、馮生虞、黄縉也；因而坐汰者，吏部員外錢養廉、主事穆深也；諸忤權要而謫者，行太僕少卿苗勃然、僉事汪先岸也；力摧言路朋邪，謫且被察者，户部郎中李朴也；以張差一案坐謫且死者，刑部主事李迎倅也；争東倭封貢而謫者，給事中葉繼美、御史曹學程、禮部郎中蔡宗明、兵部主事朱長春也；以礦税論中使謫者，給事中郭如星、陳維春也；論税官者，太常寺少卿傅好禮也；有司以税事被逮者，知府吴寶秀、推官華鈺、知縣王正志，而正志則死于獄，視諸臣最慘，特當議廕者也。其他因事詿誤或中禍于權要者，府尹萬自約以買辦金珠忤旨，御史彭應參以斃范祭酒坐，吏部郎中蔡應麟以方簡誣，而刑部郎中于玉立、吏部主事王士騏以妖書搆是也。若礦税之役，所在地方或逮、或降、或削籍，未審存没者，又得參政沈孟化，副使孟振孫，知府李商耕、趙文煒、王禹聲、蔡如川，同知卞孔時、孫大祚，通判邸宅、羅大器，知州鄭夢禎，州同邵光庭，知縣李來命、甘學書、鄒光弼、焦元卿、袁應春、王之翰、田廓，經歷車聖任，一名車任重，凡二十人焉。

嗚呼！盛矣。凡此諸臣，或忠效碎首，或義存剖腹，或持國是于盈廷，或決廟謨于前箸，或爲民請命而犯當道之豺狼，或爲國除奸而觸九關之虎豹，至于身不列于科名，職僅等于抱關，乃能存心愛物，義篤匪躬，抑又難矣。而夷考其時，大者身膏泉石，小者名隱塵埃，圜土幽魂，猶肅飛霜之氣，炎荒執殳，空揮捧日之誠，懷忠不二，所遇難齊，深可憫痛！除已經赴用遷職外，當亟與分別贈卹，均沐皇仁，不當使湮没無聞，偏抱幽貞于冥冥也。嗟夫！以諸臣之才，使得君相一心，計從言聽，盡究其英挺卓犖之用，豈非瑚璉珪璋，稱熙朝師濟乎？而事多逆而成拒，風以激而争流，一往不返，河清難待，僅留此身後之名垂諸青史，而國家曾不得資其半臂之用。至于人亡國瘁，時事日非，俯仰前修，徒令人於邑而已。然則愛惜人才以自爲社稷計，明主當何如哉？方今聖天子宏開麟鳳之網旁招俊乂，弓旌之使，相望于道，幾于野無遺賢。惟是丁巳京察，久爲公道所不平者，而猶以局面相持，藩籬未破，間從拔用，十不二三，竟使五年黜幽之大典，終爲賢人君子之錮籍，臣竊惜之。

夫前此諸君子之去國，或以國本，或以礦税，或忤權姦，未嘗無去國之名，而今則以門户受錮。夫門户者，朋黨之别名，一朝投足，終身莫湔，令天下噤舌而不敢言。嗚呼！此漢、唐季世所以壞也。由今觀之，若丁元薦、李朴、沈應奎、賀烺、史記事、李炳恭之不謹，劉定國、沈正宗、韓萬象、涂一榛、麻熺、王時熙、陳一元、馮上知、史學遷之浮躁，荆養喬、陳敏中、張文輝、潘之祥之不及，孫瑋、孫慎行、魏養蒙、曹于汴、朱國禎、喬允升、范鳳翼、王之寀、鮑應鰲、王國、魏允中、馬孟楨之並以拾遺，與南察之吴良輔、金士衡、張篤敬、章嘉楨、吴爾成，皆所謂門户中人也。而諸臣本色竟何如哉？説者謂：「諸臣過于任意，不劑時宜，門户之禍，皆所自取。」然人有得罪于是非者，有得罪于同異者，有得罪于君父者，有得罪于儕友者，虚中而觀，諸臣之罪何居乎？負俗之累，賢者不免，取其大節，略其小疵，則元薦諸臣均不失爲慷慨氣誼之士。高者振功名，卑者超富貴，詎可令其終淪落以無聞乎？或曰：「今日之昭雪，所以録其賢也。萬一此例一開，不賢者亦得夤緣而起，以淆清濁，則計典不從此而廢乎？」臣謂宇宙不毁，人心不死，真是真非不可得而亂也。即不能保無一時剌謬之國是，而能必有萬古不泯之民彝，又豈敢逆料他日爲不賢者所藉口，預爲今日賢者抑耶？嗟嗟！千金買駿，死馬且然，況生者乎！録死者于前，所以勵生者于後；用生者于今日，又所以伸死者于昔時。總以奉皇上生者召用，没者卹録之旨，非敢有所濫觴于其間也。

緬仰皇圖，金甌全盛，故得一洗萬曆五十年光岳之氣，爲皇上振中興之運，使人心世道不至澌滅，于以少振一日風紀之任，則臣區區報皇上之職分耳。先臣徐階當國，録用廢籍諸臣，諸少年不悦，争以爲言，階曰：「今人用器，惟求新者，然千古圖書彝鼎玩好之類，必加愛重而不敢毁傷者，何也？爲其古也。寧獨于人而有異乎？」諸少年語塞而退。近御史游士任有《起廢太濫》一疏，蓋亦當時少年之見。臣抱人惟求舊之思，自附于先臣徐階以人事君之義如此，伏乞皇上留神，勅下該部施行。臣無任激切待命之至。

劉蕺山先生集卷九

奏疏二

辭光禄尚寶疏天啓癸亥六月上

禮部儀制清吏司主事臣劉宗周謹奏：爲奉差事竣兩聞新命，懇乞聖明辭免殊常陞擢，容臣以原官趨任，以安分義，以肅官常事。

臣宗周於天啓二年四月内，奉命差往南京公幹，沿途接邸報，於本年六月内，奉聖旨改臣光禄寺寺丞。及事竣復命，行至滄州，復接邸報，於天啓三年五月内，奉聖旨陞臣尚寶司少卿。臣聞命自天，屏躬無地，該臣先後望闕叩首謝恩外，伏念臣一介草茅，蚤蒙皇祖拔擢，筮仕行人，後先謝病，家食有年。一旦聖明踐祚，旁求遺逸，不棄葑菲，遂使臣愚濫邀起用之典，超序儀曹。臣遭逢不可謂不幸，而所以致身於我皇上者，亦既有其地矣。不意受事未幾，涓埃罔效，一歲而兩蒙殊擢，洊歷卿丞，遂躋下大夫之列。臣聞度德而授任者，國家詔爵之典；計日而効勞者，臣子守官之法。故虞廷考績，必以三載，崔亮停年，不廢資格。凡以堅豪傑任事之心，塞宵小速化之路，所裨世道人心非苟而已者。我皇上以不世出之資，啓雲龍風虎之運，仁賢輩出，耆舊景從，蓋常起以非常之禮，待以不次之典，忠信重禄，度越千古。迨爵輕而濫，官冗而岐，每令言者有連車平斗之刺。❶何至以微臣之陋，復事濫竽，席未煖而輒遷，班未列而又擢，更爲近事所希有，而國家詔爵之典，幾以臣一人而壞矣。夫今所爲京堂之選者，或起家謫籍，或剔歷賢勞，處之者未嘗無說。❷臣行能不及中人，於國家無一籌之展，徒以數年家食，冒恬退之名，猥與諸名德頡頏清華之地，是終南果爲捷徑，而夜光可以魚目混也，豈不辱朝廷而羞天下士乎？

臣每念先臣莊杲以三十年行人應召，僅遷郎署以終。若劉大夏、張敷華諸臣，皆以郎署有聲，力求外轉。臣雖不肖，不敢僭擬先哲，而良心夜氣，亦不敢自後於人。伏惟皇上收回成命，革去臣今官，聽臣仍以郎署供職。從此群臣不復懷徼倖之心，❸而皇上所以勵世之道益至矣，豈獨臣一身分義之安已乎？故事，惟大臣得辭官，倘以臣爲越禮控陳，❹徑從罷斥。庶不冒以退爲進之嫌，仰戴高厚，曷其有極！臣不勝隕越懇祈之至。

請先臣劉棟謚典疏 天啓癸亥九月上

尚寶司少卿臣劉宗周謹奏：爲先臣忠清著節百年輿論允乎懇乞聖明特勅議謚以闡潛德以光鉅典事。

臣惟國家易名之典，五年一舉，至嚴

❶「每」上，全書本有「京卿如市，清署無光」八字。
❷「說」下，全書本有「而當之者安」五字。
❸「從」上，全書本有「他日累資序遷，出入藩臬，惟命之從」十四字。
❹「倘」上，全書本有「臣六品小臣，不敢上援。然而廉恥之在人者，終不以小臣而奪。轉輾踟躕，不勝狼狽」三十二字。

也。至尚論於百年之後，愈嚴矣。惟嚴，故朝廷可藉以操勵世之權；惟愈嚴，故臣子益恃以彰不朽之節。未有節已著于當年，❶名且湮於没世。如故南京兵部侍郎劉棟其人者，於臣則從曾祖也，臣請略節平生，爲皇上敬陳之。

先臣棟，中正德辛未進士，選庶吉士，授編修，稍遷左中允。❷嘉靖甲申議大禮，下詔獄，廷杖六十。復原官，尋出湖廣參政。歷河南左右布政、南京太僕寺卿、翰林院太常寺卿、南京兵部侍郎。致仕卒，賜祭葬，祀郡鄉賢。

先是，張孚敬甫釋褐，持肅皇帝繼統之議，逡巡莫敢發，而於先臣，同年友也，又雅相善。一日以疏草示先臣，❸先臣正色斥之曰：「子老而博一第，不循分服官，乃作此壞名教事乎？」孚敬拂衣去。大禮議起，諸同志咸倚重先臣，曰：「是首阻邪議者。」遂同學士豐熙輩伏闕號哭。肅皇帝震怒，坐廷杖者若干人。先臣以宫僚與焉，創甚，得不死。已而孚敬驟貴，改翰林，蒞任。同館諸人恥與爲列，匿不見。孚敬獨恚先臣，曰：「元隆亦去我乎？」指先臣字也。蓋孚敬猶冀以夙好相援，而不虞先臣介絶乃爾，以故坐恚反踰他同館者。頃之，孚敬浸柄用，出先臣外藩矣。既參楚政，清真持大體，竟以骯髒忤按臣意被論。❹當事者心知先臣不爲動，得擢汴轄去。在汴多惠政，入

❶「未」，全書本作「二百年來，朝無倖典，野鮮佚行，煌煌盛矣。而不」。

❷「稍」上，全書本有「世廟登極，與脩《武宗實録》，成，賞銀幣」十四字。

❸「臣」下，全書本有「且讓主名」四字。

❹「意」上，全書本有「政事之暇，文翰灑然。嘗游赤壁，命駕層梯，題詩絶壁處，聞者壯之」二十五字。

覲，修贄朝貴人，止青布二端，朝貴皆驚嘆。❶司故存羨鏹數千，例入私槖，長子乘間言之，先臣故不應。一日，呼子出政事堂，堂故懸古鏡，令其子臨其下，曰：「汝照向孔何狀，能享此多金？」子慚謝，即日去官，不持一錢。人以此益重先臣介節。而先臣自處義甚高，絶不爲朝貴所援，浮沉清署久之。始貳卿留都，既去，復起留都，前後凡六年，不遷官以去。嘗攝南銓，京察，考功薛應旂佐之，所斥皆權黨，至今稱之。通籍四十年，没無餘貲，見於郡志，❷可考而信也。

夫肅皇帝以尊親之孝，創千古未有之彝倫。當是時，豈不知將順可以希寵，而諸臣引經泥古，❸至不惜頂踵以犯明主，一時人心士氣，直與壬午諸臣後先勃發。先臣忝在攖鱗之列，九死一生，忠誠特著，❹況其砥礪名行，坎坷中外，清風足以範俗，介節足以匡時，❺即擬之鄉先達魏文靖、謝文肅，無多讓焉。獨不得與豐熙諸臣同類而共稱之，此忠魂所以化碧，而志士相爲拊膺者也。

先臣家無令緒，門户久凋。臣以支庶，幸讀先臣遺書，以有今日。儼箕裘之可紹，顧帷蓋以誰憐？茲者恭遇皇上龍飛，覃恩曠澤，被及枯朽。臣欲爲先臣邀一命之卹，而事在年遠，懷疏而止者再。幸直茲五年

❶「嘆」下，全書本有「一時苞苴之風肅然」八字。
❷「志」下，全書本有「張文恭元忭所爲列傳中」十字。
❸「而」上，全書本有「因人可以附驥」六字。「古」下，全書本有「斷不少挫」四字。
❹「忠誠特著」，全書本作「或死或戍或不死，特其所遭之偶異，而是固難以優劣定矣」。
❺「時」下，全書本有「始終一致，出處無瑕，爲當世名卿之冠」十五字。

議謚之日，九原可作，雖千載而上猶待表章，况先臣不過百年之久乎？臣猶記先臣請葬時，會侍郎董玘亦請祭葬，肅皇帝即玘疏下旨曰：「棟固嘗以議禮哭午門者，玘何爲者耶？」遂格玘而獨卹先臣。然則先臣當日一片血忠，已獨鑒於肅皇帝，不廢易名一節，允矣。臣查議禮諸臣如豐熙、馬理、楊慎，皆後先與謚，先臣事例，委與相同。伏乞皇上勅下禮部，如果臣言不謬，❶將先臣錫與應得謚法。庶先臣既朽之骨，可再造於華衮，而國家徵信之典，且有光於曠世。持此以淑世教，勵人心，殊非小補。又寧止臣一身一家世世感德已耶？臣無任激切籲懇之至。

辭右通政疏天啓甲子十一月十七日上

太僕寺少卿在籍臣劉宗周謹奏：爲天恩愈重臣義難勝懇乞聖明俯容仍以原官在籍調理以終愚分事。

臣原任尚寶司少卿，於天啓三年九月内，蒙恩陞授今職。該臣以分義自裁，連疏引疾，隨蒙聖恩准以新銜回籍調理。臣戴此高厚，輿疾里門，方期與田夫野老永祝聖壽，以圖報於萬一。忽于本年十一月十二日接吏部照會，于本年九月初四日，吏部題：「缺官事。奉聖旨：『劉宗周陞通政使司右通政。』欽此！」臣聞命自天，措躬無地，隨設香案叩謝聖恩外，伏念臣一介賤

❶「如」上，全書本有「再加查訪」四字。

儒，遭逢聖明，遂從田間廢棄，屢擢清華，正微臣捐糜報稱之日。而遽爾乞身，敢于負皇上之任使而不顧者，凡以朝廷不恤高爵以待天下士，義不容使匪人庸豎廁足其間以辱曠典，明矣。如臣不肖，叨冒踰涯，分宜先退以彰朝廷甄别之權，則臣之自知甚審。而臣之所以自處者，猶竊有餘地云爾。何意里居匝歲，遽蒙顯擢。仰惟皇上始終帷蓋之深仁，真同天地父母之罔極，臣未嘗不感極而繼之以泣。其如臣，義不足以仰承，何哉？臣聞古人之訓曰：「君子進以禮，退以義。」進必以禮，故進而足與有爲；退必以義，故退而足與有守。兩者相反而實相成，乃稱臣節焉。臣之進而不足與有爲，亦既曉然自信於平日矣。一辭而退，終身不再計，臣之義也，尚敢復問廟堂事乎？忽然而進，忽然而退，又忽然而進，進既不成其爲進，而退終不成其爲退，世有如是之立身，而可語于禮義者乎？且皇上所以過聽在廷諸臣之請，亟於用臣者，謂非以今日之退於自守之義有足多乎哉？果爾，是以臣之退成臣之進也，臣愈無以自解矣。世道之衰也，士大夫不知禮義爲何物，往往知進而不知退，及其變也，或以退爲進。至於以退爲進，而下之藏身愈巧，上之持世愈無權，舉天下貿貿焉奔走於聲利之塲。於斯時也，廟堂無真才，山林無姱節，陸沉之禍，何所底止！臣方懼以前日之進，故惴惴焉，辭太僕之命猶以爲晚，何意前日之退轉成今日之進，將敗壞世道，實臣一人開其端。率天下而趨之，臣滋懼矣。納言何地？通政何官？而臣以無行誼之尤者，一朝而處之，不亦辱朝廷而羞天下士乎？此臣所以輾轉踟蹰，至死不敢趨命也。仰祈皇上鑒臣前日求退之心本非假託，原臣今日已退之身萬難復用，仍量臣未任太僕，亦萬無躐躋通政之理，收回成命，勑下吏部，許臣仍以原官在籍調理。邀天之貺，或終得與田夫野老永祝聖壽于無疆，而皇上之所以全臣末路者，已不啻生死而肉骨之，臣所謂生當隕首、死當啣結者也。臣無任瞻望闕廷，激切控辭之至。

辭京兆尹疏 崇禎己巳正月十一日上

復職通政使司右通政在籍臣劉宗周謹奏：爲恭承新命久病不能赴任懇乞聖明俯容以原官致仕以全晚節事。

臣浙江紹興府會稽縣人，中萬曆辛丑科進士，筮仕行人，不及一考，前後以丁憂患病在告者幾二十年。天啓改元，録用廢籍諸臣，蒙先皇帝起陞臣禮部儀制司主事。二十年來歷光禄尚寶，累陞至太僕寺少卿。時臣以分義自裁，未敢拜命，引疾以歸。天啓四年九月内，復起陞臣通政使司右通政，臣復以舊疾未痊，具疏控辭。隨於五年正月内，奉嚴旨削籍爲民，追奪誥命。自後屢掛彈章，坐臣姦黨，無所逃罪，而先皇帝終貸臣一死，屏息田間，以有今日。恭遇我皇上繼統中興，首誅大逆，肅清宮府，因念先朝屠毒播棄之餘，悉行昭雪。一時忠良吐氣，而微臣亦得以給還官誥。仰荷天恩，感激之下繼以涕零，從此一邱一壑，不終貽聖世之戮，於臣有厚幸矣。何意皇上過聽廷臣之言，屢旨起用，遂於崇禎元年十一月二十四日，接邸報，吏部題：「缺官事。奉聖旨：『劉宗周起順天府府尹。』欽此。欽遵。」臣聞命自天，措躬無地，謹北面設香案，望闕叩頭謝恩訖。續接吏部咨文，擬不日就道，以終任使，少效犬馬未盡之私。而臣猶不容已於陳乞者。

伏念臣之以病乞休者數矣，逮削籍以後，目擊詔獄諸臣後先慘死，多與臣有同心之誼，臣禍且不測，誓從諸臣於地下，而偶不死，臣遇獨幸，臣心獨苦。臣自少善病，至此形神盡瘁，不覺痰火痞結，瘋瘍中於周身，支離牀褥間，與死爲隣之日久矣。一旦處存亡顯晦之際，能不感恨平生之言，負茲良友！所以心愈灰而身愈困，輾轉臨岐，不覺進退之狼狽也。且臣資性迂拙，才識短淺，在皇祖時既以躍冶取憎，久甘廢棄。及蒙先皇帝不次之擢，正宜戮力時艱，與諸君子共效捐軀之義，而又托之硜硜小節以去，則微臣之伎倆盡于此矣，尚堪再策駑駘之用於末路乎？畿輔重地，尹京兆者，將表樹風聲爲四方則，而漫以臣之庸劣者當之，其能免於瘝曠？此又臣之所大懼也。茲者内察届期，聖天子綜覈官方，一洗京卿冒濫之穢，如臣進不能致主，退不能殉友，慚負平生，浸尋老病，正當首從罷斥，敢復濫邀？今日賜環之典，以速大戾。爲此萬不獲已，冒干斧鉞，仰祈皇上鑒臣罪廢，餘生果在久病，勢難前進。仍念地方重任，不宜久虛，亟收成命，准臣仍以原官致仕，在籍調理。俾臣苟全微命，與康衢擊壤之民同歌帝德，共祝堯年，則臣身雖退，臣感愈深，而聖朝所以激勸臣工之道，亦寄於此矣。臣無任激切懇恩待命之至。

除京兆謝恩疏 崇禎己巳九月十七日上

順天府府尹臣劉宗周謹奏：爲面恩陳

謝預矢責難之義以致君堯舜事。

臣以廢籍，越在草野，久攖羸疾。一旦過蒙聖恩，擢以不次，處之今官。拜疏乞骸，未蒙俞允。臣猶念不次之擢，分義難勝，方事再控，而嚴旨催臣赴任，遂扶疾前來，勉圖報稱。陛見之後，踴躍歡呼，仰皇上爲堯舜主，輒不勝致君堯舜之心，平生誦讀，實在於此。恭惟陛下聖德當陽，討大逆，除大奸，釐大弊，一時作用，固已跨絶勳華而至於堯舜之道。所謂繼天而立極者，一一行之，得毋猶以爲難乎？孟軻有言：「責難於君謂之恭。」臣雖不肖，敢不少陳狂瞽，以報恩萬一，惟陛下采擇焉。

臣聞之：「堯舜之道，仁義而已矣。」出乎仁義，則爲功利、爲刑名，其究也爲猜忌壅蔽，與亂同事，此千古帝王道術得失之林也。陛下勵精求治，宵旰靡寧，時舉祖宗盛事，召對文華，或至夜分，雖堯舜之憂勤，勿切於此矣。猶以爲未也，益躬親細務，朝令夕考，勒限回奏，庶幾乎太平之立致。然程效太急，不免見小利而速近功，何以上效唐虞之治乎？

夫今日所急急於近功者，非遼事乎？臣以爲遼事不足圖也。不見堯舜之世以干羽格有苗乎？往者，敵得遼地不能守，無意窺關久矣。即我之不能驟得志於敵，亦夫人而知之也。神聖在御，遐方來同。永寧一捷，已足爲東北之先聲。今誠得在事之臣，以屯守爲上策，簡兵節餉，修其政刑，而威信布之，需之歲月，未有不望風稽首者。而陛下方鋭意中興，刻期以用兵爲事。當此三空四盡之日，竭天下之力以奉饑軍，而軍愈驕；聚天下之軍以博一戰，而戰無日，此計之左也。幸而一戰復遼矣，從此雄

心好大，日事干戈以敝中國，如秦、漢故事，則亦近功之念有以啓之也。❶

夫今日所汲汲於小利者，❷非理財之事乎？臣以爲今天下之民力竭矣。堯舜在上，一民饑曰我饑，一民寒曰我寒，此豈人衣之而人食之哉？成賦有經，其所取之者儉也。陛下留心民瘼，惻然恫瘝，真無忝堯舜之仁矣。而輒以司農告匱，一時所講求者，皆掊克聚斂之政。正項之不足，繼以雜派；科罰之不足，加以火耗。又三四年并徵疊徵，水旱災傷一切不問，其他條例紛紛，大抵輾轉出之民手，爲病甚於加賦。敲扑日峻，道路吞聲，小民至賣妻鬻子女以應，勢且驅而爲盜，轉而淪於死亡。當是時也，有司以掊克爲循良，而撫字之政絶；上官以催征爲考課，而黜陟之法亡。以若所爲，欲求國家有府庫之財，不可得已。且今日猶曰邊儲孔亟耳。長此不已，一旦帑藏充盈，或珍奇玩好、土木神仙封禪之事作，則皆言利之習有以啓之也。

功利之見動，而廟堂之上有不勝其繁苛者矣。事事而糾之，不勝汰也；人人而摘之，不勝誅也，於是名實罕覩而法令滋章。頃者，陛下嚴贓吏之誅，自宰執以下坐重典者十餘人，可謂得救時之權矣。然貪風不盡息也，爲其所以導之者未盡善也。堯舜之世，禮官多而刑官少，故晝衣冠，民無犯者。善乎賈誼之言曰：「禮禁未然之先，法施已然之後。」古者大臣有坐不廉而廢者，不曰不廉，而曰簠簋不飭，其禮遇臣

❶「夫今日」至「近功之念有以啓之也」一段，原無，今據全書本補。

❷「小」，原作「功」，今據全書本改。

下類如此。故人人有士君子之行，而無狗彘之心，所謂禁於未然者也。往者輔臣劉鴻訓以犯贓蒙嚴譴，雖法在不赦，臣猶爲揆地惜。乃近者廠庫諸臣既發覺其見在者矣，又勅問既往不已，積弊相仍，事屬曖昧，所開贓罪不無出于懸坐，此而置之重典，是謂不教之誅，頗傷士氣。其他一切詿誤，指稱賄賂者，即業在昭雪，猶從吏議。從此深文巧詆，杜天下遷改之路，益習爲頑鈍無恥，矯飾外貌以欺陛下。士節日隳，官邪日甚，陛下亦豈能一一而問之？昔張武受賄，漢文賜之金錢以愧其心，天下化之。則刑罰之不如禮教，彰彰已。

且陛下所以焦心勞思，躬親細務而不辭者，正以未得天下之賢人君子而用之也。昔者堯舜勞於求賢，而逸於任人，故能成無爲之治。陛下亦嘗搜羅遺棄徧天下矣，乃所嘉與而樂用之者，多奔走集事之人，方且以摘發爲精明，以告訐爲正直，以便給利口爲才諝，又安得天下賢者而用之？即得其人矣，求之太備，或以短而廢長；責之太苛，或以誤而成過，有動遭罪譴已耳。夫堯舜之所以稱聖者，以其不自用而取諸人也。當是時，天下之聰明才技，豈復有加於堯舜者哉？而堯康衢必訪，舜邇言必察，故能合天下之愚以成其知。今陛下聖明天縱，卓絶千古，諸所擘畫，動出群臣意表，遂視天下爲莫己若，而不免有自用之心。臣下自以爲不及，益務爲謹凜，救過不給，讒諂者因而間之，猜忌之端遂從此起。陛下幾無可與托天下事矣！夫天下可以一人理乎？恃一人之聰明而使臣下不得關其忠，則陛下之耳目有時而壅矣；憑一己之英斷而使諸大夫國人不得獻其可，則陛下之意見有時而左矣。方且爲内降，方且爲留中不報，又何以追喜起之風，而奏雍熙之上理乎？且以王之寀爲國本至死，而不蒙身後之卹，至今誣贓未豁，則邪正之辨幾何而不混乎？挺擊一案，與楊、左移宫，高、魏紅丸同，宗社至計也，之寀宜死，則楊、左、高、魏亦宜死，而逆璫之專殺且有功而無罪矣！門户之説，數十年來小人用以殺天下正人，斲天下元氣，禍已見於前事矣。自陛下登極，嚴旨禁勅，冀與天下登蕩平之路，而矯枉過正，欲抑君子以平小人之氣，用小人以成君子之功，是消長漸分，而前日之覆轍將復見於天下也。唐虞之世，豈無讒説殄行乎？而堯舜終不以其故貶聖。願陛下之熟察之也。

然則兵陳而不戰，❶財以不私爲利，刑以不殺爲威，求天下之賢人君子以自輔，遂可以希堯法舜乎？未也。堯舜之道，堯舜之學爲之也，學之大者，於《書》見之矣。《書》曰：「人心惟危，道心惟微。惟精惟一，允執厥中。」陛下聲色不在御，宴遊不邇躬，危微之辨，固已得其大端。而至於求治之心，操之過急，不免醖釀而爲功利。功利不已，轉爲刑名；刑名不已，流爲猜忌；猜忌不已，積爲壅蔽，正人心之危所潛滋暗長而不自知者。誠能自反此心，粹然一出于道，而精以擇之，一以守之，則隨吾心所發自無過不及之差，而中道在我矣。中者，天命之性，仁義之極則也。仁以育天下，義以正天下。自朝廷達於四海，靡不畢舉，陛下已日躋於堯舜矣。夫堯舜非絶德也，陛下之心即堯舜之心也，陛下之中即堯舜之中

❶「兵陳而不戰」五字，原無，今據全書本補。

也，有爲者亦若是而已矣，又何難焉？又何難焉？孟子曰：「道二，仁與不仁而已矣。」不爲堯舜，此下更無可爲者。臣嘗歷考群辟，三代以後，如漢宣帝、唐德宗、宋神宗，皆非盡愚闇之君。然神宗急于求治，用其臣王安石以新法亂天下，卒有北狩之禍，則功利之毒也。漢宣帝起於民間，周知情僞，用法無私，趙、蓋、韓、楊不得其死，説者謂漢業衰於孝宣，良不爲誣，則刑名之過也。唐德宗强明自用，指姜公輔爲賣直，恥見屈於正論，而甘受欺於群小，卒有奉天之幸，則猜忌壅蔽之爲患也。此數君者，皆具大有爲之資，其經營創制，未嘗不欲措天下于隆平之業，而操術若此，禍敗若彼，有如響之應聲而不爽者。則信乎堯舜之道不可以不學故也。伏願陛下超然遠覽，以堯舜之學，行堯舜之道，舍己以用天下之賢，省刑薄斂，與一世更始，乃制禮作樂以化天下，直接三千年既墜之聖統，則宗社幸甚！斯文幸甚！

陛下有爲堯爲舜之資，而在廷諸臣不能進之以堯舜之道。御極以來，求言若渴，啓沃無聞，致陛下覃思治理，猶在漢、唐、宋間。諸臣不先意以承之，則後事而將順之，至所汲汲於表章者，乃在故相張居正其人。考居正立朝，無不出於功利刑名，確然申商之學，與堯舜正相反。至舉其奪情一節，亦爲忘身殉國之事，幾何不率天下而爲不孝乎？世教不明，人心不正，莫甚於此。方今救世之本，正在人人言堯舜之道，使邪説者不得作，以生心害政、惑世誣民，而倡之則自陛下始。惟陛下不以爲難，斷然設誠而致行焉。臣愚與有榮施，臣無任感激披陳，冒干斧鉞之至。

請修京兆職掌疏 崇禎己巳十月初八日上

順天府府尹臣劉宗周謹奏：爲京兆職掌久廢王畿治化未宣仰祈聖明嚴飭定制以奏郅隆事。

臣惟古者京兆尹之設，視外二千石，而體貌加優，異時或判以親王，遇事專決，即刑部、御史臺不得抗衡焉。蓋輦轂之下，藉以肅清姦宄，奠安黎庶，爲天下要區，非斤斤簿書錢穀之任也。國朝定制，頗倣前代，然共事之以撫按，分隸之以五城御史，責任不無少輕，積而至於今日，不過爲各衙門錢糧轉輸之地。或轉輸之不以時，則計部之參罰首及順天。將謂本府力能得之所屬州縣，而事又未必然。異時外解不前，徒費文移絡繹，卒無當于緩急之數，往往呼之而不應，令之而不行，法玩人弛，誠有如臣同官魏光緒所言者。止因各屬之賢否，不關臣府，故雖有統轄之名，而血脉不貫。又因臣府之耳目未周，各屬故漫無賢否之狀，而舉劾難行。至是而京兆之權廢壞極矣，又何以彈壓輦轂，爲一人承流宣化，表率首善之則于天下乎？以故履斯地者，率視爲傳舍，人懷苟且之志，或期月待遷，或卒歲而去，曾未有以三年淹者。誠如是，則雖有張、趙、包、歐其人，亦無以自見，而胥吏轉得以長子孫，習爲姦利。若大興、宛平二縣，尤稱親民之職也。處勢愈卑，任事愈難，亦惟以錢糧一事奔走於各衙門如奴隸，而傳舍其官甚于臣府。上下之間，相率爲偷惰，日甚一日，地方之事遂以日壞。茲者，聖天子恢宏三五之理，思得吏稱民安，與天下更始，因惓惓於久任之法，改絃更張，千載一時，寧獨遺此首善地？

臣不才，謬承簡任，受事伊始，日夕冰兢，思得一當以圖報稱，義難默默而處於此。敢祈皇上深維天下治化之所自起，特重京兆事權，許臣衙門得考察屬吏如撫按，其平日查訪賢否，許臣歲遣風力推官，查盤倉庫獄囚，因得悉其官評，以備舉劾。自掌印官以下，酌行久任之法，其本府推官，必用新甲科，俸滿之日，一體考選。大、宛二令，或用新甲科，如外縣例；或轉自外縣，則人心知所激勵，法令可以漸施，一切前跋徑論部俸，一考之後，得陞員外郎。如此，後疐之病皆有所不受，而風行於畿輔不難矣。臣雖不才，近在聖明埏埴之中，一切考功之法，惟聖明所躬課。或民生未遂，或教化未行，或紀綱不立，或風俗敗壞，或人心澆漓，或城狐社鼠公行白晝爲民害者，皆一一問臣，坐臣以罪，總期不負古京兆職掌而止。至於簿書錢穀之事，臣雖不敢不黽勉救過，然非臣之所以報皇上也。仰惟皇上特旨申飭，仍勅下該部，酌議久任等法，立賜施行。倘積習難破，事權難假，請自今以後，州縣一切未完，弗關臣衙門考成，永著爲令。臣無任激切待命之至。

請發帑大賚疏 崇禎己巳十一月初三日上

順天府府尹臣劉宗周謹奏：爲邊事萬無可虞京城宜先内備懇乞聖明發帑大賚以固人心以張國勢事。

臣聞國勢之强弱，視人心之安否而已，人心安，則國勢自張。上之人所以先事而綢繆者，固將無所不至也，而況有事之際乎？ 方今羽書告急，京師戒嚴，皇上焦勞於上，臣工竭蹶於下，亦既調遣四出，兵勢漸張。而無如所在人情洶洶，四方之民麕至，奔入京師，煤米爲之騰價，臣雖下令禁之而不得。貧民有漸失所生者，況三冬之日，啼饑號寒之衆填塞道路，倘遇姦宄不逞者起而呼之，便能揭竿爲亂。至於營軍，素稱疲困，枵腹荷戈，尤當體恤。天下囂陵反側之象，未有不乘饑寒而起者，則亦不可不預爲之計也。夫以皇上聖明不世出，天實篤生以昌我明億萬載無疆之祚，業已聲靈赫濯，廟算全操，一時文武吏士，計無不争先用命，亦何有於外患！惟是内地之景象若此，不能不重煩聖明之慮。皇上誠能亟下令，暫撤九門煤米諸税，使商賈鱗集，物價自平。隨降一手詔，發内帑一二萬金，一以給地方各坊舖，煑粥以惠煢民，仍收養之各舖中；一以賞京營守陴者；一以賞營兵出援之家屬，使無内顧憂。更發京倉米數千石，以平糶，或預給軍士月糧一月，❶亟運通倉以抵之，將一舉而京師之民懽動若雷。然後乃命五城御史會同臣府，用保甲之法以戒不虞，隱然有寓兵於民之意。環京師之民以衛一人，如手足之捍頭目，子弟之衛父兄，而折衝禦侮之威即在於此，所謂聖人有金湯者此也。

抑臣猶有説焉。五城兵馬坊官，雖城院之首領，而實爲臣外屬，臣與城院固共事地方者也，必彼此聯絡一體，上下相呼應，而後可以行法。自臣受任來，兵馬坊官無一至臣府參謁者，臣雖有區區文告，固已令之而不行，聯之而不合。官如贅旒，何當於地方有無？并祈聖明申飭。臣書生，不能

❶「一」，全書本作「三」。

籌邊，而責任地方，當以民生爲急，内憂爲先，故效此欸欸之愚以佐緩急。惟皇上采納施行。

請推廣德意疏 崇禎己巳十二月上

順天府府尹臣劉宗周謹奏：爲欽奉明旨推廣德意以拯畿輔遺黎事。

臣待罪京兆，目擊地方饑啼寒號、顛連溝壑之狀，不勝酸楚，不敢不引爲己辜。前蒙皇上特命五城設廠施粥，少延旦夕之命，復該刑部員外郎李若愚有疏，尋奉聖旨：「京師五城及在外設養濟院，收恤孤貧，著在功令。近來有司漫不加意，徒飽貪吏蠹胥，深可痛恨。順天府及各撫按查明修復，積穀備賑，以時給發，務令貧民沾惠。該城流殍，拯救掩埋。各城御史設法議奏，巡方摠約，著都察院進覽。該部知道。」欽此。臣捧誦之下，仰窺皇上加意煢獨，真不啻天地父母之心，而所以責成臣府者又如此其切，臣敢不仰承德意而推行之，少塞職掌之萬一！

臣謹按，祖宗令甲，如養濟有院，惠民有局，漏澤有園，旛竿蠟燭有寺，歲時粟布各有差，自畿輔推之天下，法至備也，而後稍湮没已。臣請倣故事，斟酌行之。臣查京城有舖房不下五百區，向以之錮鬬毆平民，爲阱於國中者也，今下令禁止，專以收宿貧民，免其露處霄隕之患。且簡殘疾老弱之不能就食者，量給以粥餌，俟來春查入養濟院；其壯者除遠方流寓外，皆按籍遣還，使歸農力；死者給藁葬之。每歲一冬，可費銀二千兩，行之數年，京師之爲顛連而無告者，亦已無幾矣。至於積穀備賑，尤係祖宗良法美意，小民所恃以託命。而近來有司往往視爲文具，即臣府所屬，開報動百盈千，半成烏有。念此項錢糧，原無額設，不過取之贖鍰，捐之公費，而近以兵餉雜項皆有額派，所餘無幾，此外又有平糶一項以裒之，是竭澤而漁也。以臣之愚，今日亟宜捐此三項爲地方備賑地，俟賦役書成，儘有冗濫可清，以補餉額。倘舍是而令有司以設法區處，不已難乎！

雖然，畿輔之民所以日困而瀕於死亡者，亦豈一朝一夕之故哉？異時朝廷一切大典禮、大賞賚，率取給輦下，勢不得不加派民間，及事已，而所派不除，遂爲成額，後事復然，畿輔之賦遂甲於天下，可爲不均之甚矣！如鄉試錢糧當派之八府，會試錢糧當派之天下，一切上供之費何獨不然？則加派之令宜公也。至富家大户，一經報商，千金立盡，有預支之苦，復有加墊之苦，曷不令各衙門官任之，而苦小民爲？則編商之令宜罷也。錢糧之有火耗也，自臣府而上解户部交納，每百兩必加兑三兩，小民已不堪命矣。若進宫子粒，每錠五十兩，又明加滴珠七錢，是皇上身自爲壑也。上供之七錢，民間之七兩也。而火耗之弊，遂中於有司而不可問，則禁革火耗之令，宜自上始也。贖鍰之有透支也，詞狀不得不愈濫，以爲民病。臣查大興一縣，前任倪、卓兩按院，透支至五六百金，姦書因爲姦利，乾没錢糧，復數千金，此數千金究將誰抵？亦終波及小民而已。一縣如此，各縣可知；一院如此，八差可知。則透支之弊，宜斷從撫按禁也。

行此數端，亦足以少甦畿民之困矣。而其要在慎選良吏，持之以久任之法。今天下吏治之壞也，實自輦下始。誅求之令日岐，❶而官吏益得以因緣爲姦，數變易不常，加以不肖之吏，行其苟且之政。如臣五日京兆無論矣，大、宛知縣皆不滿歲輒報遷，問其故，則曰「事多掣肘，不可久也」。審如是，官則得矣，其如小民何？昔齊桓公獵而賜老人食，曰「願賜一國之饑者」，賜之衣，曰「願賜一國之寒者」。誠能慎選良吏以撫循其民，使農有餘粟，女有餘布，則一切人衣人食之計，亦有所不事，而已躋斯世于仁壽之域矣。

臣所謂仰承德意，與比部之言相發明者如此。仰祈皇上勅下該部，一一行臣之言，要使仁恩不竭于平日，惠政實究於目前，則煌煌明旨，庶不徒托之空言，而微臣亦得以少逭溺職之罪。此畿輔之幸，而實天下生民之幸也。臣無任激切控陳之至。

冒死陳言疏 崇禎己巳十二月十五日上

順天府府尹臣劉宗周謹奏：爲冒死陳言開廣聖心以濟時艱事。

今天下何時也？寇壓門庭，環京師四面數百里之內，無不受其蹂躪，而僅以斗絕孤城，聽皇上之自爲守，幸旦夕無恙已耳。於斯時也，臣子即欲私其身家性命，不與君父共安危不可得，乃皇上且得不與臣子共安危乎？念及此，而君父一體之情已在目前，一時理亂安危之大計，可得而言矣。❷

臣聞古之言敗亡之道者，必曰不信仁賢。夫不信仁賢，則人主孤立於上而已，亦

❶「岐」，全書本作「峻」。

❷「今天下」至「得而言矣」一段，原缺，今據全書本補。

何以爲國？今天下恨不得賢者而用之，然豈無一人足以當皇上之信？而皇上以情面之説概事猜疑，舉大小臣工盡在皇上積疑中，日積月累，結爲陰痞，有識者固已憂之。一旦國事至此，諸臣負皇上任使，不忠，誠無所逃罪，業已天威震疊，輕重伏辜。而臣以爲皇上亦當分任其咎，昔禹湯罪己，其興勃焉。今日第一宜開示誠心爲濟難之本，日御便殿，延見群臣，相對如家人父子，從此君臣相得，萬化自張。以票擬歸閣臣，以庶政歸部院，以獻可替否付言官，而一人主持焉。不效，從而更置之，不必坐錮之，以深其罪。諸臣感皇上知遇，無不争自濯磨，以敵愾爲事，旬日之間，奏功闕下，未可知也。

乃者聖謨淵遠，方且益示以不信之端，一切軍機悉取獨斷，即召對時，一二建白，皆落落不合以罷。如軍機重任，必用文臣提督，定制也。乃今以不信文臣之故，專付之武臣之手。試問總理滿桂果以何時出戰？度用兵幾伍，調將幾路？總理之謂何？而令祖大壽以跋扈逃，申甫以睚眦隙，其他入援諸將，大率視此，則桂果能以寡取勝乎？夫皇上今日所倚重者，莫武臣若矣！張鴻功以援兵潰也，而與之戴罪；侯世禄以援兵潰也，而與之戴罪。❶萬一滿桂失事，❷又何以處之？朝廷縛一文吏如孤雛腐鼠，而視武健士不啻驕子，漸使恩威錯置，法紀不行，詎可以制治保邦乎？至是而文武之途盡矣。

舉天下無與托國者，必將轉思其可信之人，而曰：「吾舍一二内臣無可同患難

❶「試問」至「與之戴罪」，原缺，今據全書本補。

❷「滿桂」二字，原缺，今據全書本補。

者。」内臣又乘間在上前謂：「左班朝士不足信。」益務以沽恩自結於上。於是摠提協之命，稍試以城守，將閫以外，次第委之乎？ 夫城守其易者也，鮮衣怒馬之輩，取壯軍容則可耳，乃欲十萬京軍，一朝而統以素不相習之人，事權不一，號令不齊，能保無萬一之慮？ 所恃皇上乾綱獨斷，不爲所惑。❶ 況自古未有宦官典兵不誤國者，唐魚朝恩、宋童貫，可爲千古炯鑒，豈皇上聖明慮不及此？ 夫亦不信其臣之念，浸假以至於此，在皇上亦付之無可奈何。 而不知處危急存亡之日，舍天下士大夫，終不可與共安危。 即内臣可信，人主義不得獨私，第還之以本等職業，而匡濟已多，不必與聞軍國事也。 漢臣諸葛亮之言曰：「宮中府中，統爲一體，黜陟臧否，不宜異同。」又曰：「親賢臣，遠小人，前漢之所以興也；親小人，遠賢臣，後漢之所以敗也。」臣每念及此，未嘗不欷歔飲泣，痛恨于先帝之世。 仰祈聖明翻然感悟，念祖宗付托委任安危之幾，間不容髮，直從焦勞憂患中大破積疑，以親内臣之心親外臣，以重武臣之心重文吏，則太平之業可坐而定也。

夫臣之所言，皆皇上所不樂聞者也，中貴人又從而嫉之，然臣爲宗社計安危，終不敢爲一身計利害，不憚冒死垂涕以聞，惟皇上採擇施行。

極陳救世要義疏 崇禎庚午正月

順天府府尹臣劉宗周謹奏：爲極陳救

❶「乾綱獨斷，不爲所惑」，全書本作「特加申飭，以勝厥任，況再事推轂而進乎」。

世第一要義以祈聖鑒事。

頃者有生員劉栻，從良鄉來，誦言良鄉教官安上達之死節也。❶緋衣一慟，集諸生講君臣之義，而闔邑之衿紳弁笄有臣死其君、子死其父、婦死其夫者，一時轟轟烈烈之狀，真足以扶植綱常，❷使所在地方皆得如上達者爲之倡，❸則天下事奚抵於壞！❹

繇是觀之，道學亦何負于人國哉？夫宇宙之所以綱維而不毁者，恃有人心以爲之本，而人心之淑慝，則學術之明晦爲之也。三代以上，有堯、舜、禹、湯、文、武爲之君，而天下無人而不學，無事而非學，學之名可以不立。及夫世衰道微，彝倫攸斁，孔子始單提直指之爲萬世鵠，至子思、孟子而説愈詳，凡以存幾希之脉，爲君父閑大倫也。自後推流揚波，則漢有賈、董，隋有王通，唐有韓愈，宋有周、程、張、朱。上下數千年，不過寥寥數子遞衍其脉，而終亦不得大行其道于天下，或遭讒被錮以死，然世道卒賴以不墜，功亦偉焉！

明興，太祖高皇帝以天縱之聖，遠接二帝三王之治統，獨表章紫陽氏，使人奉韋弦，家傳布菽，二百餘年人文項背相望。而其學焉而最著者，則有薛、胡、陳、王四君子。馴至萬曆之季，有高攀龍即宋儒楊時遺址，講紫陽之學，而世遂以東林名。其時若馮從吾、鄒元標鼎分講席，與攀龍並爲世所推，晚年一出，卒遘逆璫之禍以死。幸我皇上登極，首表遺忠，恩綸駢涣，攀龍已與

❶「達」，全書本作「逵」。
❷「扶植綱常」，全書本作「制敵人之死命，而趨之東歸」。
❸「達」，全書本作「逵」。
❹「則」下，全書本有「進之必能殺敵，退之必能嬰城」十二字。

日月争光。而近時言者，猶指一二異己者推入攀龍之黨，以爲世詬，雖以方大任之賢而不免焉，臣竊痛之。臣考攀龍當日門牆高峻，自一二同志外，未嘗許通臭味。即他人之爲講學者，或聚徒千百人，肩摩轂擊。而攀龍獨否，惟一意躬修力踐，發明君父大倫以衛世道，獨不便於小人，小人遂從而嫉之，必殺之而後快。今其骨已朽矣，更誰爲黨者？即有之，亦且噏指相戒，變節易操，以保目前之富貴，以故起廢遍天下，而氣象奄奄如是。試問今天下亦有開首善之堂，朝而問業，夕而省成，如馮從吾者乎？亦有處統均之席，震發一世良心，扶植善類，如趙南星者乎？亦有紀綱是司，欲借尚方劍討君側之姦，如楊漣者乎？亦有錚錚封駁，謇謇昌言，以澄清世道自任，如魏大中、周宗建者乎？則人才至今日而盡矣。非徒無理學，并其假理學而盡；非徒無事功，并其假事功而盡；非徒無忠義氣節，并其假忠義氣節而盡。令今天下猶有假焉者，亦何至國論日卑，士氣日下，任流寇之縱橫，無能建一奇、出一策以紓君父憂乎？故曰：「求士於三代之下，惟恐不好名。」

夫天下未嘗無人才也，特患人主不能瞭然於邪正是非之辨，以爲去取耳。韓爌之再入中書也，曹于汴之長憲也，雖未能大有所爲以副聖明之望，要其立身本末猶自可原，一去已矣，何至争爲羅織？此外若李邦華之振刷，朱世守之端方，胡世賞之清謹，亦皆起廢中有用之才，猥以時危見短，或次第罷去，或以詿誤繫廷尉，識者方謂老成人不可不惜，旦夕望皇上開赦過之門。而立異同之見者，無不媒孽其短，朝處一人焉，坐之曰黨；暮處一人焉，坐之曰黨。猶以爲未足，特設爲四面之羅，使天下之人不出于假理學，則出於假事功，不出於假忠義，則出於假氣節。人主又安得有用賢之路乎？嗟乎！流寇之滋也，正臣子卧薪嘗胆、同舟共濟之日，而小人之不得志於官爵者，輒乘機逞報復之端。即大任有戒心焉，謂非一詆道學不足以自脱於東林，免異日之禍，而不知其立論之舛，所關於世道人心非渺小者。彼方慮其假也而惡之，吾轉慮其真也而假之。居今之世，而欲避假之名，勢必出於至誠爲惡而後已，是率天下之人禍仁義也。昔宋有僞學僞黨之禁，南渡終於不振。如朱熹者，異時人主雖有生不同時之嘆，而真、魏之徒，仍遭擯落，今天下之勢，何以異於是！攀龍之學業已蒙皇上表章，昭示來祀，請弗再以其地里名號設阱於天下，使後之爲攀龍者，不至窺左足而不敢前，則世道幸甚。

臣小人也，生不知學，處此時艱，尤不敢以言論滋風波。而目擊邪説披猖，生心害政之禍將來有不忍言者，故敢因教官之節而推之。惟皇上躬先聖學，日就月將，曉然示天下士大夫以孔孟之鵠，使人人知有君父之大倫，而致士姑從隗始。請皇上先用特典旌卹安上達，❶進翰長宫坊等銜，以爲當世勸，庶幾我國家金甌無恙之天下，不令不識字之人相率而壞盡。臣不勝跂望仰懇之至。

再請申飭京兆職掌疏 崇禎庚午三月初七日上

順天府府尹臣劉宗周謹奏：爲敝習與

❶「達」，全書本作「逵」。

時艱交困仰祈聖明特加申飭以少效京兆職掌事。

頃該臣不職，自陳席藁待罪，間奉聖旨：「京府職事正殷，劉宗周但實心料理，不必引咎，該部知道。」欽此。欽遵。不勝汗惶。夫以臣種種庸劣，而處聖明之世，即不從封疆起見，亦已無逃三尺。何意聖度如天，開之以自新之路，且念職事之殷繁，勉以用心料理，正微臣畢智捐軀，桑榆晚收之日也。而臣於此竊有請焉。臣之所可自盡者，心耳。至于料理之有當與否，則臣之才終有不敢自必者，非徒病于才也，且窘於勢。

京府之職，莫殷於錢糧一事。臣於二十七州縣屬也，而各官賢否不關臣府，居恒相視，途人耳。積玩之極，并錢糧考成不顧矣。軍興之告急也，積逋未完，臣不敢自諉於催科之拙，致今日檄催，明日守催，今日提經承，明日提欠户。臣握三寸管，已自覺語言無味，而無奈當之者竟付之充耳。如正月間派買料荳，部限甚嚴，臣檄如雨，至今未報者有大、宛、房、涿、通、霸、豐、懷等州縣，又派涷糧運車，至今未承者有涿、寶、房、保等州縣。問其故，不曰殘破不堪，則曰凋敝有素，是固然矣，其如軍興之稽誤何哉？此臣所蚤夜皇皇也。至五城兵馬司，雖非臣屬，實與有地方之責，其間職事相關，違玩之習更有甚于州縣者。一煤炭也，臣府發價在三月前，遲至今日，而中城之報完猶未。一保甲也，臣累行申飭，見奉明旨，而空文見報者，僅東西中三城，此外并其空文杳然矣。一掩戰骸也，臣奉旨移會各司，雖嘗助役之十一，而法不及兩縣遠甚。屬者春膏愈化，浮土就堅，臣累次行文，令其加土加築，莫應也。不得已，躬行踏勘，前至蘆溝橋，見中城之役，覆土甚淺，臣當令地方設法廣其基、高其封，以示永久，而臣心始無遺憾。更有一骸不埋，并一字不報如北城者，將置明旨於何地！凡若此者，皆臣所爲窘于勢，而難于料理者也。況重以臣之不才，狼狽其間乎！

方今聖明撫積弛之運，加意振刷，臣子稍涉詿誤，大者誅死，小者褫斥。臣何敢復加吹索，以貽不測，傷一時平明之理？然苟不一言之，後有重大事亦必漫無照應，轉相躭誤。臣不足惜，如國事安危何？仰祈聖明特加申飭，于五城二十七州縣，許臣摘其尤玩者不時參處，俾臣得少展四體，畢其區區之心。臣愚，厚幸再照，京師爲首善之地，尤宜大法小廉，風清弊絶。臣雖不肖，誓當闗節不通，以肅輦下，其有大姦小宄、壞法亂紀者，終不敢藉口于勢之難行而溺職其間。并祈聖明申飭。

劉蕺山先生集卷十

奏疏三

請定大興宛平兩縣經制疏崇禎庚午六月上

順天府府尹臣劉宗周謹奏：爲縣帑告匱已極，人情濫觴無窮，懇乞聖明亟定經制以垂永久以裕國用事。

臣聞古之善理財者，必有一定之經制，而後可以節濫觴之人情。《易》曰：「節以制度，不傷財，不害民。」言傷財害民，皆自無制始也。今天下之財，病于無制久矣。所謂取之盡錙銖，用之如泥沙者，自朝廷達于郡縣，所在而是。而臣終不敢越俎而言朝廷之經制，請姑言其在郡縣者。

臣自去秋莅任，即知大興、宛平兩縣錢糧之弊，因首發積書姦吏侵盜稅糧罪案，追贓正法，并問從前蠹孔所坐，一一思與釐剔。會羽書旁午，拮据不遑，久之，兩縣始各以五年經費册來報。則見大興縣自萬曆四十五年起至崇禎三年，共那借過經費至八千四百六十二兩零；宛平縣自天啓三年起至崇禎三年，共那借過經費至八千四百二十一兩零。業經前任府尹劉澤深題請，奉有巡按御史查明設法通融銷補之旨，至今未結也。方今前逋未銷，後逋繼之矣。

臣謹按，兩縣經費皆取給于舖行稅契，大興每年兩項，約共徵銀八千餘兩；宛平每年徵入并大興、通州協濟，約共六千餘兩。原以供郊廟朝廷大禮大役不時之需，而餘者各衙門年例支銷，亦有常額也。然年例之漸，不能不授以濫觴，至于今日種種陋規，月異而歲不同。計五年中有撫按透支禮儀，每年至三五百金者；有各衙門私用夫馬皂隸，每月至百金内外者；有户、工、兵三部檄用車輛無算者；有各衙門書辦皂隸鋪司工食，私增名數不等者；有五年編審鋪行科道紙張工食動支至千餘金，本縣編審催頭工食動支至二百餘金者，諸如此類，難以枚舉，多例之所不載者也。即例之所載者，内之如禮儀房打掃，如廣盈庫染墊，外之如五府六部等衙門動支筆炭紙張印色等項，撫按八差及本府太僕寺等官上任修理鋪陳等項，各所費不貲，亦往往事在可已，額非原設。而最稱繁重者，無如鄉、會兩場協濟。臣考往牒，萬曆十九年間，鄉場協濟額設七百餘金，而今浮至一千八百金；會場協濟額設九百餘金，而今浮至一千七百金，至鄉、會武場亦復如是。皆所謂濫觴之弊也。至是而每歲之所入，已不足供其所出，重以宫府非常之役，倉卒見告，束手無措，不得不事那借。借院贖不足，則及大糧；借大糧不足，則及雜項。而吏胥遂得以因緣爲姦，轉手之際，朦朧開報，莫可究詰。七八千金宿逋，有自來矣。此而不亟爲之設處，將極重之勢，何所底止？

臣因念邇者皇上特設科院，董修《天下賦役全書》，就《全書》所載一賦一役，皆國家惟正之供，猶鰓鰓議汰議裁，不遺餘力，況《全書》所不載，爲事例之濫觴者乎！臣以爲例之所無者，當裁之以法，一切報罷可也；例之所浮者，當裁之以義，悉行釐正可也。如鄉、會兩場，皆當亟行撙節，以復舊規，或加派省直，以益之可也，而要之皆非可以空言勝也。頃者兩縣正官並缺，臣檄署印官，將前項冒濫事例，必稟臣府而後行，一時漏卮少塞。乃中府以年例筆墨責大興，稍不應，輒鎖縣役去。當此之時，雖有强項之吏，亦不能一一力抵權貴人，爲朝廷守此金錢也，爲縣官者不亦難乎！昔孔子以簿書正祭器，而獵較之風息，于今亦有簿正焉。臣請皇上特命賦役科院，將兩縣經費册逐一磨勘，可汰者議汰，可減者議減，因刊定例欵，書册附于《全書》之後，凡非册中開載，一概不許應付。從此經制既定，雖有貪官污吏，不得開乾没之門；雖有權勢私交，不得假侵漁之路。將一年而那借塞，三年而物力盈。還之于下，可寬編派之額；積之于官，可免匱乏之憂，于以造福畿輔之民，豈曰小補？而宿逋之銷不銷，可無問已。

臣迂腐之資，目擊帑藏匱乏，無能措手，不敢不力行撙節，爲天下先，舍此别無他術。祈聖明勅下該部，會同賦役科院，酌覆臣疏，立賜施行，輦下幸甚！臣等府縣官幸甚！

請告疏 崇禎庚午七月十七日上

順天府府尹臣劉宗周謹奏：爲微臣患病不能供職，懇乞聖明俯賜罷斥以昭分義事。

臣叨中萬曆二十九年進士，筮仕行人。天啓元年，起陞禮部主事。二年，改光禄寺寺丞。三年，陞尚寶司少卿，連陞太僕、通政，未任，削奪。崇禎元年，起陞今職。總計臣通籍以來，三十年于兹，而實在仕籍僅將六年，其餘皆棲遲家食之日。止因賦質甚羸，半生多病，不堪自效犬馬，故屢事乞骸，以安愚分，既遭削籍，若將終身。何意晚年再際聖明，起臣田間，擢以今職。辭疾不允，黽勉趨朝，處首善之地。竊欲躬行教化，爲天下有司倡。乃涖任未幾，國事倥偬，動關臣府，拮据萬狀，遂不暇問京兆職掌。而地方凋敝，蚤已開罪于守土。爰于本年二月，有束身待譴之請，蒙皇上不加顯戮，勉臣以實心料理。臣感激聖恩，從此益矢乃心，竭乃力，無一事敢即于怠荒，冀少圖報稱。

乃臣素有羸怯之症，拮据一載，心血盡耗，又因水土不調，漸傷脾胃，時嘔時痢，元氣益虧。向蒙聖恩，假臣調理，未及痊可，因事見朝，又復註籍。會祈禱雨澤，奉旨切責，旋復見朝，繼之以補驗煤斤，而臣愈不勝其委頓矣。數日以來，吏書之抱牘而前者，臣昏憒無以應，輒報罷而去，更何問料理之能？蓋臣心可以許國，而臣力不能以從心，臣其敢不蚤自引決，以重貽地方之咎？

爲此萬不獲已，懇祈聖明念此輦轂重地，終非病臣可效。瘝曠已深，亟賜罷斥，則所以全臣今日之分義者，實于斯爲至。而區區首邱之私，始終得遂，啣結固不足道也。惟聖明憐而許之。臣無任力疾控陳待命之至。

參奏閹竪疏 崇禎庚午七月二十三日上

順天府府尹臣劉宗周等謹題：爲閹竪陵辱縣佐謹據實糾參以肅法紀事。

本月二十一日，據大興縣典史王邦珵

呈前事，内稱「本衙皂隸穆貴、張登，結黨欺官，故誤公務。向因誤事，本府左堂具呈府丞案下，蒙批經歷司究解見禁，未結。豈期張登拉弟内官張進忠，闖入經歷司，罵詈不堪。復統衆數十人，身皆戎裝，哨入衙門公堂，座案等物悉行殘毁，衝入衙内，辱打家眷，毁裂卑職冠裳，聲言要銀二百兩。見有郭内相勸解」等因到臣，復據經歷司經歷姚元愷、大興縣署印縣丞宋光墀各具呈前事到臣。臣不覺髮豎，隨拘皂隸張登審鞫，口稱内官張進忠果係登弟，則登之挾勢陵官，固無辭于罪魁矣。乃張進忠者何物？刑餘而敢於咆哮公署，所至肆横，至闖縣官之私室，毁器裂衣，公行毆辱。明與縣官爲難，實與京兆相讐，此其目中尚知有朝廷乎？以閹豎之賤而陵侮有司，既難乎爲有司；假隸役之忿而報復上官，更難乎爲上官。此其關繫紀綱之陵替何如哉？

不特此也。臣嘗奉旨行保甲事宜，首禁梨園以正風化，勢不得不行五城兵馬司查緝。至于文票絡繹，乃吏目吴時聘一舉犯禁者，申臣正法，而遽受内官孫國用之辱。臣因其事猶未若邦珵之決裂，故不行題參，今本官竟以此爲城院所劾，曰「不繇批委，妄肆需索」，而不指其需索之實，且詬本官爲越職趨承，是本官得罪之故，臣實坐之。雖毛舉不一端，而即此足以快國用之心，中國用之計，則爲國用之類者，安得不效尤而起，視紳士不如奴隸乎？異時倘有闖司空之堂，圍閣臣之宅，以逐大僚，如天啓中故事，又何以禁之？語曰：「涓涓不已，將成江河；綿綿不息，將尋斧柯。」

臣不肖，受事輦下，竊爲皇上持風紀，將一切豪貴不法是問。乃前者京兆之令不能行于司坊，致一受侮于宦豎；今者少府之令又不能行于輿皂，致再受侮于宦豎。將異時宦官一切壞法亂紀之事，自今日始，而皆自臣等不職以階之，則臣罪滋大，臣懼滋深。臣雖抱疾求去，義難默默。仰祈聖明勅下司禮監衙門，將張進忠提問正法，少警將來，并查城院參疏，究孫國用應否爲梨園欺陵吴坊官，至吞聲不敢訴以去。則所以肅清輦下，爲四方之則傚，維萬世之治安者，實于是乎在，臣等亦與有榮施焉。

再申請告疏崇禎庚午七月二十五日上

順天府府尹臣劉宗周謹奏：爲再懇天恩臣病萬難供職仰候罷斥事。

臣于本月十七日，爲微臣患病不能供職懇乞聖恩俯賜罷斥以全分義事。奉聖旨：「京尹事劇，正須實心辦職。劉宗周著加意料理，不必引疾求去。該部知道。」欽此。臣捧誦温綸，不勝惶悚。夫京府爲天下之劇司，皇上之所鑒也。當地方凋敝之後，國計民生料理倍艱，又皇上之所鑒也。此而責之以「實心辦職」，其所以策勵微臣，意良獨至，臣敢不奉以周旋！而臣亦嘗反而求之，果能身視民、家視事乎？肅清輦轂，稱首善乎？于此有一毫或歉，已成瘝曠，開罪聖明，死有餘愧。不幸又繼之以病，處心愈苦，曠職愈甚。即今沉痼之身，氣息奄奄，腹堅如土，上下痞隔。臣猶日勉强對吏書，遣發諸案而精神慌惚，管揖難周，百弊承之，將如皇上加意料理之旨何？念及此，而臣尚可一日在事乎哉？

嗟乎！人臣策名委贄，身非己有，死生以之。矧遭際聖明，一旦從草萊起崇班，何忍遽爾言去！即臣三十年病骨，久與溝壑爲鄰，其間屢進屢退，雖不能以三年淹，而終未敢果于忘世，黽勉此出，一博桑榆。乃今日犬馬之力已竭，區區之心無可自效，狼狽支離，通國之人知之，而獨不爲聖明所鑒察，將謂别有假託，苟遂私圖，此臣之所大恐也。欺罔，人臣之大惡，而臣故蹈之，平生所學之謂何？仰祈聖明俯鑒臣病，萬非假託，特允臣請，賜之罷斥。庶得别簡賢才副京兆之職，則皇上爲地方計，委出于此，而亦臣之所爲地方計也。如臣不肖，不能仰副皇上責成之意，輾轉于懷，辜負聖恩，直當結之生生世世，以圖報稱。臣無任激切再陳之至。

三申請告疏崇禎庚午九月十五日上

順天府府尹臣劉宗周謹奏：爲微臣久病難痊續申前請懇恩終賜罷斥事。

臣因患病不能供職，于本年七月内兩疏乞骸，未蒙俞允。煌煌嚴旨，勉臣以實心幹辦者，不一而足，且責臣堅求自便，使微臣處此，無地可容，不得已力疾任事。會科場在即，拮据正殷，臣以尫然病魄，日夕飲水，惟恐開萬一之疎虞，而今幸已告竣矣。自此府事稍閒，或得優游卧理，一面便于調攝，以就痊可，徐圖幹辦，少報鴻恩，臣之願也。不意臣病日痼，臣體愈羸，前者猶患在脾胃，而今則轉授于神明。晝忽忽以健忘，夜怔忡而廢寐。至于膽汁上溢，膀胱下遺，醫者謂此二陽之症發于心脾，人不常見，衰年得之，多犯不治者。臣念病勢如此，報恩之日亦已無多，惟有奄奄坐斃，以身殉官已耳。然其如尸曠之日積何哉？時方多事，畿輔重地，政須彈壓之得人。內有京尹，外有撫按，兩者提衡而論，不謂京尹一官果可從臥理也。前者撫臣方大任以病請，而皇上允其去；按臣董羽宸以病請，而皇上允其去；今道臣張春復患病，而皇上又行查勘，賜允有日矣。此豈皇上有私于三臣哉？地方之責重，而自便之圖有所不暇問也。何獨至于臣而靳之？

臣平生無他技，止此愛君憂國之念，矢之天性。臣雖退處之日長，江湖廊廟，總無異視。即臣受事以來，朝斯夕斯，無一刻不從地方起見，幾于寢食俱廢。智短才困，羸病之軀，遂不覺浸尋以至于劇。皇天后土，實鑒臣心。使臣力有一毫未盡，尚可勉效之君父，則臣終不敢爲乞骸之舉。況屢旨在前，凛然斧鉞，臣寧不知所以自處，至于一請再請而不已，臣之心有不勝其若刺者矣。

總之，臣身不足惜，而地方之責終不可負，伏望聖明鑒察。倘念臣前後悃誠，委非矯飾，亟賜允放，使臣雖不肖，不致以尸曠之罪久病地方，則于綜覈職業之中，寓曲成人才之道，亦勵世磨鈍之大機也。臣無任激切待命之至。

請恤畿輔凋殘疏 崇禎庚午九月上

順天府府尹臣劉宗周謹奏：爲畿輔凋殘未起聖明軫念時殷謹竭愚悃仰承德意以固邦本事。

臣待罪京尹有日，愧無絲毫補于地方。

頃從邸報中屢繹明旨，仰見我皇上慮切民艱，當地方凋殘之後，亟欲起流離瑣尾而置之生全，以爲邦本計，至悉也。至以撫綏專責之府縣有司，則臣于所屬州縣，其敢以膜外視哉？惟是病廢日久，一切不能料理。每從州縣文移往來間，問民疾苦，未嘗不耿耿于心，苟可以爲民請命者，臣終不敢置之不問也。

如大、宛則稱有僉商之苦。中人之家，一經報商，則千金立盡，以其預墊之爲累也。及上納本色，又以鋪墊累，故領價雖倍于所估，而反不免有傾家之患。今度此役終不可罷也，當令商人先領價而後收物料，至内府錢糧，仍令各衙門官收官解，庶可少甦商困。如外州縣則稱有派買豆料之苦。既運津矣，又運薊矣，又運京矣。官價不滿半，而里胥坐派之細户，猾者多乾没焉，紛紛科斂，雞犬不寧，小民尚有樂生之望乎？倘邊事尚無税駕，此後宜稍增其價，召商承買，不以累富民，庶可少甦民困。抑又有錢糧火耗兑頭之苦。頃大興縣民魯虎納大糧八兩二錢，而糧户勒耗至九錢，是加一取耗也。臣已久行禁飭，而猶若是，則從前積弊尚忍言乎？至進宫子粒有加三四者矣，問其故，曰：「進宫有滴珠、有鋪墊。」明坐加一，而衙門吏書遂得藉口需索，以濫觴至此。則莫若法行自近，先除上供之近例，爲有司倡，而兑耗之弊不革自罷。

至大興等縣嘗請平糶銀兩矣。積儲，小民之大命，而奪于平糶者半。又議孤貧月糧及節孝優恤，皆另行設處。計設處之方，惟有多罰贖鍰，爲民厲而已。不然，恐積儲終屬之虚文，而全以平糶奪也。則新餉之當暫免者一。昌平等州縣嘗請典舖銀兩矣。大兵之後，富民莫保其家，即流寓者又挈眥而遁。向所取之酌分者，勢難望門懸坐也。間有開張如故，而宫家增一番酌分，典舖復增一番子錢，承平之日，富民猶自不堪，況此日之貧民乎？則新餉之當暫免者二。通州又請祗候馬夫銀兩矣。該州以賑濟之故，并一州各官俸薪盡行捐助，能復留以助餉乎？于此而必取盈焉，恐本官點金無術也。一州如此，他州縣可知。則新餉之當暫免者三。至各州縣庫吏之告瘁也，大率半年而破家。蓋州縣公費無多，又額存節省，勢不得不坐筦庫以賠墊。而此賠墊者，有司又多以迎奉上官。如豐潤一庫書在事一年，而墊撫按關三院交際至三百金，能不輾轉償之小民乎？則新餉之當暫免者四。至輿隸人役之紛紛見告也，業虎而翼矣。猶恃有僱役錢少潤其齒吻，即僱役不無虛冒，近已釐之《賦役全書》中。又加抽扣焉，是翼餓虎也，委吾民以魚肉，又孰餍之？則新餉之當暫免者五。

而臣于此重有感焉。民生至今日困極矣，而畿輔之困爲尤甚。外省直之民困于征繕者，役有常供，賦有定額。至畿輔則頭緒紛然錯出，今日僉商，明日報役；今日派莊頭，明日撥墳户。官吏得以因緣爲姦，勳璫得以輾轉肆虐，遂不禁日朘月削，以趨于盡，況重之以兵燹，安問孑遺？自非爲人上者解煩滌苛，一意與民休息，持之以數年之久，鮮有能復其生理，登之小康者。借曰軍興告急，奈何以天下之大，不能寬此湯沐子孫乎？邇者盜賊公行，輦轂之下不時見告，孰非饑寒所迫以至于此者？漢臣有言：「安之耶？抑勝之耶？」如安之之道，除前項輕徭薄賦外，莫若有司躬先教化，講鄉約以蒸善良，行保甲以戢姦宄。而刑罰非所先焉，彼固所謂勝之而已。今日法網不可謂不密，而姦愈起、盜愈甚，何故？臣嘗奉旨著保甲事宜，爲都人倡，而權在五城，動多掣肘。臣每至地方講約，居民多感動者，至問司坊官以保與甲位署，多茫然不解，又何論條教之詳？條教且不解，又何論身教？蓋先王化民成俗之道，久矣其不講也。臣于是知今天下遂無吏治矣。世道之衰，生民之困，何日之瘳？所恃聖明在上，毅然以古昔盛王爲法，先撫字而後催科，重教化而緩刑罰，使天下則而象之，惠此畿輔，以綏四方，天下庶有太平之望乎！臣去國之身，報恩無地，猶不禁欵欵之愚。倘蒙當事者不以爲迂，酌議施行，地方幸甚。

應召請寬限疏 崇禎乙亥八月十五日在籍上

原任順天府府尹在籍臣劉宗周謹奏：爲力疾赴召懇乞聖恩少假嚴程以逭違玩事。

本年八月初三日，吏部差人移咨到臣，内開吏部題「爲欽奉聖諭事。奉聖旨：『召在籍禮部左侍郎林釬、禮部尚書孫慎行、順天府府尹劉宗周，作速來京。爾部馬上差人催他就道，不得遲延。』欽此。欽遵」等因。臣宗周聞命，驚惶莫知所措，隨設香案，望闕叩頭謝恩訖。臣即刻日就道，趨赴嚴程，凛王言之鄭重，義不暇爲反顧謀矣。惟是臣以犬馬之疾，乞恩在告者五年于兹，而竟無起色。乃者夏秋以來，復以暑濕交侵，驟染瘧症。江南之人，獨此爲虐。每間日則寒熱交作，昏暈數時，飲食不進，如是者旬有餘日。而臣積弱之體，益成委頓之勢。一旦奉此簡書，臣雖黽勉就道，猶虞風露之不時，爲羸體所中，因而延緩日月。仰睾聖明盱衡求舊之懷，則臣罪滋大，臣懼滋深。爲此據實控聞，敢祈聖恩少寬程限，容臣一面調理而前，至京陛見，庶微臣不以違玩受譴，而聖明帷蓋之仁于此益著。臣無任戰慄籲懇之至。

辭少司空疏 崇禎丙子正月二十五日上

原任順天府府尹臣劉宗周謹奏：爲聖恩洊及非常臣義尚難拜命謹據實剖陳以祈聖鑒事。

頃該吏部題：「爲欽奉上傳事。奉聖旨：『劉宗周陞工部左侍郎。』欽此。欽遵。」臣不勝汗惶，不勝驚隕，臣謹即于城外私寓設香案，望闕叩頭訖。竊有請者，伏念臣向以羸病在告，五年于兹，一旦蒙恩特召，方身在牀褥之日，竟以支離就道。兩疏控陳，未蒙鑒允，扶掖至京，賜之陛見。親承天語之琳瑯，曷展臣愚之揚扢。草野寵榮，至此而極，兼復寵降恩綸，自庶僚而躐九列之班，由特簡而側司空之署。臣何人，斯當此殊遇，而復被此殊恩，苟頂踵之猶存，雖捐糜以何惜！

惟是臣初抵都門，即因誤聽人傳，致有誤朝一事。檢舉認罪，詞連范仁，奉旨下部再擬，再奉嚴旨，范仁見在覆審問。仁案一日未結，則臣罪一日未正。臣方日夕待罪之不暇，而遽叨此殊常恩命，臣亦何敢冒昧而處于此？即聖明方開使過之仁，其如微臣引身之義何？至臣把骨如柴，病苦萬狀，心知不能勝此重任，而臣尚有所未暇及也。爲此直披誠悃，仰祈聖明查臣前日與范仁一體，容臣仍在城外私寓稍事調理，候刑部結案之日，臣方以生死去留之身，聽皇上之處分，則國憲既彰，君恩非幸。臣無任激切控陳待命之至。

再辭少司空疏 崇禎丙子正月二十九日上

原任順天府府尹臣劉宗周謹奏：爲微臣感荷温綸再披血悃仰祈聖慈憐臣久病餘生俯賜遣還原籍事。

該臣具奏爲聖恩洊及非常臣義尚難拜命謹據實控陳仰祈聖鑒事，奉聖旨：「劉宗周新膺簡命，著即祗遵供職。其范仁事情，刑部作速奏結，該衙門知道。」欽此。欽遵。臣方席藁待罪間，莊誦温綸，再申特簡，姑置臣罪不問，而起臣供職，臣不覺感而繼之以泣。雖前案未結，分宜祗承新命，以從事矣。而無奈微臣犬馬之疾，日甚一日，有不能勉承聖恩者。

伏念臣先年脾胃受傷，遂成痞症，百計難攻，幾三十年，坐使精神日耗，漸同廢人。臣通籍三十六年，而歷俸不滿六年。原非有恬退之節足以過人，猥以一生卧病艱于服官，而臣反用以獵取不次，叨冒至此，慚負君父，若何可言？一旦有欽召之命，則適因患瘧，而前症復作，臣不敢不輿疾自前，勉抵國門。數月以來，無一日不藥，無一日不因藥加楚，至于氣隔胸而不降，痰閉脇而不升，目眊耳鳴，時時昏暈。止因前案未結，静聽處分，未敢乞骸。幸而勉成陛見之禮，已不負微臣數千里赴召之本懷矣。乃司空何地，貳卿何官，今天下又何等時，而可以五官不靈、百骸如偶者，尸位其間？即臣不足惜，將如邦土重寄何？此臣之所以聞命若驚，感恩欲絶，而終不能已于言也。倘臣不從國家量度，而徒顧此殘喘，乞恩自便，聖明在上，斧鉞在前，其能寬臣一人？臣故不敢以假請，而直述其乞骨之忱，仰祈聖慈，俯鑒臣情萬非得已，收回成命，許臣以原銜回籍調理。臣一日餘生，尚矢銜結于世世。臣無任戰慄待命之至。

痛切時艱疏 崇禎丙子二月二十三日上

工部左侍郎臣劉宗周謹奏：爲痛切時艱直陳轉亂爲治之機以仰紓宵旰事。

臣嘗讀史，至唐德宗一再播遷，天下之勢危于累卵，而其臣陸贄所以啓告其君者，獨本之六經仁義，爲一時强明自用之藥，卒以再造唐室。臣乃知聖人之道可以治世，雖其君庸主也，而其臣用之，效不旋踵，況聖明在御之日乎！臣是以慨然竊有請也。今天下禍亂相尋，十餘年于兹矣。乃者剿寇之役，聚天下兵餉，馳驟五省之地，竟不能一挫狂鋒，而且南窺江、北犯河。至煩聖天子焦勞于上，減膳徹樂爲修弭計，庶幾天心有厭亂之期乎！然臣聞之，治亂之機係乎事始。皇上誠計及于封疆，則廟堂之上有先受其弊者。不徵前事之所以失，不知後事之所以得，而苟不直鏡治理之原，亦終無以握轉亂爲治之術。臣請推皇上修弭之意而誦言之。

我皇上以不世出之資，際中興之運，即位之初，鋭意太平，直欲躋一世而唐、虞三代之，甚盛心也。至于二帝、三王所以治天下之道，猶未暇一一講求，致施爲次第之間，多有未得其要領者。于是首屬意於恢遼，而賊臣遂以五年平遼之説進，是爲禍胎。己巳之役，謀國無良，外氛孔熾，震及宗社，朝廷始有積輕士大夫之心。自此耳目參于近侍，❶腹心寄于干城，治術尚以刑名，政體歸之叢脞，天下事不覺日底于壞。故自廠衛司譏訪，而告訐之風熾；自詔獄及士紳，而堂廉之等失；自人人救過不給，而欺罔之習轉盛；自事事仰承獨斷，而諂諛之風日長；自三尺法不伸于司寇，而犯者日衆；自詔旨雜治五刑，歲斷獄以數千計，而好生之德意泯；自刀筆治絲綸，而王言褻；自誅求及瑣屑，而政體傷；自糾劾在錢糧，而官愈貪、吏愈横、賦愈逋；自敲扑日繁，而民生瘁；自嚴刑與重斂交困天下，而盜賊益蜂起；自總理任，而臣下之功能薄；自監紀遣，而封疆之責任輕；自督撫無權，而將日懦；自武弁廢法，而兵日驕；自將懦兵驕，而朝廷之威令并窮于督撫；自朝廷勒限盡賊，而行間日殺良報級以幸無罪，使生靈益歸塗炭。事急矣！天牖聖衷，一旦撤總理總監之任，重守令之選，下弓旌之檄，收酷吏之威，維新之政，次第舉行。方冀與二三臣工，洗心滌慮，以聯泰交，而不意君臣相遇之難也。得一文震孟之賢，而單辭報罷，使大臣失和衷之誼；得一陳子壯之忠，而又以過戇坐辜，使朝宁無吁咈之風。此其所關于國體人心，又有非淺鮮者。于是求治愈殷，紛更四出，市井雜流咸得操其訛説，投間抵隙以希進用，而國事愈不可問。凡若此者，在皇上不過始于一念之矯枉，而積漸之勢釀爲厲階，遂至莫

❶「首屬意」至「自此」原脱，今據全書本補。

可收拾。則今日轉亂爲治之機，斷可識矣。

夫皇上之所持以治天下者，法也，而非所以法者也。所以法者，則道也。如以道，則必首體上天生物之心以敬天，而不徒倚用風雷；則必重念祖宗監古之統以率祖，而不至輕言改作；則必法堯舜之恭己無爲，以簡要出政令；法堯舜之舍己從人，以寬大養人才；法堯舜之從欲而治，以忠厚培國命；并法三王之發政施仁，亟議拊循，以收天下泮涣之人心。而且還内廷以掃除之役，杜後世宦官之釁；正儒帥以失律之誅，杜後世藩鎮之釁；慎宗賢以改職之途，杜後世宗藩之釁。除此三大釁，而國家苞桑之業已在世世，又何虞乎寇亂哉！夫蚩蚩潢池之衆，皆赤子之顛連而無告者也。皇上但下尺一之詔，痛言前日所以致寇之由，與今日不忍輕棄斯民之意。遣廷臣齎内帑巡行郡國爲招撫使，以招其無罪而流亡者。一面陳師險隘，堅壁清野，聽其窮而自解來歸。誅渠之外，猶可不殺一人，不損一矢，而畢此役。自此四境内外聞風慕義者争先恐後，又奚煩于觀兵乎哉！此聖人以道治天下之明效也。

抑臣聞之，有天德斯可以語王道，其要只在慎獨。故聖人之道非事事而求之也。臣願皇上視朝之暇，時近儒臣；聽政之餘，益披經史。日講求二帝、三王之學，求所爲獨體而慎之，則中和位育之功，庶已不遠于此矣。至于用人，誠爲平天下要務，尤在致審乎好惡之機，以决用舍之路。若武生新授吏科給事中陳啓新者，片言投契，立置清華，稱一時盛事。第本生言有大而近誇，情似要而有挾，其品未可遽言。乞皇上先令以冠帶歷事黄門，稍如試御史例，俟數月之後，果有忠言奇計足以折大姦、斷大疑、決大計，然後與之實授未晚。不然，將如名器何？古之聖人，刑一人而必使千萬人知所懲，賞一人而必使千萬人知所勸，則操勵世之權者，尤不可苟焉以處此也。夫以我皇上天縱聖明，卓卓有希堯法舜之志，而一時爲之臣者，不能以道事君，徒取一切可喜之術以熒主聽，使國論愈紛，治效愈後，臣竊痛之！伏惟皇上斷以堯舜爲必可爲，而求之于堯舜之道，則上有好者，下必有甚焉者，誠使天下皆回心向道以事一人，而天下有不治者，未之有也。若徒曰法制禁令而已，則短長之效已見于今矣，此固非臣之所敢知也。

伏念臣羸病餘生，一旦蒙恩起自田間，擢置貳卿，雖捐糜曷圖報稱？兹當受事之初，不禁主憂臣辱之義，輒敢效此欵欵，雖計極迂疎，無裨高深萬一，而區區堯舜其君之懷，不敢自後昔賢。惟皇上少垂乙夜之覽，倘念臣言可采，得一一見之施行，即與臣以出位之誅，身膏斧鉞，亦所以畢報稱之分，雖死不恨。臣無任激切屏營待命之至。

再申皇極之要疏 崇禎丙子二月上

工部左侍郎臣劉宗周謹奏爲再申皇極之要以端治本事。

臣聞天下無道外之治，而道之所以爲大者，仁而已矣。仁者以天地萬物爲一體，非物物而體之也。道在用人，譬之一身然，必其血脉先注于腹心之地，而後暢于四肢，達于肌理。夫君臣一德之交，亦一身之腹心也，故曰：「堯舜之仁不徧愛人，急親賢也。」

我皇上恫瘝民隱，固嘗具有天地萬物一體之懷，而天下猶有不得其所者，何也？皇上常用閣臣矣，八九年之間，而或以甌卜，或以廷舉，或以特簡，又錯出之以票擬，至于票擬而爲術愈以疎己。帝心已未可憑，輿論又未敢信，不得已而從特簡識者，猶以爲内降之不可長也。乃聖明而特簡矣，宜其必出于天下之賢者，而何以前見賢而後獲罪，且有昔者所進，今日不知其亡者？是皇上終日用閣臣而不足也。皇上嘗用九卿大臣矣，既辨官而論之，又代爲官之者曰：「若何而用人、而理財、而惇典庸禮，命德討罪？」靡不巨細綜覈，群臣拱手受成耳。然用人而人才之摧折日甚，理財而財用之匱乏日增，以至獄濫刑繁、兵驕將懦，尤稱一時極弊。是皇上終日用九卿，而不得一人之用也。若乃召對時勤，自公卿而下咸不乏造膝之談，仍令以所未盡者投匭而進，亦足稱熙朝之盛節矣。然孰有爲皇上獻可替否、補闕拾遺者？始焉，皇上出言以爲是，而輔臣莫敢矯其非；既焉，輔臣出言以爲是，而部、院、臺、省莫敢矯其非，即間有矯其非者，而皇上亦無從而得其是非之實，國是遂終于不可問。是皇上終日懸鞀建鼓以來天下之言，而不得一言之效也。至是，皇上亦誰可與共天下者？閔閔焉訪宗潢，羅草澤，搜兔罝之英，參中涓之任，誠極一時苦心。皇上固曰：「吾第不得天下賢者而用之。」臣謂天下未嘗無賢者也，顧上之人能用與不能用耳。

堯舜之急親賢也，詢于四岳，闢四門，明四目，達四聰，蓋聖人不敢自有其聰明，而必以天下之耳目公天下之視聽，所以決壅閉之路也。以今日求賢若渴如皇上，而天下之爲賢人君子裹足而不入于廷，得無有壅皇上之聰明而逆閉其途者乎？語曰：「君門遠于萬里，堂上遠于千里，堂下遠于百里。」言壅閉之易生也。願皇上之熟察之也。雖然，皇上自有其聰明，而天下皆愚矣，天下皆愚，而還以其愚者當皇上之心，曰：「此庶幾可以教而臣之也。」是皇上終日用賢，而轉用愚不肖之士也。若是者又何也？仁者以天地萬物爲一體，而有我之私或累焉故也。皇上亦去其聰明聖智而已矣。

語曰：「有天德然後可以行王道。」其要歸于慎獨。是以聖人紸纊凝旒，淡然無爲，而天下治，此之謂皇極之要。臣常見廷臣慮皇上焦勞太過，有舉職要之説以進者，亦稍啓其端而未竟其説，臣謹爲推明之如此。惟皇上于齋居恭默之時，恍然自見其獨體，而于時保之，臣有以知天下之不足治也。

三申皇極之要疏

工部左侍郎臣劉宗周謹奏：爲三申皇極之要以決萬世治安事。

臣聞古之帝王道統與治統合而爲一，故世教明而人心正，天下之所以久安長治也。及其衰也，孔孟不得已而分道統之任，亦惟是託之空言，以留人心之一綫，而功顧在萬世。又千百餘年，有宋諸儒繼之，然人自爲書，家自爲説，且遭世喪亂，爲力愈以艱已。而究之治統，散而無歸，則亦斯世斯民之不幸也。洪惟我太祖高皇帝，天縱聰明，即位之後，即表章朱熹之學，以上溯孔孟，直接堯舜以來相傳之統。于是世變風移，人心之正，幾于三代。列聖承之，遞加培養，其爲人心世教如一日。至于崔、魏肆毒，首殺天下之學孔孟者，而以上擬孔子，人心漸滅殆盡，此固天之所以開聖人也。

自皇帝受命中興，纂揚前烈，復還祖宗之舊，天下方延頸以望太平。而乃者時艱轉迫，籌兵議餉，無有虚日。臣嘗求其説而不得，謂大本大原宜在皇極之地，而不盡然也。傳曰：「四郊多壘，卿大夫之辱也。」臣頃伏讀聖諭曰：「誇詐日開，實功罕覯。」深切近日膏肓。此一時也，大臣不務講和衷，而計出于傾危；小臣不務修職掌，而計出于救過；言官不務持公道，而論主于風聞；封疆之臣不務定大計，而功冒于殺良，皆誇詐之類也。以故皇上惡情面，則諸臣杜門謝客以市公；皇上禁餽遺，則諸臣引袖交懽以致敬。設廠衛之譏，即以廠衛爲夤緣；立註銷之法，即以註銷塗至尊之耳目。至皇上極力破除門户之説，而諸臣又借以誣善行。議論偶違，必推求其主使；風聲夙著，益踪跡其疑似。雖彼此各有依傍，而究竟總主調停。勢必至盡逐正人，再起大獄，追貶群賢，以成紹聖之紛紛，而國事愈有不可言者矣。臣于是而痛人心之爲禍烈矣。一中于崔、魏之毒，而傳染至今，猶得以機械變詐之巧，鬭其富貴功名之捷，使國事幾于再壞。若赤子而背父母，士卒而戕主將，亦氣類之相因而至者也。

而臣以爲，欲正人心莫如明世教，明世教莫若道先王之道以道之，而其本則在皇極之地。臣觀《大學》一書，言平天下之要，必推本于用人，至引《秦誓》所稱大臣容賢、妨賢兩者，決好惡之路，而歸之仁人。蓋惟仁人以天地萬物爲一體，故能好人所好，惡人所惡，以一天下之人心而化其反側。乃其功必原于格致，倘非獨知之地真知善之當好與惡之當惡，而又何以能好能惡乎？此《大學》之道所以不可不亟講也。今欲求端于皇極，則自皇上躬親聖學始。方今經筵之臨御非不勤也，然不過循故事而已，即其得之于講讀之後者，亦資聞見而已。必也首復先儒程頤坐講之規，以作崇儒重道之念，乃始從容論質上下古今，務求端于格致之微，而由是進之誠意以審其幾，進之正心以踐其實，己之明德既明，而天下之明德與之俱明矣。將修齊治平一以貫之，所謂明明德于天下也。夫使天下皆有以明其明德，則人人知有君父，而不復知有功名富貴；知有廉恥，而不復知有機械變詐。民風自此而淳，政事自此而修，國家自此而乂安，撥亂爲治在反掌間，是皇上繼皇祖而接堯、舜、禹、湯、文、武之傳，爲千萬世開太平也。《記》曰：「化民成俗，必由于學。」此之謂也。

至近日理學名臣如鄒元標、高攀龍、馮從吾等，仍乞勅下廷議，酌與從祀之典，并論及國初方孝孺、曹端而下諸臣，補累朝之曠典，定一王之道極，人心世教其益有裨乎！孟子曰：「仁，人心也。」又曰：「無惻隱、羞惡、辭讓、是非之心，非人也。」人心萬古一日，則四端之心亦萬古一日。今不務發其本心之良，而曰吾姑以法繩之，計所以防人心之誇詐，亦已無所不至矣。然文法繁而真情愈隱，伺察勝而苟免反甚，民之無良，無乃自上導之乎？

伏念臣少不知學，長而無聞，溝壑餘生，一日遭際聖明，捐糜何恤！惟是半生羸病，無由勉效犬馬，輒不勝其欵欵之愚，至再至三，感念時艱，聲淚俱盡。惟聖明憐而鑒臣，臣死且不朽。

恭申對揚疏 崇禎丙子三月初六日上

工部左侍郎臣劉宗周謹奏：爲頂戴明綸恭申對揚之忱以圖報稱事。

頃該臣具奏爲痛切時艱等事，奉聖旨：「劉宗周素有清名，召來亦多直言。但大臣論事，須體國度時，不當效小臣圖占地步，歸咎朝廷。如流寇聽其自窮，貪欺任其所爲，將何以爲國？北宋向無三釁，終至南渡，可爲殷鑒。堯舜事業，詎不願慕？無奈士風又不及宋。總理未任之前，有何功能表見？以後還宜虛心酌慮，毋自誤以誤國家。該部知道。」欽此。欽遵。臣方席藁待命，捧誦明綸，仰見我皇上虛懷盛節，雖微臣之言出于狂瞽之極者，猶然不廢采擇，至事商求，藹若家人父子之告語。臣乃不覺撫心欲絶，繼之以輾轉迴環，而不容已于對揚之忱也。臣請遂以堯舜之道進。

夫堯舜之所以爲聖者，非以其事業之巍煥與？而本之乃在十六字之傳，致謹于人心道心之辨，求其所謂中者而執之。由是以之官人，而知人則哲；以之治天下，而安民則惠，極其效至于四方從欲，黎庶風動，堯舜之道所爲約而易操者如此。我皇上英明不世出，又生而遠乎聲色貨利之習，固已具一堯舜之心矣。惟是人心道心不能無倚伏之機，出于人心，而過不及之端授之政事之地，即求治而過，不免于害治者有之，而吾固不自知也。乃時而提醒之曰：「得無與亂同事歟？」又時時而謹凜之。即此一念謹凜，是道心之主也，爲精一，爲執中，皇上已一日而堯舜矣。今曰：「堯舜事業，詎不願慕？」又若姑自退諉焉，何也？無乃求之事業之著，而反失其心源歟！夫事業至堯舜無以加矣，然詳考其時，洪水爲災，昏墊阻飢遍天下，而堯舜不以故貶聖，亦止恃此執中之心法，勞于求賢而用之，以坐待昇平，計其爲時已不啻數十年之久矣。皇上誠以堯舜之心爲心，政不必預期其事業，而轉生一退諉之心，以爲不可幾及也。

惟是有君無臣，千古同嘆。貪欺成習，在位者所在皆是。而臣以爲轉移化導之權，終不外皇上之心。漢臣賈誼有言：「視之以犬馬，彼將犬馬自爲也；視之以奴隸，彼將奴隸自爲也。」然則視之以股肱心膂，彼未有不股肱心膂自爲者。雖堯舜之時，豈無巧言令色孔壬其人？而顧以爲不足畏，一時君若臣，惟賡歌喜起于一堂之上而已。流寇之爲中原毒也，原其初，朝廷赤子也。語曰：「撫我則后，虐我則讐。」皇上但心堯舜之心以撫民耳，不患寇之不還爲吾民也。

夫宋誠不必有宗藩、方鎮、宦官之釁，而播竄之禍實始于王安石。一時君臣驟起用兵之議，勢不得不加賦病民。于是君子競起而争之，争之不足，而黨論興，空國之禍作。馴至蔡京用事，國勢日蹙，遂至南渡，此所謂無事自擾者也。自此諱言恢復，國勢奄奄，猶賴朱、吕諸大儒道學一綫，相與彌縫闕失，卒延南渡之業幾二百年。至航海之後，文信國且奮起而扶三百年已絶之綱常，一時人心風俗之厚又有如此者，則亦千古得失之鑒也。今天下自皇祖以來，不幸而有朋黨之説。崔、魏之亂，首殺天下之學孔孟者，而一網盡之，謂之門户。自此人人知有利禄而不知有廉恥，知有身家而不知有君父，士風之壞有由然矣。一日聖明在御，漸開蕩平之路，而議論紛糾，媒孽時起，終致人才落落。屈指先朝遺直，無如惠世揚一人，受錮者十年而後用，若鄒維璉之病也而用，孫慎行之垂死也而用，尤恨其用之不蚤，則此外可以類推矣。皇上誠鑒及宋事，請必以堯舜之道率天下，使天下皆學爲孔孟之學，永杜朋黨之説，于是廣起廢之途，酌薦舉之格，并絶天下希旨生事、紛紛上書而媒進者，庶幾士風丕變，而國事可圖也。總之，天下之治，從本源執要，則事不勞而功集；自教化推行，則神不役而智周。此堯舜事業所以上下與天地同流者也。惟皇上深致意焉。

昔孟子道性善，言必稱堯舜，而繼之曰「有爲者亦若是」，乃知堯舜人人可爲，此性即堯舜之性，此心即堯舜之心，苟非深信不疑，安能立一必有爲之志，而不惑于雜霸？故雖以漢文帝之賢，而謂張釋之曰「卑之無甚高論」，其志不足稱也。故又曰：「君志定，而後天下之治成。」天將以皇上再開唐虞之治，惟是永堅厥志而已。若微臣識本迂踈，未諳時務，仰承天語戒飭，敢不夙夜黽勉，以期逭于自誤誤國之譴，統祈聖明鑒察。臣無任感激悚惶待命之至。

劉蕺山先生集卷十一

奏　疏　四

請禁言利疏

工部左侍郎臣劉宗周謹奏：爲微臣不敢懷利事君仰祈聖鑒并勅禁天下言利以挽回世道事。

先是，聞冏寺缺馬價，嘗奉明旨：「願捐者聽。」今大學士温體仁等及勳臣朱純臣各報捐助有差，將遂及九卿以下，臣乃不能無説而處於此。

臣聞之，爲人臣者竭股肱之力，濟之以忠貞，不聞其出於利也。如以利，即破家狥國亦利也。故卜式輸邊，公孫弘❶以爲不軌之臣不可以化天下。今國家禍亂相尋，流寇四起，日煩縣官，拮据中外，諸臣孰爲匪躬自効者？即一歲之中，捐陵工、捐城工、又捐短牆以及於馬價，亦何當報稱萬一？而時奉急公之旨，諸臣於此無乃沾沾有市心與！此臣所謂利也。且夫輯瑞何典也，而亦議以捐助罷？倘遂行之，辱國滋甚。《傳》曰：「國家之敗，由官邪也。官之失德，寵賂章也。」皇上嘗禁天下以賂矣，數金見告，重者辟，輕者戍。又嘗嚴贓吏之誅矣，自滿貫而上，無不重者辟，輕者戍。一

❶「弘」，原作「宏」，避乾隆帝弘曆諱，今回改。下文皆徑回改，不再一一出校。

時士大夫方凜然勵羔羊之節。而今者賂自上開矣，尤而效之，又何誅焉？凡此一捐再捐三四捐，勢不能不割之養廉之餘者也。即内廷之臣，苟奉皇上約束，亦豈有私藏？而短牆之役，率先捐助，又過從節省，以爲邀寵地，終將取償於朝廷以足之耳，則亦何樂有此紛紛捐助乎哉？

臣於是而重有感矣。皇上自即位以來，不邇聲色，不殖貨利，身衣三澣之衣，口食監門之養，固將一意以恭儉化天下。而屬者時艱未艾，水衡度支動詘經費，思欲他圖以佐緩急之計，有出於萬不獲已者。天下以爲人主而務財用也，競以頭會箕斂之説進，過此以往，有極猥褻不可言者。益復申法律之教，尚介冑之能，長遊説之習，決乞墦壟斷之行，率天下君臣、父子、兄弟懷利以相接，釀成盜賊公行之世，而天下之禍遂日甚一日而不可救。甚矣！人主之好尚不可不謹也。

臣聞之，天子不言有無，諸侯不言盈縮，大夫不言多寡。誠有見於亡國敗家之禍，未有不中於利者，故鹿臺、鉅橋、瓊林、大盈，千古以爲炯戒。即《大學》言平天下，不諱理財，而生財之道不過生衆食寡，爲疾用舒，而尤惓惓於聚斂之戒，且以爲甚於盜臣。乃知生財之道，即絜矩、與民同好惡之道，是以謂之大道，故曰：「國不以利爲利，以義爲利。」今天下既以横征之故，日驅民爲盜，中原赤地數千里，已無生財之衆矣。所望二三有司多方招撫，稍爲農桑衣食之計，以保此孑遺。而又輾轉困之以捐助，試問此捐助胡爲乎來哉？語曰：「皮之不存，毛將安附？」若議食議用，則請皇上罷得已之役，停不急之務，事事從撙節愛養起見，而不徒爲粉飾大平與倥傯苟且之計。如近日城臺、城牆、城垛、天壇諸興作，衡以標本次第，孰非事在可已者？又如軍需七項、四項，歲造各不下萬計，因陳相積，漸歸朽敗。倘歲省三分之一，亦歲省金錢十餘萬，其他可以類推。軍前大計，仍請勑户、兵、工三部通局籌算，先定規模，不得多兵、多餉、多器械以自斁，如此而亦無事屑屑於言利爲矣。然苟非人主明大道之要，先慎乎德而出之，未有不以利爲義、以聚斂之小人爲君子而用之者。伏惟皇上洞觀治忽之幾，明示取舍之凖，尊仁義而後富强，特勑自今中外各官，弗復行捐助以長言利之習，庶天下有正變之日乎！

臣不肖，竊有聞於義利之辨，敢爲推明其説如此，願與廷臣交勗之耳。臣無任激切屏營待命之至。

修陳錢法疏

工部左侍郎臣劉宗周謹奏：爲遵奉明旨仰佐錢法末議事。

前者因錢法一事，户部欽奉上傳，該錢法侍郎吳國仕回奏：「奉聖旨：『是奏内疏官錢、禁私錢、廣收放，俱於錢法有裨。至囤販立限收買，嚴稽出入，尤是疏通要法。著確實勑行。有仍違禁私販、收放、作姦者，内外各該衙門嚴緝參拏究治，務期上下通行，軍民兩利。該部知道。』欽此。」續該侍郎吳國仕參處玩法經紀李八等，奉聖旨：「李八等著送刑部問擬，楊大併行緝究，其責成坊官盡收私鑄例行制錢，及參罰事宜依議，但不許衙役乘機生擾。在官經紀應否設立？該部核議具奏。」欽此。國仕尚未經回奏，復於本月十七日見邸抄，户部接出上傳：「錢法原取便民，今新錢六十五文未見通行，舊錢聽從民便，又稱苦無定數，作何畫一？ 至禁外錢，原防低假，若一概禁絶，是否足以周流通？ 著户部及錢法侍郎詳詢確議，速行奏奪。」欽此。臣伏讀前後詔旨，皆責成户部而不及臣部，然臣在工言工，亦以提督錢法爲專職者也。前接户部來文事理，已該本部尚書劉遵憲劄行管理，寶源局員外郎許國楨遵行。去後，而臣時訪之民間，俱不便于新令，至有因而罷市者。臣念行法之初，人情難於慮始，故静聽彌月，未敢遽有陳瀆。而不意聖明已再四迴環，猶以前議爲未盡，因有詳詢確議之旨，則臣其敢無説而處於此乎？

臣聞王道本乎人情，人情之所趨，國法之所不能强也。況錢之爲言泉也，又謂之圜府，本以流通上下，而成制未有不行於下，而可行於上者。大哉王言！「錢法本取便民」一語，固已得其大端，而曉然於王者與民同利之德意矣。今請就明諭之所及者，而一一爲闡繹之。如曰：「新錢六十五文未見通行。」臣謂不必强之使行也，聽其自行而已。如曰：「舊錢聽從民便，又稱苦無定數。」臣謂不必强之使定也，聽其自定而已。如曰：「禁外錢原防低假，若一概禁絶，是否足以周流？」臣謂不必禁之使絶也，禁之且以滋擾，但嚴低假之防而已。然則何以使新錢常貴、舊錢常賤、低假錢獨常禁乎？ 有法於此，請姑因人情之所便而利導之。

一在酌收法。如收之以二八銀錢也，新錢有收，舊錢亦有收。而若事例、若税糧、若贜罰，皆例收新錢；若房號、若門税、若贖鍰，皆例收舊錢。新者制自上裁，舊者悉隨時估。既分其貴賤而收之，民未有不從其貴賤者也。一在酌放法。如放之以二八銀錢也，新錢有放，舊錢亦有放。而若官吏師生俸廩、衙役工食，皆例放新錢；若三大營軍需、特從優卹，皆例放舊錢。新者制自上裁，舊者悉隨時估。既分其貴賤而放之，民未有不從其貴賤者也。又一在酌行使法。凡民間交易，估自一錢以上者，許用新錢；估自一錢以下者，許用舊錢。新者制自上裁，舊者悉從時估。既分其貴賤而用之，民未有不安於貴賤者也。

于是禁濫惡之新鑄。臣查近日所鑄制錢，視萬曆以前良楛懸甚。而臣部近用鉋銅一項爲鑄本，銅低而制益劣，亦何怪民間之賤值乎？法宜加增銅料，更定字樣，如萬曆時錢式，且進而視嘉、隆，則體質既殊，新錢不期貴而愈貴矣。於是禁低假之舊鑄。訪九門以外，但有進低錢假錢者，聽該部以銅價收之；訪舖户中但有買低錢假錢者，聽司坊官以違制之罪罪之。則私錢漸盡，舊錢不期賤而漸賤矣。于是議設在官之經紀。每坊量設一人，統領諸小舖，必報土著之有身家者，聽其新錢舊錢分別兑換，兑换分而行使亦分可知；且聽其低錢假錢一例收買，收買盡而行使亦盡可知。是又所以通上下之血脈，制新錢之低昂，而行之不以爲擾者也。至於舊錢絡繹捆入京師，臣頗聞之道路。凡以外省直但行新錢，不行舊錢故也；其但行新錢而不行舊錢，則各省直官鑄太多故也。官鑄多而私鑄亦多，不特舊錢賤，并新錢亦賤矣；官鑄多而銅本益貴，不特京鑄壅，并京鑄亦艱矣。今請除南京户、工二局外，盡廢天下官鑄，因禁天下私鑄，必使外省直新舊兼行，悉如京師例，而外錢自不禁而漸絶矣。

臣非不知隨産起爐，取息饒而裕國便，要之國家當權大體，不當較小利。語曰：「國之利器不可示人。」況天地生財止有此數，注於彼者必挹于此。故必於行法之中，不礙人情之所便，所爲因其勢而利導之，絶無事於一切把持之術，此王道也。臣敢以是奉揚天子休命，若其他已經户部條議見在遵行，臣不必縷縷及之。臣識短才疎，自愧一得，仰祈聖明采擇施行。

請告疏

工部左侍郎臣劉宗周謹奏：爲微臣危疾陡發萬難報效殊恩仰祈聖慈俯容回籍調理以終帷蓋事。

臣叨中萬曆二十九年進士，授行人，歷任禮部儀制司主事、光禄寺寺丞、尚寶司少卿、太僕寺少卿、通政使司右通政，皆未任，削籍。恭遇皇上登極，于崇禎二年起陞順天府府尹，叨任一載，告病回籍。崇禎八年七月内，特蒙欽召來京，本年正月内，陞任今職。伏念臣一介草茅，荷蒙皇上作養以來，洊歷四朝，屢進屢退，遭際聖明，前後起以非常之典，從此溝斷餘生，誓許之君父，以圖報稱於萬一，臣之分也。乃臣福薄命慳，動辜恩遇，在京兆已然。即今一日受任，輒不勝其支離困頓之狀，有勢難終隱而不以告者。緣臣中年以脾胃受傷，腹内遂成痞積，百法難攻，攻之愈峻，體亦愈羸，以至血脈閉塞，痰火怔忡，其來有漸。一旦叨兹劇任，黽勉在公，疲勞日甚。忽於前月二十三日，感冒風邪，寒熱交作，旬日以來，或吐或瀉，晝夜不寧，僅存微息。醫生王宏科、錢穎咸謂：「元氣在絶續之交，非一藥所能驟起。」則臣雖有區區狗馬之心，亦不能仰圖報稱可知。爲此伏枕百叩，懇祈聖慈憐臣久病未痊，復感新菑，萬難供職，特賜罷免。仍鑒臣受事未幾，負恩深重，姑許以前任府尹職銜回籍調理，臣雖死之日，猶生之年。力疾惛憒，不知所云。臣無任激切控陳待命之至。

再請告疏

工部左侍郎臣劉宗周謹奏：爲臣病久未痊再懇天恩特賜罷斥以重官守事。

頃臣于本月初三日，因驟感危症，具疏控陳，旋奉温旨，著臣供職。臣感天恩，義矢盡瘁。會逢郊祀大典，職掌攸關，力疾見朝，得與於執事之列，幸而事竣。其間啓處不遑者連日夜，而臣體復加憊矣。臣所謂驟感之症，在脾虚暴下，則驟感似可以驟止，而孰知臣症由來已三十年，浸劇者復十年，且每年必劇于夏秋。兼之積痞如盤，積痰如絮，積火如灼，致氣有升而無降，頭旋暈如坐雲霧中。近自庚午得請以來，無日不與藥餌爲緣，而衰齡日逼，療法日窮。既而蒙恩起用，一時狼狽之狀，臣後先披露御前，未邀省察，温命重宣，臣遂不敢固請，以違臣子之義。而今也福過而災愈生，任重而力轉瘁，至日病一日，有不勝其瘝曠之虞者。如臣職掌在提督工程，而一日不視事，則工程之勤惰難稽；又管理錢法，比較銅商，而一限不比較，則姦商之宿逋莫問。即皇上能優容一病臣在司空之堂，而臣不敢以司空負也。頃臣見科抄有民本許瑚者，論及于臣，一則曰「才謂不足」，一則曰「經綸無能」，視臣近狀，可爲實録。蓋瑚爲臣鄉人，頗知臣，而至其謬相引暱者，臣亦不受也。摠之，臣才本薄，而重之以多病，故愈見其短；臣于幹濟本踈，而處之以多病之身，故愈覺其踈。有臣如此，又安用之？惟是叨冒逾涯，終鮮報稱，負國負恩，且仰累聖明知人之哲。臣每清夜魂消，無以自遣，何問煌煌三尺？

仰惟聖慈鑒臣溺職罪狀，憐臣不能供職之苦情，量從罷斥，永錮田里。倘臣得偷延餘息，以終始天高地厚之造，則所爲生當隕首、殁圖啣結者也。臣無任披瀝悃誠待命之至。

三請告疏

工部左侍郎臣劉宗周謹奏：爲微臣兩奉恩綸力疾萬難供職仍瀝血悃以祈聖鑒事。

臣於前月二十八日具奏，爲臣病久未痊等因，奉聖旨：「劉宗周前已有旨諭留，着即祗遵供職，不必屢陳，該部知道。」欽此。隨該臣于私寓恭設香案，力疾叩頭外，伏念臣本以夙嬰羸疾，驟劇一朝，輒有引請，實出萬難得已，乃蒙聖恩前後兩賜諭留，臣敢不仰體惓惓，勉延朝夕？繼而思之，皇上之所以諭留臣者，固將責臣以職掌，而非徒名位之虚拘也。臣而念及于職掌，則司空固天下劇司，佐理分猷，並稱劇任。而臣自罹疾以來，鬱疾成眩，既受困于神明；積濕成風，復受攣於肢體，其爲日羸日憊之狀，有萬難再試于鞭策者。使臣而勉留一日，則曠職一日，則臣之負譴日甚一日，而臣乃不覺愴然于去留之際也。以臣至愚極陋之資，浮沉善病將四十年，曾無寸豎可録，一旦荷聖明求舊之典，至以庶僚而躐九卿，自初進而陵左席，甚者不由廷推，徑取坐名，皆故事所希有。而臣輒不揣非分，惶遽承恩，凡以生平有未効之犬馬，至此冀得少酬萬一耳。及夫報稱無能，種種殊恩，揔成辜負，臣始不禁抱頭鼠竄，而況欲假聖明之屢眷，以曲蓋其溺職之辜，則臣義愈有所不敢出矣。

用是不獲已，仍申前請，仰祈終賜罷斥。倘蒙聖慈，鑒臣曠溺未深，姑從老疾例，量與致仕名色，則極辨之朝，終無倖位，而曲成之德，不廢散材。臣雖從此溘先朝露，亦將瞑目九原。臣無任迫切惶悚待命之至。

予告辭朝疏

原任工部左侍郎臣劉宗周謹奏：爲遵旨回籍恭申謝悃事。

該臣于六月十五日，以微臣兩奉恩綸力疾萬難供職仍瀝血悃以祈聖鑒事具疏，間奉聖旨：「劉宗周屢旨諭留，覽奏情辭懇切，特准回籍調理，病痊起用，該部知道。」欽此。欽遵。臣謹遵旨回籍，未能力疾叩闕，望闕徘徊，瞻天咫尺，四朝犬馬，豈無戀主之私；一日首邱，忍負致身之節？伏願陛下聖德日新，聖修時懋，本之静存動察，惟是分理欲而辨長消，驗之出身加民，乃在謹好惡而端用舍。繇知言以知人，則遜于乃心，終不若逆而求道；繇用人以行政，則謀之新進，亦何如卜之老成。第恐偏聽生姦，致解仁賢之體，且慮積疑乘隙，終開門户之争，此在先朝已成殷鑒。至于匡勷中外之略，動關廟算，則筦樞之責難輕；更以勦撫順逆之權，分任地方，則邦本之圖尤亟。參罰寬一分，民受一分之賜；更張多一事，吏增一事之姦，倘能事事提其大綱，自可種種詳于小節。乃者上下雷同，徒習鋪張之治具；焦勞日昃，未聞交儆于臣工。惟明主獨鏡道揆之原，而危時尤切泄沓之戒，臣雖奄息，願效哀鳴，忍死須臾，庶見太平有日，齊天萬壽，永隨草野呼嵩。臣今拜表言行，無任力疾屏營控辭之至。

身切時艱疏

原任工部左侍郎臣劉宗周謹奏：爲微臣身切時艱敢因去國之轍恭申慰悃兼附芻蕘之獻事。

臣宗周因病乞骸，奉旨回籍。于七月初一日，辭朝出國門，行次天津，始聞邊警，臣不禁憂惶驚懼者久之。伏惟皇上，上廑宗社之憂，下切萬姓之慮，宵衣旰食，當不知若何焦勞，臣又不勝痛絶。回瞻天表，愈增馳戀，敢以芻蕘一言，爲當宁獻。

臣惟我皇上注意邊防，無日不綢繆未雨，而國事一至於此。追原禍始，丁魁楚之久以病請也，業已自知其非封疆之任矣，乃朝廷不聽其去，卒至敗事，不聞吏部有争執。張鳳翼小有才而器識不足，久已溺中樞之職矣，朝廷又從而嘗試之，卒至敗事，不聞政府有主持，兵垣有封駁，則當事諸臣尤有不得辭其責者。且夫以丁魁楚等之失事於邊也，而與之戴罪，何以服劉策之死？王洽之死？張鳳翼之溺職中樞也，而與之專政，何以服王洽之死？諸鎭巡勤王之師，爭先入衛者幾人，不聞以逗留蒙詰責，何以服耿如杞之死？今邊庭有警，國勢日蹙，凡廷臣之纍纍若若猶幸無罪者，又何以謝韓爌、張鳳翔、李邦華諸臣之或戍或去？豈昔之小人一一爲異己驅除者，今不妨以同己而互相蒙蔽乎？其階之爲禍，愈有不可言者矣。臣于是而知小人之禍人國，無已時也。昔唐德宗謂群臣曰：「人言盧杞姦邪，朕殊不覺。」李泌對曰：「此乃杞之所以爲姦邪也。」臣每三復斯言，爲萬世辨姦之要，故曰大姦似忠，大佞似信。

我皇上聰明不出世之主也，其於姦邪之辨，何有不燭照數計？然臣觀頻年以來，皇上惡私交，而臣下多以告訐進；皇上録清節，而臣下多以曲謹容；皇上崇勵精，而臣下奔走承順以爲恭；皇上尚綜覈，而臣下瑣屑吹求以示察。凡若此者，正似忠似信之類，窺其用心，無往不出于身家利禄。而皇上往往不察而用之，則聚天下之小人立於朝，而皇上亦有所不覺矣。

人才之不競也，非無才之患，而無君子之患也。人人知有身家而不知有君父，知有利禄而不知有廉恥，則亦相率爲全軀保妻子而已矣，此今日國事之所以敗也。夫今天下即稱乏才，亦何至盡出一二寺人下？而皇上每當緩急之際，必倚以重任。此在前日已成覆轍，方亟亟更絃之不暇，而乃者三協有遣，通、津、臨、德復有遣，抑又重其體統，等之總督，將置總督於何地？總督無權，將置撫、按於何地？撫、按無權，將置藩、臬、守、令於何地？是率天下而奔走於中官也，疆事必無幸矣。且小人與中官，氣誼一類，每相爲引重，而君子獨岸然有以自異，故天下有比中官之小人，必無合於君子之小人；有用小人之君子，必無黨比中官之君子。皇上誠欲進君子退小人，爲今日決消長理亂之機，奈何復用中官以參制之，此明示天下以左右袒也。當是時，乃有明於治理如御史金光辰者起而爭之，亦天下之昌言也。臣意皇上即不遽用其言，亦何至并逐其人？而光辰竟以言見逐，若惟恐傷中官之心者，尤非所以示天下也。嗟嗟！言官亦何負於國哉！乃者唐藩拜表而勤王，亦有思徐生之徙薪者乎？大帥擁兵而不戰，亦何問李勉之尊朝廷者乎？其他觸邪止佞，請南昌之尚方者，亦自不乏其人，又往往得罪以去，遂至天下相顧爲寒蟬之結舌。平居無犯顔敢諫之臣，則臨難無仗義死節之士，此天下事之所以日壞一日而不可爲也。

至於近日刑政之最舛者：成德，傲吏也，而以贓戍，何以肅懲貪之令？申紹芳，十餘年監司也，而以莫須有之鑽刺戍，何以昭抑競之典？至於鄭鄤，雖久干鄉議，而杖母之獄欲以誣告坐，亦何以示敦倫之化？此數事皆爲故輔文震孟引繩披根，即向者驅除異己之故智，而廷臣無敢言者，皇上亦無從而知之也。嗚呼！八年之間，誰秉國成，而至於是？臣不能爲首輔溫體仁解矣。語曰：「誰生厲階，至今爲梗。」體仁之謂也。仰惟皇上念亂圖存，豁然永爲皇極之主，首以進君子退小人，爲挽回世道之根本，於是植人才以資幹濟，開言路以斷大猷。仍請亟罷三協、通、津之使，專一責成中外諸臣，各修職業，不致再以人國爲僥倖，則宗社生靈實式憑之，而體仁所以爲桑榆之收者，亦庶在此。不然，而徒計出於苟且，舉動乖舛，日甚一日，天下事尚忍言哉？

伏念臣羸病去國之身，非不知緘默可以自全，然熟念今天下安危呼吸之日，雖江湖滿地，揔無投生之路，即臣不言，又誰爲皇上言之者？臣寧言而冒鈇鉞之誅，終不忍不言而坐視國家有危亡之禍。臣無任激切望闕呼天哀控之至。

辭少宰疏 崇禎辛巳十一月二十四日在籍上

原任工部左侍郎爲民臣劉宗周謹奏：

爲罪臣驚聞簡命揣分萬難仰承謹席藁剖心懇祈聖鑒事。

本年十一月二十三日，❶臣於在籍接得本府公文，内開吏部具題：「爲欽奉聖旨事。本年九月十一日奉聖旨：『劉宗周起改吏部左侍郎該部知道』欽此。欽遵。」備咨到臣。臣聞命自天，不勝戰慄。該臣恭設香案，望闕叩頭謝恩外，伏念臣於崇禎九年，以工部左侍郎蒙恩予告，甫出國門，即聞兵變，臣因遷延通、津之間，拜疏陳悃。隨奉聖旨：「封疆重寄，朝廷委任邊臣，何嘗不專？奈平時一味欺蒙，遇警輒至踈虞，特遣監守查飭，夫豈得已？金光辰姑從輕處，前旨甚明。乃謂恐傷中官之心，是爲何語？且己巳諸臣各有罪案，此番失事，正在議處，有何異同黨比？好生悖

❶「二十三」，全書本作「二十二」。

謬！成德等貪酷鑽刺，壞法蔑倫，罪狀顯著，反指爲刑政之舛，又牽揑首輔，尤屬不倫。劉宗周明係比私亂政，顛倒是非，本當重處，姑着革職爲民。該部知道。」欽此。欽遵。臣乃戴罪而南，謝恩里門，席藁於今，幸保首領於牖下。何意聖明以求治若渴之懷，宏開使過之途，誤及微臣。驟蒙特簡，起自卿階，晉以銓貳，仰見聖明雷霆雨露，真同大造之無私，即草木無知，敢忘鼓舞？

獨念臣前日所以得罪之故，仍有萬不能自安者。他不具論，我皇上以孝治天下，所致嚴者在滅倫一案，業已早懸睿照。而臣猶恐爲輔臣温體仁所賣，故據律文，謂杖母之獄不可以誣告坐，則明旨所指亂政之大者也。其後詞臣黄道周，特以自謂不如鄭鄤，終干嚴譴。臣獨何幸，罪同譴異，反蒙起廢之典，豈部臣未有以臣前日罪狀明告之皇上者乎？果爾，則事涉朦朧，寧不轉甚微臣之罪？臣爲此凛凛，不敢不剖心自陳，再聽君父之生死。仰祈皇上收回成命，容臣仍以薄譴在籍，徐俟論定，臣死且不朽。如謂臣罪委在可原，不妨録用，則廷臣之以言事得罪者，不能枚舉。倘蒙概與甄别，儘堪策勵，將來亦何取於臣之老憊無能，最出群臣之下者乎？

嗟乎，君臣相遇之難也！經云：「將順其美，匡救其失，故上下相親。」我皇上忠孝作人，允垂萬古綱常之則，而臣子轉以綱常之説掩君父之美，以是屢激聖衷，致皇上不能容一狂直詞臣，數起重獄。自此中外頗以言爲諱，積成暌貳之端，甚非盛世之福，則亦臣子之罪也。臣每念及此，未嘗不撫心内訟，哽咽隕涕，幾欲籲天而無從，輒不禁欵欵及之。統祈聖明矜宥，臣無任激切惶悚待罪之至。

再辭少宰疏 崇禎壬午三月二十六日次淮安上

原任工部左侍郎爲民臣劉宗周謹奏：爲微臣遵旨戒途力疾萬難前進三瀝血誠仰祈聖鑒俯容還籍調理事。

臣自拜殊恩，旋嬰癃閉之症，不得已具疏乞骸。於本年三月初四日接邸報：「奉聖旨：『佐銓亟需貞品，劉宗周著作速赴任，不得固辭。該部知道。』欽此。欽遵。」臣惶恐無地，思得一日以幞被上道，冀少慰君父之惓惓。奈前症未瘥，自出里門，日增困憊，沿途問醫，行至淮安地方，尚圖舍舟登陸，而臣勢難前進矣。緣臣衰年患此劇疾，積百日而不解，迨癃閉之久，變爲遺瀝，日每十數遺，遺必悶絶，以至精血盡耗，九死一生。抱此纍然之骨，臣即能忍死，輿疾至京，亦萬不能得之服官之日。臣姑無問佐銓建豎若何，即今動履蹣跚，試之朝參公座，且有不禁其隕越者。而温綸鄭重，有加無已，不徒責之以官守，抑又勉之以品格，至望臣如此之切，則臣亦何以仰圖報稱於萬一乎？

臣雖犬馬有心，終不敢以一日未死之身偃蹇家園，委君命於草莽，而至此已勢難竭蹶，萬不獲已，敢仍申前請。倘蒙皇上鑒臣踉蹌就道之本心，并原臣不得不繼請之故，特賜矜全，許還錮籍，俾臣以骸骨終邱首，臣仰戴高天厚地再生再成之恩，真没齒而罔極也。臣謹於途次候命。臣無任迫切惶悚控籲之至。

敬陳聖學疏崇禎壬午四月初一日次淮安上

原任工部左侍郎在籍臣劉宗周謹奏：爲微臣不能以身報主敬竭報主之心終致主於堯舜事。

臣以老病，誤蒙聖簡，拜疏乞骸，旦晚溝壑，長負聖恩，死不瞑目，即後之人有以臣爲口實者，感兹不世遭逢，思圖報稱，然能不益重其有君無臣之歎？此臣所以腸一日而九迴者也。

臣聞古之人恥其君不爲堯舜，若撻市朝，故雖定、哀之哀庸，齊、梁之僭亂，孔孟猶不忘惓惓之誼。苟非若數君者，則伊尹之於太甲，周公之於成王，皆自中主而進爲聖人。當日所謂市朝之恥，如責左券然，況又有進於二君，稱大有爲者乎？臣不肖，遭際聖明，十五年於兹，仰窺皇上希堯軼舜之資，前無千古，即位以來，孜孜訪落。臣嘗數以堯舜之説進，而終愧所見之陋，非擇焉不精，則語焉不詳，亦何以仰裨高深於萬一？乃者時艱未艾，交警方殷，幸以宵旰之憂勤，稍起班僚之泄沓，而治功猶然未奏，得無爲之「臣者猶是，吾君不能」之故習乎？臣雖不肖，自被放以來，深自懲艾，每因師友之講求，熟念今天下治亂之故，斷然不能舍道而别爲手援。臣所謂道即堯舜之道，堯舜之道即皇上之道，亦即臣工見而知之之道，而所争止在學不學之間。臣因備述聖學三篇，謹爲當宁獻，少畢臣前日之志。雖屬鄙儒勦説，而當宁苟或推其端，以竟天德王道之大全，則坐奏昇平之業即此而在，又何時艱之足慮！臣且藉手，效對揚之萬一云，謹力疾口占，以聞如左。

其一曰：明聖學以端治本。臣聞天下無無本之治，本一端，而萬化出焉，則人主之心是已。虞廷之訓曰：「人心惟危，道心惟微。惟精惟一，允執厥中。」此萬世心學之源也。聖聖相傳，迄於文、武，不離緝熙執競之説。其後孔門備衍其旨，於《大學》首揭三綱，表人心之道體；舊言「人心是人欲，道心是天理」，非是。次詳八目，示精一之全功，而執中之義已藴於此矣。至子思子直指喜怒哀樂未發謂之中，闡堯舜以來相傳之意，其言未發之中，即意誠之真體段。舊指正心義云「知此則知未發之中」，非是。故皆以慎獨爲本教，正心本於誠意，❶故曰本教。知本者，知此而已。而十六字精神盡括於此，乃知《學》、《庸》二書相爲表裏，示後人以入道之旨，未有深切著明於此者也。慨自聖學不講，而心宗遂晦，言《大學》者，以把持念慮爲誠意之功，而道心竟溷於危殆；念有克罔，意無善惡。以念爲意，何啻千里！言《中庸》者，以靜觀氣象窺未發之眹，而中體或落於偏枯，於是二書自相矛盾，未發謂本，既以靜生動。誠意爲本，如何又以動生靜？學術浸以支離。從危則近於功利，偏執則蔽於虚無。虚無、功利之説昌，而佛、老與申、韓遞起用事，轉相出入，惑世誣民，更數千年流禍未已，則亦吾儒之説有以啓之也。恭惟陛下以生知之資，建反身之極，契聖歸宗，得之心悟，端無取於章句之紛拏。而正恐章句紛拏，或得或失，時有異同，致陛下之心反受其惑者有之。往者臣頗得之傳聞，陛下崇信佛法，退朝之暇，口舉佛號，

❶「心」，原作「以」，據全書本改。

偏及宫中，又以天仙菩薩等名並加聖母，繪爲圖像，虔禮齋供，以表聖孝，一時得之，所感甚摯，因有三教一理之説。而於道教亦極其推崇，特詔起正一真人處之京師，接以恩禮，益復佐以禍福之術，轉相惶惑，天下且有望風而奔走者矣。昔者楊、墨禍仁義，無父無君，孟子辭而闢之，廓如也。又千餘年而得佛、老之説，即楊、墨之説之深者，於是有宋諸大儒特起而排之，以爲其害甚於楊、墨，其説彌近理而大亂真，懿哉斯言！乃者陛下表章諸儒，進以隆號，補千百年之曠典，爲熙朝盛事，聞者莫不興起。夫諸賢於佛、老果何如者，而云三教一理乎？臣於是仰窺陛下之心矣，忽焉而宗儒，忽焉而佞佛，❶或合之，或離之，方摇摇而無定也。豈陛下求之吾儒而不得其説，不免依傍於二氏，至求之二氏而終不得其説，乃還歸之吾儒乎？夫陛下而不求之吾儒則已，苟求之吾儒之正也，臣請陛下先反而求之吾心。當其清明在躬之地炯然而不昧者，❷得好惡相近之幾，此正所謂道心也。致此之知，即是惟精；誠此之知，即是惟一。精且一，則中矣。隨吾喜怒哀樂之所發，無往非未發之中，而中其節矣。此慎獨之説也。而陛下已一日而堯舜矣。道豈遠乎哉？事豈難乎哉？臣觀凡人之情，大抵有喜怒而無好惡，有好惡而無是非，是以任其情之所發，無有不陷於一偏者。感之以可喜而喜，喜而不已，偏於喜；感之以可怒而怒，怒而不

❶「佞」，全書本作「奉」，似是。
❷「躬」下，全書本有「獨知」二字。

已，偏於怒。偏則好惡或爽其則，是非且失其衡，用人行政之間，且有次第決裂而不自知者。即今疆場之禍，三及宗藩，而專閫之臣尚以恩典終帷蓋；奪情之舉，一無成效，而斥邪諸論概以朋比蒙呵譴，豈非喜怒偶偏之一驗乎？而今且次第有事於轉圜矣，喜怒平而好惡之公乃出，好惡公而是非之理自著，此之謂不遠之復，天心見焉，成湯所以改過不吝也。蓋上聖猶是此人心，下愚不能無道心，故雖聖如堯舜，卒不廢精一執中之説者以此。後之學聖人者，亦曰慎獨而已。慎獨而知心之所以爲道，本一誠而畢貫；慎獨而知中之所以爲執，合四氣而交融。所以卑之不近於功利，高之不入於玄虛也，故曰慎獨可以行王道。願陛下深信於斯而篤行之。臣聞之，君志定而後天下之治成。夫以陛下十四年講求治道之餘，猶或失之摇摇而無據，甚矣定志之難也！倘於此而遂求之學問之要，折六經之衷而宗孔氏，紹百王之統而祖唐虞，則其於道也，亦庶乎如農之有畔，動無越思乎！而治功之奏度越千古，有不待言者。陛下遂爲千古集大成之聖主矣，又何有二氏之説？則夫九蓮、智上等號仍還彼法，無以褻九廟之靈；齋醮之舉盡放彼徒，無以汙法宫之地，宜亦不待臣辭之畢矣！臣所謂明聖學以端治本者，此也。統祈聖明采擇。

其二曰：躬聖學以建治要。臣聞天下大矣，而以一人理，非徒以一人理天下也，有要焉。此又本計中所爲提綱挈領，以其至簡而御天下之至繁，即以其至静而宰天下之至動者也，故曰：「君職要，臣職詳。」不於其要而泛焉以圖，必至侵官溺職，此虞廷所以戒叢脞也。昔者堯以不得舜爲己憂，舜以不得禹皋陶爲己憂，考二聖人在當時，竭一世之焦勞，惟有得人一事，而絶不分於他務，卒享無爲之治。則萬古扼君道之要者，莫有過於二帝。雖然，知人則哲，帝且難之矣。故舜攝位，首以四目、四聰徹壅閉之門，而其法在先能舍己。舍一己之聰明，以盡天下之聰明，❶則雖邇言有所必察，惡言有所務隱，以爲用中之地，乃稱大知焉，此知人之學也，而即精一執中之實用力地也。然則人主之聰明果不可恃乎？人之賢不肖，未可以耳目盡也。上用耳，而天下遁於聲矣；上用目，而天下遁於形矣。耳目既窮於形聲，而吾猶察察焉務致其詳，則神明之地愈受其疑矣，語曰：「明不至則疑生。」以疑爲明，何啻千里！故君子舍其耳目之用，專求之道心之微，不見之中而獨見出焉，所以明目也；不聞之中而獨聞出焉，所以達聰也，此明哲作則之至也。陛下以天縱之聰明，留心治道，事事躬親，日所裁決萬幾，動越群臣意表。群臣奔走受成之不暇，則益相與觀望，爲自全之計，致陛下孤立於上而莫之與。即陛下非不求賢若渴，日進三事九列而倚任之，而前此卒無有一當任使者，豈其知人之學猶然未之或講與？一番黜陟，有一番是非。今日以爲賢明日以爲不肖者有之，明日以爲不肖他日又以爲賢者有之，此無他，任耳目而取數窮，此心先處其疑故也。且陛下

❶「以盡天下之聰明」，原無，據全書本補。

所積疑不化者，非朋黨之説乎？率天下之人而樹私交以背君父，豈非人主之所甚惡？而其事實有不然者。君子以同道爲朋，能自絶於小人爲黨，故十六相舉於虞，而四賢集於宋，古今以爲美談。即顧厨俊及洛蜀紛紛，皆天下名賢適遭阨運，雖膺廢戮，無負朝廷。讀善善惡惡之論，千載而下爲之破涕。是故，如其道則左儒可以死杜伯，非其義則酈寄可以賣諸吕，朋黨亦何負人國哉！若小人安得有所謂黨者？各營其私，競濟其惡耳。及其一日見外於君子，輒自謂之孤立，而轉以惡名加君子，曰黨，人主卒中其説，而莫之省也。且今之所稱懷姦誤國、罪惡貫盈者，非首輔薛國觀乎？國觀，陝人也。關中風氣近古，異時士大夫雅多自好者，獨國觀一人敗群，爲其鄉人所唾。而朝士之爲小人者，正喜其能立異也，而引之進之，惟恐不加諸膝，一旦以僉堂入政府，果誰爲之地乎？而此輩遂得以驅除異己，動激陛下以黨人之説，上自縉紳，下自黌序，紛紛籍籍，日以窺陛下之喜怒而中之。至稍持正論者，必使之削跡於朝，迄於空人之國，而國觀猶然無黨也。然則陛下之聰明，幾爲若輩所罔久矣。何幸離照當空，魑魅立殛，聿開衆正之途，漸卜太平之兆。而臣猶不能無虞於往復之數，正恐一念之蓄疑不徹，則群陰之投間未已，此君子小人進退之關，固宜辨之於蚤。而知人之地，尤不容不致其力者矣。仰惟陛下躬先聖學，法堯舜之明目達聰，而推本於舍己。亟舍其聰明而歸之闇，非徒舍聰明，并舍喜怒，舍好惡，舍是非，至於是非可舍，而後以天下之是非爲真是非，斯以天下之聰明爲大聰明。廣開言路，合衆論之同，建用中之極，即讒説殄行，亦不至震驚朕師，爲衆正之阨。繇是以天下才任天下事，首得人以處政本，隨得人以處六曹之地，下及百執事，無不得人。乃慎守祖宗法度，次第布之有位，仍不至以聰明亂舊章。自此陛下端拱無爲，而天下治矣。

雖然，此非特人主之學也，陛下爲天下而擇一相，已足握君道之要。自一相而下，遞有知人之責，則遞有知人之學，雖所學未嘗不同，而人綦衆而且詳，職綦分而加變，有未可以一端盡者。夫惟合天下明知人之學，而事事皆得其要領，下至一卒之微，亦無有不稱任使者矣，此今日救世第一義也。臣所謂躬聖學以建治要者，此也。統祈聖明采擇。

其三曰：崇聖學以需治化。臣謹按，《大學》所謂明德，至終篇始指出仁字，蓋天地以生物爲心，而人即得之以爲心，則曰仁。仁者以天地萬物爲一體，視天下昆蟲草木皆吾同氣，顛連殘疾，皆吾恫瘝，無不有以扶持而安全之，渾然天也。故德曰天德，道曰王道。天，春生萬物，而秋以肅之，莫非生也；王者，仁育天下，而義以正之，莫非仁也。臣又請追宗於堯舜。史稱帝堯曰「其仁如天」，舜德協帝，則曰「好生」，史臣實之曰：「臨下以簡，御衆以寬。罰弗及嗣，賞延於世。宥過無大，刑過無小。罪疑惟輕，功疑惟重。與其殺不辜，寧失不經。」如是止耳，極其效，乃至於變時雍，四方風動，二聖人以德化天下，其盛有如是者。陛下撫有成業，承神、光兩廟積弛之後，不難振之以明作，庶幾得救時之權矣。而邪臣遂日導陛下以申、韓之術，致訟獄繁興，犯者日衆，傳染海内，徧爲殺機，兵刑交毒，上干天和，無歲不罹災沴。至此民生國命、内治邊防，次第決裂，岌岌乎有不可收拾之勢。聖天子乃發憤更化，舉十四年以前一切繁苛之令，一朝告罷，臣民鼓舞，懽若更生，如霜雪之後繼以陽春，薄海内外，業已重覩堯天舜日氣象。而臣猶以爲未可徒求之政事間也，必也求端於聖學，以明德化天下乎！化天下自廷臣始。自先朝學禁以來，士大夫不知有本心久矣，陛下復用重典以趣之，益習爲苟免之計，因而心術愈壞。今誠欲使天下回心而向道，莫若先以手足腹心之誼養天下之元氣，不特寬之以文網，而且樹之風聲，令天下争自見其本心焉。

惻隱之心勝，而君父之戴堅矣；羞惡之心勝，而身家之計奪矣；辭讓之心勝，而進退取與之介審矣；是非之心勝，而成敗利鈍之幾晰矣。合此四者，斯可與事君矣。而仁其大端也，未有上好仁下不好義者也。乃者陛下隆三五之業，不難進股肱大臣，隆以殊禮，一時風動中外，計無不洒然易慮者。而第恐禮貌之虚拘，無以遽作其腹心之報。臣請因是而推之，如詔獄之典，祖宗以來固所不廢，然亦借以懲大姦大逆，而未嘗概及士類也。今者東廠之譏呵雖罷，衛尉之煅煉猶懸，請自今廷臣有犯，一切下之法司，永除詔獄，庶不至以非刑辱士。而至於廷杖一節，原非祖宗故事，辱士尤甚。士可殺不可辱，仍願陛下推敬禮大臣之心以及群臣，與廠衛一體並罷，還天下禮義廉恥之坊。禮義廉恥之坊設，而惻隱之良愈著矣。繇是化群臣以化兆民。流寇之徧天下也，原其始禍之日，皆由朝廷嚴刑重斂威暴其下，使之偷生無路，悔罪無門，以有今日。即陛下非不下哀痛之詔，特與此曹以自新，而所司莫承德意，卒未有以天地父母之心相感喻者，一撫再撫，每同兒戲。惟其恩信不立，是以負固愈堅。自此廷議一意用兵，日驅數十萬生靈於鋒鏑之下，無不玉石俱焚，更堅天下從賊之心。而今者勦與撫而兩窮矣。計莫若有以化之，而化之術仍本之陛下父天母地之心，推誠而致之。乘此中原殘破之餘，亟議撫循之法，特遣才望大臣，捧朝廷尺一詔書，宣示德意。一面經理農田，因悉捐天下勦餉金錢，改爲牛種廬舍之資，聽有司設法招徠，聯以保甲，進以鄉約；乃罷所在督師等官，明示天下休息，而專責兵事於巡撫，俟賊勢既窮，賊徒漸散，渠魁未有不授首者也。且賊之攻城不已，凡以求食耳，掠而得食，猶之朝廷食之也。莫若遂來而食之，曰「吾以父母食赤子」，可乎？至誠而不動者，未之有也，此化之之説也。化兆民遂以化四夷。令兆民之衆使之犖戴一人，❶而天下之勢安於磐石矣。四夷誰爲伺隙而生心者？東方不靖，從前半係邊臣開隙以速之禍而至此，已仰中國有聖人，有不漸消其桀傲之氣，徐圖效順者乎！臣嘗考古今備邊之策，惟戰、守、和三者。若李牧之備趙邊，趙充國之制先零，郭子儀之折回紇，與韓、范之經略西夏，皆以善

❶「兆民遂以化四夷。令」八字，原缺，據全書本補。

守，卒奏膚功。過此，非漢武之窮兵，則宋人之金繒，其爲禍敗不同，而失策一也。而不見近者部臣一出而督戰，遂以全軍覆，致有松、杏之圍，則亦後事之永鑒矣。❶ 臣願陛下及今蚤定廟謨，絶口不言款戰平遼，耑意以固圉爲事，命邊臣時舉漢、唐故事施行之。而陛下但躬修明德於上，坐收干羽兩階之化，❷至此見大聖人本身出治，經緯萬端，真如天地之無不覆載，舉一世而甄陶之，歸之至仁，此真學問之極功，盡性之能事，所繇與申、韓之效，天淵異已！而臣謂此固非可以旦夕幾也。王道無近功，至治非小補，若規小利、圖近功，不旋踵而害已隨之。臣願陛下從事慎獨之學，先去其欲速見小之私，而日就月將，以卜化成，將隆古絶業不難再見于今日矣！臣所謂崇聖學以需治化者，此也。統祈聖明采擇。

辭總憲疏 崇禎壬午八月二十六日次臨朐上

原任工部左侍郎爲民臣劉宗周謹奏：爲微臣連叨寵命揣分更難仰承懇祈聖明俯容辭免以肅憲紀事。

臣蒙聖恩，起陞吏部左侍郎。該臣屢告在途，未蒙俞允，行至山東臨朐縣地方，接邸報：「吏部爲缺官事。奉聖旨：『劉宗周陞都察院左都御史，著星催到任。』欽此，欽遵。」臣不勝惶悚無地，隨該臣恭設香案，望闕叩頭謝恩外，伏念臣草野孤踪，荷聖明

❶「四夷誰爲」至「之永鑒矣」一百五十九字，原缺，據全書本補。

❷「絶口不言」至「兩階之化」，原作「躬修明德」，據全書本改。

使過之仁，寵以非常之遇，佐理銓衡，處非其據，已不勝進退狼狽之狀。乃臣既未經受事，再躐榮堦，進叨憲席，揆諸分義，有萬萬非臣所敢仰承者。

臣聞，明主官人必循資而考績，人臣受事務揣分以盟心。故事，都察院以侍郎轉者絶少，而以一日未任之侍郎躐轉者，自皇上御極以來亦未之見也。而始見于臣，臣其敢冒昧自處以辱官常？且仰負聖明，如不得已之盛心乎？夫都察院，風紀之司也。百司庶府于是乎資彈壓，一切政事于是乎贊可否，海内民生吏治于是乎行激勸。當此中外多故，聖政維新之時，所係得人良非淺鮮，一旦俾臣越次而處之，將壞法亂紀實自臣始，又安望其有展布之地乎？如臣學本迂疎，資兼菲劣，素無一割之長，可奏匡時之略，而其爲中臺覆餗懼，尤有不待言者矣。仰祈皇上收回成命，别簡賢才，如同推尚書傅淑訓而外，資望多度越臣者，以充任使，容臣仍以骸骨請，得賜邱首，則所全于臣之分義無幾，而所裨于官常國紀實大。伏望聖明鑒允。臣無任，戰慄惶恐之至。

劉蕺山先生集卷十二

奏疏五

陳沿途見聞疏崇禎壬午十月二十二日上

都察院左都御史臣劉宗周謹奏：爲微臣草莽有懷敢因諮諏所及入告聖明事。

臣宗周幸得從陛見之後，俯垂清問，遂及臣沿途見聞。仰見聖明軫念時艱，殫精治理，冀得之臣子諮諏之暇，以爲補救之方，臣敢無説以處此！而愚衷猶有所未悉也。

嗟乎！民窮至今日甚矣。臣鄉于江南頗稱樂土，而今年春村中猶有殺子以食者，則所在四方可知矣。臣于五月初旬，辭里門而北，維時江南方事插種。曾未幾而陰雨連綿，繼以霪潦，新苗淹死，復行佈種，儘多抛荒，米價驟踊，相傳人多枕藉死者。行至江北，水灾相似。淮揚之間，二麥尚多，被野浥爛，則插種益已後時矣。

時廬州所屬已次第報爲賊陷，賊哨前探至天長地方，逼近維揚，人情洶洶。漕撫先遣兵三百，聲援揚州，迨兵甫至揚，即行刼掠，因而散去，從賊者幾半，上官亦未之問也。既而賊騎亦限于水漲，不果至揚矣。臣住淮安日久，漕撫史可法問顧臣，臣問之曰：「曷不勦賊？」曰：「方事儹漕。」時漕撫既以儹漕爲重，而鳳、皖二撫馬士英、徐世蔭又先後履任方新，尚未有協勦之議也。

至于漕事既畢，可法乃事練兵以圖大舉，而彼此聲息轉復杳然，至今未聞有一旅向廬州一步者。則所練之兵果當何時始用乎？而一時撫、按諸臣遷延玩寇之景象，大約如是矣。區區數百里之間，環錯以三督、撫，而不能成一旅以向賊。護漕者止言護漕，護陵者止言護陵，守安慶者止言守安慶，則賊亦何時辦乎？說者曰：「正以督、撫之多員也。力薄而權分，偷心生矣。」且非惟不能辦賊也，而今者淮、揚按臣，又以殺傷老稚告矣。臣嘗遇科臣陳泰來，叩以時務之要，曰：「必不得已而去，曰去兵。」蓋亦有激乎其言之也。

兗東一帶行李猶有戒心，臣乃遵青州而進。見地方農事登塲頗勝淮北，但人烟往往斷絶，故抛荒甚多，而其地到處有水利可講，屯種可行，惜無人以經理之耳。遇有司則無不以催科爲蹙額，曰：「甫經招聚之民，一見上官督賦，輒思掉臂去，苦無法以羈縻之。」于是紛紛陳告，又向臣求減十四年糧矣。而最苦者，以東三府而代西三府之米豆，百倍維艱；且以東路而代西路之驛遞，又百倍維艱，上官亦未有以處之也。臣嘗遇督運侍郎王正志，因言此差之無當于事，誠爲運道計，莫若亟復西路驛遞之爲長便矣。驛遞復而運道通，既可以招集流移，亦可以開墾荒蕪。❶而議者猶不免西路遺孽是慮，見今東路有護餉之兵，若并之于西，而已充然有餘，倘遷延日久，終讓兗東一路爲賊藪，❷扼斷南北咽喉，徒使東三府

❶「墾」，原作「懇」，據文意改。
❷「兗」，原作「衮」，據影印文淵閣《四庫全書》本《劉蕺山集》改。

并受其敝，真計之左也。且也各省直藩司不催糧，而另遣部郎，徒嘆鞭長之莫及，兵道不護鞘，而特委卿貳，轉多掣肘之文移，亦計之左也。

比臣行至河間所屬，獨苦無雨，秋收告歉，僅支眼下。畿南一帶，幸稱有年，特小民以召買米豆爲艱，多坐有司不職所致。蓋召買雖有官價，而準以時價，已苦賠累，況給價不全，賠累之中又賠累焉，甚則有全不給價者。

總之，今天下瘡痍未起，流亡未集，民少而賊多，官增設而事愈壞。今但緩得一分催科，便減一分盜賊；省得一人差遣，便息一方騷擾。因使隨處講屯田水利，與人以衣食之望，則流亡自集，即可隨處行鄉約保甲，絶人以爲盜之原。則瘡痍漸起，而所謂去兵之説，古聖人斷斷乎不我誣也。今日日言練兵，而終無一兵可用；日日言調兵，而終無一兵不助賊以害民。致反授辭于賊曰「勦兵安民」，一時文武諸大吏何啻巾幗之辱，則亦安用此多兵爲乎？而且事紛紛多餉乎？臣在臨朐，相傳劉總鎮領兵過河，未半渡，而輒爲賊所擠，溺死者無算，此豈兵少之故乎？❶又聞小袁賊聲言就撫，而該督遂遣一典史蒞賊營，反受其挫辱，踉蹌而還，繼以兵將多人盡遭屠戮。種種舉動，真成兒戲！一旦驟遺河決之禍，天乎？人也。則諸援師觀望玩寇之罪，愈有不可勝誅者矣。臣雖一隅之見聞，未足概天下大勢，而其端可以類推。

惟皇上獨觀萬化之幾，深酌時務之要，首念民艱，多方收恤，或量核災荒，徑減見

❶「豈」，原作「起」，據全書本改。

年錢糧，或深懲覆轍，盡罷前日練餉。因勅各撫、按，令所在官司各舉兵、農、錢、穀之任，無恃一切專官專遣。從此本計既修，勝算自握，坐見中州釜魚縱未滅亡，亦當終有向化之日矣。臣謹據實指陳以聞。

條列風紀疏 崇禎壬午十月二十五日上

都察院左都御史臣劉宗周謹奏：爲敬循職掌條列風紀之要以佐聖治事。

臣惟國家設立内臺，與六部相提衡，爲天下風紀之司，固理亂安危之所自出也。惟是官不得人，則法久而弛，令熟而玩，種種受弊之端，遂開天下犯義犯刑之習，所不至以人國爲徼幸者幾希，而臣乃凛凛于此矣。

臣聞，君子之德風也，風無形，而所及者神、所被者逾廣，故又曰：「知風之自。」此其權固于皇躬之邃密操之，而在臣衙門，因以法紀奉揚之故，亦得繫風于紀。顧名思義，于端本澄源之説，亦有不可不亟講者，則在諸御史且然，況其爲之長者乎？臣以不才忝荷皇上任使，受事伊始，不敢遽求之官也，而必反而責諸身。苟其一念不可以對君父，與一事不可以質天下士大夫，臣不敢不席藁服皇上之大法。法行自近臣，乃進而與諸御史約，繇是以求之綱紀之地，自朝廷以及天下，端不乏風行草偃之機。惟皇上正心以正朝廷，以正百官，以正萬民，以正四方，臣敢不受成于下，以庶幾無忝厥職乎？臣請指其要者而類陳之。

一曰建道揆。臣聞「商邑翼翼，四方之極」，京師首善之地，固道揆之所自立，而天下繇之以感發興起者也。先臣馮從吾常因舊址建首善書院于京師，率士大夫之同志者而講肄其中。會廣寧告陷，人多迂之者，從吾曰：「今日正不可不講學。」此其意固自遠矣。而竟以是罷去，卒遺崔、魏之禍。首善一席，鞠爲茂草，識者傷之。天啓聖明，躬先問學，日御經筵，方將闡明孔孟之奥以紹聖統，而獨不令學士大夫仰承教澤乎？臣請亟復首善書院，即祔從吾爲瞽宗，而令京師子弟之秀者專爲肄業地，仰昭聖明興道致治之憲，不亦休乎！先是，皇上特重《孝經》、《小學》二書，頒示天下，一時士習多向風者。而臣以爲有《小學》之教而無小學之地，猶然空文耳。倘因首善之舉，即用之爲都人士小學，因并勑天下府、州、縣各復國初社學舊制，選名德老成者爲之師，聚里中彦士而教之，因而繇黨庠、州序以達于國學，將異日賢良方正諸科，未必不因此而起，而所裨于聖朝作人之化，非淺鮮矣。伏候聖裁。

一曰貞法守。臣聞五刑五用，繫之天討，非人主所得而私也。我國家設立三法司以治庶獄，視前代爲獨詳。蓋曰刑部所不能決者，都察院得而決之；部院所不能平者，大理寺得而平之，其寓意至深遠。開國之初，高皇帝不廢重典，以懲巨惡，于是有錦衣之獄，已讀《老子》「民不畏死，奈何以死懼之」之語，立命焚錦衣刑具，事寬恤而歸訊讞于法司。至東廠緝事，亦國初時偶一行之于大逆大姦，事出一時權宜，後日遂相沿而不改，得與錦衣衛比周用事，致人主有私刑。自皇上御極以後，此曹猶不難肆羅織之威，日以風聞事件上塵睿覽，輦轂之下，人人重足，浸傷九重好生之德。幸今朝廷有清獄大典，從前一切株連蔓引之冤始得盡出覆盆，中外歡呼聖德。而皇上且已改定勅書，不復畀此曹以事權矣。請自今一切輕重獄詞，專聽三法司聽斷，不必另下錦衣。其或有不公不法傳于道路，踪跡彰著者，獨許臣衙門以五城御史覺察，廉其情罪之重者，送刑部究擬。倘御史不行覺察，事露并坐御史，御史得職，而衛、廠之譏呵可以不事。自此耳目無旁寄之門，朝端享清静之福，于以仰追三代刑措之風，其庶幾乎！伏候聖裁。

一曰崇國體。臣聞堂高廉遠，古人借以喻上下之分，亦曰體統正而後朝廷尊耳。今天下之勢何啻指大于臂，臂大于腰者！所謂失今不治，非徒病腫，又苦跛盭。即今中原寇亂，士卒非不林立，而主帥之約束不行，何故？即大帥非不碁布，而文臣之節制不受，又何故？則陵替之勢，其所由來者漸矣。推此以往，部臣而叛官長，青矜而抗師帥，僕奴而殺主翁，皆積漸之勢也。臣乃知今之號爲尚書、侍郎者，名位雖尊，而語其權藉之地，不過一吏胥之任耳。朝升堂而受事，夕繫囹圄矣；方伏謁而趨承，倏從維縲矣。則當其在事之日，而人人以囹圄待之，維縲伺之，曰：「此五日京兆耳。」下陵上替，轉相尤效，等而進之王公，一階耳。此臣所爲寒心也。請自今著令，大臣自三品而上有犯罪者，先行九卿科道會議，議詳乃付司寇，司寇議定坐殊死者，得收繫，其他即以其罪行遣。此雖于僇辱之中，而不忘禮遇之意，豈其人之足恤哉？凡所以尊朝廷也。頃者，皇上業已行九經之政，敬大臣而體群臣，何所不曲致其恩禮，而終有感于舊銓諸臣之一案，頗爲聖度累不小，則臣不得不慮及之，以爲將來戒。伏候聖裁。

一曰清伏姦。臣聞「蠻夷猾夏，寇賊姦宄」，同類而稱曰賊，❶在外爲姦，在内爲宄，以見腹心之寇慘於裔夷，❷爲明主之所慎防云。今天下流寇之禍易解也，而所難者乃在姦宄。前此枚卜之舉，何等關係，而朝堂禁地，忽有以匿名揭告者，胡爲乎來哉？賊在内矣，則必有爲之外者，此非一輩罷閒官吏欲燃既死之灰，❸必係一時貪鄙縉紳冀倖非望之福，因而關通線索，表裏爲姦，至不難以門户之説羅朝士，而一網之動，乘人主所甚忌乎！此其膽大包天，爲王法之所必誅，而皇上亦姑置之而不問，以全大體，豈不適遂狡謀，後且一逞再逞而無已乎？語云：「不見其形，願察其影。」臣請此後，除匿名文字一切立毁不問外，但有朝紳結交近侍，蹤跡顯著者，不妨立置典刑。此外大小臣僚，不論見任廢籍，或借事呈身，或假途干進，因而勅類斜封，官同傳奉者，許臣衙門竟以白簡從事，立破姦謀。庶魑魅魍魎不至跳梁于清晝，而保泰之業或亦不外此而得之矣。伏候聖裁。

一曰懲官邪。臣聞國家之敗，無不由官邪者，而官之失德自寵賂始。往者，京師士大夫與外官交際，自臣通籍時，有科三道四之説，識者已爲之嘁嘔，其後稍稍濫觴，未甚也。我皇上御極以後，加意

❶「蠻夷」至「曰賊」十四字，原缺，據全書本補。
❷「慘於裔夷」四字，原缺，據全書本補。
❸「燃」，原作「然」，據全書本改。

澄清，間有以賂告者，必罪不赦，以爲是足以令行而禁止矣。豈知禁愈嚴而犯者愈衆，情愈巧。臣受事冬官時，見内外官相見以贄，輒袖手授受，不令左右窺見，至列束投遞，必託小書名色，曰十册、二十册以示諱，此其事詎可令穿窬見乎？而其途必自臺省而上權貴人，久之白鏹易以黄金，致長安金價日高，如是者習以成風，恬不爲恥。頃自薛國觀敗，而人心稍有警惕，次第改觀易聽矣。倘其積習盡洗，臣幸得與天下更始，共奏澄清之理。若猶未也，但有輦金而入長安者，臣衙門風聞即單詞檄之，立置三尺。至于士路，紛嚣久搆，成一搶攘世界，而近者復有起廢之典，不禁紛紛陳乞。廢者乞，不廢者亦乞，至廢而起者又乞，決裂四維，尤爲不小。相應一併禁止，以挽頹風。伏候聖裁。

一曰飭吏治。臣聞吏治之關生民休戚，自古而然矣，矧今天下魚爛瓦解之日乎！而察吏之責獨臣衙門專之，則巡方之遣是也。臣姑先言今日吏治之污。如催科而火耗，詞訟而贖鍰，已視爲常例，未厭也。及至朝廷頒一令，則一令即爲漁獵之媒；地方有一事，則一事即爲科斂之藉。官取其一，吏取其九，一者常見持，而九者遂不敢問。民費其十，上供其一，十者方取嬴，而一者愈苦不足，以是百姓視上官如仇讐。一旦有事，或獻城，或甘心從賊，計不反顧。而後乃知此輩手攫之金錢，亦直以軀命易耳。至問其所以姦贓之故，殊似有可原者。一令耳，上官之誅求，自府而道、而司、而撫、而按、而過客、而鄉紳、而在京之權要，遞而進焉，肆應不給，而至于營陞謝薦，用諸巡方御史者尤甚。即其間豈無矯矯自好者？而相沿之例，有司已稛載而往遺其家，巡方不及問也。如是者，一番差遣，一番敲吸，欲求民生之不窮且盜以死，可得乎？然則臣亦不必詳言吏治若而良、若而楛，第專責之巡方，但令巡方不黷賄，則自巡撫而下皆不黷賄，守令即黷賄，亦無所用之，有不吏畏其威、民懷其德者，未之聞也。臣嘗念今天下用人行政宜歸寬大，獨于風憲受贓之律毫不容少貰，而臣乃執之爲回道考察第一義，以爲吏治風。并亟罷減俸行取之例，行久任之法，自此吏治當有起色乎！伏候聖裁。

凡若此者，臣雖不敢盡謂有當于時務之要，而于風紀所關，大者以尊主而庇民，小者以修政而立事，亦稍稍得其要領。倘聖明弗以爲謬，勑下各該衙門持賜施行，世道幸甚。

請嚴考選疏崇禎壬午十月二十七日上

都察院左都御史臣劉宗周謹奏：爲闢門大典澄叙宜嚴敢定流品之衡以裨激揚之憲事。

臣聞進賢退不肖，固銓序人才之法；奬恬而抑競，尤轉移世道之權。乃者考選之役，臣宗周特奉皇上面諭，不敢不凛凛從事。因思臣衙門風紀之司，固清議之所自出也。此一時也，功名之路驟啓，囂競之途轉捷，郎署中有自行陳乞者矣，推知中有減俸行取者矣。臣以爲斯二者皆不可爲訓也。夫遴選之典，朝廷所以深致求賢若渴之意，而自人臣處之，惟有退然引避，若弗克勝。今乃紛紛媒進，自鬻不已，幾與乞墦壟斷者同類而共譏之，何士節之隳，一至此也？且郎署亦考選中階也，薄郎署而不爲，能必考非郎署乎？抑以禮曹而乞考，將必徑改省郎而後快，以樞曹而乞考，又必并薄臺郎而不居，是視臺省爲必得之物也。吏治之爲天下最也，保障綢繆，何莫非本等職業！今則賑濟也而減俸，建城也而減俸，防河也而減俸，有減至三年者，有減至二年者，是視臺省爲微勞之勸也。嗟乎！禮義廉恥，士君子居身之本係焉。有廉恥而後有功名，有功名而後有事業，昌言偉伐，惟所樹焉。未聞立身之本蕩然放棄，而異日有建立之可言者也。臣頗聞先朝名碩，有授臺省而辭者，辭而得之，遂以郎署顯；辭而不得，卒以臺省顯，而其人皆炳耀千古，稱不朽。今之君子宜何居焉？此攘攘而來者，不懼稱職之難，而矜體統之倨；不以爲效忠之資，而以爲恩威之府。苟可以極其營求，無所不至，不難呈身如彼，速化如此。一身之廉恥既不恤，又奚有于立殿廷爭可否者？若何而其爲植黨營私，欺君罔上，誠可握券而待也。

臣于是深有感焉，姑請以往事折之。臣入長安，人言籍籍，如給假御史喻上猷，居鄉不簡，至短喪起復，爲名教所不容；又如河南御史嚴雲京，前令山東，至賄賊冒功，終見巡方之溺職。此二臣者，孰非清華之選？至今不能不爲前人咎。倘失今不慎，又以匪人廁足其間，臣恐後之視今，甚于今之視昔。猶記大姦得路之日，舉國寒蟬，而一二三挺松栢之節者，自袁愷、成勇而外，未易多屈指。臣謂必袁愷、成勇其人，而後始不負臺省之選，可以攖鱗，亦可以借劍。今二臣身雖廢，而道自光，如愷在起用之列，無事臣言；獨勇尚錮戍籍，知聖明已有裁鑒，旦夕下賜環之詔，亟復臺員以終後效，所謂「鷙鳥累百，不如一鶚」者也。

仰祈聖明嚴勅該部，是番考選，必以恬競分賢不肖之概，凡自行陳乞與歷俸之最淺者，皆罷黜不與，而擇其廉静退讓者，以風示之。仍乞并勅該部，將御史喻上猷、嚴雲京分別議處，戍籍成勇即與昭雪，則惟此斤斤澄叙，永足爲狂瀾之砥，所關于世道汙隆有非渺小者，而皇上饑渴求才之意，亦庶幾其小慰云。

申救熊大行姜給諫疏 崇禎壬午十月二十七日上

都察院左都御史臣劉宗周謹奏：爲恭承聖諭感激時艱敬矢責難之義以圖報稱事。

日者邊方告警，致煩皇上焦勞宵旰，下詔求賢，宏開闢門之典，益切引躬之思，惓惓以責難望諸臣。爲人臣子處交戟之下，不覺心膽俱碎，况臣忝列風紀？仰承聖諭，指及憲綱，所以責備于臣者尤切，其敢不兢兢日夕與諸御史勉圖言責，以當官守？而臣乃竊有感于今者禍敗之故矣。我皇上聖明天縱，嗣服之初，方將大有爲以光守文之業。首誅大逆、除大姦，業甚盛也！顧餘孽猶延踵相傳護，遂得以小忠小信之計，逞作威作福之私。上摇國是，則無人不羅爲門户；下困民生，則無法不峻以誅求。至于天變人窮，兵連禍結，而不知所止，則小人用事之禍，其足肉乎！所幸聖明更調化瑟，聿新庶政，舉向來一切慘急煩苛之象，盡還之惇大，朝野方喁喁想望太平。而不圖前此之作孽已深，後事之幹蠱不力，禍敗相仍，至有今日，誠剥復相乘之一會也。乃識者于此不無隱憂矣。

今日科臣姜埰、司臣熊開元，並以言事觸聖怒，下之掖庭。臣不知所挾何説，而第于朝會之間，拱聽御傳，在熊開元則以指摘輔臣詰，在姜埰則以闡繹聖諭，因追論舊事匿名廷揭詰。臣不勝股慄，退而思之，如熊開元所坐正爲今日之幹蠱不力者言，而第其奏對之際，欲屏人密語，以翹人之過，豈臣子進言之法乎？此端一開，而天下之爲告密者争風起而禍人國矣，此其心可原而其言可罪也。如埰所坐正爲前日之作孽已深者言，而第于引詔之下，欲盡避規卸之名，以掩人臣之罪，豈臣子善則歸君，過則歸己之義乎？此説一倡，而天下之爲營私植黨者，益弁髦憲綱而不顧矣，則其心可原而其言可罪也。聖明在上，于諸臣是非得失之辨，豈不洞若觀火，推見至隱？二臣即有罪可原，正不難借此一斥，以作正直之氣、發忠愛之忱，而矯枉不無太過，至以衛獄處言官自今日始，所傷國體似非細故。臣猶記枚卜會推之役，干觸聖怒諸臣各得罪以去，然若惠世揚、章正宸者，輿論至今惜之。輒有言于皇上之前，則夫大譴大呵之法，終不可不慎所施矣。

乃臣于是而更有進焉。我皇上既以責難望諸臣矣，今試思難者何在，則必從所難受之言曲喻于轉圜，而逆耳之中有利行，且必從所難克之私推究于幾微，而舍己之後有樂取。審如是，又何必口道先王之言，身爲禮義之則，乃稱責難之恭，以自當于明主乎？臣聞之人之言曰：「爲君難，爲臣不易。」而孔子遂進之以知難之説，曰：「予無樂乎爲君，惟其言而莫予違也。」興喪之機于此決矣。故子思子告衛侯曰：「君出言以爲是，卿大夫莫敢矯其非；卿大夫出言以爲是，士庶人莫敢矯其非，則國亡無日。」今幸有矯卿大夫之非者矣，又何意聖明于刻責引躬之下，得聞狂夫之言乎！臣願皇上姑寬此二臣以彰聖度，改勅法司勘問，少存言官之體，以作將來怒蛙之氣，則聖德于此益著，而以之爲匡濟時艱之本，亦有餘裕矣。

臣素性愚戇，屬蒙皇上優容之下，輒敢不識忌諱。伏惟聖明鑒察。

請飭覲典疏 崇禎壬午十一月初二日上

都察院左都御史臣劉宗周等謹題：爲遵例請旨嚴飭禁諭以肅覲典事。

照得崇禎十六年，天下官員例當入覲。除一切官評，臣等加意采訪外，先期例行榜示。如徽逐過從有禁，送程設席有禁，山人墨客往來有禁，揑欵肆揭、揑情肆辨有禁，計後潛住京城有禁，已經節年申飭內外官，相應一體遵奉。而其最干法紀者無如餽遺一事。竊照近世士大夫不以苞苴及門爲恥，如外任官歲時問餽京邸，亦既習以爲常矣；至朝覲年，則自守令以上，必人輦一二千金入京，投送各衙門及打點使費；其截俸留考諸員，又特有一番鑽營之費，惡薄相仍，愈趨愈下。今聖政維新，嘉與天下，共奏澄清之理，責成實在臣衙門。臣請特設厲禁行，五城御史轉行各兵馬司，預加緝訪。至期遇有入覲官員賫金如故事，在各衙門餽送、打點或轉託親故投入者，不論與受，立行開報城御史，參送法司。仍立限五城，至期若無舉發，本官即以不職論，特行參處；即已經風聞有據，而城御史不行舉發，城御史即以不職論，特行參處。再聽五城御史互相覺察，但能發姦一事二事，御史紀録，兵馬司優陞。蓋臣雖不敢薄待天下士，而移風易俗之教，豈能一朝而得之？禮教之窮也，不得不佐之以法。法在必行，請自臣等及諸御史始。

統祈聖明垂鑒，勑下臣衙門遵奉，大書禁約，通將舊禁各項欵以下，責各該衙門一體施行。應拿問者即行拿問，應糾參者即行糾參。庶舊俗爲之改觀，而士風於焉丕振，所關一時計典之重，豈其微哉！

申明巡城職掌疏崇禎壬午十一月十一日上

都察院左都御史臣劉宗周等謹題：爲申明巡城職掌以肅風紀以建治化事。

臣常有感于風紀之説，而知天下之治必有所自始，則京師其首善矣。臣請遂言所以風京師者。臣衙門御史之差巡城也，專以督察輦轂，而下承之以兵馬司官屬，所至必令行禁止，頗視漢之司隸。自城職不舉，朝廷一切發姦擿伏之權，不得不別有所寄，致往者亂政亟行，遺爲厲階，無足怪者。臣考之故牘，城御史不徒爲喧鬧設也，進之爲禁賭博、爲捕盜賊、爲參奏打點餽遺，又進之爲裁抑豪横、爲懲罰奢侈游戲，又進之爲察問九門官吏不法，皆其職掌之大者。臣宗周受事衙門之日淺，諸御史日有報、月有稽，于諸條欵纚然具也，而每項則註曰「無犯」，果爾，豈不比屋可封？一旦有事後發覺者，將何以置對？天下事之敗于文具，類如斯矣。而臣謂此固非可以武健嚴酷勝也。

臣聞之先王之治天下也，必設爲里井之規，而聯之以比閭族黨之法，于是以鄉三物教萬民。陳之以愛敬而民興行，道之以禮樂而民和睦，漸摩之以仁義而民尚德，故化行俗美，奏上理焉。聖王不作，一切良法美意蕩然久矣。若後世所稱鄉約、保甲二事，猶爲近古，乃者業已累奉明旨，申飭舉行，而終未有實實舉行者，何也？本教疎而風勵之權弱也。今臣等請與諸御史力以風紀自任，推明德意，令所在地方特設鄉三老，申高皇帝六言大訓，務以其時講明之。而即以鄉約行保甲之法，使比閭而居者有善可以相長，有過可以相規。平居而親睦，宛如同井；有事而捍禦，即爲干城，將先王化成天下之效，不難再見于今日乎！而行之自京師始，則請自城御史始。

舉京師之衆五方雜處之民，盡收之鄉保之中，遇有前項，得遞相舉發，重則題參，如打點、餽遺、九門官吏不法之類；輕則拿問，如賭博、盜賊之類；又輕則徑行驅逐，不許潛住京師，如私娼、小唱、戲子、游僧、游尼之類。所不令行而禁止者，未之聞也。臣等于是乃立責成之法，請于城差報竣之日，城御史先以鄉保法甄别兵馬司官，旌過善良何人？糾過非爲何事？倘縱姦不舉，至爲别衙門所舉發，即坐本官以不職，小則罰俸，大則降級。臣等因即以鄉保法甄别城御史，旌過善良何人？糾過非爲何事？倘縱姦不舉，至爲别衙門所舉發，即坐本官以不職，小則罰俸，大則降級。且改劄差爲題差，復季差爲年差，以重事權，庶幾成效可覩。

統祈聖明裁奪。如臣言不謬，立賜申

飭，俾臣等奉以施行。其鄉保二事，恭候命下之日，容臣等裁酌事宜，先行所屬，并通行省直各地方，一體遵依。邇者寇警驟聞，尤可恃以安集人心爲城守要務，則臣宗周已于己巳之警，行之京兆府矣。

糾參餽遺疏 崇禎壬午十一月二十五日上

都察院左都御史臣劉宗周謹奏：爲特糾官邪行賄有據謹自劾不職以肅風紀事。

臣于本月二十四日辦事衙門訖，有起復加銜太僕寺少卿武英殿中書王育民者，與臣素昧平生，進而謁臣于私寓。坐定，手出書儀一封，周方可三四寸許。臣因問所從來，則原任絳州知州、今陞户部浙江司員外郎孫順所齎，以爲打點外計地，而育民其部民也，因爲之過付。時育民方左右顧而無人，幾欲作袖中之緣，而臣乃毅然揮之而去。臣不覺處躬無地，退而自思，以臣忝列風紀一席，而此曹猶不難爲非義之干，視國憲如弁髦然，實臣之平生固不足取信于人與？昔人云：「人心如青天白日。」何至相疑？臣實愧之。又重以爲國憲辱，臣真大負皇上任使矣。

乃者臣方奉皇上面諭，責臣澄清計典一事，隨該臣豫行題准，惓惓于餽遺之禁，方在大刻榜文張掛間，都人誰不知之者？而不意令之不行，首中之臣，則自臣以往，一時賄賂公行，偏染各衙門，當又有莫可窮詰者矣。臣聞古之爲政于天下者，令懸而不犯，刑設而不施，貴其所以感之者豫也，若待其已犯而後繩之，亦已晚矣。臣真大負皇上任使矣。

仰祈皇上先將臣亟賜罷斥，以爲秉憲

無能者之戒，仍勅下該部，將孫順重行褫革，王育民并與懲處。庶幾計典於焉少肅，仕路爲之一清。臣無任戰慄隕越之至。

申飭憲綱疏 崇禎壬午十一月二十八日上

都察院左都御史臣劉宗周等謹題：爲遵奉明諭申飭憲綱以昭法守事。

臣宗周于本月十三日恭承召對，隨于御前發下欽定《憲綱》一書，諭臣遵行，以訓飭諸御史，諄諄有加。臣恭領而退，悚慄不勝。隨該臣次第諭諸御史，各靖共乃職，一照《憲綱》行事，并其在差者另行劄示，去後訖。臣等因恭繹《憲綱》一書，大都求詳于諸御史，而于臺長不及一二焉，聖意蓋曰：「諸御史之職即其職也。」則表率之地，愈有不敢不勉者矣。然臣等雖自愧率屬無能，而成憲犂然，稍一申明，輒使耳目新而精神肅。自臣等以及諸御史敢不灑然易慮，精白自矢，以圖報稱，仰副聖明惓惓責成至意？臣等爰取三十四條檃括其旨，約爲數事，仰塵睿覽。倘蒙鑒允，容臣等再行所屬，永爲遵守，以竊附于不愆不忘之義，將聖天子垂憲一世之風猷，不至託之空言而無用，臣等與有榮施。謹具列如左。

一曰重臺員之建白。臣謹按，《憲綱》首重建言，曰「直言所見」，蓋爲御史處風紀之地，爲朝廷耳目之官，以言爲責者也。故言及乘輿則天子改容，事關廊廟則宰相待罪，其道有直而無遜，古稱名御史，往往繇之。雖至貶竄誅夷而不顧，天下卒收其言之利。而不然者，計身家、懷利禄，繞指易剛腸，矢口皆虛説，或事出風聞，或類從毛舉，或顛倒是非，或雷同附和，或攻訐陰私，或借題營窟，或上言德政，或濫薦私人，甚者附下罔上，比周爲姦，招權納賄，威福自恣。有一于此，皆直道所不容，爲言官之溺職。臣當擇其尤者而重事參處，以警其餘。此振揚風紀第一義也。伏候聖裁。

一曰定臺員之差遣。臣謹按，《憲綱》特申御史出巡之任，則註差固有定例矣。曰「小差以試御史充」，曰「中差以實授御史充」，曰「大差以資深御史充」，不相紊也。偶臺員缺人，則或初試而註中差，淺資而註大差，推移之間，因得以趨羶避冷，舍難就易，而成法亂矣。至諸差中其坐大差者，自巡方而上，若管理章奏，若十三掌道，尤不可不重其事權。如章奏不職，則建白于何定流品？十三掌道不職，則省直于何稽文案？而今也，概以故事視之，沿襲日久，即欲問其職掌而不可得。至兩畿督學一差，地方之風教寄焉，原係會同禮部爲特選。此外有監軍一差，兵事之安危寄焉，又係會同兵部爲特選。此則未可概以資序論，以資序論，多至不舉其職矣。今臣等請于成憲之當遵者，必立爲畫一之規；于舊章之已湮者，必加以整飭之法；而于時宜之當酌者，又必通以遴選之方，使所在各舉其職。雖其間有題差、劄差不同，一皆勒以成限，不致游移久近，生畔援之端，則亦鼓舞人才之大端也。伏候聖裁。

一曰正臺員之體統。臣謹按，《憲綱》御史主糾劾百司，所至地方，自六品官以下得徑自拿問。煌煌豸繡，其重如此。而又許内外臺得互相糾劾，以共處于無私之地，此體統之所以益重也。然則臺員固以人重耳，非徒以官重也，而今也或官非其人，狐狸是問，而舍豺狼；鷹鸇弗逐，而伺貓鼠，其重安在？且夫巡方在外，固有定體矣。藩臬之品級固甚懸也，而執刺用手本；知府之品級亦相懸也，而謁見行跪禮；至教官有師模之責，而亦行跪禮；郎吏以下出自貢監也，而概行叩頭禮，皆非憲體之舊也。乃巡方竟坐是以矜貴倨，而日與地方官相趨以勢，相取以利，相與以迎送餽遺，充其情，或多乞墦壟斷之不若，其重又安在？而至于近日陵替之漸，尤有不可言者。催科有考成矣，詞訟增贓罰矣，一切助工、助餉日有濫觴矣，此雖一時，功令之變使然乎？而巡方遂得以行其誅求無厭之計，則決裂又甚矣。臣請自今爲御史者，必以人重官，爲百司表率，而無取諸虛貴也，庶不至下交而瀆，轉開陵侮之端。而且以催科還撫字，以刑罰還教化，以一切助工助餉之義，量取之于其所有，而盡捐成額于朝廷，因使得益著其攬轡澄清之節。夫如是而御史體統乃重，御史之體統重，而朝廷之體統益重，世道其與有攸賴矣。伏候聖裁。

一曰覈回道之考察。臣謹按，《憲綱》有巡方失職之條，至舉劾不稱者，遂以烟瘴戍，而尤重犯贓之法，于是回道例有考察之典。乃後世相沿，視爲故事，率取養交避怨而已。近趙南星以張素養舉貪吏也而處，高攀龍以崔呈秀犯贓私也而處，一時以爲空谷之音。聖明在上，累經嚴旨，法在必行，而臣等猶懼無以仰承德意也。一則文具之呈詳易飾，一則采訪之聞見難真，坐是苦無下手，終成憒憒者有之。今請御史回道之日，另奏一簡明文册。如其察吏也，果舉得真廉吏某人某事，糾得真貪吏某人某事，而尋常之舉劾不與；如其安民也，果于某地方招集得流移若干人，又于某地方開墾得荒蕪若干畝，并清察過糧差積弊若干件事，拿問過大姓豪横若干件事，表章得真經明行修、真孝廉、真儒幾何人，而向來例套所及者皆不與。丁是考其殿最，登報一一及格爲上等，有舉有遺爲平常，全不舉者爲不稱職，而次第按以功令，姑酌爲改調、降級、罰俸三等，真如執尺度以繩長短，握權衡以定重輕，未之或爽也。至犯贓者，另事采訪，特從重論。而考察之法于是乎行矣。伏候聖裁。

一曰嚴臺員之選轉。臣謹按，《憲綱》選用風憲，必取公明廉重、老成練達之品，而禁新進初仕者，法如是其嚴也，則臺員之所以自待者可知。乃前此有以甫釋褐而聯翩蒙欽簡者，此誠一時曠典乎！而倖端既開，遂有争欲速化者矣，且有甫拜恩而即自陳實授者矣。及其弊也，既得患失，何所不至！臣稽往事，臺省之選轉，或内或外，未嘗有軒輊也。自人情重内而輕外，于是卿寺之途日競，而外改監司者因有年例之名，人多視爲畏途。臣觀前輩臺員，其賢者多出爲監司以自效，兵、農、錢、穀，事事可觀，一日肩鴻任鉅，聲施爛然。而今也，不特薄監司而不爲，且并薄督、撫而不屑，而其爲監司者，反得借邊才以攘之。于是内與外争競于榮進之途，視一官如傳舍，職業日隳，人才日耗，禍患日臻，以至有今日。嗟乎！難言之矣。請自今選授臺員，一遵《憲綱》故事，至遷轉之日，除回道考察處分并閏陞者另論外，積至資深望重，概以一內一外行之，而斟酌于才品之間，罷去年例名色，使內者既備節鉞之選，外者亦配京卿之望，庶人情之囂競以息，而于天下事有可次第言者矣。臣聞之：「禮義廉恥，國之四維。」四維不張，其何能國？伏候聖裁。

被放謝恩疏 崇禎壬午十二月初二日上

原任都察院左都御史今革職臣劉宗周謹奏：爲感激天恩恭陳謝悃事。

該臣于閏十一月二十九日，隨閣部諸臣後，召對中左門，以奏對忤旨，屏息出朝房，隨奉上傳：「劉宗周愎拗偏迂，朕屢次優容，念其新任，望其更改。今乃藐法狥私，大負委任，本當重處，輔臣奏其年老，姑着革職。金光辰將諭旨及面諭皆不理，詐稱不知姜埰等罪狀，明係説謊，其奏對尤屬恣肆，姑從輕着降三級，調外用。該部知道。欽此。欽遵。」于本月初一赴鴻臚寺報名，今早恭詣午門外行謝恩禮訖，戰慄之下，感激天恩，不勝耿耿。伏念臣生逢聖世，先後蒙皇上三起田間，皆出特恩，爲一時諸臣中異數。而臣以衰病之餘，形骸漸廢，神智漸昏，報稱漸窮，至此輿疾而出，實爲感痛時艱，不暇自揣菲劣，叨兹重任，日夕冰兢。既蒙面諭，尤凛《憲綱》，乃前後條陳，多以草野之資，載其至愚極陋之狀，臣亦自知罪戾難逃。幸荷優容，勉圖懲艾，而質成偏駁，磨切無功，輒于召對之際仍敢效其狂悖，仰干聖怒。自分虀粉，猶復念臣年老，曲賜矜全，天地父母之恩，真出臣之望外。一息尚存，犬馬知戀，瞻望闕廷，不禁雨泣。

惟望皇上聖德日新，聖躬時葆，勅幾康于知要，少紓宵旰之憂；擴問察以用中，益裨高深之助。庶群策舉而群力益張，將廟算周而廟勝自卜，尚何近日禍氛之足慮！臣未見自古以聖人在天子之位，而天下無治平之望者也。臣溝壑餘生，始終願皇上爲堯舜之主而已，爲此少陳謝忱，冒干慈鑒。臣無任泥首請死以聞。

恭陳辭悃疏 崇禎壬午十二月初五日上

原任都察院左都御史今革職臣劉宗周謹奏：爲戀闕瞻天敬陳辭悃事。

臣聞：「忠臣去國，不潔其名。孝子幾諫，不違其志。」臣每有感于斯言，爲之飲泣。伏念臣老病支離，不堪鞭策，業已久徹御前，況重以狂悖之罪！乃蒙聖恩曲存帷蓋，解其職事，俾得以長林豐草，再陶聖世，從此遂當遠違闕廷，瞻天尺五，亦復何言！而臣輒不禁其涕之欲雪也，百年頂踵永畢于此，臣能不少抒去國之懷乎？

臣惟自古國家治亂之數，莫不有人事以感召之，故曰：「或無難以喪邦，或多難以興邦。」以我皇上有道聖人之主也，而適遘時艱，一切匡濟之資，動無足恃。致煩皇上下哀痛之詔，爲之引躬刻責以承天譴，且也闢門訪落，益與群臣講交警之誼，至躬親庶務，不恤夜分，習以爲常。一日出行間，火器、戰車，手自演試，以示群臣，如是者，焦勞亦謂至矣。而臣猶以爲未覩其要領也。

夫人主所自託于天下者，止此一心耳。

誠使操之無本，而用之或失其要，即焦勞于己，亦何益于成敗之數？即今聽政勤矣，而紀綱之條布或紛；求言廣矣，而謀猷之入告猶少；用人亟矣，而仁賢之奏效尚疎；委任切矣，而上下之猜疑轉甚；防姦密矣，而法外未必無遺姦；慮患深矣，而術中未必無隱禍，無乃本原之地有先受其病者乎！臣常讀高皇帝御製《心問》篇，有神役心、心役神之辨。猶是一心耳，而役神與見役于神，争在毫釐，判以聖狂，況役神不已，轉以心爲役乎！然則皇祖之治天下，亦豈無所用其心哉？特不以神爲役焉爾。甚矣，皇祖之善言心也。臣願皇上以法祖之心學，爲救時之大權，務時時自格其神焉。何以事神？曰敬。不顯亦臨，無斁亦保，無徒以焦勞代兢業，可乎？何以致敬？曰誠。顧言于行，慎終于始，無徒以鋪張爲實事，可乎？敬則誠，誠則神，神則天。惟天不言而信，惟神不怒而威，此天德之粹，而王道之純也。且聞之，古者天子端冕而聽政，則前疑後丞、左輔右弼，其職皆主于論道。故陳平不對錢穀，曰「自有主者」；丙吉舍盜賊而問牛喘，宰相且然，況天子乎？以天子而親細務，問宰相所不必問之事，則宰相不復舉論道之職，而六卿以下惟有奔走于文法而已矣，是率天下而曠其官也，何治平之能幾？

臣願皇上日進諸輔臣，講求誠敬之學，以爲萬事萬化樞，無令輔臣下侵六卿之權，各舉其職以事一人，而天下固已治矣。又何必苦形勞神，惟日之不足，以重其敝乎？此臣所爲芹曝之獻，不自知其迂疎如此。惟聖明寬其罪譴，而賜之采擇，臣死不朽。

糾參輔臣王應熊疏 崇禎壬午十二月初十日上

原任都察院左都御史今革職臣劉宗周謹奏：爲戀闕瞻天恭申謝悃事。

臣宗周以罪蒙譴，已于本月初七日辭朝出城。際此時艱，惓惓不能忘君父，因而棲遲累日，恭遇萬壽昌辰，以草野效封人之祝，而臣乃逡巡行矣。伏念臣通籍四十二年，前後仕于朝者僅六載有餘，遂荏苒以逮老，終攖罪戾，辜負聖明。猶荷鴻慈，俾得暫延耕鑿于聖世，從此永辭闕廷，而臣之頂踵與之俱盡矣。臣能不泫然于臨岐之際乎？蓋臣每痛念時艱，而重有感也。

今流寇之禍亟矣。言守言禦，萬無幾幸。所恃一人克艱于上，臣工交警于下，相與一德一心，共奏卧薪嘗胆之效，而事殊有不然者。上愈艱而下愈玩，上愈亟而下愈緩，上轉愈疑而下亦愈以解體，于是上知廷臣之不足與有爲也，而一日而起舊輔王應熊矣。臣頗記應熊初進閣時，曾經舊科臣章正宸糾參，正宸因而下獄，未幾應熊以罪去，始召用正宸。至今應熊之彈墨未乾也，而陛下復毅然用之，諸臣亦付之無言。將前此之彈者是乎？非乎？夫世道之所以常治而不亂者，徒恃有區區清議爲維繫人心之本，而下操之爲是非之衡，上決之爲用舍之路，合之即所稱國是焉者也。我國家重熙累洽，世道休明，幾三百年。至皇祖之末，小人始倡爲門户之説以阨君子。迄于熹廟在御，遂有崔、魏之禍，賴陛下起而撥亂反正，一時正人君子彈冠鵲起。而温體仁復祖崔、魏故智，爲當門之鋤。彼時廷推如孫慎行，遂終身不及用以死。即辛酉浙江科場，實臣官儀曹時首發其事，而科臣惠世揚因而糾之，其後累經法司勘問，舉子坐假關節，而試官實以文藝中舉子，亦既水落石出矣。體仁必强坐之爲試官關節而甘心焉，曰：「吾姑以破朝士之爲朋黨者。」此正所謂一網而盡正人君子者也。自此體仁遂得進用，益以小忠小信自媚于上，而外行睚眦殺人之毒，其間蓋亦有託之公忠者矣，實皆借以行其私也。在政地十年，引用王應熊、楊嗣昌、薛國觀以及謝陞一脉，殺機自朝而野，而偏天下。致上干天和，海内數百萬生靈次第驅之鋒鏑之下，不足，又重之以連歲灾祲以趣之盡。嗟乎！流寇縱横，兵連禍結，天下無生齒，世界成草昧，果誰爲之者乎？

一日陛下悟前事之非也，因而慨慕古先哲王，推明道術，發政施仁，海内如獲更生，蚤以卜太平之有象矣。而不意猶有今日之禍，則前此諸人之作孽已深，有非可以旦夕濟也。然則今天下果足恃乎？臣切慮之矣。情面破乎？苞苴絶乎？寵利捐乎？進思盡忠、退思補過者誰乎？而最可恨者輔臣周延儒，猥負捄時之略，終無許國之誠；尤可怪者樞臣張國維，動有集衆之思，全乏濟變之略。則一時之曠職實多，豈可盡委前人之過乎？而陛下乃始低回今昔之故，不得已而有故劍之思，一腔心事，有鬱鬱不可告之廷臣者矣。臣請平心而解之。以流品而言，君子小人自不能無夾雜之弊；以學術而言，孔、孟、申、韓終不能無理亂之分。故謂今之諸臣見擯于體仁輩者未必皆君子則可；謂體仁一流人爲君子則不可；謂今日諸臣力不足以匡禍亂致太平則可，謂前日諸臣終足以辦太平中興之業，則往事之效亦已彰彰矣，而可乎？不可乎？昔宋人再相蔡京，或問之陳瓘，瓘曰：「使京正其心術，雖古伊、周何以加。」臣于應熊亦云。而今既儼然宣麻矣，一日君臣作魚水歡，幸陛下特勅應熊以隻手匡扶宗社，無植黨、無營私、無報恩怨、無流毒生靈，無以聚斂爲長策，掊克爲嘉謨，好大喜功爲遠略，則天下幸甚。不然，臣不知禍之稅駕也。嗟乎！清議之不立也，與邪正之相蒙也，所賴一二諫臣起而明其概。乃自應熊用，而向之侃侃而論者，今何默默而容乎？上之不可效補衮之職，以爲近于謗；下之不敢讀對仗之文，以爲近于陵；遠之不可折既死之姦雄，以爲近于瀆；近之不可袖新參之彈章，以爲近于黨。凡終日言兵言餉，亦幾如風影之不可幾，以爲近于冗。言路盡矣，將是非于何而明？舉措于何而定？人心于何而一？世道于何而理？亦甚非朝廷下詔求言之意，而國事愈可知矣。

臣終願陛下以好惡公天下，而無徒恃一己之見；以用舍卜人情，而無徒狃一時之急。任老成爲腹心，集群議爲耳目，進君子退小人以清仕路，明王道、斥霸功以端治理。而聖明且益從事于二帝三王之學，以爲制治保邦之本，則太平之象可翹首而竢也。臣六年朝籍，望七餘生，自揣無黨無援，仰恃聖鑒，輒敢開此不諱之口，再冒天威，死亦何憾！臣聞古之人畎畝不忘君，況微臣尚叨帷蓋之下乎！臣無任冒死以聞。

劉蕺山先生集卷十三

書　一

與陸以建年友名典

道，形而上者，雖上而不離乎形，形下即形上也，故曰：「下學而上達。」下學非只在洒掃應對小節，凡未離乎形者皆是。乃形之最易溺處，在方寸隱微中，故曰：「人心惟危，道心惟微。」即形上形下之説也。是故君子即形色以求天性，而致吾戒懼之功焉，在《虞書》所謂精一，在孔門所謂克己，在《易》所謂洗心，在《大》、《中》所謂慎獨，一也。後儒所謂一，所謂主敬、立大本、致良知，一也。又安見形色之爲下，而性天之爲上哉？是故無顯微、無精粗、無内外、無動静、無大小，無之非下學，則無之非上達。又安見視聽言動非所以求仁，喜怒哀樂非所以致中和，人情事變非所以立大本哉？道固不涉空虚，學亦不落象罔，此古聖賢相傳心法，所以迥别二氏。今世俗之弊，正在言復而不言克，言藏密而不言洗心，言中和而不言慎獨，言立大本而不言心官之思，言致知而不言格物，遂不免離相求心，以空指道，以掃除一切爲學，以不立文字，當下即是性宗，何怪異學之紛紛也！故曰：「道不遠人，人之爲道而遠人。」古人十五年學恭而安不成，有多少病痛在，孔子所謂「聞義不能徙，不善不能改」，顏子三月之不免于違，❶此學問思辨之功所以終身不容已，而不厭之學，孔子所以成大聖也。執事提主腦之説，蓋慮頻失頻復，日月之至，無當于學問，而不知孔、顔已難之矣，是將不免爲躐等之見也。

復周生

僕少而讀書，即恥爲凡夫。既通籍，每抱耿耿，思一報君父，畢致身之義。偶會時艱，不恤以其身試之風波荆棘之場，卒以取困，愚則愚矣，其志可哀也。然且苦心熟慮，不諱調停，外不知有群小，内不見有諸君子，抑又愚矣，其志尤可哀也。嗟乎！時事日非，斯道阻喪，亟争之而敗，緩調之而亦敗，雖有子房無從借今日之箸，有載胥及溺而已。《易》曰：「小人剥廬，終不可久也。」此曹何利之有？吾儕爲天地立心，爲生民立命，萬物一體，亦全爲此曹救敗。若夫一身之升沉寵辱，則已度外置之久矣。惟是學不進，德不修，取容足之有地，而忘其所爲天地立心、生民立命之意，于世道人心又何當焉？此僕之所惓惓而不容自已也。昔韓退之中廢，作《進學解》以自勵，遂成名儒，其吾儕今日之謂乎！伊川先生讀《易》，多得之涪州。朱先生落職奉祠，其道益光，垂之萬世。由是觀之，一歲九遷，非惟不足爲賢人君子重，而誣謗之交，困頓之地，反足以玉成賢人君子矣。丁長孺不忘他山，以僕言爲攻錯，僕其敢忘先民之遠猷乎？敬佩明教之辱。

❶「不免于違」，全書本作「仁往往而是」。

與周綿貞年友名起元

春間，會貴鄉楊致吾公祖，云年兄已出山，適粵西矣。弟聞之喜而不寐也。兄乃能超然于出處之際如此乎！今天下事，日大壞，莫論在中在外，皆急需匡救，以緩須臾之決裂，況遐荒遠徼尤非帖然無事之日，又重以茸蹋子之釀成其弊。今得一二正人在事，地方之患猶不至一旦瓦解耳。時事孔亟，當事者鬬蟋蟀而處軍國，無一舉動可人意，恐旦夕有變，吾輩士大夫誠不知死。所以二三兄弟相次去國，一網而盡，遂貽君父以空虛之患，❶舉祖宗二百五十年金甌之天下，一旦付之銅駝荆棘中，吾黨與有罪焉。今天下原無新舊法可争，南北司相軋，不過人主委轡于上，是非予奪聽之衆。政如失舵之舟，隨風飄蕩，同舟者旁觀睥睨，洶洶焉將覆溺是患，未敢有攘臂而操之者。苟有人焉，熟識人情事勢，徐起而操之，爲同舟請命，則人亦未有不拱手聽之者。而惜乎其悻悻以逞也，且左右手而忿争已甚焉，則覆溺之患，反若出于操舟者之所爲，安得不群起而攘之，且擠之溺乎？迨群起操一柁而舟遂覆，誰生厲階，至今爲梗？

至于吾輩出處語默之間，亦多可議。往往從身名起見，不能真心爲國家，其所以異于小人者，只此阿堵中操守一事。然且不免有間隙可乘，安得不授以柄哉！所云吾黨之罪在宋人之上，不爲虚也，然則天下真虚無人矣。今日之禍宜矣！念及之，良可悼痛。年兄此出非偶然，正當熟識人情

❶「患」下，全書本有「狐鼠成群，倒番世界」八字。

事勢而圖之，承覆舟之後，載胥及溺之日，舉世無操柁之人，而今不難徐起而觀變，爲吾黨留一維楫地。將天下事尚可爲，未必非天心悔禍之日也，然至此亦愈難矣。

弟歸田七載，無一善狀可報知己，去冬得爲先大父卜葬，稍免平生罪戾，餘無可言者。賤體亦時多病，七載睽違，不知魂夢之擾擾于左右也。小詩録一扇頭，情見乎辭。不盡。

與張太符太守 名魯唯

時事多艱，南北交訌。越，瀕海之地，素稱瘠土，既加賦無虚日，❶而又近警于海寇，患切剥膚，越其岌岌殆哉！仰見門下悉意拊循，日與吾越以清静和平之理，而綱紀肅然，民自以不犯，吾儕小人所恃以偷旦夕之安者此乎！

然而桑土之籌則有之矣，不佞居恒念亂，竊有一得之見，敢效諸左右。地方之事不出備寇、安民兩者，然而行之有次第，操之有標本，則安民又備寇之本，似是所宜亟講者。安民之要，其一曰儲常平。近者民苦饑饉，米價日貴，所望秋收接濟，不至洶洶如萬曆戊子年事。倘更罹水旱，歲一告歉，倉廩無粟，更誰恃乎？先儒朱子社倉法，常行之諸路而效，救荒之策莫善于此。今欲倣其意，而地方已無積貯矣，更操何者以時斂散？謂宜秋冬之際，米價漸平，發官帑給富商大户，遠近糴穀數千石入倉，凡一切罪鍰以穀，又不足，或將應給散之項皆改折色，而以其米貯之常平，積漸而盈。遇

❶「既」下，全書本有「北奉徵兵」四字。

來歲青黃不接之時，出散貧民，秋成之後，量息還官，歉則蠲息。歲歲如是，使富者不得居奇，貧者有所待命，雖有水旱災荒不能爲患矣。高收在即，歲爲徽商所販以給土民者不十五，更可禁也，禁之則米價可平；低收益裕，以儲常平，且有餘米。

一曰禁梨園。梨園之爲天下病，不能更僕數，雖三尺童子知之。而于吾越爲特甚，斗大一城，屯擁數千人，夜聚曉散，日耗千金，養姦誨盜，甚且挾宦家之勢，以陵齊民，官司不敢問，越之亂必自此始。近奉兩縣禁示，語多剴切，而終之曰「凡宴會不在此例」，所謂曲終奏雅，不已戲乎？豈亦逆知此風之決不可革，而姑寬此一條以爲通融地乎？是明導之也。既明導之，又陰縱之，禁之何益！誠欲禁梨園，當先禁之于宴會；欲禁宴會，當先禁上官之宴會。夫宴會亦何取于梨園乎？崇雅黜浮，挽一切江河之習，在此舉矣。審如是，而小民猶有犯者，請一切以法懲之。服色入官，不以勢奪，朝令而夕行矣。先公祖蕭拙齋公嘗行之四十年之前，化流俗，美士民，至今頌之不衰。不圖于門下僅見之，既以爲之兆矣，特在允蹈之耳。

一曰行保甲。頃見盜賊竊發，或禦人國門，至煩捕廳以下，昏夜單車，徼巡道路，漏下數刻，亦已勞矣。扞掫東指，而賊已西逸，豈能十百化身，窮追徧緝？使姦宄之無所容者，莫若行保甲之法。牌編十家，比十爲保，保十爲鄉，董以鄉約，凡一切游手、游食、不安生理，及來歷不明、面生可疑之人，皆不得居停故縱，事發，一體連坐。此于初下令時，似近煩苛，久而習之，令行禁止，自可安然而無事，此所謂身不下堂而治者也。生記十年前，有司奉上司文，移行保甲法。令下數日，偶會邑侯，見犯法者，生起而請曰：「此不當坐主者乎？」邑侯笑不應，竟置之。十家輪牌，曾不能一周，而牌已投之爨下，不復問矣。凡季世法令之不行，皆此類也。苟行之，有數善焉。一革盜，二禁姦，三戢賭博，四料民實，五里井親睦，六寓伍兩卒徒。上下相保，皆保甲之法有以馴致之而無難也。

其一曰清訟牘。凡民之所以不得安于田里，而興嘆息愁苦之聲者，以訟獄煩也。訟之煩，大抵誣告者十九；其迫于不得已，而以情質者十一。去其十之九，而一者所存幾何？是則地方本無事，而姦民故爲此擾擾也，亦利上之人漏網吞舟，幸一得志，可甘心弱肉云耳。《律》曰：「誣告加三等。」誠遇聽訟之際，有詞而誣者，必坐以其罪，❶雷霆之下，孰敢有徼倖者？將旬日之間，而案牘一清，囹圄有空虛之象矣。夫一詞興而坐累者數家，小事且然，況命盜之大者乎？❷末世之政多姑息，而姑息之害偏中于强有力者，使姦宄得志，訟獄繁興，豪强者既利于兼并，貪暴者益乘以多取，甚可痛也。語曰：「養稂莠者害嘉禾。」崔寔《政論》所以作也。

其一曰端士習。士習之壞也，自科舉之學。明經取青紫，讀《易》規利禄，自古而然矣。父兄之教、子弟之學，非是不出焉。士童而習之，幾與性成。未能操觚，先熟奔競。一登學校，出入公庭，等而上之，勢分雖殊，行徑一轍。以囑託爲通津，以官府爲

❶「罪」下，全書本有「重者枷號示衆」六字。
❷「乎」下，全書本有「不如此又何以安善良也」十字。

奴隸，傷風敗俗，寡廉鮮恥。即鄉里且爲厲焉，何論筮仕之後，尚望其居官盡職、臨難忘身、一効之君父乎？蓋士習之壞，已非一朝一夕之故矣。頃者吾越解額鮮少，士人輒議人文不振，咎在地靈，稍用形家言以厭勝之，此計之左也。夫使士而必出于青紫利禄，不爲國家用，則得一士，增一蠹。江南人物幾爲天下互鄉，投足者至以爲阱，用是故也。門下以學問文章緣飾吏治，作我師保，千載一時，諸士且蒸蒸向化，乃積習猶存，心志未回，徑竇日捷，豈所以風勵之者，猶未盡善與？計莫若于朔望謁廟之日，群博士弟子員，大會講書，叩擊疑義，而以門下折衷于上。隨舉士人立身行己之要，忠孝廉恥之防，兵農錢穀之用，與夫國家所以明經取士之意，一一闡揚，俾聞者汗流泣下，如寐得醒。隨甄別其才器之高下，而激勸出焉，士始有感動而興起者。至于考校之日，則必防代筆，杜私情，務録真才以充上駟，改觀易聽，尤在此舉矣。夫士者，四民之首也。士不安，則農工商賈遞困而不安，此豈迂不切事情者哉？

舉是數者，小民庶得安乎！民安而後可以議備寇之策也。往者海寇至，六七巨艘出没三江上下間，鄉民奔竄，未聞一示以官兵。數日後掉尾而去，浸有輕視地方之心，一旦向岸，越之殘破可立而待也。然嘗考舊制，有將領有戍卒，歲久廢壞，僅存空伍。不佞向嘗建議海道，請特設重將，督領諸衛所，增兵防守，不特防寇，且防倭。臨觀、瀝海之間，居然要害也。而議者以爲反滋多事，不若申飭舊章便。誠能申飭舊章，請兩道公祖，嚴督臨觀把總，時訓練，汰老弱，明賞罰之法，申之以親上死長之義。無事則金鼓旗幟往來相聞，以褫敵膽；有警則彼此救援，矢石齊發，務斃賊于水，不使艤岸，而門下提衛兵居中調度，隱然有折衝之威，則亂自可弭矣。萬一寇賊臨城，沿海之衛已不足恃，獨門下爲張、許耳。明乎本衛，武備不可不亟講于今日者已。

凡此以上數端，雖戔戔無所指畫，誠未知有當于高深與否？然以當門下虛受之衷，未必無芻蕘可采，況不佞辱知有日，苟有所見，曷敢自隱以負明德？故敢効其狂瞽如此。夫天下事，必得其人而後行，門下固世道之寄重輕者也，況區區一小郡！當門下之時，而不一爲起敝維風，爲吾越保百年無事，則後更無望矣。仰惟門下馳域外之觀，破拘攣之見，深維一郡利病之由，先事豫防，群策畢舉，則吾越之民庶幾有起色乎！惟高明進而教之，地方幸甚！

與朱平涵相公

頃讀閣下所著書，雖遊戲筆墨問事，然于當世之故亦既娓娓及之矣。使能一一見之行事，則此書未必非先資之言，而相天下之道，思過半矣。曰小品，志遜也。雖然，道固有大于此者乎？愚生請臆而進之。

今天下大患，第一在學術不明，而于大臣特甚。大臣之學術不明，則必以正心誠意爲迂闊，而趨希世之邪説，以之致主，必以堯舜爲不可爲，而踵亂亡之覆轍，則亦適足以賊其君而已矣。方今聖天子固嘗有意于堯舜之治矣，一二大臣亦嘗以堯舜望其君，而至所操術以自進，不免賊害其君而不自覺。高者調停，卑者觀望，調停觀望之術窮，又思反其道而用之。頃者江陵一案，不難盡詘皇祖之睿斷與之昭雪，且日以號于衆，❶曰：「事君者學江陵而已矣。」問其故，曰：「江陵能以申、韓之道事其君，擁少主，當疑國，而天下謐如。今天下獨不得江陵而用之，何恤時艱！」噫！擁少主，當疑國，古大臣獨無伊、周其人與？江陵學申、韓而失之，❷奈何復從而燃之？人心不正，學術不明，未有甚于此者！且夫以江陵之才，使正其心術以濟，雖古之伊、周，何以加焉？先正有言曰：「正心誠意，平生所學惟此四字。」此萬世相天下之善物也。閣下居恒學孔孟之學，亦既有聞于誠正之説矣。今試取伊、周當日之事揆之，果能恥其君不爲堯舜，一夫不獲，時予之辜與？果能不以寵利居成功與？果能仰思不合，坐以待旦與？果能吐哺握髮，來天下士與？果能聞流言而不惕與？此非真有得于誠正之學者，不足以語此。閣下試取而證于今日，果能一一致之吾君，將見君誠莫不誠，君正莫不正，用人行政各得其理，而吾君已一日而爲堯舜矣，吾亦何忝爲伊、周哉？倘道不出此，進之必爲調停觀望，退之必爲江陵，無一可者。先正有言：「纔讓第一義不爲，便無第二、第三義可爲。」方今廟堂之上，❸綱解目弛，君子日退，小人日進，其病實由君志之未定。❹然則轉移啓沃之權，所責成于閣下者，豈其微哉？

夫正心誠意，大學也；伊、周，大業也；

❶「號」，全書本作「嚮矢」。

❷「之」下，全書本有「率天下叛君父，死有餘毒焉」十一字。

❸「廟」上，全書本有「患難方興，征調日煩，民窮盜起」十二字。

❹「其」上，全書本有「城狐之奸日披狂而不可制，禍岌岌移之宗社，乃」十九字。

堯舜其君，大任也。閣下先資之言，既嗛嗛乎小者而不居，得無意在斯乎！意在斯乎！不佞敬爲天下賀矣。辱愛瑣瑣，自忘其陋，幸閣下進而教之。

答李生明初

性既善，則率性仍是率此善之性，而率亦無不善可知，故曰：「乃若其情，則可以爲善矣，乃所爲善也。」人生而静以上不容説，所謂性善，全在率性之道上見。《中庸》説道只是五達道，五達道豈有不善？父坐子立，君尊臣卑，其常也。不幸而至于臣弑君，子弑父，則豈其道之故哉？君子道其常而已。

楊氏之爲我，墨氏之兼愛，小人之弑父與君，未嘗不同此至善之性也。而仁者見之謂之仁，卒流而爲無父；義者見之謂之義，卒流而爲無君；百姓日用而不知，卒流而爲弑父與君。蓋習與智長而不自覺，失之于不學故也。小人無論矣，即楊、墨自以爲學，亦學其所學而非。吾之所爲學，本天命之性以求率性之道，不使之須臾離而已矣，此之謂修道之教。

楊、墨亦性中之人，則道亦性中之道，教亦性中之教，而不能不流爲過不及之差，只爲蚤失一段戒懼工夫，始以毫釐，卒以千里。雖謂之外性以爲學也，可。

天下無性外之人，則亦無性外之物，物即道之散于事者。今曰性善，而率性之道有不善，則質之物理有礙。

天下無性外之人，則亦無性外之事，事即道之措于物者。今曰性善，而率性之道有不善，則質之事理有礙。

子思子既言率性之道不可離，豈非以性善道亦善，故不可離乎？今曰有道善、有道不善，而概曰不可離，則將訓人以善不可離耶？抑惡不可離耶？且曰率性，則非作爲此性可知。今曰纔説率性便屬作爲，則質之子思子，文理均礙。

習既不能失性，即以杞柳爲桮棬，而杞柳之性自在。正是雖習爲楊、墨小人，而聖賢之性自在。終不可曰雖習爲大聖賢，而奇杌之性自在。

率性之非性，猶飲水之非水，讀書之非書。然飲只是飲此水，讀只是讀此書，即讀此書未必盡此書之理，則亦讀書之功有所未至，而終不可以讀爲罪，曰讀不是書，另有書在，何異握燈而覓火乎？且書與人終二物，非人性比也。率正是性，性即是道。習于善是修道之教，不可以言率；習于不善是悖道之教，不可以言率。習可相遠，率本一致。

下愚之不失性，非謂弑父與君是性，只弑父與君而心有不安處是性。他做此等事有多少陰謀造作來，可謂率性乎？

古人言善，都從源頭上無思無爲處看來，故曰：「性善道亦善。」後人言善，都從末流上有造有作處看來，故曰：「有性善有性不善，有道善有道不善。」有造有作之善，原無定名，惡亦無定名。是故孟子以楊、墨爲異端，韓子則以墨子爲孔子，近世李卓吾以秦皇、武曌爲大聖人，而學者又以李卓吾爲孔子，即陸象山以朱子爲僞，朱子又以陸象山爲禪，此等善惡名目，皆從私意私識輾轉卜度，總不是定理。若論源頭，武曌未始非聖人，所以亦是堯舜而非桀紂。學者須從源頭上窺尋性、道、教是善是惡，自知確實。❶學者差處，只是不識性，不是不識率性。

答秦履思一 名宏祐

相念之久，忽承枉顧，一吐新得，慰可知也。商及進學之功，未免爲進取所奪，至于日用之間雖良知不昧，而去彼取此，終亦墮于恍惚之見。此等病痛，非真用力人不能勘破，亦非真用力人不能道破。

不佞謂學人種種病痛，只坐志不立，若能真立志時，毅然以身任道，決不肯將天地間第一等事讓與人做，自當爲天地立心，爲生民立命，爲往聖繼絶學，爲萬世開太平。視區區蝸角蠅頭，曾不屑介意，❷而又何進取之爲累乎？今世之言學者，只隨世就功名，即學問一事，不過傍門依户以爲隨世功名之資，❸安禁當境時不手忙脚亂？若行徑既熟，將來又恐有無所不至者。故學先自辨其志也。至于吃緊工夫，止有打破義利關，此後方有商量。若此處瞶瞶，一切見解都無下落，安得不墮于恍惚？故恍惚之見，不可不求其病根也。果求之，即是入良知路頭。良知在我，有何恍惚？有物焉蔽之，故恍惚耳。顧後世學術不明，學者專取良知以爲捷徑，于古人用功處一切廢置，師心自用，認賊作子，以遂其自私自利之圖，而仍欲別開徑竇，以認取良知之面目，祇覺愈求而愈遠，終自墮于恍惚之阱者也。聖

❶「窺尋」至「確實」，全書本作「尋出本來人果是何等面目，一切性道教是善是惡，必知端的」。
❷「屑介意」，全書本作「足當吾一瞬」。
❸「户」下，全書本有「遮蓋眼前」四字。

遠言湮，在有志者或不免有亡羊之惑，而況其他乎？幸高明有以裁之。

答秦履思二

仁者以天地萬物爲一體，以天地萬物原與人爲一體也。❶若人與天地萬物本是二體，必借仁者以合之，蚤已成隔膜見矣。人合天地萬物以爲人，猶之心合耳目口鼻四肢以爲心。夫以七尺言人，而遺其天地萬物皆備之人者，不知人者也；以一膜言心，而遺其耳目口鼻四肢皆備之心者，不知心者也。學者于此信得及，見得破，我與天地萬物本無間隔，即欲容其自私自利之見以自絕于天而不可得。自然親親而仁民，❷仁民而愛物，義禮智信一齊俱到，此所以爲性學也。然識破此理，亦不容易。看下文「誠敬存之」一語，直是徹首徹尾工夫。若不用誠敬存之之功，如何能識破？既識破後，仍須用誠敬工夫，作兩截見者，非也。學者大要只是慎獨，慎獨即是致中和，致中和則天地位，萬物育，此是仁者以天地萬物爲一體實落處，不是懸空識想也。近世一輩學者，亦肯用心于內，多犯懸空識想，將道理鏡花水月看，以爲妙悟，其弊與支離向外者等。今但時養未發之中是吃緊工夫，舍此更無理會處。幸高明致力焉。

❶「以天地萬物原與人爲一體也」，全書本作「乃人以天地萬物爲一體，非仁者以天地萬物爲一體也」。

❷「自」上，全書本有「不須推致，不煩比擬」八字。

答秦履思三

君子有持世之責者，❶莫先于持身。昔人云：「士君子立身行己自有法度。」謂之法度，便一毫走作不得。且如龜山從蔡京之辟，朱子譏其做人苟且，不免胡亂如此。誠由斯言推之，則昨所及和靖先生事，毋亦恐有未盡處，不免朱子之議也。今人多説本心，如二先生所行，斷斷無違心以害理可知，而是非得失之歸，猶不免更有商量，則不及二先生者更可知矣。吾輩學者且從持守入可也。來書及此，深足發明正學，鞭策吾黨。今且將此意再加體勘到自己身上，隨事而精察焉，❷當必有行年五十始知四十九年之非者，願相與勉之。

答陳生一 諱梁

千秋絶學，朱夫子其至矣！後人鮮有能發明之者，何論不佞。即一時出處之概似信似疑，亦往往不得于心，仰止昔賢，死有餘愧，況由此而要其至，如來諭所期許者乎？至于《大學》、《中庸》之道，雖絶韋有年，實茫乎未窺涯涘。姑以其所疑者質之。《大學》言格致而未有正傳，獨于「誠意」章言慎獨，明乎慎獨爲格致第一義。故《中庸》止言慎獨，而微之顯直達天載。後之入

❶ 「君」上，全書本有「世不可以苟持焉，即吾之所以安身者，是亦即吾之所以宅心者，是故」二十七字。

❷ 「隨」上，全書本有「果是何如？因而考證平日之所見，又是如何？宜必有恍然於進步者矣。心體至精亦至大，謂之無盡藏，學者苟」四十二字。

道者，必于此求之矣。然則學不務闇然，而翹然以口耳自侈，皆小人之道也；仕不盟幽獨，而皎然以身名自樹，皆不忠之尤者也。不佞知過矣，敢自此而守遯翁之業，以無負明主之玉成，是所以酬知己而終承明訓于萬一也。惟足下更有以進我。

答趙生君法 名重慶附來書

來書云：困心衡慮之餘，覺得力在一心，而非古人所能與者。執古人之言以制事，猶執古方以求症也，不若按脉審症，而用古人之方，蔑不濟矣。第當其得力于心，雖事之是非得失，瞭然于心目。乃俄焉而昏者，又曷故？今後將求于古乎？抑信諸心乎？求之于古，時有不恰當；信之于心，覺其善矣，又恐私意之發亦認爲吾心也。

手示惓惓問心，又得之體認之餘，于昏明之辨、似是之幾三致意焉，則于事心之學已思過半矣。僕亦何説之辭？第謂求之古人與求之吾心分爲二事，則認心猶有所未真，而并其認古人處亦往往未真，可知也。古人不過先得我心同然耳，是以千言萬語，只是欲人將已放之心約之反復入身來，便能尋向上去，所謂學問之道，如斯而已矣。故學而不求諸心則已，學而求諸心，則于古人横説豎説皆有用處，正如因病立方，隨病檢方，兩兩比對，有何彼此？説敬便是肆之藥，説静便是動之藥，説中便是偏之藥，説誠便是僞之藥，説窮理便是誕妄之藥，諸病總是一病，諸方總是一方。惟舍此而尋章摘句，問奇鈎深，乃與吾心了不相似，而欲强吾心以附古人之糟粕。❶是以高者涉于玄虚，❷卑者狃于功利，終其身入于迷離恍惚之境而莫之覺，❸亦可嘆也已。足下從前之功力，倘有坐此者乎？宜其一旦恍然，于是心非心之際，以求至當而不容已也。要之，求心之法亦無難。如足下所言，求本明之體，明只明個是與非，明得盡，渣滓便渾化，無是非可言。其間離不得聰明，亦專靠不得聰明，離不得言解，亦專靠不得言解。須于百忙時，一切不涉時，痛著一下，討個分曉，方是入路。若只是頭出頭没，❹便終身作門外漢矣。纔明此，便曉彼，何患臨事不得力？纔識真，便無妄，何患認賊來作子？願足下立定脚跟，寬限程途，謹持轡策，以從事于此，久之必能自得。來諭及時事，每爲憮心，先輩云：「去山中寇易，去心中寇難。」姑作第二義商，可乎？惟足下自愛。

答葉潤山民部一 名廷秀附來書

來書云：董子曰：「道之大原出于天。」《中庸》言：「天命之謂性。」❺愚意性本從心，學者不先治心，是起念已差，纔欲治心，又恐墮于虚寂。今欲講心學而黜俗學，其何道之從？❻是質疑者一。

❶「而」上，全書本有「而不善讀書者不免坐此。猶然依附於靈光之地，久之」二十一字。「粕」下，全書本有「以爲吾心亦若是而已矣」十字。
❷「玄虚」，全書本作「辭章」。
❸「迷離恍惚之境」，全書本作「罟擭陷阱之中」。
❹「是」下，全書本有「依樣葫蘆」四字。
❺「董子」至「謂性」，全書本作「孔孟之後道不明，只是性不明」。
❻「今欲」至「之從」十三字，原無，據全書本補。

《大學》言明德親民，愚謂明體達用，如車二輪，如鳥二翼，必不可離者也。然于道理重一分，定于功名輕一分，今欲明體適用，❶身世咸宜，其何道之從？是質疑者二。先儒謂學各有本領，如周子之無欲，二程之主静，張子之體仁，朱子之讀書窮理，張南軒之辨義利是也。竊以讀書窮理乃俗學對症之藥，而辨義利尤爲藥中鍼石，不從此處理會，恐脚跟不定，未有不東西易向者。今欲直求入手，其何道之從？是質疑者三。《大學》言修身，至正心微矣，至誠意微之微矣。而又言致知，終之格物，格物分明大學第一義。❷而格物之解，宋儒紛若。自朱子即物窮理之論出，而折衷歸一。但有疑于致知已入細，而格物又涉迹。今欲融格物之義，其何道之從？❸是質疑者四。

僕生也黯，馴至老大。平生出處，半屬憒憒，無足爲知己道者。獨是向學一念，老而未灰，猶幾幾乎求友而正之，此中積疑，有未敢向人吐者。何幸來教便便，先得我心之所同然乎！請姑就教所及者商之。

其一曰：學莫先于知性，只爲「天命之謂性」一句蚤已看錯了，天人杳不相屬，性命仍是二理。今曰天命謂性，而不曰天命爲性，斷然是一不是二。然則天豈外人乎？而命豈外于吾心乎？故曰：「盡其心者知其性也，知其性則知天矣。」言性而不要諸天，性無是處；言天而不要諸心，天無是處。說天者莫辨于《中庸》之卒章，正

❶「明體適用」四字，原無，據全書本補。
❷「格物」兩字，原無，據全書本補。
❸「今欲」至「之從」十二字，原無，據全書本補。

不諱言空寂也。學者以爲佛氏也者而去之，曰：「吾欲舍是而求心焉。」何異舍京師別求長安，斷無適從之路可知矣。

其二曰：《大學》言明德、親民，而其要歸于止至善，善即天命之性是也。陽明先生曰：「明德以親民，而親民以明德。」原來體用只是一個。一者何也？即至善之所在也。學不見性，而徒求之一體一用之間，曰車兩輪，鳥雙翼，不問所以轉是輪、鼓是翼者，將身世内外判然兩途。既宜此又欲宜彼，不亦顧此而失彼乎？所以然者，止因見得學問一事是義理路頭，用世一事是功名路頭，故曰：「于義理重一分，自于功名輕一分。」畸輕畸重，世無此等性命。今僕請更其辭而曰：「于明德明一分，自于親民親一分。」則所謂至善之止，亦不外此而得之矣。是以孔孟汲汲遑遑，正是孜孜學問處，而顔子曲肱陋巷，亦不失爲禹、稷之同道。學以見性者，當作如是觀。然則吾儕終做不得獨了漢也。

其三曰：本領之説，大略不離天命之性。學者須從闇然處做工夫起，便是入手一著，從此浸尋而上，併語言思議俱無托足，❶方與天體相當，此之謂無欲故静。静中浩浩其天，自有這些生意不容已處，即仁體也。窮此之謂窮理，而書非理也；集此之謂集義，而義非外也。今但以辨晰義利爲燕越分途，而又必專恃讀書以致其知，安知不墮于義外之意？至于中道徬徨，東西易向而不自主，亦勢所必至也。告子求仁而不識義，與今之求義而不識仁，其病一也。

❶「語言思議」，全書本作「倫類聲塵」。

其四曰：《大學》八條目，向來與誠意一關都看錯了。今來教曰「學至誠意，微之微矣」，卓哉見也。意有好惡而無善惡，然好惡只是一機，《易》曰「幾者動之微，吉之先見者」是也。故莫粗于心，莫微于意。而先儒之言曰：「無善無惡心之體，有善有惡意之動。」無乃以心爲意，以意爲心乎？知之爲言良也，以其爲此意之真窟宅也，故曰誠意先致知；物之爲言理也，以其爲此知之真條理也，故曰致知在格物。物有善惡，而其初則本善而無惡；理有萬殊，而其本則至一而不二。真格物者，非粗非精、非内非外，正是天命之性一直捷津梁，故《大學》以之爲第一義，信非誣也。擇焉不精，明儒之見誠有之，不獨胡、薛也。然而道在反求，學求自得。今即將諸儒剖辨分明，孰是孰非，因而得其所歸，仍是依門傍户之見，不願門下有此也。

又其後及著述一端，大抵著述有二，有知道之言，有求道之言。知道之言，句句説本體，不妨存所信；求道之言，句句説工夫，不妨存所疑。學必有大疑，而後有大悟。《偶語》三卷，大抵疑案也。故其言曰：「學到有疑處方好商量。」倘由此而更求信地，必有不容思議一著工夫，此時方憑門下信口説來，是横是豎，即本體即工夫，無非大道。勉之！勉之！不佞非知道者，握寸莛而發洪鐘，庶幾在斯！將何以塞明問之萬一？惟有遥遥神往而已。

答王右仲州刺一 名嗣奭附來書

來書云：先賢論性詳矣，而「天命之謂性」一語最爲直截。子思自詮之曰：

「上天之載，無聲無臭。」無之安得有善？善且無之，安得有惡？此論性之會歸也。然告子以無善惡論性，何以見非于孟子？性既不容説，孟子何以説個善字？既有善，便有惡；既有善惡，便有可善可惡、一定善一定不善。紛起而與之爭，如何得其會歸耶？先儒論性固有義理、氣質之分，其實義理即寓于氣質，不得分而爲二。義理、氣質既不可岐，則性之發用亦不得純謂之善矣。故夫子止言「相近」，而孟子亦曰「乃若其情，可以爲善」，可以爲善，則可以爲不善可知。性本無善無不善，而乃兼有善不善者，以落于氣質，不得不爾也。竊謂分言義理、氣質微覺支離，不如橫渠「合虛與氣」爲渾然，而先儒又非之，何也？

竊謂當戰國時，❶諸子紛紛言性，人置一喙。而孟子一言斷之曰性善，豈徒曰「可以爲善」而已乎？他日又曰：「天下之言性也，則故而已矣，故者以利爲本。」可見此性生成恁地，不假安排造作，❷此即天命流行物與無妄之本體，亦即此是無聲無臭。所云無聲臭，即渾然至善之别名，非無善無惡也。告子專在無處立脚，與天命之性尚隔幾重。孟子姑不與之深言，汲汲以惻隱、羞惡、辭讓、是非指出善字，猶然落在第二義耳。性既落于四端，則義理之外便有氣質，紛紜雜糅，時與物構，而善不善之差數覩。故宋儒氣質之説，亦義理之説有以啓

❶「竊」上，全書本有「辱道教，再四捧繹，種種微言，十得八九。但其間稍爲諸家之説所障，不免大費鑪錘耳」三十三字。

❷「生成恁地不假」，全書本作「見見成成，停停當當，不煩一毫」。

之也。要而論之，氣質之性即義理之性，義理之性即天命之性，善則俱善。子思子曰「喜怒哀樂之未發謂之中」，非氣質之粹然者乎！其有不善者，不過樂而淫，哀而傷，其間差之毫釐與差之尋丈，同一過不及，則皆其自善而流者也。惟是既有過不及之分，則積此以往，容有倍蓰而無算者，此則習之爲害，而非性之罪也，故曰「性相近，習相遠」云爾。先正有言：「高聲一語是罪過。」類而推之，顔氏之不遷怒，猶有乖于中體者在，纔一遷怒，與世人睚眦而殺人者亦無以異耳。蓋事雖有徑庭之殊，❶而心之過不及，總之只爭些子。此一些子可以言偏，不可以言與善對敵之惡，而况其失之于偏者，善反之而即中乎？故性無不善，而心則可以爲善，可以爲不善。即心亦本無不善，而習則有善有不善。種種對待之名，總從後天而起。諸子不察，而概坐之以性，不已冤乎！爲善爲不善，只爲處便非性；有善有不善，只有處便非性。「合虛與氣，有性之名」，氣本是虛，其初誰爲合他？五行不到處，父母未生前，彼家亦恐人遂在二五形氣上討頭面，故發此論。後人死在言下，又舍已生後，分外求箇未生前，不免當面錯過。❷總之，太極陰陽只是一個，但不指點頭腦，則來路不清。故《中庸》亦每言前定、前知，前處正是無聲無臭一路消息。學者從此做工夫，方是真爲善去惡。希聖達天，庶幾在此！文成公曰：「只于根本求生死，莫向支流辨濁清。」不知門下以爲何

❶「蓋」上，全書本有「紾兄臂，踰東牆，只是乘於食色之見，仁而過者耳」十九字。

❷「五行」至「錯過」，原無，據全書本補。

如也？

答王右仲二

承論及萬物皆備之説。盈天地間只是此理，無我無物，此理只是一個，我立而物備，物立而我備，任天地間一物爲主，我與天地萬物皆備其中。故言萬物，則天地在其中，天亦一物也。《西銘》之意，就本身推到父母，又因父母推到兄弟，方見得同體氣象，蚤已肝膽楚越矣。禪家以了生死爲第一義，❶故自私自利是禪家主意。而留住靈明，不還造化，是其果驗，然看來只是弄精魂伎倆，上乘所不道。吾儒之道，既云萬物皆備于我，如何自私自利得？生既私不得，死如何私得？夕死可矣，分明放下了也。

答徐蓼莪兵垣 諱耀時

居長安數月，滿目風塵，而獨存一二知己于傾蓋之間，時時心相許也。❷還家以來，鑿坏自遯，不敢一交通人。雖以使節儼臨，尺五台光，久稽訊候。乃爲高誼所先，翰貺交賁，道義之愛，不啻盈之毫楮間，感何以當！督逋一役，于今日似屬駢枝，而在賢者既膺此任，便應就駢枝中理出痛癢

❶「禪」上，全書本有「陶先生謂我所自有，不受於天，極當。但所云靈明者，恐亦只是一物，而更有不物於物者以爲之主。物無不壞，而不物於物者終不壞。鄙意與陶先生不無稍有異同耳」六十四字。

❷「也」下，全書本有「及其輕言把臂，去就殊途。回首五雲，當國難方殷之日，天下事危如髮絲，去國孤踪，又未嘗不幸正人之在位，以爲劻勷幹濟之本，而喜可知也」五十五字。

血脈，以爲下手之方。乃者小民之膏血已竭，而計部之誅求不已，斬木揭竿，行且及之江以南。誠亟亟爲消弭計，則竣此役也，以入告我后，必有説矣。又如敝縣山、會來歲之催征，已及五七分，而藩司起解尚不知坐在何年。即累歲之逋欠間有分釐，而當事之參罰，亦往往難以數計。由一邑而全浙可知也，言吾浙而天下又可知也。台臺在事有日，必已盡得要領，似須會同藩司徹底清查，一征一解，永昭畫一，使中飽者無以措其上下之手，而墨綬亦從此望風。則所以默扶宇内之元氣，以培國命于萬一者，計必于此矣。願門下力圖之。

答胡生一

比讀手教，灑灑千餘言，示我以樂天之學，真不啻引清風而濯甘雨，不覺其夙滓之去體也。因以仰窺足下之用心亦有然者，豈所謂曾點、雕開已見大意者耶？然不佞竊有間焉。憂樂之閲心也，蓋亦有故矣。憂一也，小人憂得其情，君子憂得其道；故樂一也，小人亦樂得其情，君子亦樂得其道。夫憂得其道，雖憂，樂也；樂得其道，樂中亦自有憂也。故曰：「發憤忘食，樂以忘憂。」此孔門真血脉也。後之學聖人者，亦從可知矣。苟不學其所謂憤者機，而惟學其樂以忘憂之進地，雖偶有所見，終非實際，況其流失而爲猖狂、爲無忌憚乎？僕故不敢以樂字括學則，而惟凛凛乎憂勤惕厲之法以鞭辟爲己，且以爲俗學坊，非得已也。乃若來書所及，自是韋弦，敢不猛加省發，以有負于三益？白沙先生詩曰：「雪消鑪焰冰消日，月到天心水到渠。」吾儕須是消得盡，自有到家時，不然説憂説樂，總無是處也。

答胡生二

前足下第一書言樂天之誠，亦已見得聖賢心地活潑潑景象，但多失之懸想，未有實際，僕所以借憂勤惕厲之説以救正之。

第二書纔説到自己分上，有「俗腸俗骨」、「浮態浮情」、「因事累心」、「離心成性」等語，乃知前日見地真是數他家珍，不涉自己也。❶今只一味自鞭自痛，覺是俗腸便與洗刷，覺是俗骨便與磨鍊，覺是浮情浮態便與之振拔，則于古人立志之説亦已思過半矣。因事累心，心本不受累；離心成性，心本不可離，亦去其所以累之離之者而已。❷

第三書言學術似是之辨，而獨服膺薛文清，且欲以敬字爲入門，與前日樂天之説不啻燕越矣。只恐仍是借古人成案評論一番，稍過時日，見地仍是不同耳。夫文清學程朱者也，朱子言「孟子道性善」一段，直是爲學者指出真血路與人看，學者若不合下信得自己原是個聖人，如何有親切下手工夫？即主敬之説，亦至此方有依傍耳。若藥不瞑眩，亦是要藥去一個信道不篤之病也。❸至云習染最難掃除，氣質最難變化，

❶「已」下，全書本有「受用一毫」四字。

❷「已」下，全書本有「至熱鬧、冷寂二關都不得力，自是初學境界，今且只埋頭與之用力去，莫預求得力處也。熱鬧處不得力，轉向熱鬧處用力；冷寂處不得力，仍向冷寂處用力。用力既久，自有相當處。蓋循習黽勉，此心自不至大段走作，天理當得呈露也」八十九字。

❸「信道不篤之病」，全書本作「不肯信及病痛，更無別病可瘳也」。

身心最難相貼，言動最難無過，種種苦心，具見足下發心之真，鞭己之力。但此等病痛依舊只是從信得及處下手，急將性善堯舜之説切己理會，得個通身汗下，真知古人之言不我欺，便是瞑眩好消息。終靠不得寧静一機作光景玩弄，聞見一地作口耳工夫也。今且堅植志氣，以聖賢爲必可學而至，而又不預擬一得力程途，失之于助長欲速之私，則日就月將，其進自不能已。惟足下勉之。

答秦履思四

學者只有工夫可説，其本體處直是著不得一語，纔著一語，便是工夫邊事，然言工夫而本體在其中矣。大抵學者肯用工夫處，即是本體流露處；其善用工夫處，即是本體正當處。若工夫之外別有本體可以兩相湊泊，則亦外物而非道矣。董黄庭言：「爲善去惡未嘗不是工夫。」但恐非本體之流露正當處，故陶先生切切以本體救之，謂：「黄庭身上本是聖人，何善可爲？何惡可去？」正爲用工夫下一頂門針，非專談本體也。而學者猶不能無疑于此，何也？既無善可爲，則亦無事于爲善矣；既無惡可去，則亦無事于去惡矣。將率天下爲猖狂自恣，❶或至流而爲佛老者有之。❷故僕于此只揭「知善知惡是良知」一語解紛。就良知言本體，則本體絶非虚無；就良知言工夫，則工夫絶非枝葉，庶幾去短取長之意

❶「將」上，全書本有「既無本體，亦無工夫」八字。

❷「或」上，全書本有「既有志於學者，亦苦於從入之無途」十四字。「之」下，全書本有「寧不重爲之慮乎」七字。

云爾。昔者季路有事鬼神之問，不得于鬼神，又有知死之問，總向無處立脚。夫子一則曰「未能事人，焉能事鬼」，一則曰「未知生，焉知死」，一一從有處轉之。乃知孔門授受只在彝倫日用討歸宿，絶不于此外空談本體，以滋高明之惑。只此便是性學，所云知生便是知性處，所云事人便是盡性處。孟子言良知，只從知愛知敬處指示，知愛知敬正是本體流露正當處，從此爲善，方是真爲善；從此去惡，方是真去惡。則無善無惡之體，不必言矣。今人喜言性學，只説得「無善無惡心之體」，不免犯却季路兩問之意，此正夫子之所病，而亟亟以事提醒者也。我輩口口説事人，依舊説到事鬼上；口口説知生，依舊説到知死上，連訓詁亦失。所以不佞當日有是言，蓋欲學者拳拳服膺聖訓，以爲入道之地耳。❶

答祁世培侍御 名彪佳

令岳秉銓國家，治亂安危端在今日，處斯地者，關係良非淺鮮。賢者在事，自當有一番光明磊落作用，第時局難調，物情未悉，不免動成棘手，尚須門下密爲指南，將世道實嘉賴之。❷萬一偶有跌足，則至戚如門下，豈宜置之膜外，不關痛癢乎？昔王墨池負一時清標，及佐銓衡，舉動頗失物望。高忠憲公常向僕指名而斥之，當時僕

❶「耳」下，全書本有「或問：造化之鬼神不必事，吾心之鬼神不可不事；百年之死不必知，當念之死不可不知。何如？曰：夫子告之審矣，請以是終訓詁之説」五十一字。

❷「將」字，全書本作「不吝以衷言，時效若口而郵置之其」。

頗以忠憲爲過，然由今而追思前日之事，則墨池委有未當處矣。居進退人才之地者，其未易稱任，往往如此。辱諭及，敢附以聞，幸門下留意。

與侯陸珍司農 名恂

承發鈔議，因坐病不及遽覆，且寡昧之見，自揣無可效短長也。竊謂國家立一法，必要于可行，而行之要于可久，非徒苟且目前而已。捧誦部議，驟而行之，歲得一百五十萬金錢充度支，甚利也。然止此一百五十萬金錢之鈔，一上一下間，自一歲而後，安所再得一百五十萬金錢充度支乎？譬之短販然，其博子母也以日月計，而不可以經久，久之未有不立敗者也。語曰：「長袖善舞，多錢善賈。」似不若仍倣國初之制而行之，猶爲無弊。蓋國初之制，兼利民而還以利國；今日之制，專利國而害或遺于單户貧民，還以病國。則明旨駁正之意，固可深思也。偶與王雲來中翰商及之，❶越數日，中翰手書條議來，閲至云「藏富于民不當先言利，以駭民之觀聽」，深得僕心。然其他款項亦灑灑可觀，敢遂以聞之左右。

❶「中」字，原脱，據全書本補。

劉蕺山先生集卷十四

書　二

與温員嶠相公名體仁

原任具官劉宗周謹再拜上書相公閣下：宗周一介孤踪，久甘廢棄，誤蒙君相特達之知，起自田間，濫竽卿貳。受事未幾，不幸有犬馬之疾，屢控宸嚴，遂荷俞旨。宗周從此辭闕，且辭閣下而行矣。臨岐養養，不禁中夜彷徨，自恨此生無以報君恩酬知己，恐一旦溘先朝露，死不瞑目，則請以狂瞽之見，敬效一言于左右。

宗周自入朝以來，仰見我皇上敬天勤民，孜孜望治，精誠所至，隨事足以格蒼昊而對萬方，無忝堯舜在上。而閣下以清執風猷佐之于下，君臣相得，可謂魚水。近者宗周從九卿後，得與召對，見皇上處分御史詹爾選一事，益見大聖人之無我。且仰閣下之能將順其美，匡救其失也。宗周不勝舉手加額，慶太平之有日矣。雖然，請因是而推言之。

今天下禍蔓兵連，未知税駕，動稱匡濟無人耳。我皇上求賢若渴，不難種種破格，以盡天下之才。至起廢一節，尤稱曠典。該部彙題，❶奉賜環者僅十二人，特首録惠世揚、黄道周，中外無不頌聖人知人之哲。

❶「題」下，全書本有「若干人」三字。

而惟是該部之于世揚也，始擬邊撫，則曰「邊才」而蒙駁；擬南缺，則曰「文武全才」而蒙駁；至再駁之後，竟成寢閣，人乃不能無望于閣下矣。夫世揚在先朝，居諫垣，與楊、左同調，幸而九死一生。聖明首御，起廢宜莫先世揚，而廷臣之爲異己者，方操門户之見以擠之，禁錮十年，數窮理極。冢卿雖有意憐才，曲爲調劑，而終不令其入長安，果奉何人之風旨與？閣下身秉國成，固有進退人才之責者也。❶苟天下有一賢之未進，與一不肖之未退，必責之閣下。而閣下所爲進退天下士，殊有不可解者。自皇上御極以來，所廢置天下士百餘人，多天下賢者。而閣下不聞出一語救正，時有因而下石者。至羅喻義之以忤閣下也而廢，吴家周、吴執御、瞿式耜輩之以彈閣下也而廢，錢謙益之以與閣下廷辨也而廢，尤其彰彰者矣。夫揆地一席，固所稱比肩事主者也，即有殿争，何妨虚己？而閣下時見其寔不能容之狀，如巴縣王應熊之以人言去也，奏辨之蚤，本自嘉善錢士升，輾轉相聞，而閣下不能正言告主，聽其以家奴枉成，則近于賣友。長洲文震孟爲皇上特簡，數月參知，天下未見其有可摘之過，而竟以許譽卿之處一語不合，遽激聖怒以去，則近于罔上。夫長洲骯髒之姿，以語言得過閣下，誠有之矣。是時香山何吾騶並未嘗贊一詞，而亦以長洲同調故，坐腹誹去，則近于誣下。即邇者嘉善之去，其建言大關國體，閣下實與聞之，曷不曰「臣當同坐」，聖明未必不轉圜如詹御史。而雷霆之下，頓成縮朒，致嘉善獨

❶「進退人才」，全書本作「以人事君」。「也」下，全書本有「其意所可否，足令天下分榮辱」十二字。

以言得罪，則近于陰擠同官。審如是也，將後之爲閣臣與閣下共事者，不亦難乎！門户之多依傍也，與崔、魏之惡門户，有以激成之也。其誰曰不然？乃閣下不免以分門别户之心，成矯枉過正之見，一日入朝，遂有科塲之訟。錢謙益本無罪，閣下特因瑕釁以阻其進，而不虞其重得罪，且閣下竟以此進。自此人人樹敵，處處張弧，人之所以議閣下者日多，而閣下亦積不能堪。一朝發難，明借皇上之寵靈，爲驅除異己之地，二三匪類又稍稍起而應之，以爲牙爪，使昔之立異同者皆裹足而去。朝端之上亦見風恬浪息，無有不利于閣下者，而閣下亦已安如泰山否耶？此殆昔人所爲騎虎之勢也。

即閣下自許孤立，法不阿貴，怨不避私，其最可自信者無如參鄭鄤一事。鄭鄤之禔躬不檢，參之誠是也。第令鄤非門户中人，閣下其亦毅然爲之否耶？如是而猶號于人曰：「吾爲名教衛也，吾爲朝廷伸三尺法也。」即閣下平心自問，必不謂然矣。故人謂閣下將以門户殺鄤也。❶又無如揭張壽祺、成德一事，二人一犯贓，一溺職，業已有應得之罪，而動激聖怒以詔獄，士可殺不可辱，頗令聞者寒心。況煅煉不已，終成文致，人將謂閣下以門户殺二人也。夫三人誠足爲門户之累，在閣下何妨别白。昔賢云：「吾心如秤，不能爲人作重輕。」閣下未之聞乎？閣下而不爲别白門户計，則亦已矣，誠爲别白門户計，莫若就廢籍中，擇天下之賢者而用之，自世揚始，又舉其所最

❶「參之誠是」至「故人」，全書本作「至坐以勸父杖母，實出世間情理之外，終須行勘地方而後可以斷斯獄，不然將」。

不利于己者而容之，舉親舉讐，共偕大道，于以匡濟時艱。上報聖明，稍收末路，豈不心事昭于潞公，功名埒于夷簡？從前恩怨，總屬飄風。若猶未也，元祐、紹聖，紛紛無已，諸臣即自居邪枉，根株連引，并楊、左亦邪枉。殺邪枉者必正直，將何以處紅本一案？國是如是，身不足惜，其如宗社何！乃者嚚訟起于縲臣，格鬬出于婦女，官評操于市井，訛言横于道路，清平世宙，成何法紀？願閣下之熟思之也。❶

宗周偶閲先朝載紀，如張文忠大禮、大獄等事，彪炳宇宙，而終以不能愛惜人才取譏當世，❷至今有不能爲文忠諱者。嚴分宜于楊、沈之獄，坐不能救正耳，豈必真如傳者所云？若其他封疆失事之誅，多所自取，後人亦一概坐分宜。❸張江陵功在幼主，奪情一事，竟以棧豆殉百年，尤爲可惜。閣下自分相業孰與文忠賢？稍或不慎，吾不知于嚴、張二公又何居矣。尤願閣下之熟思之也。

宗周少不如人，長而無述，徒以同籍之雅，兄事閣下有年。而雲泥聚散，未由時沐清光，乃私心懇懇，終不敢自外左右，輒不禁抒此胸臆，似痁似狂，計閣下得之，必詈爲黨人餘唾，然宗周老矣，病且死，旦夕耳，意復何爲？而自陷依傍，取譏後來，私心政自不敢負故人，因而負君父。語云：「美疢不如藥石。」君臣且然，況朋友乎？閣下姑寛之，徐取而思之，即其言誠有過者，亦將有以諒其心矣。臨書激切。

❶「願」上，全書本有「又何問國家擾攘！故昔人有去河北賊易之説」十八字。

❷「當世」，全書本作「於世廟」。

❸「宜」下，全書本有「青史之筆往往而是」八字。

答王金如

前者草率作答，區區之衷，宜有不盡亮于足下者，兹敢進而請益焉。

竊惟斯道之傳，至吾夫子而集大成矣。其微言載在四書六經，可考而信也。學者童而習之，白首而不得其解，遂于此中猶存乎見少，而求助于外，何異盲者處大明之下，覓爝火以索照乎？或曰：「取善貴廣，學不諱博也。」正謂有得于孔孟之道，而因以折衷于諸子百家，定其瑕瑜，存其去取，亦無往非證道之地。若其苟存一不足之見，博討旁稽，竊竊焉取而附益之，未有不操戈還向者也。嗟乎！孔孟而既往矣。微言日泯，求其能讀聖人之書者幾人？惟時老、莊之徒，首蔽于長生之見，崇尚虛無，絶仁棄義，各著書以垂後世，其爲叛道也，顯不足辨也。獨楊、墨言仁義而孔子之道晦，故孟子辭而闢之，不遺餘力，七篇出而二氏廢，學者遂專言老、莊。若堅白異同之類，皆寓言之支流也。漢、魏以來，一變而言黄、老，又曰《易》、老，合羲皇于老氏，不勝其畔援之情，然祖其説者，亦不過競標名理以資談柄，其旨淺陋易窮。此時有聖人者出，而一倡吾道以正之，何物清談，摧枯拉朽耳。惜乎崇有之論不足以厭當世，而徒以相譏，卒無補于天下之亂。于是西方之教乘虛而起，儼然雄據其上矣。猶是虛無之説也，而益反其本，破尊生之見，超于無生。❶而其功行，則歸之明心見性，時有

❶「生」下，全書本有「無生亦無死，其究不離尊生」十一字。

通于吾儒之説者。讀儒書者又從而附會之，出入變化，莫可端倪。當此聖遠言湮、學絶道喪之日，學者驟聞之而喜，以爲此吾聖人之所未嘗言及者也。又有進者曰：「非禪也，即吾聖人之精言也。」安得不掉首相率而趨之乎？

天不殄吾道，特起有宋諸儒，後先犄角，相與修明孔子之學，炳如也。遂惓惓以闢佛老爲己任，比于孟子之闢楊、墨，其功偉矣。然當此之時，佛教大行，求其粹然獨出于儒者，濂溪、明道而外無聞焉。其他或始就而終去，或陰茹而陽吐，則其于吾聖人與佛氏毫釐似是之辨，容亦晰之有所未精者。以故解經之際，或失之支離，舉吾聖人之真者而歸之禪，不敢一置喙。間有置喙者，即距之爲禪，不復置辨。故雖以師友淵源，而羅、李不能驟得之晦翁；雖以一堂契晤，而鵝湖不能盡化其我見。則一彼一此之間，固已開門而揖盜矣，況末流益復弊焉者乎！夫闢佛老，美名也，辭之不勝，至貶吾聖人之道以殉之，寧不益授以柄？于是爲佛氏之徒者，私聞之而喜曰：「彼之爲儒者如是，何以闢吾爲哉？」即學聖人之學者，私聞之而恚曰：「此之爲儒者如是，何以闢佛爲哉？」此禪學之所以日新月盛而未有已也。

又三百餘年而陽明子出，始固常求之二氏之説矣，久而無所得，始反而求之六經，特舉前日所讓棄于佛氏者而恢復之，且周旋于宋儒之説，相與彌縫其隙，兩收朱、陸以求至是。良知之説，有功後學，斯文賴以一振。由今讀其書，如曰：「佛氏本來面目，即吾聖人所謂良知。」又曰：「工夫本體大略相似，只佛氏有個自私自利之心，所以不同。」又曰：「佛氏外人倫，遺物理，固不得謂之明心。」可謂中其要害。吾意後之學聖人者，由陽明子而朱子，及于明道、濂溪，溯之孔、孟，如是而已矣。然學陽明之學者，意不止于陽明也。讀龍溪、近溪之書，時時不滿其師說，而益啓瞿曇之秘，舉而歸之師，漸擠陽明而禪矣，不亦冤哉！則生于二溪之後者，又可知矣。❶雖使子輿氏復生，亦且奈之何哉？

僕常私慨，以爲舉今之世，誠欲學者學聖人之道，而不聽其出入于佛老，是欲其入而閉之門也。譬之溺者，與之以一瓠而濟，一瓠亦津梁也。學者患不真讀佛氏書耳，苟其真讀佛氏書，將必有不安于佛氏之説者，而後乃始喟然于聖人之道，直取一間而達也。審如是，佛亦何病于儒乎？然言至此，亦甚不得已之極思矣。❷僕生也晚，不及事前輩老師大儒，幸私淑諸人，于吾鄉得陶先生，學有淵源，養深自得，不難尊爲壇坫，與二三子共繹所聞。每一與講席，輒開吾積痼，退而惘然失所懷也。一時聞者興起，新建微傳，庶幾有託。其他若求如之斬截，霞標之篤實，子虛之明快，僕皆自視欿然，以爲不可及，因而往還論道，十餘年如一日，不問其爲儒與禪也。

至僕之于足下，私心期望，更有不同于泛泛者。足下志願之大，骨力之堅，血性之熱，往往度越後進，由其所至，成就正未可量，不敢遽問其爲儒與禪也，其餘諸子可知矣。然而世人悠悠，不能無疑，曰：「諸君

❶「矣」下，全書本有「至是而禪之與儒，是一是二，永不可問矣」十六字。

❷「然言」至「思矣」，全書本作「治病者，輕則正治，甚乃從攻，熱因熱用，寒因寒用，不亦可乎」。

子言禪言，行禪行，律禪律，游禪游，何以道學爲哉？且子而與其從學佛之士，寧若從吾流俗士？」僕聞之，笑而不答。諸君子自信愈堅，其教亦愈行，而其爲世人之悠悠愈甚。噫嘻！今而後將永拒人于流俗之外，不得一聞聖人之道者，是亦諸君子之過也。傳有之：「中道而立，能者從之。」又曰：「魯人獵較，孔子亦獵較。」諸君子而誠畏天命，憫人窮，有溥濟一世之襟期，盡一世之流俗歸之大道，上接孔孟之傳，下闖陽明之室，則心迹去就之際，宜必有以自處矣。若止就一身衡量，諸君子行履儘足自信，亦安往而不可乎？然僕有以知足下之必爲彼，而不爲此也。

僕資性不逮人，老而未聞道，猶竊願學焉。斤斤救過之不遑，苟足以匡吾之過，而進吾之不及，皆吾師也，請從而終事焉。小學之訂，願足下勿疑，亦并無致疑于僕，願足下終以教我。

與黃石齋少詹一 名道周

學術不明，人心不正，而世道隨之，遂有今日之禍。一絲九鼎，獨賴吾黨清議猶有存者，陰以褫姦回之魄，而扶國命于無疆，則亦所謂功不在禹下者也。僕以衰病伏枕彌歲，目不接朝事。友人時時傳門下昌言累牘，輒爲擊節。無何，又得去國狀，復爲之太息不已。嗟乎！君臣相遇，自古難之矣。今日者門下方幾幾得之，而終復不遇也，豈非天乎！語云：「漢文不能用賈誼，誼與有過焉。」❶以徵近事，千古同慨。僕不意門下學古之道，而僅以長沙擬也。雖然，天而果欲平治斯世，將必有操大人之學，如孟夫子者起，而一遇雖齊、梁之君，猶足用之，而況進而聖明乎？ 世無其人，惟門下終勉之。

答胡嵩高朱綿之張奠夫諸生 嵩高名嶽，綿之名昌祚，奠夫名應鰲。

比辱手教，纍纍數千言，具見衛道苦心，于今之世，殆亦空谷之音。 而況以不佞之寡昧者當之，又不啻大聲之呼，而疾雷之破耳也，敢不拜嘉？ 僕于此復竊有請焉。

夫道，一也，而釋氏二之；教，本分也，而託于釋者混之。 則其爲世道之病，信有如足下所言者，固已不煩更端而請矣。 今之言佛氏之學者，皆其有意于聖人之道者也。 不幸當聖遠言湮之日，又無老師大儒以爲之依歸，遂不覺惑于二氏，而禪其尤甚者耳，則亦聖人所謂賢智之過也。 彼其于聖人之道，既嘗童而習之矣，彝倫日用，託于耳目之近者概可知也。 稍讀佛氏書而異之，其言單提性宗，❷層層折入，亦復層層掃除，以視吾儒言天載，尚隔幾重階級。 而自詫爲妙道，自嘆爲希有，安得不去而從之乎？ 此厭常喜新之惑也。 夫聖人之道，不落虛無，事事有可持循，宜乎學之之易矣。 乃以吾夫子之聖，竭一生功力，至七十年而始幾于從心之域，及門之徒三千七十，傳道

❶ 「過」，全書本作「故」。「焉」下，全書本有「當此之時，君負臣乎？ 臣負君乎」十二字。

❷ 「宗」下，全書本有「離四句，絕百非」六字。

者不過一二人，亦僅具體焉，況聞而知之者乎？蓋求道之難，而學爲聖人如此其尤不易也。孰似彼佛氏者，以悟性爲則，一念回機，即同本得，❶從其教者無不人人證聖，諦諦傳宗。吾寧不舍難而就易乎？此欲速助長之惑也。且所貴乎學聖人之道者，爲其有利于吾耳，不然亦利于天下。而儒者首禁人以功利之説，苟不得位，❷蓬累而行，鄉鄰有鬭，閉户云耳。若佛氏，性宗既透，起願即是道場，懺悔即離苦阨，滅度盡六道，冥報通三生，而身復超于三生六道之外，以了生死一大事，胡于自利利人無量乎？則尚俟一切有爲法乎？此計功謀利之惑也。凡此三惑者，一言以蔽之：「儒門淡泊，收拾不住。」彼家所爲自供自認者也。而不知聖人之道本如是其淡而不厭也，進必以漸，且逾進而逾無窮也，出乎義而不出乎利也。此所謂惑之甚也。子曰：「索隱行怪，後世有述焉。」殆謂是與？

當世不乏雄深警敏之士，其中所見往往有過人者，而反之性地，仍自茫然，曾不敢望彼藩籬，而況于卓然有志于聖人之道，而升堂而入室者乎？則一彼一此之間，固未有以相勝也。不相勝而相譏，猥欲以語言文字挽其一往不返之心，亦祇以重其惑已耳。然則奈之何哉？僕于此有説焉。

今之言佛氏之學者，大都盛言陽明子，止因良知之説于性覺爲近，故援之以廣其教，而衲子之徒亦浸假而良知矣。嗚呼！古之爲儒者，孔、孟而已矣。一傳而爲程、

❶「得」下，全書本有「嘗言：旬日不會，便當截取老僧頭。以故《傳燈》若干人」二十字。

❷「苟」，全書本作「動云無所爲而爲，至推之天下中和位育，只是道理如此。倘實求施濟，堯舜猶病。總」。

朱，再傳而爲陽明子，人或以爲近于禪。即古之爲佛者，釋迦而已矣。一變而爲五宗禪，再變而爲陽明禪，人又以爲近于儒。則亦玄黄渾合之一會乎？而識者曰：「此殆佛法將亡之候，而儒教反始之機乎？」孟子曰：「逃墨必歸于楊，逃楊必歸于儒。」今之言佛氏學者，既莫不言陽明子，吾亦與之言陽明子而已矣。譬之出亡之子，猶識有父母，時時動其痛癢，則父母固得而招之，自禰而上，益恍惚矣。陽明子者，吾道之禰也。今之言佛氏之學者，招之以孔、孟而不得，招之以程、朱而又不得，請即以陽明子招之。佛氏言宗也，而吾以陽明子之宗宗之；佛氏喜頓也，而吾以陽明子之頓頓之；佛氏喜言功德也，而吾以陽明子之德德之，亦曰良知而已矣。孟子曰：「無是非之心，非人也。」夫學者而不知有良知之説則已，使知有良知之説，而稍稍求之，久之而或有見焉，則雖口不離佛氏之説，足不離佛氏之堂，而心已醒而爲吾儒之心，從前迷惑，一朝而破，又何患其不爲吾儒之徒乎？此僕所以姑與之言陽明子也。

夫道者，天下之達道，而言道之言，亦天下之公言也。孔孟言之而不足，則程朱言之；程朱言之而不足，則陽明子言之；陽明子言之而不足，則後之人又有言之者。但不許爲佛氏之徒所借言，而苟其借之，而足以爲反正之機，則吾亦安得不因其借者而借之，以一伸吾道之是乎？孟子曰：「楊、墨之道不息，孔子之道不著。」僕亦曰：「陽明子之道不著，佛、老之道不息。」道陽明之道，言陽明之言，因而參考異同于朱子之言，以發明朱子之藴，善繼朱子之心，求不得罪于孔孟焉止耳。

僕聞之，春秋之法，先自治而後治人，故曰君子反經。僕亦與二三子共學陽明子，以臻于聖人之域而已矣。今而後，願足下偃旗息鼓，反其分別異同之見，而告自邑焉。于以尊所聞，而行所知，日進于高明廣大之地，則天下之士必有聞風而興起者，吾道之明且行，庶有日乎？僕旦暮跂之。

答諸生

承寵命，謁祠有日，敢不拜嘉？但僕因改葬二親，日夕不遑寧處，苫塊餘生，纔及旬餘，安能遽從諸君子作雅會，以上辱先聖之靈？而且不孝之罪遺恫二親，終天罔贖，更無顔面可對諸君子。以是不揣少揭罪狀，自擯宫牆，而執事猶復不棄，而寛其鳴鼓之誅，則不肖亦何以自捫寸心乎？今而後，願諸君子允僕累請，終削門下之籍，姑與以不屑之誨，聽其徐而自艾焉。苟其寸心終可以自遣，不難復出，而請事于諸君子，則侍教尚有日矣。不然，僕奄奄餘生之不保，諸君子縱憐而與我，其能及乎？昔西河氏見罪于曾子，至投杖而拜，友道之嚴如此。若曰不楚而呻吟，姑爲是謬言以相誑，掩其規避之跡，則又與于不仁之甚者也。

答葉潤山二

曠歲不相聞，夢想徒殷，有懷靡及，忽接手教，喜可知也。且承門下相信之深，日有加而無已，至不恥下問如此，僕亦何以慰諸？

大抵學者之于道，不日進則日退，而進

退之機，于己取之。自以爲進者，進也；即自以爲退者，尤進也。今者門下已不安于前日之見，則濯濯新知，必有進于前日者矣；而且以擇不精、行不力是病，則自今以往，又必有進于精且力者矣，此所謂日進者也。雖然，使徒落想像邊事，亦第二義耳。所舉損、益二卦，自是反躬實踐之地，學者所當終身用之不盡者。但此中進退之機亦甚微細，最宜時時加體認工夫，不得臨渴掘井。等是懲忿窒慾耳，常人有常人之懲窒，學人有學人之懲窒，聖人又有聖人之懲窒，不特取效有難易之分，亦其下手有精粗之辨也。僕意讀《易》須以乾道爲綱領，乾知大始，便是懲窒工夫綱領處。得此綱領，則入細入粗，把持在手矣，何如？

小著蒙批示，幸甚。所舉「視無形，聽無聲，持行無地」等語，亦只是戒慎不睹、恐懼不聞之意，歸之慎獨而已，獨即前所謂乾體也。然不免悠謬其辭，近于佛、老之説，反晦本旨，質之修辭立誠之意，殆不如此。乃知吾輩論學，只是朴實頭地，一是一，二是二，即指畫身心性命，亦須一一有著落。若天道有已然之迹，方可逐步尋求，不墮落虛空窠臼耳。

目下所可商者，出處一節。吾輩所學，將以用世耳。時事多艱，主恩未報，可云長往山林乎？若言學則隨地皆學也，言道則隨地皆道也，亦豈有内外、人己、體用之可岐乎？勉之！勉之！幡然而行可也。

辛復元平生似有來歷，僕常與之言，見其議論頗正，但未卜其持守若何。凡人門面闊大者，多不易持守。亦甚留心世道，而不免太熱，恐有枉尺直尋處。論人不得不取其長耳。《陶文簡公集》一部，奉覽，慰前命也。

答秦履思五

承諭近溪之學，雖以赤子提宗，要非吾儒大中至正之脉也。赤子之心，純乎天者也，孩提之童其在天人之間乎！天非人不盡，故君子盡人以盡天，而天其本也。不有赤子之心，焉得有孩提之童之知能？故赤子提宗，最爲端的。先生之學，可謂直達原始，正陽明意中事也。然赤子之心人皆有之，信得及，直下便是聖人。所謂信得及者，只于此心中便覺一下耳。纔覺一下，便千變萬化用之不窮，雖千變萬化用之不窮，却非于此心之外又加毫末也。此心原來具足，反求即是。反求即是覺地，覺路即是聖路，不隔身心，不岐凡聖，不囿根氣，不須等待，方是真潔凈。學者但時時保任而已，别無他謬巧也。如先生所言悟入處，不免反費推敲。果如此說，凡是善根不宿、慧目不清者，又將此一項人頓放在何處？意者先生所言悟處，終是囫地一聲消息，黄面老子于此費却幾許工夫，方得了手。如達摩且面壁九年，况其他乎？彼惟不識赤子之心，而求之未生前，所以當面蹉過，反費追尋。先生何故又起爐竈也？

答曹進士 諱廣

不佞老廢，杜門息影之日久矣。一旦以世講之末，僭援聲氣，披示教言，惓惓焉不啻其口出也。捧誦再三，欣然以喜。至「知恥近勇」一語，殆是吾輩頂門針，不佞請先服瞑眩焉。乃足下復不加鄙棄，而欲進商所未逮，益愧惘然無從也。不佞請姑就來教所及者而請事焉，可乎？夫恥者，人之本心也，而體藴有辨。孟夫子曰：「不恥不若人，何若人有？」他日解之曰：「指不若人，則知惡之。心不若人，則不知惡。」今人之懵懵焉無所用恥者，鮮不以一指易肩背，此可謂之知恥乎？不能知恥，雖有恥，與無恥同，亦何怪日即于忽忽而不振乎？此知恥近勇之説也。曾子嘗聞大勇于夫子，正以自反歉慊一著，爲一生定命符，此真能知恥者也。降而北宫黝、孟施舍，雖憍然自喜，可以目無萬乘，然由君子觀之，直一指之伎倆耳。是故與其貌而法三代之事，不若尚論三代之人而尚友之之爲真；與其泛而窮六經之書，不若擇其要者而圖之，如南容之復白圭，屏山氏之讀《易》之爲約而易操；與其知交盡天下賢人君子，不若闇然日章，不出户而知天下，則其于當世之務，亦固無事于數數然矣。以足下之抱負，異日者即一當路而平禍亂，起生民于溝壑，措宗社于安瀾，亦豈異人任？然苟學不聞道，而徒以一切悻悻者當之，即幸而得之，亦正一指之伎倆，不足爲賢者道也。晦庵先生曰：「真正英雄，每從戰兢惕勵中來。」請爲足下誦之。❶

❶「之」下，全書本有「目今一切事不能盡如我意，只可付之嘆息。惟循分自裁，於當場處莫放過，便是積累處。若於當場處不肯放過，則隨我今日境界，便有事業可做。若以其近者易者而忽之，曰我欲云云，安知非出位之思乎？且思當場時又當作何狀？其中情之不繼，正堪回頭猛省耳。來教曰：寬著意思，嚴立功程。近之矣。苟於此弗失，則名世事業亦何所不辦乎？要其本在知所用恥始，正無事於旁求也」一百四十八字。

答沈進士 諱中柱

夜來讀《言志録》，大爲擊節。門下志操雅自，耿耿如此，將來豎立亦何可量？人患無志耳，此志大用之則大效，小用之則小效，君子亦求其大者而已。承教孟子「求放心」一節，真是吾儕終身進學之要。人心至神，操存舍亡之間，往往間不容髮，已立志後，方許商量此語也。又云知求，正是學問得力處。學問者，致知之路也。心外無知，故曰良知；知外無學，故曰致知。又云思則得之，思即致知之別名，原來即本體即工夫也。又曰慎思，懼其放也。又曰近思，懼其放而外也。古人立言，字字鞭入心裏，其要歸于知止耳，所謂思則得之也。性者，心之理也，心以氣言，而性其條理也，離心無性，離氣無理，雖謂「氣即性，性即氣」，猶二之也。惻隱、羞惡、辭讓、是非，皆指一氣流行之機，呈于有知有覺之頃，其理有如此，而非于所知覺之外，另有四端名色也，即謂「知此理，覺此理」，猶二之也。良知無知而無乎不知，致知無思而無乎不思，不可以内外言，不可以寂感界，收動歸静，取物證我，猶二之也。告子不得于心，不致知故也，故孟子反之以知言；不求于氣，不識性故也，故孟子反之以養氣，養氣即養其性之別名。先儒以爲擴前聖所未發，蓋取其善言性善云，非謂此一項工夫至孟子方説破也。總之，一心耳，❶心一知耳，許多名色，皆隨指而異，只一言以蔽之曰：「學問之道無他，求其放心而已矣。」入門究竟，更無別

❶「一」上，全書本有「性」字。

法，隨時用力，隨處體認，無有吃緊于此者。來書剖晰詳盡，猶或不免以名色致疑，要在反身而求之可也。

與王雪肝太守一 諱孫蘭

荒政萬難下手，所幸公祖悉力講求，孜孜延訪，當必有得其要領者。如社倉一事，誠爲標本兼治之計，已託祁世老條列事宜，想能得當報命。但鄙意謂是舉也，必官與民交任之，仍以官爲主，而後可要其成，所謂君子之德風也。目下一面亟宜先頒一明示，張掛四城，曉諭士民，以社倉之利決當舉行，不宜遲緩，庶使士民便于遵依。一面令所屬各發贖鍰，召商往糴東路，分發三十九坊，以爲倉本，乃聽各士紳富户次第捐儲。一面立官簿籍，分三十九坊，各報社正，委以出納，則事且旦夕行矣。若上官不率先鼓舞，恐人情皆在觀望中，誰肯一破頭面以犯衆忌，且以身家殉乎？即如官糴，果係正項所那，不妨出糴之後，仍還在官，此後乃以一切科罰者充之，積少成多，爲長久計。城中稍有端緒，便可推及四鄉。總之，公祖設誠而致行于上，不患士民不嚮應于下也。

答王雪肝二

承發余、祁兩公書見示，生細讀之，其于目前救荒急著，亦已檢點無遺，似可仰承德意于萬一矣。生雖有社倉之説，止是虛著，原無異同。小異者，兩公言暫，而生兼言常；兩公言平糴，而生專言積貯耳。生慮平糴之説，可一而不可再。今但勸士紳以儲米，則所積之米即是無形之社倉。明年聽其以時價出糶，仍將此糶本候秋成之日，復儲米如前。復時價出糶如前，則儲米年年有息，而待糴者歲歲得平，稍以官簿經紀其間，亦可望數年之後，豐凶各有攸賴。年來雨暘不時，此等景象日日可虞，故不得不酌標本而言之。若今僅爲目前計，則年年議儲米，年年議平糶，終亦惟日不足矣。祁世老似謂不佞竟欲强士紳出米，立社爲公家之物，而已不得與焉，則厲民之令，甚于平糴，委有難行者，況有建置之擾擾乎？今鄙意既已揭明，乃知原無異同，目下且言急著，再爲善後之圖可也。

與王雪肝三

頃承本縣頒下儲米坊册，仰惟痌瘝德意，在在流注，一二孑遺稍有半菽之望矣。但念此十室九空之時，即富室終鮮蓋藏，計必以招商爲第一義，方得備此八千正額。而遏糴之禁，所在而是，商人寸武難行。台、寧設禁，猶曰隔府，新、嵊而設禁，則同府矣。同出台臺怙冒之下，而忍令一肥一瘠，咫尺之間，頓分吴越乎？想台臺已移文日久，不知本縣何故尚不遵依？日者宗周遣人告糴於嵊，稍蒙鄧父母推昔年宗周有賑嵊之德，而沾沾報之，得米五十斛。此外有販者，輒遭奸民搶掠，垂橐而歸，官亦不之禁。夫此之不禁而禁糴，乃計之左也，且嵊人固自爲計耳。殊不知嵊禁弛，則台禁亦弛，一路源源灌輸而至，是無損于嵊而大有造于郡城也。更通四明一路以濟之，將遠近之米價漸平，而行販者亦無所利于竭蹶矣。夫遏糴固王政之首禁也，即前日西路之遏，亦可暫而不可久，且越郡一撮土，固無當于錢江以北吴會數省之緩急也。若以東路視吾越，其事懸矣。倘當事諸君子而懷天地父母之心，宜必有不終屑屑于一日之權宜者矣。前日本坊曾具一呈，未蒙准行，意其中有申文兩道語，未必果得之兩道乎？今復稍易其詞，補牘以進，仰候裁奪，或止給一批，令本坊商人一行之，何如？然以不佞私計之，儲米不得不招商，招商不得不弛禁。即弛禁于嵊而不弛禁于台、寧，嵊人豈能獨受其累？則兩道終須公祖一通情欵，詳述利害而得之。倘此法不行，將儲米一事委之空文，一旦有急，饑民嗷嗷而索平糴于富室，何以應之？事且有不可知者矣。統候台裁。

與成台道諱仲龍

我越人之告饑也，祖臺亦既耳而目之，以視台郡豐歉相懸，大是向隅抱泣。蒙祖臺軫念痌瘝，方與郡大夫商拯濟之策，隨聽本府一面申文行糴台、寧等處，我越人懽若更生。宗周乃敢率二三里人，齎本府印批告，投下執事。宗周遵郡大夫之政，統計郡城中限坊儲米。宗周所求給于台者不過二百石，其加賜焉，則祖臺曠蕩之澤也。伏惟照驗施行，俾不至爲地方所譁，仍乞掛號批迴，且無虞于出疆之阻。宗周藉此舉爲一方社倉張本，稍俟青黄不接之日，平糴而出之。自此時斂時發，垂之世世，而祖臺再造生成之德，亦將垂之世世矣。且郡大夫請糴之舉，亦豈爲是沾沾者？果能家賜而人給，政欲借以厭人心，而通地方之血脉，陰杜其囂凌争攘之氣耳。今必曰豐歉不齊之數，委之造物；有餘不足之見，聽之人情。則一家之中，父子兄弟之際，且有秦、越視而不顧者矣。豈知天下之亂，即從此而起。甚矣！遏糴之不可訓也。非祖臺由己之饑，而本之以大道爲公之志，亦孰與化近日之風氣，挽阨運而導天和，臻一世于仁壽之域乎？

與王雪肝四

宗周仰遵儲米之令，率二三里人告糴于台、寧，以爲社倉張本。而台、寧遏糴之禁，所在而然，小民之囂競固甚，上官之厲禁尤嚴，輒曰：「我台人、寧人之不保，而暇爲紹謀乎？」聞是説，而里人徒手以歸。夫凶荒薦臻，大難措手，所恃四封有恤鄰之誼，庶幾源源而來，小民得藉以無恐。而不意疾痛杳不相關，一至于此也。彼曰自謀之不暇，生直謂其未嘗自謀也。譬之人身，血脉欲其相通，未有手足委頓而腹心可以安然無恙者。故紹亂而台、寧亦亂，安紹正所以安台、寧，此不待智者而自明矣。嗟乎！四封閉糴，自今以往，小民其無孑遺矣。惟是公祖爲一郡主，小民之饑寒皆仰給焉，生輩雖不能得之于兩道，其忍坐視而終不之救乎？更乞再四申請，爲秦庭七日之哭，或者彼見憐，而有一粒之遺，亦未可知也。勢孔亟矣，惟公祖亟圖焉。

與王雪肝五

時事日亟，意外之虞，真不能以刻待，知遏糴之令，在當事有不得辭其責者矣。

猶是凶荒耳，一日雨而米價湧，再日雪而米價大湧，豈一日之雨雪果爲民厲乎？良以人情之變，喜于思亂有如此者。故今日救荒之策，必以安輯人情爲第一義，官販之說，便是今日急劑。官販之說行，將見言未脱于口，而人情已平一二矣。官販之計決，將見米未解于途，而人情已平八九矣。則上人爲民請命之心，固足以稍稍取亮于人，而頓奪其囂凌愁苦之氣也。但以鄙見揣之，台、寧一路須得公祖玉趾親移，方出萬全，即不然，亦須得陳公祖一行。蓋此時不特道、府、縣之情難調，而道路亂民之勢尤不易輯。陳公祖綽有經濟，雅著丰裁，誠代公祖一行而領以押運之官，所濟不既多乎？不然，文移之往來，動成故套，即小吏之奔走，豈足當洶洶之亂民乎？但官販之説，不知專召官商，單那庫藏，絶不與于民乎？抑仍是三十九坊儲米之説，每坊給批各自齎本，而但以在官領之，即爲官販乎？從前一說，則徑而易行，而難在散米收銀；從後一說，則物情未必盡齊，而終省在官一番會計，與前日一番給簿之説不相戾。如二説並行，則頭緒更紛，我之求于販地者，取數必多，而彼將有不易應者矣。如專從後說，則各坊行販皆當分爲兩次，每次一百石，庶幾接濟有漸。統祈台裁。

昨接祁世老條議一通，想已上之台覽矣。内中既有官商之説，又有換批之説，似官與民交任其責也。今生昌安坊前日所領之批，竟未之行，敢暫繳上，或銷或换，統候台裁。且本坊見貯銀二百兩外爲販本，或官或民，亦惟裁奪。又海運之說，人情所在觀望，或得大家通融，徑以台、温接寧波，以寧波接紹興，又以台州接嵊縣，以嵊縣接山、會，又以金、衢接諸暨，以諸暨接山陰，則血脉流通，事半功倍。審如此，正須陳公祖親行，痛陳一體痛癢之説與所在當事者，使從前痿痺元氣立行銷化，則太和便在宇宙間，而人變可弭，天灾可禳矣。

答范質公

春暮接翁臺手書，有味乎人學政教之説，即未窺枕秘，已令人憬開茅塞。何時奉有成刻，啓示吾黨乎？ 別諭感念時艱不已，彼時禍敗相沿，以爲固然。士大夫倖免者，如釜中魚、幕上燕，尚得偷生數時，豈知河南、襄、漢之報接踵而至，使高皇不得有其孫，神廟不得有其子，朝廷安賴有吾儕？臣庶圖苟活以享富貴，吾不知謀國諸公，亦何顔處交戟之下，相與歌喜起頌太平？ 恐九廟有靈，終不使黨錮諸君子獨赴西市。後之視今，今之視昔，千古已然。悲夫！目今江南半壁遍罹奇荒，所至人相食，幸而暫遲揭竿之呼，終不聞廟堂有一休養生息之德意，益復誅求不已，征繕四出，不盡敺之爲盗不已。時事至此，尚忍言乎？ 翁臺胸包經濟，進不得大有爲于時，退而修其素業以淑諸人，以俟諸後，長夜人心，由此一旦，亦世道之慶也。弟老矣，一切無以報知己，惟闔門待盡而已。臨風布懷，仰候興居萬福。惟爲道自珍。

與章格菴掌垣 諱正宸

道駕歸省，甚渴鄙懷。會衰病日深，艱于出户，不及走晤。數年作別，所欲一言者，嫠婦不恤其緯，而憂宗國之將亡，僕之謂矣。況身當其事，處漏舟之地，岌岌乎與舟爲存亡者乎？

執事久爲諫官，所言天下事幾何？昔陽城爲諫議大夫，五年不言事，昌黎作《諍臣論》諷之，自若也。其後陸宣公貶，而延齡相，城乃起而取白麻壞之，痛哭于廷，城卒以諫顯。蓋宣公在事時，城于天下事固無可言者，乃知士君子語默各有宜，而賢者之不可測，類如斯也。今天下豈無宣公其人，而貶且死，而不克生者乎？而執事竟無一言也。雖然，此猶一事耳，請進而求其大者。今天下之亂，固必有所自出矣，則君心是也。執事亦既已知之矣，而付之不言，不聞有格心之效也。且天下之亂，亦必有所自成矣，則政府是也，奸佞相仍，十餘年如一轍。執事亦既已知之矣，而付之不言，不聞有請劍之舉也。且天下之亂，亦必有所自決裂矣，則邦本是也，鳥窮則啄，獸窮則攫。執事亦既已知之矣，而又付之無可奈何而不言。即督糧之役何爲者？上有一給事督糧，則自有司而下，至胥吏、皂役，莫不給事矣。群千萬人爲給事，以督一細民之糧，其尚有死地乎？然則天下事蓋可知矣。舍是三者而不言，更無可言者矣；且執事而不言，更無人可言者矣。已矣哉！此嫠婦之恤，所以鼠思泣血而不容已也。或曰：「天下事亦甚無樂乎以言濟也。」執事將別有一當以報國，其爲彌縫匡救之力亦已隱矣。❶

僕則以爲，今天下救時之急務，宜莫有過于開言路者。執事言官也，開則自我開，

❶「矣」下，全書本有「然而短長之效，已見於今矣」十一字。

閉則自我閉，後之人曰：「崇禎之間，率天下爲寒蟬，導人主以杜絶言路之禍者，爲章某其人。」是則罪之大者，執事將何以自解乎？執事生平自許，萬萬不後陽亢宗。向也舉天下第一流人以奉之，一旦處棘手之日，惴惴乎全軀保妻子之念重，而置宗社安危于弗問。幸而天祐人國，萬無他虞，蹉跎歲月，卿貳在前，宰執迎刃，終爲嚼蠟之無味耳。何若向者爲諸生之猶得俯仰于天地之間也哉？或曰：「古之君子遇不可爲之時，未嘗不危行言遜以避禍，若梁公之于唐是也。何獨于執事，尤之深乎？」曰：「吾固不爲執事尤，而深爲諫官惜也。」無已，請姑就今日之職掌言。吏垣固進退人才之地也，其自宰執以下至督撫提學等官，孰不以吏垣爲咽喉者？朝推一人焉，吏垣以爲可，孰敢以爲不可者？暮舉一人焉，吏垣以爲不可，孰敢以爲可者？此而猶曰我不能，謂非溺職而何？往者已矣。計執事自今入朝，倘有一奸進要路，一地不稱職，則執事有不得辭其責者，而勤勤焉思所以報塞。庶所云：「七年之病而三年之艾也。」然亦取效雖緩，天下事尚可救十之一二。然亦非全軀保妻子之念洗滌殆盡，終不能有所建立也。冀執事深思之。

嗟乎！今日之事大可寒心者，上無責難之臣子，下并無責善之朋友，見人主則曰堯舜，見同列則曰臯夔，終日惟以阿諛逢迎爲事，無敢出片言拂人之意。局面已成，牢不可破，至于流氛横行，藩封荼毒，賊臣破陷疆土而猶蒙身後之恤，是孰使之然也？興言及此，豈不深可痛哉！僕私心恨之，輒敢剖此肺腑，少效朋友之誼于萬一，惟執事進而教之，幸弗以爲嗔也。

劉蕺山先生集卷十五

書　三

與王雪肝六

不佞擁榻間，静聽嘉猷所以活我百姓者，幸甚！比兒輩相傳，一二諸士紳仍不出通販之説，如此則亦無煩一番擾擾矣。今曰「通之于官而禁之于私」，此攘攘者何難盡改私而公，且曰「官虚其禁，而士紳實其政」，此士紳而擾擾者又何難并以禁爲貨乎？遏糴之不可行也，不佞豈不知之？但其法有小遏而大通者，上臺之不可逆也，不佞亦豈不仰體之？但其説有似逆而實順者，則亦不可不思其故矣。上臺之求多于吾越也，不過爲省下饑民請命耳。豈知自七月以迄于今，杭、嘉、湖以往食我紹興之米，亦既無算矣。不足，又以官商尾其後，我越人又迎送以將之，幾空國而出，亦庶幾周人之急，不啻孝子慈孫之奉慈母矣。今者省下秋成業已告登，人人頗慰樂生之願。但一二奸商乘機射利，相與罔上而行其私，上之人爲其所愚，猶然以饑告，非其情矣。越之人將遂終聽之，是竭澤之漁也，《詩》曰：「缾之罄矣，惟罍之恥。」我越人之罄，抑亦杭人之恥也。孰若少節其一二于今日，以待杭人青黄不接之日乎？有前日之大通，斷不可無今日之小節；有今日之小節，又可以裕來日之大通，此所謂一張一弛，文武之道也。故曰：「遏之而適以通，逆之而乃以順也。」然則祖臺何憚不持此説，以明告之上臺乎？

傳畢公祖之言曰：「招商于今日，而販米于明春。」此説似善矣。又孰若「招商于明春，販米于明春」之爲尤善乎？且不佞所以有暫閉米商之説者，蓋爲民間晚收頗薄，亟待登場之日，使一二有力之家稍稍爲蓋藏計，庶幾徙薪之策。若目今外販絡繹，米價日騰，貧民苟利于得錢，而富人皆觀望，不肯爲他日計。將來欲販不能，欲賑不得，滿城百姓，人人轉眼死矣。即公祖雖有一切良法美意，亦安所措之？且公祖可以越人之米空國而濟三吳，不能以台、寧之米空國而濟吾越，真坐困之術也。救荒何等事？焚溺及身，焦濡不暇，顧忍爲一切利害升沉寵辱計？要須通融長算，既不可抱一膜之見以自封，而亦豈可爲從井救人之術以自愚？惟公祖熟思審處，但以士紳爲言而辭之，其亦可矣。宗周我躬之不閲，不憚再瀆，統惟台涵。

與祁世培

諸君子謀荒政，毫無濟于事。今不阻外販而言積儲，不言積儲而他日又言賑濟，皆必不可幾者也。遏糴有禁，夫人而知之，且身遭台、寧之毒矣，其忍以身行之省下？但此事須通盤計算，譬之一家之中，爲父母者但可顧其子女耳，爲祖父母則顧及其孫，行而廣矣，爲曾祖父母則顧及曾孫，行又廣矣。此其間各有分，顧互相俯仰，乃相與聯絡，成一體之誼，勢不能以一父母任祖父母之責，且任曾祖父母之責也。是以爲人上者，無分民而有分土，縣顧其縣，府顧其府，道顧其道，省顧其省，各相顧也。而後出其餘力以上供，而互相轉輸于不窮，庶幾可大可久之道。計不出此，有載胥及溺而已。

前者吾鄉早禾大熟，聽浙西以往三吴之商日夕稛載而出，鄉人之射利者又從而迎送之，賓至如歸，無不恣其所欲。又以爲不足，上司又以官批通販，稛而去者又不知凡幾。旬月以來，亦足以報命矣。而越之當事者，猶惟恐或失上臺之心也。守成事而不變，區區私販之禁，何爲者乎？僕恐今而後必無有私販至越者矣，何也？越之人既明招省下以官販矣，一江之隔，即操一二金者皆得請一批而來，浸假群省下人及三吴中人，不論士農工商皆持批而至，吾不知當事者何以應之？且昔日台、寧之爲厲禁也，撫臺封銀千兩至二郡，而猶然遲遲其應之，今外販之米果僅千兩乎？前吴中人來謁僕者云：「自鎮江以南，食紹興之米者已兩月于兹矣。」一張一弛，文武之道也；一節一宣，政之常經也。有前日之大通，斷不可無今日之小節；有今日之小節，則又可幾後日之大通，法在與時消息而已。今僕意謂目下但暫閉兩三月，使登場之物，一二富室稍爲蓋藏計，需至明春，縱省下人空國而至，亦可聽之。今日猶爲省下寄外府也，亦何不可之有？且自今省下一路，秋成告登，雖云非大稔，旦夕且可支吾。今之熙熙來者，皆奸商射利之舉，固非出于告饑者也，至明歲乃告饑耳。阻目下而通于他日，仁至義盡，兩得之矣。

今當事者，明以地方利害及彼此一體之誼，剖告上臺，苟有血氣心知者，誰不聽之？而必謂持數月之禁，便當得罪上官，不敢一出此也，亦殊非仁人君子爲民請命之初心矣。今當事者但知媚上官，不知有地方；吾儕又但知媚公祖父母，不知有桑梓。嗟乎！吾死無日矣。明年一郡生靈命脉，仍係之吾兄一人，不可不亟爲徙薪之計。弟偶有所見，不憚力疾草草，幸鑒而裁之，或再以上聞之當事者，可也。

與永侯族侄

昨舉不變塞之説，謂頗不易識，非也。此塞字不必作道理解，只就眼前境遇稍一對勘，便是瞭然。塞對通言，即今冠進賢，日逐勢利之場，動得如意，可謂通矣。回視前日窮秀才氣味，豈不大有徑庭？人情以此爲艷稱，而不知本心之地日移而月化者，亦已多矣。今但于時至事起時，將平日窮秀才氣味置在目前，一味與之冷落，與之消滅，便立了無數脚跟，而終身遠大之業，亦便不外此。今只是隨俗忽忽且恁地去，蓋順逆之勢異，而當境萬難自持也。幸賢侄勉之！昨遺乞言册子似乎太文，君子暴貴，不爲父作謚，況動作稱述俱涉影響，爲無鹽之刻畫，吾恐識者譏之矣。未敢遵命。

與張自菴

學會數年全不得力，諸君子登致知之堂，全不知良知二字何狀。止因前輩講究不親，以致後學涵育無地。興言及此，每增愧嘆。賴先生以躬行之教，新感發之機，吾道幸甚！乃者如王素中，以義方之過，坐小事而殺孺子，質之良知二字，亦打得過否？父之親子，天性也，聞有不中不才之養矣，責善且不可，況棄而殺之！是可忍也，弑父與君恒必由之。止因平日講習不明，神明之地往往認賊爲子，以至措之家庭日用，有認子爲賊者矣。吾輩因此自反，一念睚眦，便屬殺機；一事暴戾，即成逆行。其時時中于君父之身者，當亦猶是也。特素中顯坐之，而在吾輩，尚未經一一摘發耳。吾輩幸以此一事爲前車，知人心天理人欲之幾，間不容髮，時時檢點，念念提撕，反而求之不學不慮之天，恍然而自得焉，則火然泉達，自有不容已者矣。孟夫子曰：「苟能充之，足以保四海。苟不充之，不足以事父母。」危哉！危哉！夫人而不能事父母、畜妻子，亦安用此昂藏七尺，享嗜慾之樂而號衣冠之類乎？望先生痛切爲大聲疾呼。僕且在閉閤訟過之日也。

答劉乾所學憲

披省來教，曠若發蒙。吾輩無撒手懸崖伎倆，不得不借一方便法門，如良知、天理是也，「鞠躬」之說亦復近之。《易》艮卦便是此義註脚，如曰「艮其身，止諸躬也」，不善會，却是「艮其身，止諸身也」之謂矣。因思盈天地間，凡道理皆從形氣而立，絶不是理生氣也，于人身何獨不然？大《易》形上形下之説，截得理氣最分明，而解者往往失之。後儒專喜言形而上者，作推高一層之見，而于所謂形而下者，忽即忽離，兩無依據，轉爲釋氏所藉口。❶至玄門則又徒得其形而下者，而竟遺其形而上者，所以蔽于

❶「口」下，全書本有「真所謂門而揖盗也」八字。

長生之説，此道之所以常不明也。僕亦近見得此道頗親切簡易，全著不得捕風捉影之解，只是工夫粗時爲形器所滯耳。既摭實，便須致精以入之，精則神，神則一矣。請執事于此三致意焉。

答陳生紀常

所諭克己而克之不力，舍己而己私愈甚，如此無奈己何，則亦安貴學也？學者須立志，志立後便所向無前，見道益親。止此一己，何取何舍？既無取舍，亦何順逆得失之觸而動其心乎？道者，心之體也。心體中本無動静寂感内外彼此之岐，則人己二字又從何處立名乎？今懸空言本體，不實按此心之體，遂覺此形骸爲障。❶其實形骸何能障人，善反之，則天性即此而在。今只爲形骸之障，而不知吾志之未立，❷所以愈不得力耳。工夫正要更向前一步討消息，勉之！

答史子虚

僕積病之軀，不謂遷延至此，遂增奇症，度無起色，一味聽之，即醫亦盡人事而已。雖拜君命有日，竟不遑遵不俟駕之義，稍展臣子之忱。老臣處此，無地可容，直付之無可奈何耳。若謂或高難進之節，或抱相時之幾，而故爲遲迴焉，則義所萬萬不敢出者也。自顧生平絶無寸長何以自挾，而

❶「障」下，遺編有「礙對壘，與之相攻，終無奈此形骸何矣」十五字。

❷「吾志之未立」，遺編作「克治之無方」。

處此主憂臣辱之日，普天之下，誰不切同舟之懼，而謂山林尚有煖席乎？ 今且自度此身可以許國，則輿疾一行，自不容緩，惟明教之是遵。倘日加困頓，即欲襆被載塗不任也，抑終奈之何哉！ 耿耿此心，不敢以欺君父，其敢以欺朋友？ 既不敢負吾友，其敢終負吾君也乎？ 然而大義見繩，寥寥空谷，得之者輒爲毛豎，而心戚戚其靡寧，其敢不奉爲指南以從事乎？ 力疾草草，不盡欲言。

與黄石齋

金在鑛而真，得火而變，出火而精，進以人工，乃成令器，此門下今日之謂也。故前者之役，人以爲所遭之不幸，而自僕旁觀，則猶恐所爲鍛鍊者火力之不足，及其足于火，而喜可知也。 則今者之役，人無不相賀以爲幸，而自僕旁觀，轉慮其工力之有所不繼矣。 得火之後，向者躍，今定矣；向者浮，今沉矣；向者偏駁，今進于純矣，乃從此制器尚象焉。 若何而備世道用，若何而備吾道用，爲鼎爲吕，或方或員，亦唯門下所位置焉，庶不至躍冶不祥，負君恩于玉汝也。 古來傑士如門下，所遭殆亦不少，其能卓然有立，自奮于天地間，爲可觀法者幾人？ 抑或舉其在鑛之本質而失之者有之。此其成敗得失之機，所争甚危，願門下勉之。 一言相訊，神與俱長。

答錢生欽之

力行二字甚佳，而所該亦詳以盡。 如體認是力行第一義，存養是力行第二義，省察是力行第三義，踐履是力行第四義，應事接物是力行第五義，善反之，則應事接物正是踐履之實，踐履正是省察之實，省察正是存養之實，存養正是體認之實，歸到體認二字，只致良知足以盡之，此正所謂力行之實也。今人以致知爲一項，以力行爲一項，所以便有病痛。又就其中每事都作逐件看，或後先錯雜，或支離紛解，愈遠而愈不合矣。人之氣質不同，不免囿于所見而不能相通，若良知則只是一個也。然僕作此言亦是影響，不知于良知二字有分曉否？幸交勉之，可乎？

答陳紀常

竊念學會一事，以陶先生主盟，固將偕同志諸君子共衍文成公良知一脈也。先生之意，豈及身遽已乎？九原有靈，其屬望吾輩，當何如者？今法堂草深，每月間會文成祠，少存餼羊，而諸君皆裹足不至，公私起見乎？異同起見乎？賢否相形起意乎？異同之見，自古而然。陸子不必化朱子，文成不必化涇野。諸君子但自講自學，人講人學，便皆是聖賢路上人，殊塗同歸，道正如此。若必執而不化，❶可者與，不可者拒，古人嘗見譏于同列，如之何其明蹈也？

惟是公私一關，則所係學術甚大，諸君不可不察。冷眼看世人，初無大惡，只是私己一念造成無限藩籬，做起無限罪過，故克

❶「便皆是聖賢」至「執而不化」，遺編作「是堯舜而非桀紂，何必同！若曰流俗難混，講學原爲化俗而設，若人人是聖賢路上，亦何必借此作揖打恭爲正項事」。

己二字顔子猶用得著，雖大賢亦是頂門針，何況吾輩！ 僕深不願諸君子有此矣。往者，僕嘗發「同人于宗于郊」之説，金如深感動，未幾爲一塲閒話而罷，豈諸君子之見不及金如乎？ 私己之見一萌，因而有異同；異同之見一起，因而有賢否，則所傷于吾道大矣。諸君子即口口言學，無乃聚沙蒸飯，此意一化，宇宙太和氣象即在吾黨，人人志聖而聖，希賢而賢矣。願諸君子深紹前哲惓惓之心，來月之三，齊赴文成祠，再訂初盟，胡越一家，幸甚！ 是日聞自庵先生主盟，張先生年八十而每會必赴，又絶不開口一字，亦絶不聽得一字，却爲何事？ 豈非吾師乎！ 吾師乎！ 諸君但學張先生可也。

答葉潤山三 附來書

來書云：《傳》釋「誠意」，❶古本原爲第一章，誠爲有見。註：「意者，心之所發。」因「誠意」傳中有好惡字面，當屬動一邊，若以爲心之所存，豈即《中庸》言未發之中歟？ 格物所以致知，此本末一貫學問。先生云「向末一邊」，畢竟是博是約？ 抑博約互用歟？

意爲心之所存，正從《中庸》以未發爲天下之大本，不聞以發爲本也。《大學》之教，只是知本，身既本于心，心安得不本于意？ 乃先儒既以意爲心之所發矣。而陽

❶「傳」上，全書本有「《學庸膚解》承批示。覺向來所見，種種滋疑，如」十七字。

明又有正心之説，曰：「知此則知未發之中。」則欲正其未發之心，在先誠其已發之意矣，通乎？不通乎？然則來教所云好惡，正指心之所存言也。《大學》自知至而後，此心之存主，必有善而無惡矣。何以見其必有善而無惡？以好必于善，惡必于惡也。好必于善，如好好色，斷斷乎必于此也；惡必于惡，如惡惡臭，斷斷乎必不于彼也。必于此而必不于彼，正見其存主之誠。故好惡相反而相成，雖兩用而止一機，此正所謂「幾者動之微，吉之先見者」。蓋此之好惡原不到作用上言，雖能好能惡，民好民惡，總向此中流出，而但就意中，則只指其必于此不于彼者，非七情之好惡也。意字看得清，則幾字纔分曉；幾字看得清，則獨字纔分曉。孟子曰：「其好惡與人相近也者幾希。」正此之謂也。豈平旦之時，未與物接，即是好人惡人、民好民惡之謂乎？《大學》以好惡解誠意，分明是幾；❶以忿懥、憂患、恐懼、好樂解正心，分明是發。❷即以誠、正二字言之，誠之理微，無思無爲是也；正之理著，有倫有脊之謂也，此可以得誠意、正心先後本末之辨矣。陽明先生惟于此解錯，故不得不提良知二字爲主柄，以壓倒前人。至他日解《中庸》，亦有「致和以致中」等語，兩相遷就，以晦經旨，而聖學不明于天下矣。❸

至于本末一貫之説，先儒謂「本末只是

❶「幾」上，全書本有「微」字。
❷「發」下，全書本有「幾故也」三字。
❸「矣」下，全書本有「數年來，每與朋友聚訟不已。僕反復之，而終不能强從相沿之説。門下姑留此一段話柄，徐而思之，或他日有以解我之固見乎」四十九字。

一物」，蓋言物則無所不該。盈天地之間惟萬物，而必有一者以爲之主。故格物之始，在萬上用功；而格物之極，在一上得力，所謂即博即約者也。博而反約，則知本矣。本者，止之地。知本則知至而知止，故授之以意誠，意誠則心之主宰處止于至善而不遷矣。故意以所存言，非以所發言也。止善之量，雖通乎身心國家天下，而根據處只主在意上，謹其微者，而顯者不能外矣。❶知此，則動而省察之説可廢矣。今非敢謂學問可廢省察也，正爲省察只是存養中最得力處，不省不察，安得所爲常惺惺者？存又存個甚？養又養個甚？若專以存養屬之静一邊，安得不流而爲禪？又以省察屬之動一邊，安得不流而爲僞？不特此也，又于二者之間，方動未動之際，求其所爲幾者而謹之，安得不流而爲雜？二之已不是，況又分爲三乎？率天下之人而禍仁義者，必此其歸也。

「然則學問之要只是静而存養乎？」曰：「道著静，便不是。」曰：「不睹不聞可乎？」❷曰：「先儒以不睹不聞爲己所不睹聞，果如此，除是死時，方有此耳。」「然則幾者動之微，何以有動？有動則必有静矣。」曰：「此之謂動，非以動静之動言也，復以見天地之心是也。心只是一個心，常惺而常覺，不可以動静言。動静者，時位也，以時位爲本體，傳註之訛也。惟《易》有『寂然不動』之説，然與『感而遂通』作一句看，非截然兩事也。雖然，陰陽動静，無處無之，

❶「謹其微」至「不能外矣」，全書本作「此佛氏所謂一毛頭上生活也」。

❷「可」，全書本作「非」。

時位有動静，則心體與之俱動静矣。但事心之功，動也是常惺惺，此時不增一些子，增一些子則物于動矣；静也是常惺惺，此時不減一些子，減一些子則物于静矣。此心極之妙，所以無方無體，而慎獨之功，必于斯而爲至也。」

答門人祝開美一

此道本不遠于人，學者只就日用尋常間，因吾心之所明者而一一措諸踐履，便是進步處，且不必向古人討分曉也。即如今日驟遇期喪，自是本心迫切處，因此發個哀感心，不肯放過，即與之制服制禮，何等心安理得！奚必更在此外求道乎？由此而推，則所謂三年之喪，期功之制，祭祀之禮，家庭拜跪，亦皆以是心裁之而沛然矣。心所安處即是禮所中處，其間有古今之異宜，風俗之沿習，固未可一概而施，惟大節目處有斷然從之則人，違之則獸者，不可不自勉。然亦只須時時認取良心，自有不容已處，❶不須從外邊著力也。流俗病錮，鮮能自拔，只爲胸中所見蒙蔽，❷纔肯闢開見地，便稍稍有立脚處。❸此處發個猛省，便當一日千里也。期喪百日内，飲食居處宜變于

❶「處」下，全書本有「便只得心安意肯去做」九字。

❷「蒙蔽」，全書本作「仄小，所謂小人小丈夫，不合小了他」。

❸「處」下，全書本有「其間又有立異以爲高者，若全不向見地討分曉，而但較量於清濁之間，以去彼而取此，則雖能立定脚跟，亦只是五十步笑百步。況又有墮落一邊而不自知者，其弊又有過焉者乎？總之，人心本無不明，轉爲一種習聞習見遮蓋著重重，容易不出頭，所以措足都差。世人靈魄相搏，都向暗地裏過日子者多」一百二十字。

常日，此外通融可也。若嫁娶亦須既葬，方以不得已行之。

與祝開美二 時開美欲掊擊用事大臣故規之云云

不虞得譽，遂屬千秋，此道因緣，有天作之合者。僕敢謂少有當于知己，惟是晚年進步，端有望驊騮之影而恐後者矣。乃者驟得人言，致以質疑，不知胸中塊壘之氣怡然冰化否耶？浮氣病心，浮名害道，僕亦過來人，不敢不苦相告。即如古人最磊落者所謂陳少陽其人，然以聖門視之，猶然暴虎馮河伎倆，況後人之學識萬萬不及少陽，而妄慕邯鄲之步，多見其不自揣矣。且足下豈以前日之舉不免失知人之明，未可爲千秋之重，遂不惜再有奇舉，既以蓋前愆，又以垂後名，作堂堂男子耶？審若此，則一團私意本領已一齊差却，❶又何以自信于道，終能高視闊步于人間乎？嗟乎！人心之病于私也，如千尺浮雲，層層難撥，凡人之認賊作子而誤盡一生者，往往而是。不然，古人一生學力，説惟精，説擇善，當在何處用？伏望速整歸裝，倘終蒙不棄，得相尋于雲門、鑑湖之間，爲幸多矣。❷

與祁世培

旅處通州又彌月，勢不得不行矣。回首五雲，百爾感愴，因念把袂之日，彼此眷眷，而在門下尤獨有不豫色然者，抑何念僕

❶「本領已一齊差却」，全書本作「已如魑魅魍魎之不可測」。

❷「矣」下，全書本有「惲仲升處有詩稿一帙，并《原旨》一帙，皆乞索來，寄下爲荷」二十二字。

之深乎，亦借以灑羈人去國之淚也！嗟乎！天下事至此不忍言矣。門下處交戟之下，計當必以諫諍明職業，一言而當，不有益于君，必有益于國，則庶幾太平之一機也。即不幸而碎首玉階，甘斧鑕以如飴，亦臣子分内事。此時死則死耳，猶愈于鬱鬱坐長安邸，求死不得，而徒以七日不汗死。願門下留意。學求日進，徒曰我不能，誰爲能者？時下兩正相阨，尤非佳兆，想門下必有以處之。會磊齋，❶幸致言，道求自信可也。

答門人惲仲升

接來札，見相愛之切，至不難處以非分，一至于此，然而害道甚矣。在前日，開美已多此舉，況待今日！學人平日只是信道不篤，每事不免向外馳求，往往陷于過舉而不自覺，如此類者甚多，不可不深察而懲艾之。昔賢云：「即向好事，猶爲物化。」況未必然乎？吾輩只合素位而行，纔涉位外，便是私意，習熟不已，終身墮落矣。幸二無蚤爲救正，省却多少事。不然，當此多事之時，只吾輩二三人，壞天下事而有餘矣。僕從兹益反而自艾，名利場打不過、洗不浄盡，必有一種聲音笑貌爲人所窺及處，至使朋友中遂有迎風而動者，益覺闇然一關不易過也。

與祝開美三

凡禍福之來，若是意中事，則當安之固

❶「會」字，原無，據全書本補。

然；若是意外事，則當付之適然。適然之謂命，固然之謂性，盡性至命之學，即斯而在。世人以七尺爲性命，君子以性命爲七尺，知道者曷于此辨之！

答史子復一

小語批示，匆匆略讀一過，蓋亦有與鄙意互相發明者，如謂弟之所云意，蓋言知是也。則其他可以類推。知意之與知分不得兩事，則知心與意分不得兩字矣。分晰之見，後儒之誤也。意爲心之所發，古來已有是疏，僕何爲獨不然？第思人心之體必有所存，而後有所發，如意爲心之所發，則孰爲心之所存乎？如心以所存言，而意以所發言，則心與意是對偶之物矣；如意爲所發，而知爲所存，則意與知亦是對偶之物矣。總之，存發只是一機，故可以所存該所發，而終不可以所發遺所存。則《大學》誠正一關，終是千古不了之案，未可便以程朱之言爲定本也。陽明先生曰「有善有惡者意之動」，僕則曰「好善惡惡者意之動」，此「誠意」章本文語也。如以善惡屬意，則好之惡之者誰乎？如云心去好之，心去惡之，則又與無善無惡之旨相戾。今據本文，果好惡是意，則意以所存言，❶而不專屬所發，❷明矣。然好惡云者，好必于善，而惡必于惡，正言此心之體有善而無惡也，故好惡兩在而一機，所以謂之獨。如曰有善有惡，則二三甚矣。獨即意也，知獨之謂意，則意以所存言，而不專屬所發，明矣。總之，一

❶「存」，原作「發」，據全書本改。
❷「發」，原作「存」，據全書本改。

心耳，以其存主而言謂之意，以其存主之精明而言謂之知，以其精明之地有善無惡歸之至善謂之物。識得此，方見心學一原之妙，不然，未有不墮于支離者。但此等分解亦只是訓詁伎倆，❶吾輩能切己反觀，于生身立命之原時時有把柄，不復墮落影響，則此心此理，自有不言而相喻于同然者矣。

答史子復二 附來書

頃承翰教，敢重爲請焉。分合原不相妨，只貴分晰得諦當，自然不至鶻突穿鑿耳。故合言之，則意爲心之意，知爲心之知，物爲心之物，無容二也；析言之，則心之發動爲意，心之精明爲知，意之所在爲物，無容混也，是所謂理一而分殊也。尊諭謂「心體必有所存而後有所發」，因以意該存發，此即前答問中「意爲心之主宰，而意爲體心爲用」之宗旨所自來也。鄙意以爲，心者虛靈之官，雖曰有體，要非塊然實有可執著指名者也。曰體用，曰存發，皆不得已而强著名言耳。蓋心即理也，理無極而太極，心無體而爲體，故曰：「神無方而易無體。」是故以言乎體，則虛體也；以言乎用，則靈知也；以言乎所發，則爲意，而所發外別無所存，所存則仍此虛靈也。如明鏡然，對妍媸而影現焉，鏡之所發也，而影之外別無所存之影，所存則虛明之體也。夫心也者，無聲無臭，物物而不物于物。未發也，寂然不動；已發也，感而遂通，而感通時非截然與寂然者分爲兩時兩件也。

❶「倆」下，全書本有「與坐下了無干涉」七字。

必欲求其所存，而以意實之，則心亦窒礙而不靈矣，烏能宰制萬物而與天地參爲三才也哉？ 獨也者，以良知所獨知而言，恐不容別以好惡兩在而一機，而以意當之也。 有善意而知之，有惡意而知之，無善無惡而亦知之，寧僅二三？ 即千變萬化，交錯紛紜，而良知炯然獨照，初無兩知，故曰：「通乎晝夜之道而知。」夫晝夜之間其搆鬭乎吾前者寧可數計哉，而知故自如，此良知所以爲至妙至妙，而萬萬非憧憧擾擾之意所可同年而語者也。 竊謂知心體之本虛，則不必于所發外別尋一所存者以實之；知獨之爲知，則不煩曲情好惡兩在而一機者以當之。 心意既認得清楚，不作異解，則聖經條目先後一一自然。 誠正一關，初無不了之案，而前所云「意爲心之主宰，意爲體心爲用」種種創論，自可冰釋矣。

承教理一分殊之説，自是通論。 合言之，意爲心之意，知爲心之知，物爲心之物，不待言矣；析言之，心之發動爲意，心之精明爲知，意之所在爲物，大段亦是。 鄙意稍加婉轉。

此動字即《易》云幾者，是「動而未形，有無之間者，幾也」，是「動之微」註脚，若如此解，則以意爲心之所發，亦何害乎？ 若除却已發之意、未發之心，就中又有個將發未發之幾，作三截看，弟竊反之自心，實有不然者。 周子誠、神、幾，只就中指點出名目，並不以未發爲誠，感通爲神，將發未發、方感未感爲幾。 如泥「感而遂通爲神」一句，則心爲神，心果以所發言矣。 故知心之有意，即幾希之地也。

心之精明爲知，弟申其解曰：「知好知

惡之謂知，方是精明一毫混不得處。」如鏡子不遁妍媸然。若但知善知惡而已，語意猶未該括，蓋必好善惡惡，而後謂之知善知惡也。

意之所在爲物，既以意爲心之所發矣，則致知之功全在發處用矣。僕則以爲致知之功全在存處，不在發處，如在發處，則箭已離弦，如何控持？若箭未離弦時作控持，依舊在存處也。惟泥意爲心所發，并疑格致爲所發之功，宜乎謂誠意之後又有正心之功也。曾記鄧定宇先生曰：「知善知惡謂良知，權論也。知者照心也，言心者不直指人，以月言鏡，而使觀其光，愈求愈遠矣。」此意更可參攷。他日又有言曰：「心是天，意是命。」此確論也。愚嘗爲之解曰：「命原不以流行言，以主宰言也，故曰『維天之命，於穆不已』，蓋曰天之所以爲天也』。帝者以天之主宰而言，出乎震，齊乎巽，正就流行中見主宰也，故曰『體用一原，顯微無間』。」恐如此婉轉，則與先生之説亦不至大有異同乎！

弟所吃緊者，總之不争存發二字，而争「有善有惡意之動」非《大學》本旨，終不若認定「好善惡惡爲意之動」爲親切也。此外亦不及細申，聊質以大意如此，惟裁正，幸甚。轉呈令兄待正，何如？

答史子虚附來書

來書云：如以意爲幾，謂是動而未形，則動而已形者又何物乎？豈意之後更有一物爲之流行運用乎？

僕誠意之説，蓋亦偶窺聖經而及此。一則不欲説壞意字，謂心、意、知、物只一串事，不應心與知合作一事，而獨置意于膜外。姑以陽明四語推之，意是有善有惡之意，心亦是有善有惡之心，知亦是有善有惡之知，物亦是有善有惡之物，却又如何得一一反之無？竊以自附于龍溪駁正之旨，非敢爲倡也。一則不欲説粗意字，謂《大學》之教只是知本，不應致知後首入粗根，先蕩此一點靈光于末梢一著，而且云「欲正其心之本，先誠其意之末」，終屬顛倒。竊以自附于陽明《古本序》「大學之道，誠意而已矣」之説，亦非敢爲倡也。

至來教云「動而已形者屬何物」，竊謂誠則自形，形又何物？誠即形，形即是誠，其旨見于「誠意」本傳，故《中庸》亦云「莫顯乎微」，又曰「知微之顯」，又曰「夫微之顯」，可謂深切著明。古人學問全向静存處用，更無一點在所發處用，并無一點在將發處用，蓋用在將發處，便落後著也。且將發又如何用功？則必爲將爲迎、爲憧憧而後可耳。若云慎于所發，依舊是存處功夫。

僕每痛古人微言，一一被後人説壞，使大道不明，高明之士，輒存見少，紛紛多岐，未能歸一。故往往不惜破荒開口，而曲折頗長，不敢盡呈于有道，俟高明斧正後，再有開發，隨便請益耳。

答祝開美四

道體何以數數委頓至此，僕又失此良晤，感念無已。聞之醫家言，咯血出于心，而通于腎；嘔血出于肝，而肝爲血海，治之差易。然肝主東方生氣，氣有餘即是火，而又乘于心，風火相挾，作疾易狂，則亦惟有治心爲要法。平日用心太過，如一切躁妄心、經營心、期必心，并義理思維研慮心，皆且放鬆。但減得一分便是減一分人欲，減一分人欲便增一分天理，人安有日置其心于天理之中，而猶膺无妄之疾者乎？无妄而疾，可弗藥也。或妄焉，其容已于瞑眩乎？先儒指之曰「無欲作聖」，斯其旨也。存心之外更無藥已，養德之外更無身已。此等來教似頗傷于猛厲，只此便是欲也。此等意思，皆須放在平日用則得力，若到手足忙亂，便是心爲形役，非徒無益，而反害之矣。道不可聞，聞則非也。古人云「無心之謂道」，❶吾亦與之爲無心，❷則刻刻有聞矣。適然固然之外，得此又進一籌，幸于病中理會此意，何如？僕還山失路，情緒無聊，每恨不得良友一把臂，日望足下如望歲。一見不可得，足下幸自愛。倘得握手，以春爲期乎？使者來，適在山中修先塋，忽忽作答，悵邑而已。

答門人張考夫

里人還，領手言，知垂念惓惓，愧老人近狀無似，無可舉以報知己。出處之際，撫今追昔，轉有不自得于心者。默默餘生，何處是投死之地？每一念之，不禁於邑耳。昔人云：「尊所聞，行所知，足矣。」老人亦頗苦應酬，知道義之愛，必能亮我，同志中幸概以此意相致。今乾坤何等時，猶堪我輩從容擁臯比講道論學乎？此所謂不識人間羞恥者也。僕是以入山惟恐不深，求死惟恐不速也。

❶「無心」，全書本作「自然」。
❷「無心」，全書本作「自然」。

風便布懷，并函來稿，希照不盡。

答駱學師

昨承枉顧，殊失倒屣，抱歉何似。冷然之會，神正王也，歲計在春，吾黨幸不幸此惓惓，而僕亦竊愈爲神往已。乃僕則更有請焉。宫牆本設教之地，自官司無教，而降之有事于鄉社，如吾越和靖、文成兩席，猶之乎古人之下庠也。然而聖學不明于世久矣，士而號爲有志于道者，猶不免各私其見，各守其方，視下庠·席且如畏途，往往望之而却步。于是不得已復有冷然之會，屈師席于梵宫，將使環橋之聽，謂吾道有所不足，而必假途于别所以爲接引之地，非所以稱師嚴道尊也，況當異教如簧之日乎？僕竊慮之矣。今請先生于是月再舉二祠大會，稍存餼羊之意以爲士子鵠。此後凡與大會者，不必强之冷然，而凡與冷然者，斷不許不赴大會，如此則風尚之地端，而于世道人心亦有少裨矣。僕老而坐廢，僅作隔膜之見如是，以俟裁擇。

與祝開美六

身所住處，心即在是，甚善。須知此身非止七尺腔子，滿世界皆心，滿世界皆身也。故又曰：「天下何思何慮。」何曾止向七尺討分曉乎？爲此説者，恐其神明受錮于形骸，而漸起一種自私自利之見耳。不如大《易》曰「兼山，艮，君子以思不出其位」，認得位字清楚，亦何至坐馳之有？

答史子虚

吾輩遭時則得君行道，扃户則誦讀詩書，自謂均之可以抗志千秋，了足百年。豈知陽九數奇，一朝相違，時命既窮，茫茫天壤舉無容足之地，偷息之鄉乎？傷哉！僕之有今日，固宜來故人之弔矣。遘難而不能死，圖存而無裨于生，是所謂丈夫而再辱者也。時事至此，儘有不可究竟處；人生至此，儘有不可作商量處。惟吾丈有以教之。若如來教所云，是乃往日誦詩讀書一副清平道理，施之今日，誠用不着也。然而時位不同，通人建達節之舉，志士守固窮之業，亦各成其是耳。守先待後，于丈有厚望焉。若僕，則俟命待死而已。

答史子復三

承示格致之義，三復之餘，已徵同調。第其間不無手輕手重之勢，亦一時成見使然，非果相矛盾也。

夫學者，覺也。纔言學，已從知字爲領路，豈惟學知、困知？即生知之知亦是此知。則誠意之必先格致也，與誠身之必先明善也，夫人而知之，僕亦嘗竊聞之矣。一日有感于陽明子知行合一之説，曰「知之真切篤實處即是行」，夫真切篤實非徒行字之合體，實即誠字之别名，固知知行是一，誠明亦是一。所以《中庸》一則互言「道之不明、不行」，一則合言「誠明、明誠」，可謂深切著明矣。惟是立教之旨，必先明而後誠，先致知而後誠意，凡以言乎下手得力之法，若因此而及彼者，而非真有一先一後之可言也。至于所以致知之方，不離誠之之目五者，而陽明子更加詮註，則曰：「博學者，學此者也；審問者，問此者也；慎思者，思此者也；明辨者，辨此者也；篤行者，行此者也。」可見舍此之外更無學問思辨可言。他日又曰：「約禮是主意，博文是工夫。」又縱言之曰：「道問學是尊德性工夫，惟精是惟一工夫，明善是誠身工夫，格致是誠意工夫。」將古來一切劈開兩項工夫盡合作一事，真大有功于學者。尤恐其不能合也，直于《大學》工夫邊事輕輕加一良字，以合于明德之説，以見即工夫即本體，可爲費盡苦心。凡此皆丈妙契有日，而僕亦頗見一二于《參疑》中，竊自附于同調者也。

至所謂手輕手重云者，丈有見于工夫邊事重，舍工夫别無主意可覓，以自附于一先一後之本文。僕竊有見于主意邊事重，離却主意，亦安得有工夫可下？以自附于古本諸傳首「誠意」與「所謂誠其意者」直指單提之本文。政如射者先操弓挾矢而後命中，與欲命中而始操弓挾矢，不能無少異，然其實同了此一射而已。又如道長安者，先辨出門路程而後入京師，與必有欲入京師之意而始出門以取路程，不能無少異，其實同是長安道上人，則亦何害其爲大同而小異乎？

此外略有可商者。丈言致知之知非聰明情識之知，而謂徒知修身爲齊治平之本，不足以言知至，似矣。無奈經文明言「物有本末」、「修身爲本」、「此謂知本」、「此謂知至」，明白直截。前人衍之，而陽明子復之，衍之者是乎？復之者是乎？復之者而誠是也，則知本之知可易言乎？學必知止乃能知本，知止之知可易言乎？知止則止矣，止至善可易言乎？由知止而定、静、安、慮、得，所謂致知者也，即所謂誠意者也，是以謂之知本，是以謂之知至，故曰：「知至而後意誠。」知止之知，合下求之至善之地，正所謂德性之知良知也，故言知止則不必更言良知。陽明子之言良知，從明德二字换出，亦從知止二字落根，蓋悟後喝語也，而不必以之解《大學》，以《大學》原有明德、知止字義也。今于一章之中，必分「格物」之物非「物有本末」之物，必分「致知」之知非「知本」、「知止」之知，且以爲猶有所不足也，必撰一良字以附益之，豈不畫蛇而添足乎？若曰「以良知之知知止，以良知之知知本」，則又架屋疊床之甚矣！《大學》言致知，原以工夫言，不特致字以工夫言，并知字亦以工夫言，乃「明明德」一句中上明字脱出，非下明字脱出。今若加個良字，則知字似以本體言，全是下明字脱出矣。所以又有知良知、悟良知之説，則又架屋疊床之尤甚矣！夫曰知良知、悟良知，則本體工夫一齊俱到，此外更有何事？宜乎誠意一關不免受後人之揶揄矣。

竊嘗論之，據僕所窺，《大學》之道，誠意而已矣；陽明子之學，致良知而已矣。而陽明子亦曰「《大學》之道，誠意而已矣」，凡以亟復古本，以破朱子之支離，則不得不尊古本以誠意爲首傳之意而提倡之；至篇終乃曰「致知焉盡之矣」，又鄭重之曰「致知存乎心悟」，亦何怪後人有矛盾之疑乎？前之既重正心，而曰「眼中著不得金玉屑」；後之又尊致良知，而以知是知非爲極則，于學問宗旨已是一了百當，又何取此黍稗雙行之種子而姑存之，而且力矯而誠之？誠其有善，固可斷然爲君子；誠其有惡，豈不斷然爲小人？卒乃授之知善知惡而又爲善而去惡，將置「《大學》之道，誠意而已矣」一語于何地乎？僕不敏，不足以窺王門宗旨，抑聊以存所疑，竊附于整庵、東橋二君子之後，倘陽明子而在，未必不有以告我也，豈敢以倡論寃抑前人？

一日讀龜山先生之言曰：「古人修身齊家治國平天下，本于誠吾意而已。《詩》、《書》所稱，莫非明此者，故于《觀》曰『盥而不薦，有孚顒若』。」夫不以薦言誠意，而以盥言誠意，其義可思也。又一日讀象山先生之言曰：「如惡惡臭，如好好色，是性所好惡，非有出于勉强也。」夫以性言好惡，而其爲好惡可知也，而并其性之爲性可知也。又一日讀陽明子之言曰：「人于尋常好惡亦有不真切處，惟于惡惡臭好好色，則皆發于真心。《大學》就易見處指示人，《大學》盡于誠意，而意之所以誠，見在如此而已。」夫以如惡如好爲僅是指點語，則指點著落處果安在？《大學》既盡于誠意，則所爲格致處，尤自可思。僕乃竊自幸其説之不謬于前人，而從前著論真可付之一炬矣。誠意之説明，而其他可以類推。未發之中委是難言，姑請以誠字求之。朱子曰：「《中庸》言中又言誠，何也？曰横看成嶺側成峰。」至宋人看氣象之説，蓋不得已而誘人入路之法，姑當别論。陶周望曰：「虚空中大蹬一實地。」殊可思也。

道者，天下之達道；學者，天下之公言。前人呶呶而争久矣，辨異致同，端在今日。如果同也，借寸莛之叩以發洪鐘；如其異也，道無異，學無異。願丈指其同者而同之，僕敢獨爲異乎？然丈之啓我亦已多矣。

劉蕺山先生集卷十六

序上

馮少墟先生教言序

少墟馮先生,今之大儒也,倡道關西,有横渠子之風,而學術醇正似之。其教人多本于人倫五性,惓惓于正人心、息邪説,析人禽凡聖之分,爲海内學者所尊信。比官京師,會羽書告急,先生慨然曰:「嗟乎!此學術不明之禍也。」❶于是率同志爲講會,限日集城隍廟之齋房,一時人心謐如,若不知兵禍者。予嘗側席講下,見先生論説,大都使人思而自得,❷而誠意懇惻,油然盎然。❸士之向往先生者日益衆,簪履雲集,至不能容,則創首善書院以居之。未幾,僉人目爲迂闊,異議籍籍,而先生拂衣去矣。其講學教言,爲友人王堇父輯録,凡若干卷,予授而卒業焉。昔者禹抑洪水而天下平,孟子闢楊墨,明先王之道以救世,而識者以爲功不在禹下。方今之禍過于洪水,當事者定亂之議茫無借箸,而先生僅以

❶「也」下,全書本有「臣弑君,子弑父,其所由來者漸矣,吾爲此懼」十七字。

❷「都」下,全書本有「發明爲學之大端與學之不可不講,一其趨嚮而隱躍其機」二十三字。

❸下「然」下,全書本有「徹人心腑,遂不覺其過化之速」十二字。

緒説渺論激發天下，❶當十萬師，使天下曉然知有君臣父子之道。三綱之道明，而樽俎之容威于折衝，則先生學之所及者，于是乎遠且大矣。今者宵小盈廷，比黨合謀，以害正人而撓國事，其害果甚於猾夏。第令先生之道明于日星，彼邪説者終不能肆魍魎以憑人，而首善之地，且當與清廟明堂永垂不朽。❷雖謂先生今日之功不在孟子下，可也。

維時吉水鄒先生，❸道同心同，而出處同，其教言相發明者別有傳，兹不復贅云。予辱二先生之教最深，一時聚散出處之故，感慨係之。姑綴此數語以告同志，非敢謂智足以知先生也。❹

尹和靖先生文集序

孔孟既没，傳聖人之道者，濂洛諸君子也。而程氏之門獨得其傳者，爲和靖尹先生。夫先生何以傳聖人之道？聖人之道即聖人之心。堯舜之兢業，禹之祗承，湯之日躋，文武之緝熙執競，皆聖人之心法也。是心也，仲尼傳之子思子，以作《中庸》，則曰：「君子戒慎乎其所不睹，恐懼乎其所不聞。」而約之曰慎獨，遂爲萬世傳心之要。

❶「而」下，全書本有「先生獨以講學爲第一義，蓋亦孟子所謂修孝弟忠信以撻秦楚堅甲利兵之意也。當人心崩潰之餘」三十九字。

❷「朽」下，全書本有「聞先生之風者，雖百世而下，猶將感而興也，而況於親炙之者」二十四字。

❸「時」下，全書本有「狎主齊盟者爲」六字。

❹「生」下，全書本有「之道」二字。

道之不明也，小人之中庸，小人而無忌憚，異端曲學，充塞仁義，至于率獸食人，人將相食，其流弊有不可勝言者。❶後千餘年，河南程氏兩夫子繼濂溪氏作，直遡孔門心法，以一敬爲入德之方，使聖道復明于世。及其門者，首稱四先生，晚年更得先生與張思叔云。今試論之，兩程子道大而詣高，門弟子各以質之所近爲學，上蔡、定夫、中立，皆高才敏悟，出入師説，而或雜于禪。中立晚年一出，終遺後世之疑；❷思叔蚤世，亦未見所至；惟先生獨以一敬爲本，❸自動静語默推之出處、去就、生死之際，無不粹然一出于正，而程叔子亦遂稱之曰：「我死而不失其正者，尹氏子也。」其後乾道、淳熙間，❹言程氏之學者多推本先生，而中立不與焉，則先生之度越諸子，得統于程門，信矣。遺文若干卷，手著者壁帖數百條，爲門人所記者曰師説，而其上朝廷劄子以明出處之概者，合之皆一敬字耳。❺先生所至，闢三畏齋以居，壁帖即其齋中物。居恒誦言之曰：「畏天命，畏大人，畏聖人之言。」此之謂傳聖人之心以傳聖人之道也，學者幸無以著述求之。

先生汴人，隨宋南渡，告老終于越，世

---

❶「其流弊有不可勝言者」，全書本作「皆此無忌憚之心爲之，而弊也久矣」。

❷「晚年一出，終遺後世之疑」，全書本作「出處一節，終費解説」。

❸「以一敬爲本」，全書本作「自附於古之魯者，以一敬做成」。

❹「其」上，全書本有「其期許之至矣」六字。

❺「合之皆一敬字耳」，全書本作「非其至者，合之，凡以發揮一敬字止耳。此一敬字亦本無多説，故著述特簡如此。及讀先生壁帖，又多舉古人成説，録以自警，亦不輕下一轉語，自有宋儒語録以來，絶無此風味，乃知先生本無事于著述」。

祀郡城之古小學，舊集刻于前太守洪西淙公。逾百年，浸失其傳，會今督撫葱嶽王公行部至越，首訪先生俎豆所寄，令有司新之，且重刻其遺文以惠多士。予不敏，竊嘗向往先生之學，因搜得舊本，稍加詮次，付之梓人，以副王公之志，而僭引其端如此。❶嗚呼！王公之刻是編也，蓋亦有感于後之學者。❷

方逐志先生正學録序

天下之生，衆矣。❸有欲而不能自遂，有性而不能自通，與禽獸無以異也。苟非聖賢者出而任君師之責，以道濟天下，且垂之萬世而無窮，則倫類之滅也久矣。故天生聖賢以爲天下萬世也，而聖賢生其時亦善承天心，以天下萬世爲己任，不敢有幾微自私自利之心。若堯、舜、禹、湯、文、武之爲君，伊、周之爲相，孔、孟之爲師，一而已矣。且夫堯舜之有天下也，而讓諸賢；禹受禪也，而復傳于子；湯、武，臣也，而放弒其君以有天下；伊尹、周公，相也，而放太甲、攝冲人之祚；孔孟，布衣也，而歷聘春秋、戰國之時主，終不遇，則發明堯、舜、禹、湯、文、武、伊、周之道以教萬世。此數聖人者，創局甚奇，處心甚苦，❹總之以天下萬世

❶「此」下，全書本有「校讎者，友人廷評王君應遴」十一字。

❷「者」下，全書本有「不善於求心，而卒流爲小人之無忌憚，故借先生以坊乎？則衛道之功，於是乎大矣。時天啓，歲在甲子冬月旦」四十二字。

❸「天下之生衆矣」，全書本作「天之生聖賢何爲也哉？天下之生，蠢蠢衆矣」。

❹「處心甚苦」，全書本作「而道不相襲」。

爲己任，❶不敢有幾微自私自利之心也，則亦何疑于後之君子乎？ 忠臣之事君也，服勤至死已耳，甚者，殉以妻子，若乃死而殉以十族者，千古以來自本朝方遜志先生始。説者謂靖難之役非易姓比，在三楊固可以不死。即死矣，王元采、周是修諸君子非乎？ 而先生必以十族也！ 則亦未知天所以篤生先生之意矣。天之生斯民也，至元季而亂極矣。天降我明，聖人再造，亦僅足以闢洪荒之運，而滔天之禍猶未艾也，天其能無意于先生乎？ 先生當是時，生不得堯舜其君、唐虞其治，則亦已矣，將一死以救天下之亂，計非以十族殉君不可。惟先生以十族爲一身，而後能以一身易天下，使天下盡化而爲忠臣孝子，庶幾克承天意云耳。其任大，故其心獨苦；其心苦，故其事特奇。堯、舜之揖讓，湯、武之征誅，伊、周之放攝，孔、孟之轍環，而先生之禍十族，其趨一也。一者何也？ 蓋天之心，而堯舜以來相傳之道也，又何疑乎！ 又何疑乎！

先生生有異質，蚤師宋潛溪氏，接考亭之正傳，學者尊稱之曰正學先生。舊刻《遜志齋集》二十四卷，❷行于世。予反覆卒業，無一言不合于道，而猶慮學者不免以詞章目之，因節其粹者爲三卷，而題之曰《正學録》，蓋憂天憫人之旨具是矣。❸予不敏，少知學問，輒向慕先生，私心謂國朝理學之傳必以先生爲稱首，倘得及時闡揚，特舉從祀之典以興來禩，則是編實尚論之地，姑以一

❶「天下萬世爲己任」，全書本作「善承天心」。
❷「舊」上，全書本有「其明道之書」五字。
❸「矣」下，全書本有「孟子曰：我亦欲正人心，息邪説，距詖行，放淫詞，以承三聖者。此書有焉」二十七字。

言弁之簡端，且就正于海内同志云。❶

同心策序

《同心策》者，吾友中表沈中一，有志于學，而求盟于予，以爲久要地者也。中一端凝温厚，有載道之質，居恒恂恂自好，既有聞于朋儕間，而未卜其有志也。去年自南雍落第還，會予亦罷官家居，因數過從予講論，慨然曰：「今天下亂矣。士不務爲有用之學，何以救世？學而有用，即不遇于時，未嘗無用也，奈何以科舉自錮！」❷予始聽其言而異之。❸一日以一編見投，求所以訂盟于同心者，而曰：「學不可以無盟也。惟吾子涖之，且重以辭。」予因躍然而起，曰：「甚矣！子之有志于學也。何以盟爲？昔者周室既衰，天下不復知有天子之尊，而日相尋于篡弑。時則有五霸者，迭起而倡尊王之義，以連與國，于是乎有盟。葵邱之會，束牲載書而不歃血，五禁森嚴，猶有先王之教焉，而周室卒賴以不墜。故聖人亟稱之，大其事于《春秋》。方今世道交喪，人人不知有孔孟之學，中一不得已而大聲疾呼，求天下之同心者而盟焉，則亦春秋之意也。孔孟既没，二千餘年間，董相一盟于淄

❶「少知學問」至「同志云」，全書本作「無能窺先生之學萬一，辱在桑梓，向往之日久，因僭引一言於簡端，以告同好。後之人有表章先生之學者，宜必以斯編爲嚆矢也」。

❷「錮」下，全書本有「已矣！吾將去而從子之所學」十一字。

❸「之」下，全書本有「今之士鮮有若中一子之開眼孔者，余自媿下風殊甚。會族弟應麒處余家塾，嗜學甚真，中一子一語成莫逆，因相與定交。余周旋兩人間，左提右挈，不覺其氣之日以鼓，而思若翼也」七十字。

川，文中子再盟于河汾，有宋諸儒特盟于濂洛關閩之間，而閩學最著。本朝薛、胡、陳、王各以其學盟，而文成于吾越最著。大抵皆霸討也。中一其殆聞諸儒之風而興起者乎？雖然，《春秋》之義貴王而賤霸，霸之盛，王之衰也；盟誓之繁，忠信之薄也。色取而心違，❶言堯而行跖，❷口血未乾，操戈相向，皆霸之餘習也。善乎，中一子之論取友也。曰：『忠信本也，行誼次之，文藝次之，講説又次之。』不勝其有敗盟之慮焉！得是説也，學而進之，以紹明聖統，撥亂世反之正，意在斯乎！」❸吾乃今知所以盟中一矣。敬書之，以告天下之同盟者。

張慎甫易解序

予讀友人張慎甫氏所著《易解》，至陰陽消長之際，不覺廢書而嘆也。《傳》不云乎：「作《易》者其有憂患乎！」故云「其辭危」。危者使平，易者使傾，其道甚大，百物不廢，懼以終始，其要无咎，而約之于三陳九卦。❹夫聖人以神明之德，生衰季而遇暗主，猶不勝其憂且患，而思所以處之之道，況中才而涉亂世之末流乎！❺嗟乎！憂患之故，難言之矣。洪荒既闢，結繩之教

❶「色」上，全書本有「周鄭交質，君子曰：信不由中，質無異也。中信而行，要之以禮。澗溪之茅，潢污之水，可羞王公而薦鬼神。則亦已知盟言之不足恃矣。學術之壞也」五十五字。

❷「跖」下，全書本有「及其號召朋徒」六字。

❸「乎」下，全書本有「一匡九合，不足道也。故曰：言人便以聖爲志，言學便以道爲志。自謂不能者，自賊者也；謂其君不能者，賊其君者也。嗚呼」四十六字。

❹「卦」下，全書本有「聖人之所以卒免於憂患者以此」十三字。

❺「乎」下，全書本有「此《易》之所以不能無作也」十字。

衰，民生日以多故，凡相攻相取相感之途，正而勝者常少，不正而勝者常多。聖人有憂之，故以陰陽分淑慝，以消長推人事，而深致其存陽之意，其言皆重爲君子謀也。❶小人之乘君子也，君子實有易心焉，在乾謂之亢，在壯謂之罔，在夬謂之頄，持此以處廢興，鮮有不爲世道病者，而其身之不免于憂患，不足言矣。夫君子非僅能處憂患也，化天下之憂患而已矣。以憂拯憂，憂愈生；以患遣患，患愈至。君子曰：「安得返天下于結繩之初而與民恬焉，無復憂患乎？」慎甫氏之談《易》也，獨有取于乾之元爲六十四卦統宗，因有取于初之潛爲三百八十四爻根柢，合之全經，皆從此發明。至于陰陽消長之際，往往不欲過爲別白，而一以長養爲主，深自晦匿，務留餘地于小人，以爲潛消默化之術。❷予始讀而訝之，君子即不敢爲亢、爲罔、爲頄，亦何至貶損如是？將履不以素乎？謙而鳴乎？復不必中行乎？恒德而乘之羞乎？三人不言損，而凶事不言益乎？困不必致命遂志，井不改邑，而巽下床乎？則九卦之德，何以稱焉？已乃三復而得之，慎甫蓋善言憂患者也。

夫元，天德也，其道生生不窮，爲萬有託命，人得之爲元善，亦生生不窮，爲萬有託性。而潛則元之停毓地也，故虚而不詘，動而愈出，三才之所以萬古不朽也。世道有升降，而人心之元善，萬古一日，同在元善生生一氣之中，❸亦萬古一日，何有君子

❶「言」下，全書本有「危平易傾之道，諄諄不置」十字。

❷「爲潛消默化之術」，全書本作「寄治化之權」。

❸「中」下，全書本有「立斯立，道斯行，綏斯來，動斯和」十二字。

小人于其間哉？世道之降也，若江河之流而不可止也，與其力遏于滔天，不若早塞于涓涓之爲得也。則與其以君子勝小人也，不若以君子還君子也；而與其爲九德之君子，又不若乾元之達于本也。世愈降而憂患愈深，《易》道亦愈興。姬、孔而後一興于涪，再興于考亭，憂患之情，後先一轍。❶迄于後世，陰慘擎斂之氣日甚一日，慎甫于此不勝穆然嗟咨焉，而回以陽春之氣。讀其書，殆將轉殺機爲生機，視結繩猶旦暮焉。夫人人而遊羲皇，又何憂患之與有？此包羲氏之本旨也。嗚呼！如慎甫者，斯可與興《易》也已。慎甫積學不試，孜孜著述，通五經，而尤邃于《易》。書成，予爲序其大旨如此，世有用慎甫者，執此以往可也。

張慎甫四書解序

歲戊辰，慎甫先生辱予家塾，授經豚子。間出其平日所著《四書解》示予，予爲之擊節不置，又時時向予商訂所未到。既別去數年，其書始出，其門人徐上生輩相與梓之，與其舊所著《易解》並行于世云。先生《易解》一編，予嘗僭爲之序，至是先生復問序于予，則益謝不敏，罷去。一日先生慨然謂予曰：「昔人有好財與好屐者，雖所好不同，而用心于外物則一。予之顓顓守一編迄于老也，無乃爲屐者流乎？」予曰：「唯唯。否否。先生之所好者道也，進乎技矣。昔者夫子以天縱之聖爲萬世師，而獨

❶「轍」下，全書本有「而卒無挽猺韋氏之波」九字。

發憤于六經，至三絶韋編，故其自道也，一則曰好古，再則曰好古。所好者道也，而古人其階梯云。後儒之言曰：『古人往矣。六經註我耳，吾將反而求之吾心。』夫吾之心未始非聖人之心也，而未嘗學問之心，容有不合于聖人之心者，將遂以之自信曰『道在是』，不已過乎！夫求心之過，未有不流爲猖狂而賊道者也。先生博雅端介，造次言動不詭儒者，其平生絶無他嗜好，而惟用心于五經四書，如布帛菽粟之不離昕夕。沉酣蘊藉，需之以數十年之久，而後乃恍然有見，始一一筆之于書，以授學者。獨四書晚出，宜其所得尤深。讀所謂解義，奥而不玄，該而有體，字櫛句比，鮮不合古人之意旨，此豈猶托之辭章訓詁以自見者哉？好古人之好，心古人之心，因此而遂至于古人，亦復何疑！乃先生于此猶嗛然，若不敢自信者，何耶？君子之于道也，博取而約守之，非徒能言之，實允蹈之，允蹈之不已，而後得之于心，不知吾之非古人與古人之非吾也，斯其至已矣。夫學，自以爲未至，日遑遑焉若將終身者，其日至者也。甚矣！先生之善學也。若遂以語言文字爲支離，欲别求一解以神明乎其間，則向者信心之故智，固不足爲先生道。」先生聞而首肯者久之，因命其門人書之以冠于篇端。

曾氏家乘序

吾越有曾謙父者，盛有才藻，以編摩著述自娱，尤工繪染，爲遠近所珍，予未之識也。一日，手輯《曾氏家乘》成，造予請序，予喜而諾之。且知其爲宗聖後也，則更喜聖賢之生也，數千載于今，而一日得見其後裔，慨然追慕，豈不益廑向往之思乎！予嘗過闕里，瞻孔、顔、孟廟貌，接其子孫，濟濟爲弈。及訪宗聖祠宇，子孫皆無有，既而知其散徙四方，惟居南豐者最著，則肅皇帝所訪求而爵之者也。詎知吾越之曾實爲南豐之嫡而世其傳者乎？浙之衢有至聖裔，世相傳爲孔氏大宗，蓋宋南渡時，其宗子抱祭器隨駕，恥事金人，而留曲阜守孔林者，其支庶子也。越之有曾，考其世系，不啻衢之孔矣。是何浙以東一水相望，而聖賢苗裔若魯鄒然，事殆有不偶然者。嗚呼！聖賢吾不得而見之矣，得見吾謙父，而喜可知也。

按，曾氏自宗聖十六傳而據徙豫章，又二十五傳而延鐸始分居南豐，又四傳而文定公鞏以文章學行鳴天下，爲宋名儒，文定公再傳忠，通判温州，次越州，合門死金人之難，少子密獨免，遂家于越，是爲會稽曾氏祖。又十傳而至謙父，上距文定一嫡相傳，信宗聖之宗孫乎！古人作譜，致譏遠胄，恐傳疑亂宗，且忘祖也。由宗聖至文定，其遷徙淵源傳之故老，不無恍惚；而文定之後，自南豐而會稽，則歷落如指掌，世近而事有徵，豈亦有傳疑于其間者乎？羅文毅序文定公集，求公後于南豐，無存者。豈意盤根奕葉，竟植之會稽，衍之謙父，則謙父此舉可謂光復舊物，無忝爾祖矣。雖然，世稱吾夫子之道惟曾子獨得其傳，故系以宗聖，正如宗法然，小不得干大，似不得亂真，故足貴也。今觀曾氏之後，一變而爲文章，再變而爲氣節，至謙父三變而爲才藝，不亦愈遠而愈失其真乎！所貴乎後曾氏者，非徒後其宗已也，必且後其宗傳。後其宗，則是編足以譜之矣；後其宗傳，則請遞遡才藝、氣節、文章，而反求諸身，謙父能一一以微言譜之乎？允若是，則曾氏之文孫也。宗周雖不敏，請從事焉。

禪宗定案序

吾友張愼甫以經術名家，孳孳聖賢之學，見世之學者多雜禪，因取佛氏書，嘗一一摘其紕謬處，爲《定案》，又附以關中馮先生語録及瞿布衣所述各數條，合爲一帙示予。予讀之灑然有當也。他不具論，馮先生，今之大儒也，其學醇乎醇，其言剴切正大，能令當之者不寒而栗，居今之世，有以六經爲斷案討二氏之罪，必先生爲正，宜愼甫有取爾也。予嘗謂佛氏之教，遺世獨立，空其性而歸之覺，與吾儒迥不相及，如南北之殊方、人物之異族，使貶吾道而從之，固其所不受，即張吾道而攻之，亦其所不入也。而學者厭常喜異，往往借其言以脱略世教，漸且强相附會，混而爲一，爲吾儒者安得不辭而闢之？夫闢之則亦類族辨方，明吾所是而已。明吾所是，而非者與似是而非者胥不能竄而入之。《定案》之意，庶其在此。猶懼其不勝也，請無以辭闢之，以身闢之。昔者孟夫子承三聖，而楊墨之迹熄；韓子道濟天下，而佛氏之教爲之少衰。今世之服膺馮先生不置者，非徒其言是，其人誠是也，其人誠是，故其言立。嗟乎！先生往矣。有能言先生之言，慨然以世道人心爲己任，即先生之徒也，而況其孳孳焉身之也哉！吾于愼甫有厚望焉。

陶庸齋慥慥集序

弘、正間，吾鄉理學之儒蔚起，婺有章楓山先生，赤城有陳克庵先生。二先生學術相似，而楓山最著，平生一意躬行，不事著述，嘗曰：「儒先之言至矣，删其繁蕪可也。」又曰：「程朱後學術又大壞，必有真聖賢起而救之。」蓋亦有感于箋註之繁，學者或漸離其本。而是時，越有陽明先生者起而乘之，遂以朱子爲支離，一反其居敬窮理之説，而約之致良知，此豈楓山所謂真聖賢其徒與？乃一時尤不乏異同之見，爲朱者或詆以爲禪，如吾越則有陶庸齋先生。先生固學宗紫陽者也，獨服膺楓山不置，曰：「九原如可作也，舍先生其誰與歸！」因不滿于良知之説，特著《正學衍説》以自附于孟子能言距楊墨之意，其用心可謂勤矣。其後良知之説大昌，而先生此書竟罷爲一家言。夫先生服膺楓山以及紫陽，其于後人支離繁蕪之習，必有所不安于心久矣，乃復無取于良知之説，何也？箋註之弊，還當以躬行救之。今曰良知，聞其説者猶然箋註也，而其旨甚峻，耳食者求其説而不得，將使人轉增眩鶩，或幻而入于禪，反不若儒先繁蕪之説猶爲斤斤也。是故以箋註救箋註而不得也，先生救以躬行而得之。他日，别有論著曰《慥慥齋集》，其喻意蓋如此云。先生起官師儒，恥爲詞章之學，所著詩文，自講學明道外，凡以紀其平日行履，而辭旨平淡簡樸，時時見有餘不盡之意，洵乎其爲慥慥也。予乃卒業而嘆曰：「先生其不愧孔氏之徒與？何言之近也。」夫學至孔氏止矣，其家法不出慥慥君子，而顧猶以爲未能，則後之學聖人者斷可識矣。

先生之後，有文簡公及君奭伯仲間，並以理學師模當世，大抵篤信文成之説而直達之，非復弓冶之遺矣。然二君子終不愧先生聞孫，無乃反躬不言之地有適得吾良知者與？夫使世之爲良知之學者，而皆如二君子之以躬至焉，雖《正學》一編不作，于先生可也。嗚呼！吾是以知學術之終歸于一也。紫陽之後有文成可也，文成之後有先生可也，請以質之楓山。予不敏，嘗後先辱交二君子，而于仲氏切劘尤深，一日以先生之集問序于予，敬爲之述其淵源如此。

辛復元先生集序

歲丙子，處京師，獲交河東辛子。一日，出示予所繪古今聖賢圖像，各系以論贊，凡若干幅，題之曰《生生集》。辛子亦既自識其所以生生之義矣，宗周受而卒業焉。肅然如有臨，又藹乎若將就之，迫欲叩之一堂之上也。夫古之聖賢往矣，而精神有曠百世而相感者何也？語云：「心之精神謂之聖。」惟心不朽，故聖人之精神與之俱不朽。君焉而聖者此心也，相焉而聖者此心也，師焉而聖者此心也，爲儒爲諸子，文章、氣節、勳業之不一其途而同歸于道者，此心也。在虞廷謂之中，在《周頌》謂之敬，在孔門謂之仁，在後儒謂之極、謂之天理、謂之良知，皆此心之精神，所謂生生不朽者也。乃子輿氏則曰：「人之所以異于禽獸者幾希，庶民去之，君子存之。」夫聖人不過盡其所爲幾希者，以異于禽獸云耳，非有以異于人也，今曰中、曰敬、曰仁，則視心不逾遠乎？聖人恐人之遞傳遞遠，而遞失其心也，故爲之親切指點之，若曰「存者存此，去者去此也」。❶夫人驟而語之以聖人之心，未有不錯愕自廢，以爲絶德，今曰「即此而在」，能不憬然思、浡然奮乎？故曰：「人皆可以爲堯舜。」夫學不識心，而欲求聖人之道者，未之有聞；不自識其心，而欲求聖人之心者，尤未之有聞也。

辛子之學，本之先河東薛氏，庶幾能從事于心者。其所論贊，往往肖其神骨，語曰「惟其有之，是以似之」，辛子之謂也。宗周自反，猶是禽獸不遠之心耳，一旦披之以聖賢之像教，而肅然如有臨，復藹乎若將就之，迫欲叩之一堂之上者，是誠何心哉？請以質之生生氏。

李懋明西臺疏草序

予抱疴田間，吉水李懋明先生緘其舊疏草一帙示予，皆神廟時官西臺封事也。先生在西臺，正色敢言，稱真御史，然未嘗毛舉細事以塞責，而獨言其大者。若宗社大計則有藩封一疏，若治亂大機則有分别邪正一二疏，若職掌大利弊則有廠庫諸疏，所謂西臺封事僅如此，而先生竟以言去國。久之，向之從邪而樹讐先生者次第敗，人乃思先生之言，争推轂先生，浸浸大用。又罷去，又起，又去。先生三起三見斥，皆以西臺封事爲左券，而所指邪流竟與先生始終

❶ 上「存」上，全書本有「只此些子耳，無他道也」九字。「也」，全書本作「無他道也」。

相爲消長云。予蓋乃深有感于先生言治亂之故也，世道之所以常存而不毀者繫之君子，而小人每足以敗之。故聖人于否泰之際，特別言君子之道與小人之道，至于剥盡而坤，相疑而戰，猶爲之稱龍稱血，分玄黄之位，若曰「身雖敗也，而道自存也」，則君子之所以常勝于小人，而卒寓來復之機者，即此在也。我國家至神廟之際，重熙累洽，號稱治平，不幸而有國本一事，君子與小人遞爭而遞相勝負。君子曰國本，小人亦曰國本，而君子之道始見陵于小人。至錮之以朋黨之名，而禍中于人國，雖經兩朝鼎革，啓維新之運，而一燈相續，愈出愈奇。質以先生屢進屢退之身，何以始終若合符節乎？此一邪一正之説，先生所以醒一世之夢者，至今猶朗朗也。倘先生之言不終廢于世，則君子之道常勝于小人矣。今天下無問識與不識，無不知有李先生者。時事至此，即二三小人亦且撫膺自嘆，鼠竄無地，而獨難于用先生，即一旦有用先生者，先生其執此往乎？抑審幾觀變別有説也？夫道，❶神明變化而無方，故君子稱龍焉。❷是刻也，先生固曰：「已矣。敝帚今無所用之矣。」❸予乃爲引其端而歸之。

重刻傳習録序

良知之教如日中天，昔人謂：「天不生

❶「夫」上，全書本有「前輩有言，黑白不宜太分明者，是或一道也」十七字。

❷「焉」下，全書本有「《易》知微知彰，知柔知剛，萬夫之望」十三字。

❸「是刻也」至「用之矣」，全書本作「而先生固曰：已矣。敝帚今無所用之矣。是刻也，始以備西臺一時公案，以正之子」。

仲尼，萬古如長夜。」然使三千年而後不復生先生，亦誰與賡復旦乎？❶ 蓋人皆有是心也，天之所以與我者本如是其虚靈不昧，以具衆理而應萬事，而不能不蔽于物欲之私，學則所以去蔽而已。故《大學》首以明明德爲復性之本，而其功要之知止。又曰「致知在格物」，致知之知不離本明，格物之至止是知止，即本體即工夫，故孟子遂言良知云。孔孟既没，心學不傳，浸淫爲佛、老、荀、楊之説，雖經程、朱諸大儒講明救正，不遺餘力，而其後束于訓詁，轉入支離，往往析心與理而二之，求道愈難，去道愈遠。❷ 于是先生特本程、朱之説而求之，以直接孔孟之傳，曰致良知。❸ 自此，人皆知吾之心即聖人之心，吾心之知即聖人之無不知，而作聖之功，初非有加于此也，❹先生其得孟子之心者與！❺《傳習録》一書，出于門人之所覩記，學者亦既家傳而户誦之，迄于今百有餘年。家風漸替，宗周妄不自揣，竊嘗掇拾緒言，與鄉之學先生之道者群居而講求之，亦既有年所矣。

裔孫士美，鋭志繩武，爰取舊本，稍爲訂正，而以親經先生裁定者四卷爲正録。先生没後，錢洪甫增入者一卷，爲附録，重梓之以惠吾黨，且以請于予曰：「良知之説以救宋人之訓詁，亦因病立方耳。及其弊也，往往看良知太見成，用良知太活變，高者玄虚，卑者誕妄，其病反甚于訓詁。❻ 附

❶「賡復旦」，全書本作「取日虞淵，洗光咸池」。
❷「遠」下，全書本有「聖學遂爲絶德」六字。
❸「知」下，全書本有「可謂良工苦心」六字。
❹「此」，全書本作「此心此知之毫末」。
❺「先生其得孟子之心者與」，全書本作「則先生恢復本心之功，豈在孟子道性善後與」。
❻「詁」下，全書本有「則前輩已開此逗漏」八字。

錄一卷，僭有删削，❶總之不執方而善用藥，期于中病而止。惟吾子有賜言。」予聞其説而韙之。果若所云，請即藥之以先生之教。蓋先生所病于宋人者，以其求理于心之外也，故先生一則曰天理，❷再則曰存天理而遏人欲。❸而後之言良知者，或指理爲障，幾欲求心于理之外，則見成活變之弊，亦將何所不至乎！夫良知本見成，而先生自謂從萬死中得來，曷故？亦本變動不居，而先生云能戒慎恐懼者，曷故？先生蓋曰「吾學以存天理而遏人欲」云爾。故又曰「良知即天理」，先生之言，❹固孔孟之言、程朱之言也。而一時株守舊聞者，驟詆之曰禪，後人因其禪也而禪之，轉借先生立幟，分門別户，反成燕越。而至于人禽之幾，輒不容分疏，❺以爲良知中本無對待，由其説，將不率天下而淪于禽獸不已。甚矣！學者之不思也。若士美可爲善繼述者與！❻

斯編出，而吾黨之學先生者，當不難曉然自得其心，以求進于聖人之道，則道術亦終歸于一，而先生之教，所謂亘萬古而常新者此也。遂書之簡末以遺士美，并以告之同志云。

❶「削」下，全書本有「如蘇張得良知妙用等語，詎可重令後人見乎」十八字。

❷「生」下，全書本有「言理曰天理」五字。

❸「欲」下，全書本有「且累言之而不足，實爲此篇真骨脉」十四字。

❹「先」上，全書本有「其于學者直下頂門處，可謂深切著明。程伯子曰：吾學雖有所受，然天理二字却是自家體認出來。至朱子解至善，亦云盡乎天理之極而無一毫人欲之私者，先生於此亟首肯，則」六十八字。

❺「輒」下，全書本有「喜混作一團」五字。

❻「學者之不」至「繼述者與」，全書本作「先生之不幸也」。

錢緒山先生要語序

予讀《天泉證道記》，知王、錢二先生並傳陽明子教法也。予嘗有言：「無善無惡心之體，有善有惡意之動，知善知惡是良知，爲善去惡是格物。」王先生推明之，爲四無之説，而錢先生則謂是師門教人定本，不可易，遂舉以質陽明子，曰：「汝中所言，可接上根人。德洪所言，可接下根人。」世傳王門教法有此兩端。予嘗謂一有一無，❶語語執著，不免王先生駁正，固也。故子亦不覺訝然自失。至許爲顔子、明道所不敢言，是果信以爲然矣乎？❷子所雅言，良知而已矣。又曰：「良知即天理。」爲其有善而無惡故也。知爲有善無惡之知，則物即有善無惡之物，意即有善無惡之意，而心之爲有善無惡可知也。古之言道者，至性善一語，發洩已盡，❸即言及無字，已成剩語，云何得有上根法？惟佛氏則曰：「不思善，不思惡時，見本來面目。」王先生四無之説，意本諸此，此真顔子、明道所不敢言，而王先生獨敢言之。甚矣！其敢言之也。王先生方以爲與己，筆之于書以豔來禩，無乃與良知之旨適相剌謬乎？❹錢先生嘗有論學諸書，大抵不離良知者近是。予獨喜其言良知絕不作有無善惡註脚語，墮學人以執見，尤爲善發師蘊，乃知當日定本之言殆

❶「謂」，全書本作「虚心諷詠間，果無師門定本之言」。
❷「是果信以爲然矣乎」，全書本作「錢先生當於何處作解？而予以爲此非子之言，而王先生之言也」。
❸「盡」下，全書本有「過此以往，所謂人生而静以上不容説也」十六字。
❹「乎」下，全書本有「予故曰：此非子之言，而王先生之言也」十五字。

亦一時權論，而未可遽以概先生也。先生嘗謂王先生曰：「凡爲愚夫愚婦立法者，皆聖人之言也；爲聖人闡道妙、發性真者，皆賢人之言也。」此可謂天泉斷案。

先生有裔孫集生，能讀先生遺書，因與友人王金如，摘其尤粹者若干條爲《要語》示予，予曰：「何儉乎！」曰：「先生之學，雖不盡于是，而教法則已備是。子不云乎，錢某接下根，殆爲吾儕而設。」予曰：「有是哉！其下也乃所以爲上也，故曰下學而上達。夫不離愚夫愚婦而直證道真，徹上下而一之者，其惟良知乎！此非直錢先生之言，而子之言也。學者欲求陽明子之教，必自先生始。而集生與金如，獨能闡揚先生之言，亦可爲善學也已。」

河漕綱目序

崇禎壬午冬，河決汴梁。先是，流寇圍汴城，城中人拒濠而守者，前後幾一載。欲棄城，無可爲計，稍引河流灌濠，寇乘之，水大至，諸守土官軍遂奉藩封眷屬，攬舟濟河北，而居民之淹者以萬計，城遂陷。當宁猶論城守功行賞，于是天子大發金錢，遣重臣治河。而決口出汴，左右且三，費鉅萬萬計，無奏績期，幸漕事不廢，國家暫免意外憂。

時予待罪歸田，從吾倩王紫眉出天津，達衛河而南，因以其暇考求故牒。紫眉爲予言：「衛河即古黄河故道，流東北，自天津入海者也。漢時首決瓠子，勢南徙，歷唐、宋，漸逼而南，與淮合。蓋九河既湮，阡陌廢，溝洫之政泯，使水不受地以至此。而衛河失其故道，僅遡源輝縣而止。明興，踵元之遺，開會通渠，轉漕南北，輒有資于河，益利河南徙。然亦爲漕患，且爲泗州祖陵虞，故縣官歲歲治河、治漕無虛日。」❶予因稍窺古今升降之運，關于四瀆者甚大，而河其最著云。頃之，紫眉歸越，遂著河渠一書，稱《河漕綱目》，言河又言漕，志時務之要也。遡自堯時九年之役，迄于皇明世廟間，有關河事者書，有關漕事者亦書。又集《河事叢説》，專採國朝諸名公之所撰述，以資參考，合之述海運者，卓然成一家言。間以示予，予聞覩河、洛而思禹功，知後有作者之弗可及也。漢賈讓疏治河三策，卒未有行之者，而河害至今不息。嘉靖間，勳卿黄公綰引僉事江良才言，宜通河于衛，有三便：一復黄河故道，完地軸之全氣，以壯京師形勝；二便漕，一由會通，一由淮達衛，遡流而上，兩利以備緩急；三言溝洫，略從井田制以開粒食之源。而綰爲申其説，據堪輿家言，兩山之中必有水，兩水之中必有山，所謂水由地中行者也。治水者不順水之道，而徒欲與澤流争一旦之命，以施疏鑿，功雖神禹弗能。其後周恭肅公用言溝洫事尤詳。

予嘗往來南北，咨諏所及，北自臨清至分水，高可十餘丈；南自徐沛至分水，亦高可十餘丈。則汶、濟之間，正岱岳之脊，而南徙之河所必由之道，水既逆行，欲其不横流四瀆，亦胡可得？故昔人謂張秋之決殆有天意，惜前人智不及此。若運道所資，南

❶「日」下，全書本有「幾半天下之物力以供事而不足，終未睹成算也」十九字。

旺諸湖以時蓄洩，頗足任漕艘，而必引河之爲快，此真所謂引狼兵以治内寇，未有不中其禍者也。前歲長山之決，可謂殷鑒。今天下三大患並作，大司農日持籌軍國之需，亦既熟講，水利屯田諸務見之施行矣。將遂循本計量，以九年期，歲移數十萬金錢，有事河陰原武之間，爲萬世奏平成，豈異人任？而苟非聖天子行所無事，追踪神禹之智，亦何以蚤定廟謨？則斯編其左驗已。草莽臣當手額以俟。

禮經考次序

秦火之餘，六經半出灰燼，而三《禮》之殘缺尤甚。《周禮》、《儀禮》古今異宜，並置不講，至二戴所傳諸記，本不出自一人，真贗混雜，種種錯簡，尤難位置。後人以小戴文頗近古，獨立學宫，傳之至今，然欲遂廢大戴而不録，亦非通論也。《夏小正》丹書蔚起彝鼎，實三《禮》之冠冕；《曾子》十篇，所謂「參也竟以魯得之」，端在于斯，概而與諸篇同擲，可惜也。宋儒朱子慨然悼三《禮》之淪亡，無以見先王治天下之大經大法，乃始表章《周禮》，爲周公身致太平之具。已而又葺《儀禮》，欲以《戴記》爲之傳而合之，以通行于世，顧猶苦于二書之時有異同，其論莫歸于一，至晚年始有《儀禮經傳通解》之編，與原旨不無少異，而讀者終不無牽合附會之疑。于是元儒吴草廬氏復葺爲《三禮考註》及《禮記纂言》等書，二《禮》較朱子頗爲完整，惟《戴記》不無遺憾，而《纂言》割裂尤甚，無補朱子之萬一。言禮家遂爲千古疑案矣。

宗周蚤年發憤讀書，嘗次第六經之業，

至《戴記》輒不能章句，因而有慨于朱子之説，妄事編摩，旋亦罷廢。間嘗表章《曾子》十篇及《學記》、《小學》諸記，合之《大學》，爲學校全書，而所遺于《戴記》者已少矣。顧欲遂進而傳《儀禮》，弗可得也。今年夏，抱疴家園，會門人餘杭鮑濱以讀禮之暇，顧予問學，偶出《通解》、《考註》等書以質異同，而予乃恍然有會于心，因取二戴，與濱重加考訂，往復數四。已乃喟然而嘆曰：「禮在是矣！」《儀禮》者，周公所以佐《周禮》，致太平之書；而《禮記》者，孔子所以學周禮及夏、殷之禮，進退古今垂憲萬世之書也。蓋先王之禮至周大備，猶必折衷于孔子而後定。❶惜也微言大義薄蝕於記者之口，既盡取孔子之言而私之，又時時假托于孔子以附會其説，❷而雅言之教幾不傳于後世。幸而有《家語》一書，頗存源委，以參戴氏之説，真如珠玉之混泥沙，而文繡之錯以麻枲敗絮也。

宗周因稍稍取而詮次之，合大小戴録爲一十四卷，卷若干篇，每篇表章孔子之言，録爲正經，而其後乃附以記者之説，各從其類，先後次第，頗存條貫。又于其間錯者正之，訛者衍之，間有缺者，以《家語》補之。昔也戴氏一家言，今盡取而還之孔子，進而與《易》、《詩》、《書》、《春秋》並垂不朽，其在斯乎！因尊之曰禮經，而僭附其義曰《考次》云。大都孔子之言禮也，急于本而

❶「定」下，全書本有「故其居，恒與門弟子雅言，一則曰吾從周，一則曰子善殷，又曰虞夏之道，寡怨於民；殷周之道，不勝其弊。至他日以之告顏子，亦曰：行夏之時，乘殷之輅，服周之冕，樂則韶舞。則孔氏門牆，豈斤斤爲《儀禮》作注脚乎」八十一字。

❷「附會其説」，全書本作「見瑕，至或淪而爲黃老，降而爲雜伯」。

緩于末，先其近者小者，而後及乎遠者大者，是故可以範圍二《禮》，亦可以羽翼二《禮》。《中庸》所稱「考三王而不謬，建天地而不悖，質鬼神而無疑，百世以俟聖人而不惑」，非吾夫子，其孰與于斯！宗周愧于前人，無能爲役，姑因卒業之後，附陳一得之愚，以俟後之君子云。《樂記》別有録，兹不載。

史雁峰詩集序

言非古人之所尚也，至于不得已而有言，往往發于嗟咨咏嘆以寄其情，而止乎禮義之正。如三百篇所陳，至今讀其辭如見其人，而時有有餘不盡之意，寄之引物連類之中，而終無尚口之病，則學之不貴有言也審矣。《詩》教之亡也，漢、魏以降率務爲俳優相説，而不顧其心之所安，至于誣善行私而莫知止也，又奚暇問其雕櫛字句、協比聲律之弊乎？予性不解説詩，而間從人學，因知詩固有不易言者。家塾師史子復與予論學屢矣，一日出其曾大父雁峰公所遺詩稿若干篇示予，皆近體也，而能不失古作者之意，有温厚和平之風，一再讀之，轉見其質而不俚，淡而有致，慕古而不失之誇，感懷而不傷于激，真能留不盡之意于有言之中，而時溢其無言之趣者。因遂進而論公之世，爲名諫議而不必以諫顯，爲良二千石而不必以循良課，雅志林壑而不必以肥遯名，雖留心經濟之學而亦不屑屑于功名之會，真能留不盡之意于無言之中，而時溢其有言之趣者。而公乃一傳爲州刺公，再傳爲觀察公，三傳吾友子虛，以學術鳴當世，爲士林祭酒，其季即子復，與之競爽。公之不盡之意且愈傳愈遠愈大，而公于是愈不可測。嗚呼！不盡之爲道也，天地萬物且然，而況于人乎！況于君子之言學乎！子復因以遺稿請序，予爲率意書之，愧不能盡知公，轉無所容吾言矣。

明儒四先生語録序

宗周，東越鄙士也，生于越，長于越，知有越人。越人之言道者無如陽明先生良知之説，家傳而户誦之，雖宗周亦竊聞其概也。一日，括松嬰中毛子來司訓吾會稽，出其所纂《四先生語録》示予，由陽明先生而進之爲白沙先生、敬齋先生、敬軒先生，題曰《明儒心訣》云。皇明啓運，世教休明，士之知道者不止四先生，而四先生首祀宫牆，尤爲一代斯文之的，故海内皆盛稱之，獨越人私陽明先生。予乃今得讀四先生纂言而旨焉。

薛先生布帛菽粟，不離日用踐履，而直窺性天之妙；胡先生推本其旨，更加謹嚴，歸之慎獨；陳先生自然爲宗，頗循無欲作聖之説，漸啓良知之宗；而王先生遂暢言之，發薛先生以來未發之蘊，洋洋乎，一時群言之統會乎！雖謂四先生前無古人亦可。學者由四先生而達于孔孟，是入室而由户也。蓋嘗論之，舜、文上下千載，又東西夷不相及，而孟子斷之曰「先聖後聖，其揆一也」，一者心也，道之所以爲道也，薛先生謂之性與天，胡先生謂之獨，陳先生謂之自然，王先生謂之良知，一也。善學者亦求之心而已矣。求吾之心以求四先生之心，即四先生之心以求四先生之言，無往而不一也。道之不明也，智者過之，愚者不及。

學一先生之言而求所謂道，高之蕩于玄虚，卑之滯于形器，皆過不及之見也。善學者求之心而已矣。雖然，求心有道焉。心一而已，而攻取之途百出，故濂溪亦曰「學聖之道，一爲要」，必也以良知爲端，而進之持守，進之踐履，乃徐而幾自然，斯可與言一也。纂言之意，其在是乎！毛子以原稿付梓，而問序于予，乃爲推本其意如此。今而後，誠自愧吾越人之沾沾矣。

古學經序❶

《記》曰：「古之教者，家有塾，黨有庠，州有序，國有學。」自庠、序而下，皆謂之小學；國學，天子曰辟雍，諸侯曰泮宫，即所謂大學也。天子、諸侯亦皆設小學，以教世子及公、卿、大夫、元士之適子，如庠、序；至入大學，則凡民之論秀而升者齒焉。《保傅》篇曰：「古者年八歲出就外舍，學小藝、履小節焉；束髮而就大學，學大藝、履大節焉。」《内則》曰：「十年學書計。十三學樂，誦詩，舞勺。成童舞象，學射、御。既冠以後學禮，舞大夏，惇孝弟，博學無方。」蓋先王立教之方如此其備也。當是時，上焉者以聖人之德作之君師，嘉與天下，士大夫化行俗美，太和在成周者數世。降及後裔，浸以衰息，于是孔子秉素王之權以師道自任，日與門弟子修明其說，時有出于先王之意表者。其訓大學也，自格致誠正推之治平，❷獨所以訓小學無明文，及觀《曲禮》、

❶「經」，全書本作「記」。
❷「平」下，全書本有「蔽天子以下明明德於天下之道，亦前此所未聞也」二十字。

《少儀》、《内則》、《玉藻》諸篇所載，抑何獨切于門人小子乎？❶

惟是《戴記》一書，雜出秦火之後，不免篇章失次，文義混淆。宋儒朱子乃始表章《大學》、《中庸》，配《論》、《孟》爲四書，而復著《小學》，補遺經之缺，分門別類，引喻精微，有老師宿儒所不能究者，則亦朱子之《小學》，而非古文《小學》也。古文《小學》則《曲禮》、《少儀》者是，而朱子固有所未暇及。至他日著《儀禮經傳通解》，立有學禮一類，先之以《學制》，次之以《弟子職》，次之以《少儀》及《曲禮》，而終之以《大學》《中庸》，頗得古人立教之意矣。❷宗周不敏，間嘗反覆三《禮》之體，知學禮不與諸經類，❸因而推明朱子前後異同之説，特立訓學一書，首《曲禮》，次《少儀》、《内則》、《玉藻》，附以《王制》，凡五篇，爲小學全書；乃進之以大學，而以《文王世子》合《大戴·保傅》，爲《學記》上篇，原《記》爲《學記》下篇，總名之曰《古學經》；序十三經首，尊其道也。然則《戴記》可廢乎？曰：朱子固有《儀禮》經傳之説矣，出之數篇，而其爲《儀禮》之傳益信。❹《學》、《庸》配《論》、《孟》，若外記然；推之《爾雅》、《孝經》，則《小學》之翼也；《易》、《詩》、《書》、《禮》、《春秋》，則《大

❶「乎」下，全書本有「雖其間大小藝節無所不舉，而以視大學之道，猶其滯於小者耳」二十五字。

❷「矣」上，全書本有「疑其已悟舊篇之贅，并表章《大》、《中》，亦費解」十六字。

❸「經」，全書本作「禮」。

❹「首曲禮」至「傳益信」，全書本作「首《少儀》，參以《曲禮》，爲小學下篇；次《文王世子》及《保傅》節要，爲小學上篇；乃進之以大學，而以《文王世子》錯簡合之《學記》終焉，總名之曰《古學記》；序十三經首，仍以《曲禮》等篇還《戴記》，存三《禮》之舊也」。

學》之翼也。至是，古人典籍皆有原委，不至散而無統，雜而無序，道術庶歸于一乎！

昔孔門之論學也，曰「博學于文，約之以禮」，又曰「下學而上達」，夫博文即小學之教，約禮即大學之教，下學上達即大小一貫之説也。故君子之學，無時非小學，亦無時非大學，而特其與年俱進之候，則必自下而上、由小而大，如堂室之有序而不可躐，百物之有時而不可强，❶此孔門之學所以絶異于後之異端曲説也。後之學者，語大則浸淫佛、老，既失之大而無統；語小則轉入支離，復失之小而寡要；至于進爲之序、斅學之方，又失之凌躐扞格，而終不可幾于成德，吾不知于古人立教之意何如？得是編而存之，庶幾有瘳乎！因于手抄之暇，述其大意于簡首如此。

古小學集序❷

國制皆社學也，而行于吾鄉，獨稱小學，且進之曰古小學，祀以和靖尹先生，蓋曰學古人之學云爾。一日，鼎新之役既竣，學士稍集，欲求所謂古人之學，而不得也，進而請事于予。予乃取和靖子立教之意而推廣之，輯爲《集記》以示學者。凡九卷：首學的，示所本也；次躬行，示所重也；次六藝，示所習也；終之以聖統，望的而趨、赴的而止也。《周禮》，大司徒之職以鄉三物教萬民，首六德，曰智、仁、聖、義、中、

❶「百物之有時而不可强」，全書本作「其要歸之循循善誘」。

❷「集」下，全書本有「記」字。

和；次六行，曰孝、友、睦、婣、任、卹；次六藝，曰禮、樂、射、御、書、數。鄉物云者，蓋王國有虎門之教，鄉大夫取而布之鄉，下行于黨、庠、州、序，爲小學之法物，仍令士子限年而升諸大學云。其後孔門遂取以爲教法，四科之設、博約之旨，率本諸此。其時不繫德行之科及身通六藝者，不得稱儒術、爲高弟子，古人之學其大旨居可見矣。

夫聖人之道，聖人之心爲之也。學得其心之爲德，聖其通明者也，智所以知此也，仁所以體此也，義所以强此也，中和所以節文此也。六經一德也，行之爲德行，著之爲藝文，莫非心也。是故君子之于學也，本心以稽行，而理無間于顯微；即物以求心，而功不失之徑躐。此所以小學、大學通爲一貫，而馴至于聖人之域，當世收成才之用也。學術之壞也，士不知心，而卑者溷之以聲利，高者蕩之以虚無。居恒自飲食男女而外，❶倀倀無所適從，則僅相矜以記誦，相傲以詞章，相糾以訓詁，以進托于大學之業，自命爲老師宿學，而中實茫無所得，適以就其聲利之習與異端曲學而止，豈非失之于小學者素乎？當是時，而欲使退修洒掃進退之業，寧不倒行而逆施乎？雖然，亡羊補牢未爲晚也，君子亦卜之心而已矣。是編也，寡陋之裁，誠無當于古人萬一，而于下學立心之説，或庶幾焉。蓋吾不能言聖人之心，而姑言小子之心，小子之心得，而聖人之心亦可次第而求也，則尹子其階梯已。聞者憮然曰：「吾乃知古人之學要而可循也。」遂書之簡首。

❶「居」上，全書本有「生於其心，作於其行；作於其行，害於其事」十六字。

學的小序

言學所以學爲人，學爲聖人，而其功自幼學始。故《易》稱：「蒙以養正，聖功也。」其曰「童蒙求我」，貴誠也；又曰「初筮告」，筮以交于神明之道也，敬之至也。養以誠且敬之爲養正，敬則誠，誠則聖，故曰聖功。古之言敬者莫詳于程門，而高弟子和靖先生其嫡系也，祀之下庠，允爲萬世師。學者誠欲自幼學爲人、學爲聖人，必自先生始。譬之學射，必先設侯以祈中，操弓、挾矢其後也。先生其小學之正鵠與！爰述語録若干條，并其淵源所自，以示訓。

躬行小序

學以敬爲入門，立天下之大本，本立而道生，乃授之以行，大者在五品之遜，所謂五達道是也。其説昉于虞廷，而通行于三代庠、序、學、校之教，故曰：「皆所以明人倫也。」庠以養，養此者也；校以教，教此者也；序以射，射此者也。古之人谿小學而入大學，故學以明倫必自庠序始。而鄉先生之没而祭于社者，則其儀表也。爰彷朱子嘉言善行之意，斷自鄉人之賢者若而人，備録之以爲景行資。苟其猶存乎見少，則天下之大、古今之遠，亦惟所取法焉可已。夫行亦何窮？要不離乃躬者近是，故曰：「君子之道，譬如行遠必自邇，譬如登高必自卑。」

禮學小序

子云：「不學禮，無以立。」禮者，躬行之地也。《周禮》，禮有五經，一曰吉禮，以事邦國之鬼神祇；二曰凶禮，以哀邦國；三曰賓禮，以親邦國；四曰軍禮，以同邦國；五曰嘉禮，以親萬民。而其曲而殺者，見于威儀言動之常、出入起居之節，又所以分紀五經，爲行禮之本，有經緯之義焉。故學禮者宜從《曲禮》而入，即子所謂執禮者也，但三千之文，未能盡述，今姑取其切于小子者，約爲一篇如下。

學樂小序

禮、樂非二事也，凡禮之登降上下、節文度數之間，雖若出于至嚴，而莫不有和樂之意以將之，是即所謂樂也。故曰：「禮樂不可斯須去身。」若推而大之，自古王者昭德象功，莫盛于六代之樂。故典樂之職皆舉，以教胄子及學士，而尤爲小學之所不廢，《内則》曰：「年十三學樂，誦詩，舞勺，成童舞象，二十而冠，舞大夏」是也。然古樂于今不復作矣，并其聲容器數而亡之，獨元聲之在人者萬古一日。《書》曰：「詩言志，歌永言，聲依永，律和聲。」學者姑務求志焉，志立而學半，學斯樂矣，樂則生，生則惡可已，而所謂聲氣之元隱然在是。舉而措之一身之近，靡非九變九成之形容，區區聲容器數，有不足言者矣。

射學小序

《儀禮》，天子、諸侯及卿大夫禮射有三：一爲大射，天子、諸侯將祭，❶擇士之射；二爲賓射，諸侯來朝，天子入而與之射，或諸侯相朝而與之射；三爲燕射，爲燕息之射。士無大射而有賓射、燕射，庶人無賓射、燕射，特有主皮之射而已。燕射即鄉射，蓋州長春秋以禮會民，而射于州序之禮。五州爲鄉，州者鄉屬也，而仍謂之鄉射。射之時，鄉大夫或在焉，不改其禮故也。鄉射必于序，故曰序者射也，此小學之主教也。《儀禮》具載，其文頗近煩，謹節略如下。

御學小序

《周禮》五御之法：一曰鳴和鸞，和在式，鸞在衡，升車則馬動而和鸞相應，爲疾徐之節；二曰逐水曲，謂車隨水勢屈曲，爲周旋之節；三曰舞交衢，謂車在高道，其旋應舞節爲折旋之節；四曰過君表，謂褐纏旃以爲門，裘纏質以爲槸，間容握驅而入，擊則不得入，君表即褐纏旃也，爲作止之節；五曰逐禽左，謂逐禽獸者使左，當人君以射之，爲驅逐之節。法如是其備也。故學者童而習之，少事長，賤事貴，必繇之。然御法雖存，而御學已不傳于後世。習之者爲辱人賤行，又南北異宜，舟車異用，言

❶「諸」，原作「者」，據全書本改。

御于南方之澤國，是操章甫而適越也，故士益罕言御。士不言御，而于民生日用所需引重致遠之具，亦并置不講。甚矣！其疎于用也，况五御而終之以逐禽左，文事之中有武備焉！《易》曰：「田有禽，利執言。長子帥師，弟子輿師。」所謂逐禽左也。是以黄帝不廢車戰之利，中古頗矜騎射之能，大抵皆御事也。則君子之有志于當世之務者，胡可不講求有素，而于御學一加之意乎？今略載《禮》家諸御説于前，而附以近儒車制馬政之説，使學者有所考焉。

書學小序

《内則》：「十年學書計。」書則古之六書，一象形，二指事，三會意，四諧聲，五轉注，六假借是也。六書爲創立文字之祖，學者誠不可不童而習之。而離古人文字，亦别無六書可考。太學之教曰：「春秋教以禮樂，冬夏教以詩書。」學者既習六書，豈有不先事詩書之理？詩書而外，可以類推矣。愚謂讀書必先折衷于孔氏，孔門之教盡在四書，而删述大業乃在六經。學者本之《大學》以求其端，參之《論》、《孟》以肆其説，進之《中庸》以約其旨，而後乃旁通曲暢于六經以要其至，則窮理之法隨在裕如，而心益可以不放矣。又以暇及古今，諸史惟《綱目》集其大成，稱史中之經，經世之道具焉。此外諸子百家未必盡規于道，語曰「群言淆亂衷諸聖」，又曰「多岐亡羊」，學者審諸。

數學小序

數學肇于黄帝之臣隸首，與曆律一時

並作，佐書契以代結繩，傳之後世，遂有《九章算法》，爲萬事萬化、彰往察來之權輿。《周禮》保氏立數學以教國子，是爲六藝之一。唐時猶設算學博士，督課試舉，一如三館博士之法，頗爲近古。後世徑置不講，以爲九九之技而卑之。不知盈天地間一數也，天地之大也，而可以數盡，況其他乎？故洪濛既判，首洩苞符，《河圖》顯《易》，《洛書》陳《範》，皆倚數而立。數即理也，言理而不言數，理亦不立；理不立，數不行，乾坤或幾乎息，而人事中廢，雖聖人亦無以效範圍天地之用。則學者當務之急，豈徒握算縱橫云爾乎？

聖統小序

學者從事于六藝之途，優游而進之，德日崇，業日廣，一日而爲聖人不難。夫聖人之道，非有加于此心此理之外也，亦曰敬而已矣。小子此敬，聖人亦此敬，故曰：「敬者，聖學始終之要。」若堯、舜、禹、湯、文、武之爲君，皋陶、伊、周之爲相，孔門之爲儒，聖聖相傳，若合符節，載在《詩》、《書》，可考而信也。降及後世，斯道不絕如綫。天啓有宋以及我明，諸儒輩出，學焉而不謬乎本心之説，皆孔孟之的傳也。昔人以私淑諸人爲幸，學者誠繇諸儒以求聖人之道，遡流窮源，遞而進之，殆庶幾乎！語有之：「士希賢，賢希聖，聖希天。」言學以漸達也。後人喜言頓悟，謂即心即聖，不假修爲，更無階級。然謂吾心即聖人之心則可，謂吾已放之心即聖人存存之心則不可，故與其頓也寧漸。必言漸者，亦小子之學云爾。

劉蕺山先生集卷十七

序下　記

古小學通記序

予既集爲《小學記》以示學者有日矣，或病其有體而無用也，予聞之唯唯，既而曰：「天下有無用之體乎？」因復本小學之意而推之，以極其至，得古人全體大用之說，著《學通》一書，❶凡分四編，編若干卷。首政本，仍言學也；次問官，即以官學也；次進以入官，即學即政也；終之以王道，即學之大成也。然則治天下國家又何以加于學乎？盈天地間一道也，盈天地間一學也，自其小者而觀之，無用非體也；自其大者而觀之，無體非用也。故曰：「顯諸仁，藏諸用。」又曰：「小德川流，大德敦化。」此之謂體用一原，顯微無間。古之言學者莫辨于孔子，其小者日與二三子修洒掃進退應對之節，而其大者即以之進退百王，且自託南面之權二百四十有二年，載在遺言，定在删述。後之君子有志于當世之務者，亦可以折衷于斯文矣。爰本孔門論政之説，以類而推，上溯唐虞，下述近代，舉宇宙間一切典章人物，盡收之學問之中，歸之素王之的，醇如也。如有用我，執此以往殆庶幾乎！然則是編也，曷不遂系之大學？吾

❶「學通」，全書本作「古小學通記」。

懼其有侈心焉，因吾之小而小之，雖大，小也。命之曰《通記》，亦曰以其小者通其大者耳。吾志吾學也，又以訓吾門人小子云。

政本小序

古之君子，言學而政在其中，故曰：「政者，正也。」又曰：「其身正，而天下歸之。」而莫備于《大學》一書，約言之，曰修身爲本而已。程子曰：「有天德然後可以語王道，其要只在于慎獨。」尤得《大學》之旨。後之爲章句者吾惑焉，八目平分，各爲一事，若不能以相通者，至誠意、正心本末之辨，益仍訛襲舛，曲解難通。于是《大學》之教不明于天下，而誠、正之功且爲世主大禁。西山《衍義》離矣，瓊山《補義》愈離矣。嗟乎！皇王而降，治日常少，亂日常多，則亦諸儒言道者之過也。一日，讀曹魏石經而有當焉，千古殘經于焉一快，因爲表章其説，略放《衍義》，附以古今傳紀，次第爲之發明。雖條目犂然如故，而義本相通，意實一貫，庶使後之君子臨政願治者，知所退而反求焉。述《政本》。

問官小序

子曰：「吾説夏禮，杞不足徵也。吾學殷禮，有宋存焉。吾學周禮，今用之。吾從周。」周禮之大者莫過于《周官》，故亦稱《周禮》云。後人以爲周公身致太平之書，又曰周公未成之書也，故與《尚書》篇小異，要之，異同之跡，姑置弗論。而第考其規模之宏偉，布置之精詳，誠非周公之聖不足以與于斯。《易》曰：「神而明之，存乎其人。」則亦萬世治天下之金鏡矣。自漢迄今，建官立法，代有損益，而莫盛于我明，總之不離《周官》者近是，故曰：「其或繼周者，雖百世可知也。」後之君子，苟能學古而師其意，不惟其迹，漸推之當世之故，庶幾免于面牆，抑亦仲尼之雅志也。述《問官》。

入官小序

語曰：「士先志，官先事。」事固所以職志也。是故天子以天下爲官，諸侯以國爲官，大夫以家爲官，士庶人以身爲官，亦各言其所有事也。官不同，事亦不同。事不同，而所以事事之道同，故曰：「自天子以至于庶人，壹是皆以修身爲本。」天下者，一身之積也。士庶人以身爲身，天子以天下爲身，故又曰：「儒者以天地萬物爲一體。」此安身之説也。安之也者，修之也。修則安，不修則危，危身敗官，殃及天下。有官君子，其尚各敬爾身，而無自隕其天地萬物一體之身，庶幾乎！述《入官》。

王道小序

易曰：「有天道焉，有地道焉，有人道焉。」函三才而一之者，王道也，堯舜之所以帝，三王之所以王，皆是也。假之而伯者，五霸也，霸極而暴者，秦也。此天地一大升降也。漢興，撥亂世反之正，其在王、伯之間乎！晉、宋六朝無足言者。唐太宗貞觀之治，自以爲親行仁政，然主德未修，推行無本，蓋亦僅與漢治等。趙宋家法修整，較勝于唐，而王政之大亦未有設誠而致行者。迄于元季，紊亂極矣。亂極復治，乃進而王，其惟我明高皇帝乎！蓋世不能常治而不亂，統不能皆正而不閏，而獨是王道者，君倡之或臣和之，上夷之或下著之，或野修之，此天理之所以常存，而人心之所以不死也。爰本夫子删《書》之意，取春秋以降迄于我明，凡若干篇，備累朝大法。述《王道》終焉。

測史剩語序

昔謝上蔡自負該博，每對明道舉史書，不遺一字，明道譏其玩物喪志；其後見明道看史，輒逐行仔細，不差一字，乃大省悟，每以此接引博學之士。夫等一讀史耳，而或離或合，得失霄壤，學之不貴徒博也如是。吾夫子删述六經以教萬世，至《春秋》亦魯史耳，而一經筆削，遂爲萬世不刊之典，此之謂善讀史者。他日則曰：「吾志在《春秋》。」又曰：「與其托之空言，不若見諸行事之深切著明也。」夫聖人之志，即所謂見諸行事者是，而其深切著明莫過于《春秋》。《春秋》大義數十，華衮鈇鉞，凛如日星，懸諸象魏，故後人遂以爲天子之事，而其道乃行于天下萬世，此所以爲聖人之志與！然則玩物喪志之説，亦讀史者之指南矣。夫學不尚志，而欲網羅百代，以自附于著作之林，鮮不爲伯子所譏者，況後世經生家侈言該博乎！

大江以西有馮鳳城先生，學粹而行尊。垂生隆、萬間，稱鉅儒，邦人士奉爲模楷。垂數十年，顧數奇不遇，晚以明經高第試廣文一席，歷靖安、河南，所至横經講道，諸生咸被服其教，久之不衰。平生著述半付祝融，獨《史測剩語》若干篇，則先生上下千秋，託以自見其志者。問嘗出示靖安人士，争珍重之，遂刻之以廣其傳，附諸小品尤多見道語，距今百年矣，遺本尚存。讀其書，❶大義必折衷于聖人，歸之經術經世。❷假令先生幸登朝宁，爲國家陳大計、獻可替否、進賢退不肖，直舉而措之耳。而先生徒托空言，卒以廣文老，識者曰：「此先生志也，而即先生行事之實也。」先生没，而其後人相繼以家學顯于朝。中星氏遂稱名御史，一日視鹺兩浙，謀重刻之，因乞言于予。予不敏，不足窺先生所學，姑用先生所以測史者轉測先生之志，以爲讀史法。❸

宜興堵氏家乘序

今春，關使君堵子仲緘越江命使，以其所著《居廬事狀》及《哀史》見遺，乃知仲緘有釋褐後追服廬墓事，予爲之低回，泣數行，不能竟讀。世道江河，復有仲緘其人乎？已又讀其所輯《家乘》二帙，作而嘆曰：「美哉！洋洋乎！世德備矣。」❹按《乘》，堵自通五公，當元季步淮渡江，著籍宜興，秉一耒而居，固甚微也。其後遂以耕讀爲業。耕者不廢讀，故多隱德，以學行

❶「書」下，全書本有「於古人公案，往往別具隻眼」十一字。

❷「世」下，全書本有「有時起古人於九原，曰某事云何，某事云何。尤非經生識力可幾」二十五字。

❸「法」下，全書本有「至先生言秦漢興亡之際，未嘗不廢書而嘆。嗟乎！殷鑒不遠，使君得無意於當世之故乎？而先生之志，逾行且遠矣」四十四字。

❹「矣」下，全書本有「其有爲堵氏祖也者，斯有爲堵氏孫也者，而且有爲是祖是孫繩繩不已者。自此堵氏遂得稱世家，爲江南望，有不徒恃門第爲誇耀者。德之涼，公卿不如輿隸，雖百世而後，子孫有不敢居其氏族者矣。世家豈在門第乎」八十五字。

著。讀者老守一經，不汲汲于榮利，或進而需次選人，不過冗員下吏，高者擢州縣長罷。❶至仲緘十世，始以科第顯，堵氏之業浸浸起矣。乃其家教獨以孝義聞。自樂耕公而後，❷若月川公棄産避地，彌敦諸父之好，沖宇公處約能甘，克養二人之志，代有令德，以迄于仲緘，堵氏之興，豈偶然乎？

今夫河，出自崑崙，其始不過濫觴，輒行地數千里，漸推以納衆流，而後極而放之海，有本故也。夫孝，德之本也，教之所由生也，故始于事親，中于事君，終于立身。仲緘其知本者與！水之爲道也，積而善下。惟積也，故始于濫觴，終而之海；惟善下也，故納百川而不盈，溉萬國而不涸，君子于此可以有志于學矣。仲緘廬墓一節，僅以補前日生事之缺憾，亦濫觴類也。積而大之，由事君而立身，則放而之海也。仲緘之學，亦既遡之有本矣。今而後，益務善下焉，吐納衆流至爲百谷王，所進寧有量乎？❸是編也，以之推揚祖德，質而文，詳而有體，而且大書特書，以昭勸戒，竊附《春秋》經傳之法，其用心可謂勤矣，然草創實自心瞻先生。先生于仲緘爲仲祖，偶讀其所著論，朂仲緘諸語，可以知其人，益以見堵氏之多賢也。仲緘諱錫胤，崇禎丁丑進士，今以南京户部主事督北新鈔關。

❶「罷」下，全書本有「其人尤往往磊落多建明，有當世名公卿所未敢問者」二十一字。

❷「後」下，全書本有「嗣服如一日，不忝萬石君家」十一字。

❸「乎」下，全書本有「如謂涓勺即全水，沾沾焉矜溝澮之盈，則亦溝澮焉耳，如本何？如本何？仲緘勉諸」三十二字。

張含宇先生遺稿序

予辱與孔時友，因知張氏有浮峰先生，文成高弟子也，已而又示予含宇先生遺言若干篇。正、嘉以還，文成倡良知之學，一反宋儒以來支離訓詁之習，入其門者，推流揚波，惟恐不盡，天下遂不復言朱氏學。獨浮峰先生惓惓于戒懼謹獨之説，❶至含宇先生則全以紫陽之家法格王門之異同，雖猶是浮峰遺旨，而語加峻切，剷益加嚴，其自許爲文成功臣亦逾甚。先生之言曰：「文成之良知已非孟氏之良知，而今日學者所言之良知益非文成所言之良知矣。」苦心哉！知心哉！又因文成以及前輩敬仲氏，駁辨不遺餘力，自擬孟氏之闢楊墨云。❷大抵象山之後不能無敬仲，文成之後不能無龍溪，蓋亦吾道盛衰離合之會與！而後之人必欲推尊兩家弟子以并叛其師，不盡決吾道之藩不止，❸則亦其師與有過與？宜先生之闓闢以諍也。先生篤信聖人，近于卜子夏，其言文成亦時有過者，終不可謂非文成功臣。惟是斯文未喪，賢聖代興，朱、陸、楊、王遞相承亦遞相勝，而猶不無互相得失，遞留不盡之見，以俟後之人，我知其未有涯涘也。後之君子有志于道者，盍爲之先去其勝心浮氣，而一一取衷于聖人之言，久之必有自得其在我者，又何朱、陸、

❶「説」下，全書本有「大都不離宋派，亦云獨契王門」十二字。

❷「云」下，全書本有「心之精神是謂聖，未嘗非孔子之言，而不可以是盡概孔子之言，故不得不取孔子之言。敬仲知不可以是盡概孔子之言，而一一操戈以相向，以自伸其一家之言。甚矣其無忌憚也」七十字。

❸「藩」下，全書本有「而歸之異」四字。

楊、王之足云？宗周生也晚，猶及奉先生顏色，坐間不輕發一言，而氣宇敦重，使人望而莫測其際。時予未知學，遂不及事先生，乃今始得讀先生遺書，如大璞未彫，渾乎質有其文，益以想見先生之爲人，深愧請事之晚矣。

陶石梁今是堂文集序

蓋會稽有二陶先生云。文簡公著名館閣，爲一代宗工，所著《歇菴集》行世久矣。介弟石梁先生，吏隱州郡間，聲光遠遜文簡，而懋實埒之，識者以擬正叔之于伯淳。既没，而所著《今是堂集》始出，于是海内漸得以窺先生學問文章，視文簡稱雙璧，而其人皆卓然可以傳後也。宗周辱交先生，相與切劘于文成致知堂近十年，因頗知先生梗概。今復得讀其遺文，慨然人琴之感，遂爲次而傳之。

今是堂者，先生取淵明《歸去來辭》以名讀書之所也，蓋先生自托遠裔，時時聞其風而悦之，晚更號柴桑老人。夫淵明在當時，不過酒人自命耳，間發爲詩文，大抵皆寄傲于酒，非有意于文也，而説者以爲晉朝無文章，惟《歸去》一辭，豈非以其真勝與？予最愛其《獨酌》篇，曰：「試酌百情遠，重觴忽忘天。天豈去此哉，任真無所先。」又曰：「形骸久已化，心在復何言。」淵明所見如是，宜先生有取爾也。乃先生一日讀《止酒》篇「吾今真止矣」之句而感焉，即以「真止」名其齋，且志曰：「淵明非真能止者。」若終致其不滿之意。夫淵明托喻于酒者也，先生又托喻于淵明者也，兩公之意不在酒，而在止不止之真，若合之，若離之，非必有所取舍也。

先生自少從文簡公，沉湛于性命之學，久之而有所得也。其于形骸事理之縛，洒如也；身世浮沉得失之遭，泛如也。嘗一命司理，報遷即自免以去，宛然彭澤在官之風。晚而吾黨始奉先生，登致知之堂，揭良知之説以示學者，嘗曰：「《大學》言致知，必先言知止，止在何處？」一時聞者汗下。

或疑先生學近禪。先生固不諱禪也，先生之于禪，政如淵明之于酒，托興在此而取喻在彼，凡以自得其所爲止者耳。❶先生終日言禪而不言禪，其得處往往見之詩文。興念所乘，自備諸體，❷別有語録，繫之《喃喃》，則尤其極口痛切，不落語言伎倆者。予嘗私論，以淵明之資，得聖人爲之依歸，便當躋諸淵、點，而淵明正不屑屑也。先生靈心映發，相遭于千載之下，獨于知止一著，猶自謂過之。知止，斯真止矣；真止，斯真聖矣。儒可不立，況于禪乎？先生他日謂學者曰：「儒釋理同，而爲教則異，吾輩衣儒衣，冠儒冠，自合遵儒教以稱于天下。」又曰：「知儒釋之所以分，始知儒釋之所以合。」信斯言也，可以觀先生矣。

《集》共若干卷，清真沖粹如其人，然予不敢作文字觀，而直推本于先生之所學，使讀者終不以文字求先生也。先生私謚文覺，故學者又稱文覺先生。

---

❶「耳」下，全書本有「止乎止乎！出入三際而無方，渾合萬靈而無體，上下古今而不疑往來，位置聖凡而不隔修悖，其惟良知之知致矣乎！則先生所爲禪者是乎！故」五十五字。

❷「體」下，全書本有「一種真機流露，動成妙契」十字。

重刻方正學先生遜志齋集序

方先生死事，距今二百五十年，而凛凛生氣，愈傳愈遠，尤恃有先生之遺言在也。《遜志齋集》若干卷，已盛行海内日久，獨吾浙寧海爲先生桑梓地，向無專刻，生于其里與宦于其里者，不無杞宋無徵之嘆，抑亦後人之責與？乃者盱江張君來令寧海，下車則首謁先生祠宇，慨焉嘆息。至欲讀其遺文，闕如也，因謀之所知姚江盧生。生偶從雲間市肆購得善本，歸以遺令君，乃亟付之梓。梓成，遂因盧生請序于予。

予不敏，竊嘗一再讀先生之書矣。先生以間出之資，上下千古，發爲文章，❶昭代之業，未有尊于先生者也。而先生非徒文而已，予將因是以窺先生之學。先是，先生教授蜀中，蜀獻王聘爲世子師，因表其讀書之廬曰正學，故後人遂稱正學先生。昔者孔子作《春秋》而亂臣賊子懼，《孟子》七篇蒙好辨之譏，而一時無父無君之禍息，蓋學術之邪正、世道之汙隆係之。此古之聖賢所以身冒天下之疑，至犯天下之大不韙而有所弗顧也。孔孟既没，禍亂相尋者千有餘載，而有宋諸賢始起掇葺微言，紹厥墜緒，然身遭中廢，皇綱未張，衰微至于勝國，而天下之亂極矣。天乃篤生高皇帝，奮起淮甸，撥亂世反之正。先生遂應運而生，自附于見知之列，❷淵源考亭，進溯洙泗。其著述之大，有《周禮辨正》、《大易考次》等

❶「章」下，全書本有「如昔人所謂周情孔思、日光月潔者，庶幾近之」十八字。

❷「列」下，全書本有「有不偶然者。先生自少以古聖賢自期，既而出自宋潛溪之門，頗得」二十六字。

書，皆佚不傳，而心術之微，幸寄此編。自箴、銘、雜著以往，想見其踐履之密，操持之固，願力之宏，與經術經世之富有，則先生之于道，已卓乎升堂而啓室矣。其處也非孔、孟不師，其出也非伊、周不任，世以爲程、朱復出，真程、朱復出也。❶乃先生抱此耿耿，方將次第見之行事，而不幸處鼎革之會，至以十族殉之，創古今未有之局，無乃忠而過者與！《易》曰：「大者過也。」又曰：「大過之時，大矣哉！獨立不懼，遯世無悶。」先生有焉。❷皇王而降，世不能治而不亂，亂不極不治；道不能通而不窮，窮則變而通且久。是故春秋有孔氏，而匹夫可以擅天子；昭代有先生，而一死可以填十族，其過而不過同也。然則《遜志》一編，其殆今日之麟經乎！❸

乃者，令君遂以先生之書還寧海，而盧生又爲先生創立年譜。自此，世有讀先生書者，孰非人臣？孰非人子？有爲者亦若是。此固人心之所以萬古不死也，而令君之有功于世道亦豈其微哉？盧生，志士也，從予遊，遂贊令君以有成，徵吾浙一時風尚，因書之簡端以歸。

別門人祝開美序

自聖人之學不講于後世，而士生其間，惟知有科舉之習，相與没溺于辭章聲利，人

❶「也」下，全書本有「故曰正學也」五字。

❷「焉」下，全書本有「過而大也，矯枉過正，所以中也，故曰正學也」十七字。

❸「乎」下，全書本有「説者曰：今天下内外紛擾，幹濟無資，臣子之報薄矣。安得起先生於九原而風厲之？雖然，先生至今不死也」四十一字。

欲肆而天理亡，極其流禍，所謂率獸食人、人將相食者。即其間不乏有志之士，慨然薄流俗之所爲，思有以自見，而錮習已深，群瞽相導，高者砥飭于行履，卑者矜勵于氣節，以質諸聖人之學，概乎其未有聞也。然古稱入道之資，自中行而外首録狂狷，則此其近之者與！卒聽其冥冥無聞，雖欲自邁于流俗而不能，抑亦吾黨之過也。

海寧祝子開美，與予素未相識。昨年以公車入都下，一日邊警告急，聖天子特開宏政門以來群策，時予方待罪中臺，偶言事不當，觸聖怒奪官，舉朝失色。開美奮起上書，争言甚切直，并觸聖怒，下部議。當是時，開美自分禍不測，幸聖天子終鑒草茅言無他，得不深罪，是年遂罷南宫試。若開美，非所稱當世有志之士乎！無何，開美肅禮來晤，予逡巡謝曰：「前日之舉，得無小過？」開美曰：「何哉？」曰：「意氣乎？聲名乎？」開美憮然，請益。予因進以遠且大者，而謂一節之士不足學。開美得之，復欣然。會時患未紓，開美益感激，欲上書掊擊一二用事大臣，予聞而亟挽之。既而開美亦終以予言爲然，不果行。予乃與開美買舟南下，相與昕夕對，而商所謂學問之道，于古人微言奥義無不灑焉，相視莫逆。而開美遂體驗于身心之際，氣日静，識日深，趣日恬以超。予自視弗逮，❶喜得開美晚，今而後，予將與開美坐進此道，如遵萬里程，歷羊腸九折，予則竊附老馬之識耳。

夫聖人之道，非辭章聲利之謂也，求其在我而已矣。淡漠不極，不可以通微；堅

❶「逮」下，全書本有「亦覺向者粗浮之姿，頗有鞭策」十二字。

忍不極，不可以定性。惟其入之也深，而後其擴之也大；得之也愈艱，而後守之也愈固。率是道也，以推之斯世斯民，直分内事，開美能無意乎？嗟乎！世道至今日，不忍言矣。將别，姑書此歸之，以志久要。

陳太母徐安人七十壽序代孫鑑湖座師作

予閲古女史，載婦人女子之芳烈詳矣，瑰意琦行，揭日月而動鬼神。至夷考其事，則遇變而顯者十居八九，如伯姬之焚，共姜之誓，孟母之三遷，何周旋患難之際，如此其亟也！幸而逮其夫若子，而又未必賢，則有《緑衣》之賦，不能感其夫，東海之智，不能保其子者，彼且藉夫子以成名，而身親其亡國敗家之禍，亦豈其得已者乎？故夫婦人女子而顯者，皆婦人女子之不幸也。世不乏履常蹈順稱賢女子者，事不越酒漿虀醢之間而已矣。身不踰閫以内，名不出巷里而遥，當是時，雖有操如姬、共，訓如鄒、孟，幽如《緑衣》，智如東海，亦卒無以表見于世，而徒以其夫若子，流景耀于當年，垂功名于來禩。人且曰：「此非獨其男子能也。」意必其交儆之德、聖善之令聞有不可誣者，則從而表其一二微事以當之。而天下後世亦遂從而稱豔之，斯其名亦已儉矣，而其人竟不可多得，何也？豈富貴而名湮滅者不可勝紀耶？史氏載梁鴻之婦，不過舉案齊眉一事，及二程之母，吕正獻公有申國夫人也，亦不過曰「馭家有禮」而已，意豈出姬、孟諸女子下哉？時乎？時乎？蹈常履順則然也，古之君子易地則皆然。然則士君子遭時遇主，不幸而以節義顯，爲龍逢、比干，幸而優游岳牧之烈，爲夔爲龍，無智名、無勇功，亦若是已。

吾越有門人大行君劉起東氏者，予辛丑禮闈所録士也。既辱交起東，知起東有母夫人賢，又知起東之姻家陳安人賢，夫人節行不愧姬、孟，可爲近世女範，予既熟聞之。若陳安人者，亦庶幾有舉案之風乎！予嘗徵安人之賢于起東也：「其爲婦道乎？」起東曰：「無有。」「其爲母道乎？」起東曰：「無有。」「其爲姑母之道乎？」起東曰：「無有。」「然則安人何以賢？」起東曰：「吾知安人之君子思石公及其父子間而已。思石公方以碩德典型爲鄉里所矜式，而其子若孫繩繩譽髦起也，以是歸安人之賢，可乎？」噫！其幸也。其不有其賢也，乃其所以爲賢也。求安人之賢而不可得，意者事不越酒漿虀醯之間而已矣。方且爲鴻婦，方且爲程母，爲吕夫人，君子曰：「二母同道。」夫道，時而已矣。時處其變，則伯姬、共、孟固得以顯九折不回之節而不爲過；時處其常，則德耀以饋食一小節，跨軼千古而不爲不及。斯二者皆道也，易地皆然者也。❶ 起東氏生而承母夫人之教，常志慕龍逢、比干之爲人也。一日登朝，即慷慨論天下事以去，去而倡道于稽山鏡水之間者，前後十五年，將終身焉。以視予潦倒風塵栖遲交戟之下，何啻塗炭而去之！而起東素不鄙予，且謬許予爲同心，豈出處語默之間，亦各有致乎？乃予則終不能無疑于起東者，以起東之學，居今之時，而不用于世，得無處德耀之任，而試共姜、姬、孟之道

❶「也」下，全書本有「或矯而託之，與溺而安之者，皆害道者也。可嘗可變，知微知彰，處仕止久速不失者，其惟君子乎」三十七字。

乎？請以質之安人，何如？于是起東聞予言而爽然失也。

會安人七十之辰，起東復走書京師，索一言以爲安人壽，遂次第其語而歸之，以侑三爵。安人固知道者，當必以予言爲善頌，且將進起東而告之曰：「明天子方恢宏堯舜之治，起東其可以仕矣。」

王母司馬氏六十壽序

日者王子朝式數從予論學也，曰：「學在求仁乎？」予告以克己之義。而王子以爲未盡也，曰：「學不識仁，無已可克；學苟識仁，亦無己可克。」予甚韙其言，似有見于伊洛之旨者，第恐其泛言識解，不免蹈虛。而王子方日有意于聖賢之學，靜參動證，無不以求仁爲事，迫欲識之也。一日，予迎謂之曰：「子識仁何狀？」王子則默無以應。❶夫家庭日用之間，問所與周旋者，非父子之親即兄弟之愛也，彼所爲一人之身也，而體之爲一與否不自知，況天地萬物之泛然而陳者乎？于是王子始知識仁之功不事遠求也。

一日，乘間請曰：「式不肖，見棄于先君子若而年，賴吾母之教以有今日。日者初度之辰，周一甲子矣。敢邀一言以爲壽。」予方謝不敏。既稍徵其世家，則曰：「母固嫡也，而式等三子又各一其母也，嫡撫之如出一體焉。式是以啣罔極之思。」予乃喟然而嘆曰：「若王母始可與語克己者

❶ 「王」上，全書本有「王子則舉手中扇一卷舒，曰：如此不大一體否？因縱推之天地萬物，亦復如是。雖然，遠矣，請言其近者。於家庭日用能隨處作如是見否」五十二字。

矣，信乎其能一體也。人孰無母？亦孰無子？然非其子弗子也，而王母獨否。其閔閔焉樹人，于君子爲廣嗣計也。如農夫之卜嘉種焉，既耕既植，卒收其穫，食其報。當是時，王母不自有己也，而惟以君子之心爲心，即衆母亦不自有己也，而惟以王母之心爲心。❶合而觀之，盎然仁也；默而識之，渾然仁也。然而向者問之王子，不知也。予將進而問王母，意母亦未知之乎？使知之，則其爲體也二而一矣。是故君子觀于此而可以識仁矣。《詩》云：『伐柯伐柯，其則不遠。』夫子誦之曰：『睨而視之，猶以爲遠。』王子之取則于家庭，可謂近矣。❷使王子果有意于斯，毅然以聖賢爲可學而至，他日幸有聞焉，人將曰：『此司馬夫人之教也。』則王子所以壽母氏于無窮者至矣，又奚事予言？」于是王子起而再拜稽首，曰：「是可以壽吾母。式不敏，其敢隕越明訓以遺母羞？」客有聞之者，請次第其語以侑觴，遂書之。

丁長孺元配吴夫人六十壽序

蓋予讀二《南》而知君子之德動有徵于婦人女子也。大者如《葛覃》、《樛木》、《采蘋》、《采蘩》，猶門以内事。若江湖魏闕之思，亦何與于婦人？而《汝墳》之詩曰：

❶ 下「心」下，全書本有「式乎式乎，其能以有己乎？一有己焉，亦何以全王母與衆母之心」二十五字。

❷ 「矣」下，全書本有「抑尤有近焉者乎？王子試反求諸己，無躐等、無欲速、無慕外而好高、無出入二氏而流於隱僻。久之，獨窺顔氏之奥，舉而措之，全體皆仁，識不足道也。以質向者伊洛之旨，王子以爲何如？於戲！聖賢之學不講於世久矣，學者稍涉唇吻，便以爲怪物，匿影相避」九十八字。

「魴魚赬尾，王室如燬。雖則如燬，父母孔邇。」則其所以感之者不益遠乎！于以見周人之化行于士大夫間，如此其深且摯也。及夫《北門》之刺作，而室家之累殷。君子曰：「士而爲室家累，亦其忠不足也。」故詩人又刺之曰：「謂爾遷于王都，曰予未有室家。」王教既衰，士不明致身之義，往往以全軀保妻子爲得計。方其無事，則紆朱曳紫，戀戀不能釋；一朝患失，計無所之，不難以君父爲貨，又何論疾風板蕩之日乎哉！是皆爲妻子之故，遂乃掩冉以至此也。

若吾友慎所先生，可謂卓爾不群者矣。先生通籍四十年，前後服官僅以月計，輒爲國家陳治亂消長之機。所摘發大姦，爭起欲殺之，竟以黨人廢。先生視諸君子爲前茅，識最微，力最勁，而得禍最淺，疑亦有天幸。使先生在今日，其肯讓諸君子先赴清流耶？蓋先生忠義之性，平生無一念不在天下，不知何者爲身家計，雖其妻子信之。予于是知先生之配吴夫人，亦有丈夫概焉。❶先生難于一起，終身無一命，逮夫人縞衣椎髻，雅稱鴻妻，使夫人稍艷世態，必不免交謫之聲。夫乃知先生之高，夫人實有以相之，而庶幾相與以有成也。❷夫人爲大司寇吴公之孫，既歸先生，爲婦數十年矣。富能儉，貴能勤，慈不弛衆子，孝不匱尊嫜，而上舉詩人所稱閫教者，蓋莫不備焉。而吾黨之頌夫人，顧在此而不在彼。

❶「焉」下，全書本有「他不具論，憶吾儕晚年一出，余嘗卜之梁溪，梁溪曰：試博封章，了俗緣，何如？余得之，呀然自失。梁溪雖權論，亦率至情。先生獨遠人情乎」五十二字。

❷「也」下，全書本有「計先生高名德行，且與首陽争高，其爲先生妻又何榮焉！而羨彼翟茀，其能爲先生妻者，乃其能爲夫人者，鶴鶴子和，詎不宜然」五十字。

抑有以知夫人之深，而非可令一二流俗見也。

崇禎春王正月八日，夫人届懸帨之辰，諸生辱游先生者，謀舉觴爲夫人壽，且托陳生年徵言于予。予方病，謝不敏。念夫人素曉大義，有《汝墳》之思，即先生往矣，煢煢老嫠，心惟國難而不恤其緯，而不見聖天子一日握乾符而御世乎？意者王化復行，立洗如焚之痛，俾我得歌孔邇，是可以報先生矣。夫人得之，而喜可知也。予乃慨然進南山之祝，以爲夫人壽，而追述其説如此。

族叔原鑑翁七十壽序

予族父鑑翁之尹貴邑也踰年，而年七十矣，因自引謝事。上官素賢翁，持之不爲下。或曰：「禮，大夫七十而致政，不獲，則賜之以几杖。況在下僚，宜若無可自遂者。」翁曰：「士固有志，始吾佔畢而事諸生，自謂鬚眉男子耳。一日屈首簿書，氣懾于伏櫪之餘，而力殫于搏顙頓膝之下，雖有區區之心，無所用之矣。」竟去官，聞者嗟異。近世縣佐引年，自翁始也。始翁以茂才高第入太學，與其伯氏虞初聲價相頡頏。既伯氏得雋去，而翁獨蠖落諸生間，日久，亦需次天官選矣。會太夫人年高，方促伯氏以禄養，綰百里之符，至歲久不得歸覲。翁乃依依子舍，爲嬰兒娱者十年，而翁乃皤然老矣。虞初翁數移書勸之仕，翁謝曰：「寧陳李情，不絶温裾。」其後太夫人執翁手而訣曰：「爾獨吾子。」虞初翁亦歸勞翁曰：「吾負爾兄。」翁得之而愈自傷也，至此遂無棒檄之情矣。黽勉一出，廉謹自持，民以事庭謁者，煦煦慰諭，徐理其曲直以去，終不加箠楚，邑人戴之，以是爲當道所知云。

古之君子，出則龍見，處則鴻冥，其就也，千駟萬鍾有所不必避；而其去也，一介有所不能奪，惟其道故也。是故見利而忘親，非孝也；志不行而苟禄，非忠也；諂事上官，非禮也；老行不休，恥也；禦人于國而驕語鄉邦，賊也。數者皆道所不許，而今之君子未嘗過而問焉。即王公貴人能以其功名勢利震耀一世，而往往不能慊志于隱約，其賢者或依附爲名高，非初終易節，則纖鉅見情，以視我翁，何如也？則翁之所挾以爲重者可知矣。翁其古之有道仁人與！

翁歸又閲歲，初度之辰，族之父兄子弟競爲翁舉古稀觴，且繪圖以獻，喜翁之歸隱鑑水之原也，而命宗周爲之志其勝。宗周唯唯，遂書以侑觴，且系之以歌。歌曰：「鑑之源，在南山之巔，厥流滿澗，白雲滿天，樂子之寤言。」又歌曰：「鑑之水，在南山之涘，流泉如斐，白雲如綺，樂子之來止。」于是群從子又和而歌曰：「山之高矣，維德之植。源之遠矣，維慶之積。其德維何？憲憲令聞。其慶維何？福履千億。」

按察司副使累贈資政大夫太子少保兵部尚書烏石吴公家廟記

予讀子輿氏言商周之際，以故家遺俗、流風善政徵代興之不易，則喟然嘆曰：「甚矣！家國之相依以有立也。」昔先王代天理物，首以封建制天下，大者開國爲諸侯，其次承家爲卿大夫，世食采地，家國並建，則稱屏翰焉。若諸侯之别子不得祖諸侯，則身自爲宗，以統族人，死而立之廟，世世别爲大宗，諸小宗不得而擬也，是爲宗法。亦通行于卿大夫及士庶人。先正有言曰：「宗法立則公卿各保其家，忠義立而朝廷固。」又曰：「宗子法壞則人不知所本，往往親未絶而不相識，甚者父兄不能率子弟。」蓋宗法如此其重也，故先王行之，與封建相表裏。世之降也，封建廢而天下無善治，宗法亡而天下無世家久矣。代不乏名卿碩輔，應運而起，猶得列五等之封，食租衣税，而建制既殊，又或扞以文網，及身而廢，或及子孫一再傳而廢。若房、杜之僅立門户者何限？所謂宗法壞而世業輕，忠義不立故也。晉王、謝氏頗稱世家，徒以風流敗俗，千古嗤之。下此則一二微俗，僅表風義而已，在唐爲張氏，在宋爲陳氏，在我明爲鄭氏，亦咸垂聲當世焉。

吾越故仕國也，而州山之吴最著，相傳出于延陵。唐徵士文簡先生始卜居州山，宋、元間子孫散處不一，而慎直公復自蕭山長山里遷州山，爲皇明吴氏鼻祖。慎直公傳四葉而吴世益大。隆、萬間，大司馬環州公秉鉞七鎮，宣聖天子德威政教之略，國家于今賴之，後復以擒王功，世禄錦衣千户侯，海内列爲世家。乃吴自文簡先生以箕、光之節避地鄉居，擅勝山水，其流風餘韵猶足振起苗裔，及數十世之遠。若質庵公之偉義，雲窩公之素風，細山公之孤忠，烏石公之純孝，州東公之理學，長谷公之風雅，咸足冠冕人倫，不愧祖德。以是刑于有家，日討其子姓而訓之，與子言孝，與臣言忠，慮無不蒸蒸雅化，式穀似之者。予嘗聞之長老言，吴世有家法，以宗老一人董家政，又立宗理二人以懲不法，子孫有犯，則告廟伐鼓而杖之，俟其悛也，不悛則不齒于宗，死而不入于廟，非有大故，終不致于官。至爲邑長吏所詫，曰：「他家有官法，吴氏獨有家法。」里中至今稱之。率是道也，以保宗祊，世世弗壞，歷唐、宋迄今，州山之墟若建國然。世資忠義以奬王室，勳在盟府，宜矣。先是，吴大小宗各有祠，僅備士庶禮。至憲副烏石公以孫貴，進爵孤卿，制得視古之卿大夫，而公固大宗子也。于是環州公從致政之暇，創烏石公家廟，準大夫而三楹，由烏石公上逮始祖爲一廟，旁逮宗子之昆弟爲一廟，下逮諸子諸孫爲一廟，而一切提以宗法云。上逮祖宗以訓孝也，旁逮昆弟以訓弟也，下逮子孫以訓慈也，孝弟慈立，而家道備矣。蓋三代以後，宗法已湮數千年于兹，而吴氏乃得修明其緒，與浦江之鄭掩暎後先。會國家運際休隆，規隨三五之業，思得故家遺俗以風海内，將必以二氏爲權輿。

吾于是有感于先王之禮，雖不盡行于後世，而猶得行之一家一鄉之近，以爲轉移風尚之機。倘由此而遂行之天下，將三代之治旦暮遇之。而惜其竟以一家一鄉止也，則亦當世君子之過也。廟成于萬曆癸巳，向未有記，裔孫有鼎，博雅士，常修吴氏世家言，思以亢宗甚鋭，懼宗法之既久而斁也，因徵記于予。予乃本其大者而志之，以示後之人，且以風天下，于是乎書。

重修紹興府儒學記

越郡學宫，其來舊矣，累經先朝鼎輯以迄于兹。而頹圮日甚，當事者或掉臂過焉。崇禎之癸未，郡太守于公還自覲，會時艱孔亟，寇賊交訌，所至郡國騷然。公既竭蹶爲征繕計，而且進謀其大者，于是始有事于學宫。自寢殿以往及稽古閣，則廟享禮器，若簠簋、勺幕、琴瑟、匏敔之所藏也；次明倫堂，爲官司設教地也；次敬一亭，肅皇帝御製箴碑建焉；終以齋房，翼明倫而左右者四，皆士子肄業地也。于是墜者起之，朽者飭之，污且剥者丹鉛刻畫之，經始于癸未之九月，越明年甲申二月落成。爲費頗不貲，而公率取之俸餘，不以累公帑。于是廟貌儼如，堂廡廓如，拱衛周垣，或輪或奂，而向之鞠爲茂草而不可問者，悉還舊觀。

役既竣，王子兆修暨予族子世鶚輩爲不可無記也，過而請之宗周，宗周謝不敏。姑進兆修等而告之曰：「諸子亦知公所以興學之意乎？世道之壞也，人心受其病，而人心之病，首中于學術，請試以肅皇帝敬一之説質之。人皆有是心也，克念焉而聖，罔念焉而狂，則天理人欲貞勝之幾也。心本一也，而人欲二之，必也主敬乎！惟敬故一，一則誠，誠則聖，故曰『敬者，聖學始終之要』，又曰『聖學一爲要』，申之曰無欲，其旨嚴矣。伊、洛之教衰，而後儒進之以良知，直指本心，爲敬字提宗，視古人無異旨也。乃後之學者，一訛以情識則認賊作子，既不諱言人欲；再訛以性空則認子作賊，尤不喜言天理。于是誠敬之説爲世大禁，浸假而以良知授之佛氏矣。佛氏之説昌，即良知亦所厭聞，而吾道竟爲天下蝕，是率天下而窮且盜也。浸淫既久，安得無今日之禍？昔孟子闢楊、墨，比之洪水猛獸，而曰：『我亦欲正人心。』佛、老之禍甚于楊、墨，自古而然，况後世乎！識者以爲莫若救之以敬也。煌煌聖謨，炳若日星，得是説而存之，爲伊洛發蒙，爲姚江救弊，推之斯世斯民，猶掇之也。」公聞之曰：「其然哉！請自越士始。」宗周遂次第其語以授兆修，俾登之石。公諱穎，字穎長，直隸金壇人。其治越，廉明多惠政，爲一時良二千石冠，雅志理學，嘗著《公餘録》行世，此其經濟所自云。董役者，兆修世鶤也。

劉氏義田小記

昔孔門論仁，以博施濟衆爲猶病，而僅取足于欲立欲達之心，循其本也。天下無心外之學，亦無心外之事功，徒取必于事功而愈馳愈遠，立匱之術也。古之君子若文正范公，既以其道大行于天下矣，其未盡者又以行之家，爲贍族之惠，曰義田，無亦博濟類乎？君子曰：「其義則美矣，而其仁轉病。」夫學不識仁而從事于義，并其義病也。義也者，行吾仁而宜之者也。日者予宗有事于祠田，族之人鐻金而成之，得二百金，予因謀之先方伯公，量節其餘者以爲贍族貲，于是有義田權輿之説。迄今不十年，積貲十倍，遂得置田若干畝。又以其暇經營十世之堂，搆及中廢軍田，次第告竣，而予之心悴矣。成法具在，後之人循而行之，又遲之十年二十年，其于文正之田猶掇之耳。不見世之爲撲滿者乎？銖銖而儲之，及其久也，積而散之，其力大饒。吾宗之爲義田也，何以異于是？裒前之多而益後之寡，挹此之有餘而注彼之不足，方且恢世世以爲藏，聚千百人以爲生，濬不涸以爲源，資善貸以爲息，而并忘施報以爲利濟，美哉義乎！轉覺文正之猶沾沾矣。若宗周僅有是心，不患無是事，亦不必遂有是事。宗周慕義而不遑，將學仁焉。夫仁者，己欲立而立人，己欲達而達人，人皆有是心也。吾求諸心而知天地萬物之無非己也，其于家猶一指也。因姑爲之記，以示來者。

貞烈祠碑記

越郡城之東北隅筆飛里中，有祠曰貞烈，以祠故王貞女、沈烈婦，而創于天啓三年。時有里人張宇侗者，與貞女同里，繼感烈婦事，因念此兩人節行魁奇，足裨風教，于是具牒上鹺臺使者，請給以專祠。即報可，立成之。故其役亟而制儉，内外兩楹，左穿一門，限以土垣。其地割之官，舊爲織染局廢基，僻處委巷中，未足肅通都大市之觀聽，而兩人貞魂烈爽，亦足憑依，垂不朽矣。祠成，里人伏臘如禮，一時麗牲之石未備也，迄今數十年。而吾友宇侗出其所著兩人傳示予，因乞言于予，又鏤金礱石以供事，予乃得載筆從之。

謹按，王貞女者，三江所人。父子清，生而慧，讀書一過目成誦，輒解大義。幼字郡城劉某，已劉客于燕，私一外婦，十餘年不歸，竟死于燕。貞女時年三十矣，父母議再聘，不可。會劉有母，瞽且無別子，遂歸劉依姑。家貧拮据，紡績養姑。七年而姑死，又營葬其姑，獨居守墓者數年。忽微疾而逝，時方仲夏，尸香徹數里。縣令巴蜀楊公楷聞之，親往祭之。生卒未詳。按，楊以萬曆丁酉任山陰，滿六載始去，貞女之卒，殆其時乎？

沈烈婦者，郡城之萬安里人。幼從其父旅京師，字林大茂爲繼室，年二十四而林没，無子。林固蕩子，嘗吏于宛平，日事樗蒲六鞠，罄其家，至不能爲生，烈婦安之。

既稍稍改行，垂没，念其婦勢不獨生也，而託之婦兄。婦輒以死誓，盡鬻其衣飾器具，制二棺以待。有一婢一僕，並檢身券還之，曰：「俟吾柩出，寧爾家可也。」比殮林畢，即絶食跪坐于柩旁，積十四日乃絶。發其坐下，苫簀盡赤。長安士人聞而異之，來赴弔者及操文而祭者，累日不絶。司城御史上其事于朝，旌之，時萬曆癸丑秋日也，去貞女死可十餘年。一方清淑之氣，特鍾之閨閣，表異如是，宜生同里，死同德，没而同享千秋之祀也。

或疑詩人之賦《栢舟》也，有母不諒而矢死，未聞必以死爲義。即江漢游女不可求思，寧必終身不偶，廢人道之大經？而兩人計不出此，無乃苦節艱貞乎？予請得而尚論之。昔者遜國之際，方、練諸臣九死不顧，十族不以易一臠，説者以爲猶有屈子之過焉。乃至金川一卒，終其身不受聘以死，曰：「吾仕不難，恐負往日城門一慟。」此其人固未嘗有君臣之分也。至此乃見所謂無逃之義者，則其于屈子又何疑乎？貞女稱婦于平生不識面之人，而卒養姑以全孝，其有金川之風乎！烈婦立槁屍側，視方、練有餘烈，此二人者，一從容而展義，一慷慨以捐軀，易地皆然，均之與天壤俱敝者也。嗚呼！世有委贄稱臣，至君危不能持，國亡不能死，視烈婦可以愧死矣；世有士而寡廉鮮恥，甘爲鑽穴踰垣之行而不顧，視貞女可以愧死矣。敬書之，以詔吾鄉之爲學士大夫，庶幾有所觀感而起也，則亦宇侗諸君子志也。

重修古小學記附從祀論

越郡之有古小學也，昉自前太守洪西淙公珠，以祀寓賢宋大儒尹和靖先生云。先是，嘉靖中有詔許天下各建社學，公遂毁郡中淫祠，即其址建學，大集士子絃誦其中，而重師模于和靖，遵時亦憲古也。其制，前爲臺門，進之即和靖先生饗堂，左一楹曰義路，右一楹曰禮門，分二門而入爲養正堂，爲游藝所，左右各列號房，繚以周垣，仍餘隙地。落成者，嘉靖九年庚寅。都御史姚公鏌爲之記，讀其辭，想見一時風規之盛。歷隆、萬以來，師徒罕聚，學舍盡圮，尹先生遺像退移之游藝所，敗楹且爲風雨所剥落，其隙地亦多分割之居民，不可問矣。天啓甲子，宗周言之前撫王公，遂下檄山陰令馬公鼎新之，且首捐俸鍰爲各屬倡。無何，逆璫忠賢亂政，詔毁天下書院，禁師徒之講學者，用是，工未半而告寢。迨今上御極，四年辛未，郡諸生復具狀上臺。時太守黄公欣然任之，爲經理公費。諸大夫後先在事，暨前學臺劉公、今令君汪公、會稽周公，咸有同心，次第建各堂廡如舊制，距今歲庚辰，通計前後十七載而告成。于是吾儕士大夫暨二三子衿，歲時有聚講其地者，而風規已不逮西淙公時遠甚。

宗周退而有感焉。世道之升降，學術之古今係之。古人之學，先王所爲陳之庠、序、學、校之間者，蘄以至乎聖人之道也。小學以始之，大學以終之，其序也有要，其爲道則一也。《曲禮》曰：「無不敬。」即小學立心法也，而大學則惓惓于慎獨，故曰：「敬者，聖學始終之要。」善學者，終身于小學而已矣。自小學之教不明于後世，而本心先病，言大學者一變爲辭章聲利，家塾之地，父兄師友之所詔語，不過曰「取科第耳」，「博金紫，飽妻孥耳」，其爲世道之交喪可知也。❶尹先生學聖人之學者，其言以主敬爲要，尤得古人心法，推之出處去就之際，風義凛然，學者推程氏正宗。晚而幸以桑梓惠吾越，越之人始與聞大道之要。自此，名世大儒有相望而起者，則亦先生之力也。❷三王之祭川也，先河而後海，越於先生亦河也。祀之于小學之中，訓小學將以明大學也。學古之學，契聖之真，以挽回今日之世道，抑亦吾黨小子之責也。

王公諱洽，山東人；劉公諱鏻長，福建人；黄公諱炯，河南人；馬公諱如蛟，和州人；汪公諱元兆，婺源人；周公諱燦，吴江人。其他與襄厥事，皆見别狀。監督工程則沈生應位，張生元迪，吕生孚，王生毓蓍，相繼爲政。先生舊像仍處游藝，祔以西淙公，而新設木主于饗堂，從太學制也。

吾越固不乏理學之儒祀瞽宗者，惟是小學之制，尤稱特典。有專祀則有從祀，並得視大學。乃小學以尹先生爲宗，則生于先生之前者，法不得與矣。其生于先生之後者，惟陽明先生爲再起儒宗，崇奉已有專祀，自此學者多言王氏學，其著者從祀王氏。自王氏以前四百年間，

❶「也」下，全書本有「當是時，人欲肆而天理滅，邪説昌而暴行興，致講學反爲大禁，禍亂相尋，千古一轍，又何怪聲氣奄奄有今日乎」四十三字。

❷「則亦先生之力也」，全書本作「然古學之不能不降而今也。滔滔之勢，所在而是矣，吾欲正告之以聖賢之學，而不吾信也。請從小學始，學之爲灑埽應對進退之節焉，亦曰敬而已矣。夫聖人之道又何以加於此乎？而區區辭章聲利是問乎」八十字。

最著者凡得四先生；石先生鏊，羽翼斯文，參講大儒之席；俞先生淅，發明理學，進窺《中庸》之旨；韓先生性，當元世而隱遯不仕，克全介石之貞；潘先生府，際治朝而昌明倫紀，永垂孝治之極。皆不愧尹先生門牆，卓卓乎百世師也！然四百年間，而裒舉僅四先生，法綦嚴矣，尚俟後之君子詳加論定而續補焉。

鳳山葬記

孤宗周生而不幸，夙遘閔凶。先君子既捐館，則先大父家赤貧，不克葬，舉殯于邑西村梁枋之原，祔曾王父母殯側。越二十餘年，即丁先慈憂，聞訃奔喪。是冬卜地，得會稽第十九都下蔣村水田一片，或曰吉，遂啓我先君子殯合葬焉。然蔣村既係水田，風氣不完，頗切五患之慮，誓另卜吉壤爲改葬計。以故，其葬也，纍然抔土而已。❶宗周痛念生不見父，仕不逮母，既區區一抔土且不能爲長久計，❷何以生爲？坐是鬱悒，漸攖羸疾，前後廢處田間三十餘年，無日不以先人大事爲念。歲時浪跡溪山，不問風雨晦明，惟飢與病搆則暫輟，心欲腐矣，竟未有遇也。先是，崇禎七年甲戌，親友中多勸孤罷此役者，謂：「蔣村未嘗不吉，且葬久矣，可奈何？」孤喟然太息而聽之。其冬始有修墓之役，因起土加封，遶以石砌，闢明堂可令流水，稍成規制。業已付之成事矣，獨乃心抱痛不解也。

丙子，喪我淑人，又卜地，久之無所遇。

❶「抔」，原作「坏」，據全書本改。
❷「抔」，原作「坏」，據全書本改。

越戊寅春，子壻陳生剛與姚大理家有墓地，界址相嫌，兩家皆求直于孤，因邀孤上城南之乾溪里，一爲閲視平解之。事竣言歸，行次，孤偶念卜地之難，悵怏不已。剛進曰：「去此不遠，有一地可擇也。」孤欣然親往，同行者門人吕信夫及江右徐體乾，皆工堪輿家言者也。遂自乾溪踰野狐嶺，至會稽卅一都裘村之鳳山，而剛爲指其處。孤環顧良久，曰：「樂哉，斯邱乎！」剛曰：「果爾。」壻力能任之，以葬外母。」孤遜謝，剛乃别去。孤與徐、吕二生出宿于近里東嶽祠。詰旦，二生再上鳳山探其巔，遡其所自，還報曰：「果吉壤也。」乃買舟歸。頃之，壻剛遂得間而引鳳山業主裘應聘者，立券交價訖，伊叔裘大琦知之，訟之官。又增價付大琦，大琦亦無言。其冬，孤拜壻之德，姑任徐、吕二生往開壙，以葬我淑人。有日矣，比報壙中土頗佳，孤心動曰：「幸哉有此！豈先人有靈，天賜之土乎？」孤乃計決改葬我二人。無何，有張氏之訟。先是，張大理家亦嘗卜地于裘而得之，與予界相聯，因謂裘盜賣其地，其事絶不然。相持久之，孤終不出一詞，而大理公乃感悟，竟聽裘氏贖故地而止。孤遂以冬十二月十有八日，啓我二人蔣村之藏，迎至鳳山窆焉。

方蔣村既啓，亦絶無蟻水之患，先慈一柩，幾四十年而完好如故。惟先君子歷年愈久，則其柩不可舉矣，乃易殮，孤得親捧先君子遺蜕，進之冠服，慟欲絶。既改葬，人多咎孤妄動者，孤又時時慟欲絶。而識者終以新宫爲吉，但倉卒舉事，葬未合法則有之矣，孤問之，曰：「坎太深，虞水。」孤又時時慟欲絶。既而人言籍籍如是，孤因謀之門人張惠侯，又卜改葬。

越庚辰秋八月朔，惠侯以著決，得巽之蠱，其繇曰：「先庚三日，後庚三日，神告之矣。」遂擇今年辛巳三月初六日破土，而以初九日啓玄宮。先穿一磚，秉燭入，見槨四圍及頂垂垂結水珠，大小不等，其色白，識者曰：「氣所成也。氣旺，故聚而成顆，積久不散。不下注，吉兆也。」然以手探之，絶無煖氣，周棺皆水珠，而棺底反乾。孤方徬徨間，惠侯又詳審槨内濡潤狀，曰：「陰氣太重，改葬無疑也。」遂起柩穴前，即故穴而退前者尺許，捱右者二尺七寸許，起基一尺五寸，蓋輾轉更端而定焉。會中表沈中一來弔，亦贊決。遂以十有四日巳時下窆，次第築三和加封，其兆處山麓上下間，坐戌向辰，兼辛乙三之一分，金曰庚寅庚申。故老相傳，其地爲丹鳳啣書，蓋取主山秀竦如鳳形，而右臂環抱有啣書之象也。其近穴左右各小沙二重，狀如眠弓，又重沙疊出，障其下水如舞袖，其南來若耶大溪自右過，左環穴前如帶。其隔溪，前向爲日鑄諸山，高下重疊如鋪錦其下，諸小山遞趨而北，遶過穴左，以障大溪。則山與溪重重交織，入其中者，東西南北，使人不知來去，如迷桃花源，爲若耶最勝處。説者謂于堪輿家種種合法，我二人久圖，庶幾在此乎？則不肖孤宗周自此可以死矣。事既竣，宗周告我二人曰：「生六十四年而始葬吾親，此生何苦！死六十四年而重見吾親，吾生猶幸！」傷哉！情見乎辭也。

先君子别號秦臺，蓋世家郡城樓頭，南見秦望如臺云。及今先君子埋玉鳳山，其來脉分自秦山，而秦山仍暗拱于肩，左右如列戟，頗增形勝，則别號殆預爲兆焉。惟是宗周奉二親不誠不信，數遺播遷之慘，魂魄靡寧，通天之罪，若何可言！倘先人從此保有寧宇，得免一切不可知之慮，以垂之千萬年，而宗周洵可以死矣。鳳山之得名也，其鄉本名鳳林，相傳神禹會計至此，受圖籙，有鳳凰來儀，啣書之説或本諸此。去鳳山十餘里而北，即禹穴也。嗚呼！先君子何幸，得託體其鄉，冀佳山佳水與古人同不朽，則先君子亦同不朽！一日，友人張自菴顧而弔之，因爲之題其華表曰「丹山起鳳」，陰面曰「秦峰符瑞」，宗周又涕不自勝。

陳剛字小集，邑諸生，孤長女于歸五年而夭，剛眷眷伉儷，推恩如此類者不一。張惠侯諱元迪，邑諸生，久從孤問學，周旋草土中，依依不置，並推高誼。吕生信夫諱孚，亦佳士，今已故。

聞魏廓園諸君子被逮記事

廓園者，故吏科都給事中大中也。清貞孤介，舊遊高景逸先生之門，一時師友立朝，與太宰趙儕鶴先生同心許國，有攬轡澄清之思，群小人怨之入骨。去年夏，太宰破例用鄒維璉爲銓曹，廓園諸君子實主之。小人遂乘釁起，奈維璉賢者，索之無所得，于是省中傅櫆力糾廓園及僉院左光斗，不當與史館中書汪文言往來結黨，專權亂政，亦暗指維璉事，而汪文言往來實無左驗，中旨處汪廷杖去，二君子在位如故。而小人與中璫魏忠賢表裏日甚，諸君子惴惴不免矣。于是副院楊大洪璉列魏璫二十四大罪，昌言于朝，廓園諸君子繼之，薄海内外以手加額，謂君側且清，太平指日。而璫寵彌固，降中旨切責漣，謂爲汪文言報讐，璫勢益張。杖主事萬璟至死，逐御史林汝翥，圍首輔葉向高宅，迫之去，且洶洶及部院矣。會山西缺撫臣，小人私薦郭尚友，而太宰不聽，用賢者謝應祥。御史陳九疇糾應祥不可用，坐部院阿黨。廓園與選郎夏嘉遇各疏辨，廓園且言「于應祥爲師友，素知其賢狀」。得旨，大中不應私座主，與陳夏並落職三級去。已而，部院趙、高二先生皆自劾理魏大中、夏嘉遇枉狀，亦奉嚴旨去。

于是小人群起而攻君子無虛日，首設道學之禁，追奪鄒元標等官，毁京師首善書院，碎其碑，仍毁天下各處書院，理張差之獄，奪王之寀官，還鄭養性于京師，定移宮罪案，借事奪楊、左二君子官，復賈繼春御史，尋超擢陳九疇京堂。而小人與中璫之怒未解也，復逮汪文言至京逼供，楊、左、魏及河南道御史袁化中、故給事中周朝瑞、故刑部郎顧大章六人各受監，犯官楊鎬、熊廷弼等重賄爲之脱死，及趙太宰以下鬻爵交通狀，又立殺文言滅其口。乃分遣緹騎逮六人詔獄，至則下錦衣，五日一訊，備極楚慘，六君子遂以七月廿九日後先身死，仍下詔暴六人罪狀，轉行各省撫、按，提家屬追贓。趙太宰以下，行、撫、按追贓者十五人，坐黨人而奪官追誥、養馬當差者百餘人，天下震駭。

六君子者，廓園于宗周爲同鄉，稱同志友。楊大洪舊以給諫去官，宗周嘗薦及之，及宗周去官，左浮邱躬來挽，而袁熙宇復薦于去後，皆有千古之誼焉。惟周、顧二公未識面。茫茫天壤，呼搶無從，靦然視息，終無如諸君子何矣！痛哉！痛哉！汪文言者，故奄王安門下客，嘗遊劉是庵相公及諸正人之門，安敗，文言亦爲人連及，擬城旦，後事白，輸粟入監，以諸正人力題中書，故樾論及之。楊、熊之獄，群小人皆欲脱鎬死罪，而廓園力糾之，至以孤身受衆嗾不顧，而事始定；至廷弼失事，諸正人頗欲寬廷弼死罪，而廓園力持之，至首倡公疏以授刑科糾正之，而事亦定。乃昔之脱鎬者，皆聯翩用事而反誣廓園以賄；今之借廷弼以傾正人者，皆用事爲大官而并誣廓園以受賄。亘古以還，未有如廓園之冤者也。六君子既死，邏者告廷弼謀叛，立斬西市，傳首九邊。鎬獨不死。嗚呼！鎬何幸，而諸君子一何不幸耶？天王聖明，臣罪當誅，自古而然，予亦何恫乎諸君子？尚冀皇天后土，二祖十宗之靈，赫赫鑒之。

劉蕺山先生集卷十八

箴　說

學戒四箴

人生大戒，酒色財氣四者。予問學有年，日嘗從事于斯而未之有得，將終身擾擾已乎？爰不憚與諸生發憤讀書，共究大業，時相交儆，遂勒成箴言數則。深切觀省，用以警厲諸生，庶幾爲改過遷善之地云耳。

酒　箴

翼翼聖修，靖恭朝夕。豢口維旨，曰疎儀狄。一獻之禮，百拜終席。賓主孔嘉，令儀令色。傲述竹林，五斗一石。匪疚厥躬，亦沉神室。矧予小子，三爵不識。謔浪笑傲，百爾罔極。爲貪爲嗔，或爲淫慝。絶囮去媒，登先殺賊。玄水在御，齋明有赫。懿哉初筵，衛武之德。

色　箴

莫毒匪鴆，莫威匪虎。誰謂衽席，而憑斯侮。螓首蛾眉，伐性之斧。豈無傾城，鑒于往古。克己先難，如狂如蠱。有儼者思，于所不睹。❶夙興夜寐，神明爲伍。寡之又寡，以至于無。叶舞 非曰尊生，葆兹靈府。勇埒上蔡，識超忠武。學聖之和，男子系魯。禮義廉恥，永言配祜。

財箴

茫茫千古，一關天塹。曰義與利，壯夫色痁。不有呼蹴，曷徵本念。餓死事小，失節甚玷。毋曰暮夜，鬼神所闞。凡若穿窬，語鉤默餂。擴而充之，作聖之漸。苦節惟貞，奢也寧儉。原憲敝幃，黔婁薄殮。亦有童子，不因人焰。勗哉先民，夙夜無忝。我心匪石，孰可以砭？

氣箴

浩然之氣，與天地調。蹶而趨之，其焚如燎。裂眦指髮，或呼歊歊。日食彗竟，雹擊風飈。上天徵咎，于人曰妖。妖德之乘，厥心孔囂。辟彼攻疾，不于其標。君子至止，握符斗杓。静觀氣象，動直以擾。叶饒 擴兮證性，法在日消。有所忿懥，曾不崇朝。膂絶推山，强哉其矯。叶驕

自勗箴

客有目我以狷者，又有目我以狂者，因撫然而自命曰：似狂非狂，似狷非狷。二

❶「于」，全書本作「心」。

者之間，亦中亦愿。夫夫也，殆有志于道而實無所踐，不免自囿于鄉人，碌碌浮沉，去禽獸之一間者耶？噫！可不勉與。

獨箴

聖學本心，惟心本天。維玄維默，體乎太虛。因所不見，是名曰獨。獨本無知，因物有知。物體于知，好惡立焉。好惡一機，藏于至静。感物而動，七情著焉。自身而家，自家而國，國而天下，慶賞刑威。惟所措焉，是爲心量。其大無外，故名曰天。天命何命，❶即吾獨知。一氣流行，分陰分陽。運爲四氣，性體乃朕。率爲五常，殊爲萬事。反乎獨知，獨知常知。全體俱知，本無明暗。常止則明，紛馳乃暗。故曰闇章，的然日亡。君子知之，凛乎淵冰。于所不睹，于所不聞。日夕兢兢，道念乃凝。萬法歸一，不盈此名。❷配天塞地，盡性至命。此知無始，是爲原始。此知無終，是爲反終。死生之説，晝夜之常。吾生與生，吾死與死。夷彼萬形，非我得私。猥云不死，狂馳何異。

尋樂説

先儒每令學者尋孔顔樂處，所樂何事？或曰「樂貧」，貧無可樂也。或曰「樂道」，樂道不足以盡顔子，而況仲尼乎？畢竟道亦無可樂故也。此中下落，直是深微不可湊泊。近儒王心齋先生所著《學樂歌》

❶「何」，全書本作「所」。
❷「名」，全書本作「知」。

則曰：「人心本是樂，自將私欲縛。私欲一萌時，良知自然覺。一覺便消除，人心依舊樂。」又曰：「不樂不是學，不學不是樂。」又曰：「學則樂，樂則學。天下之樂無如此學，天下之學無如此樂。」可爲一箭雙鵰。學樂公案，滿盤托出，就中良知二字是吃緊爲人處。良知之在人，本是惺惺，從本體上說，即天理之別名。良知中本無人欲，所謂人欲亦從良知受欺後見之。其實良知原不可欺也，吾自知之，吾自致之，此之謂自謙，只此是人心真樂地。子云：「飯疏食飲水，曲肱而枕之，樂亦在其中矣。」正謙此良知之謂也，顏子之樂亦然，故曰：「有不善未嘗不知，知之未嘗復行也。」聖人直是無所不知耳。然致知工夫，又自有說。子曰：「不義而富且貴，于我如浮雲。」義利一關，正是良知當判斷處，于此判斷得分明，便是致知工夫。

「然信如子所言，則將擇富貴之義者而取之，將擇不義之貧賤而去之乎？是終身無疏水曲肱分也。窮人欲而滅天理，孰大于是？」子常言非道之富貴則不處，至非道之貧賤又不去，可見道義總無定衡，全憑良知判斷。良知安處便是義，不安處便是不義，至此方是義利關頭最精密處，亦便是致知工夫最精密處。必去富貴處貧賤者，只爲利之溺人莫甚于富貴。學者合下從堅苦刻厲中做起，便將那人欲之根一齊砍斷，因顯得良知真面目出來，前輩常言「天下無成見良知」是也。孔門當時教人，一則曰求飽求安，再則曰惡衣惡食，又曰懷居，又以顏氏之屢空斥子貢之貨殖，而子路緼袍，則直美之曰何用不臧，至到頭一著，猶然以「人不知不愠爲君子」作斷案，可爲深切著明。

且夫子明以疏水曲肱言樂，雖謂之樂貧也可，疏水曲肱而可樂，雖謂之樂道也可。但昔賢不可分明說破，故懸此公案示人，要人思而自得之。他日有無欲作聖之旨，已是分明說破在，只是說得太高了，不若心齋尤爲穩當。語曰：「如人飲水，冷煖自知。」人人此良知，則人人此天理，人人此樂地，惟反求而自得之者能識此中意，所謂「只可自怡悅，不堪持贈君」，即《學樂》一歌，亦豈有是處乎？

人說 一示洵兒❶

予與塾師陳子夜集，兒洵侍，謂之曰：「洵乎，汝年漸長矣，而質庸甚。吾縱不敢望汝以學道好修，將不克爲庸人乎？」塾師曰：「先生言過矣。苟庸人也何克爲之有？正患此子庸庸耳，願先生有以進之。」予曰：「兒得爲庸人幸矣。世之學道者如麟鳳騶虞，不可多見，或累世一出，而惡人往往徧天下，不得已而思其次，則如庸人者，其立心制行雖不免猶有鄉人之累，而已浸遠于惡矣。是故庸未易言也。」「然則學爲庸人乎？」曰：「非然也。謂學人必自庸人始也，語有之：『雖高必以下爲基，雖貴必以賤爲本。』是故好高而欲速者躐也，飾詐以近名者奸也，道聽而塗說者誕也，知見湊泊者妄也，此四者皆學道者之失也。庸人無是也，由庸人而進德修業，若築室于基，而爲山于平地也，說在夫子之思有恒矣。」「然則庸亦有道與？」曰：「淺言之，饑食而渴飲，夏葛而冬裘，男女而居室，莫非

❶「人」上，全書本有「做」字。下二篇同。

道也；深言之，飲食之知味，室家之宜，妻孥之樂，蓋亦有至焉者矣。仲尼之聖也，而學于庸，曰『所求乎子，以事父未能也；所求乎臣，以事君未能也；所求乎弟，以事兄未能也；所求乎朋友，先施之未能也』，則庸德之至，聖人猶病。故曰：『庸未易言也。』若夫心不存慎終之規，口不道先王之訓，不擇賢以托其身，不力行以堅其志，見小闇大，圖近忘遠，欲敗度縱，敗禮以速，戾于厥躬，❶此古之所謂庸人者也，而實予所謂惡人也，則亦不學爲庸者以致是耳。使庸人而庸學焉，又烏知其不進于士人，且進于君子乎？庸之未可忽也如是。」❷師聞之曰：「進之時義大矣哉！」遂舉以示兒。

人説二

他日，兒跪而請曰：「爲人之序，亦既聞命矣。敢問學之方？」曰：「于己取之而已矣。《詩》云：『伐柯伐柯，其則不遠。』執柯以伐柯，睨而視之，猶以爲遠。故君子以人治人，改而止。子庸質也，姑爲子試庸法。夫庸者必闇，闇則宜矯之以哲；庸者必懦，懦則宜矯之以强；庸者必流，流則宜矯之以貞；庸者必隘，隘則宜矯之以寬；庸者必淺，淺則宜矯之以沉；類而推之，隨其所病而矯之，皆爲人之方也。」「然則其矯之

❶「圖近」至「厥躬」，全書本作「從物如流，不知所執，五鑿爲政，心從而壞」。

❷「庸之未可忽也如是」，全書本作「而且進於賢人乎？而且進於聖人乎？庸詎可忽諸」。

也將若何？」曰：「闇不自知也，試之以是非而闇見，則哲者亦見；懦不自知也，試之以利害而懦見，則强者亦見；流不自知也，試之以嗜欲而流見，則貞者亦見；隘不自知也，試之以忿懥而隘見，則寬者亦見；淺不自知也，試之以言語而淺見，則沉者亦見。是故窮理所以啓覺也，斷義所以養勇也，窒欲所以貞操也，懲忿所以擴量也，謹言所以沉幾也。然而不必求之於遠且大也，日用之間有是非焉，起居之常有利害焉，衣服之地有嗜好焉，睚眦之交有忿懥焉，唯諾之際有言語焉，積小所以致大也，毖近所以及遠也。故君子一日用而不敢忽，所以窮天下之理也；一起居而不敢苟，所以斷天下之義也；一衣飲而不敢恣，所以貞天下之操也；一睚眦而不敢加，所以懲及親之忿也；一唯諾而不敢輕，所以謹天下之言也。窮天下之理，而闇者有天下之大覺矣；斷天下之義，而懦者有天下之大勇矣；窒天下之欲，而流者有天下之特操矣；懲天下之忿，而隘者有天下之大量矣；謹天下之言，而淺者有天下之淵衷矣。則學問之能事畢矣，此謂天下一人而已矣。語曰：『作之不止，乃成君子。』其始也出之以矯强，則庸人之所事事也，矯之不已而體于自然，非學道君子之成德乎？小子勗之。」「然則其不能矯也，又將如之何？」曰：「在立志。」

人説三

他日，又問曰：「矯治之法，❶譬之治病

❶「治」，原作「冶」，據文意改。

者，首療首，足療足，分投而應，不勝窮也，將亦有一言而操調元之匕者乎？」予乃喟然而嘆曰：「是非汝所知也，是非汝所知也。無已，汝姑識人而已乎。夫人者，天地之秀也，萬物之靈也，將謂其能飢食渴飲、夏葛冬裘、男女居室而已乎？則亦與禽獸無以異也，而何以稱焉？孟子曰：『人之所以異于禽獸者幾希，庶民去之，君子存之。』夫此幾希何物耶？以爲非口體，不離口體也；以爲非男女，不離男女也；以爲在一身，仍不離天下也。微乎！希乎！正明目而視之，不可得而見；傾耳而聽之，不可得而聞也。其稟乎命也，則元之善也；其具于性也，則喜怒哀樂未發謂之中，發而皆中節謂之和也；其宰于身也，爲視聽言動，視曰明，聽曰聰，言曰忠，動曰敬也；其率之于人倫也，在父子謂之仁，在君臣謂之義，在夫婦謂之别，在長幼謂之序，在朋友謂之信也；其達于天下，則民之胞也、物之與也；其俯仰于天地之間，則乾之健也、坤之順也，日月之代明、四時之錯行，而鬼神之柄也。而孰知日囿于七尺之軀者，則豎首之禽也、獸也。然則人也、禽獸也，合體而分之者也，忽然而去之，人即獸，忽然而存之，獸即人。是以君子有存之之法，擇之精，守之一也，本吾獨而戒懼之，所以致中和也，天地位焉，萬物育焉，存之之極功也。堯、舜之所以帝，三王之所以王，伊、周之所以相，孔、孟之所以師，濂、洛、關、閩之所以斷斷辨説焉而儒，皆是物也。然而庶民未嘗不存也，夫婦之愚可以與知焉，夫婦之不肖可以能行焉，有時而去耳，知其去斯存矣。是以君子有存之之法，以戒慎還不睹，以恐懼還不聞，以中和還喜怒哀樂，以仁義還父子君臣，以位育還天地萬物，如斯而已矣。故孟子又舉舜以爲法，而曰：『明于庶物，察于人倫。由仁義行，非行仁義也。』其旨微矣。後世學術不明，有二氏者，既欲棄倫物，槌仁義，而逃之于虛無；若申、韓之刑名，管、商之富强，蘇、張之短長，汩没于功利者無論矣；其有稍知聖人之道，如楊、墨、荀、楊、馬、鄭之流，又或失之頗僻附會，影響支離，而幾希之脉薄蝕于人心久矣。幸有宋諸子起而紹絶學，一綫相傳，爲濂溪之立極，伊洛之識仁，考亭之居敬窮理，指示最爲親切。又數百年，我明有陽明子者，特揭致良知之旨爲幾希寫照，而人益有以識尋真之路，决起死之功。此真所謂良醫折肱，一劑當調元，而紛紛隨病補治之方，亦有所不必用矣。學者欲爲人，不必問庸人與聖賢等級，但自反吾身中所謂幾希者果存乎？否乎？存則人，人即聖人之人，更無所以爲之之法；去則非人，非人即爲禽爲獸，亦更無所以爲之之法。」于是兒起而茫然曰：「敢問幾希爲何物？」曰：「此予終身所從事于斯而未之得也，將何以答汝乎？汝還問之幾希，從讀書而證之。」乃再拜而退。

讀書説 示汋兒

粤自天地既判，❶萬物芸生，時則有三綱五常，萬事萬化以爲之錯，而約之不外于吾心。聖人因而譜之以教天下萬世，後之

❶ 「粤」上，全書本有「子路曰：何必讀書，然後爲學？信斯言也，孔門明以讀書爲學，而子路顧反言之云。特其所謂讀書者，蓋將因此以得吾之心，爲求道計耳。故曰：博學而詳説之，將以反説約也」六十六字。

人佔畢而守之，始有以儒學名者。故讀書，儒者之業也。曾子曰：「所遊必有方，所習必有業。」豈其徒事乎文勝也哉？❶ 而太史公列九家，謂儒者博而寡要，當年不能究其蘊，累世不能殫其功，則亦因其不能詳説反約，從此以得吾之心而求道故耳。❷

堯、舜、禹、湯、文、武而既没矣，其間暴君汙吏，更相蹂躪，横政之所出，横民之所止，至春秋而極。典、謨微言，不絶如綫，于是仲尼起而修明之，删《詩》、《書》，定《禮》、《樂》，修《春秋》，贊《周易》，以憲萬世，而尊之曰經，使天下後世復知有唐虞三代之道。故語聖而儒以博鳴者，莫仲尼若也，而非仲尼之得已也。乃時有老聃出而譏之曰：「六經聖人之陳迹也，而豈其所以迹哉？」審如其言，以之獨爲學可矣，以之爲天下萬世，則吾不知也。孔孟而既殁矣，其間異端曲學更相簧鼓，邪説之所淫，暴行之所壞，至五季而極。洙泗微言，不絶如綫，于是朱子起而修明之，著《集註》、《或問》，補《小學》，修《綱目》，纂濂洛之説，以教萬世，而定之曰傳，使天下後世復知有六經之道。故語賢而儒以博鳴者，莫朱子若也，而非朱子之得已也。乃象山出，而譏之曰支離，又曰：「六經註我，我註六經。」審如其言，以之獨爲學可矣，以之爲天下萬世，則吾不知也。然則生于孔孟程朱之後者，舍孔孟程朱之書不讀，又何以自達于道哉？

夫人生蠢蠢耳，此心熒然，喜而笑，怒而啼，惟有此甘食悦色之性耳。迨夫習于

---

❶ 「豈其徒事乎文勝也哉」，全書本作「又曰：其少不諷誦，其壯不議論，其老不教誨，亦可謂無業之人矣。夫儒者甚無樂乎以文勝也」。

❷ 「則亦因」至「道故耳」，全書本作「何也」。

言而言，習于服息居處而服息居處，而後儼然命之人，則其習于學而學，亦猶是也。人生而有不識父母者，邂逅于逆旅，亦逆旅而過之，一旦有人指之曰：「此爾父母也，爾即子也。」則過而相持，悲喜交集，恨相見之晚也。吾有吾心也，而不自知也，有人指之曰：「若何而爲心，又若何而爲心之所以爲心。」而吾心恍然。吾心以爲是矣，人復從而指之曰：「此若何而是。」則爲善也，不亦勇乎！吾心以爲非矣，人復從而指之曰：「此若何而非。」則去惡也，不益決乎！吾心習以爲是非矣，人又指之曰：「此是而非，此非而是。」則遷善而改過也，不益辨乎！由是而及于天下，其是是而非非也，不亦隨所指而劃然乎！夫書者，指示之最真者也，前言可聞也，往行可見也，多聞擇其善者而從之，多見而識之，所以牖吾心也。先之《小學》以立其基，進之《大學》以提其綱，次之《中庸》以究其藴，繼之《論語》以踐其實，終之《孟子》以約其旨，而所謂恍然于心者，乃隨在而有得矣。于是乎讀《易》而得吾心之陰陽焉，讀《詩》而得吾心之性情焉，讀《書》而得吾心之政事焉，讀《禮》而得吾心之節文焉，讀《春秋》而得吾心之名分焉，又讀五子以沿其流，讀《綱目》以盡其變，而吾之心無不自得焉。其餘諸子百家泛涉焉，異端曲學，誅斥之可也。于是乎博學以先之，審問以合之，慎思以入之，明辨以析之，篤行以體之。審之性情隱微之地，致之家國天下之遠，通之天地萬物之大，而讀書之能事畢矣，儒者之學，盡于此矣。故曰：「讀書，儒者之業也。」

自後世有不善讀書者，專以記誦辭章爲學，而失之以口耳，且以爲濟惡之具。于是有志之士始去而超然，即心證聖，以聞見爲末務。而佛老之徒，益從而昌熾其説，其究至于猖狂自恣，以亂天下。嗚呼！溺者挾一瓢而濟，一瓢千金也。蓋亦有不善挾而終以没其身者矣，見者不咎其挾之不善，而以爲瓢固不足以濟人也，其亦率天下而歸于溺也夫。

予嘗從陽明子之學，至《拔本塞原論》乃以博古今事變爲亂天下之本，信有然乎，❶充其説，必束書不觀而後可。夫人心不敢爲惡，猶恃此聖賢經傳爲尺寸之堤，若又束之高閣，則狂瀾何所不至！偶閲一書，爲江陵欲奪情，盡指言者爲宋人爛頭巾語，此事唯王新建足以知之。夫江陵欲奪情，與新建無涉，何至以新建之賢而動爲亂臣賊子所藉口，則亦良知之説有以啓之。故君子立教不可不慎也。予因有感，而著《讀書説》。

中庸首章説

盈天地間皆道也，❷而統之不外乎人心。人之所以爲心者，性而已矣，以其出于固有而無假于外鑠也，故表之爲天命云。維天之命，於穆不已，天之所以爲天也，天即理之别名。此理生生不已處即是命，以爲别有蒼蒼之天、諄諄之命者，非也。率此性而道在是，道即性也。修此性而教立焉，性至此有全能也。此三言者，子思子從大道紛紜薄蝕之後，爲之探本窮源，以正萬世

❶「信」，原作「性」，據全書本改。

❷「盈」上，全書本有「或問《中庸》首章大旨。先生曰」十一字。

之道統。❶

然則由教入道者，必自復性始矣。道不可離，性不可離也。君子求道于所性之中，直從耳目不交處，時致吾戒慎恐懼之功，而自此以往，有不待言者矣。不睹不聞處，正獨知之地也，戒慎恐懼四字，下得十分鄭重，而實未嘗妄參意見于其間。獨體惺惺，本無須臾之間，吾亦與之爲無間而已。惟其本是惺惺也，故一念未起之中，耳目有所不及加，而天下之可睹可聞者即于此而在，沖漠無朕之中，萬象森然已備也，故曰莫見莫顯。君子烏得不戒慎恐懼、兢兢慎之？喜怒哀樂之未發謂之中，❷此獨體也，亦隱且微矣；及夫發皆中節，而中即是和，所謂莫見乎隱、莫顯乎微也。未發而常發，此獨之所以妙也。中爲天下之大本，非即所謂天命之性乎？和爲天下之達道，非即所謂率性之道乎？君子由慎獨以致吾中和，而天地萬物無所不貫、無所不達矣。❸達于天地，天地有不位乎？達于萬物，萬物有不育乎？天地此中和，萬物此中和，吾心此中和，致則俱致，一體無間，極之至于光岳效靈，百昌遂性，亦道中自有之徵應，得之所性而非有待于外者，此修道之教所以爲至也。

合而觀之，遡道之所自來，既已通于天命之微，而極教之所由至，又兼舉夫天地萬物之大，推之而不見其始，引之而不見其終，體之動靜顯微之交而不見其有罅隙之可言，亦可爲奧衍神奇，極天下之至妙者

❶「以正萬世之道統」，全書本作「一路指點，以清萬世之學脉，可謂取日虞淵，洗光咸池」。
❷「喜」上，全書本有「慎獨而見獨之妙焉」八字。
❸「貫」，全書本作「本」。

矣，而約其旨不過曰慎獨。獨之外別無本體，慎獨之外別無工夫，此所以爲《中庸》之道也。後之儒者謂其說昉之虞廷，信矣。乃虞廷言心，則曰人曰道，而《中庸》直指率性之道，無乃混人、道而一之乎？此言心言性之別也，虞廷言心，非分言之則不精，不精無以爲至一之地；《中庸》言性，性一而已，何岐之有？然性是一，則心不得獨二，天命之所在即人心之所在，人心之所在即道心之所在，此虞廷未發之旨也。或曰：「有氣質之性，有義理之性。」則性亦有二與？爲之說者，正本之人心道心而誤焉者也。程子曰：「論性不論氣不備，論氣不論性不明，二之則不是。」若既有氣質之性，又有義理之性，將使學者任氣質而遺義理，則無善無不善之說信矣；又或遺氣質而求義理，則可以爲善可以爲不善之說信矣；又或衡氣質義理而並重，則有性善有性不善之說信矣。三者之說信，而性善之旨復晦，此孟氏之所憂也。須知性只是氣質之性，而義理者，氣質之本然，乃所以爲性也；心只是人心，而道者，人之所當然，乃所以爲心也。人心道心只是一心，氣質義理只是一性，識得心一性一，則工夫亦一，靜存之外更無動察，主敬之外更無窮理，其究也，工夫與本體亦一，此慎獨之說，而後之解者往往失之。

昔周元公著《太極圖說》，實本《中庸》，至「主静立人極」一語，尤爲慎獨兩字傳神。其後龜山門下羅、李二先生相傳口訣，專教人看喜怒哀樂未發時作何氣象，朱子親受業于延平，固嘗聞此。而程子則以静字稍偏，不若專主于敬，又以敬字未盡，益之以窮理之說，而曰：「涵養須用敬，進學在致知。」朱子從而信之，初學爲之少變。遂以之解《大》、《中》，謂慎獨之外另有窮理工夫，以合于格致誠正之説，仍以慎獨爲動，屬省察邊事，前此另有静存工夫。近日陽明先生始目之爲支離，專提致良知三字爲教法，而曰：「良知只是獨知。」❶又曰：「惟精是惟一工夫，博文是約禮工夫，致知是誠意工夫，明善是誠身工夫。」可謂心學獨窺一源。至他日答門人「慎獨是致知工夫」，而以中爲本體，無可着力，此却疑是權教。天下未有大本之不立而可從事于道者，工夫到無可着力處方是真工夫，故曰：「勿忘勿助，未嘗致纖毫之力。」此非真用力于獨體者，固不足以知之也。大抵諸儒之見，或同或異，多係轉相偏矯，因病立方，盡是權教，至于反身力踐之間，未嘗不同歸一路，不謬于慎獨之旨。

後之學者無復向語言文字上生葛藤，但反求之吾心，果何處是根本一著？從此得手，方窺進步，有欲罷不能者。學不知本，即動言本體，終無著落。學者但知即物窮理爲支離，而不知同一心耳，舍淵淵静深之地，而從事于思慮紛起之後、泛應曲當之間，正是尋枝摘葉之大者，其爲支離之病亦一而已。將持此爲學，又何成乎？又何成乎？

第一義説

朱夫子《答梁文叔書》曰：「近看孟子道性善，言必稱堯舜，此是第一義。若于此看得透信得及，直下便是聖賢，便無一毫人

❶ 下「知」下，全書本有「時」字。

欲之私做得病痛。若信不及，孟子又説個第二節工夫，又只引成覸、顔淵、公明儀三段説話，教人如此發憤向前，日用之間不得存留一毫人欲之私，此外更無别法。」此朱子晚年見道語也。學者須占定第一義做工夫，方是有本領學問，此後自然歇手不得，如人行路，起脚便是長安道，不患不到京師。然性善堯舜，人人具有，學者何故一向看不透信不及？正爲一點靈光都放在人欲之私上，直是十分看透，遂將本來面目盡成埋没。驟而語之以堯舜，不覺驚天動地，却從何處下手來？學者只是克去人欲之私。欲克去人欲之私，且就靈光初放處討分曉，果認得是人欲之私，便即是克了。陽明先生致良知三字，正要此處用也。孟子他日又説：「道二：仁與不仁。」不爲堯舜，則爲桀紂，中間更無一髮可容混處。學者上之不敢爲堯舜，下之不屑爲桀紂，却于兩下中擇庸，謹自便之途，以爲至當，豈知此身早已落桀紂一途乎！故曰：「紂之不善，不如是之甚也。」學者唯有中立病難療，凡一切悠悠忽忽、不激不昂、漫無長進者皆是，看來全是一團人欲之私自封自固，牢不可破。今既捉住病根，便合信手下藥。學者從成覸、顔淵、公明儀説話激發不起，且急推向桀紂一路上，果能自供自認否？若供認時，便是瞑眩時，若「藥不瞑眩，厥疾不瘳」，正爲此等人説法，倘下之不爲桀紂，上之又安得不爲堯舜？

求放心説

程子曰：「心要在腔子裏。」此本孟子求放心而言。然則人心果有時放外耶？

即放外，果在何處？因讀《孟子》上文云：「仁，人心也。」乃知心有不仁時便是放，所謂曠安宅而不居也，故陽明先生曰：「程子所謂腔子，亦只是天理。」至哉言乎！程子又曰：「吾學雖有所授，然天理二字却是自家體認出來。」夫既從自家體認而出，則非由名相湊泊可知。凡仁與義，皆天理之名相，而不可即以名相爲天理，謂其不屬自家故也。試問學者，何處是自家歸宿？須切己反觀，推究到至隱至微處，方有著落。此中無一切名相，亦并無聲臭可窺，只是維玄維默而已，雖維玄維默，而實無一物不體備其中，所謂天也，故理曰天理。纔著人分，便落他家，一屬他家，便無歸宿。仔細檢點，或以思維放，或以卜度放，或以安排放，或以智故放，或以虛空放，只此心動一下便是放，所放甚微，而人欲從此而橫流，其究甚大。蓋此心既離自家，便有無所不至者。心齋云：「凡有所向便是欲，有所見便是妄，既無所向，又無所見，便是無極而太極。」無極而太極即自家真底蘊處。學者只向自家求底蘊，常做體認工夫，放亦只放在這裏，求亦只求在這裏，豈不至易？豈不至簡？故求放心三字，是學人單提口訣，下士得之爲入道之門，上智得之即達天之路。

静坐説

人生終日擾擾，一著歸根復命處，乃在向晦時，即天地萬物不外此理，于此可悟學問宗旨只是主静也。此處工夫最難下手，姑爲學者設方便法，且教之静坐。日用之間，除應事接物外，苟有餘刻，且静坐。坐間本無一切事，即以無事付之，既無一切事，亦無一切心，無心之心正是本心。瞥起則放下，粘滯則掃除，只與之常惺惺可也。此時伎倆，不瞑目，不杜聰，不趺跏，不數息，❶只在尋常日用中，有時倦則起，有時感則應，行住坐卧都作坐觀，食息起居都作静會。昔人所謂「勿忘勿助間，未嘗致纖毫之力」，此其真消息也。故程子每見人静坐，便嘆其善學，善學云者，只此是求放心親切工夫。從此入門，即從此究竟，會得時，立地聖域；不會得時，終身只是外馳，更無别法可治。不會静坐，且只學坐，學坐不成，更論恁學？學者且從整齊嚴肅入，漸進自然。《詩》云：「相在爾室，尚不愧于屋漏。」又曰：「神之格思，不可度思，矧可射思？」

應事説

學者静中既得力，又有一段讀書之功，自然遇事能應。若静存不得力，所讀之書又只是章句而已，則且教之就事上磨練去，自尋常衣食以外，感應酬酢，莫非事也。其間千變萬化，不可端倪，而一一取裁于心，如權度之待物然。權度雖在我，而輕重長短之形，仍聽之于物，我無與焉，所以情順萬事而無情也。故事無大小，皆有理在，劈頭判個是與非。見得是處，斷然如此，雖鬼神不避；見得非處，斷然不如此，雖千駟萬鍾不回。又于其中條分縷晰，辨個是中之非，非中之是，似是之非，似非之是，從此下

❶「息」下，全書本有「不參話頭」四字。

手，沛然不疑，所行動有成績。又凡事有先著，當圖難于易，爲大于細；有要著，一著勝人千萬著，失此不著，滿盤敗局；又有先後著，如低棋以後著爲先著，多是見小欲速之病；又有了著，恐事至八九分便放手，終成決裂也。蓋見得是非後，又當計成敗，如此方是有用學問。世有學人，居恒談道理井井，纔與言世務便疎，試之以事或一籌莫展，此疎與拙，正是此心受病處，非關才具。諺云「經一跌，長一識」，且須熟察此心受病之原果在何處，因痛與之克治去，從此再不犯跌，庶有長進。學者遇事不能應，只有練心法，更無練事法。練心之法，大要只是胸中無一事而已，無一事乃能事事，便是主静工夫得力處。又曰：「多事不如少事，省事不如無事。」

處人説

應事接物，相爲表裏，學者于天下不能遺一事，即于天下不能遺一人。自有生以後，此身已屬父母；及其稍長，遂有兄弟與之比肩；長而有室，又有妻子與之室家；至于食毛踐土，君臣之義，無所不在；惟朋友聯合于稠人廣衆之中，似屬疎闊，而人生實賴以維助。合之稱五倫，人道之經綸，管于此矣。然父子其本也，人能孝于親，未有不忠于君與友于兄弟、信于朋友、宜于室家者。夫婦一倫，尤爲化原，古來大聖賢多從此處發軔，故曰：「刑于寡妻，至于兄弟，以御于家邦。」蓋居室之間，其事最微渺而易忽，其惡爲淫僻，學者從此關打過，便是真道德、真性命、真學問文章，不然則是僞也。

自有五倫，而舉天下之人皆經緯聯絡其中，一盡一切盡，一虧一切虧，其要在時時體認出天地萬物一體氣象。即遇惡人之見，横逆之來，果能作如是觀否？彼固一體中人耳，稍有絲毫隔絶，即爲斷滅性種。至于知之之明與處之之當，皆一體中自然作用，非關權術。人第欲以術勝之，未有不墮其彀中者。然此際極宜理會，陸象山先生曰：「除了人情事變，無可做工夫。」要知做工夫處果是何事？若不知此事，只理會人情事變，仍不是工夫，學者知之。

向外馳求説

今爲學者下一頂門針，即向外馳求四字，便做成一生病痛，吾儕試以之自反，無不悚然汗浹者。凡人自有生以後，耳濡目染，動與一切外物作緣，以是營營逐逐，將全副精神都用在外，其來舊矣。學者既有志于道，且將從來一切向外精神，盡與之反復入身來，此後方有下手工夫可説。須知道不是外物，反求即是，故曰：「我欲仁，斯仁至矣。」無奈積習已久，如浪子亡家，失其歸路，即一面回頭，一面仍作舊時緣，終不知在我爲何物。方且自以爲我矣，曰「吾求之身矣」，不知其爲軀殼也；又自以爲我矣，曰「吾求之心矣」，不知其爲口耳也；又自以爲我矣，曰「吾求之性與命矣」，不知其爲名物象數也。求之于軀殼，外矣；求之于耳目，愈外矣；求之于名物象數，外之外矣，所謂一路向外馳求也。所向是外，無往非外，一起居焉外也，一飲食焉外也，一動静語默焉外也。時而存養焉外也，時而省察焉外也，時而遷善改過焉亦外也，此又與于不學之甚者也。是故讀書則以事科舉，仕宦則以肥身家，勳業則以望公卿，氣節則以激聲譽，文章則以動聽聞，何莫而非向外之病乎！學者須發真實爲我心，每日孜孜汲汲，只辨在我家當，身是我身，非關軀殼，心是我心，非關口耳，性命是我性命，非關名物象數。正明目而視之，不可得而見；傾耳而聽之，不可得而聞。非唯人不可得而見聞，雖吾亦不可得而見聞也。于此體認親切，是起居食息以往，無非求在我者；及其求之而得，天地萬物，無非我有，絶不是功名富貴氣節文章，所謂自得也。總之，道體本無内外，而學者自以所向分内外，所向在内，愈尋求，愈歸宿，亦愈發皇，故曰：「君子之道，闇然而日章。」所向在外，愈尋求，愈決裂，亦愈消亡，故曰：「小人之道，的然而日亡。」學者幸蚤辨諸。

讀書説

朱夫子常言：「學者半日静坐，半日讀書，如是三五年，必有進步可觀。」今當取以爲法。然除却静坐工夫，亦無以爲讀書地，則其實亦非有兩程候也。學者誠于静坐得力時，徐取古人書讀之，便覺古人真在目前，一切引翼提撕、匡救之法，皆能一一得之于我，而其爲讀書之益，有不待言者矣。昔賢詩云：「萬徑千蹊吾道害，四書六籍聖賢心。」學者欲窺聖賢之心，遵吾道之正，舍四書六籍無由。夫聖賢之心即吾心也，善讀書者第求之吾心而已矣，舍吾心而求聖賢之心，即千言萬語無有是處。陽明先生不喜人讀書，令學者直證本心，正爲不善讀書者，舍吾心而求聖賢之心，一似沿門持鉢，無益貧兒，非謂讀書果可廢也。先生又謂：「博學只是學此理，審問只是問此理，慎思只是思此理，明辨只是辨此理，篤行只是行此理。」而曰「心即理也」，若是乎此心此理之難明，而必假途于學問思辨，則又將何以學之、問之、思之、辨之而且行之乎？曰：古人詔我矣。讀書一事，非其導師乎？即世有不善讀書者，舍吾心而求聖賢之心，一似沿門持鉢，苟持鉢而有得也，亦何惜不爲貧兒？昔人云：「士大夫三日不讀書，即覺面目可憎，言語無味。」彼求之見聞者猶然，況有進于此者乎？唯爲舉業而讀書，不免病道，然有志之士卒不能舍此以用世，何可廢也？吾更惡夫業舉子而不讀書者。

氣質説

聖賢教人，只指點上一截事，而不及下一截，觀《中庸》一書可見。蓋提起上截，則其下者不勞而自理；纔説下截事，如堂下人斷曲直，莫適爲主，誰其信之？形而上者謂之道，形而下者謂之器。人生而有此形骸，便有此氣質，就中一點真性命，是形而上者，惟形上不離形下，所以上下易混作一塊。學者開口説變化氣質，却從何處討主腦來？《通書》曰：「性者，剛柔善惡中而已矣。」中便是變化氣質之方。而《中庸》曰：「喜怒哀樂未發謂之中。」却又無可著力處。從無可著力處用得工夫來，正是性體流露時，此時剛柔善惡，果立在何處？少間便是個中節之和，此方是變化氣質工夫。若已落在剛柔善惡上，欲自剛而克柔，自柔而克剛，自惡而之于善，已善而終不之于惡，便落堂下人伎倆矣。或問：「孟子說善養浩然之氣，如何？」曰：「纔提起浩然之氣，便屬性命邊事。若孟施舍、北宮黝、告子之徒，只是養個蠢然之氣，正是氣質用事處，所以與孟子差別。」

習說

或有言學問之功，在慎所習者。予曰：「何謂也？」曰：「人生而有習矣。一語言焉習，一嗜欲焉習，一起居焉習，一酬酢焉習。有習境，因有習聞；有習聞，因有習見；有習見，因有習心；有習心，因有習性，故曰：『少成若性。』并其性而爲習焉，習可不慎乎？習于善則善，習于惡則惡，猶生長于齊楚，不能不齊楚也，習可不慎乎？」曰：「審如是，又誰爲專習之權者而慎之？」其人不能答。予曰：「學在復性，不在慎習。」或曰：「何謂也？」予告之曰：「人生而靜，天之性也，渾然至善者也；感于物而動，乃遷于習焉。習于善則善，習于惡則惡，斯日遠于性矣。無論習于惡者非性，即習于善者，亦豈性善之善乎？故曰：『性相近，習相遠。』蓋教人尊性權也。」「然則學以復性也，如之何？」曰：「性不假復也，復性者，復其權而已矣。請即以習證。習于善則善，未有不知其爲善者；習于惡則惡，未有不知其爲惡者。此知善而知惡者誰乎？此性權也。故《易》曰：『復以自知。』既已知其爲善矣，且得不爲善乎？既已知其爲惡矣，且得不去惡乎？知其爲善而爲之，爲之也必盡，則亦無善可習矣，無善可習，反之吾性之初，本無善可習也；知其爲惡而去之，去之也必盡，則亦無惡可習矣，無惡可習，反之吾性之初，本無惡可習也。此之爲渾然至善。依然人生之初，而復性之能事畢矣。」「然則習亦可廢乎？」曰：「何可廢也！爲之語言以習之，則知其語言以慎之；爲之嗜欲以習之，則知其嗜欲以慎之；爲之起居以習之，則知其起居以慎之；爲之酬酢以習之，則知其酬酢以慎之。如是，則即習即性矣，凡境即性境，凡聞即性聞，凡見即性見，無心非性，無性非習，大抵不離獨知者近是。知之爲言也，獨而無偶，先天下而立，以定一尊，而後起者稟焉，是之謂性權。」或者恍然而解曰：「吾乃知慎習之功，其必在慎其獨乎！」

苫次説示汋兒

喪禮，苫有次，以志哀也。君子之居喪也，齊衰之服，飦粥之食，亦既足以表哀矣，而非其至也。又求之于居處之節，必寢苫枕塊，以示不遑寧處，即夢寐之間，若將見吾親，竟三年如一日。則非其根心之痛，有天生而不可解者，詎能幾是？故曰：「所以志哀也。」嗟乎！喪禮之壞也，即齊衰之服，世俗亦有寬之者；進而飦粥之食，千百中不得一二；又進而苫塊之處，舉世不得一二。豈古道之難行？亦流俗之敗壞然也。曾子曰：「吾聞諸夫子，人未有自致者也，必也親喪乎！」而朱子又申之曰：「于此不用其誠，烏乎用其誠？」本朝理學之儒，惟胡敬齋先生于此最有聞。又陳孝廉先生茂烈，五十無子，居喪，人多解之者，而先生竟歿于喪次。近世吾年友劉静之職方居母喪，哀毁過禮，誠信可泣鬼神。此數君子，夫非盡人之子與？按《禮》，親喪服成，男女各歸喪次，男子出，次于中門之外，無故則不入内室，其女子亦不得輒至男子喪次，所以辨嫌明微也。昔晉陳壽居喪，有疾，偶使侍女治藥，弔者見之，遂殞其名行，終身坐廢。乃知嫌疑之際，尤爲君子所致謹，誠有見于天下之惡，莫不始于微而造于苟且。故一念之失，而或遂釀爲無窮之疚；一舉動之忽，而或遂積爲不白之疑，如壽者往往而是也。嗚呼！可畏哉！《詩》云：「戰戰兢兢，如臨深淵，如履薄冰。」曾子嘗取以明守身之學如此，後之君子可以知所用力矣。予少而懵，且未學，不能以禮事親，至今抱厥悔遺之終天，今也不能無望于後人，庶幾蓋我前愆。念爾沟，生有父師之訓久矣，借曰未知，亦既抱子，爾其慎勉之。

良知説

陽明子常言良知，最有功于後學，然只是傳孟子教法，于《大學》之説終有分合。《古本序》曰：「大學之道，誠意而已矣；誠意之功，格物而已矣；格物之極，止至善而已矣；止至善之則，致良知而已矣。」宛轉説來，頗傷氣脉。至龍溪所傳天泉問答，則曰：「無善無惡心之體，有善有惡意之動，知善知惡是良知，爲善去惡是格物。」益增割裂矣。即所云良知，亦非究竟義也。知善知惡與知愛知敬，相似而實不同，知愛知敬，知在愛敬之中；知善知惡，知在善惡之外。知在愛敬中，更無不愛不敬者以參之，是以謂之良知；知在善惡外，第取分別見，謂之良知所發則可，而已落第二義矣。且所謂知善知惡，蓋從有善有惡而言者也，因有善有惡，而後知善知惡，是知爲意奴也，良在何處？又反無善無惡而言者也，本無善無惡，而又知善知惡，是知爲心祟也，良在何處？且《大學》所謂致知，亦只是致其知止之知，知止之知即知先之知，知先之知即知本之知，唯其知止、知先、知本也，則謂之良知亦得。知在止中，良因止見，故言知止，則不必更言良知。若曰「以良知之知知止，又以良知之知知先而知本」，豈不架屋疊床之甚乎？且《大學》明言止于至善矣，則惡又從何處來？心意知物，總是至善中全副家當。而必事事以善惡兩糾之，若曰去其惡而善乃至，姑爲下根人説法，如此則又不當有無善無惡之説矣。有則一齊俱有，既以惡而礙善；無則一齊俱無，且將以善而疑惡，更從何處討知善知惡之分曉？止因陽明將意字認壞，故不得不進而求良于知；仍將知字認粗，又不得不退而求精于心。種種矛盾，固已不待龍溪駁正，而知其非《大學》之本旨矣。《大學》開口言明德，因明起照，良知自不待言。而又曰「良知即至善，即未發之中」，亦既恍然有見于知之消息，惜轉多此良字耳。然則良知何知乎？知愛而已矣，知敬而已矣，知皆擴而充之，達之天下而已矣。格此之謂格物，誠此之謂誠意，正此之謂正心，舉而措之謂之平天下。陽明曰：「致知焉盡之矣。」予亦曰：「致知焉盡之矣。」

劉蕺山先生集卷十九

墓誌銘上

江西布政使司左參議稷峰章公墓誌銘

予先外祖以經術行誼推重海内，學者稱爲南洲先生。蚤從族兄東㑆公、稷峰公遊，才名辟易，呼章氏三傑。二公先後成進士，而先生卒老于行，與二公爲窮交，自藝文外，尤以道義相成，始終弗替。先生晚年輒呼予小子談平生，縷縷足述也。稷峰公病且歿，囑先生曰：「知我者弟也，異日之《狀》，非子而誰？」先生許諾。憶先生作《狀》時，予以齠年受學，每事筆札，必命予脱稿，距今二十餘年。公仲子持《狀》來請墓中之石，而先生歿且八年，手澤依然，能無感愴？予雖非其任，猶竊以終齠年之役也。

按《狀》，公系出福之建寧，❶全城練氏之後，子孫以世德顯于宋，隨駕渡臨安，散處三吴、兩浙間。其卜居會稽㑆山，則自添十九公始，凡十二傳及公。自宋歷元暨我明興二百年間，科甲相望，族指萬人，稱東越世家。公父某，號東山，以公貴贈某官。母徐，贈孺人。遡而上曰某某某，則祖父曾高也。東山四子，其季爲公，生而穎異，十歲能屬文，爲東山鍾愛。十三受業于從兄

❶「建寧」，遺編作「浦城」。

孝廉東稷，東稷稱賞不置，曰：「他日當退舍避之。」則已嶄然露頭角矣。辛卯，丁東山憂。甲午，補郡庠生。乙未，同先外祖及東偁會課于柴塢山，三人稱莫逆，❶公尤深造自得，肆筆成章，❷出入秦、漢、韓、蘇間，爲學者斂衽。無何，東偁脱穎，公獨與先外祖久困諸生中，自丁酉觀場後，連擯有司，落魄垂二十年。家日貧，齒日邁，而自負日益奇，曰：「世必有知予者。」

己未，遊京師，假籍更名，補順天生員，尋爲督學趙方泉識拔，聲名蔚起，驚動館閣。甲子，遂登解額第一人，成戊辰進士，年已五十七矣。方公舉順天，北人飛章攻詭籍，會華亭當國，偉其文，進呈請御裁，肅皇帝嘉之，破格完之。華亭舊督浙學政，進公膠庠，知公曲爲公地，遂荷先皇帝特簡，蓋異數也。釋褐，授大理寺評事，晉禮部，歷精膳郎，出爲江西參議司督儲。公才識警敏，遇事立辦，所至輒稱其官。凡十年，拂衣歸里，又十年，以壽終于家。凡人困阨，不極則不奮，彼蒼于豪傑之士所爲，苦心勞形，而玉之成有如此者。

公之爲諸生也，嘗客遊雲間，有富家楊以馴善聞，會搆訪當道，屬之邑丞，丞以給舍左遷，于公爲梓里。公偶會丞，所言及之，輒爲解之，事竟寢。公去，楊知其故，走金三十鎰爲謝，公却之，更倍以進，終不受，曰：「辨爾誣，義也，終之以利，初心之謂何？」楊感嘆而去。後楊子九華貴，締爲世講。

❶「逆」下，遺編有「文日奇，東稷諸孝廉輩果不敢以雁行進，而」十七字。

❷「自得肆筆成章」，原漫漶不清，據遺編補。

公初出華亭之門，繼更鄭州，繼又館于江陵，爲諸子授經，不以爲浼也。華亭去，鄭州代其後，公見鄭州，爲白華亭事，侃侃不挫，鄭州恚曰：「子獨不諱華亭耶？」公曰：「非某誰當白華亭者？」鄭州義之。江陵秉軸方初，政未底于壞，公處以離合之間，放意自若，而論及國家事，匡救居多，類皆引大體，持長厚，切中江陵膏肓。如齊、魯開河之議罷，犯禁連引之議寬，蘇、松大水之議蠲賑。雖得其首肯，而心實厭之，卒相矛盾，出之外藩，假星變例左遷以去。江陵敗，公卒不罹清議，人皆多其大節云。

公性孝友，蚤違東山，徐孺人有孟母風，公體其志，勉承其訓。家貧，受徒資館穀以養，不違其懽。比喪，哀毁幾絶，皆以不及禄養爲痛。伯兄蚤世，事仲兄、叔兄怡怡友愛，垂白無間言。嘉靖癸甲間，連大祲，二兄坐困，公曰：「有弟在，忍遺同氣餒耶？」出所餘金，益以稱貸，而饘粥共之。姊蚤寡，撫其孤，恤其婚喪尤力。侄婦寡而貧，以姑老誓守，贍之以完其節。宗黨告急，輒應之，不責其報。捐貲新宗祠，助蒸嘗之禮，其内行雅足法也。公德度深遠，脱略苛細，喜恢諧，赴機如響，與人油油然，闊恩怨報施之情。岸幘垢衣，人莫測其涯涘，輒呼之曰：「愚公乃不愚。」以公之才，宜大有所建立，顧蚤見嵩歸，不必盡究于用，而有以自完，卒享令終之福，蓋有明哲保身之道焉。嗚呼！如公者，可爲克全于其天矣。

公初名紹，更名禮，字某，稷峰其别號。生于某年月日，卒于某年月日，享年若干。娶齊氏，贈孺人，生庠生某，娶某。繼董氏，封孺人，生國子生英，娶王氏。繼董氏女許某，許某某生國子生懷德，娶某。英生某，娶陳某，聘某。女一許葛，一許龔。懷德生某，聘某。葬以某年月日，兆以某里。

予生也晚，不及知公，姑據狀如右，愧于先外祖無能爲役。先外祖且爲予言，柴塢之會，虀粥畫斷，不減長白，卒相與有成。公屢試屢北，且老矣，先外祖不以爲病，曰：「子終必遇。」公之北上也，先外祖實促之。公猶豫，先外祖謬激之曰：「所不能決者，徒以閨中繫耶？丈夫之謂何？」遂行。他日，公讀書勞苦，得心疾，棄家走，遡金華，久之有甦，乃返。鄉人謗之，坐以他故，先外祖每從士大夫力洗得白。公貴，先外祖猶偃蹇諸生，踪跡相失。既罷官，先外祖亦罷諸生，爲聚首如初。先外祖每有所不可，輒面折曰：「爾忘貧賤之日乎？」公爲改容：「知我之誼深矣。」語曰：「觀人于其所友。」君子益以是知公也。

銘曰：嶢嶢易缺，皎皎易蒙。允矣君子，令德永終。大智若愚，至和掩恭。援止而止，委蛇群公。色斯舉矣，羅者冥鴻。千金之介，不違固窮。展禽曰惠，老氏猶龍。我徵百世，長者遺風。

江西寧州知州竹渠章公暨配俞宜人子孟嘉婦何孺人兩世合葬墓誌銘

嘉、隆間，會稽章氏聯蟬起科第者六七公，而雙渠公與竹渠公，從兄弟也，其人皆有遠韻，非一切羶情勢利者比。故一則以部郎中廢，一則以州刺解組，並杜門却掃，怡情山水間數十年以老。竹渠公尤擅風雅之業，所著《思魯齋集》若干卷，鄉之縉紳先生序而傳之，至今行于世，則公歿已五十年矣。昔人謂死而不朽以言立者，公其近之乎！宗周固章之所自出，于公爲外祖行，恨生也晚，不及事公。一日，其嗣孫冠叙公《狀》而問誌于予，且贄以遺稿，予乃得次第卒業，想見公之爲人。

公詩長于選體，而得意處在《和陶》諸篇。其《和時運篇》曰：「活活清流，脱纓可濯。矗矗蒼山，舉目可矚。佳景無窮，賞心易足。班荆坐飲，物我同樂。」又曰：「旋自東郊，憩我茅廬。足雖倦矣，心實宴如。宣尼嘆興，點獨先余。」一時託興，有古狂士風，姑借彭澤以自況，而意若有不止于彭澤者，此其命集本指也。如《和遊斜川》曰：「露凝衆芳落，日入群動休。人苦不知止，輕身事浪遊。」《和飲酒篇》曰：「醉醒自有時，一悟須脱穎。醉翁不在酒，斯言婉而炳。」其《和雜詩》曰：「狗禄如涉江，探道如登嶺。就岸始爲安，陟巔方覩景。曝日豈不暄，日入依然冷。莫矜一蹴功，須悟前途永。月彈有遠音，燭照無寧影。何事離本根，徒隨轉蓬騁。一飽不須多，群動制以静。」又《次雲門》曰：「湖興移月艇，山踪入雲林。湖山如有待，雲月本無心。繫艇月還在，卧雲林更深。難窮野遊趣，静奏邱中琴。」皆翩翩逸興，與昔人競爽，近體不屑屑求工，而意指近是。公自中歲謝事歸，始爲詩，每于五更枕上默誦古漢魏詩數卷。興至，携朋舉酌，或獨酌，忻然放歌，一切户外事鮮有以易其慮者，獨與上虞山人葛公旦爲倡和友，時時相過從。已而嗣君孟嘉亦工詩，父子間又自相倡和，並翛然有塵外之想，一時詫爲嘉事。而孟嘉詩跅弛自放，多不逮乃公檢押，故自稱爲天籟云。

始公弱冠，補諸生。年二十四，以春秋

舉嘉靖甲午鄉試，七上公車不售。謁選爲羅源知縣，再陞真定府通判，三擢江西寧州知州，所至有惠政，去羅源二十年，人猶立石頌德。公爲人温和簡曠，大都如其詩，故其居官，落落少俯仰，卒爲含沙以去。晚年陶情詩酒間，解地深微，居然揖魯狂之堂，洵其所養有過人者。

公諱秉中，字性之，竹渠其别號。卒年八十一，時爲萬曆辛卯，距生之年爲正德辛未。考曰忭，任建昌縣主簿。妣王氏。祖文泰，曾祖以誠，任高唐州知州。公之生也，母王夢高唐公南向坐廳事，既寤，生公，卒步武焉。配俞宜人，生于正德某年，卒于萬曆某年，享年若干，生一子二女。子即孟嘉。女，長適張仕修，縣學生；次適何繼高，以進士歷官參政。孟嘉諱啓謨，别號太元，蚤工舉子業，不售，雅好賓客，所交皆一時名流，如徐文長、董思白輩。其爲人高視闊步，不可一世。晚以太學生選藩司首領，方待詔而卒于京，年五十五，生于嘉靖庚子，卒于萬曆乙未。配何氏，生于某年，卒于某年；側室劉氏、金氏、羅氏。劉生一子，即冠；一女，適沈伯霖，太學生。孟嘉之卒也，冠甫十齡，而何已謝世，使冠卒有成立者，劉等三慈母力也，里人嘖嘖稱女丈夫云。冠以太學生授長蘆鹽運司知事，歸。亦工詩，傳其世業。娶薛氏，生二子，觀廣、觀庶。廣娶某氏，生二子，陞、階。庶娶某氏。孟嘉始葬公于鑄浦施家嶼之陽，以俞宜人合之，後冠復葬孟嘉于公穴之右，以何孺人合之。兹崇禎壬申七月十有三日，冠用日者言，改葬公于原圩之上，並改祔孟嘉，而又以金氏祔其側，劉、羅二穴相去稍遠，從故圩也。

銘曰：奕奕高唐，華表連雲。感夢來裔，是祖是孫。競奂流芳，亦有季昆。乃季者何？古之逸民。三仕州郡，不辱其身。蹇蹇羅源，時揚海氛。以征以繕，拮据宵晨。百年保障，去久逾新。已倅三輔，中外交訌。未皇六師，先詰兵戎。肅清萑苻，買犢歸農。晋而江右，勞勩是酬。秉心維一，敷政優優。乘以貝錦，公則倦遊。慨焉懷歸，東皋西疇。眷眷良晨，交交好仇。行行仙島，泛泛芳洲。以琴以書，以倡以酬。以忘難老，以消百憂。緬懷狂簡，彭澤其次。彼丁運艱，爾當盛世。胡爲效之？其心則似。無懷葛天，解得其意。百年高風，邈矣難嗣。有其嗣之，霏霏手澤。一傳再傳，珠璣拱璧。鑄浦之陽，列仙是宅。出谷遷喬，有梓翼翼。亦有闓儀，葛藟冰檗。後千百年，徵公遐則。愧我勒銘，高文典册。

福建布政使司右布政馬湖來公墓誌銘

予髮未燥，即聞西陵有來公道之，其于書無所不讀，顧落落狂簡類晉人，人多異之，以是不及交公。晚一見公于司馬郎署，聆其議論，破囊而出，大驚，以爲經濟才。既别去又十年，公懸車在里閭，一顧予里中，適大會群士，公欣然臨講席，神情散朗，謦欬間風生四座，未嘗不爽然自失，恨知公之晚也。無何而公捐館。比葬有日，伯子彭禧來請誌于予。予恨知公晚，即晚知公有不盡知者，其何以爲公役？謝至再，而彭禧頻申前命，不獲已，爲按其族銓部君之《狀》，而節略焉。

公來氏，諱斯行，字道之，馬湖其别號也。系出微宋之後，傳至宋直龍圖閣學士屏山公，始自鄢陵扈駕臨安，因家于蕭山，歷五傳爲潭居公，始卜居長河，其後代有顯人，爲於越望族。潭居凡七傳而至公，厥祖畏齋公某，考静觀公某，皆以公貴，贈廣西按察使。而静觀公博綜群籍，稱通儒。❶娶贈淑人沈氏，生四子，仲即公。公負異姿，讀書不再過成誦，自少即淹貫經史百家言，倚馬成文，千言不加點。總角，補邑弟子員，遇試輒冠軍，顧獨阨于棘闈，凡七舉始以萬曆丙午得雋。明年丁未，成進士。丁静觀公憂，服闋謁選，授主事刑部，著《獄志》四十卷。代王子争立，朝議將立長鼎渭，獨公申濫生之例，謂庶生者鼎沙有成命，不可輕廢，仍請治渭訐父罪。當是時，貞皇帝在東宫，處嫌疑之會，外廷恒切隱憂，故公及之，而實與立長之議相成。其後卒從公議。壬子，典試廣西，事竣，聞沈淑人訃，歸。服闋，補工部，管理器皿盔甲，兼督山陵，竟以不行請託忤津要，坐察典論，調補永平府推官。

時邊事日亟，備邊將帥多聚天下勁兵，而苦于轉餉。公駐天津，管南北二餉，南北餉者，海運也，由山海而進爲北道，登萊而進爲南道。公拮据其間，皆有良策，然猶謂是未可以收海運之全也。請復元人膠河故道，輓江、淮之粟直達天津，在今日爲救邊之急務。即一旦中原有事，漕渠爲梗，可恃以無困，尤萬世定鼎之訏謨。因繪圖，自南海芝蔴灣至北海海倉，凡二百四十里，其間地形高下、挑濬淺深與夫沿革便宜，皆種種

❶「儒」下，全書本有「雖隱德弗耀，所著書曰《敦倫寶鑑》、曰《備忘録》、曰《曲水蛙鳴》、曰《字學源流》，各若干卷，足爲後人憲」三十六字。

如列眉而系之以説，且課費不過十萬。當事者心韙之，而卒不能決也。漕舟守凍卒數千，預索來春口糧不得，輒鼓噪赴軍門爲亂，公馳檄諭之，即定，隨縛首事者正法。秩滿，擢兵部主事，即陳備邊機要，請屯兵海外，若月坨島、馬頭營並居要害，宜分宿水陸重兵以資應援。當事者頗欲用其説，乃擢公監軍僉事，整飭天津。公申前請，期得當一面自效，然亦終無用公者。久之，卒報罷。

會山東蓮妖倡亂，撫臣告急，津撫檄公提兵五千往援。道過景州，妖黨于宏志聚衆數千人，將攻州城，城中人出，遮留公殺賊。公陽謝之，而密署所部援兵，一鼓而進，殲之白家屯，遠近懽聲如雷。諸士紳疏留公鎮餘孽，公不顧，疾趨山東。時賊首張東白據鄒縣，徐鴻儒據滕縣，相與犄角禦官兵，殺傷無算，而鴻儒尤黠桀。公請趨滕以孤賊勢，會總兵官連戰克之，鴻儒棄城走，至弋里兩伏山，據險立營，衆尚十萬，我師躡之。先是，公遣子燕禧焚其輜重于他所，賊勢益蹙，至是復迎戰弋里，再戰再捷，擄其掃地王、僞太師等。鄒城聞之，欲乞降，鴻儒憤甚，乃自弋里入鄒城，斬欲降者三百餘人，爲死守計。我師驟薄城下，失利，築長圍以困之。穴城，城破，鴻儒潰圍逃間道，爲燕禧所執，械送東撫，獻俘闕下，山東平。公遜讓不尸其功，循例陞參議，仍備兵津門。

久之，貴陽有安酋之亂，水西遠近諸苗長争附之，而長田阿秧其魁也，所居田當偏頭辰沅上，下扼我餉道。當事議調兵十萬駐平越，即擢公平越道，乃稍録平妖功，進級按察使，而以兵事聽公贊畫。公曰：「是未可以兵威勝也。」適黄平州吏楊政啓訴冤行間，問之，舊嘗習秧者，公喜曰：「吾得間矣。」密授以計，令其叛而投秧。不五日，函秧首以還，諸苗震懾。其後，安酋卒就擒，黔蜀間次第底定，則秧之敗有以啓之。而楊政啓者，公許事成賞以五百金，官都司，當事者靳之，公頗不平。屬有微疾，遂得請而還。今上戊辰，起補鬱林兵巡，仍用公靖土司。公至而反側者以安，止用恩信招撫而已。尋擢福建右布政，可一載，舊疾復作，公曰：「知止不殆，此其時矣。」遂乞骸。

家居，築梧柳園，徜徉其間，編經摹史無虛日，或與二三衲子深話無生，或從子弟論文講道，又申宗法以訓族人，遇月夕花晨，一咏一觴，陶然自適，終不聞有户外事。越癸酉之某月日，以疾卒于家，距其生爲隆慶丁卯，享年六十有九。

公英爽開霽，率性自可，居恒不修小節，而識略偉然，風馳電掣，故所至以功名顯。其論道則出入二氏，從宗門之旨以達于儒者，家居師事海門先生，講良知之學，曩時所見，漸臻實際。惜予性椎魯，一席請事，未足以盡之，嘗讀公書曰：「見太虛以内無一非知，是爲致知；見太虛以内無一是物，是爲格物。」又曰：「爲善去惡，善惡之念未除；無善無惡，有無之見猶在。」其發明新建大略如此。燕禧者，公仲子也。其爲諸生，不欲以文自見，自少喜韜鈐之略，膂力過人。年二十餘從公征廣川、征鄒滕、征水西，皆横槊躍馬，摧鋒貫陣，積以功次，擢至遊擊將軍，世襲外衛鎮撫。其生擒徐鴻儒尤稱壯烈。當是時，山東兩撫並以平妖功晉司馬，世爵錦衣，實攘之公父子，其後燕禧鬱鬱不得志以死，而公處之坦如也。識者遂以窺公所自信云。公所著有《經史典奥》、《四書問答》、《五經音詁》、《經史淵珠》、《槎庵集》、《燕語》、《家乘》等，各若干卷，行于世。其小品曰《宗談》六種，皆以證學者。在官中外封事若干首，行間始末，皆有成帙。配沈氏，累贈淑人，其他家庭懿節及子女婚嫁，皆詳《狀》中。兆在某之陽，而葬也以某年月日，是爲銘。

銘曰：神廟以來天步嵬，東西羽檄紛如埃。禁中頗牧人争推，高旗大纛幕府開。❶ 矯矯我公騰龍媒，倏忽九天風雲回。提戈所至殲其魁，金印斗大懸者誰？❷ 儒子負戟英憤摧，我公掉頭云何爲？叶 滄江把釣白雲陪，手編竹素天人該。力絶千古跨九垓，出聖入禪雄辯才。公今一笑遊蓬萊，無生之旨安在哉？ 盍歸乎來姚江隈，春風動地轟如雷。題此貞珉光夜臺，其不朽者惇史裁。

刑部河南清吏司郎中日乾趙公墓誌銘

萬曆、昌、啓間，吾鄉有日乾趙公者，嘗筮仕爲刑部郎，間一徙官，已復爲刑部，前後三十年竟以刑部郎懸車。又十年，卒于家。世莫能知公之爲人，公常曰：「吾幸效一官，始終不負也。刑部郎已矣，又多乎哉！」時有啨公白首爲郎者，故云。嗚呼！是可以知公矣。

公諱會禎，字夷如，一字先之，號日乾。先世出宋燕懿王之後，南渡始家于慈谿，曰某公，十八傳而及公考宧橋公，以公貴封如

❶「開」下，全書本有「蛇豕日逼鴻雁哀，空遺至尊嘆撫髀」十四字。

❷「斗大懸者誰」，全書本作「肘懸斗大來」。

公官，母方，贈宜人。公生甫歲而方宜人卒，因育于母家。自少端静異群兒，嗜學。嘗病，目雖瞑，坐一室，指畫口吟無曠晷，故其學日進。長補諸生，久之，以萬曆甲午舉于鄉，再上公車，成戊戌進士。起家刑部主事，歷員外郎、郎中，凡十一年。所讞疑獄，如巨豪李二者，坐姦利殺人，無左驗，懸案不竟，已五年所矣。公一訊立決，起沉尸視傷，狀如新創也，諸司傳以爲神。李素雄于貲，能奔走權要人，權要人多爲之請間，公屹不動也。其持法理枉無所回撓多稱是。出爲福建參政，道由漕河，舟子與漕卒鬨而誤斃一卒，公坐是左遷，補祁州知州。居二年，政聲著三輔間，復入爲刑部郎。公既久于法曹，曉暢律意，而本之以矜慎，故所治獄率麗于平。

會妄男子張差持梃入青宮，所當闔者輒仆，群起縛之，下法司訊，公適主曹判。時貞皇帝在青宮久違問視，而福藩母鄭貴妃日有寵于皇祖，宵人乘之數進蜚語，窺禁中事，二三柄事者又坐戚畹往還，率多觀望。于是臺臣劉廷元有瘋顛之説，而主事王君之寀窮治差，頗得其交通内官狀，詞連戚畹鄭國泰，坐以主使，請劍甚力。公乃颺言于朝曰：「何物姦徒闌入禁庭，洵有主之者，然執内豎龐保、劉成，而城社膽落矣。縱姦則下疑朝士，株引則上疑宫闈，疑而事愈有不可知者。」因亟定爰書以上，報可。于是皇祖宣貞皇帝于青宮，奉聖母同御便殿見群臣，諭以兩宮慈孝無間，意甚切至，人心乃安。一時清議諸臣猶鰓鰓爲國本計，爭祖王説，與倡言瘋顛者水火益甚。明年大計，王削籍，諸邪臣益用事，馴至魏璫借其説以定《要典》。會王召用爲刑部侍郎，尋罷歸，逮死詔獄，天下冤之，而公亦遂罹清議矣。蓋公持論類調停，坐遇雨之嫌，爲王疏所摘，方王起召用，公亦自劾，罷刑部郎歸。既而邪黨用事，搆殺王君，諸夤緣爲姦者，次第彈冠登要津，獨公以刑部郎家居如故。迨今上龍興，諸姦亦次第服辜，卒無有引繩公者，而公以刑部郎家居又如故。異時公車追訟之言曰：「調停之與請劍，議本相成，特惡其以黨姦爲調停，至倡大東之説，敢于叛君父而不顧也。」懿哉斯言，已足以白公矣。始公既斷梃擊事，以外艱去，又起補原官，平囚江南，所縱舍矜疑數十百人。時張太宰問達頗知公，欲引用公，不果。公固未嘗數數也。

公爲人簡素，居長安二十年，率敝裘羸馬，官舍蕭然。與人落落不苟合，至當大任決大疑，輒不動聲色得之。予通籍後公三年，與公同朝，每望見公，穆如清風，自顧以爲不可及。既而出處時相左，而公亦竟以前議，不克竟其用，惜哉！會公既歿之三年，其嗣孫重慶將葬公于某之陽，而以其年家子馮水部君之《狀》來請予誌，予辭不文。乃重慶從予遊有日，必假予言以爲重也，因爲據其大者書之，系以銘。

銘曰：此侃侃而争者，君子之朋，何不附以矜名？彼炎炎而勝者，小人之勢，亦不乘以射利。臣筆如山，臣心如砥，曰臣二十年爲郎，不負爽鳩氏。嗚呼！庶以永而來祉。

奉政大夫南京吏部文選清吏司郎中醒涵臧公暨配誥封安人吴氏合葬墓誌銘

吾友丁長孺先生，負一世人倫鑒，不輕許可，晚于懿戚中得二臧，伯曰存涵，仲曰醒涵，時以學問文章相切劘，並成國器，因舉示予曰：「此吾鄉後起之彥也。」尤亟推其仲云。比予過苕，獲接二君子，皆相視莫逆。予私識之曰：「伯也當以經濟顯，仲也當以志節著。」無何，存涵起家大行，捐館矣；醒涵則自大行稍遷南銓郎，後伯不數年亦捐館。平日所期經濟、志節，或酬或不酬，即酬者十不一二，因念天之生才既不偶，而又往往成之難，而奪之易如此，悲夫！仲氏既卒之二年，厥配吳安人亦卒，又七年，嗣子基辰始以其季父照如之《狀》請誌于予，以待葬，曰：「惟茲墓門之石以知己之賜。」予乃憮然，讀其狀而節略書之。❶

按，公諱照如，❷字明遠，醒涵其別號也。臧爲長興望族，其先徙自無錫，自公而上逮始遷者，凡十七世。而近世七葉相仍，皆顯于科第。公之考靜涵公，歷官廣西僉事，公又與其伯並舉南宮，一時以爲盛事。公由萬曆己酉舉應天鄉試，越丙辰，以南宮高第成進士。連丁僉憲公及母沈宜人憂，服闋，猶毀瘠久之。熹廟改元，辛酉，謁選行人，歷崇禎戊辰今上改元，轉南京吏部文選司主事，尋晉郎中。己巳，給假還里，竟以病卒，年五十有一。君子惜之。郡士人因上公品行于學使者，請祀鄉賢云。

公少負異資，讀書一目十行下，益攻苦自勵。爲諸生，即名噪一時，顧獨有志于聖賢之學。嘗揭夏正夫先生三言于壁曰：「此生不學，一可惜；此日閒過，二可惜；此身一敗，三可惜。」識者以此占公志操。時

❶ 「之」，原漫漶不清，據全書本補。
❷ 「按公諱照如」，原漫漶不清，據全書本補。

高忠憲倡道東林，當世方奉爲龍門，公心師之，而獨不喜事交游附貴勢，居恒處之落落。既總憲席，益引嫌。及忠憲從容蒙難之後，公乃拜墓登堂，執弟子禮而去，曰：「不負吾夙心也。」其立志較然如此。

公爲大行凡八年，四奉簡書，所至以廉幹稱。會逆閹魏忠賢亂政，大興鉤黨，誅不附己者，群姦心惡公，久不調。無何，有楊、左諸君子之獄，公于魏忠節同年，尤契厚，下獄之日，公已奉使節出都門，復滯其行而居停，其子學洢輒解橐中金以佐緩急，已，又毁産數百金助輸其所懸坐贓。及諸君子冤死，公又各爲文奠哭，聞者咋舌。忠節之難，獨周忠介締婚吴門，與公破産都下事最著，而忠介竟坐是以死，公偶不死耳。逆閹建祠都城，自府部而下無不輸助，公慨然謂諸僚曰：「此何等事，而碌碌隨人？」合署竟不行。當是時，舉朝附璫稱功頌德者徧天下，岌岌勸進，而獨公一人正色山立，以散僚著臣節，終始不移，則公之幸而不死，亦豈偶然已乎？今上御極誅閹，方次第録用諸舊德，而秉事者猶閹私人，忌公居言路，遂得南銓以去。臨發，念職猶在進賢退不肖，關中興大計，因兩上書言國是，反覆邪正是非之辨，若遣戍之孫公慎行、削奪之文公震孟，擬辟之惠公世揚，皆出之萋菲中，并齒及予，而若某某爲一時遺姦，公又摘發之，公論翕然歸公。時方擬公北銓矣，忌公者後先接踵，亟晉公郎中。故事，北銓無以正郎改故也。公重忤柄臣，卒不爲宵小容，其立朝風節類如此。此予所謂志節之一班也。

公嘗建宗祠，立義學以收族，又分宅卹孤，爰及親知。脱驂解綈，動有古人風，至或操數百金乞公一竿牘不可得，曰：「恨吾心不青天白日，致疑乃爾。」亦足以觀公之微矣。所著有《五經註疏》、《諸司典則》及詩文若干卷，藏于家。配吴安人，出自華族，亦有賢行。方沈宜人病亟，安人刲股以進，人稱其孝。年踰壯，無子，爲公進二室，後生一子，即基辰，顧復備至，不自知其非所出也。公生于萬曆己卯，安人先公生二年，爲萬曆丁丑，而年得五十五。其合葬也，以某年月日，兆在某里。其世系子孫婚配詳《狀》中。

嗚呼！以公之志而得要其終，以遠且大。迨于今日，時事瀕危，何啻孤棟之依明堂！往者聖明初政，天下想望治平，乃自先朝崇長中涓以來，宵人氣類剪而復蔓，日浸月長，釀成空國之禍。❶又有不止于前日者，而公已矣。試問公異時所推轂賢士大夫竟安在？九齡老矣，韓休病矣，獨愧予鹿鹿容容，躑躅老病之間，以負知己，予能無餘慨也乎？系之銘。

銘曰：古人三可惜，惟公服之無斁。此生此學，與此日迫，以律此身，粹然完璧。惜此世道，陽九孔阸。矢公之志，未竟公德。公所自惜者，百年已往，而其爲世道惜者，亦吾黨之責。公也慰諸，勒此金石。

諫議大夫原任工科右給事中聚洲王公墓誌銘

諫議公既没之七年，而其嗣子開以范尚賓之《狀》來請誌于予，予既辱公同籍，且同志寥寥，吾黨晨星盡矣，予而不誌公，又

❶「月長釀成空國之禍」，原漫漶不清，據全書本補。

誰爲公誌者？

公諱元翰，字伯舉，別號聚洲。先世鳳陽人，自鳳陽徙滇，則始祖珊也。當高皇帝時，從征六詔有功，授世官于滇，遂家焉。而厥後子孫散處他郡邑，已没滅不傳，獨其家于臨安之寧州，近而可紀者曰機、曰暹、曰鋭、曰絅，遞傳及寀，是爲贈公。自贈公而上，皆隱于農畝，而絅以行誼著于鄉，至贈公奮起諸生，益磊落負奇氣，王氏之興有自來矣。配黄孺人，生公，有異徵，年十四，補諸生，時雖童子，已傑然恥爲凡兒。萬曆戊子舉于鄉，即丁贈公憂。當贈公病革，公籲天請代，刲股以進，人稱其孝。屢上公車。戊戌，署竹溪教諭。辛丑，成進士，選庶吉士。

公氣骨英勁，雖讀書中秘，輒感慨天下事，不屑隨世以就功名，因出爲吏科給事中。七閲月，轉工科右給事中，領巡視厰庫。時神廟方深拱不視事，秉政者以養交持禄爲得計，轉相授受，群邪附之，致正人日落，舉世不知有清議久矣。公慨然曰：「與其披鱗，無寧借劍。」❶會沈四民被言乞歸，輒援王山陰自解，公劾其誣善行私，顛倒溷爚，既而沈歸德並罷，舉朝愕然。公獨上疏争，謂：「鯉賢，不當與一貫並罷，皇上一日罷兩閣臣，其當罷與否，舉朝知之，而不敢爲鯉伸一辭。夫是非可否，能使舉朝不敢言，皇上不得聞，大非有國者之福。」不報。四明去，吾鄉朱文懿當國，援李晉江，公又上疏争，謂廷機「無相識、無相才、無相

❶「公慨然」至「寧借劒」，全書本作「公首列五事以獻，一謹法令，二專會推，三慎名器，四廣賜環，五嚴奏辦」。

度，徒小廉小勤、似忠似信，竊取大柄，他日必至僨轅」，至引安石禍宋以喻，前後三四上，語多切直。其後晉江遽出綸扉，待玦者踰年而去。

公又念時事之日非也，上疏極諫，列可痛哭者八事。❶復因災異疏論脅燮理無狀，比周一貫、廷機，驅除正人汪若霖、姜士昌、宋燾等，即賢如鄒元標、顧憲成、趙南星、高攀龍、錢一本、方孔昭、逯中立、薛敷教、于玉立、劉元珍、龐時雍、王士騏、黄正賓等皆不得大用，傷割天心。及兵部尚書蕭大亨贓穢如山，左副都御史詹沂柔媚無骨，户部尚書趙世卿末路回邪，均宜罷斥，以應古者災異策免之例。❷當是時，公直聲震中外，數十年小人營窟，賴公摧鋒力抵，幾幾乎勝之，而國是小定。其他建白，皆通達國體。至摘晉江私通建寇，自取辱國一事，其論尤偉，詳在國史。

公益自負，一往不反，顧在省三年，積數十萬言，朝士視公足左右爲榮辱。于是

❶「事」下，全書本有「一，閣員不補，人失心膂，厥疾狂；一，九卿不備員，强半署篆外，而監司、知府莫不皆然，人失股肱，厥疾痿；一，南北臺省寥寥，巡方日久，報代無人，人失耳目，厥疾聾瞽；一，廢籍諸臣，淪落有年，壯者老，老者死，人之云亡，邦其殄瘁；一，内備全虚，九邊缺餉至八十餘萬，京營十餘萬卒皆以空籍耗實糧，安備緩急；一，臺省封事，一切留中，言路斷絶；一，榷稅之使遍天下，民間賣子鬻妻以供無厭誅求，怨氣通天；一，郊廟朝講日久不親，皇太子講讀經年不舉。凡此皆足以致亂，亟請皇上下詔罪己，如輪臺奉天故事。已」一百九十四字。

❷「例」下，全書本有「又因會推冢卿，參大亨及南兵部尚書孫鑛；因會推吏、禮二卿，參詞臣黄汝良、全天敘；又特參遼東巡撫趙揖開釁生事，貴州巡撫郭子章開釁土司，及兩廣總督戴耀、福建巡撫徐學聚頑鈍汙穢；又疏參同官及臺員之敗群者，前後皆留中不報。」九十四字。

小人人人自危，日思所以中公矣。一日，詞林湯賓尹者，託其私人進結于公，爲大拜地，公故不應，其人怏怏去。省中王紹徽尤恨公切骨，與其私人日夜謀，遂揑公廠庫贓及暮夜之金至百餘萬，嗾御史鄭繼芳發之，百足競起，公抗疏辨且詈，賴神廟心知公，皆弗問。公益憤憤，度無以自白，乃集五城司坊官役若干人于正陽門，出其行李十餘擡，家屬肩輿五乘，衆白之，而公則向闕叩頭痛哭，曰：「臣無能簪筆事陛下矣。」遂掛冠出都門。于是南北臺省交章訟公冤，而銓曹竟以擅離職守，降公刑部檢校。辛亥大計，遂列公浮躁。公之視廠庫也，數上條陳，計所以節虛冒衈商民者百方，且連章參剥商中官楊致中、李進忠、吴進、王道等，請逮問追贓，至諸閹切齒。亦造蜚語中公。嗚呼！墨者如是乎？

公去國十五年而熹廟御極，趙忠毅出爲吏部尚書，乃起公湖廣按察司知事。明年甲子，晉工部主事。未幾，逆閹魏忠賢竊國柄，逐忠毅去，御史張訥并論公，奉旨閑住，而向之讐公者争起而附閹，據大位，王紹徽等復理贓欵讕詞，兩疏論公，必殺公爲快，遂奉旨削奪。又二年，今上繼統，首誅閹，及其黨皆罹刑書，一時衆正彈冠，而公獨爲冢卿王永光所扼，不得召。公曰：「已矣，吾其汶汶以没齒乎！」因上書自理：「臣二十年孤踪，前後爲小人所錮。而張訥者復參臣以東林黨，臣與顧憲成諸臣師友聲氣，何黨之有？君子以同道爲朋，小人以同惡相濟。君天下者弗問黨之有無，當辨人之邪正。」永光益惡之，遂報罷。其後有薦公者，會己巳之變，不果行，而公已無意于世矣。越四年，病卒。

初，公之去國也，既罄身以自白，而言者未已，公以是不敢遽歸滇，携其家僑寓蘇門。言者復謂輝縣腴田半入其手，公乃去輝南下。所至士大夫皆匿影引避，若將凂者，獨年友劉静之逆諸河滸而勞曰：「知子有今日久矣。」因相與渡江謁顧端文諸君子定交，講性命之學，意爽然自失也。歲餘歸滇，既拜工部之命，行次江陵，遭錮，力不能返滇，浮江而下，暫止真州。旋入吾浙，變姓名，匿西湖中，訪予山陰道上。黨禁解，還真州。已巳，自真如金陵，爲投老計，遂卒于金陵。

而公自被放以來，所至輒縱情山水。東躡岱峰，西窮華巔、中條，歷少室、嵩高，南入吴、會，渡錢塘，泛東海，禮普陀大士，還過金、焦，滯武陵，問桃源、善德之奇，出巴蜀，上峩眉，登其絶頂，飄然有遺世之想。還滇十餘年，出没大華、昆池間，遠及點蒼、雞足、洱海，無不窮其勝概，皆有記有詩。常曰：「吾平生以山水爲家，緣道義爲知己，持此自老，足矣。」臨没，槖無餘錢，賴尚寶諸君之義以成殮。至是，百餘萬贓跡竟歸無是公，而公亦可以死矣。悲夫！

予因追念公一生出處之際，有不勝其感慨者。國家自神廟之季，黨論方興，小人潝訿高張，變白爲黑，正人君子之禍，至熹廟而極。蔓延迄于今日，玄黄戰而愈雜，天日朗而更晦，國事至此，有莫知所税駕者。而公實以其身周旋于四朝之際，每仰天發憤曰：「吾進之不得與忠介輩暫慶彈冠，退之不得與忠憲輩同歸化碧，而猥被黨人之名。黨乎？黨乎？」予聞而傷之。朋黨之禍，君子見詘于小人固也，猶幸吾爲君子耳。獨公并疑君子。辛亥之察，孫太宰丕揚、曹吏垣于汴，皆借公以謝小人，平夙怨，而御史史記事復下石焉，故小人益得憑陵公。蜚語悠悠終其身，流布海内，每鼎革之際，語及公，輒擬議而不敢進，雖吾黨猶然，卒使公躑躅于東西南北、荒嵐野水之間以死。迨公死，而公心乃白。公之品，磊磊乎揭日月而行，舉天下知爲先朝名諍臣，有功于世道不小也。悲夫！

公卒于崇禎癸酉，年六十有九。配趙孺人，側室陸氏，生一子，即開，應天府學生，英毅有父風。而公即葬于江寧之太白鄉，遂稱江寧寓賢。後之君子，亦尚有以論公世云。系以銘。

銘曰：何來乎天一方？東西南北，山水清狂。死即埋我，樂彼帝鄉。何以殉之？諫草如霜。何以永之？知己徬徨。梁溪一席足千古，不願芳名齊李杜。❶

誥贈資政大夫兵部尚書原任南京刑部浙江司郎中文源李公墓誌銘

今皇帝御極之十有二年，時艱瀕亟，流氛徧豫、楚，震及陪京。念無爲之綏靖者，于是特詔起吉水李司馬于陪京，凡所以爲根本計，至深遠也。時司馬尊人文源公，年將九十矣，再疏請終養，不獲命，公乃謂司馬曰：「老臣義不忘國卹，而乃以老臣故戀戀家園，養志之謂何？藉而不就，咎在老臣。而行矣，吾其偕往。」于是司馬奉公以行，公體與神康，笑談甚適，留三月，思歸，

❶「山水清狂」至「齊李杜」，全書本作「視儉逃亡。死而托於二三子之手，無寧死於故鄉。冀余心之耿耿，聊不媿吾膺滂。梁溪有席近相望，旅魂飄飄庸何傷」。

歸而司馬仍再申前請，不報。無何，訃音至矣。司馬痛絶，徒跣奔喪，以不得視含殮爲恨，識者曰：「天下喪亂，忠孝道虧，勢不得兩遂，獨公能以子之孝成臣之忠，則非太公之教不及此。」❶君子謂是父是子，洵能相與以有成也。宗周請遂因而尚論公。

方司馬爲臺郎時，國是日非，玄黄未判，其黠者往往墮小人之窟而不知，獨司馬蚤見，爲衆正指南，而異己者百計咻之，又遺書公咻之，司馬弗顧也。頃之，公以南國子學博報最入都，見長安縉紳情態曉然，謂司馬曰：「始吾虞子錯趾，今乃如是。毁譽何常，功名數定，守正而行，即以賈禍，吾亦何憾乎！」司馬得之，志益堅。既而群邪得路，不利于吾黨，會司馬方按浙，公遺書曰：「磽磽易折，盍去諸？吾亦從此休矣。」司馬遂去浙。明年京計，司馬外調，復以餘罰及公，公恬然安之，而司馬引罪不已，公曰：「吾乃不能爲孟博母乎？」公坐是終身不起。司馬一起，輒報罷，至以身之進退爲世道汙隆者垂四十年，大抵公啓之也。始公偕司馬同舉于鄉，年已遲暮矣，而素操卓然，雖一衣一履不苟且，謂司馬曰：「世人以科名爲金穴，一日得志，美服御，盛騶從，至不惜妄取以逞志，終身敗壞，實在于此。而其務淡薄爲師，以堅忍筋骨，異時或膺事任，庶可上報國恩。」司馬奉命惟謹。鄒忠介聞而喜曰：「不意前輩素風，乃見君家父子。」則司馬一生樹立，固有素矣。

公居恒謂司馬輩曰：「古人言『行不愧

❶「此」下，全書本有「而余則謂，司馬此出，頗係中外之望，即在事不久，諸所擘畫，已足爲國家固根本，遏亂略，功在世道，則太公所恃以瞑云。賢哉太公！賢哉司馬」五十四字。

影,寢不愧衾』,今世學者每易視之,及徐觀其所爲,有不可以對朋友、質妻孥者,小子戒之。須從幽獨中細加檢點,無嘵嘵欺人。」又曰:「吾自少至老,未嘗一日不在戰兢中,從善如登,須時時刻勵操持,一息少懈,墮落何等!」他日見學者言良知,則曰:「天下豈有見成良知? 今人直説得本體如澄潭止水,乃利欲攻取,敗名喪德,不知所知何物? 鏡自有光,塵垢翳之,不務刮磨,而曰鏡不受翳,吾不信也。」或言及鬼神事,則曰:「君子修之吉,小人悖之凶。吉凶不在天也。如晝無妄營,夜夢亦清,一事仁義,終身欣慰,此非即吉乎? 小人肆行滅理,無所不至,即塗飾甚工,人不及知,每到屬纊時,怨家冤魂歷歷在目。豈真有鬼? 心自爲耳。」其他格言不能盡載。公其學焉而知道者與! 乃者司馬方以忠介淵源振鐸仁文之堂,爲士類景從,率本之公指,君子以是知公之善教也。

公少而孤,奉其母夫人盡懽。遭家中葉,鋭志力學,學成,九試始以萬曆庚子售。甲辰,就廣德州學正。戊申,遷國子博士。壬子,量移大理評事,改刑部浙江司主事,晉郎中,皆南京冷署,少所建明。而其在廣德也,遇諸生如其親子弟,勤勤督課,未嘗有倦。諸生有以細故開詿誤于上官者,公必爲原情解之。直指使者行部廣德,與前守某有私議,欲祀名宦,公按守在官無狀,持不可,曰:「公論出于學校,吾其敢以一官辱瞽宗大典?」事竟寢,直指恚甚,削其薦剡。其在刑部時,有叔侄争産累訟不決者,公特廉其交搆者懲之,徐諭以天性,語尤剴切,各悔悟,相持一慟以讓終,人服其德化。保定劉督撫某之子,詐爲其同鄉官省郎者，郵符往來南都，事覺，爲省郎所執，送法司。時省郎勢張甚，督撫遂請殺此子以謝省郎，公謂：「父子天性，何遽乃爾？況所坐不至是。」其子懼，遂逃去。省郎抗疏劾公骫法，公曰：「殺人媚人，吾弗爲也。」頃之，其子復來，卒擬城旦，省郎以此見擿于時，而皆稱公爲長者。其他折衷情法，往往類是。

公性醇實，居恒議論多本之平恕，至臨大義、決大閑，則凛然不可犯。取予進退之際，斤斤如也。或勸之稍貶以要榮，則曰：「與其捷競，無寧鈍處。」故前後在南都，皆報最不調。既罷歸，惟日以誦讀，課其子孫，而公亦手一編，如經生，有以自樂也。不治生産，不邇聲色，雖登臨山水之興，未嘗數數然。亦不喜著書，大都歸之質行。跡公一生，自樹允矣。前輩典型，亦足託于世，稱不朽云。

公諱廷諫，字信卿，文源其别號也。仕終刑部郎中，晚以司馬貴累封兵部尚書，階資政大夫。配周氏，繼劉氏、萬氏，周、萬皆以公比部考滿，封安人，又偕公封，進夫人。考秀以公貴贈刑部浙江司主事，晉贈如公官。妣周氏歷封同考。先世出自唐忠武西平郡王晟，凡四傳至始祖唐，始占籍吉水，又四十傳于今，世爲吉水鼎族，至司馬益大。子男五人，長即司馬邦華；次邦英，曲靖府推官；次邦藻，邑諸生；次邦著，拔貢生；次邦蔚，邑廩生。孫男十五人，孫女十一人。諸子姓婚媾備《狀》中。公生于嘉靖癸丑，卒于崇禎辛巳，享年八十有八，以無疾考終。其葬也，以某年月日，墓在玄潭松林塘，附十三世祖妣鄧氏側。先是，司馬既奔喪，即陳情請卹，例得祭葬，司馬不遠數千里使命持《狀》，乞言于舊治宗周。宗周遂節其大者，書之貞珉，以示天下之爲人臣子，使得有所觀法焉。復系之以銘。

銘曰：鬱彼林塘，闕宫有姜。文江之源，大忠孔揚。卜世卜年，再啓新疆。是曰聞孫，生而徵祥。箕裘不替，聯武頡頏。横經振譽，洊歷曹郎。閶闔執法，白首馮唐。❶景運嗣新，象賢彌光。一命再命，三命循牆。以其教忠，媢兹明工。以其治孝，將父則遑。奕奕留樞，綱紀四方。爲宗社金湯，惟厥考肯堂。豐碑載銘，庶有俟于旂常。

❶「唐」下，全書本有「盈虚消息，與時偕臧」八字。

劉蕺山先生集卷二十

墓誌銘下

大中丞張浮峰先生暨配胡淑人合葬墓誌銘

大中丞浮峰張先生卒將八十年，而其聞孫孔時氏始以窀中之石請銘于予。蓋前此先生卜葬未定也，方伯公方逡巡有待，以迄于今，而孔時乃修厥曠典，自非當世尚論君子不足以與于斯，而予豈其人哉？然予既辱交孔時有年，竊有聞于陽明先生師友淵源之際，不禁其向往之私，有不容已于論著者。

蓋先生固文成高弟子也。文成以良知之説教天下，一洗學者訓詁支離之習，返之踐履，而要歸于當念，卓然孔孟之旨也。乃學焉者往往不得其説，動求之狂慧，不免轉增玄解，解愈玄而知之良愈晦，浸淫趨于邪説，下者仍不離訓詁而已。文成在日，目擊及門之士，固已知其不免，明示詆訶，獨横山、東郭、中離數君子，佩其師説不忘，而在越復有先生云。文成常曰：「吾門不乏慧辨士，至于真切純篤，無如叔謙。」叔謙，先生字，則先生之學于文成可知也。居恒每謂學者曰：「孔子之道，一以貫之；孟子之道，萬物我備；良知之説如是而已。」又曰：「學先立志，不學爲聖人，非志也；聖人之學在戒懼謹獨，不如是爲學，非學也。」其發明師旨類如是。

迨文成没，而慧辨之業日新月盛，先生獨以反躬鞭辟卓立其間，使後學有所持循，則良知宗旨傳之至今，不盡爲邪説所蝕，先生力也。先生宦轍，前後在江西最久，政事之暇，日與東郭、念庵、洛村、楓潭諸公聯講會，以訂證文成之學，因闢「正學書院」于省，會群彦士而修業焉。先生歲時進考其成，喁喁如也，異時名世鉅儒多出其中。已又建「懷玉書院」于信州，以處湖東諸郡士，且特迎龍溪、緒山兩先生遞主講席，江右宗風丕振。遂留緒山，卒文成年譜之役，相與上下其議論，踰年而竣。先生之有功于師門如此。

先生有至性，甫二週而喪考郡守公，輒知哀慕，飲食居止異常時。年十六自塾歸，猝逢虎患，傷其臂，神色不渝，識者知其氣量。及既登文成之門，篤信其師説而力行之，大端以戒懼爲入門，而一意求諸踐履。服事母唐恭人，終身孺慕不衰，閨門雍肅。服官蒞政，所至有建明，不愧其學，同門之士稱純粹似伯淳，篤誠似君實云。晚年見地益高，嘗揭座隅曰：「惟有主，則天地萬物自我而立；必無私，斯上下四旁咸得其平。」亦足窺先生所至。所著語録及文集若干卷。殁，祀瞽宗，又陪祀文成于天真於越。允矣！其有光于吾道也。

先生諱元冲，世家山陰白魚潭里。自皇考少參公以來，累世簪纓，爲於越鼎族。先生弱冠舉于鄉，五上公車，登嘉靖戊戌進士。筮仕中書舍人，改吏科給事中。疏論分宜入相，謂其心術不光，不宜在天子左右，分宜憾之。又疏罷中官之遺織造者，遷工科都給事中。時世廟方事玄修，居齋宫日久，先生數以視朝請，不報。同時言事者禍不測，咸爲先生危之，弗顧也。頃之，出爲江西參政，晉廣東按察使。視海道，縛海賊徐碧溪、何亞八，敘功賜白金。大計，考天下第一。丁母唐恭人憂，服闋，補江西右布政，轉左，尋以都察院右副都御史巡撫江西。會閩中流賊犯境，勢披猖，先生疏請旗牌行便宜，命將出師，日以斬獲聞，餘黨方次第授首，而汪副使出戰，忽爲賊所戕。贛院被論落職，省中忌者復及先生，并奉旨回籍，公論爲不平，而先生處之怡然。代者未幾解兵事，乃追頌先生云。

先生歸二年，卒于里門，年六十有二。配胡氏，封孺人，以子方伯公貴，封太宜人。而孔時列《狀》，稱恭人佐夫子以恭儉，則成其令德；啓哲裔以義方，則世其家聲。悉而數之，其事上也敬，其御下也嚴，其接姻黨族里也惠而周，蓋内德之茂有如此者。享年若干而卒，斯足以徵先生刑于之化也。子一，即方伯公一坤，而孔時則仲孫鎡，晉府左長史，皆世其家學。其他詳《狀》中。先生生于弘治壬戌，卒于嘉靖癸亥，恭人生于弘治丙寅，卒于萬曆乙酉。始方伯公葬先生于麟寶山，越若干年而孔時卜之不吉，乃以某年月日改葬先生于秦望山之陰某山，恭人合焉，是爲浮峰先生合葬墓。始先生讀書浮峰寺，文成顧而登其巔曰：「此山卓絶不群，叔謙似之。」爲題「浮峰書室」而去，故學者遂稱浮峰先生。

銘曰：浮峰高高不可極，何年聳出神鰲脊？崑崙一氣於焉息，❶溟渤流沙盡揮斥。蓬萊之島洞天側，朝宗遠近培塿匹。惟有浮峰立如壁，傍睨恍惚争辟易。豈知

❶「崑崙一氣於焉息」，全書本作「遥遥祖自崑崙脉」。

平地無奇特，實者其履虚者識。合下良知獨爲則，淵源紫陽相羽翼。終古靈光且不蝕，秦碑夏簡遺文寂。紫氣還浮讀書室。

徵士印臺章公墓誌銘

予少孤，養于外家，年十七從塾師，假館于印臺公。予于公中表行，而公已儼然前輩，不敢進而論席硯交，間聆其言論風采，未嘗不望以爲天下長者。既謝去，稍稍闊踈於公，而公名德日積而施于鄉，予過母黨詢人物，無不首屈指公者。無何，公遂以仲子巚委禽予女，益習公平生。及公殁，而公諸子持公《狀》以乞予，隧道之銘，予何能辭！

公章氏，諱懷德，字天成，印臺其别號也。世家會稽偁山里，代有令人，科名爵位，炳朗三朝，而以德行稱者，于今則推徵君焉。始公以諸生進胄監，需次日久，謝去。晚由廷臣應詔薦公有治郡材，被徵不起，終老于家，故稱徵君云。公考静齋公蚤世，公進承其大父少參公，修趨庭之業，顧不屑章句，而惟謹身飭行以敦儒風，期不墮少參公箕裘而已。少參公宦槖不踰中人，公力佐以儉約，且耕且讀，迨少參公殁，而公竟起家至素封。予每見近世士大夫以墨著者，輒不及一傳而敗，少參公之所遺子孫者戔戔耳，而獨能取償于今日，蓋世德相承，服禮秉度之效，非徒居積致然也。少參公繼配董夫人，生子英，少公十齡，而公事之如嚴父。析産之日，惟董夫人指，已又掖英起家行業，與公埒，世以爲難。又推以及里黨貧乏者，多待公舉火，絶無沾沾市恩意。與人無競，而中實介然不爽涇渭，與之謀必盡其心，動鮮敗績，論事尤有遠識，故人皆不忍欺公，亦不能售以欺也。間有匄貸負公者，公視其力不任，輒焚券而已。以是公終身不投牒官府，雖處殷盛，門庭闃如。嘗於元旦啓門獲盜者，即其逋佃客也，跪而請曰：「久負公德，故自縛來謝耳。」公曰：「勞苦爾。」亟飲之酒而遺之，命佃如故。其好行其德類如是，或方之陳仲弓云。

公雖終老儒生，守耕桑以爲業，聲施不出鄉里，而寬足以得衆，辨足以知人，廉足以鎮物，慎足以當機。令得筦郡邑符，一展其所藴蓄，功名豈遽出龔、黄下？漢世得人多取之孝弟力田、賢良方正諸科，公實無愧焉。今上鋭志中興，將罷科舉，行古初制，而公竟以石隱終，蓋是時公年已老矣。海内被徵者，若而人輒續食公車，無所表見，致以虚聲詬處士，竟格薦舉，行科舉如故。人多思公者。臨殁，謂諸子曰：「古人積德，如耳鳴自聞，近名何爲？」又曰：「信吾初心即是善行，有意爲善，喪厥善矣。」公内行尤醇備，詳載章爰發所爲《傳》中。

公生于某年月日，卒于某年月日，享年七十有二。以某年月日，舉葬于某里。初娶袁氏，生子黼，太學生；繼倪氏，生子某某，皆邑諸生，其婚嫁皆士族。少參公諱禮，世所稱稷峰先生，以經術盛鳴海内者也。系之銘。

銘曰：信爾心，成爾行，積爾德，韜爾名。耳薨薨，達帝廷。月旦孚，賢良徵，公不起，薄樊英。吁嗟乎！士以徵重兮，抑還以士輕？❶後有作者，式公平生。

❶「士輕」，全書本作「人重徵」。

特進左柱國少師兵部尚書都察院右都御史總督貴湖川雲廣五省軍務兼巡撫貴州等處地方恒岳朱公墓誌銘

鄉前輩恒岳朱公，自辭學政家居，足跡未嘗入城府。宗周無由一奉顏色，接其緒論，居恒心儀公廉靖長者，當坐至公卿，未必盡了天下事。既而公起隴西，歷蜀右左轄，擢巡撫總督，控制西南，所至平大難、策大勳，始知公之才有大過人者。當祖宗全盛時，聲靈震讋四海，猶不能靖安南，至麓川之役，糜敝天下十年，僅博中國一大縣，而當事者猶徼封侯賞，至今有遺議焉。以公而觀，竟如何者？蓋時事至今日而難言矣。

自邊事告警以來，海内騷然，蜀中遂有奢酋之變。奢酋者，苗屬也，世居藺州，爲蜀外徼，與黔徼安氏爲界，皆爵宣慰，而世相讐殺，雄長于諸司。天啓辛酉，奢崇明以應調出兵重慶，乘釁賊殺督撫以下各官，遂據重慶，一呼得二十萬衆，分道進成都，所過郡縣望風瓦解。時公先以左轄入覲就道矣，省會無主，勢洶洶，蜀王亟率士民出東門，遮道留公，公慨然曰：「事不避難，臣之職也。」立返旆治兵爲守禦計，約二十餘日得勝兵七千，佐以鄉勇，而賊已薄城下。公出誓衆曰：「必致死，無二心。」衆皆感泣，遂登陴，❶分屯四門。賊百計仰攻不得利，乘賊懈，直闖賊營，揉之斬馘千餘，生擒賊目數人，因得賊中要領。一日，盡搜城内間諜，誅殺二百人，出示賊，益出奇用間，多方

❶「陴」，原爲墨丁，據全書本補。

以誤之，而賊將羅乾象來歸，賊計始窮，有退志。我兵漸出營城外，每接戰，公輒當陣前，矢石如雨而目不瞬，諸將感奮，殊死戰。久之，援兵大集，戰益急，賊乃潰奔。越明年正月，成都之圍凡百日而解，公始得巡撫報矣。賊退至叙州，復合攻城，公以大兵倍道逐之，又先勑所過郡縣截其歸路，所殺傷過當，賊前後死者數萬人。乘勝逐北，定叙州，復重慶，斬其驍將樊龍，賊乃渡瀘水去，會餉乏，不及窮追。又明年三月，加公兵部侍郎，總督川、湖、陝西。七月，遂入藺州，清其巢穴，拓地千餘里。公因請以外四百里膏腴地隸永寧衛，内四百里蠻瘴之鄉分給各降將，使世爲藩衛，詔從之。無何，安氏復反水西，至是，安、奢解讐，賊逃水西界上，互相脣齒，還擁衆掠藺，公勒兵敗走之。會黔撫覆没于大方，甲子，公出師遵義，爲黔聲援，晉兵部尚書。

時黔師屢衄，賊勢復張，廷議改公專征，賜尚方，移撫貴州，節制貴、川、雲、湖、廣五省軍務。公受命還鎮重慶，大治兵，分道並進，别用降將，招奢氏其親拍登等，斬崇明之子寅首來獻，寅最雄狡，寅誅而崇明益無能爲，公遂一意討水西。尋以父喪歸。公既歸，黔事大壞。己巳，仍起公貴州總督如故，安氏之亂于兹九年矣。公蒞事具陳從前所以坐敗之故，與之更始，首斷以戰爲撫，破一切欺罔之習。于是選將練兵，大懸賞格，募敢死士，招耕墾以資屯粒，爲久駐之計。而公復徧歷險隘，定營壘，因勢乘便，以規進止，遂會黔、滇、蜀三方之師進攻，各絶其犄角之路。公督大軍，駐六廣，逼大方，諜安兵有抵赤水者，令首將佯北以誘之，賊深入至永寧，大兵出其後奮擊，賊背腹不相顧，大潰，遂斬崇明及安邦彦等，餘賊竄匿。計一鼓殄之，而蜀將以争功故，拔營先歸，示以瑕隙。于時安位年幼，爲遠近諸種目所脅，復群起抗我師。公度水西，山溪險阻，霧瘴陰毒，不辨昏朝，難與力争，務以計困之。屯兵近地，相持百餘日，稍出游兵四面迭攻，漸蹙以進，焚其積窖，斷其樵牧，賊饑坐困，别將劉養鯤密遣人入大方，燒其宫室，安位大恐，乞降。公弗許，要以四事：一貶爵，二削水外六目之地歸朝廷，三獻故賊殺王巡撫者兇首，四開通畢節等驛路。位皆唯唯惟命，遂率首禍納欵。而黔人不樂罷兵，復起釁相讐殺，公立誅首亂數人，乃定。丙子，移師誅擺金、兩江、巴香、狼壩、火烘五洞叛苗，益剪水西羽翼。滇中沐氏土舍普名聲作亂，公會師討平之，名聲伏誅。蜀帥侯良柱貪横不法，公劾奏，有旨劾議，而侯以奧援行反噬，且修向者争功之隙，因指水西侵地齮齕公，謂公曲庇安氏，并奉旨行勘，坐誣。既而安位死，黔人復欲用兵，且搆老烏等酋叛黔以爲公罪，公一戰而定，仍以欵終。自此貴陽上下六衛及楚之清平、偏鎮四衛，計道里一千六百里，皆設亭障，通商旅，無竊發之虞。

方蜀事之初定也，諸將吏咸欲郡縣其地，公曰：「爾等徒自爲功，不爲疆域萬世計，輕言改設，釀釁異時，咎將誰諉？夫苗疆不可以中國之治治也，其地深箐而徼荒，其民鳥獸聚散耳。」力持不可，乃寢。諸將吏聞之，皆不喜，遂啓異日争功之端。及安氏之亂，公既以欵終，力寢郡縣之議，遂上奏曰：「臣惟邊徼雖安，不可忘戰，制寇之法，必先固本。水西自河以外六目九司之地，亦頗廣衍，今已悉入版圖。沿河要害，臣所築城三十有六所，近者控扼邊地，制出入，遠者聯滇、蜀，通商賈，皆立邸舍、繕郵亭、建倉廩，烟火相望，部曲相保，塹壘木譙，聯絡不絶，寇必不敢卒入爲禍。鴨池安庄，計河旁可耕之地，通溝洫者不下二千頃，事定之後，無慮常屯萬人，人賦水田二十畝，旱田六畝，稍益之使自贍，鹽酪芻茭出其中。諸將士皆身經數百戰，披草萊，立城郭，咸願得尺寸以長子孫，即割新疆授之，使知所勸。謹條便宜九事。不設郡縣，置軍衛，不易其俗，中外相安，一也；地益開墾，聚落日繁，經界既正，敵不得以民藉口不耕地，漸侵軼，二也；黔地險瘠，仰食于外，今自食其土，省轉輸之勞，三也；國用方匱，出太倉金錢以勞諸將不足，以爵酬之，爵轉輕，不若以地，于國無損，四也；既許世其土，各自立家，計經久永遠，爲折衝，五也；大小相維，輕重相制，無事易以安，有事易以使，六也；春夏治農，秋冬治兵，耀旗河上，揚威武，使寇不敢窺伺，七也；從兵食之便，願耕者給之，且耕且戍，衛所自實，八也；軍耕抵餉，民耕抵糧，以屯課耕，不拘其籍，以耕聚人，不世其征，使各樂其業，九也。臣布置有緒，昧死以聞。」其後蜀人争功不已，又欲得水西地以自廣，公復上奏曰：「臣惟禦邊之法，治以不治，既來則安，不專在攻取也。今水西既已納欵，殘藺安敢負固？惟當明定疆界，使諸酋自耕牧，遵往制，職貢賦，數世之利也。若設官屯兵，臣愚以爲不便。夫守邊者但聞扼險，不聞入險，此地陡臨賊穴，四面孤懸，中限河水，不利應接，築城守渡，轉運繁費，捐有用以資無用，且内激藺衆必死之鬭，外挑水西扼吭之嫌，兵端一開，未易卒止。如臣襲雷同忘本計，誇開疆闢土之功，此人臣一時之利，非疆埸之福也。」奏上，明詔詰責數四，公持議益堅。

及安位死，無嗣，朝議必欲用兵，郡縣之。公復奏，略曰：「水西各酋恃其險固，向阻聲教，今安位殄絶，疎族遠支紛然爭立。臣奉明詔一切禁止，聖威遠揚，有苗來賓，納土獻印，相繼于道。臣惟水西有宣慰之土，有各目之土，宣慰公土宜還朝廷，各目私土宜畀分守，籍其户口，征其賦税，殊俗内嚮，同於編氓。大方、西溪、谷里、比那，要害之地，築城戍兵，足以丕振國威，永銷反側。夫西南之境，皆荒服也，楊氏反播，奢氏反藺，安氏反水西。滇之定番，彈丸一州，爲長官司者十有七，二三百年未聞有反者，非他酋之好叛逆而定番之性忠順也，地大者跋扈之資，勢弱者保世之策也。今臣分水西之壤授諸酋長及有功漢人，咸俾世守，凡酋俗虐政苛斂，一切除之，使參用漢法，可爲長久計。」累詔可否，竟從公議。跡公前後條奏，真得古王者馭邊之策，動可以爲後世憲。當群議沸騰，貪功喜事之輩後先接踵，蠱惑朝論，致天子不難鐫公一官謝黔人，而公卒畢誠身任，不以利害毁譽動其心，決國家長久至計。倘公智不出此，爲西南宿禍本，中國之憂自此方大，此予所謂度越前人者也。

公爲人悃愊有識量，知人善任，人樂爲用。其用兵，謀定而後戰，尤善用間，因敗爲功，矢石之下，神氣愈閑，指揮不亂，至爲降將羅乾象搶首曰：「公，天人也，敢不爲公死乎？」後乾象屢立戰功。其禦邊一以恩信，未嘗妄殺一人，故所至爲人歸附，既殁，皆罷市巷哭。始公起隴西，以勦礦寇，至臨洮，行經首陽山下，遇一老人，與之談當世事，甚契，因載歸，授以奇門遁甲、六壬觀占諸書，盡得其術，故公尤長于占候。而内江有牟康民，隱者也，精術數之學，預卜西南有事，定之者朱公云。❶

公初釋褐，授大理評事，慮囚三晉，有囚某犯殊死，而豪力走權貴，公未出都門，有暮夜投金爲囚地者，公毅然却之。後按某坐殺多命，辭驗，公特疏論辟，事聞廷中，稱平。擢蘇州知府，清羨餘，慎刑獄，恤災傷，政務畢舉。又以暇集諸生，執經問業，風采卓然。擢廣東督學副使，瀕行，郡中以織造監激變，嘯聚數千人，將甘心于中貴人，諸大吏撫之不能定，公片言而解。在粤，❷力任風紀，謝一切請託。按使者林某累牘薦士，公却之，最後竟以二十人檄藩司，應試棘院，公不可，曰：「侵官非法。」仍榜其姓名于市，林恚甚，即誣公他事。朝論竟直公，謫御史。在粤六年，所拔多名士。及公告侍養，十年而再出，遷蜀右轄。時朝廷方以營造殿門，采木于蜀，積二十年，費帑數十萬，官吏坐瘐死者相望，而寸木未達于京師，責在右轄。公心疑其事，趨駕至涪州木廠，會官司，立第其上下而去取之，以其不中程者給商人爲道里費，以北進，五日而竣役。又清通省漏籍田若干畝，歲抵新餉七萬五千有奇，蜀人德之。及水西底定，即其地築城建堡，設公署，開荒、屯種諸役，

❶「云」下，全書本有「邇者海内用兵幾三十年，欲求公一戰一墨守、一勦一撫不可得。當是時，惜不及進用公，竟委之西南一局以老，然猶幸公專制西南，使縣官得并力中原，以有今日。而公以一身用舍係天下安危，抑豈其微哉！豈其微哉」八十五字。

❷「粤」，原作「奥」，據全書本改。

皆公身自經營，犂然可記，而費則取之公餘。公才之不可量如是。然居恒則事韜藏，謹繩墨，絶無岸異于人，識者以是愈窺公微。蓋嘗尚論公沉毅如魏公，忠誠如汾陽，練達如文饒，廉正如孝肅，而將略大類趙營平，允爲本朝經濟名臣冠冕，終愧予知公之晚也。

公諱爕元，字懋和，别號恒岳。世居山陰白洋里。始祖琛，以次子辛從龍功，世襲壽州衛千户，封武略將軍。長子昂，傳絅，四傳導，弘治壬子舉人，任内江知縣。五傳篪，正德庚辰進士，任監察御史。六傳京，七傳璘，配趙氏，生三子，而公其季也。公生神骨清異，識者早卜爲偉器。少讀書警敏，十歲能文，二十舉萬曆乙酉鄉試，成壬辰進士，累官至少師兼太子太師、兵部尚書、都察院右都御史。戊寅三月二十四日卒于官，祭葬如例，享年七十有三，距生嘉靖丙寅。配莊氏，封一品夫人，推恩三世，皆如公階。子男四人，長兆寧，以蔭功世襲錦衣衛指揮使，無嗣，次壽宜承襲；三兆憲，以水西功世襲錦衣衛指揮僉事；四兆宣，官生，任南京後府都事，婚配别詳。女一，適太學生祁象佳。賜塋在九里山，其葬也以某年月日。

銘曰：川嶽儲精，篤生人豪。東南巨鎮，禹穴胥濤。世爲才藪，有礜斯髦。❶我公崛起，參井之交。孤城一戰，如虎怒虓。席卷千里，深入不毛。討貳舍服，同歸覆幬。要荒之義，厥貢包茅。於昭聖武，不僭不慆。豐功大節，麟閣名高。臣寧不俟，臣

❶ 「髦」下，全書本有「桓桓新建，盟府載勞」八字。

職無逃。❶我思頗牧，中外建旄。九原可作，指揮蕭曹。❷爰勒斯銘，式歌以鐃。永爾萬年，惇史孔褒。

北渠章公暨配顧安人合葬墓誌銘

會稽章氏，予母族也。而北渠翁爲先外祖族叔，予太公行也。憶予少孤，依于章，已乃析翁舍而居之，奉翁父子間最久，是以知翁最悉。翁諱漸，字某，北渠其别號。父某，母某氏。世系出全城練氏，爲偁山里人。族最繁盛，代有顯者，而翁以窮約廢棄儒術。翁平生質重，敦尚孝義，里中稱爲長者。家故貧，稍稍貸貲，覿貨鄧林之材，走閩、歙、三衢間，終不徙業以老，然僅給饔飧而已。翁雖隱商賈中，未工壟斷也，翁既殁，諸子或耕，或仍父業，漸以起家。配顧安人，出上虞右族，與翁守寒約，椎作備嘗，晚而佐諸子起家，後翁十年而殁。先是，翁得疾，危甚，安人露禱，請以身代，度不可，則刲股和藥而進之，疾遂瘳，里人頌之。安人殁，諸子後喪踰前喪，哀毁骨立。叔子天祚素食三年，既免喪，思父母不置，木刻二像奉於龕，盥櫛起居如平生，出入必告，有事必卜，吉而後行。宗周聞而嗟異之，禮失而求之野矣。世傳丁蘭刻木，疑不必有是事，何意得之翁子哉！抑亦與安人刲股事後先相感者與！其事近愚，而其心無所爲而爲，亦匹夫匹婦之至性也，斯二者胥足以勸矣。宗周感其事，爲翁志之墓石。

❶「逃」下，全書本有「兵事利害，孰爲解嘲？允矣前修，撫田擒濠」十六字。

❷「曹」下，全書本有「豈惟才難，器則斗筲。三公易養，暮夜徵操。公功取斯，舉世滔滔」二十四字。

翁生四子，長某，娶某氏，次某，次某，次某。翁生于某年，卒于某年，享年若干。安人生于某年，卒于某年，享年若干。卜兆在范橋之陽，則天祚婦翁陳岐陽實有造焉。其葬也，以某年月日，既葬若干年，而諸子始得備墓石，且以其舅工部郎迴瀾先生之述來請銘于予，思以不朽其親也。嗚呼！吾未見庶人而窶，而葬其親有如此者，是宜銘。

銘曰：范橋之陽，有懸者宅。望氣如虹，其人孔碩。玄扃千年，維舊之德。舊德伊何？陳門奕奕。既卜既瘞，既封且植。宜爾子孫，其麗不億。生我者三，天也罔極。載鏤之金，載刻之石。禮失求野，孝思維則。

從祖太虛公暨配沈安人合葬墓誌銘

予劉氏之聚族水澄也，深巷數百武，門第相屬，無他姓錯處其間，其風聲習尚，往往自成一家。蓋家世詩書而鮮生計，又挾市廛下流，故其人文弱而儇。中世士大夫益習爲浮華以導之，青青子矜，群居狎處，每豎牙頰月旦人以爲高，人至相戒不敢出其里，輒曰水澄水澄云。當是時，有足不踰限，目不習交游，終歲扃户讀書不輟若處子者，獨吾從祖太虛先生一人，自此子姓有望先生而趨者，水澄之俗爲之少變。乃自先生殁，而巷無居人矣。恐後之視今，甚于今之視昔，悲夫！

太虛先生者，予先君子始終同學，忘分交也。又居比舍，無一日不聚首談藝，或砥礪名行以爲常。及先君子殁，先生撫而哭之哀。予小子以遺腹生，稍長登小樓，與姊妹行窺西窗，聽咿唔讀書聲不絶，夜或篝燈火，光自帷中映徹，心喜之。後予去故里，漸識人事，始稍稍向慕先生，間謁先生，道先君子同讀書事，予低頭不能仰視。久之，先生年浸高，及耄，私心耿耿，擬操短章爲壽，一道平生，而先生已卒矣。然則今而後，苟可以不朽吾先生者，非予小子責耶？會從叔氏儀以誌請，憮然太息，爲誌其墓曰：

先生敦朴篤行，古君子也。其事二親孝，晨昏寒燠之節，斤斤如禮。疾則籲天，願以身代，居喪哀毁骨立，孺慕終其身。其處昆弟，垂白無間言，又推其誼及諸父。諸父以析箸有言，幾投牒于官矣，先生從中力劑之，輒乘間進曰：「兄弟，手足也，奈何以爭財傷天性？」諸父大感動，遂爲懽好如初。尤穆然敦源本之思，宗祠圮，身先拮据者數年，乃還舊觀。嘗輯宗譜，承司馬公遺緒，百年間世次、名第皆可考信。晚年益虔祠典，或間日至祠，拂拭几筵如生事禮，且以訓宗人。其處家庭雍睦，與其配沈安人朝夕相莊，白首如賓，家人化之。其待親故，咸有恩禮。戊子大饑，舅氏困，先生分饔飧給之，有佃者告急，稍捐租與之爲粥糜以食，全活頗多。其他好行其德類是。其自奉甚菲，糲食布衣，自少至老不改步，而中心安之，即衣食不給，宴如也。其持己介，恥干謁。雲間何士抑，素交也，後司理吾郡數年，先生不一通竿牘。從弟蕺崖殁，有張姓逋負百餘金，先生索償之，不私一錢。其與人沖然無競，無少長見之，皆抑抑自下，然終無媚骨。其動容有常度，行不趨、立不倚、坐不箕、笑不至矧、怒不至詈。性喜讀書，歷寒暑不爐不扇，垂老一編不去手，絶無絲竹、博奕、麴蘖之好，雅志在青雲之業。蚤年奮勵，嘗以諸生高等食廩有年，方待貢大學，而尼于例，竟以庠序老，命也。嗚呼！此亦足以窺先生之概矣。善乎儀之狀先生曰：「先子胸次粹白，無纖介欺隱，不虛設一事，不妄發一言，口不談道學，而平生處心積行無非真道學者。」嗟乎！此先生屋漏中所自考鏡也，外人何自而知之？乃予小子質以目所覩記，而信其有然者，所稱古之君子人與！

先生諱炯，字仲靈。先世出宋五忠臣裔，始祖文質公，八傳至父西河公某，母王氏，以某年月日生先生。庚申，補邑庠。戊寅，食廩。丙午，鹺院舉德行。庚申，今上登極，覃恩遥授訓導，即以是年某月日卒。安人生于某年月日，卒于某年月日，與先生同德同壽。先生之姱修懿行，安人動有相焉，向所謂白首如賓者也。生子儁，娶傅氏。儀，邑諸生，儀娶季氏。女二，長適邑庠生陶允教，次適六合知縣沈綰。儁生子釗文，女二。儀生子鋐文，女二。以某年月日合葬于河塔山陽。予小子重念先君子當年于吾宗同學相切劘者，自先生而外，爲贈駕部郎玉笥公、州刺史崑崙公，皆莫逆也。二公或發于其身，或于其子，即宗周最不肖，猶得藉先人之澤以邀一第，獨先生阨窮以死，後之人亦無能振起爲先生吐氣，惜哉！然先生風儀高整，而爲德不倦，里中仰之若陳太邱、王彦方。二子恂恂，又足以承父教，一門孝義，輓近難之。則先生之爲劉氏重而傳世家于不替也，固不必以區區名位矣，是宜銘。

銘曰：浮華蝕德，❶木訥近仁。外求不足，内遡厥根。于時保之，其仁肫肫。率而履之，弟友子臣。雖曰未學，孰此之真。❷悠悠澄水，奕奕德門。不禄而富，不爵而尊。其所未竟，以俟後昆。❸

陳母劉氏姑婦同圩誌

蠡城西數里，青甸之原，有姑若婦同穴而圩者，爲太學生陳至仁之配劉氏，生子邑庠生剛，其配亦劉氏也，於陳爲姑婦，而于劉又姑侄之親也。予先從曾祖少司馬艮所公，有孫曰某，爲先伯考太寧公，娶某氏，生女仲，予姊也，而繼室至仁，其婦則予之女也。太寧公有文學行誼，繩其先德，故姊素嫻於閫教，歸陳，執婦道，性勤警，雞鳴而起，督臧獲咸治事。舅思石公，起家素封，獨以内政委健婦，錢穀米鹽之類，靡不操其鍵，而出納之惟允，用是益以陳氏大。生一子即剛，數歲而議姻予女，則太寧公主盟焉。及笄歸剛，吾姊私以姪之親，撫憐之特甚。爲婦五年，舅姑及太舅姑無不籍籍稱賢者。相其夫子，勤于學，凡以吾姊之教也。朞年而生女彭，又二年生子春，又明年生子夏，將彌月，以産疾死，舅姑上下皆哀之。思石公曰：「入門五年，而耳不聞有新婦聲。」姊哭之曰：「事我五年，而無忤色。」其宗人因誄之曰「孝哀」。嗚呼！哀則哀矣，何孝之敢聞？及女死五年，而太姑徐卒，又五年，而吾姊亦卒。其年，女子彭繼

❶「浮華蝕德」，全書本作「尼父有云」。
❷「真」下，全書本有「舉而措之，九族一身。其所未竟，則命之云」十六字。
❸「其所」至「後昆」，全書本作「古之君子，今也何聞」。

殤。陳氏之祚，非復向者三世伉儷蘭芽玉茁之盛矣！

里之人且有追吾姊之徽以及其媳者，孰謂婦人女子不關門祚之興替也？家司馬世遺清白，後人食貧，姊自歸陳，未嘗一錢私外家，間修鮮朧之奉于母氏，取豆鼎而已。臨終，床頭有金一鐲，出以犒侍婢，餘者歸其夫子，其卓然不亂如此。及其死也，誄曰「孝恭」，視吾女爲稱情云。女之生也，爲母章初乳，及見予先貞節氏，故名曰祖愛，字貞元。自少婉娩聽從，授以《論語》、《孝經》、《列女傳》，次第成誦，頗知大義。及其爲婦之日無幾也，故無善可稱，然而不若于訓者，蓋亦寡矣。法不當夭而天且亟，予是以哭之哀。又十年而哭予姊，其感予懷當何如哉？姊生于某年月日，卒于某年月日，享年五十一。女生于某年月日，卒于某年月日，享年二十一。姊葬于某年月日，而其年冬後，遷吾女之殯而祔之。祔葬，非禮也。生而戚，死而依，情也。是宜銘。

銘曰：人孰無姑婦？而爾之生也同祖。生孰非姑婦？而爾之死也相聚。孰爲爾夫？孰爲爾子？能不憾百年而心腐。賴有斯文也，以慰爾私，還託爾以千古。嗚呼懿哉！永昌爾祜。

劉子曁配誥封淑人章氏合葬預誌

嗚呼！淑人辭我而即世者二年於兹，九原長夜，將謀諸隧道之石以爲不朽計。顧余自顧奄奄，安所稱鴻妻萊婦，相引以爲重，而卜諸彤管，甚可愧也。亦姑存吾淑人而已。

淑人會稽章氏，予母族姪也，父巨川公

仕華，母奕氏，生七歲而孤。❶家且貧，母鞠之備劬。長而學繡刺，即工，時以其力佐母乏，日無停晷，當沍寒，挑燈至漏盡，即十指凍裂不輟也，以是得賢女聲。吾母擇婦，令母姨往視之，曰：「女有福。」乃啓舅氏而聘之，不備筐篚，年十九贅予，越三日來我舅氏，以予生而孤，長而育于舅氏也。至是已析箸，家無應門，淑人親操井臼，奉吾母惟謹，至備嘗艱苦。予惟下帷攻舉子業而已，入夜仍挑燈佐讀，往往後予而寢，先予而問旦，無忝雞鳴之風。偶予網髮巾未具，淑人輒手結一巾遺予，數年乃除去。筮仕以來，終不能備淑人翟冠，耿耿予懷矣。淑人歸予之明年，爲萬曆丁酉，予補郡庠，旋領鄉薦，登辛丑進士。時吾母謝世，惟淑人視含殮。稍拜官行人，復承先大父重，自此予抱羸病，會淑人亦病，一榻相對者三年，支離之狀，極人世所不堪。予病稍起，又拙于逢世，因而坐廢，家食者前後二十年，淑人日御裋褐操作，略不自識爲官人婦也。又以其間嫁二姑，娶一從叔婦，娶一再從叔婦，撫一孤甥，娶甥婦，以及孫甥、孫甥婦，皆淑人黽勉以相予。而予乃食貧日甚，且與淑人將終身安之。

越天啓辛酉，熹廟改元，予自行人起禮部主事，連擢光禄丞、尚寶卿、太僕少卿，淑人一隨尚寶任，僅數月，偕予謁告歸。一年，起右通政，會逆璫魏忠賢亂政，辭，遂坐削奪。崇禎戊辰，今上改元，復官誥，起予順天府府尹，淑人再隨任，踰年，偕予謁告歸。乙亥，廷推閣員，奉召赴京。丙子，以工部左侍郎謁告，因寄津城，上書刺時宰誤

❶「七」，全書本作「四」。

國狀，奉旨削籍歸，則淑人寢疾于家浸劇。未幾，卒，時丙子十二月十五日申時，距生萬曆戊寅九月十七日申時，享年五十九。與予同庚，後予八閲月，淑人乃竟止于是乎！始以予官儀曹，封安人，繼官僕少，進恭人，繼官京兆，進淑人。中年生二子，長汋，以官京兆遇今皇太子册立，恩補官生；次者殤。女四，長適陳剛，次適王毓蓍，三字章黻，殤，四適秦祖軾，皆士人。汋娶周氏，舉二孫，曰茂林、鄧林。

嗚呼！予于淑人重有追感焉。淑人始歸予，予性多恚，時遺淑人詬語，致上忤吾母，淑人從容進曰：「子爲人子，事母可如是耶？」予大悔恨，輒自創久之。淑人喜告所知曰：「吾夫子能改過矣。」吾母晚年體浸癯，淑人躬承起居，凡巾櫛匕箸，皆服其勞，母事事宜之，依若左右手。及大父病，予滯京師，淑人典簪珥以奉湯藥，周旋問視，如其奉吾母也。晚年，晨起必盥櫛，謁于祠堂，然後理家政，十餘年如一日。則予之有愧于子職多矣。予坐逆璫之廢，朝論洶洶，欲殺予視東林六七君子，淑人聞之，必勉予忠義無偷生，予方自危若朝露，而淑人意自若也。予因之感奮曰：「彼婦人乃能如是！」及守京兆，都城被圍，火光徹衙署，家人皆號泣欲遯，獨淑人不動，曰：「予從夫死。」予曰：「何至是？」淑人曰：「子幾倖乎？」予又因之感奮曰：「彼婦人乃能如是！」則予之有愧于臣職多矣。淑人頗信佛氏言，日夕持經呪數十年，予挽之不顧。歿之前，病痰，喘甚苦，屢絶，問以鬼神事，曰：「無有。」乃曰：「生老病死，人人不免耳。」終無一亂語，翛然而逝。若淑

人者，殆有得于生死之説與！❶

淑人性剛明，處心行事，動稟質誠，一生無譃語，舉止端重，雖處閨閤無惰容。筦家政數十年，雖出入米鹽，斤斤節嗇，而恩施上下，必均以有禮，又以其暇，躬紡績，爲婢妾先，至老不衰，斯可稱婦德矣。及其死也，予哭之曰：「失吾良友。」因題其旐曰「孝莊」，是爲孝莊淑人誌。客聞之而嘆曰：「美哉淑人！勗哉君子！其能相與以有成如是。」予曰：「有是夫！」因冠以劉子，稱《合葬預誌》，後有求劉子者，亦于此得之。昔鄉前輩鈕石溪公自述墓誌，以病天下之諛墓者，予聞其風而悦之，因并不自誌，而稍附淑人以自況，君子有以哀其志云。劉子晚號克念，見志也。

銘曰：此纍然而起者，爲誰氏之圩？不名不行，返其天先。不日不月，不紀歲年。先萎非促，後死非延。清風明月，白石丹泉。時與俯仰，一氣翛然。噫嘻！我偕淑人兮，非言之傳。

❶「若淑人」至「之説與」，全書本作「余年二十六，從德清許恭簡公遊，亹亹問學於今，頗有意於朝聞之説，每見佛氏談生死，不甚契，輒以挽淑人，而淑人不顧。乃今淑人所得於生死之際如是，真有學儒所不能者，且有學佛所不能者，終媿余之恍恍而生，惚惚而死也」。

劉蕺山先生集卷二十一

墓表　行狀

丁長孺先生墓表

記白沙先生傳羅文毅公曰：「倫必爲君子，不爲小人無疑。」私心訝之。以文毅之賢而猶致審于君子小人之際以定其品，何也？世有真君子，必其能自别于小人者也，自别于小人而小人嫉之，還以爲小人，則其負世俗之疑必甚，此在文毅且然，而况後之君子乎？白沙蓋有感于斯也。後文毅百餘年，有君子之榜曰東林，于吾浙得一人焉，爲丁長孺。夫世有弱冠策名，終其身不遑一席煖，于朝顧孜孜切切，饑溺當世，有物于中，必欲一吐之君父而後快，雖刀鋸鼎鑊有所不避，斯其爲人則亦今之文毅也。嗚呼！已矣。宗周椎魯，愧無能爲役如白沙，而辱知頗深，後死之責，非予而誰？請摭其平生大者，表之墓曰：

長孺先生，丁氏，諱元薦，别號慎所，湖州長興人。生而慷慨負奇氣，遇事直前，無所回互，然一本之忠孝惻怛。嘗從無錫顧涇陽先生講紫陽絶學于東林書院，先生深契之。又學于其鄉許恭簡公，自此趨操日益高明，夢寐先哲，奉爲矩矱。及見世道陸沉，慨然有矯勵澄清之思，于富貴利達視如敝屣，不屑也。少有異姿，弱冠録諸生高等，廩于庠，即從顧先生授《尚書》。已請益馮具區司成，遂擅經生業。北遊太學，舉萬曆乙酉京闈，成丙戌進士。丁外艱，家居八年。以癸巳謁選，授中書舍人。甫匝月，上封事萬言，極陳時弊可寒心者三、可浩嘆者七、坐視而不可救藥者二，皆關天下大計。時貞皇帝儲位未定，有三王並封之議，先生封事中多責備婁江，婁江惡之，尋請使事去。還朝，丁内艱。己亥，以京察鐫先生，不赴調者久之，積十二年。庚戌，起廣東臬司經歷，尋召爲禮部主客司主事，又踰年，以辛亥三月之官。時京察甫竣，太宰孫富平爲反噬者所訐，其黨和之，舉朝鼎沸，度無能解之者。先生乃起而抗疏，臚諸姦罪狀，并發其邪謀害正，凡數千言，識者以爲經世之文。其黨轉攻先生，先生再疏以争，❶又發三疏，皆反覆君子小人、消長治亂之機，而攻先生者益急。神廟並留中不報，先生乃謝病去，❷家居不勝忿。乙卯，復馳疏闕下，語多激壯，亦不報。丁巳京察，遂以不謹削籍。是役也，一網道學清流盡矣。因刻《程朱道命録》以見志。天啓改元，漸起廢籍諸臣，至先生獨以察典格，士論不平。久之，臺省交訟，起刑部檢校，尋晉尚寶丞少卿，而先生已病。會小人復起用事，挾中閹大創門户，先生病中輒扼腕。時朱元寧罷相歸，詢及時事，故答以謬語，先生怫然起，口喃喃罵，揮手而别，前易簀數日也。卒未幾，詔削先生新官，諸正人坐門户

❶「争」下，全書本有「條具剖真心、覈名實、重大體、平物情、端學脉五者」十九字。

❷「去」下，全書本有「在主客三月耳，所主四裔入貢者皆感悦，既去，有泣下者。其後富平諸正人相繼去國，時事日非，詆東林曰門户，籍朝士賢者入之。人人以講學爲諱，至以六經亂天下語入省闈策問」七十字。

者多冤死詔獄，獨先生先期獲免。今上聖明建極，反政由舊，而先生之言往往奇中，人于是知先生昔之矢口而争，其爲世道慮至深遠也。

當先生之在禮曹也，福清當國，且待以少卿，先生不應。丁巳之錮，或謂稍通欵要人可免也，先生曰：「此膝一屈，可復伸乎？」及熹廟初，沈烏程以大拜趨朝，向慕先生甚，邀西湖邂逅，謝不往，再邀前會江都，先生笑曰：「豈有白首曹郎艤小舠于相公舟側者乎？」沈怏怏去，謂人曰：「丁儀部强項，未易用也。」魏孔時給諫還朝，過高梁溪，先生在焉，因請先生一交給諫，先生曰：「吾老矣，不能涉嫌要津。」便飛棹而返。後孔時奪官歸，方通尺素定交。先生雖雅志世道，而風儀介然，恥爲人所援，故晚年同志諸君子無不起彈冠者，惟先生終老林臯。予常以爲空谷音，不虚也。

先生自謫秘書歸，即小築北山之華瀨溪，時集同志讀書談道，有終焉之志。間往來梁溪，商訂學術是非，陶然樂也，而乃心實惓惓君父。晚年，及神、光、熹授受之際，每語及，輒嗚咽流涕，欲借劍而無從，賫志以殁，識者恨之。初，先生考少參公，慮先生以骯髒取禍，輒加裁抑，先生曰：「寧璧碎，毋瓦全。」公臨終，執先生手曰：「勉之，無忘前言。」其家庭相砥礪如此。

先生事二親，和婉備至，雖貴而勞不色怍。事繼祖母吴曲有禮意，忘其非吴出也。母夫人殁，而事外祖母陸如母存，林卧十年，奉陸以終。舅應奎非陸所出，而渭陽之眷彌篤，又推少參公意，卹及祖母之族蔣，時時待以舉火。公有側室嚴，無子而矢栢舟，先生事之惟謹，既殁，力請于當道旌之。

其推恩九族與故人子弟，無所不厚也。❶

歲甲子元旦，賊吴野樵等二十八人斬關入縣署，刼令君庫獄，不屈，死之，并殺徐主簿，家人皇迫請避，先生叱曰：「義不共國，無可避也。且吾一舉足，如全城何？」立召思義等，設殊賞殺賊，且飛書告當道，乃入縣，撫令尸慟哭。而出丞若尉于頹垣積薪中，相與灑血誓衆，當擒賊首吴野樵，追至西門，又擒殺數人，餘黨走遁，事甫定。而城中民訛言殺令者屠城，自辰至酉，竄匿殆盡，有素憾令君者，因倡爲報讐之説。先生曉諭居民，使各安堵，而誦言令賢，無報讐事，人情洶洶，一夕數驚，謂先生袒令君，將不利于闔城，先生處之兀然不少動。三日，殮令君如禮。馮推官來署縣事，益相協謀爲善後計，❷人咸頌先生之功。❸先生自少勵廉節，所居郡邑，謝一切造請，以是爲

❶「也」下，全書本有「尤嗜義若渴，遇所不平里中及名教關係，輒攘臂起，不顧世間一切恩怨。如爲鄉紳陳潛齋立後，而剔螟蛉之簒；繼贖名臣蔣侍郎賜塋於豪有力之手，而復其蒸嘗；援劉清惠公曾孫女於群乞中，且擇儒生而嫁之；歛明經臧大咸於長安旅邸，皆其較著云。明經郎文焕謬争先生父塋地，仇也以許師一言而降心相從，終身德報之，致反爲文焕所賣而不悔，人尤難之。其視桑梓利害，不啻痌瘝切身。吴俗善逋賦，以鄉紳家悉免繇，而富民復事詭寄，獨累貧丁賣妻鬻子女以供追呼，有斃命箠楚者。時朱元寧以司成家居，倡均繇之議，大爲梓里譁，謀之先生，先生曰：是殆難以口舌争也。因先自計田占役，與編户等，譁者口塞，吴中役法自此少變。其後，苕溪有葉朗生之釁，其餘黨尚蠢伏也，而長興瀕太湖爲盜藪。先生慮之，則謀之石令有恒，使預爲備。令，賢者，於先生素引肺腑，因薦材官顧思義，并其家丁三十餘人宿衛左右」三百一十八字。

❷「計」下，全書本有「時訛言煩興，先生合門不保者幾再。處危疑之地，日夕焦勞，凡兩閱月，而以長興完」三十二字。

❸「功」下，全書本有「然先生從此病矣，尤痛念令君死節，以百口白之，聲淚俱下，聞者感動」二十七字。

諸大吏所嚴重。有投以暮夜金者，峻拒之，或廉其枉而解之，亦不令人知也。❶

先生通籍四十年，前後服官不滿一載，其廢與起，必關世道汙隆。昌言勁氣，一時諸君子爭視爲前矛，而小人嫉讐之特甚。其論婁江也，于先生爲舉主，則以爲叛師；辛亥之疏，摘及其同鄉友人，又以爲賣友；身既廢矣，復起而論天下事，則以爲懟君。三者皆不能無疑于天下，而先生斷斷有以自信，實本之所學如是。❷ 黨論初起，玄黄未判，而先生抉之最蚤，獨扶君子之正氣于衆口謡諑之日，使世道終賴以不墜，則學焉而見道之真，其必爲君子，又何疑焉？卒年六十六。所著有《西山日記》及奏疏、雜稿若干卷，藏于家。其生卒、世系、子女詳《狀》中。配臧氏，繼娶吴氏，皆有賢德。嗚呼！後之爲君子者，尚有感于斯。友人劉宗周曰：「初，予于先師許恭簡座中，見先生抵掌談天下事，神采溢發，輒嘆服，謂『非當世士』，遂相與定交。然間與師語及先生之爲人，必曰『意氣意氣』，先生聞之矍然。夫子不得中行而思其次，則曰狂簡，夫惟狂簡，乃

❶ 「也」下，全書本有「李尚書三才撫淮，徐侍御縉芳視鹺江北，並東林客也，交遊中乘便射利，居間者或至千金，先生獨無一染指。嘗吟臨川詩以自況，曰：欲識金銀氣，多從黄白遊。一生癡絶處，無夢到徽州。後二公敗，向之居間者多謝去，惟先生交情如故。居恒喜接引後學，每爲學者談古忠孝奇節，至擊節沾膺，聽者忘倦。遇有志操者，多方鼓舞之，趨其向往。時而命酒論文，識鑒精絶，一經賞拔，無不脱穎去，或去而敗簡，輒大榜其門絶之，不以貴介寬。至聲氣之所感召且徧天下也」一百七十八字。

❷ 「是」下，全書本有「朋友與君臣孰重？順逆不兩全，自古記之。使先生而懟，則賈太傅、屈正平二君子非耶」三十三字。

能卓然有立，所由與浮沉當世者異矣。」❶

資政大夫禮部尚書兼翰林院學士加贈光禄大夫太子太保謚文介淇澳孫公墓表

今上御極之八年，念前此置相不得其人，無由建太平之業也，始大破資格，進群臣于廷，親試才品，拔其尤。未厭，復用夙望，即家起毘陵孫公。屬公已嬰疾，聞命力趨，間關水陸，疾浸劇，抵國門，上亟趣公陛見，而公竟不起。上驚悼良久，下所司議卹，贈公太子太保，祭葬如新銜，仍任子一人，皆異數也。易名文介，識者以爲稱情云。予嘗私慨，謂今天下安得古之大臣以道事君者而用之，以致君堯舜，坐奏昇平之業？則心儀孫公一人。當世士大夫，方推轂公無虚日，而爲之小人者獨害公，致公前後困折瀕死。晚際聖明，殷懷夢卜，雖害公者不得不聽公一出，乃公卒不及大用以死，天乎？人耶？公死，而若後先並命之文公震孟、林公釬亦相繼死，吾黨不禁人亡之慟。嗚呼！公死矣。予請尚論公大臣之道。

公起家詞林，歷編修、中允、庶子少詹事，皆職在編摩，不具論。論其大者，方公之以禮部侍郎視篆也，值神廟端拱久，諸典禮廢弛，公首疏關治亂者數事，遂及福王之國期。當是時，福府挾母愛以有寵于上，諸窺伺者乘之，致東朝積處危疑，二十年廷臣爭册立、爭並封、爭出閣無虚日，而坐落籍永錮者半天下也。既而廷臣屢以之國請，至四十一年癸丑，始奉旨卜吉明春。貴妃

❶「夫惟狂簡」至「異矣」，全書本作「狂簡亦何病於世？神廟季年清議名臣，先生第一」。

猶日夜巧營上前，至莊田取盈四萬頃，搜括數省，曠日持久不可得，舉朝患之。公奮然曰：「此禮臣責也。」疏八九上，輒謂人主當以大信示天下，不得以難繼之土田藉口，輒奉旨切責。又連請東宫出閣，亦不報。一日，内降旨更期後年，且責政府以必行，無附和廷臣煩聒。政府惶恐，持未下，公立率九卿以公疏争，度不可得，則舉朝伏闕。而公方待命，時出入殿廷與諸大臣旅會，辭氣慷慨，曰：「今日是某死所。」還揖諸政府曰：「今日是相公死所。」九卿相顧，皆感激，争出危言佐之，聲朗朗徹大内，政府乃得以前旨反汗。頃之，戚畹私人有偵公者，公與之語所以爲福王母子地，且曰：「自古國家何代不封王？何王不之國？而動煩過計，留千古不決之疑。」上聞之，大感動。于是貴妃令王自請減莊田以行，而大典如期告成。是役也，賴神廟始終英斷，不難割數十年椒房之愛，奠國本于泰山。而苟非公忠誠貫天壤，仰邀帝鑒，亦何以得之？于是人多頌公功者。公謝曰：「聊逭禮臣責耳。」又數年，有妄男子張差闖青宫梃擊事，人愈推公爲曲突徙薪，而忌者遂曰居功。其他若慈聖太后廟號、王貴妃遷主、諸王選婚，皆關聖孝聖慈之大者，公動持典禮争，屢忤上意，久之多得俞旨。

公遇事必核舊章，杜僥倖，風采肅然。嘗有中官非例索内供金錢，至持駕帖坐需，公執不可，召役于庭而呵之，中官口噤而去，一時直節聲震内廷。故自天子以下，皆嚴憚公，公于是得行其志焉。楚獄久冤，賴公平反，釋其幽滯者數十人。代藩廢長立少，公念其事正與東朝類，亟正之，以杜姦人窺伺者。庚戌科場之弊，群小熒惑，久滋盈廷議，卒按法持之。又請從祀豫章、延平，皆報可。在部踰年，請告去。去八年，繼爲禮部尚書，而鼎湖再泣矣。

先是，先帝疾大漸，有鴻臚丞李可灼者，因政府方從哲進紅丸，先帝連服之，崩。廷臣交章劾可灼，聽引疾以去，從哲亦引疾去。公以爲未正厥辜，甫入朝，即抗疏劾從哲，略曰：「《春秋》許世子進藥于父，父卒，世子自傷與弑，不食死。《春秋》不少假借，直書許世子弑父，然則從哲宜何如處焉？伏劍自裁以謝皇上，義之上也；合門席藁以待司寇，義之次也。乃宴然傲然，支吾紛辨，至滿朝攻可灼，僅票回籍調理，是可忍也？縱無弑君之心，已有弑君之事，欲辨弑君之名，益難免弑君之實。」并及貴妃以遺詔封后，神廟擬謚「恭」，例貶。李選侍不蚤移乾清宮，有垂簾之漸，皆坐從哲不能先事匡正，爲弑逆顯據。語加峻切，得旨九卿科道議，議上，詔奪從哲官，而戍可灼，朝野快之。當公建白時，御史大夫鄒忠介首祖公，以爲即不殺從哲，亦當直筆書信史，爲後世戒。于是公論翕然歸公，獨二三宵人不懌也。頃之，以争秦藩封爵非例忤旨，又請告去。

自神廟以來，士大夫以學術持清議者，積爲群小所不容，相沿有門户之説。公既去侍郎，值京察，竟以居功定策糾公，坐永錮矣。至是小人益嫉公如讐。公去之明年，會逆閹魏忠賢用事，聲勢灼天下，群小附之，遂修門户之怨，抵誣正人無遺類。又明年，大起詔獄，副院楊公漣而下，死且戍者若干人。越丁卯，公議戍，得寧夏極邊。因以公論紅丸，合之刑部侍郎王公之寀争梃擊，楊公論移宫爲三大案，特修《三朝要典》，頒布天下，坐公等皆罔上不道。公得之欣然曰：「何不遂從楊公地下？」遂戒行。天祐皇圖，其年秋，今上以藩邸繼熹廟大統，赫然正始，誅逆璫及其黨與，乃詔卹死事諸臣，而公解戍復原官。其時，璫孽猶布滿朝署，多尼公出者，獨詞林倪元璐、南銓臧照如發憤爲公上疏，既而廷臣交薦公。戊辰改元，始以原官協理詹事召公，三辭，不允。璫孽閃爍尼公，八年如一日，上不能無疑，亦不强起公，公已若將終身矣。晚年特召，當羽書狎至，聖天子齋宮引咎之日，公義不俟駕，途次謁告，奉温綸，公捧而泣，恨餘生不能報主。❶悲夫！始公爲侍郎，方争言國事，而枚卜及公。葉文忠當國，雅知公，則私謂公曰：「少委蛇，相矣。」公曰：「吾敢以一官誤國家大事？」争益力。及公再出，文忠再當國，旦晚且相，公竟以討賊一疏而罷，人多惜之。

公狀貌不踰中人，而性獨鯁介，孤行岸立，不可一世，嫉惡既嚴，即于賢者亦未嘗苟同，故人莫得而用之。然一日立朝，斷大事，決大疑，動爲國家樹典禮之極，用是夾日兩朝，功存社稷，即不相天下，其聲施固已宏遠矣。❷臨革，謂子比部君士元曰：

❶「主」下，全書本有「想見公懷忠入地之悃，而識者以爲際此時艱，小人益秉事，即一日大用公，公不能行其志也」三十六字。

❷「矣」下，全書本有「始公喜讀佛氏書，嘗從静上人參心宗，久之有得，時覺心光迸開，晃晃四照，至涉事急迫，此景亦復觸現，然自謂終歸斷滅，未是本心。乃嘆曰：「儒衣破綻，終不可以袈裟補也。」遂一意宗儒，日以五事自課，一默坐，二玩易，三文藝，四書史，其五不廢臨池。晚乃一切屏去，耑求之反躬一路，歸於知止，因以止躬顔其齋，時時體驗而有至焉。故遇事一往不計利害，立朝之日，動以身殉國，守道守官，見之所至，賁、獲不能奪，凡以行其所學有如此者」一百六十八字。

「吾輩若將道理不讓與聖賢，自然君父念重，身家念輕，何事不濟？」又曰：「吾平生于出處最分明。」嗚呼！公真凜凜以道事君，不可則止者與！

公諱慎行，字聞斯，別號淇澳，晚好石，更號石齋以自況。生有異姿。母唐氏，荆川先生女也，故淵源有自。舉萬曆乙未進士第三人，始入詞林，以文章負盛名。獨扃户讀書，不妄交與，謝一切竿牘，非其義一介不取，世咸稱爲苦節。至居家處鄉曲，動有坊表，士大夫以此益高之。卒年七十二。配封夫人李氏，無子，子其兄之子，即比部君。生卒世系皆詳《狀》中。

始予官儀曹，嘗備公屬員，引予知己，追感同心之誼，良用耿耿，遂因比部君之請，據《狀》爲之表諸隧道，以示永久。劉宗周曰：「予讀《文抄》，而知公之學出入于辭章佛老，無所不博。繼讀《困思抄》，而知公之學一稟于正，折衷群儒，克繼絶學。讀《慎獨義》百通，而知公反約之功依乎《中庸》。讀《一易》、《二易》、《三易》、《四易》，而知公屢絶韋編，探河洛之源，心存憂患，與時消息，於乎盡之矣！及讀公奏議，若《愛梔》、《愛晝》、《病顲》、《里居》、《曳尾》諸記，而知公于出處顯晦生死之際，無一不以言顧行，子臣弟友，歸之慥慥之地，是謂稟龍德而正中，志天民之所志。後千百年，庶幾有以尚論公世與？」❶

❶「與」下，全書本有「又曰：紅丸一討，大義凜然，是故孔子述《春秋》，而亂臣賊子懼」二十三字。

亞中大夫江西布政使司右參政誥贈太常寺少卿養冲姜公墓表

今天下所急者，事功所需者幹濟才，而置理學、行誼、風節、文章于不問，以爲此皆啖名者之所務，而亂天下之嚆矢也。數十年來，轉相祖述，積爲驅除禁錮之術久矣。乃今天下未嘗乏才也，踈闊而取之，狼籍而用之，上之人從而顛倒乎其間，寵異而摧抑之者百方，而竟無一割之效可以備緩急，致國事于累卵，轉增乏才之嘆，豈非所用非所長，所急非所習之故與！宗周因而追感往事。吾友有姜養冲者，固所稱理學、行誼、風節、文章之標準也，而竟坐是不得大用以死。後之人尊事先生，亦止知先生學養如是，意者持論有餘，而試之用或不足耶？即可以大用而不可褻用，猶然啖名者流耶？乃先生固有不然者。

先生筮仕爲户曹主事也，甫弱冠耳。旋出而司倉徐州，徐倉以儲該衛官軍俸月糧及所至領運官軍行糧，故事僅支放而已。先生獨留心軍民利弊，計及纖微，放糧必稽日月爲次第。先是，有預放因有壓放皆至一二年，至是通行平準，夙蠧一清，收糧則稽地方遠近積逋，不得藉口那借。先是，各地方坐派倉糧，不載考成，先生特與申部，題准入考成，自此得按期征解。解至，仍聽與候領官軍交兑無停刻，而胥吏不得措其手。又徐、左二衛之有軍便名色也，扣軍糧爲免役錢，稱便軍實以厲軍。遠年逋役，無可稽考，遞相乾没，而衛官與部使者亦染指焉，一軍化爲空籍。至是一切報罷，且永著爲令。至舳艫往來，榷課概與以寬政，而歲入反浮于前。異時收税，聽左右縱横爲市，姦利者得以行其私，先生示畫一，使不爲行役者病，其發姦擿伏，往往老吏不如，則先生之用一效于錢穀者如此。

既而以按察副使視學三秦。先生念秦士朴厚可教也，首肅憲範，彰軌物。有以夤緣進者即入彀，必擯置之以示懲，風采凛然。尤加意士行，既公覈之里舉矣，又使就試諸生各舉所知，合之學博有司之所舉者，以定優絀。乃大啓秦中書院，進諸生之文行兼優者而深造之，資以餼廩，肅以規條，主以博士先生之賢者。仍分立五會，一曰經學，二曰史學，三曰理學，四曰古文詞，五曰昭代典故，聽諸生各占一會或二三會。會之日，各以其學互相質難，收麗澤之益，以底于成材。又拔其尤，立「定性堂」以處之，儼然積分之法，時引其儁者從容函丈，以牖啓之如家人子弟。又于書院中立祠祀三秦名賢，遠自蘇子卿而下，近自靖難死節張公紘而下，各若而人，凡所以示鼓舞激勸者備至。異時醇儒名世背項相望，咸歸先生陶淑功，實前此所未有也。于是壬辰大計，詔録先生卓異，爲天下冠，則先生之用再效于風紀者如此。

其後即家起江西驛傳，當事者以供應不給議加編，先生曰：「民困極矣。居官者苟能身視民，家視事，郵事亦何弊不釐？」于是一意奉功，令去汰去奢，而立寢加編之議。方神廟之以中貴人視榷省直也，所至擁傳而行，例得專制，不關主傳者，或水陸兼支，或溢額數倍，莫可誰何。先生曰：「吾職掌何事，乃不敢問傳客往來？」遂勅有司，一概無私應，而中貴人以他事銜命者皆不得專制矣。仍立循環二簿，一給有司，一給夫馬户，即乘傳貴人，供應一夫一馬必以登，候歲季查考。懸以厲禁，并夫馬折乾有禁，額外需索有禁，夫馬工食之稽遲有禁，掊克有禁，一時津人候吏不啻出自湯火，而地方歲省金錢以萬計。遂用節省所餘，免派進賢十縣歲供七千餘金，次及各府州縣。嘗一視學篆，舉祀其鄉之賢者南塘王公、蒙山陳公，專祠祀健齋曾公、孺東徐公，又祀江右督學名臣黄公仲昭而下若而人。在江右二年，江右人戴之如慈母嚴師，則先生之用三效于簿書期會間者如此。而先生自此罷官歸矣。

初，先生通籍爲郎，即與海内名賢及同舍諸正人定交，遂慨然以世道自任。會神廟始不視朝，國家大計未定，柄人相繼工煬竈之術，以籠絡天下，諸言事者紛紜斥落。先生扼腕，益與諸君子風義相期。在徐倉，疏列四事，一杜留中，一延忠讜，三舉召對，四躬節儉。自徐還部，應詔陳言，請册立儲宫，并請宥廷臣之言儲宫得罪者。既而以郎署起補，則疏薦直臣鄒公元標、吕公坤、廉吏陳公有年、許恭簡先生而下各若而人。至是以江右賫俸，復疏薦鄒忠介等，而刺政府不能容賢，娓娓數千言。時李晉江方新入參知，嫉先生疏語以王介甫刺己，竟奉旨降廣西臬僉，尋以御史宋燾疏救，遂謫先生興安縣典史。歸田十五年，會顧端文主盟東林，先生率諸同志左右之，風期達于海内。而先生每謂性命之學政無取于高談，但四端中于羞惡辭讓是非，不見譏于有道，即是真學問，聞者韙之。

先生自少奉宗伯公家教，既通籍，益以古人樹立自期，孜孜問學，其樂善慕義之懷，尤得之天性，故人品日粹，而物望亦隆隆起，謂旦暮且柄用，而先生泊如也。既守難進易退之操，又念宗伯公及母賀夫人年高，數請終養，前後棲遲子舍者復十餘年，以此不盡究當世之用。而識者謂先生前後諸論列，皆關係國家治忽大機，使其言次第用，而先生亦以其身階衆賢而進，將躋一世于平康正直之路，無難也。則先生之用而不用，終不諱其大用又如此。

先生居家孝友，兩遭大故，皆毁瘠至哀慕。終身操履嚴潔，不以一介自苟，而獨喜周人之急，至捐宗伯公所遺産之半以贍宗戚故人無所靳，于此亦足窺先生學行一班。而先生用世之略，其得之素所藴蓄者蓋有本矣。往者先生督學秦中，適哱承恩反寧夏，寧鎮則先生屬也，聞變即驅車而往，會賊已闔城拒我師，先生周旋營壘間以待事平。既入鎮城，訪諸生之死義者，優恤而旌之，其學博鼠竄者立罷去，一時人心震悚。嗚呼！是豈可以聲音笑貌爲哉？今日者誠得若人布之有位，何至流寇之警，舉世望風，盡成巾幗，此固先生所爲幹濟才也，即先生之理學、行誼、風節、文章也。而世猶用是詆吾黨曰啖名、曰亂天下，亦已過矣。

先生諱士昌，字仲文。宗伯公督學蜀中時，夜夢文星入室，越日賀夫人舉先生于官舍，故名。長而丰神秀朗，濯濯如仙子，讀書不再過，蚤以制義擅名。年十九，舉于鄉，明年登萬曆庚辰進士。歷爲郎，至副使參政。既謫籍，物望益歸。晚以太常寺少卿推者再，皆留中。光廟登極，將録用先生，而先生已即世。熹廟初，遂錫贈典如原推，士論以爲未厭云。卒于天啓辛酉，年六十一。配于淑人，名臣景素公女也。子男四，長志濂，舉萬曆戊午舉人，次志潁、志沂、志濚，皆世其家學。宗伯公諱賓，以嘉靖癸丑進士第三人，歷官南京禮部尚書，加太子太保，世家丹陽。宗周姑志其大者表諸墓，使後之人知所矜式焉。

勅封侍御磐石金公墓表

古之君子修之于家，獻之于天子之廷，豈其身獨優爲之？蓋所謂父兄之教不速而成，其政不嚴而治也，況又重之以師友之薰陶乎？後世父兄師友之際，多曠于教，非豪傑士自命，其能崛起大業，一舉而聲施人國乎？古今人之不相及以此。予比叨紀綱一席，得與天樞周旋一堂之上，莫逆于心，每至人才進退、國是可否之際，未嘗不奉天樞爲著蔡，天樞亦不予棄也，而時時匡予所不逮。方期艱難共濟，仰佐聖明，屬有中左召對之役，予以捄言官觸聖怒，禍叵測，天樞起而申救予甚力。由是，兩人同罷。天樞當外謫，因數請終養，而封公磐石先生之訃至矣。天樞徒跣歸，以不逮含殮，毁甚。久之，將奉先生之靈返葬于椒。先生世椒人，故從治命云。于是天樞緘書，以先生墓道之石屬表于予。

予則何以表先生？猶憶天樞將發都門，流涕爲予言先生屬纊之際，勉之以言，臨風北睇曰：「《詩》有之：『夙夜匪懈，以事一人。』又曰：『既明且哲，以保其身。』兒勉之。」又進之曰：「上不負天子，下不負所學。」語不及私，予爲之咨嗟心折，曰：「有是哉！先生之言醇乎醇。允矣其爲臣鵠也。」蓋先生之學，所以本諸身者如此。因以教于家，啓其後人，至倉卒不亂，如臨師保，如式珙球。聞先生之風，亦足以興矣。

既又讀其門人方曼公翰簡之《狀》，得悉先生平生，如約以禔躬、儉以訓家、惠以和鄉里，皆縷縷可述，而大端一本之孝弟。蓋自高祖東園公以儒術起家，再傳至存吾公，稍進爲教官，及先生昆季而日大，先生遂授之天樞。父子兄弟，世以學行文章相友，入其門雍雍如也。先生垂老猶手持一編，率諸子課業，風雨晦冥不輟，金氏之興有由然矣。先生雖不遇，以韋布終，猶及得之天樞，不啻其身親之也，是爲施于有政。嗚呼！先生其古逸民之遺，而中倫中慮者與！是宜豎之豐碑，昭示千古，令過者矜式。先生諱九殿，字承明。配某氏，享年七十有五。天樞名光辰，即先生仲子，而先生舊以光辰御史得晉封，故又稱封公。其他詳《狀》中。

表曰：遡潛德于東園，以箕以裘，五世而昌。紹家聲于儒術，遞相師友，再傳而益光。蔚起中臺，蹇蹇諤諤。不負天子，不負所學。庶幾夙夜，永有譽于先覺。

累封太恭人加贈淑人劉母貞節周氏墓表

予與去非同舉南宫三十年，出處去就，多步去非後塵，稱同志。去非少而孤，育于母周太夫人以有成，視予所遭又有同者。憶癸亥同官尚璽時，去非每念太夫人年高，欲謝去，已而竟去。將發，聞艱，予爲之分痛。相别六七年，又得聚首京師，老而益親，每論心道故，忘其非同氣也。久之，去非遷南司馬，行矣，遂持太夫人《狀》而請墓道之文于予。予讀之復痛，痛去非之母似吾母也。嗟乎！非予又誰爲去非道母德者？因特表之墓道曰：

劉母貞節太夫人周氏，女中鬚眉也，有古孟、歐之風焉。生而端慧。父曰鹿野公，擇婿得贈公。于歸若干年，而贈公奮自諸生，登隆慶戊辰進士，世稱華江先生，哀然儒者也。未拜命，以疾卒于邸。時太夫人偕來京師，所舉二子，長者十四齡，曰炅，次五齡，曰定國，即去非也，皆遘疾且劇，二女子又殤，太夫人且顧且號，晝夜不交睫，而忍死以二子扶櫬歸。涉江遡河，凌風濤不測中，幾葬魚腹者數矣。太夫人輒拿他舟載二子，而身依贈公櫬，攀號以濟。自此稍稍病悸，病中取女紅，自力不輟。久之復病瘮，宛轉床褥三十年。時誦佛號，皈依淨土，稱未亡人而已。初，太夫人之稱未亡也，撫棺而泣曰：「死非吾所難，念君讀盡天下書，常扼腕當世之故，頗欲有所發明，而竟賷志以歿，吾姑留此身，以待二子。」聞者哀之。比二子頭角漸露，則次第授以父書，誡曰：「在昔，爾父坐一室，披簡編，如對嚴賓，耳目無他營，卒底于成。爾曹能如是，吾亦何憂。」二子益奮。久之，長君以萬曆戊子舉于鄉，去非則遲至辛丑成進士，太夫人爲之色喜，猶時飭二子曰：「幸有今日，無負爾父志可也。」其後長君自滕縣令考滿，貤封積官至同知。去非剔歷中外，遭時中廢，會貞皇帝登極，三起官至尚璽丞，猶不忍割裾。太夫人曰：「三命，異數也。而忍傲之，如臣誼何？且幸際覃恩，進爾父清華，亦慰吾志耳。」去非跪受教。上京師，改官太僕少卿，晉贈公如其官，太夫人垂病，聞之，含笑而逝。乃者去非又以光禄卿晉贈公如其官，且推贈公所生如其官，而去非自爲令積至今官，所稱慷慨發明當世者，亦已見其大概，今而後太夫人可以報地下矣。嗚呼！一婦人耳，相夫有成矣，又翼二子有成以繼志，不愧其言，如握券而償，生賢于死多矣。撫棺一慟，皎然志氣感天地泣鬼神，世以爲純貞。其他婦德多可紀者。

太公即世時，贈公方上春官，諸含殮皆太夫人身任之，而衷于禮，不遺贈公以所憾，其教孝如是。贈公遊學，昆季私析産，太夫人持之不得，僅取所析之餘者，示承祖意。及煢煢撫孤之日，昆季欲還所讓産，不可，曰：「此夫子志也。」其教弟如是。伯翁守泉公晚舉子而有佚志，太夫人身任母道，閑之惟謹，卒以成立。其親族子女之無依者，往往收撫之，繼以婚嫁，其教慈如是。方歸贈公，頗食貧，則盡出其簪珥綺繒，以椎布自前，身操井臼。既寡，貧益甚，日以女紅給饔飧，且佐二子束修從師，而口啖饘粥，竟坐是以癯，其教勤且儉如是。節嗇之餘，又得羨金，稍拓廳事基，曰：「吾後必大。」又喜周人急，宗黨中諸爨火不能舉者、病無醫者、喪無具者，率走向太夫人爲之經紀。晚貴，視二子禄漸厚，益好施不倦。未嘗讀書識字，而能辨古人大義，或以事質者，得其片言，冰解而去。視二子所交客，時從屏後偵，輒知其端衺，即端士，勉具飲食資麗益，非是，坐趣之去，其種種才識如是。方之孟母、歐母間，當無所軒輊，卒啓去非爲時名卿，宜矣。卒年七十八，兩封太孺人，進太恭人，加贈淑人。先是，督學使者錢公櫝奉詔旌其門曰「貞慈榮壽」，而太守盧公復采懿行載之郡乘。嗚呼！視予在妊而孤，長而不逮一日養，終愧顯揚其親者，竟何如耶？因灑泣而系之詞，附之碣後。

古亦有言，殉死非難，孰解斯義？乃笄者流，生不讀書，堅持其志。志之所之，精以誠通，鬼神可避。之死而生，肉我良人，重開國瑞。厥瑞維何？如璞斯剖，瑚璉未試。爰啓後人，善貸斯息，一本雙穗。靖共司馬，承考軼兄，曰母所畀。母今已矣，若母吾母，淵然雪涕。

光禄寺少卿周寧宇先生行狀

明興二百餘年，至神廟之世，士大夫涵濡於道化日久，争自奮勵，進之爲功名，退之爲節義，爲理學、文章，彬彬盛矣。然考其時，大抵猶矜聲名，聲名盛而標榜隨之，遂有朋黨之禍，君子惜之。獨吾鄉周寧宇先生，迥然自樹于風氣之外，雖屢進屢退，率隨所至爲表見，而終不依附當世，獨完大道于渾樸之天，可謂蓋代典型。後之論世者，尚取衷于斯。

先生諱應中，字正甫，寧宇其别號也。先世出宋相益公後，自江右徙居畦，❶入國朝再徙會稽，從戍籍也。始遷祖曰德轅公，德轅生二菴公，二菴生朴素公，朴素生古愚公，古愚生仁齋公，則先生考也。世有隱德，而古愚公尤尚義好施，人稱爲長者。仁齋公娶沈氏，生二子，長曰岐山公，次即先生。先生生未彌月，而沈宜人殞於蓐，育于伯母王宜人，故伯考慎德公遂子之。先生之生也，沈宜人夢豸入室，祥光迴繞，而王宜人亦夢日投懷，以是卜先生他日必貴。先生生而岐嶷，弱不好弄，長勵志讀書，至忘寢食。屢應童子試，不售，而家貧無繼晷

❶「畦」，遺編作「畦」。

資，度讀書無成，兩父强之改業，時年已二十餘矣。有衛尉者，以軍餘坐先生轉漕，先生不應，拘而庭辱之，乃不勝忿，棄其家北上京師。落魄日久，得給事少京兆府中，治簡牘。少京兆邢公見先生氣貌，異之，呼而前曰：「子嘗讀書乎？」曰：「然。」「應舉乎？」曰：「然。」即試以文，亟加稱賞，立進爲館師，以其子受業焉。竟以邢公得占籍順天，補博士弟子員。會予外王父章南洲先生，以名儒開絳席都下，名噪公卿間，先生從之遊，三年盡得其所學。又與閩中名士林璠及北地李海石輩下帷窟室，學益進。隆慶庚午，舉順天鄉試。明年辛未，舉進士。時先生年三十二，未有室也，始聘里中陶氏，奉旨歸娶，未期而陶殂。繼娶陳氏，謁選，授直隸元氏知縣。

先生起家赤貧，十年顛沛，淬礪冰霜，又得南洲先生指授，蚤已立志不群矣。既下車元氏，則慨然慕古循吏之績，廉潔自持，留心吏治，所至與民興利除害，[1]無所撓避，民以事至縣庭，輒相與延問如家人，即受訊者多所恩宥。所持三尺，獨以繩豪右不貸，一切苞苴竿牘不得至門。居一年，政績偉然。有巡方使者駐元氏，候代日久，先生以邑小供應不堪，一日饋進四菓，曰棗、梨、圓、柿，巡方得之，悟曰：「豈欲我蚤離元氏耶？」即日移節去，而心重先生，遂舉以調真定。

真定，隸郡下，衝繁特甚，先生一意爲民如元氏，不以簿書期會擾民。其最著者爲築城之役。真定居京師右輔，鄰邊徼，無城，歲遣防秋戍卒自別郡至者若干人，則歲

[1] 「所」字，原缺，據遺編補。

有成卒金錢。會承平日久，秋防祇文具，而所設成卒金錢多屬文武吏士瓜分，襲爲故事，先生曰：「莫若城真定也。」亟請于當事，當事争難之，度不效，誰任辜者？而太守某持之尤力。先生請身任其役，即不效，亦身任其辜，當事不得已，姑聽之。先生乃召邑中諸父老與謀，計里而派役，欣然受命。因起土爲磚，採石爲灰，其衡量度數與良楛之品，多先生手自監定。久之，城工成，萬雉巍然，甲於三輔，僅取縣賦及防秋錢一歲而足，上官大慚。先生又疏滹沱河以通水利，教民種稻田，北方水田實自先生始，其後徐尚璽貞明踵而行之。邑患盜，先生以保甲法清之。有兄弟三人爲盜者，訊得情，特貰一人以全宗祧。其敷政，寬猛相濟多類此。民有「一廉如水，萬井風恬」之謡。會梁尚書有子怙勢横鄉里，先生懲之以法。中貴馮保爲其父母塋地樹崇楔，先生獨不署名，並憾之切骨。而江陵相於先生爲南宫舉主，又嘗移書刺其奪情在位，亦大恚。于是向之争言築城不便者，咸以先生爲贄，當大計，遂誣以贓私，過吏部堂，堂上大呼曰：「周知縣貪！」先生亦大聲應曰：「知縣不貪！」顧問真定守，守曰：「委不貪，第坐傲耳。」乃調湖廣崇陽。

崇陽，巖邑也，積弊相沿，閭左民爲勢家供繇役，苦不堪，則逃亡轉徙，邑乃大困。時朝廷有清丈天下户田之令，有司多文具應之。先生徧歷窮鄉，赤日中行隴畝，揮汗如雨，遂逐畝逐户，一體起科，人無漏者，而賦役以均。小民如出湯火，然勢家終病之。有縉紳招飲，投蔓毒害先生，歸至夜半，毒發，一嘔而解。先生亦不言，第亟著册，而崇府審理之報至矣。頃之，上官已遺署篆者，亟索篆，先生持篆弗與，曰：「公事未竟。」時庭中郎吏皆散去，先生手自持篆，印户田册，日夜以萬計，目不交睫者浹旬。册成，召主者一一給之，又存册于官，以爲永憲，而先生乃行。崇陽之人至今呼其田爲周田。先生又著《便民三苦論》，言言可涕也，後入縣誌云。

庚辰大計，仍以諸權倖下石，復列不謹，坐錮。先生既歸田，宦橐蕭然。時慎德公已捐館，而仁齋公遐齡在堂，貧無以養也。先生率陳宜人躬執爨以侍晨昏，或時治圃，與傭奴雜作，所以承懽者百方備至，仁齋公亦安之，忘其子之在錮籍也。越二十餘年，都御史艾穆特疏薦先生，時陸莊簡公爲太宰，號憐才，素知先生，獨病察典二百年成例難破，及得中丞疏，喜甚，即會訪九卿科道，百口訟冤，遂奉旨起先生原官，補直隸曲周知縣。不數月，陞河間府同知，連擢山西潞安兵備僉事。故太宰王國光里居，坐不法，有司多不敢問，先生按治之，王竟伏辜。而其私人在朝者百足擠先生，復論調家居七年。

壬寅，再起湖廣荆南道。荆地臨長江，漕舟時虞覆溺，先生酌爲幫運支收之法，官民兩便之。楚藩搆亂，殺巡撫趙某，獨憚先生威名，聞先生至，拱手就縛。先生復疏請爲未然之防。在荆南三年，于民生吏治無事不講求，既一一得其要領，則著《風憲録》行于世。而三年中所積鍰金以萬計，悉推以惠地方，或設賑民倉備賑，或疏沙市河便涉，或所在起義塚，或繕城，或建閘，皆百世利也。朝士有知先生者，内擢光禄少卿，將大用之。而荆州司理王三善，僉邪士也，先生嘗以法懲其胥役，坐憾，及先生去任，竟以大計中傷于史按君，轉嗾南北交章，復論調，然公道愈彰。當事者方懸霸州兵備待先生，需次巡撫，先生曰：「吾老矣，不能事群少年再辱也。」遂抗疏自理枉狀。故事，坐察無自理者，因奉嚴旨歸。先生雅負經濟之略，雖遭中廢，時時不忘當世，及再廢再起，益侃侃發抒，思得一當以展平生，而竟爲宵人所搆，不究於用，識者恨之。

瀕年，時事孔亟，内地戒嚴。真定人多追誦先生築城功，朝士傳之，皆傾慕，爭欲推轂先生。而先生老矣，杜門却掃，不以姓氏通人間，亦絶口不道平生事，即海内知己如北地趙夢白、吴中姜仲文及吾浙丁長孺數人，間相聞問，亦落落間闊。夢白起冢宰，嘗移書先生，欲爲先生進一階，先生不答，及夢白坐黨人禍遣戍，始答書唁之，其介如此。先生林居後，終日危坐，一編課子，暇則覃思著述，積至數百卷，皆道其胸中所得與身所經歷處，一字不蹈前人，非文章，非語録，信手疾書，其深處往往與圖書之言相表裏。一夕，夢神人囑曰：「子著述盈箱，盡洩天巧，犯造物忌，自今當還之造物，弗著一辭。」先生戄然悟，遂絶筆焉，時戊辰長至前一日也。明年冬，先生年九十，先期語諸子曰：「吾將歸矣。」及屬纊，家人忽聞空中車馬聲填然，而先生遂逝。

先生廣額豐頤，神采英毅，雙眸炯炯，望而知爲正人。其處心積慮，動可質天日，切切以康濟生民爲己任，居恒抱拙自守，若一無用于世者，至臨利害、遇事變，奮然肩承，百折不挫。自少歷艱苦，敝衣菲食，于耳目玩好一無所庸。登其堂，凝塵滿座；入其室，殘書數卷而已。蚤年意氣豪舉，不可一世，中更困折，深自動忍，一變爲温恭，矯輕警惰，時時若將不及，顧專用心于內，斂跡韜藏，其深造自得有人所不及知者。始先生以幼失怙，撫于王宜人，非爲人後之義也。及縣令考滿頒綸命，先生曰：「育我者已矣，非一命無以慰九原。生我者尚有待也。」遂貤封慎德。及仁齋即世且無後，先生從里居上疏歸宗，并乞覃恩封典于所生，朝廷許之，因贈仁齋亦光禄少卿，異數也。子三人，女二人，皆陳宜人所出。長惺，例貢生，後先生數月卒，娶劉氏，予族姑也。生子熙乾，邑庠生。次正國，太學生，娶陶氏，繼娶趙氏，生子祖清、祖獻。次悅，邑庠生，娶秦氏，生子熙咸、祖茂。女一適陶崇烈，邑庠生，一蚤卒。先生生于嘉靖庚午六月初五日，卒于崇禎己巳十一月十二日，墓在破塘里之某山。陳宜人先先生卒，葬已若干年，自有《狀》。至是啓壙，以先生合葬，則庚午之十二月某日也。

正國輩既襄厥事，乃手撰先生行實，造宗周而請《狀》焉。宗周不敏，以外王父通家之誼，辱先生愛最久，誼不得辭，敬爲之詮次如此。宗周束髮侍先生，以迄于兹，每見先生進道之力，歲異而月不同，晚年德盛禮恭，淵乎莫測涯涘，窺其所得，殆堯夫、茂叔之流，近世儒者不足道也。近復得其遺稿讀之，益爲之斂衽。顧予猶自愧管窺，不足模先生萬一，尚俟立言大君子詳核其所未盡，而誌之、而傳之，以垂不朽，則世道幸甚。謹狀。

先考誥贈通議大夫順天府府尹秦臺府君暨先妣誥贈淑人貞節章太淑人行狀

不肖生不及見先君子，長而僅獲所

聞焉。音容行履，總歸惚惚，無端緒可紀，重以茹痛之極。即在先慈膝下，亦不忍致詢生平始末，以故益不詳。向有短《狀》，藉以請誌于大人先生，如黄口小兒作啼聲，未有當也。荏苒歲華，滋懼潛德未彰，爲千秋遺恨，謹更端次序，以及先慈太恭人如左。

先考秦臺府君劉氏，諱坡，字汝峻。行慶四十七位，世家山陰水澄里。先世出漢苗裔，始家山陰者曰縣幕公文質，五傳爲贈兵部右侍郎怡軒公鐸。怡軒生守直公濟，守直生茅山公概，茅山生兼峰公焞，兼峰公娶陳氏，生三子，長即府君。府君生于嘉靖戊申十二月初三日丑時。越乙丑，年十八，補會稽縣儒學生。戊辰，娶我太恭人。又九年，病卒，是爲萬曆丁丑八月二十三日卯時。府君先舉一女，既卒之明年正月而子宗周生。又二十三年辛丑，宗周舉進士，甲辰，授官行人。先是，辛丑九月，神廟册立東宫覃恩，宗周已身逢慶典，至是授官，例得貤贈府君修職郎行人司行人，蓋異數也。又十有七年，今上改元。天啓辛酉，宗周自廢籍起官儀曹郎，復用登極恩晉贈府君承德郎禮部儀制清吏司主事。又二年癸亥，宗周連擢冏寺卿，復用皇子生恩晉贈府君中憲大夫太僕寺少卿。乙丑，宗周即家起右通政，辭，遂奉嚴旨削籍，并奪府君誥。嗚呼！家門之禍，尚忍言哉！府君生而瓌秀，弱不好弄，大父延師教之，授以舉子業。甫齠而能文，年十二試童子，邑令楊公賞之，録名上府。太守某公偶顧府君，則訝曰：「孺子乃得濫竽，何令君之眊也？」即留侍席間，面試立就，出語多警拔，則又詫異曰：「果佳兒也，然不宜速成。」錫以楮筆而出。頃之，丁陳安人憂。既免喪，而進膠庠，則名籍籍起藝林矣。嗣後三舉棘試，庚午、癸酉皆爲巡按御史識拔，御史臨場試通省士，百不收一二，得儁者爲殊遇。人或賀府君曰：「劉君見小敵怯，見大敵勇。」迄于丙子，竟未及聽《鹿鳴》而卒。府君體素羸，每入棘闈，輒眩憒，日中乃愈，一拭目，操觚疾書，不加點隻字而文理豐美，人盡以冠軍期之。外大父南洲先生夙負人倫鑑，每射覆科名士，十不爽一二，而獨失之府君，府君之弗售，殆命耶？乃宗周讀府君遺書二十年而脱穎去，抑又何也？宗周少多病，歲讀書不能以日月計，自愧疏略，而每獲僥倖，從天啓入棘闈，若有神助，人皆曰：「此先公之靈也。」及宗周既第，又不能入官，數請告家居，忽起，又廢，又起，未嘗及一考，竟得以三命貤封，皆覃恩異數事，若非偶然者，人又曰：「此先公之靈也。」洵然哉！府君春秋僅三十，而以所未盡者憑於遺腹子之身，如取諸寄，即曰不于其身于其子，猶二之也。乃今者以宗周不肖，事明主自干大戮，致上累府君，嗚呼痛哉！府君性至孝，喪陳安人時年甫十五六，哀毁踰成人，大父感之不再娶，以義夫終。府君既失恃，則恃于祖母茅安人，及茅安人殁，府君哭之哀如喪先妣。時有科舉之試，縣已拔高等，及府試遭喪，輒告罷。或曰：「國制無期喪不應舉者。」府君泫然曰：「方寸亂矣，豈能操筆作試牘？」竟不可奪。府君嘗讀書羅文懿公家，久之，歸謂大父曰：「比處羅氏，見其父子兄弟皆有禮教，不似吾門苟簡者，兒願取以爲法。」大父聞而喜之。府君素褊急，自此力加矯治，德器日底於和粹，而家庭間風尚幾一變。接我太恭人相敬如賓友，無故不晝處于内，見燭乃入，即内處亦無不冠不履。時女兒育于乳媪，府君未嘗手授提抱，必自太恭人轉相接也，其矜嚴好禮如此。府君禔躬岸飭，動履必謹，所御衣冠圖史，皆有常度，無或即于褻。居恒閉户讀書，目不習浮薄之態，意惟恐浼之。所交里中長者，里中人皆愛而敬焉。嗚呼！天實鍾府君之德，以孝弟禮法爲士林坊表，而竟嗇于年，未試于用，宜有後人起而藉府君之靈，以爲身後之榮。而今也侀得之宗周，而又失之，倘世有憑而弔之者曰「有是父乃有是子」，則宗周不肖之戮，永永不朽，而府君之靈亦于是不朽矣乎！

先慈章太恭人系出會稽道墟里，父顯以學行爲海内士人師，稱南洲先生，母楊氏。太恭人生有懿質，自少閒静寡言笑，先生鍾愛之，因命名爲淑，且卜曰「他日必貴」。爲擇配而難其人，會先生教授吾族水澄里，府君年方舞象而嫺于文，客偶攜所作至先生所，亟賞之，問是誰家兒，曰：「吾擇婿如是可矣。」先大父因納采，而楊安人有難色，曰：「奈無姑氏何？」先生曰：「嫁女嫁兒郎，何姑之問？」意遂決。比歸府君，則既遊膠庠矣。太恭人肅雝以相，有雞鳴昧旦之風，事大父及曾大父母，咸得其懽，里中人無不嘖嘖稱賢婦者。積十年而府君捐館舍，太恭人年二十七，手抱一女子，而宗周猶在妊也，則誓以死殉，先生慰之曰：「兒即死，奈爾夫無後？天道有知，假爾生男以報地下，死未晚。」因操文祭府君曰：「爾欲有後，上叩帝閽。」且哭且酹，而太恭人勉稱未亡人以待。既彌月，宗周生。當是時，大父之室罄洗矣。先生素愛女，而楊安人又懟先生之擇婿也，曰：「僅恃此藐諸孤，慮誰爲托命者？」因趣返太恭人于家。太恭人辭以舅氏在堂，不得盡婦職，歲時往來，起居不違。頃之，水澄之居舍又他鬻，大父去而依所親韓氏，太恭人尚往來韓氏家不絶。踰年，韓見刼，大父挾兩叔氏投山莊，遂聽太恭人大歸母家矣。時楊安人已歿，伯仲舅敦手足之情，無煩孤寡拮据。太恭人顧刻苦自勵，躬操紡績，習寒暑以爲常。迨宗周勝句讀，出則隨先生，而入侍太恭人，課讀機杼之間，未嘗不篝燈相向也。太太恭人竟坐是體日癯。宗周年十二，仲舅萃臺公司教壽昌，先生從之任，太恭人慮宗周之失學也，特遣之壽昌從先生。時酷暑，徒步九十里，至即病，一足攣，中冬持病侍先生歸。明年春，足疾瘳，復侍先生之壽昌，旋病目，經年而愈。又明年，歸。已復侍先生之壽昌，又病目。又明年，萃臺公遷官去任，宗周隨之歸，年已十六矣。五年中三上壽昌，道千里而險，太恭人無絲毫姑息，又屢攖疾不顧，而宗周竟以是讀書有成。年二十，遊膠庠，是秋，隨薦于鄉。時劉氏不識所謂宗周也，一孺子養外家，一日而成名，人始知先生之教，而推本于太恭人，「三遺壽昌，不啻孟氏三遷」云。然太恭人未嘗一色喜也，意若轉自傷者，每諭宗周曰：「勉之，無負爾父之志。」會女兄嫁于章者復寡，太恭人哭之，奄奄成疾。庚子冬，宗周依戀膝下，不欲上計偕，太恭人促之行。明年辛丑，宗周試南宫得儁，放榜之明日，太恭人遽以一疾不起。人方頌太恭人之教不衰，而又傷之曰：「子可以禄養，而母不待，惜哉！」又有解之者曰：「此未亡人志也。一日而立孤，一日而殉死者于地下，足矣。奚其待？」宗周聞是言而深痛如不欲生也。先是，大父居山莊日久，兩叔父繼殀，無依。宗周年且長，太恭人數遣宗周迎大父至外家，盡晨昏禮。大父處之不樂也，旬日復去，太恭人徬徨累日，歲時必遺之甘脆，大父每嘆曰：「吾不能撫孤，反以累婦。」時大父年已暮，且攖病，及得宗周捷音而霍然，則謂宗周曰：「非汝母，吾安得有今日？」人又稱太恭人純孝云。歲癸卯，御史馬從聘按浙，采其事上之朝，奉詔旌表貞節之門，而浙東觀察使王公時熙特下所司，豎坊于里中，顔之曰「宇宙完貞」。辛酉，以宗周官儀曹郎，贈安人；癸亥，以宗周官冏卿，加贈恭人。天之所以報太恭人者至矣，惜宗周之不能爲子也。始宗周宴《鹿鳴》而歸，天且暮，便服謁見太恭人，太恭人恚曰：「爾幸爲舉子，豈無舉子服而以褻服見也？簡親棄禮，恐自此始矣。」宗周急更衣謝罪，終不懌而罷。一日宗周隨衆謁當途，以賄聞，太恭人又恚曰：「爾母之爲乎？母則有舊飦粥在，爾胡出此？懼爾福祚之不長。」宗周得而改之。又見宗周氣宇輕浮，則時時勅曰：「無多言，多言敗德；無多動，多動敗事。」又常曰：「人須有剛骨方能自立，不然鮮有不敗者。」其他因事督責類此。宗周奉之兢兢不敢忘。及違太恭人日遠，致過日叢、材日薄，爲明時所廢，家食二十年。一日立朝，思得當以報聖明，因上書論政事，指斥權璫，天子薄其罪，不深坐。會黨人議起，宗周投劾歸。未幾，黨禍作，遂奉旨削奪，上及太恭人。嗚呼！宗周惟不克終奉太恭人教，以至于此，天乎！母之無罪也。故宗周仍稱太恭人以志痛云。太恭人幽閒静正，得女德之純，居恒自操女紅外，輒扃户静坐，終日不移席，動止雍容，一中規矩，步趨而裳襞不動，謦欬之聲未嘗聞廳除。處外家子弟往往不言而化，有忿争者得太恭人一言即罷去。太恭人喜愠不形，每事有不可于心，惟終日不語而已。笑不至矧，怒不至詈，其天性然也。宗周自少及長，奉膝下有年，見太恭人一言一動無不閑于内，則其處心積慮純乎坤道之隤然，而剛方之操凛不可犯，方之古人《栢舟》而下，不知于孟母何如？彼所謂得其子而名益彰，以視宗周今日，又何如耶？昔范滂以鈎黨坐戮，其母謂之曰："汝今得與李、杜齊名，雖死吾亦無憾。"若滂母者，世所稱賢母，猶不免以聲名動其子，稍戾聖賢中道。假令太恭人逮今日，會見其子坐鈎黨之戮，知其智必出滂母上矣。太恭人卒于萬曆辛丑三月二十八日未時，距其生爲嘉靖辛亥正月初二日卯時。其卒之年，偕府君合葬下蔣之原。同邑陶文簡公既誌其墓，而德清許恭簡公又爲《貞婦傳》行于世。

劉蕺山先生集卷二十二

傳　贊　祭文

大司成芝臺陳公傳

天啓、崇禎間，有經濟名臣曰大司成陳公，諱仁錫，字明卿，别號芝臺，吴之長洲人。登天啓壬戌進士第三人，授翰林編修。以丁母憂，服闋，起補原官，充經筵日講。以忤逆璫忠賢，削籍歸。今上御極，用廷臣薦，起原官。尋晉春坊中允，改國子司業，再補經筵，晉諭德。謁告，越二年，即家起南京國子祭酒。甫拜命，以疾卒，是爲崇禎甲戌，年五十六。天子念講幄舊勞，賜祭葬。而鄉人仍祀公學宫，録賢也。

公著述甚富，其大者凡若干種，各若干卷，行于世。君子以是窺公夙抱之大云。

公生有異姿，自少辨博，屈其宿老，益務攻苦治舉子業，蚤有儁聲。年十九，薦于鄉，明年下第。父崇德君謂公曰：「兒不患不貴顯，正患知遇早，學殖不固，他日無以報君父耳。」公唯唯。乃大肆力于古人之學，首讀孔、孟書，曰：「吾向者所治，帖括之説，微言大義不在是。」因日積所疑，抉其指要，久之得數十萬言，于是有《四書語録》。已聞毘陵錢啓新先生倡道東南，尤喜與學者言《易》，公復負笈從錢先生，受《易》學，久之印可錢先生，恨相遇之晚也，❶于是著《淵天紹易》、《羲經易簡録》等書。

公既治經學有聞，乃進而旁治史家言，遂留心經濟之學。始公父爲崇德令，公讀書署中，習知民艱，念東南物力已竭，而惟正之供不盡歸朝廷，弊坐中飽，因核掌故、紀見聞，爲吏治砭石，于是爲《賦役》一書。以今而觀吏道之污，抑又甚焉。時公固經生也，而熟籌天下事已井井，及公既遇矣，職在編纂，益取史家言，商榷古今理亂興亡之故，無不洞如觀火，讀《資治通鑑》曰：「美哉！辨忠邪，審治忽，箴諫深切，其啓沃之資乎！」于是有《通鑑論校》、《綱目會紀》二編，一時傳者紙貴。既晉經筵，會魏忠賢專國命，時事日非，公進講之下，惓惓以博謀廣詢、進賢遠奸爲言，其黨聞而惡之。一日，忠賢以軍功冒爵上公，給世券，公當視草，辭不可，或怵以禍，公曰：「死即死耳，券不可草。」忠賢乃別屬所私。而尋以朋黨謀報復，坐公削籍，詞連文文起翰撰，欲并殺文起。公去，惟闔門待死而已。顧乃心不忘當世，復考經濟之説，兼總條貫以類成編，于是有《經濟八編》。每顧逆焰日張，衣冠之禍不已，輒飲泣曰：「吾終無以報君父乎？」會今上臨御，天日重朗，次第進用，而公著《通鑑》一書，上已從藩邸丞塵乙夜之覽，以是頗知公，進用之。公之晉司成也，佐祭酒顧公錫疇，申飭祖宗積分法爲儲才地，而公則時進國子生，諭之曰：「吾所司何業？德業乎？學業乎？功業

❶「也」下，全書本有「而公所著論曰：天地以生物爲心，人以生天地爲心，孰生之？易生之。又曰：舉念即先天，豈患無羲皇心地？所慮者，不周旋三聖步趨，一失足成千古恨。其他善發師藴類如此」六十六字。

乎？教不行而敗若類，如曠官何？」聞者相顧色起。會先朝餘孽猶時時布要地，錦衣某者忽蜚語中公，禍不測，未幾，錦衣自敗，獲免。公遂以官諭捧節周藩，役竣，請告還里。公前後輶軒所至，若邊陲要害、建置沿革及一切利治民生，無不得之咨諏。一日，讀西山氏《大學衍義》，好之，已讀文莊公《補義》，猶病其漏也，間取時務之要續補之，于是有《衍義合刻》，有《皇明衍義刻》。而公復輾然曰：「詳于古而略于今，艷記載之空言，而忽祖宗之成憲，非所以昭法守也。」于是又倣二氏之意，爲《皇明世法》一編，紀高皇以後累朝創守鴻模，于天德王道之間，炳如也。公一生著述之文，莫大于是。然心神亦遂已殫竭矣，猶力疾成書，竟以不起。至公所扼腕于當世之故者，一則曰：「重閣權則旁竊自杜，閣臣得人則閣權自重。」一則曰：「任將者刻于持議而寬于課功，故不能不事欺罔；將兵者掣肘平時而責成臨敵，故不得不出而敗衄。」又曰：「天下事尚可爲，惟言路與閹人隔絶，雖劉瑾、汪直，不久當自敗。」乃者中外之故，難言之矣。流寇交訌，積十餘年不解。聖天子經營禍亂之日久，亟思得幃幄臣以責幹濟，意未嘗不在公也。即海内識不識，無不注意公一人，旦晚且相，而公已先卒不及待，豈非運會之阨使然乎？

始公既久困公車，念母吴夫人老，不欲應舉，會神、光二廟相繼賓天，公泫然曰：「吾獨非顯皇帝所録士，而廢草莽之義？」乃進請于母曰：「兒將北進哭二陵，乃圖終隱，母頷之。」壬戌之役，既上春官，即策蹇走西山拜二陵，徘徊灑淚而去，其至性天植如此。是年竟上第。後公除母喪，正權奄肆虐、彪虎縱横之時，公欲弗起，因謀之文起諸君子。僉曰：「國事至此，某等坐廢，無可爲者，子尚寄朝籍，而圖潔身自便乎？」公感其義，幡然起。當是時，朝士稱上公勸進忠賢無虚日，致伏謁稱九千歲，宗社大命危于髮絲，天下已無君臣之義矣。券誥一拒，凛然揭一代綱常，還之君父，卒啓今上中興之祚，可爲功在世道，而識者終惜公之未及大用也。公束髮以天下爲己任，又痛崇德君蚤世，不竟所施，輒奉其遺訓，一生孜矻，大要歸之經術經世。晚築無夢園，讀書其中。公之自命居然遠矣，而卒限于年，稍讀公《無夢初稿》，亦足想見其先憂後樂之致云。

初，崇德君蚤世，而太翁、太母皆尚在，耄年衰病，公承懽昕夕，代崇德君終子職者八年，太翁每嘆曰：「吾兒不亡。」及二人相繼謝世，公哀毁一如喪崇德君也。母歿，痛含斂不逮，廬于墓所者三年。嘗出前後經筵所賜鏹及八年餘俸，置莊田若干畝贍族，最後又推以及姻友。及病亟，猶勉裁成籍以示後人，于是有《病中一念録》，是爲公絶筆。公英敏博達，志氣偉然，濟之以學，遂稱通儒。其于出處去就間，介然中立，不激不隨，淵乎其近道，則得之學《易》居多。故公于錢先生没，輒製一主，私祀之終其身，其篤于氣誼又如此。❶

予生也陋，不及交公，然蚤知公爲正人，心相許也。比公殁，而公子濟生偶顧予，輒以公千秋之役見委，予以不文辭。越

❶「其篤于氣誼又如此」，全書本作「夫公於學問文章風節行誼，動足千古，而余乃表之以經濟，反若一無所恃者，亦本公志也。嗚呼！乃所以爲經濟之大也」。

二年，公倩吴子守質又來，而吾會邑周令君又代爲請者再，誼不得辭，遂本經世之志以綴公傳，補楊太史所未備，俟史臣兼採焉。崇德君諱允堅，萬曆乙未進士，仕終崇德令。其他卒葬、世系，皆别見。令君爲公禮闈所録士，來治吾會稽有聲，予又因會稽以知公也。

外史氏曰：熹廟初，海内正人，自皇祖五十年培養以來，一朝而畢聚于朝，其間高者談理學，次之樹風裁，下亦不失爲慷慨氣誼，相與狎主齊盟，共效澄清之志。惟公及文閣學最晚進，已裒然壇坫，而公獨一意旋光斂鍔，矻矻鉛槧間，談經濟業，人莫窺其際。其後諸君子次第坐鈎黨，或廢或死，或鬱鬱牖下，説者以爲門户之禍，❶諸君子與有過焉。公雖不倖免，實愛其死以有爲，而所談經濟業卒不顯。嗚呼！宋之衰，誠正而迂矣，即陳同父不能開南渡之運。公亦何負于清時乎？

徵君辛復元傳

徵君辛子，諱全，字復元，山西絳州人。崇禎中廷臣交薦學行，以貢入京師待詔，故稱徵君云。徵君生而岐嶷，丰度玉立，識者知其非常人。九歲入小學，通《孝經》、《論語》。會族人誣搆繇役事，破其家，徵君遂廢學去而治生。或謂其父小亭公曰：「而子千里駒也，而局促轅下終乎？」遂聽之竟學。時徵君年十六矣，則從塾師讀書太山祠，偶及程朱行實，心慕之，以聖人爲必可學而至也。遂焚香端坐，紀録言行，其立志

❶「以」，原作「已」，據全書本改。

如此，顧猶未知所入。年十九，讀《讀書録》，知入道必自敬始，作《主敬箴》以自勗。自此棄去科舉之習，一意聖學，時人聞而笑之，弗顧也。未幾，小亭公卒，以「七戒」名所居，葷、酒、笑、游、歌、咏、燕會及諸吉事皆屏絶，著《孝經闕疑》。年二十三，門人始進。徵君益深自期負，玩心高明，悟河洛之説，因以「契天」名齋，自稱天齋子。郡守張公某聞而異之，叩其學，大驚，以爲程朱復出，即向之笑者，至是偵其敦篤嚴苦狀，皆折服，于是門人日益進。

年二十七，始就室于張，補行冠禮于學宫之明倫堂，從學師曹公茂孺請也。其年，督學南公居益校士至絳，特延之就試，而終不以舉業應，因策以明體適用之説，則條對井然，遂令冠多士，餼廩之學官，檄赴秋闈，辭。明年，巡撫吴公悌薦于朝，不報。又明年，過關中，執贄馮少墟先生，先生稱之曰：「辛子年少而知學，充其詣，薛、胡不足多也。」又踰年，過安邑，執贄曹真予先生。自此，徵君之學益有師承，風動遠近，所至登壇鼓篋，答問如響，同志雲集。嘗一會于垣曲，再會于安邑，三會于平陽，四會于長安，五會于洪洞，六大會平陽二十四郡邑士于明倫堂，皆從當道所請，其守令而上，有擁篲前驅之風。徵君則益以名教是非爲己任，軺車所至，必謁其里中先後名賢，湮廢者則請之當道表章之，而於河津則謁薛文清，于太平則謁王文忠，尤以寄景行之思，仍録其門人之賢者配饗于祠，爲舊典所未載云。

天啓中，魏璫擅政，屠戮忠良，則爲文以告關壯繆，聞者裂眦。流寇渡河，貢士盧若水首建義旗攖難，及婦女王氏等，皆不屈而死，爲著《存烈編》以哀之。比歲凶，饑殣載道，徵君繪圖上之直指，因上聞，得發帑行賑。其惓惓不忘當世類如此。母陶安人卒，哀毁如其考，三年不入内室，時徵君年四十六矣。居恒有感于當世之故，嘗著《衡門芹》、《經世石畫》二書，擬效龍門故事，上書以獻，既而不果，嘆曰：「資格不除，科目不變，而求人才、飭吏治，是却步而希前人也。」

先是，巡鹽李公日宣、巡按祝公徽，又繼吴公後先薦于朝，皆不報。及督學袁公繼咸廉訪所屬人才，得徵君，接以殊禮，貢于朝，至京入胄監，大司成倪公元璐令講學辟雍，聽者環橋，風動輦下，一時薦紳先生皆折節下之。會流寇孔熾，震及鳳陽皇陵，徵君痛憤，著《治平謀野》，擬上聞，而上方下詔命廷臣各舉賢良一人，以備守令，選遂中止。而侍御路公振飛首以徵君名應詔，旋給假還里，其後内閣賀公逢聖上書曰：「辛全忠孝特根天性，尚友古人，所謂窮不失義而得己，達不離道而民不失望者，全足以當之，非守令器也。今即用爲守令，臣亦敢爲得人慶矣。」遂奉特旨召用，而徵君即以其年九月卒于里門，則崇禎丙子云，年四十九。

疾革，門人叩所學，曰：「來時無一物，去時無一物。」復謂其妻張曰：「吾始終止此持敬。」語不及私。門人私謚曰文敬先生。因祀之養心書院，即徵君講學地也。先是，絳守笪公繼良擬爲徵君建講院，會遷去，則解所佩銀帶貯庫，爲他日鳩工費，至是成笪公之志，以祀徵君，亦足以表一時人心推服之誠矣。所著書數十種，而《四書説》及《養心録》頗行于世，其他語録復若干帙。徵君既殁之五年庚辰，其門人賈黽來越，請爲之傳，因慨然許之。

劉子曰：予往年赴召，得接徵君於邸，且讀其所著書數種，未嘗不嚮慕其人，以爲真儒復出。而徵君方急于用世，不惜援周流歷聘之風以自見，意者大直若詘，道固委蛇。及徐考其平日立志之卓，制行之醇，已足爲吾道建一壇宇，則其于出處去就良非無據，其真聞龍門之風而興起者乎！自洙泗風微，典型日遠，士大夫溺于自私自利之説，不復知有天德王道之大全久矣。徵君不由師傳，蚤印聖矩，遂毅然以世道爲己任，使得竟其用，由、賜不足讓也。而僅止于此，乃其學則已升堂爾矣。嗚呼！吾今不得而見之矣夫。

文學沈本人傳

予蚤歲得交沈子，相處頗落落，而心實器之，晚益加嚴重，引以爲益友。一日，予卜葬内子，犯人祖塋，沈子來解，予有難色，沈子言未終而去，予因自訟曰：「沈子竟以爲不可乎？」自後每見沈子必内愧。久之而事解，得竊附于補過之列，曰：「吾不敢負沈子也。」而沈子已謝世矣。悲夫！沈子性坦直，與人交，語必由衷，遇意所不可，輒侃侃陳説，或面折人短長，當之者始若不能堪，而卒亦亮其無他也。其在隣里親族，解紛息争多一言而決；與人期，雖久不渝；遇人急難，輒多方周卹，往往陰行其德而不以告人。夫沈子雖困諸生中，已隱然爲一方中正，有達官貴人所不及者。然居恒扃户讀書，絶不妄與人事，其于聲利之途岸如也，故終身不揖見一有司，識者以是稱其有士行。予所爲嚴重沈子者，此也。

沈子諱祖誠，字本人，世家郡城西之霞頭鄉。其王父龍津先生校，以嘉靖戊午舉鄉薦，後官萍鄉令，多惠政，居鄉尤以淳德稱。父烈，積學有聲，配謝，繼汪，舉四子，而沈子居仲，爲汪出云。少補諸生，輒下帷攻苦，數試有司不利，年既遲暮而志不衰。久之，子姓多鵲起者，顧兆錦、夢錦曰：「二子勉之矣。吾雖老，當先爾著鞭。」及撤棘，復並報罷，意亦豁如也。父卒，事其母汪極謹，汪晚年痼疾，沈子湯藥必躬親，隨卧起以爲常。昆季並長于文學，而壎篪和鳴，友愛備至。伯兄，謝出也，先故無子，爲之定嗣，且撫其所遺二女如己出。兆錦輩早孤，亦撫如己出，人尤難之。歲庚辰，吾越告饑，沈子獨率其鄉之人行賑里中，全活者甚衆。明年饑益甚，上官廉知沈子賢，遂委以一鄉之政，而沈子徵發期會，次第井井，至措置粥厰事宜，纖悉皆具，遠近就粥者歸之如投懷，而沈子益出其私捆不貲，以佐緩急，鄉人皆相感而勸。時酷暑中，沈子往來經紀，竟以勞得疾，既革，猶惓惓言粥厰事不已，鄉人感之，多爲望禱云。年五十六。配章氏，爲予舅萃臺公爲漢長女，而沈子竟無子。既卒，兆錦遂進爲嗣子。因思所以永其親也，向予稍稍述岸略，予喟然曰：「予志也。」具書之。二錦皆從予遊，有志操。

贊曰：仲尼論士，首行己，次孝弟，次言行必于信果，此外無聞焉。嗚呼！上焉者吾不得而見之矣，得見其次斯可矣。後世士風日薄，高者馳騁詞章，下之奔走勢利，至有名噪公卿行同市賈，以自誇詡于人，曰名士，而士亦争艷慕之以爲榮，使世道卒受其敝。當是時，求一扃户讀書其人已如空谷音，況進而語士行？吾乃于沈子有餘慕焉。

外大父章南洲先生傳

先生諱穎，字叔魯，别號南洲，會稽道墟章氏。章于會稽爲望族，而先生家世隱約。父信齋公樂善好義，里中稱長者。先生生九歲，而母林卒，則刻苦讀書以承父志。年十四五，從上虞孝廉狷齋謝公受《易》，公器之，已又學于九里徐公，二公以《易》名其家，後皆登進士第，爲名宦，而謝公風節更著，即世廟間以御史四劾奸相嵩者也。先生英偉夙成，長而漸被二公之教，益挺挺自立，傑然有塵視珠玉、銖視軒冕之志，乃大肆力于經術。久之，遂以《易》學顯名于時，發爲制義，追琢古致，而多獨解，一時知名士無不願交先生。每邀先生聯講社，得疑義必顧先生云何，先生徐出一解，則四座嘆服，因益奉先生爲祭酒。諸文懿公累上公車不第，一日過先生，再拜請教，先生具言其故，授以指南，公躍然，復再拜謝去，尋登上第，因終身聯爲石交。餘所交知名士後先登第去者，德先生不忘，類如文懿公也。少與族兄少參公禮、僉憲公焕號章氏三傑。先生獨數奇，以郡諸生試于省者連十一舉，輒報罷，年踰艾矣，乃去而從所好，以處士終。

始先生困諸生既久，一日以蓍卜，遇蹇之謙，其繇曰：「大蹇，朋來。」則喟然嘆曰：「吾其已矣，將在及門二三子乎？」已而門人日益進。數十年間，吾鄉以《易》顯名制科者，多出先生之門，先生遂儼然爲當世師，無論識不識，無不稱南洲先生云。先生之設科也，量人材器而程之，高者抑之，下者舉之，其要歸于彀率，發必命中乃已，至率作之際，風雷迅厲，又使人鼓舞忘倦，故及門多所成就。始而教于族，族之士無不争延先生者，其後族孫如鋐以孝廉舉；已教于鄉，鄉之士無不争延先生者，若陶允宜以駕部郎顯，羅光鼎以比部郎顯，沈校、楊大成並以縣令顯；已進而教于郡邑，郡邑之士無不争延先生者，若馮景隆以大參顯，趙璧及吾族祖烶並以州刺顯，宋某以縣令顯；已進而行教四方及京師，則所至皆争延先生，若華亭徐文貞、孫元春以進士舉，中州郭蒙吉以別駕顯，順天周應中以卿貳顯；及其老而再遊京師，則朱、張二翰學、陶宗伯争延教其子弟，而陶望齡以南宫第一人舉，以司成顯，朱敬循以通政顯，張汝霖以憲副顯，張汝懋以御史顯，已申少師瑶泉公獨延教其壻郭生。頃之，還家，年已七十餘矣。再延陶氏，陶允嘉以鹺運副使顯。年八十，而不肖宗周弱冠舉進士，則先生所手植而成者也。及年幾九十，猶爲諸孫授經。周光禄聞之，遣其子來學，人以爲伏生再出。其他後先及門者，不下千餘人，傳先生經學世其家者又數十人。乃先生雖不發于身，而仲子爲漢亦受先生一經，舉于鄉，爲名邑宰，先生之道不終蹇矣。

始先生教如鋐，三年而有成，曰：「鋐自此舉矣，然艱于第。」得周光禄，曰：「奇士也，但不宜遲。」暮則盡出其枕中秘，授之曰：「熟習之，取科第如寄。」光禄唯唯，一舉而連捷。得陶司成，曰：「吾非子師也，行當大魁天下。」得朱通政，曰：「子他日名位埒望齡。」及周光禄數起數仆，則誠之曰：「子病太剛，終不能大顯。」朱通政以先生九十來稱觴，先生睇視其俯仰狀，私恚曰：「叔理不久矣。」未幾，死。自少愛宗周，曰：「兒必有成。」宗周之舉于鄉也，先生方隨任仲子有粵西之行，舟泊江干，宗周出初塲以試卷呈，喜曰：「甥必舉矣，予何爲事萬里行？」遂辭仲子。還而得宗周捷報，然猶以少年登科第爲不幸，其負知人鑒，一切奇中，往往類是。

先生性豪爽，嗜酒。每晨起爲諸生授經畢，輒會客飲，飲輒醉，醉後輒駡座，不顧尊貴人，尊貴人在座者次第竄匿去。益達夜飲不休，甚則推食案，鼎肴狼籍委地，主人不敢俯而視，又整席如初以進。然此外不呼盧，不射覆，惟高談古昔，稱經史及當世人物賢否而已，故聽者悚然忘倦。酒罷，復考諸生課，一一勸誡有差，而諸生益日夜進于學。館申少師邸，一日偶自他所歸，夜深矣，問郭生課，不應，先生震怒，命長跪不起，聲達内庭，少師起而聽。翌日，躬捧夏楚至，謝曰：「願先生終教孺子，自今不率，則請撻之。」復顧其壻曰：「世安得善教如先生者？」自此待先生禮益隆。先生雖日館貴人，而語不及私，未嘗一涉足勢利，久而隸卒皆信之，聽先生出入交遊，蚤夜不問。兩處師相家，皆長揖上坐。或曰：「不已倨乎？」先生曰：「師道然也。」

先生偉幹修儀，丰骨峻整，面浮赭彩奕奕，望之如神人，而剛正之氣得之天授。當其發揚蹈厲，一往而前，能令千夫辟易，雖自謂賁、育，莫能當之。先生常自稱曰：「使予得志，楊忠愍事業不足多也。」先生既有志不遇，益憤嫉流俗，往往發之酒後，既老，而罵座益甚，常自笑曰：「氣足以配道義，酒亦足以配道義。」又曰：「吾平生嫉惡太嚴。」然人有片長，輒頌不啻口，出與人交，終身不替，遇有德于己者，一飯不忘。友人朱在川嘗助先生麥舟十金，越數十年，朱君物故，其子落魄京師，先生酬以夙金，且給道路費，命之歸。其子曰：「伯何贈之腆也？」先生具道舊誼，因拜謝而去。又喜周人急，族子某某罹于遣戍，皆藉先生援得解，先生終不言德也。族弟某與先生比隣，子孫思欲并其第以自廣，一日陷危法，乃書券納先生求援，先生曰：「吾敢乘危以射利哉？」還其券而解之。晚年家居，里有遊手博塞鬬狠無賴者，必匿避先生，即不及避，必自縛悔罪乃去，俗幾一變云。

先生律己，動循禮法，雖造次不設惰容，而心事磊落如晴空，胸次洞然，無纖毫隱伏，故所至人望而敬之。年八十，命工繪青天白日圖小影，曰：「吾平生以之則。」又曰：「先生所挾以師表一世者，非偶然已。」又曰：「吾平生學行得之謝、徐二師居多，益以知教之不容已如是也。」先生配楊氏，生二子一女，長爲雲，次即爲漢。女爲宗周太恭人。二子皆先先生卒，而孫輩復世其家。卒于萬曆乙巳，享年九十二。疾革，謂宗周曰：「此常事，不足怖也。」先生所著《易解》，存河南郭氏，故不傳，而詩文雜稿藏于家。宗周于先生，孫行也，然不敢言戚屬，而以師道事先生，志不忘所教也。

贊曰：師道之重于世久矣。語曰：「師道立而善人多。」先生蚤傳謝公之學，擁臯比談《易》數十年，淵源所漸，多成名士。宗周齷齪不足道，如周光禄、陶司成二君子，皆卓然樹立，其出處有無爲世重輕，而一出自先生之門，則先生造就人才之功，乃在世道矣。周光禄嘗謂宗周曰：「吾平生得之先生，不啻先生之于謝公也。」嗚呼！今亡矣夫。

章端齋暨配先姊合傳

吾姊之嫁于章也，其夫曰端齋處士，有賢行而夭，久之，姊復夭，因合爲小傳以誌予骨肉之痛，亦大略爾矣。且閱時既久，一二事狀恍惚胸臆間，莫能吐也。一日，復得其弟體衡君之《狀》而讀之，曰：「有是哉！」乃復爲著傳曰：

處士諱養仁，字完素，而端齋者，則處士既殁而其宗人之賢者私贈之，以當易名者也。處士生而端方，性至孝。方弱冠，喪其母謝，哀毁殊甚，竟三年蔬食飲水，終喪，猶不御綵服，人多難之。苫次中手書《孝經》一卷，詳加考釋，以示幼弟妹讀之，志所痛也。處士既喪母，其父賓峰翁欲弗繼娶，則泣而請曰：「弟若妹皆幼，失母而大人不繼，得無以兒長，致有他慮乎？若此，兒以一人兩傷父母兄弟心，將不得列于人。」賓峰翁感之，卒娶後妻陶。而處士奉之惟謹，得其懽。且飭弟妹曰：「有異子，無異母，故孝必稱舜，弟必稱閔。汝輩識之。」于是弟妹亦能宜其父母如其兄，庭無間言。處士少讀書不甚慧，會賓峰翁歲歲客都下，其兄某又隨入都下不歸，以是處士稍長，管家人鑰而廢讀書。然既長，則向慕古人所傳懿行，每事輒取法，至所以檢身克己，時時常若不及然。嘗手署當户出入處曰：「爲善難，作惡易。一日之内，三省乎身。」故其居恒，坐卧行止皆有尺度，而遇吾姊尤莊。姊于歸數年，絶不聞有宴昵嘻啞之狀，處閨闥之中，肅若大庭，見者或迂之，弗顧也。里婦有不潔者，嫉之如讐，即偶至其家，去必浣其所經几席以示絶。遇裸者于途，望望然避之。家居聞里人相詬聲，輒掩其外扉如不欲聞，翌日或召所詬者理繩之，其人亦慚服去。以故隣有詬者，輒曰：「不可使聞于執方先生。」族某者，其塾師也，夫婦反目，至數年不解。處士多方解之，卒悔過，爲夫婦如初，每曰：「吾賴此子得完一段天倫。」其漸爲鄉里信服如此。乃處士竟以母喪坐毁，浸病瘵瘵，數年不起，年二十四。予外大父南洲翁，處士族伯也，爲易名端齋，鄉人以爲信。處士貌甚寢，賦質尫羸，宜無壽理。然眇小丈夫，而卓然至性過人，雖未嘗學問，動律準繩，有有道仁人之概，天假之年，充其至，曾、閔可幾也。惜哉！始予少不更事，見人稱處士執方先生，予亦曰執方先生。既别處士三十年，予老矣，自顧行履猶不能當此稱，使處士而在，予將以畏友事之。撫今追昔，不覺流涕泫然，其所以感予懷者深矣。嗚呼！孰謂處士果不壽乎？

姊貞範劉氏，姊之殁也，宗人誄之曰貞順，而弟宗周以爲未盡其美也，改誄曰貞範云。父贈公某，母淑人章氏。始予母之稱未亡人也，姊方週歲，而予在衽，鞠育甚劬。既而母子皆長養外家，姊惟母之訓，起坐相傍，未嘗輕出外家户。性慧朗，蚕工繡刺，而體頎然倩雅。外父爲擇壻于族，得處士，方抱廬中痛，不暇問燕爾。姊因之益修婦道，旦晚執饋以爲常，賓峰翁甚稱新婦賢。既免喪，處士即病瘵，久之不起，則姊年甫二十三，遺一女一子，次第襁褓中。時予母子皆沉痛欲絶，即其家人亦無不痛絶者，且爲姊難所處。而姊擁衰終喪如禮，哭泣之聲未嘗過廳除，若不知人間有孤寡事者。頃之，孤子稍長，則奉賓峰翁指，延師教之，漸有成，而拮据米鹽，益勤。時賓峰翁家浸落矣，又終不得于後姑，遂與分庖。又數年，病瘵以終，時年三十八。稱未亡人者十六年，而病而支離床褥者將十年，則姊心死于處士之日久矣。心死之而心毁之，以至于病，而同穴之意又不欲見諸辭色，以爲近于情而遠于義，有傷處士之德也，至此始以報處士地下。昔敬姜晝哭其夫，君子以爲知禮，吾姊乃以能爲敬姜續者，始能爲端齋妻，且不愧爲劉氏女。表以貞範，有以也。夫貞範生于萬曆丙子，少端齋一歲，而死于萬曆癸丑。端齋生于乙亥，卒于戊戌。女適何光捷，邑庠生。子一匡，邑庠生，撫于予，終姊托也，後姊十年而匡又死。婦朱氏，守節于今，有姑氏風。遺孤孫安民，聘俞氏。孫女一，未字。

世父學可公傳

宗周近輯宗譜，見先世有日涉翁者，其行義爲先少司馬艮所先生稱述，輒嘆慕不已。以翁之德，即託志園林如靖節，宜必有福祚流于子孫，可操券而俟，及夷考其苗裔，何寥寥也！翁八傳而與予同輩稱孫枝者，僅五七人。其世嫡曰應麒，麒之考曰學可公，亦以行義聞宗黨。而父子間式微日甚，伶仃一綫，苟延門祚，薄田不能給飦粥，敝廬不能蔽風雨，一二期功之親，又無論已。予于是不能無感于天人之故。予先所自出曰遂安，即翁之仲兄，嘗三上黔中脱父戍，世傳孝子。其後發予支千丁，衣冠聚族，人以爲有天道。翁大節，讓其兄成名，而姱修篤行，不愧其兄，至食報後人若霄壤，豈天道有定不定耶？抑一乳而分，挹于此，注于彼耶？

公諱壯，字汝男，學可其别號，世爲山陰水澄里人。始遷祖曰文質公，而日涉其曾孫也。公祖曰西橋公森，蚤世，配王安人，勵節撫孤，鄉里稱之。考曰列泉公庶，配傅氏，生六子二女。祖考皆世有隱德，而公加耀云。公生有介節，于聲色貨利處之淡然。方盛年，偶館於僻巷，隣有婦殊色，忽暮夜寢室壞，婦覆其下，創甚，大呼：「劉君救我！」公趨而掖出之。時月色正皎，四顧寂無人，婦啓公無遽歸，請逮于旦，府君辭之，婦曰：「非有他意，處覆巢之下，心神惶怖，稍仗福人護持耳。」公許諾，對户而榻，自鳴衷曲，至曉不二。婦乃謝曰：「古有展禽氏，君得非其後身？願君世世受天之祐！」公曰：「某固願學古人耳。」因自號學可。自此公意欣然若有得也，益向慕古人之道而學之。因默坐一室，左右簡編，經數月不出，檢身益嚴，日遠于非僻之習，自燕居幽獨，推之大庭無二履，要在不欺此暮夜心而已。如是者數十年，人未有知者。

家貧，歲爲人塾師，資館穀以養，未嘗有戚容。篤于事親，及母病劇，嘗刲股和粥以進，母飲而甘之，翌日乃瘳。及喪父，公方出遊在外，忽一日心動，趨歸，父病革矣。踰日乃屬纊，哀毁終喪，猶以無財不能爲禮爲恨，至飲之終身。遇諸弟妹友愛如孺子，患難相恤，不避湯火，迄今再世合食，人無私財，子無常父，皆公之教。公之學其可見于躬行者如此，雖未卜其道之有聞與否，亦異乎呫嗶自侈繁多而實寡者矣。公蚤業科舉，業有聞，及一再舉不售，輒棄去，以處士終。享年七旬，卒于萬曆丙辰八月二十八日，而距其生則嘉靖丁未八月初八也。配顧氏，生二女一子。子即應麒，頗能繩公志，卜其後當有聞焉。吾知公之學行且日光，而日涉翁之裔未嘗不積而大也，此予所謂天道也。

族子宗周曰：刲股而傷生，逮婦于旦而至于瀆禮，皆道之所不載，而公安之，正坐未嘗學問耳。公有感于是，始有意于學，而猶未卜其道之有聞，則學亦難言哉。昔孔門論孝弟爲求仁之本，而《中庸》言上達天德乃在屋漏不愧始。知乎此者，雖謂公爲知學可也。

孝愍周氏傳

吾鄉故光禄少卿周寧宇先生，立朝忠清一節，有古社稷臣風。即吾鄉諸懿行，未能更僕數，鄉人多化之者。而先生又有令女孫曰周氏，嫁于汪而死義，君子哀之，私謚曰孝愍，言不愧爲先生孫也。禮，婦人謂嫁曰歸，義重于夫，恩輕于父矣。周氏之爲愍也，曷不從婦而從子？曰：「爲義絶于夫，不得爲汪氏婦也，不得爲汪氏婦，乃其爲先生孫也。」

先生長子曰太學君惺，蚤故，遺一女一子，女即孝愍氏。初，太學君擇壻而得蕭山之汪某，富人兒也，先生有難色，曰：「吾家儒素，非若耦。」會中冓有主之者，竟諾而歸汪，先生滋不懌也。已而先生亦謝世，其舅姑雖知先生廉苦，猶覬宦門女不乏艷粧。一日，顧氏短褐椎髻狀，輒怏怏，移侮母家。姑趙又繼母也，不恤其子，益開釁其婦，時時詬誶，不忍聞。舅汪某時喜時怒，喜則相爾汝，追隨爨下，如厮養習爲嘻嘻，怒則助姑爲厲而已。氏乃還母家，而雨泣也，曰：「吾死不歸汪矣。此豈可與久居者乎？」其母不解所以，輒遣之。如是者數年，忽一夕，縊死。時其夫方館于外也，亟走還視殮，質明，曳而葬之中野，里人愕然。有訃母家者曰：「死之夕，汪某有獸行焉。氏方厲聲逐之，而某走挾乃姑争持械來亂擊其頭額，抱傷悶絶，因闔户自盡。」其弟熙乾訟之官。閱三月，起屍烈日中，顔色如生，然當事者竟無能斷斯獄也。予嘗進熙乾慰之曰：「舅不義而殺其婦，還以舅抵，是父子相殺也。且氏固念之矣。天下豈有無父之國哉？辱親之名以偷生，殺人之父以立節，無一可者。」熙乾感之，事遂已。然而氏之志愈不可以不白也，即汪氏可無婦，先生不可無孫，因作爲孝愍傳，俟採風者擇焉。

外史氏曰：予讀書至中冓之刺莊公而醜之，衛竟以是亡其國，下及唐季高、玄之際，何獨不然？當是時，假令宣姜諸孽有秉孝愍之志者，撊然制人主之惡，而不得肆，國亦奚底于壞？方且三綱由此而明，九法由此而叙，其有裨世教，視《栢舟》一誓，僅以從一終者節烈不更遠哉？然則孝愍固不特爲先生孫也，蓋亦永爲汪氏婦。

章貞女傳

予母族章，會稽望族也。風氣岸直別于他著姓，入國朝以來，貞臣志士代不乏人。即簪笄女流，亦往往以德操著，如先太淑人撫孤宗周，尤其皎然者。異哉！于今又得貞女焉。其父曰太學生方揚，❶母劉氏，爲予族兄先方伯公女，有賢行而蚤世。先舉子曰英士，女子二人，貞女其長也。生而柔婉有至性，母歿，哀毁骨立，既免喪，遇忌必慟。工于繡刺，暇則學書史，稍覽《詩》、《易》，兼通釋典。長而閑于闈門之禮，足未嘗輕置户外也。初，太學君之考司城公方官京邸時，王新建瑞樓公有子，族壻也，因以其孫求配于貞女，曰：「此其爲文成後者也。」司城公曰：「吾女孫得奉文成祀，幸矣。」遂字之。乃王氏之子固嬖人所生也，一日家釁作，瑞樓公遽出其子曰：「螟蛉也。」且以其事聞于朝，太學君訝曰：「誰氏子也，而稱秦晉乎？」因絶婚王氏，瑞樓報可，然猶爲族子所持，未敢顯言絶之也。至己巳，貞女待年二十矣。王所謂螟蛉者自燕歸，乘瑞樓公故，而覬世襲，且來請婚。時太學君方謁選都下，託故謝之。女微聞所以，心竊自傷。適有議姻于妹氏者，貞女疑以爲己也，一日引佩刀自截其髮，家人驚問故，第曰：「吾毁容自廢，得依吾父膝下終其身，於願畢矣。如其不可，請以死誓，人孰無死者。」已而遂請疾不起，疾數月，時以不一面父爲恨，臨革坐起，持佛號而逝，且謂家人曰：「吾死，命也。幸弗悲悼。」時即己巳之某月某日也。

嗚呼！女何爲而死乎？以爲死所天，誰爲天者？以爲死所暴，又未嘗有鼠雀之訟也。一日，陶石梁先生與予講居易之學，人皆指處夷狄患難爲蹈險者，而先生

❶「揚」，全書本作「振」。

以里中二女子爲證，曰：「只此是易。」二女子者，其一爲張氏女，既聘于王而夫死，竟歸夫家，易服守志；其一即貞女。此其事皆甚奇，而貞女所處爲尤難云。方絶婚之議未決也，英士嘗謀之于予，予無以應。既思而得之，絶婚義也，完姻禮也，與其廢禮，無寧廢義。蓋亦爲生女子地當出此耳，不意女子能誓死。女子死而禮與義兩全無害，又曲全于父子間，豈所謂居易俟命者與！險易之數，貞于道，不貞于遇，如以遇而已，苟且偷生，動有完地，何苦而以六尺從之？無乃行險徼倖之至乎？則貞女辨之審矣。英士方有志于學，一日以其妹之狀來請，因有感而爲之傳。

共姑傳

共姑者，王父兼峰府君之女，而宗周之姑也。姑生六歲而陳安人卒，育于大母茅。年十九歸章立鎬，時章門方汰而吾家中微，非匹也。甫入門，即失姑母懽，姑沈侍御女，孀而悍，視婦椎髻而服練，則女奴畜之，日開釁，鎬亦不禮焉。沈乃錮姑別室，聽鎬出而私外婦，沈私其外婦猶婦也，而益虐其婦。朝一盂飯，夕一盂飯，穴而入，日不一飽。姑處之惕然分也，而恭順有加，口無慨息聲聞户外，且日理麻枲組紃之職以爲常。沈稍稍感動，雖妯娌及往來隣媪見之，無不泣下者。由是出姑，呼鎬前，復行同牢之禮。頃之，鎬坐外婦故，復不禮其婦，還開釁，其母又錮姑而虐之，如前狀。久之解，又出姑，呼鎬爲夫婦，凡三爲夫婦，而姑始成章門婦。會沈且死矣，自此鎬出入内外，姑浮湛而已。姑羞之，亦不禮鎬。鎬不悛，竟以流蕩破其家。姑始操家政，黽勉力嗇，無可爲者，猶思以禮教延家聲。每伏臘祀先，歲時問遺親故，皆有節。姑取諸女紅或脱簪珥佐之，鎬不一問也，聞之，或反以爲恚。晚年益窘，竟憂悴以死。猶手遺飦粥田十畝，聽鎬一朝而盡之，亦死。所遺三子皆側出，姑撫之如所生。所生者二女子。宗周少時，從祖姨陳道先姑姑婦間憂釁狀甚詳。姑之幽囚而不死，且不至終逐，則陳有力焉。及宗周既長，侍姑幾二十年，絶不道平生一字，晚年偶及之，方一二大略，輒捫舌曰：「天擊我矣。」一揮涕而罷。且曰：「吾平日不言而今言之，何怪也！吾死矣夫。」已而遂不起。嗚呼！以予所聞見，我姑平生何異詩人之咏《緑衣》：「我思古人，俾無訧兮。」我姑之謂乎！求之圖史，蓋姜詩婦、鮑女宗之流，孰謂古今人不相及？祖宗周追感其事，因私謚姑曰共，而傳之。祖姨陳即陳安人之妹、孝廉章孝泉公之妻，而于鎬族也。孝廉死，姨操方嚴，以節行著云。

張守齋像贊

行方而嚴，制禮則謙，學博而偉，厥用則潛。故所至望風，郡邑奉爲師表，而王公失其炎炎。嗚呼，先生！不知其人，視其所自占，曰「守」之云乎！庶幾秉志不回，古之矜而廉也與！

黄白安侍御像贊

金玉精神，鳳麟儀止，峩冠絳袍，觸邪則鷹。凛正色于蘭臺，抗直聲而如矢。及夫一死，與日月争先久矣。❶不愧男子！而惜公者猶存乎少試。奉公八年，以往之音容，儼然皋夔自擬。初試虞廷，讓九官而作士。噫嘻！曷齎公志以爾？茫茫千載，伊誰後死？侍御遺像，得之官司理，時距蒙難之日八年所矣，故云。

王聚洲年友像贊

嗚呼吾友！以爲館閣之英也，而雅志錚錚，願出入于禁庭；以爲公輔之器也，而慷慨自喜，恥浮沉于聲利。故上書掛神武之冠，去國收黨錮之藉，爲五湖長，曳五嶽屐。終栖栖而皇皇，奚喪家之足惜。公且放比靈均，而品則矯矯北海之匹與！

陳中湛總憲像贊

進而奉公之教也戔戔，愧相與之淺；退而聞公之風也訢訢，何慕用之殷！一日得步公武，而公其已矣。凛秋稜之肅肅，標岳峙以膴膴。我瞻斯像，三嘆平生，不有作者，云胡以興？

祭趙儕鶴先生

嗚呼！莫高匪山，厥宗岱、華。先生

❶「先久」，全書本作「光允」。

以之，峰巔高跨。莫浚匪川，其流河、漢。先生以之，澄襟浩瀚。偉哉先生！曠世人英。卓犖不羈，還就準繩。子長之才，希文之志。北海風標，東山韻致。蚤踐銓司，孜孜品概。洞觀消長，深維否泰。六計是澄，群小所睨。滄桑幾更，屈指癸巳。晚年一出，鋭意太平。激揚進退，仕路以清。庶幾慶曆，君子滿朝。旋開黨釁，席卷風飈。辭連寮寀，禍酷身家。蕭蕭白髮，萬里黄沙。怡然就道，視險如夷。執戟待盡，邱首何期？卓哉先生！始終一節。爲國樹人，歲寒冰雪。胡不憖遺，再逢明聖。天網新開，秉銓誰競？回思哲人，愈增嘆息。悠悠世道，曷知其極！嗟予鯫生，慕交英俊。晚獲同朝，惓惓後進。登先生座，光風吹鬢。叩先生音，蘭芬玉潤。退而惘然，消吾鄙吝。一日歸田，銀臺三晉。昌言不足，手書以訊。國士遇我，一官相殉。魂夢徒勞，憮憮在疚。雲山萬里，遥聞旅櫬。先生已矣！我來趨覲。生死此心，致君堯舜。

祭孫淇澳先生

嗚呼！君臣相遇，自古難之。蓋有有臣而無君矣，未有有君而無臣者也。我聖天子御極九年，求賢若渴，金甌徒卜，夢寐時殷，竟無有一副其望者。已乃物色及先生，不啻儀形傅巖之下，特起蒲輪。而先生已委頓不能就道矣，猶扶病抵國門，遷延陛見，竟爾溘焉，虛九重延佇之懷。訃聞之日，慇懃問故，震悼靡寧。同朝之士咸爲嗟咨失色，若摧孤棟然。噫嘻！何天之未欲平治天下也。以先生之品之學，而僅行其道于典禮一席，或挽之或阨之，次且將十年，而一片愛君憂國之忱，無日不懸之魏闕也。乃復佹遇而佹奪之，撫今追昔，人也，天乎？然先生之道雖未行于揆路，而千古綱常待先生而扶植者，已在典禮一席。一時昌言偉議，聚訟朝端，九重爲之動容，群奸因而落膽，傳之信史，直與趙盾之書同嚴斧鉞，而先生不朽之功已在宗社矣。乃者聖明昭鑒孤忠，身後之典，悉從異數，亦可謂生榮死哀，而先生之目其亦少瞑已乎！宗周久辱同心，林皐相望，千里迂迴。晚而從先生後塵，復登朝右，孰非先生餘庇所及？而先生已不我顧矣。撫蘭臭于當年，悵萍踪于帝里，能無引紼心摧，臨岐腸斷耶？敬陳一奠，附以生芻，冀先生之顧我也。

祭魏廓園給諫

茫茫宇宙，萬古斯文。闡爲正學，洙泗是尊。爰及宋儒，濂洛關閩。距邪放淫，益嚴以謹。道之將行，小人所病。是非紛起，邪或勝正。僞學有禁，僞黨有碑。圍匡伐木，先後一揆。世道愈降，如導岷江。亂臣賊子，日以披猖。後之視今，視昔猶甚。煌煌大明，而申學禁。學禁伊何？東林射的。二十年來，飛矢孔亟。一朝發難，忠諫駢首。詔獄株連，積屍如阜。嗚呼哀哉！人百其身。卓哉我公，度越人倫。我公之品，冰寒玉潔。壁立千仞，轟轟烈烈。蚤遊梁溪，與聞正學。守學之貞，信道之卓。以此事親，以此事君。以此事師，以及友人。戮力同心，用補袞職。遂忤權奸，以中讒賊。以進以退，以榮以辱。以生以死，惟此學鵠。是學非學，請折諸聖。是道非道，請卜諸命。致命遂志，如此而已。賢聖之學，莫大乎是。嗚呼我公，矢死靡悔。臣罪當誅，于學何罪？講之則明，行之乃至。抑之愈揚，挫之愈厲。世有升降，道無污隆。江河行地，日月麗空。所腐心者，待罪友生。千秋之誼，定有前盟。生離不逮，死别徒云。臨風一慟，仰叩帝閽。

祭周海門先生

嗚呼！士有曠世相感，不啻一堂，而或覿面而失之。其爲人之賢不肖，何能以寸乎？有目而不覩辰星之麗謂之瞽，有耳而不聞鐘鼓之陳謂之聾。士之于道也，反身即是，而不知求。幸遇其人矣，示我以明白坦易之説，而猶不知求，則亦聾瞽之夫而已。嗚呼！斯道之不傳于世，蓋千有餘年，而吾越陽明子以良知之説啓天下。及門之士，于吾越最著者爲龍溪先生，又百年，龍溪之門于吾越最著者爲先生。先生于陽明之學，篤信而謹守之，由禰而祖，一嫡相承。讀其書，宗旨有述，宗傳有編。一時學士大夫又相與維持左右，底于無弊。懿哉先生！其于道也，可謂辰星之麗天、鐘鼓之在序，凡有耳目者皆得而聞且見，而況其閔閔焉望道而趨者乎！

始先生盛講良知之學，往來吾越，予髮未燥也。及稍有知，頗欲澡雪身心，爲受教地，進而及先生之門，而先生歘歷仕途，雲泥相失。晚年懸車，會遭學禁，交遊盡謝。一日際聖明表章斯文，首起先生爲士紳蓍蔡，冀天假之緣。宗周不進而奉先生于朝，亦將退而奉于野，而先生忽已逝矣。嗚呼！世有覿面而失先生如宗周者哉？先生之于道，固如是其明白而坦易也，從之者徧天下，而終不能得之于宗周，此予所爲聾瞽者也。世之不爲聾瞽者蓋亦寡矣，猶賴先生之學呼寐者而覺之。自學禁以來，諸名宿略盡，正當斯道絶續之候，而又不少留先生爲後死者地，則其所關于世道之不幸爲何如者？予能無泫然于先生乎哉？先生捐館之時，正宗周趨朝之日，不遑走哭，姑臨風灑涕，一誌平生仰止之私，冀先生有知，終不置我門牆外也。嗚呼！業已聾瞽自廢矣，而猶知先生之道之可尊，非良知有不昧者耶？其先生之啓予耶？其即先生之啓天下後世耶？尚饗。

祭張二無副院

嗚呼！孰有以一身之出處卜斯世與斯民？且以一身之存殁，關斯道之亨屯。俯仰古今，罕儷其人。何意出處存殁交感一時，獨繫之先生之身！嗚呼傷哉！惟先生鍾川嶽之間氣，生有異姿，夙契道真。少而學羲、文之《易》，晚而通河洛之神，❶遂爲東南學者領袖，而舉世亦望之如威鳳祥麟。故先生雖雅志林壑，視珠玉如敝屣，軒冕如土芥，而世亦不能終廢先生之儒而醇。紀綱一席，幸予以道契之雅，參彙征之慶，識者于此十世運之維新。夫何予既罪放，

❶「少而」至「之神」，全書本作「早登文介之堂以學《易》，晚窺元公之髓以《書》神」。

先生亦以病請，後先去位，席不及温，吾道窮矣。爾生何辰？陽九之阨，一疾奄淪，痛山頹而木壞，在于平昔，從游之侶，安得不念此而愈殷？于斯時也，既人亡而國瘁，亦索處而離群。奕奕先生，其重顧我于稽山、鏡水之間，一發宛委之鴻文，予敢不踐兹夙訂，請事逡巡？行過仙鄉，愸焉如擣，望靈輀之既返，載生芻以遥陳。敬臨風而拜使，恃肺腑之可申。哀哉！

祭丁長孺

嗚呼！弟今永與兄辭矣。平生之誼，若何可言？日者兄病革，猶切切念我二三友生，以其子書來召，而弟不果至。未幾，訃聞。匍匐來奔，欲一見兄，相與永訣而不可得，豈不痛哉！弟之初與兄遇，蓋在許敬庵先師之門。時弟初向學，見兄神氣，骯髒幾不敢仰視，乃輒有當于兄心，相視莫逆。既别去，將十年，弟已蹤跡闊絶，而兄私于士大夫間，推轂游揚無虚日。一日緘書，鄭重不勝其愛慕之誠，而弟乃辱與兄友，其知我有如此者。當是時，廟堂之上黨論初起，兄首以直道見錮，退而隱于合溪之上，惓惓乎世道之憂、生民之計，凡有所見必于弟乎發之。弟因得廓其蒙鄙，以堅定其志，出處進退，惟兄之指。是承十餘年來，不致以其身爲小人之歸者，皆兄賜也。一旦時事轉移，弟與兄先後起官，弟出而兄不出，居恒輒念曰：「吾愧長孺多矣。」遽投劾去。會黨論復起，兩人復相繼削籍，而兄已病且死。兄死而二三友生禍日酷，吾不知當日垂死時繾綣深情更何如者？猶憶黨禍之初起也，兄謂門人陳子曰：「劉師得無罹不測?」言已泣下。假令弟終罹不測,兄真不難與弟俱死者,惜乎兄死而弟莫之從也。

嗚呼噫嘻!彼蒼者天,實生吾黨。千秋上下,寥寥幾人?其生也不偶,則其出也有爲,孰是?兄也學古人之道,抱當世之憂,竟不能一日試于清時,卒江湖憔悴以死,而生平肝膽,徒激切于二三友朋間,恐其禍之不免而莫之救也。天乎?人乎?其吾道之窮乎?兄既死,而二三友生遂已次第死于讒而殺于賊,獨弟尚偷一日之生,亦倀倀如窮人終歸一死,以報知己而已。日月云邁,我心悠悠。會弟有殤子之戚,聊其尊酒,遣一介之使進之几筵,用陳永訣之衷,知兄必有以鑒我也。

祭張慎甫

嗚呼!三代以前,士多尚行,而後辭章。三代以後,士或尚言,儒術漸靡。及其弊也,以文滅質,道乃淪亡。聖遠言湮,人綱不振,邪説披猖。士生其間,家置一喙,如鼓如簧。不有哲人,尊經翼聖,曷挽倀倀?猗與先生,英姿卓立,敦毅剛方。沉酣典籍,淵源紹述,直溯神潢。❶擁臯談《易》,師嚴道尊,朋來遐方。爰及《詩》、《書》,《春秋》戴《禮》,因略致詳。進之四書,凡所折衷,布帛稻粱。❷非聖不讀,非學

❶「淵源紹述,直溯神潢」,全書本作「夙稱名家,藻麗擅場」。

❷「粱」,原作「梁」,據文意改。

不講，夢寐羹牆。九經卒業，伯仲之間，康成、紫陽。詎云訓詁，實資羽翼，斯文耀芒。平生大業，盡在編摩，入室升堂。嗚呼老矣！壯而不試，蓬蓽深藏。❶士命千秋，區區青紫，曷足短長？矧其今日，道喪千載，長夜茫茫。得我先生，如炳以燭，日入之光。功存世道，吾黨小子，庶裁簡狂。再窺先生，實踐闇修，玉質金相。非徒言之，實允蹈斯，爲表爲坊。行年八十，雙目已廢，默誦不忘。真積既久，豁然一旦，覿體承當。古云朝聞，又云聞知，先生可方。❷嗚呼可矣！人誰無死？賢者流芳。❸彼後死者，悠悠天壤，孰爲韓張？❹瞻望几筵，言採江蘺，以酹一觴。靈其鑒我，飄然乘風，❺鸞馭相羊。

祭王生金如

嗚呼！求友道于今日，抑何寥寥乎？蓋勢利之溺人深，而講學論道之風絶不聞于天下也。始金如甫弱冠而及吾門，負志不凡，比聞已得所師承，予姑逡巡謝之，而處以朋友之間。自此往還無間，每相見必以學問相切劘，絶不及流俗一語。至于患難則相恤，德義則相勸，過失則相規者，匪一而足。當是時，予以爲求友于天下而不可得也，乃得之于金如，私心甚喜。金如亦

❶「蓬蓽深藏」，全書本作「白賁孔彰」。
❷「方可」，全書本作「仿佛」。
❸「賢者」，全書本作「腐草」。
❹「韓張」，全書本作「棟梁」。
❺「鑒我飄然乘風」，全書本作「恍爾莫往莫來」。

不鄙夷予，而託爲同志者幾二十年。晚而相信益堅，相切劘益摯，每有所規益，予必改容以謝，而金如自鞭自策，亦不少恕也。予輒因是以窺金如其超世之識、過人之才、隨處傾倒之肝膽，有非流俗輩所敢望其萬一者，古所稱豪傑之士，非耶？而世已有知金如者矣。天假之年，我知其必有用于世。即遺大投艱，無事不辦，而何意其止于是乎？乃予所尤憾于金如者，金如有天下之識而不必印之于古，有天下之才而不必韜之以静，有天下之真肝膽而不必出之以養。如是者，凡以成其爲金如之學而止，即質之金如平日所志，宜亦有未副焉者，金如遂肯中道而止乎？天假之年，我知金如必有進也。予猶記同社之席，金如偶舉立誠之説及省察克治之説，予心喜而目之曰：「金如自此進矣。」竟以同人意見相左，不竟其説而罷。予即欲效一語于金如不可得，以迄于今，此事遂成空谷。嗚呼！予負金如矣。若二三諸君子之辱交于金如者，其所取舍，政如人飲水，冷煖自知，固不能一一而要之，百身之贖，皆有同情。古稱三益，金如近之。予于是益知朋友之道，不可一日不講于世也。嗚呼！今亡矣夫。

劉蕺山先生集卷二十三

雜　著

三統考

天之道莫大乎時。王者繼天立極，裁成輔相，以左右民，亦莫大乎時。上古三皇氏靡得而紀云，傳稱天開于子，地闢于丑，人生于寅，故稱三皇氏，則三統之義所自祖也。黄帝受河圖，仰觀日月星辰之象，始有星官之書。顓頊受之，命南正重司天，北正黎司地。其後三苗亂德，二官咸廢，❶帝堯氏作，乃命重、黎之後，復典天官，《書》曰：「乃命羲、和，欽若昊天，曆象日月星辰，敬授人時。」「歲三百六旬有六日，以閏月定四時，成歲。」所正春夏秋冬四仲之序犁然，而曆法大明。舜攝位，察璿璣玉衡以齊七政，後世因之。由此以觀，則唐虞之世，歲必首春，月必建寅，已開百王統矣。夏受禪，其道主因，其四時之書則有《夏小正》，視唐虞之法加密焉。若日星昏旦之次，分至啓閉之期，雷風冰雪雨暘水旱之節，百穀草木稊秀之候，羽毛鱗羸、蠕動蟄興、陟降鳴雊之應，以及王者因時行政、慶賞刑威之準，三農以時種植、耕斂作息之宜，靡不畢具，此夏時之善，所爲「考諸前王而不謬，百世以

❶ 「廢」下，遺編有「閏餘乖次，孟陬殄滅，攝提失方」十二字。

俟聖人而不惑」者也。❶至仲康之世，羲和廢厥職，俶擾天紀，季秋月朔，辰弗集于房，王命胤侯往而征之，蓋夏正始亂也，其在後世可知矣。是以殷克夏，則改夏正，周克殷，則改殷正。殷、周以征誅得天下，其敬天授時之法，未始不肇修夏正之遺，而必遞改正朔，以新一王之大法，則繼大亂之後者利用革也。《易》之《革》曰：「湯、武革命，順乎天而應乎人。」而大象曰：「君子以治曆明時。」義取改正朔也。

夏正建寅，殷正建丑，周正建子，天地人三統也。天以斗杓運乎中央，爲四方之綱，遞建十二辰。而以初昏爲候，如日躔星紀之次，而月行會之，則建子也；日躔玄枵之次，而月行會之，則建丑也；日躔娵訾之次，而月行會之，則建寅也。必取三辰之月以爲歲首者，陽氣始于子，子者孳也，言萬物滋于下也；進于丑，丑者紐也，言萬物厄紐未出也；長于寅，寅者引也，言萬物至此畢達也。天以生物爲心，以三辰爲功，於三辰見天地之心，故王者義取諸此，以改正朔。然必三陽履泰，盛德在木，協風乃至。于時爲孟春，而歲功著于地上，此夏時所以稱善也。其曰天地人三統者，子一陽始生于重泉，天數之始，律應黃鐘，大哉乾元，萬物資始，故得天統；丑二陽，地數之始，律應大呂，至哉坤元，萬物資生，故得地統；寅三陽，三才始備，律應太簇，地天交而爲泰，后以財成天地之道，輔相天地之宜，以左右民，故得人統也。又曰天開于子，地闢于丑，人生于寅者，按邵子《皇極經世》以元

❶「也」下，遺編有「故孔子曰吾得夏時焉，此之謂也」十三字。

會運世之數推之天地人從出之序，得三辰之會，今以十二月準十二會，而知夏統得人，殷統得地，周統得天也。漢劉歆《三統曆志》曰：「三統者，天施地化，人事之紀也。」十一月，乾之初九，陽氣伏于地下，始著爲一，萬物萌動，鍾于太陰，故黄鐘爲天統，律長九寸，《易》曰：「立天之道，曰陰與陽。」六月，坤之初六，陰氣受任于太陽，繼養化柔，萬物生長，楙之于未，令種剛彊大，故林鐘爲地統，律長六寸，「立地之道，曰柔與剛」。正月乾之九三，萬物棣通，族出于寅，人奉而成之，仁以養之，義以行之，令事物各得其理。寅，木也，爲仁，其聲商也，爲義，故太簇爲人統，律長八寸，「立人之道，曰仁與義」。是爲三統。其于三正也，黄鐘子爲天正，林鐘未之衝丑爲地正，太簇寅爲人正云，蓋漢以律起曆，以十二律協十二辰，應十二月而推本于三正之義如此，亦自然之應也。又曰：「夏得天統，謂嗣世而王者，冬至得十一月甲子朔爲曆元也；殷得地統，謂殷曆統首得甲辰也；周得人統，謂周曆統首得甲申也。」天施復于子，地化自丑，畢于辰，人功自寅，成于申也，故云然。

三王正始，所改者正朔而已，若夫春夏秋冬之時，十二月之次，則周不能改乎殷，殷不能改乎夏，夏不能改乎唐虞，一也。何以明之？舜攝位，以正月受終于文祖，先得夏時也。殷以十二月爲歲首，故《伊訓》曰：「惟元祀，十有二月乙丑朔，伊尹祀于先王，奉嗣王祇見厥祖。」告即位也。《太甲》篇曰：「惟三祀，十有二月，伊尹以冕服奉嗣王。」始免喪，朝見群臣也。而《漢書·律曆志》謂：「伊尹之祠，以冬至越紼祀先王于方明，以配上帝。」謂殷以建丑之月爲正月，而以建子之月爲十二月，故乙丑日長至而配祀上帝也。則非攝祀見祖之義矣，是誣經也。周以十一月爲歲首，《泰誓》曰：「惟十有三年春，大會于孟津。」《武成》曰：「惟一月壬辰，旁死魄。」蓋十三年春正月二日也，蔡沈《傳》曰「即建寅之月」，則夏正是也。如以爲建子之月，則不合書春矣。《洪範》「四五紀，一曰歲，二曰月，三曰日，四曰星辰，五曰曆數」，《範》出神禹所叙，則五紀即《夏小正》之法也。曾謂以武王之聖、箕子之明，而攸斁之乎？故《豳風》之詩曰：「七月流火，九月授衣。」又曰：「五月斯螽動股，六月莎鷄振羽，七月在野，八月在宇，九月在户，十月蟋蟀入我牀下。」又曰：「七月流火，八月萑葦，七月鳴鵙，八月載績。」又曰：「六月食鬱及薁，七月烹葵及菽，八月剥棗，十月穫稻。爲此春酒，以介眉壽。七月食瓜，八月斷壺，九月菽苴。采荼薪樗，食我農夫。」則皆夏時也，宛然有《夏小正》之遺意焉。其曰「一之日觱發，二之日栗烈，三之日于耜，四之日舉趾」者，則從周朔也，故稱日焉，益以見月之必用夏正也。而《律曆志》曰「初發師以殷十一月戊子，後三日得周正月辛卯朔，明日壬辰，癸巳武王始發，丙午還師，戊午會于孟津，明日己未冬至，二月四日癸亥至牧野，夜陳，甲子昧爽而合」，則以周正建子曲爲之附會云耳。執是而可以通《春秋》之説矣。

孟子曰：「《春秋》天子之事也。」董仲舒曰：「《春秋》受命，改正朔，易服色，謂春王正月，行夏時也。」按《左氏傳》曰：「周正月，建子之月也。」而胡安國《傳》曰：「仲尼以夏時冠周月。」謂建子非春，仲尼首易之以春王正月也。建子非春，則魯史故書冬正月乎？而仲尼易之，是矯誣上天也，抑故書冬十有一月乎？而仲尼易之，是紊亂二百四十二年時事也。且以夏時蒙時王，義則舛，而以臣子改正朔，罪則僭也，《春秋》何居乎？然則《春秋》之春正月即夏時之春正月明矣。仲尼作《春秋》即因魯史實録，明矣。但魯史編年紀事，每歲必托始于冬十有一月，而仲尼手經筆削，則托始于春正月，所以爲改正朔、行夏時，志天子之事之實也。至于《春秋》所記時令，一一以夏正通之，如桓公十四年春王正月「無冰」，志春和，重民命也；僖公三十三年十二月「隕霜，不殺草，李梅實」，言冬有愆陽，終冬隕霜不殺，至于李梅且華而實也；成公元年春二月「無冰」，言陽氣初協，至仲春始解凍也；昭公四年春王正月，「大雨雹」，言陽爲陰陷也；定公元年冬十月「隕霜殺菽」，言五穀不登，見人主棄民命也。則亦奚必以周正建子之序定災祥乎哉？況周入春秋以來，王迹熄矣，天王不頒朔，諸侯不視朔，天官失職，莫考異同。于是魯文公元年失閏月，不告朔，猶朝于廟，告朔之廢自公始。至襄公二十七年十二月乙亥朔，日有食之，《傳》曰：「辰在申，司曆過也，再失閏矣。」故二十八年春無冰，則二十七年之冬也。無冰，災也，梓慎曰：「歲在星紀，而淫于玄枵，以有時災。」至哀公十有二年冬十有二月螽，《傳》曰：「火伏而後蟄者畢。今火猶西流，司曆過也。」火八月猶西流，而愆在十二月，則三失閏之故也。然則魯曆之不正久矣，定、哀之春秋，非隱、桓之春秋矣，四時災祥莫考而定矣。欲區區以周正紀其終始，不已誣乎！夫閏失則四時不正，四時不正則歲功不成，歲功不成則百工無所釐，而庶績乃隳，先王繼天立極之統泯絶乃盡，故仲尼有感而作《春秋》。春秋云者，互舉以見四時，履四時之變以紀二百四十二年之衰亂，屬辭比事，而撥亂反正之道炳如也。首書元年，欽昊天也；繼書春王正月，正天時、明王道也；絶筆于獲麟，以天道終也。董仲舒曰：「元者，大也，言萬物之所自始也。正次王，王次春，春者天之所爲，正者王之所爲。其意曰上承天之所爲，而下以正其所爲云爾。」使仲尼得邦家之任，必將舉《春秋》之法見諸行事，首得夏時而行之，撥亂反正，臻斯世于唐、虞之盛。故他日告顔子爲邦，首曰「行夏之時」，行夏時，將以夏時見行事之實，非區區改周朔之謂也。

仲尼既歿，又百年餘而入戰國，迨于暴秦，事不師古，克周之後，以孟冬之月爲歲首。按《史記》，始皇推五德終始之運，以爲周得火德，秦代周德，從所不勝，方今水德之始，改年始，朝賀皆自十月朔。漢興因之，高祖始入秦，紀年書元年冬十月，乃知秦漢之際，蓋以冬十月爲歲首，而非以冬十月爲春正月也。暴秦且然，而況于周乎？況于殷乎？況于孔子之作《春秋》乎？善乎孔子言之曰：「殷因於夏禮，所損益可知也。周因於殷禮，所損益可知也。其或繼周者，雖百世可知也。」而董子推明之曰：「道之大源出于天，天不變，道亦不變。」又曰：「繼治世者其道同，繼亂世者其道異。」盡之矣。漢興百有二年，孝武用諸儒議，始改正朔，行夏時，太初元年冬十一月甲子朔旦冬至爲曆元，復得天統，定太初曆，爲萬世典常。嗚呼，盛哉！

題張幼青弔忠録

過武陵，年家子張幼青以舊所著《弔萬工部》詩及《申理舊令周季侯冤狀》示予，予讀之，欷嘘泣數行，若重起二先生白骨者。因念幼青諸生耳，何與天下事，乃能慷慨淋漓言人所不敢言如是！夫亦曰：「斯民也，三代之所以直道而行也。」悲夫！方逆璫杖殺工部時，兇焰大張，向之同聲借劍者且抱頭鼠竄，一時士氣已盡，即海内學士大夫有憑而弔之者，亦已寥寥空谷矣。及季侯諸君子難作，則勢益燎毛，方大索黨人，偵卒布天下，所至道路不敢偶語。而幼青獨率諸友生具呈上官，請以百口保季侯，上官爲之咋舌，非復向時文人弄柔翰生活。其後，幼青竟坐是爲讐家所持，得免于禍，幸耳。吾是以知幼青果不可及也。吾鄉張文恭公爲諸生時，聞楊椒山先生之變，操文以祭，識者知其不凡。視幼青今日，其識力何啻徑庭？將來竪立，殆未可量。先正云：「宇宙内事，吾分内事。」願幼青更廓眼孔，進而窺其大者。區區殘墨數行出之笥中，固不足爲幼青重，好事者爲付之梓人，聊以存二先生也。幼青亦云。

題勤王紀略

辛酉之役，天玉何公破家殉國，仗勤王之義，力雖不任，天下壯之。會時事已壞，公志益無可展，嫉公者因中以危法，權璫爲政，卒就吏訊，遣戍去。而其時與公周旋兵事者，有徐無夢云。無夢慷慨任俠，以布衣遊江湖間，故嘗受知于公者也。一日，募兵吾浙，即拜爲上客，委以調度，多中肯綮。既領健卒六千人，行次邗關，以片言定庚癸之呼。自此北進無譁者，竟爲榆關一借聲援，惜其謀不盡用于公，僅結募兵之局，而公亦旋以讒去。無何，逮詔獄，禍且不測，無夢復徒步走榆關，謁關大吏袁公解之。袁公固嘗按公所募士，甲乙纚然，無隙可乘，第恐以公事坐累，稍縮朒不任。而無夢力以大義持之，卒爲公地，得不死，人以是益多無夢。無夢居恒慕要離、聶政之爲人，期得一當報知己。是役也，濟于行間者，猶策士之常，而濟公于九死一生之日，則視孟嘗賓客遠矣。嗟嗟！國士之遇，國士之報，往往不相償，自古嘆之。即君臣且然，況朋友乎？友人有談無夢風義者，復授予《勤王紀略》，因慨然想見其爲人，而書之。

題楊椒山先生佚稿

嘉禾陳子則梁，緘予椒山先生佚稿一通，則先生在詔獄時贈提牢比部應養虚公序也。先生文集若干卷，及獄中手著《年譜》，既盡行于世，而其佚不傳者尚得若干篇，近始爲天台陳木叔搜録付梓，以補全集之缺。而贈養虚公者其一云。予因莊誦數四，而有以窺先生之微。夫養虚與先生，傾蓋交耳，提牢之役，亦不過舉其職分之所當爲，稍異于前此諸公之下石者。❶ 而先生秉彝相感，一時知己之誼，滿紙淋漓，至不難刎項以見志，且書之《譜》：「曰吾地下必有以報應生。」嗚呼！朋友如此，況君臣之際

❶「諸公」二字，原漫漶不清，據全書本補。

乎！吾乃知先生之心，如萬斛源泉，隨地湧出，無處不遍滿，在子爲孝，在臣爲忠，在弟爲悌，在朋友爲信，蓋天之所以與我者如此，而先生偏有以完之。宜其忠義光天壤，事業亘古今，稱本朝有數人物，不虚耳。乃先生之言心也，必試之死生利害之際，以觀其素，卜其所養，又推之見道之分明，可爲知本矣。孟夫子曰：「生亦我所欲，所欲有甚于生者。死亦我所惡，所惡有甚于死者。」此亦人人皆有之本心也，而獨歸之賢者之弗喪，則亦何以得此于賢者乎？誦先生之言，亦可以憬然矣。則梁，好古士也，辱與予交，因問序于予，而予爲推其説如此，將以示天下學士大夫之求心者。木叔者，則梁友也，予雖未識面，觀其所好，可以知其人，并借以請事焉。

義倉先聲

予嘗感朱子社倉法，以爲荒政之前茅，無有善于此者，而後世率鮮能行之。俗之弊也，人樂苟且之謀，事規旦夕之便，孰有以王道爲心、生民之饑渴爲己饑渴者？夫社倉，其小者也，質之三代限年耕餘之法，猶然移民移粟之陋習，而後世且視以爲創典，如井田封建之不可復，何怪民生日蹙，致有今世乎？説者曰：「今天下三空四盡之日也，當事者鰓鰓補救，苟幸目前之小康不得，而迂議社倉，是垂絶而爲畜艾謀，空拳格鬭而講坐作止齊之法也。」其然乎？其然乎？則請以責之吾儕。譬之父母衰老鞅掌，婚嫁不能給諸子，其諸子之成立者尚有餘力也，不手足是念，而擁肥自殖，必無幸矣。歲甲戌，吾越大水，西南一帶瀕江之民多爲魚鱉者，三縣人情洶洶，請赦不得，請弛征不得，請常平粒米又不得。于是當事者慨然議賑，賑無幾也，又無法，或反以爲厲。一二有心者乃起而私賑，轉相勸導，得金錢若干，計三縣罹災之民不下萬口，各得持數日糧以去，尚剩有餘糧。會當事者再往賑，而吾黨遂弛其担，諸君子乃進而請予：「以此嗛嗛而狼戾者，爲郡中義倉權輿，可乎？」予欣然贊厥謀。隨有某友者，即首捐百金，遠近輿情輻湊而進，甚于前日之捐賑。予因謬計其事，以某處置倉廒，以某甲司典守，以同志若干人爲逐年交盤之次，以某時爲斂發，以若干年權子母而善息，一聽之首事者，至于今日，貯本之資，或捐或貸，隨豐隨約，皆不敢强。需之歲月，以漸而進，持之十年之久，而其事漸有可觀。一旦旱乾水溢，地方或得少恃以無恐，較之乃者家賜人給之勞，不相什百乎？是諸君子之明德且垂之世世而無窮，即一錢一勺之助，與江海等無量也。今天下胥岌岌矣，亂自吾儕，人人知有利而不知有義，將一膜之外皆胡越，誰與救其菑而恤其患者乎？今者倉以義名，是合千萬人以爲義也，合千萬人以爲義，凡以解吾兄弟之顛連，而上慰父母之懷也。知乎此者，其于《西銘》之指不遠與。

賑嵊緣起

季春有白馬山房之會，偶及鄰嵊災，其民菜色，有不忍言者。蓋自去秋不登，迄于今，死亡流散之狀，日異而月不同，勢岌岌盡矣。一時諸君子相顧嘆息，若身罹痛而莫爲之所。予因商之祁世培侍御，請上官暫捐帑金，召商轉糴，庶幾米集而價平，官不費而民沾微息，亦小康之道乎！或曰：「官帑如洗，奈何？」無已，請以吾儕士大夫之有力者任之，而終難其事，卒付之虚願而已。既輟會，語稍稍聞之，王生爾吉慨然爲諸友倡，計以千金行一販，而身任四之一。于是遠近傳之，揶揄相勸。方舉事有日，而社中王金如亟顧予曰：「嵊民死者垂盡矣。幸有存者，手無一錢，而欲以平糴博半菽之飽，此索之枯魚之肆也。請如昔年天樂鄉故事，設廠爲粥，以食餓者。」予思以一邑之衆，而計口求活于二三措大之手，猶西江之涓滴耳。雖然，士苟存心于愛物，于人必有所濟，必博且衆，將堯舜其猶病矣。因聽諸君子，隨其願力爲之。嗚呼！口分世業之制壞而議常平，常平不得而議借販，至借販不可得而又議授餐，斯其爲救荒之策愈苦亦愈下矣。顧予思往者天樂之役，郡邑諸大夫實爲士紳倡，吾儕相與仰承之，不過推揚德意以報成事，至今一方之民歌樂只者，歸之諸大夫，又安知前徽之不可繼乎？則吾黨今日斯舉，將爲之嚆矢也。聞者曰：「然。」因相與踴躍行事，其條例署之金如頗悉，不再具。

蒙求句解引

有亡子者，日與里中敗類遊，相習爲流蕩，漸去其家，既而益習其所客之風土人情而安之，且爲終焉之計矣。一旦有示以鄉井之樂，而招之使返者，掉臂勿顧也。設也伺其亡之未遠而招之，主人無辛苦之勞，而亡子有旋反之喜，豈不大幸？此性習之説也。《易》之繫蒙也，山下出泉，涓涓而清駛，猶未遠其初也。君子則之，以果行育德，有亟呼亡子之義焉。然間以語今之人，鮮有知者。族兄遵晦氏，古朴有行誼，蚤謝舉子，以蒙師教授里中，念流俗之敗自後生小子始也，因倣古人小學之意，演爲詩歌十餘則，陳之家塾，以佐句讀所不逮，其言或雅或俚，一一出之肺腑。一二父兄視之，以爲巴人之聲、學究之語耳，安取于《蒙求》者而稱之？而不知偶入于蒙者之耳，如一一談其意中事，不啻《簫韶》之可聽也，彼其心固未遠其初也。雖然，彼父兄者業已身爲亡子久矣，語之以道而不信，告之以聖賢之格言而不知，將遂無所用吾招乎？有建鼓而趨者，大聲疾呼不得，或談言微中而得之。《蒙求》數語，非雅非俗之間，偶與之會心，猶足以通其夜氣，而立發其鄉井之思，未可知也。庶有偕子弟而追亡者，此又遵晦氏嘉惠吾里無窮之意也。并爲弁其首云。

大宗世業引

予先世自支子而降，一嫡相傳，以至予。不肖本小宗也，進而援吾近祖贈司馬公，亦得稱大宗。而予復荷祖宗之祐，忝竊禄于朝，以有今日，則先世未竟之箕裘，皆予一人事也。予少而有志，頗窺遠大，中年不競，乃始退而營累世烝嘗之計，以及贍族貲，積十餘年告竣。其一二贍八口者，皆遺自先世及先太淑人紡績之餘，終亦不能敵其贍族之半。因并書之册，以示後人。後之人思以世吾家，則必世吾業。有敗之者曰不孝，敗吾家猶可言也，敗吾族并敗吾先世烝嘗，不可言也。嗚呼！宗周向時所志何若，而幸有成事者僅如此而已乎！

會稽縣荒政引

宗周居恒私慨生今之世，安得視古太平之民豐衣足食，家用平康，如所謂使民富且壽者而稱之？思之而不可得，謂將必井而田、必肉而刑，則雖聖人不可行于今日，夫爲政者亦師其意而已矣。語曰：「人情莫不欲壽，三王生之而不傷；人情莫不欲富，三王厚之而不困。」夫惟三王知天下之有同情也，而通天下之情以一之，則人人各遂其情矣，此井田之意也。《易》之象井也，君子以勞民勸相，故曰「井養而不窮」。誠如是，即有水旱凶荒，何所病諸？今之天下非古之天下，而獨其含情而載魄者，數千載如一日，善治天下者因之而已。

吾鄉庚辛間連遭大祲，里人之餓殍而轉徙者，日相告也。今年春，饑民嗷嗷，賴當事者預爲徙薪，議儲粟、議通商、議平糴，委竭蹶從事未已也，則又踵庚辰議相養法，委其鄉之士大夫而綱紀之。朝一期會焉曰賑，應以賑；暮一期會焉曰粥，應以粥。又以其貳屬分巡四郊，遠至窮山僻户，一一期會其里胥三老，曰賑曰粥，無不應。以是死傷雖日衆，而所全活亦不下萬萬計。當是時，吾儕士大夫感上官德意，無不矜奮用命，争出其私囷，畫地而區，計口而給朝夕，如家人父子相慰藉者。久之而一切傭夫賈豎皆好行其德，日手數錢施丐者。又或壺漿載道，姑半取其值，以爲嗟來而食者諱。蓋人人有獨爲君子之恥焉。其餓且死者又施槥收之，疫而病者扶持之，上官聞之益喜，更爲之設法補助以有終。蓋自歲首元夕，以迄于兹七月晦，閔閔如一日也。語不云乎，君子之德風也！人性之善也，與其情之必然而不容已也，第患無以勞來之。乃者當事諸大夫，自監司鄭公而下，無不極一時人倫之選，相與同心共濟，如主伯亞旅謀其家事。而會稽周侯尤以敏才練識受成于下，消萌杜蘖，大者斧斷，細者川涵，動中機宜，迄于有成。嗚呼！豈偶然哉？侯固曰：「吾以民養民已矣，非能以官養也。」即上而諸大夫亦遂曰：「吾以邑養其邑、鄉養其鄉已矣，非能以吾養也。」君子以爲一時有王政焉。無何，有秋告登，一二孑遺欣欣有起色，相與扶攜而望太平。則又感而泣曰：「哀哉！吾儕何自有今日乎？」一時痛定思痛之情，仍有鄭俠不能圖而畢、其父母兄弟妻子不能聚而相告也。于是，侯遂摭其往事書之成册，以示我郡人，侯固曰：「此爾鄉後事之師也。」宗周遂受而書之簡首。

易經古文抄義引

予年十四五時，從外先祖南洲先生受《易》。先生每脱略章句，獨攄所見，時于前輩講義中彈射不遺力，則以己意硃書附之，以朂予小子。予小子唯唯而已，不識爲何語也，然亦稍能記憶一二焉。及長，予取科第去，不復理前語，而先生亦長逝，并其硃書舊本亦歸先生孫行。予因念《易》道精微，非後生小子所能知，竟不敢從人問《易》。予先生舊存遺書止得《古文易》一部，與今文迥異，予少時讀之，又不識爲何語也，謹封識藏之笥中。日久，既而聞前輩知《易》道者談及古文如是，予因心識之，竊自念曰：「使小子有知，能讀先人遺書，請必自《易》始。」歲時每閱封識，輒低回不能仰視，蓋五六十年如一日也。今年春，罷官京師，居外邸，頗與友人論太極之説，覺語不可了，輒舉《易》以對。因憶先人所遺古文，取而稱述之，隨爲之援筆立書，叙其位次，爲羲《易》、爲文《易》、爲周《易》、爲孔《易》，雖四家之旨犂然，猶未能竟舍今文而從之也，而姑從其理之可通者，以存古文之萬一，敢謂遂能讀先人遺書哉！至于手抄之下，間存疑義，亦竊忘其固陋而記之，則大抵本先生昔年所口授者。衰廢潦倒，舊學罔聞，念及父師之遺，不勝愴絶，遂不敢棄去。越月而成帙，題之曰《古易抄義》。脱稿校正者，婿王生毓蓍，而門人祝生開美淵更加訂定焉。若乃《易》道之大，則夫子贊之已詳，予何敢復贅！所遺種種謬見，不無挾勝心以出，尚俟暇日改正云。先生授《易》時，年已七十八矣，後壽至九十二而卒。學行高古，爲士林祭酒，其《易解》有著，向存之河南新鄉郭氏，不復携歸，遂不傳。

王堇父廟制書跋

友人王堇父《廟制》一書，蓋不佞官儀曹時答問也。今上登極，會廷臣集祧廟議，太常洪桂渚先生議所以處獻皇者甚正，舉朝韙之，卒爲禮官所持。比不佞承乏郎署，則役已告竣久矣。不佞猶追維扼腕，欲踵太常言之，會有以成事阻者，亦竟寢。此書蓋予所商之堇父，將以入告于我后而未果者也。其揚扢古今甚核，而臚陳四疑，尤足以補太常所不逮，可爲一代鴻猷，令明廷一旦舉而行之，豈不卓然有光前人、垂憲來禩！而獨愧予之無能爲役也，予因是重有感焉。語云：「禮樂積百年乃興。」亦謂明良作合，待其人而興之難，故有君無臣，自古嘆之。獻皇之稱宗入廟，始于一二邪佞之口，當時已有詆其謬者，特肅皇帝尊崇孝思，愈引愈伸，一時廷臣將順之不暇，以至于此。逮世廟升祔，給事中王治遂首昌言之，而時不能用，至今以爲缺典。今上聖明不世出，臨御之初，虚懷訪落，正臣子畢智勗勸之日，稽古定制，善繼善述，千載一時，而不幸又以齷齪禮官輩失之，豈所謂必待百年者耶？考王給諫之建白，得之其友朱德懋，史册書之，以爲美談。乃堇父竟不能得之于不佞，君臣朋友間胥失之，冀堇父之言終不可廢，他日有舉而行之者，推其自寸莛之叩，不佞且託堇父以不朽，視昔人有餘幸矣。故紙在笥，漫書數語于後遺堇父，亦以誌予之素志云。

芳齋公三世家乘跋

宗周述我祖三世事狀，不覺肅然斂容焉。嗚呼！芳齋弗可詳矣。若遂安昆季之克孝克友，素菴之善繼善述，可謂世濟其美，至「居安思危」四字，尤足以見祖宗相傳心法。凛凛乎盤盂几杖之嚴，後之人苟能守之弗失，亦可以永保家聲于無恙。而惜也蒙業而安者，之久而忘之也，至于今，宗風亦浸以偷矣。語曰：「生于憂患，死于安樂。」我祖宗遭家不造，父子兄弟間關萬里，行則裹糧，居則荷戈，出萬死一生，以延我劉氏我子孫，一絲一粟，何莫非祖宗之賜，其忍忘之耶？夫維有前日之憂危，而後有今日之豫大，亦惟有今日之豫大，而即釀有異日之衰微，安危倚伏之機，亦誠可畏哉！祖訓具在，後之君子有繩武之思者，尚三復于斯。按司馬公固有三世墓表，然未之豎也。茲崇禎之戊辰，公孫玉宇翁重修墓道，更于三世墓前各列石几，而表題其上方，頗足補昔人之遺。時翁年已八十矣，孝思如此，允光世德云。

芳齋三世祀典跋

劉氏處郡城者，以芳齋爲鼻祖，一傳而遂安，再傳而素菴，則二府君以後私之矣。惟其私之也，故并芳齋而私之，遂不復知芳齋有宗子，而宗子亦遂失其宗子之職。享祀之不衷于禮，所由來矣。族屬之降也，其不能不自親而疎者，勢也；而使無有乎親疎之間，百世如一日者，宗子主祭之法也。予不肖，居恒有感于此，因勸芳齋宗子之後特立祭田，示芳齋有專享，而因以二府君祔之。歲時上冢，三大支或分或合，姑聽其便而不之强。將劉氏二百年薄惡之習稍稍挽回，以此乎？若曰：「喪祭從先祖。」則宗周滋戚矣。

素菴忌祭跋

忌有祭，志哀也。君子有終身之喪，忌日之謂也。子以事其父母，自父母而及于祖、及于曾祖、及于高祖，法無可推矣。窮于情，斯窮于禮；窮于禮，轉窮于情。然宗周近閱故相沈龍江先生家祭法，自其始祖而下，皆不廢忌祭，蓋亦大宗子之禮然與？芳齋于劉氏亦大宗也，而傳世既遠，廢忌久矣。惟素菴之子孫，自今日主祭者而言，于素菴猶稱高祖，忌祭弗替。昔也，各房分之；而今也，合之，甚盛舉也。然則世世忌素菴乎？曰：易世議祧，小宗子之禮然也，夫大宗也而已在所祧，不祧素菴何居？且也遂安芳齋之不忌，固不特在今日矣，君子于此又傷之也。無已，請俟諸素菴議祧之日，即前日之忌祭改而爲時祭，由素菴及芳齋三世合享，以補從前之缺憾，亦禮意也。宗誼之涣也，莫甚于素菴所分。今也祫芳齋，使大小宗子孫皆得與于祭，以伸合涣之情，則一舉兩得者乎！

明德淵源録跋

劉氏祀典，軍政皆有籍，始自先宗長敬亭翁。翁秉家政，頗立紀綱爲經久計，見前僉憲公序中。是時三世祭産不敷，公嘗用此惓惓，雖經宗周輩日爲經營，猶未及慰翁志以殁。既殁十餘年，今宗長翀宇翁益引孝思加毖舊章，用是宗周不敢忘前日之緒，而竭蹶從之。久之，始以不腆之産告成事，歲足以供烝嘗，而若軍産之日有淩替者，亦復不恤怨德以繩之，稍可垂之世守矣。追念昔人，良用憮然。暇日取舊本，更爲潤色，付之剞劂，以示族人。首載家乘，具見世家之淵源如此。書曰：「黍稷非馨，明德惟馨。」故題之曰《明德淵源録》。是録也，其事則祭祀燕享而已，其義則尊祖敬宗，而避豐禰之嫌，收族合涣，而通一體之愛。宗周將竊取之，庶以貽後人，使無忘先緒云。

恩綸册跋

恩榮世録者，録恩數之最異者也。何異乎爾？先是宗周釋褐于萬曆之辛丑殿甲之資，當拜京朝官，而宗周先期以内艱去。是年秋，册立貞皇帝爲東宫，覃恩逮下，凡應選京朝官而需次者，皆給誥。比宗周報闋，謁選行人，詢之當事者，曰：「應補封，從京朝官需次例。」于是驗封司特爲題請，得以正八品官誥貤贈我先君，則異數一也。既而宗周請告坐廢，八年不赴官，會貞皇帝、哲皇帝相繼御極，録用先朝遺逸之士，起宗周儀曹郎。而是時登極覃恩，凡新被命者皆與，宗周因得以赴官之日即補官誥。至此，先慈并被一命矣，又一異數也。及宗周自儀曹改光禄丞，晉尚寶少卿，連擢僕少，未任，請告，方候命間，會册立東宫覃恩，宗周以去國之身、未任之職，而并邀新命，又一異數也。及宗周自僕少在告，旋起銀臺，被命褫奪。不二年，今皇帝登極，又覃恩，給還舊誥，且起宗周爲京兆，又給京兆官誥，于是晉贈我先考妣三品勳階，且追贈我先大父母，品亦如之，旋奪旋予，又加予之，錫及三世，尤稱異數云。國制，臣子服官，非滿考不貤封。此外以國慶覃恩者，普天曠蕩，于臣子爲特恩，或畢世而不一遘。如宗周不肖，官行人得兩載餘，不及考，官儀曹者十閲月，官勳丞者幾一載，官尚璽者三閲月，官京兆者一載，倘必待滿考，有尺寸之績而後推恩于所生，則俟河之清，終無日矣。浮沉三十年之中，而四遇覃恩，邀此種種異數，實惟我祖考積德累慶，非朝伊夕。天道有知，雖阨于生前而終必獲伸于身後，如摻券然。捧誦温綸，可爲信而有徵矣。夫以弱植如宗周，居恒碌碌，靡所表見，即冗員下僚，已蚤爲清時所棄，顧乃數仆數起，傲倖躐級，至有今日，信非徽惠我祖考之靈不及此。《詩》曰：「貽厥孫謀，以燕翼子。」我祖考有焉。《孝經》曰：「立身行道，揚名于後世，以顯父母。」宗周其能乎哉？顯揚之無當而燕翼是恃，心滋愧矣。庶其全而生之，全而歸之，日有孜孜，以幾于無忝所生之義，則宗周雖不肖，其敢不自勉焉？

書管石峰卷

石峰先生不急急于榮進，不規規于利禄，超然遠引，急流勇退，意其胸中雅有邱壑，趣非苟而已也。觀其《與秋江公書》，概可想見。先生出入通津，家無長物，所至惟圖書數卷，而相傳阨于一炬，僅此書數通并雜詩藏于秋江家，其後人遘而得之，表章成軸，寶爲大訓，宜哉！予從其玄孫德隅受而讀之，慨然想見其爲人。其曰：「年踰耳順，不及時行樂，何爲遐哉？」先生不可作矣。試問先生所樂何事？非榮華，非利禄，亦非泉石膏肓，聽其子孫抽繹而光顯之，予將於德隅父子間問弓冶焉。行矣，勉之。

贈朱綿之進學解

予不敏，與綿之共學有日，每朋聚間，綿之嗒焉不輕啓一語，意自得也。一日，綿之以進取見商，近例許輸粟爲明經，高可謁郡倅，下亦不失作仕進階，親暱多慫恿者，事且遂矣，予正言解之曰：「子方有意于聖賢之學，而以榮利聞，是背馳也。曷亦從所好乎？」綿之曰：「敬受教。」明日朔，友人私謂予曰：「今日之會，綿之當不至矣。」或曰：「必無宿諾。」已而綿之忻然在座，諸友既各商所疑，予因諄諄于義利之辨，反覆數千言，意未嘗不在綿之也。綿之默默而已。越數日，始叩以前事，曰：「已矣。奉吾子之教，勿再計矣。」予得之忻然。居今之世，學古之道，有卓然不惑于内外輕重之辨者，必綿之也。綿之其可與進于學矣。

予聞之，君子之于學，如饑渴之于飲食然。彼飲食者亦既知稊稗之不如菽粟，與𩜾酪之不如醴漿矣，而猶未有濟于饑渴也，必菽粟充腹，醴漿入口，而旨且飽焉，至于厭足而後已，始知向者稊稗、𩜾酪之果弗如也。藉令菽粟當前而弗御，醴漿在列而弗舉，則反不如稊稗、𩜾酪可以濟一時之急，而又棄弗取，終聽其枵腹以死，猶自詫于人曰：「我知味。」其誰信之？夫學亦若是已耳。綿之既知斯道之大、性分之尊之有加于榮利矣，請從而進焉。如飲食者必期于入口，不飫且飽不已，庶幾其有成矣乎？曾點、漆雕開已見大意，及夷考其所學，終不克躋諸顔、冉，蓋進道之難如此，況又有前後異軌者？綿之勉之矣。雖然，世有知菽粟、醴漿之爲美，而終棄而弗顧者幾人？綿之既智足以及此，而第患其不能進，觀其近日用心，所爲嗒焉不致一語，應必有獨領其趣而不可以名言者，將毋此道已津津入口，在齒頰間耶？予是以知綿之之必有進也。暇日偶書之以示同志，使後之進學者法焉。

書王生伯含扇頭

伯含雅有志于學。一日，偕其雁行素中請益，予則何以益伯含？雖然，語有之：「志立而學半。」蓋言其難也。必也首試之流俗之衝，以防其溺也；進試之氣質之蔽，以矯其偏也；又試之意見之似，以清其脉也；又試之夢寐之交，以卜其安也。斯可與言立志矣。問：「所志何事？」曰：「閱此數闋，更有何事？」請以商之素中。

劉蕺山先生集卷二十四

賦　詩

淮南賦有序

淮南，誄亡友也。亡友劉静之氏，稟狷特之資，鍾清明之氣，苦心慕古，矢志匡時，其大節辨辭受出處之幾，而躬行篤父子君臣之教。筮仕京學，量移辟雍。狐鼠縱横，振衣冠於塗炭；桑榆崦逼，慰朝暮之門閭。時沈四明、錢給舍等朋邪亂政，誣罔善良。先生官大學，恥與同朝，遂謝病。會先生大父年高，念孫不置，因決意歸寧去。處江湖而懸廊廟之憂，懷瑜瑾而奮塵埃之跡。慨方正之不容，謾謂清流可濁；會讒邪之交搆，幾令白日無光。沈、錢去，餘氛未淨。會東林顧先生以清議自任，不容於宵小，遂被讒中。而先生於顧先生固忘年友也，呶呶者切齒先生輩，幾罹一網。自是海内分門户云。而惟静之氏者，遯不繫尾，見申屠蟠之先幾；隱不違親，免郭有道之黨釁。徒使憔悴行吟，托離騷以見志；先生嘗著《離騷》若干卷，藏於家。庶幾優游素業，玩河洛而終身。先生欲講求河圖、洛書之藴，因裒聚古今《易》説，推演象數，玩心高明云。啓手足以全歸，先生病亟，令介弟扶掖坐起，坐稍倚，復令正之，曰：「吾平生鮮不出於正者。死而倚之，非正也。」恨頂踵之未報。淵源學問，不忝紫陽之傳；風節行誼，抑亦羅一峰、鄒吏目之流亞也。先生學宗朱子，亟慕本朝二先生爲人云。嗚呼！靜之氏英年登第，服官一考，前後家居凡八年，乃召起爲兵部職方司主事，朝命及門而卒，年三十有七。大用未試，君子惜之。嗚呼！誄以哀死，名以著實，何朝野之殊焉。文中、貞耀，古有之矣。敬質公評，擬上私謚曰貞修先生。嗚呼，爍哉！清標振俗，彌堅不二之操；學古好修，無忝所生之義。允乎既往，不愧將來；千秋有托，意在斯乎！爲之賦者，孤友山陰劉宗周也。

淮之南兮淮角樓，孤城倚兮落暉愁。我來行役兮，宿草已抽。孤鴻飛去兮，怨鳥啁啾。❶大江洸洸兮，信宿扁舟。慷慨悲歌兮，清流在眸。緬懷古之人兮，汨羅沉而鴟夷浮，悼賈傅之痛哭流涕兮，擊祖楫之中流。亦有處濁世而不滓兮，若著帽與披裘。越曠世而相感兮，有美人兮同儔。迴風塵以蟬脱兮，振奇服而逾遒。暎冰壺之寒玉兮，騫孤鶴於芳洲。遡淵源於閩、洛兮，駕長轡於魯、鄒。篤忠孝於君親兮，履信義於朋遊。爰委贄於明王兮，托蘋藻以薦羞。慨容容之多福兮，訝白璧之招尤。秉介石以先幾兮，謝冥鴻於丹邱。張羅網於藪澤兮，惕震隣以躬憂。履九地而跼蹐兮，戴皇天之罔酬。既人道之反復兮，亦陰陽之雜操。❷何回、蹠之仁戾兮，易彭、殤之短修。夢彼蒼蒼兮，夫孰能辨其薰蕕。❸神聖不作兮，麟泣鳳謳。蘭蕙先摧兮，荊棘叢抽。❹柱維缺折兮，嘆流轉於神州。❺怨復怨兮我

❶「怨鳥啁啾」，全書本作「杜鵑啼留」。
❷「雜操」，全書本作「愆疇」。
❸「夫孰能辨其薰蕕」，全書本作「上下千秋」。
❹「叢抽」，全書本作「栽收」。
❺「嘆流轉於」，全書本作「泛泛」。

何求？行復行兮歸休念。昔肝腸涕淚與子爲一兮，今徒使我托魂夢以悠悠。將雙飛以整翮兮，忽離群以分投。望天末而相思兮，悵往來之綢繆。聽廣陵之濤波兮，陰風怒而颼飂。❶腸一日而九迴兮，淚交頤而莫收。❷乃瞻几筵，載哭載疇。梁塵委積，庭草荒稠。自我不見，於今已週。北堂浩嘆，稚子低頭。酒澆墳土，❸劍掛松楸。已矣乎！曷不觀化於無生之始兮？❹等身世於蜉蝣，庶使我心瘳兮，無藴結以罹憂。❺念群生之擾擾兮，孰如子之得正而無訧。身後之名其不没兮，❻靖彼彭澤，康此黔婁。夫子之謚，允矣貞修。後千百年兮，尚考信於華袞。

知命賦

不佞罪戾餘生，奄焉卧疾，積有歲時。歲丁卯，初度五旬。春日懸弧，扃門謝客，惋抑無聊間，輒有慨於先師知命之學，因述賦以自勉。言雖不文，識者亦或有取於其志云。

感大化之循環兮，陟時序於青陽。暢條風以沕穆兮，迓淑氣於勾芒。律中太簇以和地天兮，敷萬彙而昭章。惠風涣陰崖

❶「波濤」至「颼飂」，全書本作「杳渺兮和山陰之淒愀」。
❷「交頤而莫收」，全書本作「汪洋以交流」。
❸「酒澆墳土」，全書本作「芻束玉人」。
❹「無生之始」，全書本作「生死之籌」。
❺「無藴結以罹憂」，全書本作「且以爾魂幽兮」。
❻「念群生」至「不没兮」，全書本作「伊何人兮，得正而無訧兮，孰是死而不朽兮」。

之積雪兮，微泉動石溜以淙淙。有美苦蕺兮，滋靈根於山之陽。日融融以麗景兮，雲靉靆以舒祥。忽轟雷其先蟄兮，亦乍雨而乍暘。破林臯之寂寞兮，起春興於清狂。奈撫良辰而增躑躅兮，駕言出遊以徜徉。予生之嬰疾疢兮，擁孤衾于曲房。嘆鬢髮之一朝而改化兮，曾不知代謝夫星霜。意恍惚而不自持兮，時翹首以徬徨。家人忽告予以初度兮，騁百齡之中道。敢載䭔以陳詞兮，天錫爾以難老。曰予何用此腥俎而膻斝兮，又溷之以里缶。壽玄鶴於樊籠兮，豢神龍於沚沼。世齷齪而不我懽兮，逝當去而從君於瑤島。於時輕陰移蓋，薄霧褰帷。綵霓曳旃，羲馭停軌。芒芒沕沕，靄靄垂垂。東皇兮御車，玄鳥兮緘素。靈剡剡兮山之阿，悵仙人兮來何暮？予乃輾然伸眉，謝一豎之繾綣兮，挾盧扁以載祖。奏枚生之《七發》兮，歌驪駒以拍舞。東脩容之窈窕兮，御奇服以軒楚。佩長劍之陸離兮，挾弧矢以厲武。載玉軫之闐闐兮，鳴和鸞以服驤。朝發予軔於東海兮，夕予至於扶桑。攀若木以超乘兮，排閶闔而覲上帝之光。侍玉女以靚麗兮，薦綺席於雲房。西望王母而致詞兮，指大椿千歲以飛觴。吸咸池以爲醴兮，炊朝霞以爲粻。蒼龍蜿以就俎兮，左孔翠而右鸞凰。咀瓊英之獨秀兮，和芍藥於蘭芳。攬陶令之柳華兮，摘逋仙之梅萼。問武陵以桃源兮，採首陽之薇藿。肴核從横兮，獻酬交錯。引商刻羽兮，鈞天響作。雲和洞陰兮，非絲非竹。迎風上下兮，流丹舞翟。燕燕兮差池，嚶嚶兮友伊。怨莫怨兮子規血，哀莫哀兮烏夜啼。歌闌兮舞罷，興盡兮神悲。朱顏渥赭以微酡兮，步言旋而少留。啓欵欵之丹誠兮，借往事以推求。昔陶唐氏之神聖兮，何儆予於洚流。繼重華之協帝兮，亦野死於荒邱。禹八年以胼胝兮，湯、文並罹患於幽囚。尹放桐不爲口實兮，旦乃破斧以安周。迨光岳之愈分兮，大道日脊脊以紛糾。申生孝而待烹兮，子胥忠而抉眸。聽楚狂之歌鳳兮，爰息駕於周流。髡滑稽而嘲孟兮，終廢阻於争利之强侯。謂明良之不作兮，賈生遇前席而致疎。策天人之煌煌兮，董相亦投老於江都。若黨錮諸君之駢首兮，禍尤慘於坑儒。頤讀《易》於涪水兮，熹投著而終遯。世滔滔其不返兮，哀吾道之屢困。意造洵蒼生之不幸兮，抑世主之多蹇也。幸蒼昊物實爲權輿兮，何人事之多舛也。神湛湛以無言之我質兮，垂玄聽於九京。忽飈風之怒號兮，緉恢恢以何憑。烈缺閃光怪以耀冥。斧霹靂以震疊兮，聊以寫予心之不平。予乃鞭風雷而叱咤兮，辭帝庭而夙駕。擁欃槍以揮斥八極兮，掃魍魎於幽夜。總山川於指掌兮，行歷覽乎荒夏。藉封禪首泰岳之峩峩兮，帶蓬瀛以出没。傷中土之壞亂之遺址兮，求靈藥以何物。蹈魯連於東海兮，駕鯨鯢而倏忽。轉馳騁於南州兮，躍龍泉之孤雄。湘流浩以石沉兮，衡岳崒以雲封。陟蒼梧之渺渺兮，二妃胡爲而弗從？薰風凱以流響兮，解吾民之藴隆。想皇王之遺化兮，遂西次於雍邱。閲堯舜之故墟兮，及周秦之短修。馬與鹿其何似兮，漢亦燼於黨鉤。鏡百代以如新兮，洒涕泗於幽州。按予轡於燕然兮，市金臺之駿馬。發易水之悲歌兮，白虹貫於日下。哀宋帝之北轅兮，憤童、蔡之覆社。維皇都鬱其壯麗兮，壽天子以純嘏。周四隅以飄飄兮，極迂步於章亥。欲遠集而無所止兮，望崦嵫其不我待。忽悵怏以懷歸兮，誇中州而遵海。過建業之靡麗兮，訪六朝之文采。涉三江而凌五湖兮，將息駕於畏壘。浮紫氣於巖壑兮，三徑歸來乎春未改。兀蓬垢於一榻兮，謝形骸以尸解。噫嘻樂哉！天地擴以爲宇兮，陰陽互以闔闢。四時環以爲紀兮，千古通於一息。總六合之外内兮，超無始以無極。遡予生之渺渺兮，同儲精於二五。靈根[illegible]而不滓兮，抱微尚於往古。偕良朋以矯勵兮，邁陽九之奇數。既雲蒸而龍變兮，復泥蟠以蛇步。負君父之生成兮，罪敢辭於椹斧。日冉冉其何之兮，托蜉蝣於朝露。齊壽夭於彭殤兮，洞死生於日暮。彼聖賢兮，動遭時侮。仰稽造物兮，孰知其故。豈天心之玉汝兮，故彰君子之行素。景前修以匪懈兮，吾將視年華於尼父。亂曰：尼山不作，大道亡兮。功利日騖，世態狂兮。讒邪得志，爭狓猖兮。厝火積薪，將罹殃兮。委命元化，順行藏兮。修身以俟，用乃臧兮。含真葆素，中煌煌兮。伯玉知非，庶可方兮。

皇祖○念祖以砥修也

慘慘菅屨，可以履霜。纍纍雞骨，可以支牀。靡愛匪生，靡憂匪死。喪心之憂矣，淪胥以亡。有愴几筵，祖考皇皇。

皇祖曰咨，咨我孺子。如孑如遺，如惄如饑。藐躬不閔，違恤我私。夙興夜寐，靖共是祇。子慎無疚，無一人貽疵。

皇祖曰咨，咨我孺子。汝杜門以作慝，峻用慆德。譬彼曀陰，當日而蝕。譬彼飄風，忽自南北。動曰予智，鮮不爲僻。

皇祖曰咨，咨我孺子。子心匪石，曾是不可磯。維淵維岳，維德之基。毋失尋丈，而矜毫釐。毋耘人之田，而忘其饑。

皇祖曰咨，咨我孺子。子有粱肉，不可以扶羸。子有藥石，不可以起死灰。非藥石是謬，子方徘徊。取道不遠，有覺者誰？先民有言，惟果確是資。❶

皇祖曰咨，咨我孺子。敬之敬之，克念作聖。不顯爾神，及爾視聽。神以知幾，幾泯神定。於戲不顯，立天之命。

皇祖曰咨，咨我孺子。維子有神，儼而密，豫而貞，厥德日新。神之往矣，何有何存？我聞爾聲，不見其人。

皇祖曰咨，咨我孺子。爾心之疚，惟幽惟潛。帝臨孔威，及茲毫纖。❷載興載寢，將爾影是監。❸人知爾一，不知爾百千。

皇祖曰哀哉，肆皇天不禄，降爾荼毒。大命近止，先祀隕殯，惕用憂懼，黽勉令淑。弗恤其孚，於食有福。孝子慈孫，俾爾彌爾性，如綫斯續。

皇祖九章，七章章十句，二章章十二句。

酬别長安友人呈于參政張副院

弱柳千章瑣鳳樓，春風送客不勝愁。杜門重憶十年病，束髮誰先天下憂。消盡壯心吾自老，驚看岐路子何求？卻教空谷傳驪唱，落日浮雲滿帝州。

❶「惟果確是資」，全書本作「操心是要歸」。
❷「爾心」至「毫纖」，全書本作「我年逾耄，亦孔之瘨。嘗爾辛苦，候及暖寒」。
❸「將爾影是監」，全書本作「無影不憐」。

河干别諸父昆弟

潞河濁如醪，去去孤帆繫。春風三月三，把袂别昆季。上奉諸父行，相將水之裔。酌酒三五行，骨肉多真意。田園嘆荒蕪，天涯苦淹滯。此路已可知，守拙性所肆。❶學仕愧朝簪，❷學農足家世。浮雲去不停，執手一相視。❸勗哉臨岐心，百爾在敬忌。

過張灣 張從壽寧得名，新有李尚書宅。

張家渡口灣如織，緑水朱門望不極。夾岸枝枝楊柳垂，春烟猶帶五侯色。畫船簫鼓日紛紛，得意歸來休論貧。❹回首張灣何處是，不堪新説李家邨。

陽穀道中辭春 六首

客路辭春春可憐，客心愁對草如烟。憑將景物留春色，❺一路楊花燕子前。

病客傷春歸便休，❻滄浪一曲棹扁舟。抽簪及早寧非計，❼不趁東風嘆白頭。

野水荒郊屢問津，浮雲孤寄一閒身。❽

❶「此路」至「所肆」，全書本作「不恤長者言，後生猶意氣」。
❷「愧朝簪」，全書本作「吾不成」。
❸「浮雲」至「相視」，全書本作「流浪歲月擲，忠孝媿門第」。
❹「歸來」，全書本作「罷官」。
❺「景物」，全書本作「雙鬢」。
❻「病客」，全書本作「老去」。
❼「抽簪及早寧非計」，全書本作「從來擬得休官計」。
❽「野水」至「閒身」，全書本作「憔悴江河惜問津，布帆無恙繫孤臣」。

可憐陽穀城西柳，不是青青帝里春。

放浪浮生未有涯，❶薄言春盡且還家。故鄉留得青梅熟，烟雨邨邨刈麥麻。

春入桃源許避秦，武陵舟子是前身。❷可令歲月隨流水，❸一任鶯花綣主人。

青峰入望初如沐，❹一半春前作客還。黄石不知何處是？教人指點穀城山。

旅懷

春深無柳不垂堤，撲簌征衫落燕泥。一水遥飛淮海闊，千山暮合楚雲低。天涯姊弟憐多病，客子江湖問路迷。何事兩牽家國恨，悠悠萍水嘆仳離。

湖上贈別丁長孺

春潮夜夜泊臨安，客思連朝酒禁寬。宿草空埋金簡恨，孤梅猶帶玉人看。相逢萍水占星聚，共歷冰霜指歲寒。南望一峰天目秀，欲將雙劍倚巑岏。

山居即事

病軀三月裌衣寒，高卧袁安帶雪看。春到落花風細細，曉披仙藥露漫漫。窮探

❶「放浪」，全書本作「狂半」。
❷「武陵舟子是前身」，全書本作「乾坤投爾乞閒身」。
❸「可令」，全書本作「不知」。
❹「青峰入望初如沐」，全書本作「北來山色初如黛」。

幽勝憑黎杖，自數行藏付鷸冠。❶ 吾道只今輸陋巷，息肩應指白雲端。❷

自慰 時有亡女之痛。

避世曾誇管幼安，雙穿木榻膝如盤。家餘苦蕺堪塵甑，掌憶明珠悔夢蘭。❸ 已識彭殤生是幻，轉憐兒女糲同餐。❹ 多情最愛西牕月，幾度徘徊濯影寒。❺

答羃弟書

三徑行吟獨倚欄，❻ 一春魚鴈報平安。人逢四十餘生半，病返林皋晚節難。自昔孔門方鼓瑟，不聞曾點更彈冠。東周出處西周夢，都付浮雲過杏壇。

和楊龜山先生此日不再得吟示學者 有序

客歲，門人有索予《和楊龜山先生此日不再得吟》者，予以病謝筆墨，未果也。蹉跎歲華，忽週星鳥，搔首而追往日，無一得可言，相將去來，而往者已不可追矣。此日不再得，古人豈欺我哉？喟然太息者久之。遂命門人歌先生之詩，屬而和之。是味也，蓋陳白沙先生先之矣，一日而名動京師，以爲龜山復出。予豈

❶「窮探」至「鷸冠」，全書本作「山家消息無人問，王氏風流異代冠」。

❷「息肩應指白雲端」，全書本作「百年何物上眉攢」。

❸「掌憶明珠悔夢蘭」，全書本作「客有明珠解弄丸」。

❹「轉憐兒女糲同餐」，全書本作「却教兒女事含酸」。

❺「幾度徘徊濯影寒」，全書本作「清影華胥濯肺肝」。

❻「三徑行吟獨倚欄」，全書本作「春去憑欄十二干」。

其人乎？乃千秋舊案，拈起重新，龜山寧僅私一白沙哉？將有爲者亦若是矣。和闋，復命門人歌之，予再歌先生之詩以亂之，於是油然而興，灑然有以自得也。時丁巳夏四月既望。

農夫雨耕隴，蠶婦乾採桑。雨暘各有爲，節物懸彼蒼。❶懷哉衣與食，宵晝恤流光。矧伊丈夫子，人道立陰陽。獨稟造物秀，❷生而射四方。行行少且壯，發硎試光芒。勤心追往哲，所用何不臧？神聖非絶級，慮以斤斧戕。千金握搏黍，拱璧塵粃糠。生不蟪蛄值，死與狐狸藏。豈無婉孌時，朱顔鬭春芳。花月玩朝夕，膂力俁方剛。❸哲人警捬髀，中夜起徬徨。日昃不再中，髮短不可長。決此須臾命，刺虎奮卞莊。萬法持一心，三復慎獨章。六籍無真訣，猿狙浪登場。亦有朱與翟，食人肆犬羊。尼父援空空，顔生誣坐忘。遂令西方教，乘虛逞雄强。❹齗齗洙泗間，闖洛一葦航。中啓龜山氏，後先秩天常。乾惕指心法，致儆荒與亡。少壯不努力，老大徒悲傷。道喪復千載，吾與點也狂。

寄懷李懋明兼呈王止敬

李故以御史按浙請告歸，今年内察外推矣。而王亦以御史出僉浙臬，今年内察并落職者也。

去年李公初罷官，今年復起行省垣。出入橫金作翰何桓桓，淮陽不薄都尉權。

❶「節物懸彼蒼」，全書本作「及時稽蒼蒼」。

❷「獨稟造物秀」，全書本作「類固靈萬物」。

❸「膂力俁方剛」，全書本作「坐俁膂力剛」。

❹「遂令」至「雄强」，全書本作「遂流夷狄法，竊命中夏强」。

中外羨才難，胡公不投磻溪竿。自言臣故從長安，奉職無狀烏臺端。城狐社鼠恣般般，❶一日怏怏歸掛冠。青螺白鷺秋漫漫，心懷報國猶辛酸。東西南北敢辭艱，❷會逢王公解浙鞍。頗言世路多巑岏，時乎感慨心愈閒。❸相與怡然樂考槃，君恩浩浩天地寬。

題百福衣 爲冲倩叔兒

衆法合成嬰兒衣，一法不解嬰兒機。出聲喤喤孩且啼，爲兒說法知良知，長則學爲裘與箕。

吴興道中

吴楚東南勝，憑虛攬洞庭。邨邨桑柘沃，岸岸荻蘆青。子夜傳孤唱，清流逐斷萍。百年看意氣，都付畫溪汀。丁長孺家長興罨畫溪。

酬崑崙叔勸駕

何似蒹葭招隱篇，清饑如病兀如禪。東山久卧看兒輩，北極新班誤壯年。止合一鳴聲已默，不聞三獻足猶全。相逢若問桃源路，爲報人間別有天。❹叔嘗守楚，未幾坐墨榜歸。

❶「恣般般」，全書本作「力不殫」。
❷「敢辭艱」，全書本作「惟所摶」。
❸「時乎感慨心愈閒」，全書本作「公心不禁灰如寒」。
❹「相逢」至「有天」，全書本作「相逢莫問瀟湘路，幾度蟠桃笑洞天」。

採蕺歌有序

予家蕺山爲北郭勝處，即王逸少故里也。時或上山採蕺，望郡大夫官舍倚鍾山蜒蜿如龍，佳氣葱鬱，昔人呼小蓬萊者近之。而郡大夫泰符公以風流儒雅治郡事，不減元微之，暇時風日晴好，或花明雪霽，輒命駕登蕺，上其巔，倚亭而嘯，夷猶自得，既而訪逸少之遺踪，杳不可見，則悵然迴車。予每從圭竇間望見公，真飄飄有凌雲之氣也。昔華歆隱居，走窺官人道上，君子識其不終。乃公固得稱吏隱，於予何愧！爲賦《採蕺》以懷之。山有亭，即郡大夫所重建，一時詑勝事云。

上山採蕺留山阿，袨蕺下山日午蹉。回首白雲漫漫多，雲中仙吏脱佩珂。停驂獨上舞婆娑，九秋鶴唳摇林柯。孤亭高標白雲窩，❶俯臨萬井如星羅。悠然懷古山之陂，右軍遺跡今苔莎。❷蓬蒿是處少經過，叩門不見羊與何。止留清池浴駕鵞，旌干欲去道不呵。北郭先生寤也歌，蕺山窈兮鍾山峩。鍾山鳴琴聲相和，爲我洗耳清雲蘿。❸

大柳客店見高存之題壁慨然和之

馬首西風衣滿塵，❹喜來茅店見伊人。清言一唱盤山去，月在松梢露在筠。

---

❶「孤亭高標白雲窩」，全書本作「碧落無塵新亭磨」。
❷「悠然」至「苔莎」，全書本作「足躡山蕺跨山坡」。
❸「爲誰洗耳清雲蘿」，全書本作「爲我洗耳穩高卧」。
❹「衣滿」，全書本作「撲面」。

金陵懷古

大江橫據壯南垂，❶北控中原采石奇。閶闔萬年開帝造，衣冠六代返民彝。❷烟浮夾道長楊樹，水引晴春太液池。往事無煩賦離黍，祇今弓劍倍堪思。❸

經梁武墓

空山落照日陰晴，古木荒荒流水鳴。下馬獨尋梁武碣，斷文無復記臺城。

咏姬僕

我聞義僕有高永，事在河西禍洶洶。高公一死殉封疆，僕義亦與封疆重。爲臣死忠僕死義，綱常萬古同一視。於滕復有姬公僕，節概稜稜若符契。❹姓名附見絶命辭，李子守務堪揮涕。守務之名何獨彰，廟貌且與魏豎峙。君不記前者白蓮賊，倡亂滕陽越鄒嶧。妖術一呼千百群，所至空城挈家室。賊兵未至官輒逃，紛紛不數丞尉職。豈無黄堂別駕尊，擁幰鄒城如傳客。滕陽之令甫下車，慟哭巡城城已虚。賊從東方破門入，橫來縣堂索縣符。縛令不誅三日許，手執笏板身衣朱。再拜闔門乃雉經，凄凉官舍奴子俱。魏豎遂以滕印完，收骸甫畢先後誅。賊黨相顧多縮頸，慷慨義

❶「橫據壯南垂」，全書本作「飛據秣陵奇」。
❷「閶闔」至「民彝」，全書本作「王氣萬年開日月，文章一代選梁齊」。
❸「祇今弓劍倍堪思」，全書本作「天王久矣狩攘夷」。
❹「節概稜稜若」，全書本作「死義之事如」。

烈生不如。封疆小吏分固爾，此僕此死何其愚。食人之禄分人憂，各爲其主心非殊。高臺道傍築京觀，視彼完印功無算。縋城之日一筐免，捷書只奏都堂彦。錦衣世爵身上卿，盡是平民膏血換。到今留得數空城，猶勝遼陽熊李竄。因見近來官爵多，廉恥少，功名重，忠義小。板蕩識忠臣，疾風知勁草。高官與大禄，願得太平保。凌閣擬形容，福堂享壽考。雖有青史名，豈能及輿皂？我今一日扶起高參軍巍、李侍郎若水，堂堂正氣垂風霜。要令節義高千古，身雖磔裂名猶芳。人生百年終一死，安能靦顔苟活坐取侯與王？

歸　興 滁州道中二首

幾陣寒鴉待臘殘，石尤風健旅行艱。❶人隨雪色看秦望，馬帶松聲度楚關。梅柳欲舒春信早，烟嵐如醉碧峰環。❷便當乘興穿雲去，❸不問南山與北山。

無端歸興擬陶潛，計日清華俸亦廉。未卜山妻堪并食，先教穉子解抽簪。❹三年似爽還山約，一事真成避世嫌。今古乾坤何處了？舊時風月寄緗縑。

官　梅

梅蕊參差放，❺晴光轉陸離。江春隨浪點，山翠帶星移。乍慰鄉心近，頻留客夢

❶「殘石尤風健旅行」，全書本作「還東風竟日路行」。
❷「碧峰」，全書本作「古滁」。
❸「穿雲」，全書本作「歸山」。
❹「解抽簪」，全書本作「學撝謙」。
❺「參差放」，全書本作「珠璣錯」。

悲。隴頭人已斷，好寄一枝誰。

初訪雲門用正韻

五雲深處指瑤京，六寺名存半有僧。松頂待棲孤鶴穩，溪流時照野花明。空題御筆高秦望，誰問桃源到武陵？燈影長明風雨夜，❶獨令終古證無生。

同洪溟上人天衢弟登秦望

雨霽山光紫翠開，分明洗出小蓬萊。鳴琴一帶溪流迴，絶壁千尋鳥道回。杖錫老僧飛欲到，採芝仙客定頻來。❷不知身在天門上，猶望雲霞信手推。

贈王聚洲年友

天涯浪跡去匆匆，匿影韜光託冥鴻。東下望門誰破産，西歸變服任投傭。晨星數點兄還在，萍水交情命不同。若向瀟湘逢屈子，卜居何似故鄉中。

贈吴元水舊寅

真人自天際，有氣如虹垂。精光誇斗牛，下連滄海湄。邂逅逢故人，怳然隔世疑。巖廊未可問，邱壑懽相知。積陰破微

❶「燈影長明」，全書本作「一點琉璃」。
❷「定頻」，全書本作「何怪」。

曜，天地開光儀。❶ 群龍正翺翔，雲施貴及時。❷ 皇虞久不作，珍重臯與夔。

壽健甫兄七十

吾家世明德，忠孝遡淵源。誕啓司馬公，奕奕清譽騫。遞傳諸子姓，遺澤流潺湲。我公正霞舉，後先推季昆。鴈行雖稍疎，一氣宛同根。相期紹祖烈，如奉指南轅。猶憶通籍時，示我書紳言。千里始足下，清白當共遵。時予尚疎穉，多愧中心諼。蹭蹬世途久，雙鬢如霜繁。居恒失晏笑，急難呼在原。一日風波夷，相戒守田園。因思僨轅犢，終輸逸駕奔。貞不與俗絶，清尤避人援。當其義所在，墨守失孟賁。以此衡出處，完璧誰與倫？抽簪近十載，佩芷襲芳蓀。聲光歸肅穆，珍重璵與璠。❸ 老成日云謝，尚有典型存。公年視昔加，神氣如朝暾。屆茲懸弧日，玉色清且温。❹ 勗哉忠孝思，先德留根痕。願舉南山詩，千載長氤氳。❺

還山小咏 四首

晚年一出拜徵書，來往匆匆只歲餘。剩有丹心懸落日，仍隨流水付東渠。烽烟北望天垂斷，鴻鴈南征澤已虛。安得山中

❶「天地開光儀」，全書本作「大手霹靂隨」。
❷「雲施」，全書本作「惕躍」。
❸「佩芷」至「與璠」，全書本作「如進古犧罇。憶公在嶺西，手摩顛毛髡。一朝拂衣歸，詎與俗士論」。
❹「玉色清且温」，全書本作「俯仰乾與坤」。
❺「願舉」至「氤氳」，全書本作「願言舉一觴，悠游賁衡門」。

高卧穩？夢回塵慮盡删除。❶

忍卻癡心别帝鄉，不堪歸路九迴腸。上書自信終和氏，前席人疑待洛陽。太息時艱何日濟，感懷主眷與天長。❷懸知紫禁深深裏，日昃猶傳哺未遑。

風雲一代感中興，濟濟仁賢集九卿。莫惜埋輪三輔理，空聞補衮仲山名。臣愚自放江湖去，❸主聖何難檻殿旌。爲祝圜扉開詿誤，憐才首自易中丞。

水宿風餐繫客舟，❹計程前日到滄州。逢迎是處少郎吏，題品由他作馬牛。高閣祇堪容我輩，異時猶得免清流。一番擾擾成何用，身後能無青史憂？

長　安

頻驚客夢又長安，霜落瑶天病骨寒。肅肅風稜虚輦下，行行狐鼠問朝端。止慚京兆無簪筆，不信南陽有豸冠。贏得湘纍頭似雪，❺青衫憔悴到河干。

即事用前韻 四首

乞恩初得理方書，自謂良醫肱折餘。試把風波看幻質，豈無舟楫濟亨渠？一毛儘識周身痛，二豎皆乘正氣虚。端的與君投勝劑，本來無妄莫教除。

咄咄深源屢罷書，一腔心事棹歌餘。

❶「回塵慮盡删」，全書本作「魂長傍曉鍾」。
❷「太息」至「天長」，全書本作「遘此時艱何日了，邀來主眷與天長」。
❸「放江湖」，全書本作「薄芻蕘」。
❹「水宿風餐」，全書本作「風水相將」。
❺「湘纍頭似雪」，全書本作「抱頭如楚纍」。

天涯對酒呼明月，澤畔行吟問古渠。❶小決行藏應得爾，只言老病亦非虛。清時饒有孤臣淚，百轉江流意未除。

老去空悲三上書，自言工瑟未工餘。天將斗柄迴春旦，地與河流出舊渠。世道已看圖鳳杳，功名先辨鼎牛虛。十年一壑仍無用，辜負君恩自廢除。

古人不作見遺書，萬事茫茫感慨餘。❷春白灌園空朽腐，鴟夷馬革等溝渠。莫言狂狷非中道，肯信鬚眉是子虛。行矣歸休吾自老，空山蛛網罥簷除。

無題

駑鈍何能報主恩，青山了卻舊閒身。敢云薄命捐中道，轉憶成言望美人。佩擬蘭芳猶自惜，媒同鳩拙可相親。多情却顧滄江伴，笑與風前採白蘋。

白鷴

何處清聲破曉嵐，霜衣縞帶兩毿毿。非關日暖春將晝，知爲風柔土向南。逸翮起來初伏枕，閒情會得早抽簪。仙蹤若便還山去，秦望峰頭好結菴。

挽周寧宇先生二首有序

先生既歿之明年，宗周以請告還里，始得一哭几筵。未幾，執紼送先生。九原往矣，竟不及以辭哭先生平生之誼，深

❶「澤畔行吟」，全書本作「日暮投村」。
❷「萬事茫茫」，全書本作「幾見今人」。

用缺然。兹者兀坐山樓，追悼不已，因述挽歌，臨風展誦。冀泉路可通，庶幾再永神交耳。

一別衡門隔暮烟，❶歸來惟見隴頭阡。空懸北斗推前輩，悵望東山憶舊緣。暇日每歌元亮句，晚年深契道州傳。論心小友容呼久，老大風塵祇自憐。

首陽高塚鬱嵯峩，碩果摇風得幾何。❷獨與群賢留晚翠，終令兩浙起頹波。楓山名德朝參少，楊、尹風猷家食多。❸此日身驂箕尾去，寒芒夜夜照林阿。

送祁世培北上 二首

清時起威鳳，乃在丹穴藏。羽毛紛五采，德輝周四荒。負此儀世姿，竦身猶彷徨。天路不足疑，乃志在明王。❹止必擇梧陰，鳴必於朝陽。遂爲虞周瑞，躋世以平康。

晦昧塵土間，有物遺瓊琚。一朝還故吾，欣賞知焉如。什襲不足珍，清光照乘車。佩之以遠行，夷險非所虞。會當勤拂拭，莫羡他家璵。諒爲天下寶，永使時艱紓。❺

雲門雜咏

同吕信夫遊雲門時，衲子六如、洪溟、闇然輩在焉，及友人李道之、郭爾章諸君，盤桓者累日，得雜咏八首，和陸放翁韻。

❶「隔暮烟」，全書本作「耗屢愆」。
❷「碩果摇風得幾何」，全書本作「若箇顛毛望百皤」。
❸「楊尹」，全書本作「南野」。
❹「乃志在明王」，全書本作「所思在求凰」。
❺「永使時艱紓」，全書本作「山澤此焉虛」。

碌碌塵寰大夢酣，幽居勝事郡城南。❶秦山入望迎如輦，耶水迴波織似蠶。品入畫圖真第一，行逢仙島恍成三。即看別業宜園去，也是陶菴與邵菴。

落日依依林杪暉，老僧相見把征衣。重來古寺傳忠孝，惹得新辭和去歸。市虎暗隨蕉鹿換，青山長待白雲飛。當時化鶴人何在？容我生還丁令威。昔遊雲門，正緹騎四出之日。荏苒七載，重見洪溟，不勝感慨。

千古名山一代狂，數尋遺事意悵悵。殘碑永護風霜跡，老樹新分松檜秧。若箇宗門堪繼鉢，幾番滄海又成桑。辛勤六寺今重復，隻履西歸是故鄉。時六如新創雲門，闔然草結廣福，皆復舊剎云。

一座山僧伴一回，薄遊如卧小崔嵬。永和遺帖停雲散，王氏新碑染翰開。看竹有樓隨地主，乘風無閣待朋來。眼前興廢都相似，莫遣空林放酒盃。時王季重比部暨有雲門新碑，其墨妙殆不減右軍藏帖。

老脚登臨不似初，秦峰一跨七年餘。苦無靈藥將顔駐，擬有哀辭待篆書。破釜齎糧君莫誤，當途築舍事誠疎。懸知天上冰壺洞，迴隔人間六月廬。時欲登秦望，并進峩鼻，老僧阻之，不果。

寂寞任公舊釣竿，千溪并作一溪寒。人橫小渡看鷗没，目送危磯立鷺酸。未許風流供病叟，❷且傳名姓帶微官。竹林幽處山家好，狼籍新蔬餉午盤。

轉上秦峰捫碧苔，雲踪縹緲悵悠哉。迴風幾度馬蹄送，驟雨一番牛背來。處處人家殘照倚，郁郁烟樹曉凉栽。探幽更指

❶「幽居勝事」，全書本作「生涯佳處」。
❷「未許風流供病叟」，全書本作「未笑風流供措大」。

丹山穴，鳳羽麟毛載網回。時信夫解堪輿家言，相從化山指示形勝至李氏先墓而返，遂宿道之家。

最愛巖居荆作扉，主人霞佩芰荷衣。論心吾黨推狂簡，握手春風待咏歸。林静偶過朱鳥媚，尊闌坐進紫魚肥。剡溪歸棹餘清興，❶洞口迷津不可依。留别道之。

再上雲門仍次前韻得八首

翻然一往興何酣，再訪雲門道自南。不盡溪山供野鹿，幾多營窟老春蠶。風隨樵徑仍朝暮，病減維摩可二三。此日寄聲同調去，故人今已卜茅菴。前日雲門歸，赴小學之會，信宿而來云。

重來山月半舍暉，啜罷甘泉又袒衣。草砌流螢驚暗度，松窠老鶴故遲歸。禪心欲印三更寂，福地親占五彩飛。坐久不知零露重，頓教人世洗炎威。

山水情緣奈老狂，追尋古蹟已倀倀。❷正疑丹井終埋玉，直問盤松始放秧。峩鼻一峰臨越絶，龍池六月掛扶桑。欣然便欲移家去，不坐并州憶故鄉。里中有盤古樹，不知來自何年，甚偉觀。

日日秦山面不回，坐間公案是崔嵬。疑情未觸懸崖破，撒手難移寸步開。萬壑松風吹夢盡，一潭蘿月送秋來。分明此事傳消息，老衲將茶又舉杯。

此事端求信地初，此中無剩亦無餘。雲門座下新拈法，老子生來誤讀書。家計只隨笻節辦，世緣都傍梵鐘疎。從今莫問廬山面，身在山中已是廬。時六如會諸衲，講《起

❶「剡溪歸棹餘清興」，全書本作「杖頭忽斷溪雲去」。

❷「追尋古蹟已」，全書本作「仙踪仿佛意」。

信論》。

瀟瀟瓊玉數千竿，隱寄西牕半榻寒。撈月漸看水底徹，望梅徒惜齒根酸。誰能定脚當嚴夜，自笑空門度宰官。一點摩尼最端的，猶煩喻燭轉加盤。有瀟然樓。

雨色霏微碧潤苔，溪橋清興坐悠哉。滿地野人何事掩關去，山鳥不啼排案來。滿地風光還自認，當門荆棘爲誰栽？莫教衣絮行多礙，❶打破虛空證一回。

我來幾度叩禪扉，擊竹拈花老衲衣。執著兩邊都是病，悟餘一法竟何歸。略圈圓相形容似，纔點些兒面目肥。不信道州先説破，勞勞此地覓皈依。

題廣孝別室得皀字

澤畔行吟起宿皀，❷旅情嘹唳帶僧孤。不辭累月留方丈，那惜浮生過轆轤。小徑暗荒筇作杖，新巢先落燕將雛。繁華莫問前朝事，止許西來度一蘆。

壽章鴈峰舅

五月南風江荔薰，江皐有客傍清芬。形容老得披裘似，矍鑠朝看抱甕勤。此日白衣堪送酒，何方青鳥又停雲。百年重許登山屐，取次追陪興不群。

避暑廣福菴二首

空山宜避暑，盡日老僧閒。時與微風

❶「衣絮行多礙」，全書本作「儱侗修禪觀」。
❷「澤畔行吟起宿皀」，全書本作「總角垂肩狎似皀」。

會，偏來修竹間。清齋留福地，小品格禪關。萬慮澄然後，孤雲自往還。

紛寂無二見，往還不住緣。偶乘秋興發，自覺道心便。趺坐懸危蹬，行歌答細泉。五花天外落，深鎖石橋邊。

遊天衣寺

漸覺溪聲杳，山深古木稀。爛柯無客到，飛錫有僧歸。寶蓋臨丹闕，蓮花傍紫薇。衹疑諸祖後，此地說傳衣。

和灌雲叔懷古用正韻

鑑湖之濱有賀監故址，叔顧之，有詩步前輩，而索和於予。

長憶風流賀季真，承明乞得晚閒身。遺芬猶拾鑑湖曲，勝事空傳明主恩。老去不才同見放，新鶯高唱孰爲鄰。烽烟滿地今何世？是處深山學避秦。❶

上雲門

平生事業在林阿，晚卜雲門幾度過。不盡名山恣俯仰，空餘親舍倚嵯峨。樵漁老伴分家計，烟水閒情付病魔。從此吾行亦已矣，茅菴應住白雲窩。❷

志感用轆轤體。

絳帳傳經憶馬融，千秋大道孰爲東？

❶「烽烟」至「是處」，全書本作「鷗盟若借千秋去，何似」。
❷「茅菴應住白雲窩」，全書本作「定隨雲定省雲何」。

夢回幾度嚴陵道，老去長咀澹味春。黃鵠餘歌哀動地，青雲逸翮倦摩空。平生事業看流水，徒抱遺編學鄭傭。馬融，思外祖也。外氏固有澹味軒，予久讀書其中。又予上壽昌，經過嚴陵。

過鳳林

雲滿峰頭水滿溪，一天杳靄路封泥。何來靈物干霄上，忽傍清輝振羽低。陳跡漫憑千古弔，佳名重借後人題。匆匆逆旅供行脚，底事傷心日又西。

謝恩口占

望闕陳情淚滿袪，孤臣九死罪何如？止因報主憂逾切，却愧匡時計轉疎。白髮蕭蕭清禁外，❶丹心耿耿夢魂餘。自憐去國身如葉，畢罷朝參返故廬。❷

春日示王紫眉 時寓蕭寺，爲舊日居停。

流光一度一榮枯，始信行藏逐歲徂。芳草王孫歸路並，白衣蒼狗宦情孤。且容姓氏呼牛馬，莫問居諸轉轆轤。笑却劉郎前度是，年年春色在元都。

自嘲

幾番逐隊數時賢，老去仍教清禁傳。❸枉尺直尋寧有是，纓冠被髮總徒然。上方

❶「清禁外」，全書本作「頂踵在」。
❷「畢罷朝參返故廬」，全書本作「留滯君恩策蹇驢」。
❸「清禁傳」，全書本作「犢鼻牽」。

未效朱君借，宣室空陪賈誼前。嬴得俸錢過兩月，五更朝罷突飛烟。

除夕 時壻紫眉、姪君玉、子汋同守歲。

忽忽何太息，顛毛亦已斑。身懸行止地，道在廢興間。一夕争千古，新愁换舊顔。家緣聊爾爾，尊酒話宵閒。❶

癸未元旦 時寓接待寺。

一任東風自往還，曉來春夢破家山。無官尚合宵聽漏，❷此日偏宜晝掩關。路屏禪林峰火寂，營開細柳陣雲閑。時城外宣府兵匝營。椒盤柏酒粗添勝，都付餘生汗漫間。

次韻酬劉湛陸翰撰 三首

君子有攸往，周道矢如直。輿衛日以閑，輪轅豈徒飾。是用鮮覆敗，危途自匡敕。❸胡爲適千里？强弩無末力。終虞駑鈍材，中道曠乃職。先民有典型，❹儒跡不終熄。願言後來人，聊從老馬識。

濯濯園中梅，矯矯雪中植。凡物貴後凋，君子尚消息。稍逢天運周，春風意何極。但嫌少嫵媚，妬彼桃李色。孤賞賴伊人，庶以葆元德。

寂寞寰中人，去住乖通塞。君爲威鳳

❶「話宵閒」，全書本作「擁爐寒」。
❷「宵聽」，全書本作「衣傳」。
❸「危途自匡」，全書本作「九折幾幾」。
❹「先民有典型」，全書本作「正心與誠意」。

翔，我將冥鴻適。各言期千秋，矢死靡有忒。所愧還山去，生不辨黍稷。謀生亦已疎，東臯有餘式。往年惜分手，愴惻長相憶。❶良晤難再尋，行行發京國。

答陳生章侯

薑桂固吾性，苦亦不可貞。甘苦無常好，所貴聖中清。一觴見孔思，再觴徵周情。便當百千舉，冷然成獨醒。獨醒不成醉，還以薦嚶鳴。願子欣然來，無托高陽行。劉伶與李白，千載留芳名。

春暮和紫眉通城感懷

無限春愁帶客濃，殘書數卷出塵封。空懷建策同三表，莫問留行是萬鍾。南國鶯花隨夢盡，孤城涕淚爲誰容。憑君且博清齋坐，明月瑤琴風入松。

別祝開美兼示紫眉汋兒

千里或一士，百世或一聖。何來得斯語，誤人如坑穽。矮夫事觀場，笑啼安取正？大道不擇人，有志視所竟。況負超世姿，襟期互爭勝。歷落風烟中，時危氣逾盛。❷以此話昕夕，千秋良可訂。行行惜分手，轉發林臯興。進修貴及時，行止則云命。各言勵初心，弗復疑孔孟。巧拙雖殊方，勉之誠與敬。

❶「愴惻長相」，全書本作「別後費追」。
❷「時危氣逾盛」，全書本作「魚鳥亦掩映」。

過錫山同張奠夫訪第二泉用濂溪先生萍鄉詩韻

牛斗横斜劍氣寒，第來泉品讓儒酸。道心一掬塵開鏡，仙掌孤撑露在盤。滿地江湖悲寂寞，半天猿鶴可平安。匆匆指點山亭上，留得宗風幾許般。❶顧、高諸先生皆有祠堂在山麓。

哭殉難十公用前韻

和奠夫詩後，歸途無賴，又次第著《十哭》詩以弔殉節諸君子。就中想見諸君子精神結撰處，非徒一死而已者，而皆辱與予交，而予獨何以生爲也？俯仰身世，彌增嘆喟。

太常磊齋吴公海寧

公登第之前，夢一隱者誦文山「山河破碎風飄絮，身世浮沉雨打萍」之句見投，問其姓名，曰劉宗周也，公不省爲何人。及壬戌既第，予時爲儀曹郎，知貢舉，聞予姓名而訝然。越廿年餘，公與予後先赴召，相見於京師。予心識磊齋君子也，而公視予亦日親。予既見放，公致友人稍道舊夢以爲不祥，曰：「劉某竟隱矣。」予得之復訝然。既别之明年甲申，公由吏垣擢太常，而遘三月十九之變，曰：「吾不可以負劉公。」遂死之。

❶「指點」至「許般」，全書本作「聊識看山意，指點玄亭多少般」。

何人後死骨先寒？二十年來夢裏酸。錯繡山河空一擲，注金身世打通盤。終嫌世事稽文信，不見東山起謝安。寄語悠悠沉醉客，❶男兒事業儘多般。

大司農鴻寶倪公山陰

公官大司農，知國事不可爲，時懷一帨於袖中，曰「時至即行」。及三月十九之變，公即以巳刻死。自此遂有繼公而起者。公所著有《兒易》，予嘗受而讀之。

臺閣文章星斗寒，風期與俗異鹹酸。❷迴瀾紫海皆通漢，照乘明珠只走盤。擬絶韋編年待假，爭先殉節死逾安。讀書所學知何事？蒙難堅貞爾許般。❸

憲副四明施公姚江

公過越，嘗惠教白馬山房。

淮南一別竹齋寒，再拜班荆話屢酸。國難敢忘嫠婦緯，時危轉憶菜根盤。身擔風紀綱常重，節自平生學問安。白馬巖前懷舊處，臨風嗟嘆有千般。❹

❶「寄語悠悠沉醉客」，全書本作「分付後來知夢者」。

❷「期與俗異鹹」，全書本作「標不比俗儒」。

❸「擬絶」至「許般」，全書本作「莫向當場看早暮，先從下手較輕安。忠臣第一垂青史，五十工夫兒也般」。

❹「懷舊」至「千般」，全書本作「池畔草，永存規矩奉輪般」。

御史大夫懋明李公吉水

公在籍，嘗開同仁書院，與諸生講學。既起總憲，於國難之前，密疏請皇太子監國南京，二王皆分封淮、泗間，先帝曰：「不可，同死社稷而已。」臨終作絶命辭。

肅肅丰裁亞相寒，匡扶九鼎和鹽酸。欲存趙氏孤何處？枉泣公孫淚滿盤。燕市賡歌留正氣，鹿巖風景紹新安。可憐一木難支處，遺句猶慚溝瀆般。❶

宮諭湛陸劉公中州

公之殉國也，自妻子而外，若壻、若外孫、若僕從，無一免者。以時而言，鴻寶第一；以事而言，公第一。嗚呼，聖矣乎！

陰雨蕭蕭道路寒，❷一回把袂一回酸。周情孔思聯聲氣，憂國傷時共鬱盤。❸十族止憐朋友在，九原誰問此心安。異時伊洛推人物，誠敬淵源似爾般。

閣學質公范公河間

公固吾黨之翹楚也，至晚年氣質益醇。先帝之特簡，有神鑒焉。遇變，以夜半從井。

白日無光止水寒，臣心逾苦骨逾酸。

❶「一木」至「猶慚」，全書本作「洛蜀推前輩，至死猶譏」。
❷「陰雨蕭蕭道路」，全書本作「良玉温温金礪」。
❸「憂國傷時共鬱」，全書本作「方矩圓規中辟」。

時當陰雨憂方切，❶勉濟雲雷屯且盤。致主有心歸一德，❷招魂無厲逐偏安。南都應是神遊處，羊祜碑前淚萬般。❸公無子，時議於南都建祠祀之，亦以公固嘗官南司馬云。

職方元升成公北地

公令滋陽，以忤時相下詔獄，再訊，再廷杖，論戍。先帝晚年深悔悟，起公職方，纔任數月即遇變，持斬設奠梓宮前，立殞。

飽歷風霜心骨寒，餘生返國事辛酸。❹六師不借郎官箸，一劍應加司馬盤。哭拜鼎湖攀莫逮，魂依泉路體方安。❺時人蚤識楊忠愍，百煉成鋼彷彿般。司馬指張大司馬縉彥。○壬午冬，邊警告迫，輿論起公。宜興相公昌言於朝曰：「此楊椒山也。」只此一語見先帝之處宜興頗過矣。公固椒山鄉人，又後先同官。○久傳張司馬爲賊所殺，今已得敘功擢用。

車駕伯玉金公順天

公弱冠登朝，即以言事謫，謫十餘年而起官，差視皇城。遇變即投玉河死，母太夫人聞之，亦投河死。公嘗數過予問學焉。

燕市論交指歲寒，青青松柏望中酸。蚤騰汗血駒千里，驟折羊腸路幾盤。國難

❶「時當陰雨憂方切」，全書本作「獨支本末過方大」。
❷「致主有心」，全書本作「協夢有良」。
❸「南都」至「萬般」，全書本作「平生固自推慷慨，進步深深不可般」。
❹「餘生返國事辛酸」，全書本作「更無家計可偷安」。
❺「哭拜」至「方安」，全書本作「道路蒙塵衰色慘，鬼神餘恫哭聲酸」。

傷心甘誓死，親闈無計問宵安。❶王陵有母同歸死，❷留與傍人話兩般。

司寇肖形孟公交河

公古心古貌人也，遇變而死。子章明以進士釋褐，從焉。癸未榜四百人，惟章明空谷一人耳。

鐵幹冰心古色寒，清癯猶自帶儒酸。❸雲中鳴鳳先歸漢，榜下驚鴻起漸磐。❹盤通用。仕以教忠先教孝，生非求飽復求安。卞壺父子英風在，今古同情只一般。❺

潛忠布衣許公

潛忠，吴人也。以布衣教授里中，一日聞先帝之變，投繯數數，竟死之。里人沈桐江子著《潛忠傳》以表之。舟過吴江，桐江攜以見示，愴然不已。公許氏，名琰，字玉仲。

韋布家風姓氏寒，里中世守一經酸。中朝遇變驚塗炭，幽谷何心賦考槃。❻若個衣冠猶乞活，幾時簪笏上長安。葵忱日昔傾陽處，廊廟山林豈一般。❼

---

❶「國難」至「宵安」，全書本作「湖鼎從龍攀莫逮，瑤池侍綵問加安」。

❷「王陵有母」，全書本作「臣忠子孝」。

❸「清癯猶自帶儒」，全書本作「如匏吶吶口流」。

❹「雲中」至「漸磐」，全書本作「白雲攬鳳遥歸漢，彩筆驚鴻起漸磐」。

❺「卞壺」至「一般」，全書本作「名高卞氏推今古，廊廟封疆未可般」。

❻「中朝」至「考槃」，全書本作「繇來臣誼普天下，同此人心太古盤」。

❼「葵忱」至「一般」，全書本作「先生一死真無謂，贏得偷生是我般」。

示秦墦嗣瞻殉難日作三首

信國不可爲，偷生豈能久。止水與疊山，只争死先後。若云袁夏甫，時地皆非偶。得正而斃矣，庶幾全所受。時嗣瞻遺書以數子見商，故答詩云云。

示汋兒

子職未伸，君恩未報。當死而死，死有餘悼。

絶命辭

留此旬日死，少存匡濟意。决此一朝死，了我平生事。慷慨與從容，何難亦何易。

鳴謝

《儒藏》精華編惠蒙善助，共襄斯文；謹列如左，用伸謝忱。

本煥法師　壹佰萬元

智海企業集團董事長　馮建新先生　壹佰萬元

NE·TIGER 時裝有限公司董事長　張志峰先生　壹佰萬元

張貞書女士　壹佰萬元

北京大學《儒藏》編纂與研究中心

本册审稿人　丁如明　高海波

本册责任编委　沙志利　吴冰妮

圖書在版編目(CIP)數據

儒藏.精華編.二六五：全二册/北京大學《儒藏》編纂與研究中心編.—北京：北京大學出版社，2016.8

ISBN 978-7-301-11983-9

Ⅰ.①儒… Ⅱ.①北… Ⅲ.①儒家 Ⅳ.①B222

中國版本圖書館CIP數據核字（2016）第190292號

書　　名	儒藏（精華編二六五）（上下册）
	RUZANG
著作責任者	北京大學《儒藏》編纂與研究中心　編
責任編輯	魏奕元　陳軍燕
標準書號	ISBN 978-7-301-11983-9
出版發行	北京大學出版社
地　　址	北京市海淀區成府路205號　100871
網　　址	http://www.pup.cn　新浪微博:@北京大學出版社
電子信箱	dianjiwenhua@126.com
電　　話	郵購部62752015　發行部62750672　編輯部62756449
印 刷 者	北京中科印刷有限公司
經 銷 者	新華書店
	787毫米×1092毫米　16開本　83印張　802千字
	2016年8月第1版　2016年8月第1次印刷
定　　價	1200.00元（上下册）

ISBN 978-7-301-11983-9

9 787301 119839 >

定價：1200.00元
（上下册）